JN239970

慟哭する概念

明日のマーケター思惟に不可欠の概念たち——

「イノベーション」「CSI（顧客満足度指標）」

「SDGs」「AI & IoT」「ビッグデータ」

——の呟きに耳を欹ててみた

Kenjiro Koushita
香下堅次郎

中央公論事業出版

目次

プロローグ

「概念」総論（上）

「概念」個論

【個論Ⅰ】

【個論Ⅱ】

【個論Ⅲ】

戦略長命化の礎となるはずの
――「SDGs」概念は恥ずかしがって隠れる穴を探している……269

【個論V】

「概念」総論（下）

エピローグ

Bewailing Concepts

慟哭する概念

明日のマーケター思惟に不可欠の概念たち——

「イノベーション」

「CSI（顧客満足度指標）」

「SDGs」

「AI&IoT」

「ビッグデータ」

——の呟きに耳を欹(そばだ)ててみた

プロローグ　「言葉を使う」ということは人間にとって投網行為であるか

私の書斎の壁に何年か前に掛けられた古いカレンダーは、一枚も捲られず、ずっと初月の一月睦月のままである。数字の並ぶ上の中央には、次の五文字が大書されている。福山諦法禅師（曹洞宗管長　大本山永平寺貫首）の筆によるものらしい。

鶏鳴暁五更（とりは　あかつきの　ごこうになく）

道元禅師が中国から帰朝して最初の上堂で洩らした第一声だそうで、〝この他に仏法はないと悟ってきたのだ〟とも呟いたらしい。その大意は何か。五更は午前4時、福山諦法禅師は同時に「果たして自然現象のほかに仏法はないのか。このとき大切な自己はどこへ行ったのか」と自らの思いを添える。

人間の気配など毛ほどもなく、大自然をまったりと感じさせ、悠々の趣きが広がるようで快なる言葉なのだが、このところの自分の心境とはほど遠い。

五つにすぎぬこれらの文字の集まりは、その墨遣いのせいか、毎日見るたびその姿を変え、心的イメージというか心象として三次元に広がっていき、いつかは時空を渡り、四次元にまで達しそうに感じられる。

文字なのに、自然の光景と化すようで、思い切って捲ることもかなわず、次月以降にどのような言葉があるのか、いまだ知らない。

言葉とは、不思議な力をもつようだ。まず文字の形と意味を伝え、その姿にある想いを込めて筆を使うと、文字はまずは静止画と化し、そのうち3Dの映像を表す光景へと深まる。そして観る者を心地よいものに浸していく。

〝しっかりとした学〟というものへの迷妄

数年前、この世で最も難解だと言われるA・N・ホワイトヘッド（有機体の哲学創発者）にどっぷり嵌まった。彼の関連書をなんと乱読し、〝人間はいかにして自分の世界を認識するのか〟について、一つの〝仮説もどき〟が閃いた。それはどのようなものであるかについて自己流に語ってみれば――

〝ひとは、人間個が貯め込んだ選りすぐりの過去経験記憶庫（ホワイトヘッドは延長連続体と名づけた）から成るわが「主体」の仮像のようなものでつくられた古めかしい（過去や歴史を感じさせる）一つの道具を、まるで投網のごとくに振りかざし、カオスなる宇宙空間へ投げ入れて、己れごのみの現実（物質）を掻き集め、捕獲し、それらをわれの（制作の）ための部品として自分の世界を描写形成する。その部品捕獲道具の主原料が言語である〟

まるで〝かたち〟など何も定まらぬアミーバのごときどろどろとした宇宙空間（人間にとっての環境世界）から、自分らしくまた己れに快なる世界を構成しうる材料（諸々の物質たち）を選択的に抽出・捕獲する、この「網」のようなものは何で作られているのか――その答えとして私は人間ならではの武器である「言葉・言語」を当てはめてみた、というわけである。

正直に語れば、「言葉」だけでなく他にもありそうな気はしていた。たとえばひとの「しぐさ」とか。その「しぐさ」は自分のものだけでなく他者のものも含まれていそうな感じなのだ。でも「しぐさ」は「言葉」よりも難しそうだ。

この〝仮説もどき〟が正しいとか、それを検証したいとか、そんな大それた気持の持ち合わせは、まるでない。ただこのような前提を置いて人間の意識や行動を見つめるとき、不思議にもなんとなく釈然とする、腑に落ちる感覚が身体の節々で高まるように思えたのだ。その感覚を、とりあえずは大事にしてみようと考えたのである。

とりあえず今は、言葉なしにはひとは己れの環境世界を作りづらくなるはず、ましてやホワイトヘッドが言うように、その環境世界が瞬時瞬時に更新されていく非連続なれど連続的にみえる存在であるとすればなおさら、便利な言語という武器は人間の世界認識に対するその必要度を上げていく、と考えたくなっていた。ま、とりあえずは「言葉」について考えてみるか。

言語については、千葉雅也（当時立命館大学大学院先端総合学術研究科准教授）も気になることを言っている。

「私たち人間は、（物質的）現実そのままを生きてはいません。言語というフィルターをつねに通している。というか、〝言語によって構築された現実〟を生きている」

「あるいは、次のように言い換えられるでしょう。人間は〝言語的なヴァーチャル・リアリティ（VR）〟を生きている」
「言語を通していない〈真の現実〉など、誰も生きていない」
「私たち人間は、言語というフィルターを挟んで現実に向き合っています」
（『勉強の哲学――来たるべきバカのために』千葉雅也　文藝春秋　2017）

ヒャ〜、お・も・し・ろ・い。キャ〜、たまらん。しびれる〜。言葉は、現実と向き合う際の、己れ固有のフィルターなんだ……。あのマルクス・ガブリエル（独・哲学者）も「人間は一生懸命動物にならないようにしている動物だ」（『マルクス・ガブリエル　欲望の時代を哲学する』丸山俊一、NHK「欲望の時代の哲学」制作班　NHK出版新書　2018）とのたまう。彼も〝動物にならないために言語がある〟と言っているようにも聞こえる。

人間にとって、言葉（言語）はどこまでもユースフルなようであった。

とはいえ、なのだ。このところの日常は、無聊なること夥し、なのである。行為の果てか現象の果てかとても定めきれぬ、死（寿命）なる事態が近づく予兆のような問いかけに似た感覚を、全身のあちこちに意識しつつやり過ごす昨今の偽らざる空気感がこうなのである。なにゆえ、無聊なるか。

長年マーケティング・リサーチャーと名刺に記し、なんとなく〝職人〟という言葉に〝自分らしさ〟を観ながら日を過ごしてきた。周りを通り抜ける多くの人には「頑固者」「偏屈者」とみられつづけて（いつもそんな自覚が漠とありつづけ）齢を重ねた。なぜか周囲の人たちとは、視角が歪に異なるらしく、いつもマイノリティサイドにいる。これがまた、落ち着くのである。

そんな自分の内奥に潜んでいたコアなるペルソナが、世俗に舞い在る多様な欲を摩耗しつくしたその先で、ごく自然に、このところますます偏屈なる姿に厚化粧して多頻に表出したがり、結構な困惑事態を招来している。大なり小なり経験してきたこととはいえ、周りは〝以前よりも、その度数夥しいぞ〟と、叱責に近く指摘してくる。内も外も、小うるさいばかりだ。

それは果してどのような表出であったのか、勇気を振り絞って口に出してみれば、たとえば学とは何ぞや、どのような構造をもつものであるのか、学の思惟・思考とはいかように成り立っているのか……そんなわけのわからぬ、日常生活にはまるで役に立ちそうもない、つまり一銭にもなりそうにない不可思議な問いを、そろそろ死なる現象を脳内で描き始めた自らに発して、戸惑う。どうでもよいことなのに、とあとでいつも自虐する。

〝しっかりとした学〟とは、どのような思惟を為す学であるのか――そんな一見簡単そうな、どこかひどく素っ頓狂で蓮っ葉にも感じるこの問いに対する答えが、この齢になってもいまだスッとは出てこない、そんな己れに対する苛立ちと困惑が私の心の暗渠を満たそうとしていた。

それにしても、なぜこのような、己れにそぐわない小っ恥ずかしい問いを出したのだろうか。秘めやかにその源を探ってみれば、偶々出会っただけにすぎないはずの「マーケティング」という、世俗的でいい加減に思えてならない知識の塊がもっとしっかりとした学であればよい、そしてもっとしっかりとした学に育っていくには果して何が必要になるのだろう、などという答えがあっさりとは出そうもない、茫漠としたとても願望的で大それた命題を、だいぶ以前からわが懐の奥底に潜めていたらしいのだ。信じられない、そんな真面目そうな想いを秘めていたなんて。想定外にてひたすら戸惑う。他者が知れば、小ばかにするに違いない。冷や汗ものだ。穴があったら入りたい。

無謀極まりなき「新学の体系探索作業」を鬱々と回想する……………………

つい最近まで、なんと〝新しい学の体系〟の基本コンセプトを発想する、というまともすぎて己れにはまるで似つかわしくない、またもてる能力をはるかに超えたタスクを己れに課し、その発想・とりまとめのために狂おしい時間を数年過ごした。恥ずかしや、その無謀さに呆れる。その際目指した新学コンセプトとは如何なるものかについて、本書の主たる命題ではないゆえ、冒頭なれど至極簡単に触れておく（『「人類マーケティング哲学」への前哨――現代マーケティング解体考 THE FINAL』香下堅次郎　三省堂書店／創英社　２０２２）。

まずは従来のマーケティングマネジメント論にプラスして、「ニーズの科学的解明には、人間の生物学的組成を踏まえたナビ的思惟（データ測定を道案内する海図のような知恵）が必要ではないか」という大胆極まりない私見に基づき、〈人間個学の併設〉および〈欲望人という人間像〉を体系の基盤・中枢に据え、その基本コンセプトバージョン1・0を次の〈参考〉にあるごとくまとめてみた次第。実務家にすぎないのに、だ。気が進まなければ、本論外のことゆえ、すっ飛ばしてくれて一向に構わない。

〈参考〉新マーケティング学の体系基本コンセプト概要（Fig.1-A参照）――

☆「顧客という人間＝バイオソーシャルな欲望人」という人間像を新設し、本学全体の中枢に据える。

☆従来の集合・企業学「マーケティングマネジメント論」（P・コトラー&P・F・ドラッカー、村田昭治らによるマクロ学）にプラスして「有機体の哲学」思惟（A・N・ホワイトヘッド）をベースとした個人・個体学「人類マーケティング哲学」（筆者創出のミクロ学）を新設し、集団学・個人学二本立て構成の複合学とする。

☆顧客の生きる「場」を「市場」という〈交換価値概念〉から「生活世界＝万物包摂の場」へ転換し、〈使用価値概念〉が躍動するゾーンとする。

☆交換価値中心の場は「モノ開発の場」であり、使用価値中心の場は「心の開発つまり情動開発の場」となる。すなわち多様な使用価値の開発・複合化を通じて顧客の心を満たす情動の顕在化を図る。

☆欲望人たる顧客の欲望＝「生きいきとした生の希求」の最大・最適解実現につながる効果的部品（商品サービス）開発・提供の具体的方法論開発。そのために必要となる戦略立案とその仕組み化の確立。

☆欲望人の仮説的「欲望」分類概念として、最終到達ゴールとなる「ターミナル（終着駅的）欲望」とその最終ゴールへ接近させるサブ的な「インストルメンタル（助成道具的）欲望」に二分して追求を進めるスタイルを欲望解明アプローチの基本とする（『欲望について』ウィリアム・B・アーヴァイン　白揚社　２００７）。

☆「人間は情報の塊（人間＝情報有機体）」「物と心の架橋は情報の任務」という生体的かつ生態的視点に立脚した仮説に基づく新しい「データ測定観」の構築とそれに基づいた「データ像」の革新。

☆欲望解明のためのデータ測定は、基本「有機体の哲学」理論（A・N・ホワイトヘッド思惟）に沿って仮説的に構築された人間個体の欲望発出および固有の価値評価尺度生成過程などの道筋を示しうる「下絵＝仮説的測定手順の海図」（事例としては筆者提唱の〈ホワイトヘッド金型〉がある）に準じて遂行し、得られたプ

Fig.1　22世紀に生きる新マーケティング学の二重体系(by JIRO仮説)

A. 二重体系(マクロ&ミクロ)としての基本コンセプト

22世紀に生きる新マーケティング学の体系(案)
〜有機体の哲学に基づく個学とマーケティング・マネジメント論の融合学

トータル・マーケティング・ゴール　"生きいきとした生"への接近(=「心」の開発)

a.人間個のための個学・個体学・個人学〈新学〉(人類マーケティング哲学:ミクロ学)

- 「有機体の哲学」の取り込み
- 生物社会的存在(バイオ・ソーシャル・ビカミングス)としての「欲望人」という人間像の設定
- 個体に内在する価値尺度醸成システムのあるがままの解明とデータ化
- 個体に内在する欲望発揚システムのあるがままの解明とデータ化
- 個体固有の"生きいきとした生"の最大化・最適化手法の開発(=心の開発/情動開発)

哲学/人類学/生物学/社会学/生命科学

アレキシス・カレル/A.N.ホワイトヘッド/ティム・インゴルド/ウィリアム・B・アーヴァイン/清水博/ピエール・レヴィ/梅原猛/ウィルヘルム・ディルタイ&勝部謙造ら

×

b.企業・組織体のための集合学・集団学・企業学〈従来学〉(マーケティング・マネジメント論:マクロ学)

- 「顧客という人間=バイオソーシャルな欲望人」という人間観に沿ったマーケティング・マネジメント論の改新
- 欲望人の"生きいきとした生"に貢献する効果的「部品」開発の実践
- 部品開発(by供給側)のための"生きいきとした生"につながる科学的成果物の蓄積

コトラー&ドラッカー学/経営学/経済学/統計学/数量化理論・各種モデル技術

フィリップ・コトラー/P.F.ドラッカー/村田昭治/恩藏直人/佐川幸三郎/林知己夫/樋口知之ら

新しい人間欲望学の誕生

NOTE:JIRO=筆者
出典:『「人類マーケティング哲学」への前哨——現代マーケティング解体考 THE FINAL』
(香下堅次郎　三省堂書店/創英社　2022) Fig.13(P431)を改訂

ライマリーデータをビッグデータ解析処理＆蓄積する形式とする。新解析視点としては顧客の「生きいきとした生」を被説明変数としてその最大化・最適化につなげる要因（説明変数）等を抽出（回帰式を採用）。

悩みぬいた末の当座のドラフト1・0であった。十分な奇想天外感！　大胆だが乱暴。仮説として懸命に吟味・お浚い作業を繰り返してみたが、個々のコンセプト要素の考え方については諸意見あるだろう。なかでもP・コトラー（一部P・F・ドラッカー思惟も含むかも）とA・N・ホワイトヘッドの思惟との相性も気になる。データ測定のナビ的海図となる仮説的下絵もまた、他に多々多様な思惟に基づくものが考えられるだろう。それゆえ60点未満でも40点以上であれば、当座はそれでよしとしたい。肝腎なるは今あるマーケティング学に明るい未来を拓くスピーディな革新実行なのだ。

本基本コンセプトの背景に想定される主たる生活の場の変容として、近年地球の思想を革新せんとする諸叡智たちの思惟が融溶して示唆してくる次のような「新世界」が、我流整理下では想定されている。みんな、頑張って人類のために未来を読もうとしている。みんな必死だ。嬉しくなる。

彼らの汗の滲む仮説提唱の言葉たち、たとえば（参考として示したFig.1-B参照）——

ヴァーチャル化社会の到来（ピエール・レヴィ、大黒岳彦、落合陽一）／アクターネットワーク論等に基づく新情報ネットワーク社会の本格浸透（ブルーノ・ラトゥール、大黒岳彦、清水高志）／計算機自然（デジタルネイチャー）とデジタルヒューマンの世界（落合陽一）／人類学的空間としての「智慧の空間」の拡大＆「集合的知性」の横溢する社会構造へ（ピエール・レヴィ）／人間個学および有機体視座に立つ仮説の時代的重要性高揚（アレキシス・カレル、A・N・ホワイトヘッド、ティム・インゴルド）／「コト」を実在の単位とする「ポイエシス（制作）＝生きること」という意識の充満（A・N・ホワイトヘッド、西田幾多郎）。

短文圧縮表現が多く、とてもわかりにくくなったかと思う。詳細説明なしで、ご免なさい。

何たる贅沢な智慧の林立であるか。個々の視座の革命的変容の大きさに驚くばかり……。これらの叡智がなにゆえマーケティング学の背景に組み込まれうるかといえば、それは本学の未成熟性と学際（？）性さらには人間学としての、つまり個人学としての基本コンセプトが幸いにもまだ未確立段階にあるがゆえと推量するのだ。現時点でこ

Fig.1

B. (参考)人類マーケティング哲学の基本コンセプトに集わせようとする叡智たちの思惟（JIRO仮説）

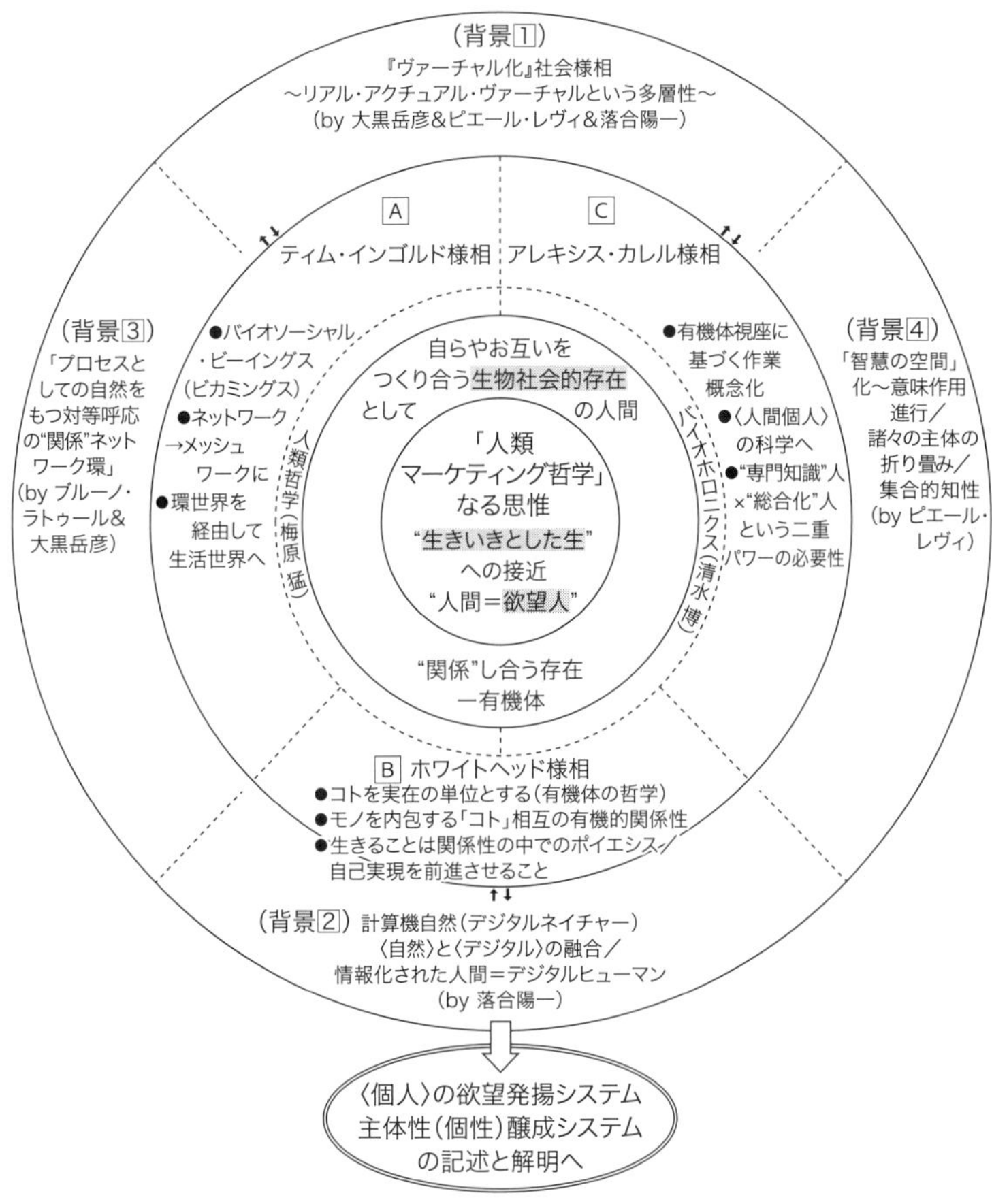

NOTE：〈ティム・インゴルド〉英／社会人類学者、アバディーン大学教授
〈アレキシス・カレル〉仏／ノーベル生理学・医学賞受賞者
〈A・N・ホワイトヘッド〉英／数学・哲学者、有機体の哲学創始者
〈ピエール・レヴィ〉仏／哲学・情報工学者
〈ブルーノ・ラトゥール〉仏／哲学・人類学者
〈大黒岳彦〉日／明治大学情報コミュニケーション学部教授、哲学・情報社会学
〈落合陽一〉日／メディアアーティスト

出典：『「人類マーケティング哲学」への前哨——現代マーケティング解体考 THE FINAL』
（香下堅次郎　三省堂書店／創英社　2022）Fig.15（P520）より引用

のような諸叡智による貴重な視座が何一つとしてカレントマーケティング（current marketing）界内で語られたり活用されたりしていないことにも慄くばかり。この事態、驚愕すべき落度と言わずして何と言う。

これら新世界の各要素についてここで仔細に語る余裕はないが（前著を参照願えれば幸甚なり）、少なくとも時代は単にデジタル化、つまり「情報が少数の桁のさまざまな組み合わせで保存されている」（『WHAT IS LIFE?——生命とは何か』ポール・ナース　ダイヤモンド社　2021）というだけにとどまらず、多岐にわたりドラスティックに変態しつつあるようだ。〝デジタル技術が浸透した社会〟というものを、独断・偏見を承知で深掘りしてみれば、「経済化されるサイバースペース」「勝者（たぶんIT億万長者たち）が総取りする競争的な市場」、そして「宇宙へ移住するベゾス」「仮想空間のメタバースへ逃げ込むザッカーバーグ」たちの幻が脳裡に浮かぶ。そんな先進デジタル技術は人間と機械や多くの境界間に「曖昧化のフィルター」を創り出し、現実を〈外部化〉しつつ社会全体の曖昧化・不透明化を促進していくかに映る（この辺り『デジタル生存競争——誰が生き残るのか』ダグラス・ラシュコフ　ボイジャー　2023を参考にした）。Fig.1に示した叡智たちの稀有なる思惟は、そんなデジタル社会への危惧から人間を遠ざけんがために必死で生み出した智慧の迸り（ほとばしり）と感じられていた。だからこそ、今マーケティングも、「欲望」概念を手に、そんな流れに身を投じる時だと閃くのだった。叡智の言葉は難解だが、各自その貴重な指摘をご確認願えれば幸甚だ。勝手を言う。

まことに大それた、身の程をわきまえぬ所業に踏み出したようであった。一介の実務家、職人に過ぎぬのに。その過程過程で既存の姿をじっくり見直すことになり、今のカレントマーケティング学に内在する基本的すぎる問題点のあまりの多さ、その根深さなどすべて〝丸見え〟状態になっちゃったというわけである（これも詳細は前著参照）。なにせ己れが半世紀近くも触れてきた仕事なのだから、そこそこ見えてきても当然か。まさに意外感に包まれっ放しだ。

〝こんな穴だらけの学もどき、今更しっかりとさせようなんて、とんでもない。それにしても半世紀近く無為に時を過ごしてきたなんて〟

40年以上黙して斯界に身を置いた自分自身に驚いていた。そんなシュアなる実感が己れを包む。何か、おかしい、納まりがわるい。〝らしく〟なくとてもヘンなのだ。自分も昨今のカレントマーケティングも、である。その学（と思っているもの）との関係をつまびらかにしてみれば、〝偶然〟若き頃に出会っただけの仲にすぎない。なんと、大学研究室の助手の東京にいる先輩への義理から就職面接だけを受けるつもりで上京し、その際会った面接官の米国人が気に入ってあっさり入社した外資１００パーセント企業の配属部門の仕事が偶々マーケティングだっただけ！　それ以上なんの深き義理も縁もなく、まさにクールな一宿一飯の恩義によって結ばれた関係が今も継続中なのだ。縁は異なものというしかない。そこそこの知恵（間違いなく小才程度か）を売って容易に金が入る、といった実に〝怪しからぬ〟と言ってよさそうな想いがマーケティングを継続させるドライブになっていたにすぎない。

この世界、ホント、何の代償も必要とせず、ちょっぴり寝ずに腰を軽く痛める程度にて、年間億単位の金が入るのだ。金鉱を掘り当てたようなもの、と言っては言いすぎか（あまり調子に、乗りなさんなよ）。裏を返せば、時代が〝小才〟を求めていた？　そんな……。〝哀〟だよなあ。

元々このように、ただなんとなく飽きもせず、飲み代稼ぎで只々長くやってきたにすぎぬ付き合いであったはずなのに、どうしてこのように真面目に考え込んでしまう状況に陥ってしまったのか、不可思議極まりなく、まるで自分でないかのごとく、であった。この神経衰弱！

〝こんな学もどき(?)の中身に、どうしてこのように拘ってしまうのだろう？　どうしてやたら何かを期待してしまうのだろう？〟

「学」か「論」か、とちょっぴり騒いだ斯界の昔を思い出したりした。

昨今しばしば、繰り返しこんな心理状態に嵌まってしまう。望外に気持よきメランコリックなクレバスの底に沈んでいくのである（おそらく見栄からくるポーズもきっとあるのだろう）。気分はまんざらわるくもないのだが、ただそれは、とても老境にて安らぐ、といった風情ではなさそうだった。

「学」なんぞ、遠き彼方の言語と認識して齢を重ねた。教師の資格も、教育実習だけを付加して受ければ容易にとれたのに、ネオン街探訪にはかえって不都合と考え、あえて取得を拒否した。友人たちは、〝なに考えてるの？〟と呆れ顔であった。

〝新学体系開発〟とでも呼んでもおかしくない超・難タスクに手を染めることになったその具体的契機に素直に思いを馳せれば、ほぼ半世紀にわたってなんとはなしに歩いてきた一筋のマーケティングなる細き畦道は、果して学？　まさか科学では？　それとも今やっと学へと歩み始めた幼児期にある何者かであるか……。ある日突然、真摯風に考えることが己れの生きた証しになり、また己れの生をも正当化する、そんな気配をうっすらと感じとっていたのかもしれぬ。ひとはときどき真面目な顔をしたいものなのかも。死にかけや自堕落な人ほどそうであるかも。されどこの事態、やっと人並であるか。

〈知的労務職〉として小才なる知恵を担保にカネをかき集める傍ら、飲みや賭け事など締まりなき時間の同居する時の流し方を日常とし、見事にだらだらを全うしたわが生の、最後の格好付けに近い〝足掻く〟がごとき行為なのかと自覚しないわけでもなかった。みっともない！　きっと人前に安易に開示してはならないことなのだろう。やたら行為と矜持との葛藤が見え隠れする。

自分の社会人のスタートとマーケティングなるものの日本における離陸期が重なり合っていたり、その頃の自分の仕事は、日本で爆発しつつあるインスタント食品開発ブームを下支えする新製品開発関連業務が中心だったり、フィリップ・コトラーの本が日本で大きく広がり始めた頃だったり、飛び込み営業中心に立ち上げたリサーチファームがそこそこに賑わったり……なぜか、マーケティング普及の道に沿って生きさせられている風の縁を薄々感じていた。つまり、私の意志とは無関係に、偶然が私とマーケティングを同じ畦道に立たせた？　そんな気持を表す明白な一つのエビデンスがある。そう、過去において〝マーケティングを学ぼう〟と自分が積極的に呟いた記憶など、まるでないのだ。

本書は、私が懸命に育み、少しは堆積して在るはずの〝矜持の表象〟の一端のつもりである。昔からいまだに、〝矜持〟という言葉に愛着がある。

この齢に至って誠にみっともない話だ。この自虐的なる大馬鹿野郎め。

プロブレムの嵐

いつ頃からだろう、多様相の顔をもつプロブレム（問題点）の嵐に襲われ始めたのは。何についての問題点であるかといえば、言うまでもなくマーケティング学の、である。絞り込めば20世紀末から21世紀に入ってこの二十数年に存在したカレントマーケティングの中身についてのことである。

物心二元なるいまどき恥ずかしき思想視座を見直すこともなく、本学の要となる「欲望」の表象であるはずの〝ニーズ概念〟の解明すら20世紀後半以降ず〜っと先送りし、この難解なる概念「欲望」の動きの測定を可能にする〝ロジカルなる下絵〟など何ももたぬまま、平板なスタンドアロン版質問紙法の〈網〉の端々によってやっと捕捉しえたシンプルな数字文字たちを、何ら疑うこともなくまことの「事実」（fact）としてストレートに受けとめながら科学者づらを続け、何ら反省のポーズや新しい工夫を示してこなかった、そんな斯界の研究と呼びづらい世界……。ＦＡＣＴを一体何だと思っているんだ！

質問紙法によるプライマリーデータだけではダメだろう、社内の販売データ等とのマッチングを常態化しなければとか、欲望概念定義の見直しを急がなければとか、モノ開発で止まらずに情動開発まで包含しなければとか……何とかしなければと一応諸々考えた。されどクライアントには寡黙を通す。ず〜っと、である。

これらの「問題」に思えるあれこれは、まずいことに、戦略立案に際して良きアイデアが生まれないなどというさらなる前進へ向かう上で解決しなければならない諸問題というよりは、〝学という母屋の基礎・基盤に穴の開いたまま〟と捉えうる基本問題に見えた。20世紀後半の本学導入期であれば、まだ今は仕方ないこと、などと一時的猶予も与えられよう。しかし今は２０２４年も半ば過ぎんとする、すでに本学の成熟・爛熟期であるはずなのだ。ミレニアム以降、斯界の多くの人びとはたぶん気づきながらスルーしつづけた。モノは顧客のよき情動を生むためのもの（部品）などというぐらいはみんな十分気づいていた。されど皆、モノとしてのパーフェクトさのみを追った。なぜなのか。

肝腎かなめの「顧客という人間」の「欲望」という大命題との取り組みにおいて、「消費」なる概念が「欲望」の何らかの兆しやその一つの顕現した姿であるなどということももちろんある程度は想像していながら、そこには生物学的、物理学的、生態学的あるいは人類学的など何らかの自然科学的仮説研究視座を持ち込もうとする態度はまるでなかった。これが科学でありたいものののありようとして、果してベターな姿だったのだろうか。ブッチャケ

「ニーズ」という語でその本質を隠蔽し、自分を誤魔化しつづけてきたのだ。

「市場」という顧客の活動する場において、顧客という人間の〝生々しく生活する空間〟という点を強烈に認識した上で生まれ出た思考や行動には、「交換」なる経済学出自の概念が一つの権威として通用していくがごとき特質など、自然な形で生起してくるはずはないのだ。たとえばヤーコプ・フォン・ユクスキュル（生物学者）の「環世界」はたまたアルフレッド・シュッツ&トーマス・ルックマン（共に社会学者）の「生活世界」などがその有力後継概念として挙げられてもよかろうと思うのだ。何が〝学際〟か。いつまでも借り物で済ませつづけてどうする。斯界のオピニオン・リーダーの方々は、本当に学を育てたいと考えているのか。

さらに、本学は顧客という人間個の欲望を解明せんとする科目であるはずなのに、なにゆえ《集合学》のみの体系（マーケティングマネジメント論）にとどまり《個学》がないのか、と前著で問うた。経済学では堂々と、ミクロとマクロがあるにもかかわらず、である。マーケティング学の人間像を仮に「欲望人」と設定した場合、企業対象の集合学だけで成り立つはずがないのは一目瞭然！　この乱暴にも見える工夫を通じて「ニーズ」なる曖昧模糊語は一瞬のうちに非曖昧となる道を歩み始める、と想像しえないか。そろそろ「ニーズ」概念を明確な意味を有する新概念に置換しようと思うのである。

一見華やかにみえる万華鏡のごとき斯界の正体は、その発達途上で、不思議にその理由も明快にならないまま、自らの進化を縮退せしめつつある珍しき学に見えて仕方がなかった。なぜか？　離陸期を無事に終えんとする嬉しいはずの段階において関係者が示した〝問題点を番たびスルーする態度〟は縮退につながらざるをえなかった、ということか。導入初期である20世紀はまだよかったのだ。

嗚呼、やはりマーケティングの末世感拡散、なのか？　ちょっぴり、流行りに乗っかったせいで浮ついちゃった？　私の眼に映る現況はすでに泰平の世の惰眠というよりは、明らかに末世感拡散を浸潤させるシンドローム種の姿だった。まだ離陸期にある（あるいは離陸期を抜けたばかりの）はずなのに末世感が広がるとは、ＷＨＹ？いや末世感すら感じえない人びとばかりの集団だった？　そりゃ言い過ぎかも？　斯界にその謎を解こうとする者は見当たらない。

ところがドン・キホーテ・デ・ラ・マンチャを思わす一人のバカがいた。

なぜかいつまでも擬似(?·)の範疇にとどまり、仮の安住の趣に酔うなかで進化の縮退をなぜかはっきりと見せ始めた（私の主観的見方だが）一つの典型的現代人間学カテゴリー（20世紀時代のマーケティング学のこと）に対して、一度くらいはその脱構築作業（我流表現で言えば再構築というより何処か〝程良くズラス(?·)こと〟を大事に考えた脱構築のほうが本学には向くと感じていた。ニュアンスだけはわかってほしい）にトライせねば、離陸期における構成員の一人として何となく生きてしまっちゃった人間である以上リタイアすらできぬと衝動的に謙譲の美徳を放り投げ、動いてしまったのだ。そんな意図の下必死に動きつづけて書かれた成果物が複雑怪奇なる前著『「人類マーケティング哲学」への前哨――現代マーケティング解体考 THE FINAL』であった。

結果の自己満足度は、おおよそ無残。足掻いて著した中身（前著で仮説的に提議した〝新学の体系〟基本コンセプト）の水準をあえて問えば、人間像、体系、隣接科学との差別化等々、何たる難しさであったか。贔屓目に見れども「学」の「ユニバーサルズ」（普遍概念の実在〈詳細後述〉『人間――この未知なるもの』アレキシス・カレル　三笠書房　1994）を満たす領域に侵入しえたとは言い難く、「満足」などの高情動を得るレベルには程遠いまま終わった。無念だ。ひたすら疲れた。明白なる能力不足！（特にピエール・レヴィの「ヴァーチャル化」「人類学的空間」なる新概念は難しすぎた！）

一宿一飯にすぎぬ恩義のようなものを返すべき対象（斯界のことだ）に向けて、何かできることをせねばと懸命に諸々思案してみたのだが、無駄になるレベルに終わるとは思えども、この大それた衝動を具体化することに踏み出す以外、私の残った時間を斯界に奉じるビヘイビアなど思いつかなかったのだ。詮無し。ともかく一度くらいは、できれば格好よく〝奉じて〟みたかったのだが、世の中そう簡単ではなかったということか。昔〝想像しえぬほどに転がり込んできた受注業務（生涯通算約2200プロジェクト）やその報酬〟に対するなにがしかの代償を、わずかながらでもお返しし浮世の義理から解放されたかったことも、内心こっそりとはあったのかもしれない。

マーケティング学に〝人間科学の胎芽〟を見た？　嘘だろう？……………………

動き始めてみて最初に感じたのは、驚くべきことに、この学もどきの原型（アメリカから渡来したばかりの本学）

の卵巣内に〝人間科学の胎芽〟を見たような気がしたことだ。これほどまでに人間の「欲望」を具体的に抉ろうとする学は、周りに見たことがない！　コトラー思惟によく現れる4Pやオリジナルな「コミュニケーション」概念（たとえば〝ＡＩＤＭＡ〟や〝ＡＩＳＡＳ〟などのコミュニケーションプロセスすべてを包含する超広義(?･)の「コミュニケーション」のつもりで使用された専門用語）など、独自の言語と形式を工夫して用い、ダイレクトに「言語」を戦略として操ろうとする学は過去無かった……。其処に明日を照らす陽光を見た?

　こりゃあ幻か仮像か。こんな難しい学、纏めるのに時間を要して当たり前ジャン。一見穴だらけに見えた既存セオリたちの隙間から、21世紀らしさ（なんのことかな、それ？　未来的？）に溢れ、燦燦(さんさん)と光る希望の虹を観たような気（＝錯覚?･）がしたのである。オレ、おかしいのかな。

　それはなぜか。その虹のような鮮光は何ものか。その具体的詳細は不明なのだが、浅学の範囲で口に出せば、きちんと「欲望学」と銘打たれた学問は大学の教科・カリキュラム名としては記憶になかったという認識が、希望の〈光〉や〈虹〉のごとくに煌めいたかに感じとれたということなのだろうか。

　鮮光は呟く。人間の「欲望」を追求する？　そりゃあ最初は穴だらけで当たり前ジャンと。人間の「欲望」が、そんなに簡単に解明されてたまるか。

　デジタル資本主義社会における人間の「欲望」は、私の見るところ〝モノからコトへ〟では済まぬ。ひとはコトとして実在する出来事だけでなく〝私の内部に浮かぶ幻想〟まで消費しようとする。新しい社会にあってそれをリアライズする手段は「アルゴリズム」という化け物だ。まるで〝デジタル虫〟が人体を蝕むよう……。ゆえにデジタル社会の「欲望」は人間にとって望ましい倫理枠の中で操作するように努めなければならぬはず。21世紀にふさわしいネオ欲望学が大きく求められてくるはず、なのだ。

　さらにである。楽観・楽天の典型のようではあるが、「専門科学(ディシプリン)という名の制度に護られた知を解体する」「わたしたち名もなき大衆の日々の営み（という共通の場）に身を延べ、絶えずそこに立ち返ってこそ、ひとつの専門を超えてわたしたち普通の人びとを撃つ生きた力になる」と力説してきた（と自分は理解する）ミシェル・ド・セルトー（仏・古典文学&哲学者）の思想をリアライズしうるのは、高学際性・消費者という大衆への〈深き理解〉といった他を圧する（はずの）属性で一杯の「マーケティング」ではないのか、とあるとき『日常的実践のポイエティーク』〈ミシェル・ド・セルトー　ちくま学芸文庫　2021〉の〈訳者あとがき〉に目を通しながら、私は衝動的に感じ、わがマーケティング観をその閃きで武装しようとしたのだった。

無謀であるか。笑うなら笑え。さきほどの〈訳者（山田登世子）あとがき〉によれば、内田義彦（1913－1989、専修大学経済学部教授、経済学史・社会思想史専攻）もまた「ひとつの専門科学を超えて万人に〈共通の場〉に立ち返り、そこに語りかけようとする知」「たえず日常的な実践のほうへと身を延べ、普通の人びとに、凡俗に語りかけようとしてやまない（中略）知の閉域に住むことをしらぬ知」を希求したそうである。クライアント企業に日参しながら、厚かましくも「知の閉域を知らぬ知＝マーケティング」という解釈も可能なように思い始めていた。私はすでに〝病気〟であるか？　こんな知もあってよかろう。

〝日常的な実践のほうへ身を延べるとなれば、そりゃあ新生マーケティングだろう。生活世界にも詳しいし。既存の専門科学は既成制度に護られ（縛られ？）すぎていて、この種の視点においては、今はまだ無力のはずだ〟

買いかぶりかもしれない、身贔屓かもしれない、でも可能性はあるだろう。本気でそんな想いが胸を突き刺してきた。そう、きっと可能性はある……。身贔屓？　いいじゃあない、そう思わせてくれよ。私の勘だ。

20世紀マーケティングには、それなりの〝独自〟と言えそうな役割があった！　そう、当時の日本は戦後復興過程の只中にあり、コンビニエンス志向もまだまだ極めて必要だった？　戦略・戦術思考の集団内埋め込みも未浸透だった？　未熟な学であれども、その必要性は、近代化へ向けてそこそこにはあったのだろう。

その後一気に戦略思考が市場に浸透していくなかで、急造のセオリたちの節々に空く穴の修復を、それどころではないとばかりに只々少し怠ってきただけなのだ。穴の修復より、この技術に入ってくるおカネの多さに驚いて、それどころじゃあなくなっていた？　それも少なからずあるんじゃあないかな。浸透初期のプラトー段階に近づくにつれ、修復・再構築へ向けてのエネルギーを滾(たぎ)らせるよりも、世俗の欲につい、一層かまけてしまってきただけなのだろう。なにせクライアントはカネと権力の両方を有している。自分の報告書の値段をA4判一頁当たりに換算すれば単価十万円にはなるか？

21世紀を20年強過ぎし今、そんな切ない風情も忍び寄る――どこか荒涼たる風の吹く場に、映らなくもなかった。また〝哀〟であるか。

嘘だろう、〝人間科学の胎芽〟だなんて。ああ、恥ずかしい。

事前に予想できたことではあったのだが、この新・学の体系創発タスクの難度は、当たり前に半端なかった。そう簡単に、できるか！　愚鈍なり。されどまだ生きている。生ある間は、まだまだ諦めぬ。私は、しつこい。

このような不似合いなる衝動的動きのすぐあとのわがボディ内部には、何事にも飽き切ってきた経験の出し殻の数々が、寒々と産業廃棄物の丘のごとくに吹き溜まり、今にも精気を失わんとしつつあるようだった。シンプルに力不足なんだよ。それに尽きる。

〝他に術は、ないか。簡単には諦めぬ。できうるかぎり、ひたすらに、しっかりとした学への歩みを、半歩だけでも前へ踏み出さねば〟

一見真面目そうな科白に聞こえなくもないのだが、その実〝たかが恰好づけの足掻きから生まれた成果物（前著のことです）だから、まあこんなもんだよ〟と気楽さを強調したがる自分も、太太と居た。齢を重ねても、強がるばかりで、いまだ横柄、偏屈このうえない。自分ながら呆れる。

そんな腐敗臭漂う丘の内部では、予想外の〝哀〟なるドロドロとした体液の排泄とそのさらなる迸りを併せ拡散しつつあることを窺わせるほどには、十分ぬかるんできていた。まもなく〝哀〟が、〝恥〟に変わりそうということらしいのだ。もうこれまで、かもしれない……。革命ゲームも、終わりだ。

これらの過センチメンタルなることごと、自分にとっても周りにとってもどうでもよい話、と十分にわかっていることではあるのだが、昨日今日こんな気分に浸りたがる己れに、まこと呆れはててばかりいるのである。情けなし。

瞬間の栄華と超速なる凋落

二十代初め、職に就いて以来このかた、わがボディに沁み抜けていったプロジェクトはゆうに4桁を数え、平均睡眠時間は3〜4時間／日、結果仕事漬けの日々であった。つまり毎日マーケティング漬けということである。その頃疲れた頭に浮かんだ諸々の欲を、思いっきり飲み遊んで解消するのに十分すぎるほどには稼いだ。その技能のレベルといえば、手慣れた小手先の芸としてそこそこに周囲へ説得力を保持しうる（ちょっと甘いか）程度にはあったろうか？

このようなありがたい？（かどうかは実に微妙なのだが）状況を現実としえたのも、国際コングロマリット超大手企業（100パーセント外資）内における米・南部テキサス生まれの髭もじゃの大男（マーケティングディレクター）の下で経験した新製品開発業務（といってもアメリカで売れた製品を日本に効果的に持ち込む作業にすぎなかったが）のハードなるオンザジョブ・トレーニングのお蔭だろう。当時のマーケティングのメッカ米国で鍛えられたプロたちは、日々生死を賭して業務しているかに見え、「凄まじい」としか言いようがなかったのである。まっこと生死を賭していたのだ。

彼ら（外国人上司たち）にとっての当時の日本市場は、本社（ニューヨーク）か極東本部（豪州）に戻れるかそれとも東欧や発展途上国の片田舎への転勤かを判断される端境地の関所でありその判決の場でもあった（と自分は記憶する）。日本支社のトップになりたい外国人の一つの条件として日本永住が普通に求められていた（と伝え聞く）。そして実際に、ビジネス死？（たぶん、です）も突然普通のある日、眼前で起こった。彼が自分に残した最後の言葉は、市場参入させたばかりの新製品販売予測式（たしか最小二乗法を基に作成）の〝係数を変えたい！〟という一言だった。本当のプロ、だった。実測値を式に入れる際の緊張感漂う彼の顔は、いまでも忘れられない。

テキサス生まれの髭もじゃ大男の恩師の憤死を契機に大手国際（100パーセント外資）企業を離れ（其処に居る理由がなくなったのである）、大学の先輩諸氏の薦めでリサーチファームを立ち上げ、日本のマーケティング導入期における厳しき実務の過程を繰り返す日々を続けることになる。

その仕事の大半は、恩師に叩き込まれた新製品・新事業開発関連のプロジェクトの営業開発とその実践体制づくりとして調査員の主婦たちを組織的に束ねること（法人化）。試行錯誤の繰り返しであった。自分は彼女たちの間では人気者（自称）で、意外に楽しい日々であった。まさに〝知的労務職〟そのもの。お手本などどこにもない時代だったのだ。

昭和40〜50年代。世はコンビニエンスベネフィット花盛り。高級・高品質志向、手作り志向等々訳のわからぬニーズ表現が跋扈（ばっこ）し、袋めん、カップ麺、調理済み冷凍食品といった画期的巨大食品カテゴリーが現出しつづける、一見元気さで賑わう市場活性化時代と映った。世界的名品——完璧なる発明品カップヌードル、経口輸液をヒントにゲータレードどこ吹く風とスポーツドリンク界を席巻した一見珍なる名前のポカリスエット、本格ホワイトシチューの日本ならではの独創的インスタントアレンジ版〝クリームシチュー〟（本場のヨーロッパにこのメニュー名はないと聞く）、渋谷の一号店を皮切りに大阪江坂・神戸三宮と全国展開した独創的でアイデア豊かなＤＩＹ専門チェーンショップ、繁華街（渋谷）における多様性に富んだ（はずの）コンセプチュアル・ショッピングビル連続開発（複数の１０９群のごとき）、本場のアロマを運んできたかのような大容量本格プレーンヨーグルト、大豆たんぱく食品や多彩極まりない調理済み冷凍食品等々、そして各種店舗出店計画用リサーチのパターナイズや数量データを初めて持ち込んだメディカルリサーチ（ＩＣＵの原型〝集中強化治療棟〟調査やＭＥ機器&医用ディスポーザブル製品調査等）など個性的医療調査企画のいろいろ、さらにはＭＤＳ（多次元尺度構成法）等数量化理論のマーケティング応用や非階層ベースのクラスターアナリシスの実戦化など、それこそ斬新企画が溢れんばかりに連続し、世界に誇ってもよさそうな新鮮な知的成果物や方法論等が日本のマーケティング離陸期において生まれ出ていた（そこそこに自画自賛?.）。パネルデータも、海外のニールセンに負けるなと、ストアオーディットのＭＲＳを筆頭に新聞社（ＡＢＲ・ＡＰＲやＭＣＩなど）・広告代理店（ＨＰＲなど）も参入、代表性を有する多様なデータの世界が広がった。まさに白昼夢。

今ではまるで信じられないマーケティング思惟の躍動する事態！　みんな、開発意欲に溢れ、マーケティングを理解しつくしたかのように（まさか、なあ）流れるがごとく速やかに（悩むこともなく?.）、仕事をこなしているように映った。今は見る影も乏しい広告代理業の智慧者たちも、最適化モデル開発やニューラルネットワーク、ファジー推論、ＧＡ（遺伝的アルゴリズム）などを知的武器化せんと意気込み、そのR&D部門の人びとはやたら逞しく神々しかった。ほんと、日本をリードし、個々も技術的に秀でていたように思う。〝この仕事は、社会の役に立つ〟——そんな実感が全身を満たした。

これらはすべて、昭和末期に実在した仕事の実景である。幻影でなく本当のことなのだ。そんな中で、Ｐ・コトラーを筆頭に、Ｔ・レビット、Ｍ・ポーター、村田昭治、嶋口充輝、石井淳蔵、恩藏直人ら今や御大と称せられる誇るべき叡智たちが、奔放に嬉々として、思い切り乱舞する。『マーケティングの神話』（石井淳蔵　日本経済新聞社　1993）、『マーケティング・フィロソフィー』（村田昭治　国元書房　1996）、『マーケティング科学の方法論』（嶋口充輝監修　川又啓子他　白桃書房　2009）、『競争優位のブランド戦略――多次元化する成長力の源泉』（恩藏直人　日本経済新聞社　1995）等々、昨今の研究者の誰に書けよう。離陸期を凌駕した不滅のパイオニア書たちである。私が今も片時も離さず傍に置く『現代マーケティング論――市場創造の理論と分析』（有斐閣　1973）の編者村田昭治などは大橋巨泉が司会を務めるちょっぴりエッチな「11PM（日本テレビ）」などにもレギュラー出演し、みんな、自由そうであった。あの神様のごときP・F・ドラッカーも、背後から応援してくれているようにも思え、斯界の未来は永遠にみえた、平家の隆盛期のごとくに。

しかしミレニアムを過ぎる頃から、静穏へと事態は大きく変化していく。あの勇気凛々に漲ったマーケティングのパイオニアたちの勢いは何処へ行ってしまったのか。あの華やかなりし状況下で自脳を徐々に占拠していきつつあったのは、先述したような数々の、学としては素っ頓狂にも映る基本的な疑問の矢玉が闇雲に連発され飛び交う光景であった。

そうして、20世紀日本におけるマーケティングという名の、瞬間の栄華と超速なる凋落ストーリーが一気に幕を開けた。それはまさに〝絶え間なく燃焼しつづける、とりあえずセオリ（の卵？）と呼ばれているものたちの迷妄の焔（ほむら）〟であり、またその焔火（えんか）を受けてのわれの深部における予期せぬビッグなる〈葛藤〉爆弾の連続爆発であった。山火事のごとくに焔は勢いづいて広がる。それらの迷妄の焔たちは〝もういい加減そろそろ、自身に空いた穴ぼこを埋めてよ。周辺科学に対してみっともないじゃん〟と叫び出しつつあった（ホントそう映ったのだ）。されどそんな焔たちへ返されてくる声も動きもない。静寂だけが流れる。このままでは前進せんとする心も砕ける。これじゃあ、わがボディに籠るホットなパッションまで類焼しそうで仕事をしていても落ち着かない。無残に広がる幻の焼け野原に似た光景は、離陸期を終わらんとするこの時に、成長期を飛び越え、一気呵成に凋落を示さんとする斯界の、来ざるをえない断末魔の兆候と見えなくもないようだった。

さらなる強化策の勃起

ご免、長々と待たせた。ここからやっと、本書の企図通りの記述が始まる。

〝セオリとは何だ。セオリと、戦略・戦術とは違うだろ。何か勘違いしている。これじゃあ、学たりえまい？ましてや科学など、とんでもない！〟

その頃の私は、いつもこのようにぶつぶつ小声で怒っていた。若き頃先述したような名著（その頃私にはそう映った）とおぼしき書を成したつわものたちは、その後何らかの過去の成果と同等あるいはそれ以上のエネルギー再爆発を成しえたかと確認を進めてみれば、常に無聊漂う空気に包まれるだけのようであった。斯界は不変で静止画のままのよう……。加えて作業仮説を示唆しセオリ形成を導く言葉（つまり概念?）、たとえばハイデガーの存在了解、ウィトゲンシュタインの論理空間、ホワイトヘッドのアクチュアルエンティティといった言葉は本学問体系内にはほとんど見当たらず、日常言語中心に論理が平易に展開されていく……。これが学であるか？　お隣の人類学でも、サブスタンス・コード（substance-code）や関係了解、社会的身体などといったいかにもしっかりと映る大人の概念とおぼしきものが見え隠れするようである（私は今のところこれらについて詳しくはない。目下勉強中。理解に努めている）。

さらに、斯界をつぶさに観れば、である。セオリや仮説の素材や基盤となるべきキー言語、たとえば「市場」（経済学からの借り物の〈場〉の概念。〝交換〟という言葉が軸にあるかぎり斯界には向かない?）、「顧客」（顧客とはどのような人間なのかということの仮説的人間像設定は最小限必要なはず。それが今はない）、そして〝ニーズ〟という曖昧語のみでしか語られずそれ以上の説明・追求の何ら為されないままに見える、人間という生物のコアを表象する肝腎かなめの「欲望・欲求（demand）」関連の言葉たち（きちんと定義づけようとしたのはコトラーさんくらい?）等々に関して、定義不明瞭性夥しきこと呆れんばかり。これでは学の基盤も形成しようがあるまい。

この事態、〝無神経〟とでもいおうか。まさに仮説・セオリ構築どころではあるまいという現況なのに、みんな、マーケターも研究びとも、寡黙を貫く。どうなっているんだ、この世界？　同時期の物理学の発達ぶりに驚くのみ。

〝いつまで導入初期のままで、居るつもりか！〟

過去を俯瞰しつつ記述するなか、このように積年の想いが止まることなく湧出しつづける事態に呆然とするしかなかった。これぞ自虐地獄か。

自分にとってセオリに見えたのは正直なところ、林知己夫（旧文部省統計数理研究所の所長を歴任、数量化理論の創発者）の「フォーミュレイト理論」（『市場調査の計画と実際』林知己夫、村山孝喜　日刊工業新聞社　１９６４、『科学と常識』『調査の科学――社会調査の考え方と方法』『あいまいさを科学する――トワイライト・カテゴリーへの招待』等林氏の名著たちも参考になる）くらいであったか（自信はない）。畏敬してやまないコトラーの４Ｐ、ＳＴＰ（Segmentation/Targeting/Positioning）は果してセオリ？　それとも戦略・戦術？　そんな議論は御免蒙る。コトラーが老齢にいたるまで常に明日のセオリを求めつづけてきたのはイヤというほど実感する。されどもっとわかるように説明してよ、学として。論でもいいから。周辺科学の成果物を参考にしてよ。真似でもいいから。

このような最たる擬似（に写りかねない?）世界の上面に、ついにデジタル＆ＩＣＴ（Information and Communication(s)［Computer］Technology）なるファンデーションを厚塗りしたデジタルマーケティングなる化粧物まで現れた。その中身を概観して失礼を顧みず端的に申せば、私の知る「マーケティング概念」範疇に棲まう学の一つとしてそれを解釈した場合、現時点に見るその基本コンセプトは、余計者・半端者のように感じなくもなかった。というより本分野の学として「コンセプト」を感じないのだ。本来の「マーケティング概念」の範疇外の他学というか講座の一つとしては十分にありうる世界かもしれぬ。でもビジネス講座で十分では。明確に新しい「プロモーション学」であれば、それはそれで十分ＯＫなのだ。何も言うことはない。ただヒトは本来ある原（もと）のものと混合して解釈もしよう。せめて基本コンセプトを考えてよ。

デジタル＆ＩＣＴは対象物そのものではなく、対象物を加工・変換・変質する役割を担う。まずはデジタル＆ＩＣＴ化の対象である「マーケティング」なるものの本質の理解と改新、が先だろう。デジタルを便利ツールとしてだけと見るのはやめにしないか。すべては発達途中にある学本体のプロブレムという名の穴ぼこ（これ、明らかに傷です）を埋めてからの話。でなければ、中途半端な状況にある対象をデジタル＆ＩＣＴ化してしまうだけのことになる。

其処には、しっかり上塗り可能というファンデーション自身が保有する直接効果以外の、本質につながるＵ

SP（Unique Selling Proposition）の類は見いだしにくく、論理、体系、セオリなども当然ながら脆弱なように感じられていた。クライアント企業はこの類の案件によくぞ大事なカネを投げ出すものだ。CX（Customer Experience）？ DX（Digital Transformation）はわかるし納得。でもCXはないだろう。語呂合わせじゃあないんだよ。「経験」という人間の本質を伝達しうる本格概念が、泣き出しそうだ。そして起草者であるウィリアム・ジェイムズや西田幾多郎たち（共に哲学者）も咽んでいる？ 何っ、今度はカスタマージャーニー？ 経験経済？ 知るか！ もういい加減にしてよね。

よくよく観察してみれば、デジタルマーケティング概念に内在する「マーケティング」は従来のカレントマーケティングのコアを担う「マーケティング概念」よりも領域も狭くまた戦術寄りすぎるようにも見える。斯界内への「デジタル&ICT」の侵入は、メリット賦与よりも逆にカレントマーケティングの弱点を抉り出したようでもあった。デジタルがマーケティングの化けの皮を剝がしたのかな。

システム開発業務的に説明すれば、本学のコンテンツとなる対象業務の内容は、デジタル化という「システム」化を図る対象ジャンルとして未整理な混沌段階にあるということなのだろう。まず対象業務の整理から始めるべきなのだ。ところが現実は、「マーケティング概念」についての理解は浅いがその一方ICT知識に長けたスタッフがデジタルマーケティングを進めることになったようであった。これ、ウェブマーケティング普及時と同じパターン？

そんなマーケティングが〝デジタルマーケ〟となんとなく軽く呼ばれる？ 其処にはICTで便利さや新戦術（戦略レベルではなく）の可能性を付加された〝初歩的な小手先技能の小さな小さなマーケティング〟が在るようだった。

また御大たちの多くに見られる情況は（書から窺える光景だけだが）、「デジタル&ICT」とは一線を画して頑なに黙して佇まい在る、ように映るのだった。これも〝スルー・アティテュード〟のうちか。本当は、既存のマーケティング思惟の奥深くに、これらの先端的新戦力部位の今までにない特性をできるだけ速やかにエンベデッド（embedded）してもらいたかったのだが。マーケティング学にとって「デジタル&ICT」との遭遇は、僥倖のはずなのに。

Fig.2　明日の時代が求めるマーケティング・プロフェッショナル像

A.時代のマーケティングへの期待と予感

高学際性なる他を圧倒する一大知的特性を保有するマーケティングの世界は、今の地球をリードする先進諸国民がモノに飽き、後続する発展途上国民が大量のモノに触れ出すことで欲望の激流を形成する21世紀後半から22世紀にかけて、“そんな人間の多種多様なる欲望の行きつく先をナビゲーションするmethodologicalな新しき期待と役割を背負い込む”という予感

個学の組込み　　有機体・哲学の学び　　「欲望人」なる人間像

B.時代が要請するマーケティング・プロフェッショナル像

従来のタコツボ単位の学術成果水準をはるかに凌駕するであろう〈諸学の複合化〉を噴出させ、カオスのごとく多様に膨らまんとする新時代の全知的といってよい集合的知性の世界に横串を通し、ICT-AI&IoT・統計数理・情報学・ビッグデータ技術などの多岐にわたる先進テクノロジー類の多くを同時にフル回転で駆使せねばならない超難事なる「概念設計」作業を、従来型のプロジェクト・リーダーにとって代わって指揮しかねない〈新時代のキーエンジニア〉＝マーケティング・プロフェッショナル

「心の開発」の匠へ

新マーケティング・プロフェッショナル像

出典：『「人類マーケティング哲学」への前哨――現代マーケティング解体考 THE FINAL』
（香下堅次郎　三省堂書店／創英社　2022）Fig.20（P649）を一部改訂

本来ならば〝ありがたい遭遇〟の意味を問う使命を担う中核となるはずの「デジタルマーケティング」なる新分野は、プロモーション担当の別物として〝新技能〟（〝技術〟ではなく）の形で併設されるにとどまってしまった（これじゃあ新分野とは言えない？）ということか。此処に伝承者（開発者？）たちの本質と乖離しても平気でいられる負なる行為を見る。今後の〝離陸期に垣間見られた本質の本格回帰〟を、遅ればせながらでも期待したいものである。

扨、前著執筆中に、マーケティングに「人間科学の胎芽を見た」と感じたその主たる根拠は確か、従来語られる「高学際性」と「現代知識の複合性への対応力」そして「統計・解析技術を基盤とする数字言語への慣れと強さ」、つまりは「定性・定量の両生類」などの特質に主として由来するとは記憶するのだが（マーケティング学に対するわが期待概要に関してはFig.2「明日の時代が求めるマーケティング・プロフェッショナル像」を参照願いたい。少しデジタル＆ＩＣＴに傾斜しすぎている感はあるが、当時は恥ずかしながら本気でそう感じていたのだ）、現時点においてはその記憶の仔細は朦朧とし、今や自信なげな姿を曝す。呆れる。情けない。なんといい加減な……。

私がみた〝期待のようなもの〟は、希望をつなぎたいあまりに生じせしめた幻影なのか。たとえそうであっても、何かがチョッピリ加味されればそれはきっと幻影からイマージュ的現実へ、さらにはリアルな実体へと転換する可能性も十分にある？　さてどっちだ？　その加えるべき何かとは、何だ？

大仰に書いてはみたが、このような過センチメンタル・エモーションは明らかに一つのポーズであろうし、またわがエゴが己れの内部をなんとか気持よさにて満たさんものと、言語ゲームのごとく戯れに「学」を道具に使っただけの展開のようにも見えた。今の自分は、正常と〝狂い〟の境界線にいるか、すでに狂いの初期か、のどちらかなのだろう。ただ、今は〝狂い〟のお蔭で強エネルギー噴出中なのだ。中身は別として、見かけだけはとても元気なのである。

「概念」という概念も、まあ〝学の強化道具の一つの素材〟でありうるだろうと乱暴にはやばやと決めつけてしまったのだが、どこか頼りになりそうな気もしている。つまりセオリの迷妄は、同時にその主要素材・成分である「概念」の迷妄でもあるはずなのだ。其処から、その根底から手を入れなければダメなのではと、とりあえず今のところ感じている。

自分はモノづくりで飽き足らず、今「心の開発」つまりは「モノを部品とした好ましい情動の開発」のための方法論（仮説／セオリ／データ等）を生み出さんと企図中である。でも畏敬する岡潔（１９０１‐１９７８、数学者）は「わたしはこころと言うと、何だか色彩が感じられないように思ったから《情緒》という言葉を選んだ」（『紫の火花』岡潔　朝日文庫　２０２０）と言い、また「私たちが緑陰をみているとき、私たちはめいめいそこに一つの自分の情緒を見ているのです」（同前）とも付け加える。〝めいめい〟とはまさに個学・個人学の必要性を説いている……。マーケティングにもこんな〝情緒〟のようなものが作れなくはあるまい。モノにとどまらず〝色のついたこころ＝情緒〟の花をモノ等の「部品」を通じてユーザーそれぞれの内部に咲かせることこそ、マーケティングの醍醐味ではないのか。商品開発の基礎知識のない他学ではそれは不可能に近い。われらの十八番のはずなのだ。

だから諦めずに追求する、心の、個々の情動の、情緒の開発の世界を。

「私はこころの一片を情緒と言ったのであるが、天台宗に一念三千という修行法がある。一つの情緒から三千大世界が生まれ出ることをよく見極めよ、と言うのである」（同前）と岡は続ける。まるで名コーチだ。

そんな期待を「概念」という存在に賭けてみたい。岡潔、素敵な叡智だ。

〝仕方ないさ、新参の導入期の学など、ここまでやれれば、イイジャン〟

〝これからだよ。今私は、「学」の強化のために「概念」に縋ろうとしている……。幸いに今ある概念は薄い。それを逆にチャンスと捉えよう。沈没するのは見たくない。いいだろ？　まあやらせてみてよ〟

〝強くなった、いや少しはマシになったマーケティングを一目見て、死にたいんだよ。わかってくれるか。他に方法はもう、なさそうなんだ〟

そんな身勝手な思惟の軌跡には、五更に鳴く鶏の声の清々しさなどはまるでなく、しつこさのみに頼った支離滅裂なる挑戦継続の果てに零れ出たやっとポジティブとみてもよさそうな濁った汗の残渣が、間近な未来にかすかに塵のごとくに漂う程度であるようだった。これもまた詮無し。

見事に生は、人間個の行動においてどこまでも無常のようであった。嗚呼。

扨、どうなることで、あろうや。まずは見て、御覧（ごろう）じろ。

〈プロローグ　参考文献〉

・『「人類マーケティング哲学」への前哨——現代マーケティング解体考 THE FINAL』（香下堅次郎　三省堂書店／創英社　2022）
・『勉強の哲学——来たるべきバカのために』（千葉雅也　文藝春秋　2017）
・『マルクス・ガブリエル　欲望の時代を哲学する』（丸山俊一、NHK「欲望の時代の哲学」制作班　NHK出版新書　2018）
・『欲望について』（ウィリアム・B・アーヴァイン　竹内和也訳　白揚社　2007）
・『WHAT IS LIFE?（ホワット イズ ライフ？）——生命とは何か』（ポール・ナース　竹内薫訳　ダイヤモンド社　2021）
・『デジタル生存競争——誰が生き残るのか』（ダグラス・ラシュコフ　堺屋七左衛門訳　ボイジャー　2023）
・『人間——この未知なるもの』（アレキシス・カレル　渡部昇一訳・解説　三笠書房　1994）

・『日常的実践のポイエティーク』（ミシェル・ド・セルトー　山田登世子訳　ちくま学芸文庫　２０２１）
・『紫の火花』（岡潔　朝日文庫　２０２０）

「概念」総論（上）

「概念」という存在に関する一考察
――しっかりとした「学」をつくるのは「概念」たちの仕業だという

「私たちの周囲は常に変化していて、私たちはその空間と時間から、実在するもの――人間、場所、物、出来事――をつくり出す。私たちはそれらを固定させ、言葉や概念へと変える。私たちは動いているものを動かないものに変えて、心の中で利用する」

（『Mind in Motion――身体動作と空間が思考をつくる』バーバラ・トヴェルスキー　諏訪正樹解説　森北出版　２０２０）

とても素直に受けとめられる捉え方である。この著者は「認知の法則」なるものを9ヶ条に纏めている。その中で自分が強く惹かれたのが「動作が知覚を形成する」「心は知覚の上を行く」「心は欠けている情報を補う」の三つであった。これから始まる北アルプス縦走のごとき峻烈なるはずの考察の息を継ぐあいまには、これらの彼の貴重なる整理を拠り所としながら頼りなき歩を進めなければならぬ、と感じていた。スタンフォード大学名誉教授で「身体化された認知（embodied cognition）」分野を牽引するバーバラ・トヴェルスキーのこの至言を耳にしつつ本論に入りたいと思う。

まずは、私が頼ろうとする「概念」なるものに、正面から対峙してみようと考えた。その行為が勘違いかどうかは、事後わかればよい。まずは逃げずに、スルーせずに、いち早く対峙することが肝要である、と決め打った。「学」とは対象を何かに絞って〝考える〟ことである。しっかり為すには考える力が強大でなければならない。考える、つまりひとのもつ思惟・思考なるアビリティあるいはビヘイビアとは、果して何か。どのようにあるものか。

人は考える対象を、人間独自の能力である「言語」によって世界から掬い取り、絞り込み、その性質や掬い取った諸々のものごとの〈関係〉を理解しようとする――そのような〈関係〉を読み取る動きを「思考」と呼ぶのだろうか。

言語には日常言語のみならず、科学言語、哲学的言語といったレベルの異なる種類もあるらしい。掬い取るのだから言語は網のごとき「道具」であるか。

網の穴も細かいものもあれば微小なものもあり、竿もリール付きもあれば木の枝のようなシンプルなものもある。「世界」を理解する（認識する？）道具にもいろいろあるとすれば、少し上質な言語の類が〝考えること〟の質を規定する、と推量してもそれほど的はずれではあるまい。というよりは、まずまずの推量であろうと考えるのだが。

ただ、この瞬間われが使った「世界」なるものは、どのような実在を指すのか。いつもこのことが、われをさらなる迷妄に追い込んでいく。

このように順を追って考えていくと、よく言われる「概念」というものは明らかに「言語」の一種のようである。しかし何となくそれは、日常言語に〈性質〉や〈関係〉などの肉づきを付した上質の〝思考用言語〟かもしれぬ、などともっともらしく推し量ってしまったりするのだ。だが、何についての〈性質〉やどんな〈関係〉なのか、までにはなかなか辿り着かない。まこと、ひどい推量である。今日もまた、恥ずかしい。

こういう風に考えをつないでみても、言語を介在しなくても、動物は考えるようだし、なあ（これ、間違っているのかな？）。まだまだ、よくわかんない。そういえばコーヒーカップなどの物体を指し示す言葉も「概念」と呼ばれている（？）ようだし、はたまた民主主義や数学のような言語もまた、やはり「概念」と呼ばれているようである。そうだよね。いろいろ、ありすぎ。

ただ何となくではあるが、私はジャレド・ダイアモンド（カリフォルニア大学ロサンゼルス校医学部生理学・地理学教授）の「言語は人間の心のもっとも複雑な産物である」（『昨日までの世界――文明の源流と人類の未来（下）』日本経済新聞出版社　２０１３）という科白には即共鳴してしまうのだ。

人間にとっての〈知識〉という存在をあらためて考えてみるとき、明らかに「人間の〈知識〉は視覚化できないものにも広がって」おり、「民主主義や人権や数学のような（抽象そのものと思える）概念についての〈知識〉もある」のだから、そんな「民主主義や数学のような概念は、たんなる事実の積み重ねではない。私たちはそういうことについて論理的に考え、どういう行動をしたら何が起こるかについて予測できる」（『脳は世界をどう見ているのか――知能の謎を解く「１０００の脳」理論』ジェフ・ホーキンス　早川書房　２０２２）と米・神経学者ホーキンスは主張する。確かにそんな感じも、しなくもないのだ。

この辺りから推察して、言語が概念に成長して思考に役立とうとするとき、〝概念なるものは自身が内部に蓄えている複数の座標系（この表現でよいのかどうか）のいくつか（一つあるいは複数同時に）を選択すべく活性化され、「思考」なる動きを生起させていく〟と考えられそうに思えるのだった。

「概念」という概念、その〈意〉がおかしいぐらいに多様で広すぎないか。別の複数の概念に分割させたほうがよさそうなレベルにある、よなあ。

誰が「概念」なる概念を考えたのだろう。

「概念」という存在物と思考

直近の自分の脳裡の動きを、いま少し丁寧に、トレースしてみたい。

ひたむきに追った最近の諸々のとりまとめ（前著の執筆作業）の隙間隙間で、あちこちにボワ〜ッと、自脳の片隅から、あるイマージュのようなものが滲み出てきていた——学の内包は凡そ「言葉」つまり「言語」で占められている。この世界の何らかの〈意〉を映し込まれてもつはずの「言葉」たちは、ある主体の意志（意志か意思かよくわからぬ。どこか強く感じられたので意志とした）の下で、ある体系の形を成して集わされ、同時にその意志がさらなる内部へ浸潤せんと苦闘するプロセスで立ち昇ってくる汗によって生じた叢雲(むらくも)に抱(いだ)かれつつ、徐々にその学固有の「概念」へと発達(?)する。それは進化というよりはもっと自然な、日常の瞬時瞬時における一つひとつの素朴な成長の積み重ねと感じられていた。そう、それはまさにむくむくと徐々に実を成しふくらむ〝育ちの姿〟と映った。

この段階で閃光のごとき啓示が走った——そうか、言葉たちは単独では本来の形として生きられぬ。ゆえに他と特定の某体系のなかで群れを成そうとするとき、自他の概念（の卵？）たちは相互に関係し合いそれぞれの性質を互いに賦与され合って育つのだ。そこに生じた新たなる〈性質〉や〈関係〉がまるで血肉のように概念の内部にくっついていく……。そんな〈性質〉〈関係〉が言葉たちの動き（生？）のなかにあるようだった。

そしてさらに、である――発達途上の複数の概念（の卵？）を組み合わせ融合させて何らかの秩序化を為し、それら秩序化されて在る血肉たちそれぞれをわれら（たとえば同じ専門・コミュニティにて学ぶ学徒・同胞・同志）の共通意志（一つのユニバーサルズとでもいうか）にて染め抜き、そんなすべてを一つの大きな体系の下に統合的に編み込むように納めることで、「思考」あるいは「思惟」と呼ばれる一つの人間の行為があるかたちを成してくるのだ。

この「思考」と呼ばれておかしくない行為が、学（あるいは特定のコミュニティ）の領土のあちらこちらでいつも強く表出していなければ、大した知識も蓄積されることもなく、またその領土は学と呼称されるにふさわしくないのでは――このように素直に論理をつなげてみて、ひたすら頷くのだった。

西田幾多郎も『善の研究』の中で「人間の行為は、ただの動きではなく、なんらかの意識を備えた、目的のある運動」（これ、筆者の解釈に基づく表現です。念のため）と確か記述していたように記憶する。そう、ここで言う「行為」とは、ひとの意識、なかでも「意志」と呼ばれる何か強そうなものの反映した極めて〝目的的な動き〟を指すようなのだ。「思考」つまり考えることなのだから、それも当然だろう。目的的といってしまえば、何か人の意に拘りすぎる、つまり人為の極みを感じさせなくもない。とはいえ人間らしくとは、これも人為の極みであるか。此処においても、私はただ、惑う。

一方別の見方に立てば、いまだ言葉を覚えぬ赤ん坊も思考に似た行為はするようだし、となれば言語などまるで無関係な生物たちでも、何も考えていない、とは言い切れない。さすれば言語はまた本能のようでもあるのか。

われら（心理学徒）にとっての偉人・矢田部達郎（京都大学教授）は「思考作用と云ふのは記憶作用や意志作用から独立した別個の活動ではなく、全体的行動の生産的方向と考へなければならない」（『思考心理学史―思考研究史』培風館　1948）とスッキリ指摘し、現前の事態が慣れたものである際は既得の手段でほとんど反射的に対応可能であるが、事態が多少とも新奇なものである場合には、状況のほうの変革かわれわれのほうの態度の変革か、そのどちらかの「構造替え」が既得手段の機能的革新を通じて新しい効果を発出せんとするがゆえに、それを「生産的思考」と名付けたい、という（この部分、筆者の我流解釈に基づく）。彼の言うことは、わかりやすく感じてしまうから、実に不思議だ。いや、ちょっと待て。「思考」にまで話を進める前に、世の（人間の周りの世界の）「認識」や「知識」の形成があって、そして「思考」だろう。

これら三つに共通に関わってきそうな言葉たちを探してみれば、すぐに「物体・物質―観念・イマージュ・像―言語―概念」といった三連の言語連鎖ツリーが世の叡智たちの洞察のお蔭で浮かんでくる。物体・物質までは「実在」の根拠との関わりが強そうだし、逆に観念・イマージュ・像そして概念となると、「在るもの自体」に「可能なもの」がプラスされて、「実在」の根拠というよりはどちらかといえば「知識」や「思考」に関わりが深いように思えてしまう。となると言語は、概念のほうから見れば〝概念の骨格〟つまりスケルトンであるか。でも言語はまた、この一連の過程の中で使いうる「道具」でもあるようだしなあ。いや、「部品」かもしれぬ……。ムー、こんな解釈でいいのだろうか。自脳が怯えて震える。

物の実体というか基体があって、それに関連する観念・イマージュ・像があり、それらがまた感覚体に知覚された姿を脳あるいは心に投影し、投影された像それぞれをさらに言語化していく、という幾層もの認知・認識の形式があるのだろうか。生物の中では怪物のごとき「人間」様なのだから、多レイヤー装備であっても自然であるか。実に人間とは難しく複雑怪奇につくられた存在物のようである。そしてこの難しさにも何らかの意味がある？　宇宙の創造主は、こんな複雑物をなにゆえ用意した？　こんな生物、何ゆえ必要なのか。

人間が知覚する（した？）ものは、果して像なのか、在るものなのか。

扨、世界は実在するのか、それとも人間が描いたものなのか……わからぬ。

今更観念論・実在論等々のややこしい論争を蒸し返すつもりはないのだが、ついついこのようなぼわっとした思考過程になってしまう。只、今私は、その両方（観念×実在）を許容したくなっている。融通無碍？

もっとストレートに、わかりそうな個所に関してのみ表現してみれば、なんとかして実在をみようとするだけでなく、観念や抽象語・イマージュ的なものまでもフルに活用して、世界の実体（基体？）を認識しようとして偶々動いた結果が、「知識形成」であったり「思考」だったり、するのだろうか。これ、今の私の一応の結論に近いもののようではある。でも、今途中にある結論らしき仮説と最終的な結論との間にあるクレバスは、とても深そうだった。

でもやはり、ものの基体は、本当に、物理的に在るのか。

となると概念は、「知識形成」や「思考」にはプラスに働くが、「実在の認識」には邪魔となる、マイナスの機能もあるやもしれない、などという危惧は感じなくもない（これ、蛇足かな）。また私らしく、迷う。実務家（本当は職人と言いたがる自分が居る）にわかろうはずがない。しかし簡単には、諦めない。

あらためて問う――まことに「思考」とはいかなることを指すのだろうか。怪奇でさえある。人間がほんとうに怪物に見えてきた。言語無しでも、たぶん心的イメージのようなものさえ感じとれれば思考しうるような気はする。しかし、言語が介在したほうが、思考の活性化度は強烈になるはず、とも思うのだった。どうなんだろう。でも、超・おもしろい。

果して人間の思考なる動きというものが、言語や概念とは無関係に成り立つものだと仮定すれば、思考は直感した通り、本能（に近いもの）ということになる（このケースは現前の事態が〝繰り返し認識し慣れたもの〟の場合だと推測する）。だよね。まことに本能だとすれば、その生物の〝生存〟という原点につながる何らかの個体としての意志は、思考なる行為の周辺に最低〝想い〟（感情?）として漂いある（つまり何らかのかたちで実在する）ことになるのだろう（それでいいのかな?）。そしてその実在は言語とはとても言えない〝心的イメージ〟であることも多いことになる？　あれ、また〝想い〟などという抽象語にて誤魔化した？　堂々巡り？　違うか。ほんとうは、どうなのか？　ウーム。まだ、わかってこない。納得は、まだはるか遠くだ。

八十路に至って、まだこんなことを考えつづけるなんて、なんと子供か。

言語の関わらぬ思考は仮にあるとしても、言語と関わりの深い人間にとって、少なくとも言葉や概念に内包（浸潤?）されたヒトの意志のようなものは、間違いなく思惟・思考と何らかの関係があるはずとみてよいのではないかと、やっぱり強く思ってしまうのだ。そのほうが理解しやすいのである。

言語の関わらぬ思考は、思考と呼ばなければよい？　本能のような〝想い〟には別の呼び名を付けてあげればよい？　これらの五感で感じることのできない現象・観念についての言語化は、人類という生物体においてはまだまだ未成熟あるいは発達途上段階にある、と考えたほうが……。人間は「可能世界」[注1]にはまだ弱い？　自分は、どちらかといえばそう感じている。

注1　たとえばデイヴィッド・ルイス（米・分析哲学者、1941－2001）などが牽引したといわれる

「可能世界」論（たとえば『デイヴィッド・ルイスの哲学――なぜ世界は複数存在するのか』野上志学　青土社　2020など）。2回読んだがまるでわからぬ。困り果てている。

つまるところ、現時点における人間の、現象や観念に対する「言語化」力は、いまだ限定的で発達途上にあり、われら人間は宇宙に存在する多様な現象・観念の理解のためにこのアビリティを一層逞しく育てなければならない状況にある、と捉えたい。ともかく「思考」は言語と同様、人間独自の生きる武器の一つのようではある。これだけは間違いない、と思いたい。

思考がどのような行為(?)であれ、「学」というものをしっかりと成立させるには「思考の力」が必須であり、その思考の力は言語化力・概念化力が秀でているほどパワフルといえるのだろう。でも、ほんとうにそう、なのかな？

また通常、そんな学の内包に散らばりある「概念」と思しき言葉を見れば、その学の何たるか、そしてどの程度周辺世界に己れという主体の波長を伝播しうるものかが推定可能となり始める、と私は確信をもって推量する。

その概念に含み包まれる〝(関わる人間の)意志〟なるものの特質や澱(おり)によって、その学が人間や社会にどの程度どのように影響し貢献しうるものなのかが決定されてくるように感じられるようであった。

そのような学の主たる構成要素としてわれらが一般的に気軽に用いている「概念」とは、果していかなる存在物として在るのか。学に対して〝どのように在ろうとする〟ものなのであろうか。学なる領土にどのように（その概念）固有の様相を生み出しまた伝播せんとするものであるのだろうか。

「概念」は本来筋肉隆々としている？

それにしても、研究びとはたやすく多頻に、格別の付加説明もなしに、この言語「概念」を濫用しすぎの感がある。概念とは、そんな好都合な言葉ではないはず。これ乱用というのかも。

私がマーケティングに対して、学たるかどうか、と考え込んでしまったその裏には、実は今のマーケティング領土に棲む概念たちが痩せこけていたせいではないかという無意識に近い気づきがあり、不安がそそられたのだった。

痩せこけている、とはどういうことか。それはたぶん、その分野で概念として使われている言葉が、言葉の性質や関係による血肉の発達を何らかの理由で抑制され、極めて日常言語に近いまま使われていることを指す。あるいは他の領域で育ってきた言葉をわれらの領域化（領域の色に染めること）することなくそのまま（他領域の言葉のまま）軽く使ってしまっていることを指す。いやひょっとして、その両方であるか。きっと、そうだよ。

以下妄想的に書く。つまり、特定の命題を明確にされた領域における「概念」がもつ特質とは、素（ピュア）でシンプルきわまりない「言葉」というもの（記号のような存在のことか？）の原組成が、なにがしかの理由によって発達的に逞しき何かを身につけるべく育っていく、そんな過程のそこここに顕われてくる存在物、であると想像してみたくなっていた。こんな「言葉の発達」という不可思議な現象を、果して何が促すのか？ その根拠を再び自己流かつ妄想的に想像してみれば、たぶんそれは、その領域に学ぶ者たちの複数の主体の集合体が、相互に納得しうる範囲において関連するそれらの共通項を糸のごとく編み上げた一つの〝体系的皮膚〟とでもいうような、原の言葉には元々確認しえなかった何らかの新しい組成（仕組み？）となる複合体を自然に生み出してきたのだ、と推測したくなっていた。概念の内部には、関係するものごとやひとの意志、行為などで編まれた頑強な独自の皮膚が育っているのかもしれない。そう、主体たちの多様な属性によって育まれた固有の「性質」と「関係」の皮膚状の塊（線維性・非線維性両方の組織をもつ〈真皮〉のようなもの？ 平たく表現すれば、血管・神経や弾性繊維等筋肉のようなものあるいはそれらのエキス？）こそが〝より逞しく成長した言語の増分〟すなわち「概念」の原子ともいうべき新組成部分であり、その発達の契機となった特定領域の共通主観世界の新組成集合体を含めた、そしてそれなりの環境（領域）同化を無事進めえた言語全体に対して与えられた〈めでたき呼称〉ということになりはしないか。だからこそ概念は、当然のごとくに筋肉隆々としてくるのか。

此処で言う主体の共通項とは、マーケティングで言えばたとえばP・コトラーの思惟特性、有機体の哲学で言えばたとえばA・N・ホワイトヘッドの思惟全般にみる特性が相当するのかもしれないし、また〝血管や筋肉のようなもの〟とはマーケティングにおいては具体的には4PやSTPなど（ちょっとまだムリかな？）、有機体の哲学ではアクチュアルエンティティ（活動的存在・現実的存在・実質的存在などともいう）、抱握、合生などの大胆なる既存概念たちを横串しする共通要素のことを指すのかもしれない。これらは自分の夢想的推測にすぎぬのだが（実は仮説と言いたかったのだが、まだ自信がない）。

例に挙げた「有機体の哲学」という命題領域においては、先述の概念以外にも、延長連続体、フィーリング、永遠的対象、自己超越体など充実した概念が目白押しに存在する。日本ホワイトヘッド・プロセス学会の学びのひとたちの勇気・大胆さ、つまりはその充実度・質実剛健ぶりが十分に推し量れそうである。「ジル・ドゥルーズと生成変化の哲学」なるジャンルをみても、差異と反復、生成変化、リゾーム、接続と切断、離接的総合等々、次々とあっという間に、発達し切った大人の本格概念らしきものが再生される。そう、ハイデガーの存在了解もあったなあ。まさに筋肉隆々、まるで発達した概念の極致を見るようである。これらの光景が出す答えは、概念は学知のための栄養剤・成長促進剤、ということなのだろう。

それらに比してマーケティング学にあっては、無念ながら、概念とおぼしきものは容易には思い浮かび出せない。皆、血や筋肉を感じない。主観の極みということを承知で語れば、すぐに挙げられる「ニーズ」「ウォンツ」「デマンド」などと言った言語も、同じ領域内の他の言葉よりはマシな部類には入るのだろうが、その筋肉は隆々にまでは見えない、かな。「顧客満足」も同様である。カレントマーケティングの皆さん、ご免なさい。

21世紀初頭にあって、わが領域に棲まう言葉たちの概念への成長・発達度合の遅さ・低さは隠しようがないようであった。やせ細っている……。どうして！　それはもう、〝情けない〟領域へと突入しているように感じられていた。

斯界の研究びとの日頃の言語の用法を見ていると、どこか言語に対する厳粛なるシビアさを見せなくて、不安になり落ち着かない。言いすぎかなあ。

結構いい加減な推量なのかもしれないが、この見方、不思議になんとなく自信あり、なほうなのだ。〝ニーズ〟というコトバに何の改善意識ももたないなんて、信じられない、ということだ。仮説があまりにも無さすぎ、であるか。

一晩寝て、こんな身勝手な独断的気づきを、やっぱり自分の本質的仮説と考えたくなっていた。概念は育てなければならぬ、必要な数揃えねばならぬ、そしてわれらの領土に同化させねばならぬ。そのためには当然無数の良質な仮説は必須であろうし、またきっとわれら同胞の主観世界・主体の抉り出し・明確化・収斂（たぶんそれは、既有概念たちの意味共通項の摘出が鍵となりそう）もまた必須の準備となるのだろう。ただ同胞に抉るべき「主体」はあるか。

よし、たとえば明日のマーケティング学に求められてしかるべきいくつかの〝概念候補〟を例に挙げながら、深考してみるのも面白いかも、とつい成り行きから考えてしまっていた。こんな一つの思いつき的アプローチを通じて、本学がほんの少しだけでもより逞しくなれば、めっけものではないのか。

どうもそんな無意識の気づきを、偏屈といわれる自分らしい閃き、と思い込んでしまったようでもあった。相も変わらず、なのだ。今日もやっぱり、自己中。ひとは、死ぬまで変わらない、ようであるか。

こんな偏屈なる私に、しばしお耳を貸していただければ嬉しい。

「概念」の発達する海を漕ぐ

〝斯界の「概念」たちは、他界のそれに比して貧相であるか？〟

あるとき、普段の仕事の現場では常に先送りにしてきたこの種の問いを、少しばかり立ち止まって丁寧に考えてみようと、ふと思っちゃったのだ。

なぜそんなことを、と怪訝に思うかもしれぬが、昨今われらの仕事（つまりカレントマーケティング）の周りに、気になる〝概念のようなもの〟が、なぜかやたら斯界の思惟に交じりたがってうろつくのが目立つゆえである。それらはやたら目につき、少しうるさいぐらいであった。早く仲間に入れてよ、と言っているようなのだが、斯界の研究びとは気がつかないのか、スルーしているのか……。斯界が彼らにとってそんなに魅力的であろうはずはないのに。彼らには斯界が穴ぼこの、新居になりそうに見えなくもない手頃な空き地に見えた？　ひょっとして彼ら（概念のようなもの）も、広く、生きいきと働ける場所を探しているのか。そうか、お前ら、今孤独なんだ。そしてその喧騒は、耳をそばだてて聴いてみれば、リーン、リーン、凛、淋、燐……と虫の声のようでもあり、ククク、駆、狗、苦苦苦……と鳥の声のようでもあり最終的にはそれらはイマージュとして統合されどうも哭いているように感じられてくるのである。

〝あれ、概念たちが哭いている……〟

それは、決して鳴くではなく、また泣くというよりは〝慟哭〟を押し止めようとして抑えきれない、そんな苦悶の様を見事に想像させるのだった。

といっても、われらが仲間に入れないから哭いている、というわけではなさそうだった。すでに今の状態が辛く耐えきれなくて、そうなっているらしい。

ウーム、アカデミー全体として、これはまずい事態、かも。

「概念」の英訳は、concept、独訳では begriff であるらしい。しかし普段マーケティングの現場でやたらよく使われる便利な言葉――〝コンセプト〟とは、どうも違う感じなのである。〝コンセプト〟とは、あまり大して考えていなくても考えているように装える、今のコンビニエント時代にそぐうコトバ、と感じている。これだけ使い込んでおきながら、いまだに好きになれない。

「概念」――若き頃から摩訶不思議な存在として見つづけ、考えてきたのだが、よくわからぬ。大事そうなのだが、果してどんなものであるのか。

無鉄砲に、それほど照れることもなく考えつづけてみることにした。自脳の巡るままに任せてそのまま見る、というつもりの素直な行為であった。

たとえば、である。一つひとつの個の出来事・物質というもの（現象・観念）は、それらが相互に関係深しと認識しあったもの同士の間で偶々塊（集合物）と成ろうとしつつある折（なぜそう成ろうとするのかについては、まだ何もわかっていない）には、その相互の関係をさらにより強固に深めようとして、人間固有の言語や符号・記号の類の力を櫂のごとくに用いて漕ぎ進め（この漕ぎ進めている海・空間が何であるかについても、まだよくわかっていないのだ）、それらの集う過程にあって相互の関係事態から絞り出された個の〝意志〟（これを〝主観〟というのかな、それとも自我かな?）のエキスが一杯に充満する、一見〝昇華様相〟を呈するかに見えなくもない正体不明のグレーなる、そしてゲル状というよりはコロイド粒子の分散化の進んだゾル状にみえるカオス空間（人間の一つの意識空間、つまり人間個にとっての宇宙であるか。ウィトゲンシュタインの言う「論理空間」とどの程度同じか違うかということについてもまだわからぬ）を延々と潜り抜けながら、周りのエキスを個々好きなだけ好きなように吸収しつつ、徐々に「概念」と呼ばれる姿に育まれ大人として発達していくかに思われた。

となれば概念の内部には、コロイド粒子に沁み込んだモノやコトの実在と、それら相互が言語や記号を介して協働にて生み出した実在個々の生のエキス（これも一種の〝個性〟と呼びうるか？）とが共存している（反映されている？）ことになるのだろうか。こう考えて、寒疣が立ち興奮し始めた。

この記述、まことに己れが夢想したままのたどたどしき表現そのものなのである。恥ずかしい限り。ちょっぴりホワイトヘッド思惟の影響もあるかな？

ほんとうに、私は、夢の中に入ってしまったのだろうか？

アカデミー界にあっては、個の事物それぞれが、そんな気体（昇華体？）の塊へと向かうカオス空間に入ってすぐに激烈に揉まれ合い、他物と多くの包摂・融溶・合生を為し合って、その結果自らも変容しながら創り出す一般・普遍・共通項とおぼしき姿を〝ユニバーサルズ（普遍的性格のもの？）〟と呼んでみたり、またその過程全体を〝普遍化〟と言ったりしているようであった。〝抽象化〟なるものも、その程度こそ違え、おそらくは似たようなことであろうと想像した。それらはアカデミーなる存在の使命のようにみえた。

だからこそ、人間にとってアカデミーは戦場の砦なのか。

この動きつづける過程全体に内包されるその本質は、きっと量子力学のセオリによってもいまだ解明されえない世界であるやもしれぬと想像され、自分ごときにはおそらくは、まるで理解のとどかぬ空間なのだろう。

ただそんな曖昧な気分のなか、はっきりしているかに感じられたのは、「人間の心は抽象概念の中でしか容易に活動しないので、普遍概念の実在――すなわち〈ユニバーサルズ〉の実在――がなくては科学は成立しない」（『人間――この未知なるもの』）ということのようであった。この見通しは、たぶん正しい（と私は今のところ信じている）。なにせ全世界で一千万部を突破した書の語ることだから。

その一方で私は、マーケティングは科学たる必要まではない、単に学たればよい、とは今のところ感じているのだが（これ余談？）。

そしてこれらを推察するためのあらゆるロジックは、すべて「個単位の具体的事象」を重視する立場（ディルタイ的スタンス？）、そしてその「個なる具体的事象」は瞬時瞬時に新たに生成され更新されつづけていくという立場（ホワイトヘッド的スタンス？）などをまずは併せて遵守しようとする態度から出発しているように見受けられた（この視座は斯界も含めて、今隣接諸学の体系のなかでは、ほとんど見いだしえないようなのだ）。さらに難しいことに、「個単位の具体的事象」を単なる現象にとどめ置かず、より強固なる武器存在として人間の思考の礎として用いんとする際には、普遍化なる過程も同時に求められてくるようだった。こりゃまた、ますます難しそう。

となれば、言語の（つまり概念の卵の）ユニバーサル化を概念化というのか？　いや少し違う感じだなあ。そんなに重くないよなあ。もっと手軽な感じもあり、もっと広義のような気も、しなくもない？　いや、日常言語や概念の卵のレベルが一足飛びに即ユニバーサル化するはずもないか？　〝参った〟という言葉が飛び出しそうになるのを、やっと抑えた。参ってたまるか。

〝夢想など、もういい加減に、しなさい、この素人が！〟

誰かが、呆れ顔に、声をかけてきた。そうだな、一旦そうするか。概念の発達する海へ漕ぎ出すこともきっと、〝よく生きること〟そのものなのだろうなあ。自分も、明らかに人間のひとりなのだから、いつかわかりたいよなあ。何っ、あなたじゃあムリだって？　ほっとけ！

叡智たちの「概念」解釈

「概念」の未発達な前身が「言葉」であると考えようとしている自分は、この機にその特質を、叡智の力を借りて整理してみようとしたのだが、そこには実に多様なる世界が広がっていた。それは、なんとしつこいと思う程なのだ。

・言葉は世界を非現実化する――言葉の幻想性
・言葉は世界を区切る――言葉の恣意性
・言葉には翳がある――言葉のアナログ性
・言葉は雰囲気の同じものを集める――雰囲気的同一性

・言葉は世界を孕む――雰囲気的空間
・言葉は響き合う――言葉のシンフォニー
・言葉は底なしの深淵である――言葉の魅惑と恐怖
・言葉は歴史的途上にある――理念としての言葉

（『言葉の現在――ハイデガー言語論の視角』目次　斧谷彌守一　筑摩書房　1995）

なんだ、こりゃあ。言いも言ったり、挙げも挙げたり。でも専門家は流石というか、味わい深い。こりゃあ、〝言葉〟なる概念(?)の範疇の境界線ぎりぎりまで推量している？　しかし逆の表現を探せば、百科事典風でもあるか。

そう、ここまでいろいろ考えるのであれば、ここにある「言葉」たちは単なるコトバであるはずがない、きっと「概念」（の特質・機能）のことではないか、とチャチャを入れたくなる。そう、「言葉」じゃあ、なかろうよ。すぐに納得できそうなものもあれば、即疑問符が浮かぶもの、チンプンカンプンの感じしかないものなど、ともかく多様極まりなく諸々の特質が列挙され、戸惑う。言葉、言語がこのような特質を保有するとなれば、その発達した（と自分は信じかけている）「概念」なるものにも、このような性格が反映している、と見るべきか。ウーム、とんでもないことになったと受けとめるしかなさそう、であった。ドツボに嵌まるとはこのことか。

正直、コトバ、言葉、言語、概念の差異認識について、私は自信がない。

あらためてこの際、「概念」なるものをいろいろ見直し、調べてみれば、

「事物の本質をとらえる思考の形式。事物の本質的な特徴とそれらの連関が概念の内容（内包）。概念は同一の本質を持つ一定範囲の事物（外延）に適用されるから一般性を持つ」（『広辞苑』　2016）

「概念は〈意味〉を伴って把握され、意味は概念として示される」（ネット検索より）

おいおい、意味は「言葉」にもあるだろう？　どうなってる？　これでいいの？　いろいろ堅苦しく整理されて

いるようでもあった。何っ、「概念」はすでに「思考の形式」だって？　「一般化」は確かに思考だろうが。それに、間にある「連関」という言葉も微妙で気になってしまう。これで本当にいいのか。

そうか、「概念」というものは、人間にとっての〝世界〟の内に実在する（はずの）事物を切り出すための「枠組み」というか「形式」という側面と、その切り出される（予定の）対象となる事物の内容をダイレクトに指し示す境界線的側面そのものの両方を包含している？（と問いかけた自分が自分の問いに首を傾げている？　ホント、難しい。疑い出せばキリがないのだ）

そして「概念」の内容は、内包と外延なる二つの様相から構成されているって？　内包には意味が在る？　ふ〜ん。普通に、わかりづらい表現で整理するものだなあ。ピンとくるような、こないような……。自分は、わからぬ。まるで知能指数の低い哲学者？（えっ、そんな人はいないって？　そうか……）がまとめたかのような半端な表現選択が連続する。確かに『広辞苑』を作っている人であれば、知能指数が低いわけはないか（失礼！）。ただ、「意味」なる言葉を持ち込めば、迷妄が増す、ということがわかってないようではあった。困るんだよなあ、こんな日本語（私は日頃から辞書には厳しい）。

この見方を発展させていけば、「人が認知した事象に対して、抽象化・普遍化し、思考の基となる基本的な形態となるように、思考作用によって意味づけられたもの」（ウィキペディア）、すなわち〝思考の基礎となる（言語という形式でつくられた）形態〟が「概念」ということに行き着きそうであった。かなり堂々巡りの理屈の感も残ってはいるのだが。ウィキペディアに頼っちゃあ、やはりまずかったかなあ。

それにしても「意味」や「意味づけ」が助け船のように、やたら登場する。

思考のための言語の複合的（統合的かな？）形式化、ということ？　そうか、城（思考）にとっての石垣の石（概念）のようなものであるか？　でもここでいう「思考」は、われらが日常用いるそれよりは、もっと広義に使われていそうに感じられるのだった。

もう一人、「言葉」のプロフェッショナルとおぼしき叡智・今井むつみ（当時慶応義塾大学環境情報学部教授）の書（『ことばと思考』岩波新書　２０１０）を覗いた。この御仁はなんと、認知科学・言語心理学・発達心理学が専門だという。凄すぎる。私は認知科学が苦手だ。基本たりうる示唆を受ける。

「ことばは世界への窓である。私たちは日々の生活の中で、特に意識することなく、ことばを通して世界を見たり、ものごとを考えたりしている」

「ことばは世界を切り分ける（中略）ことばというのは、世界をカテゴリーに分ける」

「心理学では、〈思考〉はしばしば人が心の中で（つまり脳で）行う認知活動すべてを指すのだ（中略）人が無意識に行っている〈認識〉行為をも含めて、包括的に〈思考〉と呼ぶのである」

「〈認識〉と〈思考〉はかなり重なってくる。〈認識する〉は〈思考する〉に包含されるだろう。ただ、〈認識〉と〈思考〉の境界はそんなに明らかではない」

（『ことばと思考』今井むつみ　岩波新書　2010）

「窓」かあ。そうなんだ。なるほど。とても平易に記述してくれて、助かる。「世界を切り分け分類する」という点は、みんな指摘しているようだ。

それにしても昨今認知科学を志すひとは、みんなスゴイ、なあ。

これらの引用部分以外にも、「ウォーフ仮説」（〝われわれは自然を分割し、概念の形にまとめ上げ、現に見られるような意味を与えていく〟という米・言語学者ベンジャミン・リー・ウォーフの提唱した仮説）に触れたり、赤ちゃんの「概念地図」は生まれたときから（言語なしに）描かれているということや、赤ちゃんには言語の違いを超えて好む「概念カテゴリー」が存在する、といったことをも語ってきてくれて、唸らされる。やっぱ、スゴイ。

言語は世界を分割するのか、赤ちゃんの「概念地図」や「概念カテゴリー」はどうして在るのか……。興味は尽きない。強烈な示唆、ありがとう。

そんな「概念」なる存在物は、明らかに「言語」でできている。「人は何かを考えるとき、頭の中で無意識に言葉を使っている」という（「産経新聞」朝刊2022年4月2日付記事「テクノロジーと人類9　言語の誕生」科学部編集委員・長内洋介）。私にとってタイムリーなこの記事の中に引用されている、興味深い次のような指摘がある。良き記事だ。

「言語は単語の組み合わせによって概念を複合化し、新しい概念を作り出せる特徴がある。これによって人は経験していないことをイメージできるようになり、多様な技術や文化を生み出した」

（北陸先端科学技術大学院大学教授・橋本敬）

言語は概念の成分・要素、ともいえるのか……。まあ、当たり前、かな。

なんとなく感じていたことを、すごくクリアに言ってのけてくれている。そうなんだ、われらの思考は素敵な概念たちのおかげで成り立っている……。

脳が未経験のことを理解しうるのも、「概念」のお蔭、ということか。

ともかく、学にとっては、必要な「概念」が必要な分だけ用意されていないと思考作用が進展しづらいし、また自領域に属する個々の「概念」の質が良くないと、またきちんと時代に沿って進化していないと、学という山の頂には立てない、とはなんとか言えそうに思えていた。たぶん「時代」とは、言葉にとって「環境」なのだ……。

難しい領域なのだが、そんな知の世界の中であのウィトゲンシュタインの「論理空間」（目下勉強中）を思い出していた。存在する経験した事実（現実）だけでなく、可能性のあるものまでを含むすべて（論理空間の全体）までをも包括した可能的事実を含む全事実（?）まで掬い取れるのが「概念」なのではないか、と（間違っているかもしれない、念のため）。

それにしても「事実」って何だ？　実在する基体のこと？　本当に物質は幻影ではなく、客観的基体として在る、のかなあ。そうかなあ。最近の物理学についての話だったか、〝物質は実在しない（ことがわかった）〟とか、聞いたような気もするようなのだが、勘違いかなあ（これ誤謬かも。確認もせずにいい加減なことを書いてすまない。一応念のため）。

もう一度、本章の冒頭に挙げた認知心理学の第一人者といわれるバーバラ・トヴェルスキーの近著の中の、自分も心底肯定可能な言葉たちの要所（サワリ）を反復してみた。

「すべてのモノは常に動いている／思考もまた常に動いていて、しばしば捉えがたい／私はそれを凍結させ、具体化して固定する。とらえるにはそうするしかない／周囲は常に変化していて、私たちはその空間と時間から、実在するもの――人間、場所、物、出来事――をつくり出す／私たちはそれらを固定させ、言葉や概念へと変える／私たちは動いているものを動かないものに変えて、心の中で利用する」

（『Mind in Motion――身体動作と空間が思考をつくる』）

やっぱりそうだよ、そうなんだ。まるで私の感覚そのものが、其処にそのまま表現されていた。とても納得できる好ましき言葉たちであった。

人間の住む世界の構造は、きっとこうなのだ、と確信しつつあった。物質が、実在するかどうかだなんて、地球にとっては大切なのかもしれぬが、人間にとってはどちらでもよい、と受けとめようとしていた。それは物理学（物の理の学）が為す役割であり、われらは人間学（人間の理の学）の中に居る。あるいは、心の理の学、かもしれない。周囲にある世界は、生きる人間には明確に見えて認識されているのだから、とりあえずはそれで十分だろ？やっぱり、まずいのかなあ。オレ、実在が物理的なものか幻想か、そんなのどちらでも、いいんだ。どちらであったって、何も困りゃあしない。

やはり実在って、〝可能性まで含んだ世界（推量の世界？）〟に在るものなのか（このこと自体、言った自分がよくわからん）――其処はそれこそ思考の極み、のようだなあ。いや、違うかなあ。もう、ホントわからん。

認識の三段階説

では「概念」とは、どのような位置づけの下、どのように機能し働くのであろうか。ゲアハルト・フォルマー（独・ブラウンシュヴァイク工科大学哲学ゼミナール教授）の比較的わかりやすく感じられる一つの整理がある（Fig.3参照）。これを「認識の三段階」というらしい。

このフォルマー試案（仮説と呼ぶべきか）を理解する上で、まずわれらは「人間の認識」とは何かということを、

Fig.3　認識の三段階(by G.フォルマー)

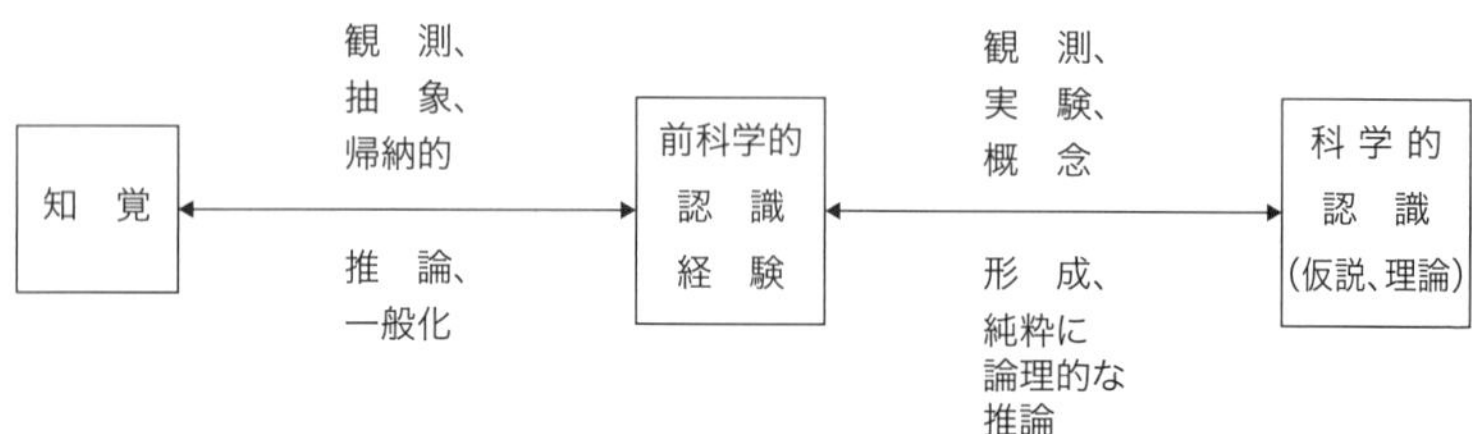

出典:『認識の進化論』(ゲアハルト・フォルマー　入江重吉訳　新思索社　1995) 図2(P73)より引用

「人間とは何か」なる本質的問いに対処する予備運動的問いかけとして正面から吟味することをスタートさせねばならないようであった。この問いはまた〝われわれはどこから世界に関する知識を得るのか〟の答えにつながっていくのだろうし、また〝あらゆる認識は経験から生じるのか〟〝認識は思考が大きく関わって得られるものなのか〟あるいは〝知覚といった感覚の類に基づくものなのか〟など関連する問いに対する解へと導かれる可能性も感じられて、この展開は実に面白そうだった。あれ、「知覚」に対し「感覚」という言葉を無意識に使っちゃったのだが、それでよかったのか。この辺りの言葉、微妙に似ていながら差異もありそうで、理解が進まない。

最近どういう理由からかあまり使われなくなった感触をもつ「本能」(動物が生まれつきもっていて、ある行動に駆り立てる性質のこと)という概念もまた、「認識」というものにどのように関わってくるのかということについても、特に動物を想定してみれば同様に知りたくなってくる。されど使用頻度が低下しているのであれば、それなりの学問的理由はあるのだろう。

自然科学者たちの使う言葉は、科学的と皆言うのだが、都合よさも目立つ、と偏屈なる自分は感じる。一般に科学者と呼ばれる人びとは、説明したき言葉はくどくどと語るのだが、逆にそれ以外の言葉については当然の前提であるかのごとくに使われ、説明なしにどんどん話を進めてしまうこともしばしばのように見受ける。違うか。であれば、何と身勝手。

「認識する」とは通常卑近に用いる表現なのだが、認識の意は「人間が物事を知る働きおよびその内容」「物事を見定め、その意味を理解すること」(『広辞苑』)となるようだ。フーン。そうなんだ。辞書って、どこまで当てにしてよいのだろう。いつも迷う。

辞書の説明よりは専門書に載っていた文言の「認識が生まれるということは、世の中——私たちの身体の外にある世界——の内的な表象（representation）を心の中にかたちづくること」（『Mind in Motion——身体動作と空間が思考をつくる』の諏訪正樹の解説）のほうが自分にはピンときていた。やはり辞書には〈総合〉たらんとするゆえの弱さが否めない。

フォルマー（以降、『認識の進化論』ゲアハルト・フォルマー　新思索社　1995を参考とした）はまずは「認識は出来事（過程、認識すること）をも結果（知識）をも表わす」と言い「認識＝過程は、認識主観と認識客観の間で生じる。したがって、認識の構造は客観によっても主観によっても制約されている」とみる。〝認識＝過程〟とは〝認識は過程である〟の意でよいのか？

主観—客観の対峙が軸として登場してきたことには少なからず抵抗を感じ、モノなどの実在と主体が生む主観の二つがともに関わる点はスンナリ受けとめられたのだが、肌感覚においてアッサリと実在を客観とは呼びたくないように感じていた。実在＝客観となれば、そこそこに吟味はしたくなる。

フォルマーはさらに「認識は、認識カテゴリーと実在カテゴリーが（少なくとも部分的に）相互に適合する場合に可能である」と考えたようだ。何となくではあるがすごく当然の帰結のように思え、自然な発想をする人のように感じてはきていた。しかし「認識カテゴリー」とは、何だ？　主観側に浮かぶ像のような範疇のものか。たぶんそれは「心の中にかたちづくられたイマージュ」のごとき存在態なのだろうと想像してみた。そういえば、世の中を何も知らない赤ちゃんの「認識カテゴリー」はどのようにして育まれてくるのだろう？　不思議なること、まこと夥し。人間（の認識）とは果して、何だ。

フォルマーによれば、人間の認識には「知覚的認識」「前科学的認識（前科学的経験ないし日常的認識）」「科学的認識」という三種があるようで（それにしても堅い言葉たちを並べたものである）、その第一段階である「知覚的認識」における人間の「感覚の多様性はまだなんら認識を表わさない」「それは十分に構造化されてもいないし、間主観的に吟味可能でもない」「それ故、認識は意識における世界の受動的反映に存するのでなく、またたんなる体験に存するのでもなく、体験内容の精神的処理（構造化）によって初めて成立するのである」と続けている。要するに〝感覚の受動的レベルや体験そのままでは認識したと言わない〟と主張しているのか？　フーンそうなんだ。

果して、それでよいのか？　ということは、「精神的処理」つまり主観と実在の合わさる構造化（?）が肝、なのか。

次の段階の「前科学的認識」については「もともと言語的手段、一般化並びに帰納的推論の使用を拠り所としており、したがってそれは知覚の段階を超えている」とフォルマー（1995）は考察する。つまり第二段階は「言語による介入」「一般化・推論」の生じるステージということになるようなのだ。

実は語りの途中で「感覚」と表現されたものも、何なんだろうと思わなくもなかった。学者はどんどん自分の言葉で話を進めていくゆえ困惑すること多頻なり。よく言えば〝概念づくりが巧み？〟ということなのかな。でもこの概念づくり、個人の技かそれともタコツボが共通してもつ技か、それも問題か。

語り口というか、表現がちょっと難しくなってきて、慌てる。

序文の表現として、ふさわしくない？　どっこい、わが書の序近辺はいつもこうなる。いつものこと、まさに恒例というわけである。ご辛抱願えればありがたい。

彼（フォルマー）はさらに三つ目の段階として「最高の段階は科学的認識である。それは観測と実験、抽象と概念形成、〈データ処理〉と論理的推論、仮説の形成と検証にもとづく。科学はその理論において経験より遥かに優れている」という流れで考えを進めていったようだ。まさに「認識の三段階説」。まあ、いい感じジャン。「概念」は第二から第三へ移行するあいだに介在してくるのだ。要するに「概念」というものは、「前科学的認識」が「科学的認識」に発達する途上において「概念形成」という形式を通じてその発達を促していく存在、と主張したいように解釈した。まあ、わからなくもない。難しい説明ではあるが、同時にスッキリとした言い回しにも感じていた。

そうか、だから言語にも自然言語、科学言語、形式言語といった分類もあるのか。こりゃ、使用上便利かも。でもチョッピリ、前科学的（＝日常的？）・科学的といった仕分けなど、ホント自己都合すぎる前提的設定のような気もしなくもない。ありゃりゃりゃ、大変失礼いたしました。

突然出てきた「概念形成」なる「形式」、果してどういうことであるのか。

あらゆる学にとって、つまりは人間の（科学的認識に基づく）思考という行為（?）にとって、「概念」は基本的にその細胞であり、靭帯であり、筋肉であり、また見方を変えれば生殖器に相当する、と感じられた。学はつまり思考は「概念」によって成り立つ？　用いる言語が「概念」としてしっかり発達していないと、すなわち必要な概念がその質も含めて揃っていないと時代に即したしっかりしたそれなりの思考はできない、ということなのだろうか？

ストレートに表現すれば、「科学的認識」の領域が育ち広がらないと「学」たりえない、その科学的認識は概念の発達による、ということかな。

まあ、わかったようなわからないような議論をするものである。私が学んだ哲学とは、元来そのようなものかも、とあらためて思ったりしたのだった。ちょっと恥ずかしくもある実務家（＝素人）のハチャメチャ議論であるかな。

さて、肝腎の「概念化」とは

自分の専門はマーケティングと呼ばれているアバウトな世界なのだが、斯界における「概念」の代表的なものと言えば、ウーム、さて何であろうか。ハタと、困った。スッと挙がってこないことに意外感が走る。そう、「ニーズ」？　それ、定義としてあまりに曖昧模糊しちゃってるんじゃあないの？　「市場」？　それ経済学のもの、じゃあないの？　またP・コトラーの4PやSTPがそれに該当するのだろうか。これらは、概念と呼ぶよりは戦略・戦術それ自体（コンテンツそのもの）といったほうがふさわしい気もしなくもない。そういえば、P・F・ドラッカーのいう「イノベーション」も入るの？　でもそれもやっぱり、経営学のものじゃないの？

ほんと、フォルマーのいう「科学的認識」を支えそうに思える概念のレベルとなれば、まるでなさそう、なのだ。というより、ほんとうになかなか見つからないのだ。概念がないということは仮説がないに等しい？　贔屓目に言って仮説が〝矮小〟ということ？　嗚呼、また哀が広がる……。たとえあっても、意味曖昧なる雑語であるとか、経済学や経営学からの借り物ばかりじゃあ、残念というよりは困ってしまう事態であるか。学でない証しの一つが、見つかっちゃった、と捉えるべきか。それとも集う人の質の問題か。あれ、情けなや。

今例示したマーケティング学を支えるいくつかの言葉すべてについて、果して「概念」などと大層に呼んでよいものか。ウィリアム・ジェイムズの「純粋経験」（『純粋経験の哲学』ウィリアム・ジェイムズ　岩波文庫2004）などと比してみれば、とても自信などもてそうもない。数十年仕事の中で寄り添ってきたにもかかわらず、である。仮に、今挙げたそんな言葉たちがマーケティングにとっての「概念」であるとしても、少なくともそれらを概念と呼ぶにふさわしいものかどうかについての徹底吟味など十分には為されていない状態であることだけは確かなようであった。無念なり、とまたまた胸中で寂しく呟く。

なんと何に対して無念と感覚？ したのか、その肝腎なことがまるではっきりしないまま〝無念〟という言葉を浮かべていた。実在の何を無念と表象しようとしたのか。発した本人が意識しないまま感覚として表れる。これも言葉か？

扨、普通言語にすぎないコトバが「概念」として扱われうるためには、どのような条件が必要なのだろう。せめて、用いられる学の思惟創発にとっていくつかの有用な機能を発揮する構造・組成を保有しているといった条件ぐらいは満たしてもらわねば困るとは考えるのだが、そのように思考を進めてよいのかについてはまるで自信なしなのだ。このような状況下にあって「概念」なる言葉、やたらあちこちで補足説明なしに、安易に使われているようなのである。このコトバ、どうしてこんなに無手勝流に生きられるのだろうか。

言いたいことはまだまだ続く。いくらでも、あるのだ。斯界に種は尽きぬ。

概念なる存在について具体的に考えようとするとき、どんな条件にかない、またどんな特質をもつ言葉群であれば概念の卵として見てよいのかについても、明確にしようとするととても難しい。特定の現象の「名称」も入るのだろうし、作業仮説的用語はもちろん該当するだろう。想像されたあるいは創造された「ものごとの呼称」、あるはずのそしてあるかもしれない「ものごとの仮称」も、含まれて少しもおかしくはない。しかし名称・用語・呼称・総称のいずれであっても、思惟を生む潜在態として存在するのであれば、何らかのコアとなる構造物（それは体系的であるような気がする）は同時に内含されていなければならないはずであろう。当然だよな。

概念として〝作業仮説的〟であろうとすれば、その対象が未知のものであったり、ありうることでありながらまだあるとは確証のない、そしていまだお目にかかったことのないものについても、今までの使用習慣や研究成果さらには三段論法的説明事例などを集約して言葉群としてまとめたものおよびそのような追究のプロセスにあるサブ的言葉群の集合を指す、といったぐらいには定義項目としてとりあえず整理したくなるのだが（記述していて、自分でもわからなくなってきているようであった。情けなし。まことご免なさい）。

なにせわれらマーケターにとって、「仮説」は、最重要用語といってよいほど必須で身近な存在だ。その概念ともなれば、筋肉に喩えれば大胸筋か三角・僧帽筋には相当しよう。学の充実の基盤たりうる部品であることは間違いない。

仏の数学者・科学者・哲学者ポアンカレは、仮説にもいろいろあるという。その第一は「検証可能なものであり、それはひとたび実験によって確証されるならば、非常に豊かな知見をもたらすような、もろもろの真理」ということになる。第二は「われわれを誤謬に陥れることなく、われわれ自身の思惟を固定させるのに有用な道具」とみなされるようであり（実に面白い）、第三については「仮説といっても見かけ上そうであるにすぎず、実際には偽装された定義や規約に帰着するもの」であるとシニカルに（私の印象）語っている（いずれも『科学と仮説』ポアンカレ　岩波文庫　2021より引用）。

普通使われているのは第一の仮説であるが、他はちょっとわかりにくいか。総合的叡智ポアンカレはこの中の第三の仮説について「とくに数学の諸分野のあちこちに見出されるものであり、数学に密接にかかわる諸科学のなかにも含まれているものである。こうした諸科学が厳密性を確保しているのは、まさにこのことによってである」、そして「これらの規約はわれわれの精神の自由な活動の産物である」とも続ける。いろいろ、考えるものである。

この点につけ込んで概念の他にない差別的筋肉強化を目論まんとすれば、皆がすでに使い込んでいる第一の仮説ではなく、第二・第三の仮説の方向に強化を図ることも一法なのかもしれない（そんなこと、できるの?）。

仮に「概念」の増強によって学の強化を志向せんとする際には、「作業仮説的概念」に対してはこのような「仮説」概念の機能の拡充の中で幅広に考えていったほうが得策であるという示唆だけはしっかりいただいたようであった。ポアンカレさん、ありがとう。

概念増強策の広がりがちょっぴり垣間見えた気がした。

推論展開は、やっと肝腎の領域に入る。さらに「概念化」（つまり〝○○を概念と成す〟ということ?）という思考らしき行為の群れについてあらためて熟慮してみれば、まずは〝個々の体験・経験の共通項を抽出し、その抽出したエキスのような因子たちを串刺ししつつ新たなる言語表現（新規抽出・置換・融合・組み合わせ等を含む）を揉み出して抽象化あるいは一般化する作業のこと〟とまとめてよいのだろうか。そんな解釈では抽象に流れ、また一足飛びすぎるのであろうや？　早速あまり当てにはせずに気軽にネットで調べてみた。

〈概念化とは〉

・まだ概念的に説明されていなかったり、それを言い表すちょうど良い表現がないような特定の現象やものごとなどについて、新しい概念や用語などを作り出して言い表すこと。概念化する能力のことは「概念化能力」などとも呼ばれる（weblio『実用日本語表現辞典』）。

・物事の共通部分を抜き出し、本質を捉え大まかな意味内容として認識すること（itinfoshop.com）。

フーン、〝ちょうど良い表現がないケース〟とは〝適当な「言語」がない際〟ということ？　これ「概念」の説明というより「言語」の説明のよう。言語（ここでは用語となっている）と概念を込み込みにしないでほしいなあ。どうも、現象としての概観説明のみで、何がどうなったらとかどうやったらそれが成せるか、についての詳細説明はないようだった。辞書の類であれば、こんな風で当たり前なの？

「概念化」を普通に解釈すれば、〝言語（で表わそうとするものごと）を概念のレベルにまで到達させること〟となる。そういうことで、よいのか。人間という精密機械の為すことだとすれば、なにか、精密さ、丁寧度に欠ける気もする。しかし、〝概念のレベル〟って、どんなレベルなのだ……。

ウーム、であればこの作業（概念化）の対象は〈ものごと〉ということになる？　ものごとつまり経験した事象をくっきりと明確化して、世界いや空間から切り出す作業云々、ということ？　となると言語つまり概念は、事象・ものごとを明確化し切り出すための道具？　どうだろう、少しはおもしろいか……。切り出すって、何処から何を？　ムー、まだよくわからん。〝新しく作り出して言い表す〟のだから「創造」「制作」の世界だよなあ。いやそこまで高尚なの？　そこまで言うか？　でもこの人間のアビリティって、やっぱり遺伝なのかな、それとも後天もあり、なの？　不可思議な世界！　まあ、こんな感じに近そう、ということなのかなあ。でもまだかなり曖昧感が残るなあ……これらはすべて、正直なわれの印象たちであった。

「概念（化）とは」をなんとか纏めようとすれば、「言語」なる存在を〈抽象化×共通化〉などの工夫を通じて強化しようとしたその結果の姿（あるいはもっと発達させようとした希求態度自体も含むのかな）、などと言えそうだが、まだまだ十分ではなさそう、いや全然違っているかな……（また唸る）。

生まれたばかりの赤ん坊も、徐々に、教育を受ける以前に世界を認識していくのだから、そんなアビリティは原初的に持って産まれてきているのか？　ウーム（この辺りの記述の大半を、すでに自分は、削除したくなっている）。

世の専門家といわれる人びとは、この辺りの自分の思惟プロセスを何ら示さない。辿り着いた結論だけを一方的に明言してくる。そんな提唱の仕方は違うのじゃあないか（と心から思っている）。そのプロセスや選ばなかった選択肢のことについては何も語らない。それらを開示してくれれば、もっとわかり合えると思うのだが。私、いつもこういうことを言う性格、なのです。

はっきりしていることは、斯界にあって〝できるプロ〟とは、「概念化」のうまい人のことのようであった。概念化を通じてしゃれた新しい流行りそうな概念を作れる人が評価を受ける……。自分の長所も、其処にあったのかも……。

「概念化」に複数の言語の共通化が包含されているとなれば、概念と呼ばれておかしくはない言葉群は、共通化を図るための複数のサブ概念群をしっかり保有していることになる。

つまり「概念」という存在は、自身の組成に関して複雑・複合なる状態を作り上げている原子のごとき根元的構成要素にまで構造的に分解され、かつまた総合知の下で分析・解析されつくされてやっと正体の判明してくるような、そんな厳しき生態的解体・再構築過程の荒波に揉まれ抜かれて発達し顕在化してくるものなのだ、と解釈したくなった。その荒波はきっと、人間が生きる過程で遭遇した「経験」という波たちの集合なのだろうとも感じていた。

〝経験・体験のタネは多いほど、概念化は充実しそうだし、その学固有の概念の色合いも、そんなところから熟すがごとくに色づきそう……〟

〝一つの言葉はまた、放射状に、色相いの異なる多様な概念化を示しそうだしなあ……〟

〝それにしても、言語に何がプラスされれば、概念になるのだろう？〟

〝曖昧に感じる概念は、組成原子が明確でないまま使われているから？〟

あれ、またシンドローム状態に突入、の感じであった。今はまだ序文の段階だ。このくらいにとどめて、後で徐々に、じっくり考えを詰めていくことにするか。

慌てるな。それにしても、難解な言葉（概念のことです）をつくったものだ、と感心せざるをえない。これも人類の知を高めんとするため、なのかな。

結局のところ「概念化」とは何だ？　現象としての表面的説明はあるようだが、その質・中味を具体的に伝えようとする論理的と感じられる説明に、私は出会っていない。どうしてなのかなあ。日本語、これじゃあ困るだろ。

現代の流行り——「buzz-word 化」なる情報爆発シンドローム……………

このところ、〝buzz-word〟という文字が、やたら蔓延（はびこ）る。〝buzz-word〟という文字自体「buzz-word 化」しているらしい。そんな時代か。情報氾濫のこのご時世、時々爆発するのも避けがたき現代風俗なのか。

これも現代言語の一種に相当するゆえ、少し触れておきたい。

〝buzz〟とは蜂のブンブンという音を示すようで、そんなうるさく賑やかな流行り言葉を指すらしいのだが、ネット内の辞書では「一見、説得力のある言葉のように見えて、実は定義や意味があいまいなキーワードのこと」といった〝曖昧語〟を意味しているという本質を貫く解釈も垣間見えて、興味深い。自分の直観では、どうも、未成熟な概念（？）が嵌まり込む現象のようである。

しかしそれらの多くは意外にも、まともに映る科学技術用語が多いようであり、言語の概念化を真面目に進めようとする際にこそ陥りやすいシンドロームであるかに想像されて、なんとなく笑える。そこには研究びとの苦悩や縮退が見え隠れする。言葉も真面目なほどシンドロームに罹患するとは、これ、人間と同じではないか。

この罹患傾向を深読みすれば、buzz-word を成す言語ほど素質がある、と考えてよいのかもしれない。逆にまた、おとなしい研究人たちにしばしばみられる昨今の〝諸々に対するしぶとさの欠如〟〝言語というものを軽く取り扱う傾向〟〝言語用法の未熟化進行〟などのせい、といった負なる見方もありそうで、この趨勢は研究の質の低下に直結する危惧を膨らましそうな気配なのだ。

あらためて考えてみるに、バズるということは、気になる、気を惹かれる、混ざりたくなる、などというわれらの内面心理の介在を否定しえないはずである。ということは、昨今における buzz-word の氾濫は、どこか必要そうで、一方、まだ未成熟ではあるが素質豊かな言語があちこちで創生されつつある、という〝期待されるものに見られるそれなりの煩悶〟とでもいってよさそうな現代模様を暗示する、などと少しは楽観視可能なのかもしれない。あれ、申し訳ない、つまらぬ推量を働かせてしまった。そう都合よくは考えづらいか。ともかく艶っぽい小悪魔のようなもの、かもしれぬ。実はそれらの多くは、いやことごとくは正真正銘〝徒花（あだばな）〟かもしれぬのだが。

最近一番と思う buzz-word は、なんといっても２０１９年10月のフェイスブック社名変更をきっかけに一気にブーム化しつつある「メタバース（metaverse）」であろうと思うのだが、この言葉も、果して「概念」といえるのだろうか。語感だけは、とても好ましく響いてくる。なにせメタで、ユニバースというわけだから、格が低いはずがない……。ともかくあの畏敬する養老孟司までも、この種の関係の某団体代表理事（一般社団法人メタバース推進協議会　２０２２年3月発表）を務めるとなれば、無視などとてもできまい。

このバズワード（と言ってよいか）に対するわれわれの第一印象を先に伝えてしまえば、昨今のこの言葉にまつわる喧騒に、われわれは呆れ、哀しく情けなく感じている。そのバズる音は本書執筆の一つのドライブにもなったくらいなのだ。

凄い概念が現れたと驚いた瞬間、がっかり感も高潮のごとくに押し寄せる。

本来あるべき概念化水準の超下位レベルで概念化のさらなる進展を止めてしまったとでも勘違いしてしまいそうな、「言語」を使用する際の振舞い・態度における軽さ、曖昧さ、同時に使用者たちの意識に漏れ出でる短絡さ、さらにはこの議論の主人公である「言語」の立場に立って推量してみた際の、彼ら（言語たち）の苛立ちをこのバズ音の中に強く察知してしまうのである。

其処には、未来（22世紀ぐらい？）性豊かなはずのこの概念（？）が、古時代（20世紀）性に塗（まみ）れてアンバランスな姿を曝す、そんな映像が流れるようであった。この言葉の浸透初期に連続して刊行された関連書籍にみる本概念に対する認識は、私をこれら言語たちと同様に苛立たせるに十分であった。

呆！　妖しき薫りを滲みだすこの言葉に誘われて、遅れじとわれ先に寄り添って疾駆する企業や各種団体そして研究者たちの多様な狼狽ぶり（これ、わが日本のことである）に、産業構造基盤が今にも緩み崩落せんとする予兆と研究開発の今を支える思考の軽さの一層の深化（素直に表現すれば軽薄化かな）およびそれらの全方位拡散をも予見してしまうのである。私は神経質すぎるか。

「コンピュータ（ハード）やコンピュータネットワークの中に構築された、現実世界とは異なる三次元の仮想空間やそのサービス（商業的空間）のこと」「インターネットを利用した〈仮想空間〉で交流やサービスを楽しむ場所」などが、この言葉の、昨今喧伝されている世の一般的定義のようである。

市販されている関連書に基づく「メタバース」なる言葉の、日本に今散見されている定義というものを鳥瞰すれば、本質に挑戦しつづける研究人たちがそれまで培われてきた諸叡智を集約して論理的・科学的に整理したというよりも、現時点（2022年）において〝メタバース事業とはこういうものであるはず（でありたい）〟と見通し、勇気をもって先行企画・事業化してきた若き起業家たちによる〝近未来に現実化可能な条件・要素・特質の収斂・整理〟のようであった。それはまた、とりあえずのまとめの感が強いものつまり即物的で本質思考の外にある整理と受けとめざるをえないと感じていた。

「世界観」「人類史」「科学史」そして「量子力学」や「マーケティング」等々の学びもほとんど乏しき新進起業家たちに、この本格臭漂う本概念の定義や提唱が果して可能なのか……。興味津々といえた。されどこの喧騒は何事！

以下の整理内容は、直近目を通したそれらの関連書から私の備忘録に写された諸々の見解を参考に要約したものである。個々の文献につなぐ手間の割愛をスペースの都合でご容赦願えれば幸甚である。不十分さを許したもれ。

・情報によって構築されたサイバー空間。
・インターネット上に作られた３Ｄ（３次元）の仮想空間。
・メタバースは次世代のＳＮＳ。社会的交流のための仮想世界。
・現実と仮想の共存。
・人類の描いた夢の生活スタイル。

・概念自体が時間とともに拡張され、現実世界を仮想化したものやそれらを包括したインターネットエコノミー。

・「完全な仮想世界」と「現実空間内包型」に分かれる。

それぞれに固有の確かな意味は、感じはする。ある意味自然で素直な定義解釈が並ぶ。私の直観的所感を口にしてみれば、それらは、事業を進めている者たちがどこまでも、今、〃見たまま〃〃感じたまま〃〃浮かぶまま〃に基づく整理にとどまるようであり、「新世界」を表象するロジカルで根源的かつ始原的言葉の定義であってよいはずにもかかわらず、その輪郭・背景全体を俯瞰し想像を掻き立てるあるいは創造につながっていくがごとき知的奥行きは感じられない、となるようだった。そう、まだ十分揉まれていないのだ！

〃この定義、こんなものじゃあ、すむわけはなかろう〃

たとえば「メタバース」なる言葉の概念化にみる〃粗雑感〃

日本バーチャルリアリティ学会のまとめでは、①三次元のシミュレーション空間をもつ、②自己投射性のあるアバターが存在する、③複数アバターが同一の三次元空間を共有することができる、④空間内のオブジェクトを創造することができる（『メタバースがＧＡＦＡ帝国の世界支配を破壊する！』深田萌絵　宝島社　２０２２）、とまあ一応すっきりとこの「メタバース」なる概念（？）の要件をまとめているようで、とりあえずは〃基本クリア〃とは思わせる。

この〃概念と思しきもの〃が生むであろう未知の可能性の深淵を先行して察知し、事業化を試行する起業家たちによるこの言葉（概念らしきもの）の解釈（臭い？）は、それなりに実際性と妥当性を匂わせ、それなりの時代的意義を伝えてはくるようだった。しかし、そこから醸し出される時代的意義は、明らかに20世紀臭と思えた。かつ実務的で現状超拘泥的整理に感じられた。つまり総合知を感じさせるフィロソフィカル・アロマがなさすぎなのだ。三次元世界に関わる概念なれば、量子物理のアロマなど必須であろうし、また諸々の科学史に咲く花々が匂い立てるであろう芳香も当然あってよい。

普段の偏屈なる洞察視座から我流に推量してみるに、どうもこの言葉は本来、もっと本質的で深く大きいように感じられて仕方がない。起業家の皆さんにはこの本質芳香が匂わないのか。現時点では未成熟に思えるこの概念のさらなる概念化を深めるとすれば、「事業」のための概念というよりも遥かに「世界」を指し示す（記述する）新概念として発達させたい、と直観していた。

そんな己れの直観に沿って、現時点（２０２２年）に市場に漂いあるこの概念の卵（?）の解釈・説明の文言をしつこく凝視してみた……。さすれば、一見、「世界」「空間」を示す定義に見えるものも、現時点では、具体的に語り出せば出すほど、残念ながらどんどん「どんな事業か」といった20世紀型の身近な事業定義に収斂していくようであった。勿体ない、ああ勿体ない……。

〝なぜこれほど、慌てて狭く、今わかる範囲内で定義を急ごうとするのか〟

昨今、このように感じることが多いのである。言葉の概念化に何か慌ただしい粗雑感を感じて仕方がない。たとえば、ＡＩ、ビッグデータ等々についても同様である。このところ、皆似ているのである。大事な概念のネーミングであれば、もっと中身を詰め、もっと慎重に名付けしてもよいのでは。ついでに挙げれば、顧客創造、そしてニーズなども……。ホント、思考まで粗い感じがして〝許せない〟という科白まで発しそうになる。今の研究界にみる「概念化」の平均像は、この辺りにあるようだった。こんなところも一因となり、競争力や大学ランキング等諸々の知的領域の世界ランキングでも日本の低下傾向が目立ってきているのでは……。チョッピリ、哀しい現象ではある、かな。

現時点における私の想いを端的に語ってみれば、先述のようなメタバース定義は、概念というよりはどこまでも起点（新生児）の姿であることを示唆する「コトバ（日常言語）」に極めて近く、発達する過程でふくらみとして身につける〝血肉〟のごとき存在物（たぶんそれは経験の束であったり知識の堆積から滲み出す液状のエキスであったり）をほぼほぼ確認しえないもののように映る。概念には概念にふさわしい膨らみがあるはず、となぜか強く思うのである。語源的にこの言葉はもっと膨らんでよい。原初的にもっと懐が深いはず。

思うに最近、この種の、いまだ発達の余地をもち（残し?）ながら、未発達なままで一人前扱いされる概念（らしき言葉）が増えている気がする。これ、インテリゲンチャ人種の脳ミソの深みと広がりの萎縮をシンボライズしている？　またそれを気にすることもなく普通にそのまま使い流通させて憚らない多くのメディア人たち……。昔、メディア人って、もっと言葉にうるさかったよなあ。そのゆえなのか、成果物として創られてくる思惟も研究の中身も記事も、その中に含まれて伝えられてくる関連する言語たちも、何らかのレベルダウン状態を映している？　現代人は、考えなくなった？　じっくりよりは反射的になった？　こんな物悲しきストーリーが浮かんでしまうのである。

新聞の記事内容も民放TV局の番組内容、雑誌記事の特集等々……このような負なる類似事態の連鎖は、あちこちにおいて容易に確認できるのだった。現代人は、時の流れに合わせて、脳（の動き）も慌ただしく描速になっている？　そりゃあ、困るよ、そりゃあ末世だ。すぐにグーグルは凄い、グーグルには勝てない、などと認めちゃう。検索なんて思考の入り口、どうしてそんなに畏怖するのか？　これらすべて、スマホ脳症状？　あんたたちそれでITやってると言えるの？

直近刊行された関連書のなかには、「現代のメタバースは重いヘッドマウントディスプレイを装着しなければならず、代替してくれるのは五感のうち視覚と聴覚だけで、触覚も味覚も嗅覚も仮想世界に没入できない」「現在のウェブ3は、単なる権力奪取ゲームにすぎないと断言してもいい」「メタバースは、人と人がたがいに〝関係することを拡張しようとしている」（『Web3とメタバースは人間を自由にするか』佐々木俊尚　KADOKAWA　2022）などの、チョッピリほっとするまともな見解も散見されはするのだが。

また西田宗千佳（ITサービスに精通したジャーナリスト）の出たばかりの書の目次には、「ゲームから始まる「原初的メタバース」」→「教育やビジネスに広がるメタバース」→「視覚以外にも広がるVR」→「ネットの向こうを「身近」にするために」（『メタバース×ビジネス革命――物質と時間から解放された世界での生存戦略』SBクリエイティブ　2022）といった項目の流れが、まるでメタバース発展史を示すかのように並べられていて興味深いのではあるが、「ネットの中に生活圏ができること」「メタバースを〈プラットフォーム化〉して収益を得ようとしている」、そして「メタバースとは、ネットの向こうにある別の世界ではなく、自分の目のまえからネットまでをつないでいる、グラデーションのような存在」（同前）などとまとめる。〝関連書の中では切り込みも深く、いいんだがなあ〟とは感じながら、〝グラデーション？〟、どこかまだ少し違うような気がするなあ、残念だなあ、とも感じていた。それはたぶん、どこまでも20世紀（型）人間の思考形式に拘らざるをえないボディが生んだ見方のように写ったからかもしれない。やっぱり偏屈なのかなあ。ご免なさい。私も、モロ20世紀人のはず、だから。

結局、現状における彼らメタバース事業者たちの整理は、年齢は仮に若かろうとも、その両足をなぜか二次元空間である20世紀大地に踏ん張り、頭を含む上体のみ、三次元空間へ変態しつつある21＆22世紀世界へと前のめりした、どちらかといえば20世紀感覚で一杯の、〝事業（商売のほうがよいか？）〟としての定義が大半である、という点に落ち着くように感じられていた。それもありなのだろう、とりあえずは。でもそれだけなのかなあ。なぜか、何となくいやになっちゃう。ちいせえちいせえ。そんなにお金、今すぐに要るの？

両足が20世紀という旧大陸に立つがゆえに、NFT（Non-Fungible Token）やデジタル通貨・暗号資産などのカネ関連が当然のごとく重視され、すべての知恵や発想が市場主義謳歌の20世紀要素に塗れがちなのだ、とも悟っていた。SDGsにESGがくっついたことと実に似ている。このパターン、経済誌・紙の得意技？ みえみえだから、どこかの経済紙・誌さん、みっともないから、丸っポ見透かされているから、もうそろそろやめにしないか。

今見るメタバースの定義は、そのほとんどが意識として過ぎ去ろうとしている〝過去遺跡〟的基準に準じて在ると見た。それゆえ〝情けなく〟感じてしまったのだとすでに自問自答の中で結論を出していた。何か、残念なのだ。

まさにメタバースが〝20世紀の化石〟化したNFTに喰われてしまう〟かに思えた。物凄い先端技術であるはずのブロックチェーン関連テクノロジーも、その応用技術のNFTも、20世紀文化に凝り固まった事業者たちの脳サイズにその応用範囲を大きく狭められてしまっているように感じられていた。

テスラのCEOイーロン・マスクも、この概念は〝実用的な概念〟というよりも戦略戦術的〝流行語〟であり、〝投資を引き込むギミックなのだ〟と言っているらしい（『メタバースがGAFA帝国の世界支配を破壊する！』）。それらの証しであるかのように、象徴的に〝VR（virtual reality 仮想現実）ヘッドセットを着けて踊る人の姿〟が浮かんでくるのだ。

一部の賢人は、〝ヘッドセットを被ってVRワールドで活動しているだけではメタバースとは呼ばない〟と、そのレベルまではすでに見徹しているようであり、日本の情報通信技術の粋を創造する超大手企業のトップである叡智もまた、「現状進められているメタバースやバイオデジタルツインにしても、人間の環世界のなかでの情報処理領域を拡大しようとしているにすぎません」（『パラコンシステント・ワールド——次世代通信ＩＯＷＮと描く、生命とＩＴの〈あいだ〉』澤田純　ＮＴＴ出版　２０２１）というクールな見方をあっさり示し、同時に「シンギュラリティは訪れない」という立場にも固執し実に意味深なのだ。なるほど、なあ。感じられる人は、それなりに感じている。何が正解かは、今のところまだ、はっきりとは見えてきてはいないのだが。

余談だがＩＯＷＮ（光技術の革新が生んだ新ネットワーク・情報処理基盤構想）の画期性を覗き見て、先端半導体ラピダスに税金使うならついでにこちらにも回してよ、と私は本気で感じている今日この頃である。ｉ－モードのリベンジ！

（話を戻す）まあ、定義など、広義、狭義といろいろあってよいのだろう。これらの定義個々をすべて否定するつもりは、まったくない。20世紀型でも何でも、どうぞやってくれ。現状、それぞれ十分ありうる考え方でもあるのだろうから。それにしても、少し前まではバーチャルリアリティと素直に呼ばれ、その少し前は３Ｄという名前だった、というクールな指摘もある。なのに突然、どうして〝メタバース〟は大爆発したのか。そりゃあ、カネが伴うからだろ。だったら、それを考えた人はやっぱり20世紀人だよ。だって、カネ・ファーストの志向だもの。

〝セコイなあ、チマチマだなあ、日本の令和の時代は〟

本質的には画期的な技術であるはずのＶＲ、ＡＲ（augmented reality 拡張現実）、ＭＲ（mixed reality 複合現実）およびそれぞれの関連技術を、当面このような金権的事業のためだけにフル回転させておくということになれば、それこそ個々の技術たちが泪する悲しき勿体ない事態の横溢、と言われかねないのでは。彼ら「先行起業家たちの言うメタバース事業」にもこれらの技術は必須なのだろうが、この言葉が潜在する概念パワーはその程度のものとはとても思えぬ。となれば「ネット上のもう一つの世界」とか「（リアルよりも）バーチャルファースト」などという付加説明は、この言葉の有する潜在概念能力を過小評価している、と考えたくなってしまうのだが。

〝折角、すごいキーターム（key term 鍵用語）の啓示を受けたのに、なんと勿体ないことを……罰が当たるぞ〟

末世に近い今、われはこの啓示をチャンスと捉えたいと強く感じていた。

同時にこの概念の王道なる伝播こそ、大人の概念再生の最後の契機となる道と捉えたのだった。これぞＰ（problem）＆Ｏ（opportunity）分析！

「メタバース」という概念（の卵）の始原的本質とは

２０２１年辺りから日本中心に語られている「メタバース」という世界の認識は、どこまでも〝今あるリアルの中に新たにバーチャルをつくる〟といった考え方が主流のようで、〝リアルとバーチャルは元々共存する〟という見方はどちらかといえば希薄であり、共存世界の内の〝今まで隠れて存在したバーチャル（実はバーチャルにみえるリアル？　バーチャルという名のもう一つのリアル？）なほうが新たにやっと現れた〟とはまったく考え（られ）ないようであった。せいぜい〝現実を超えた仮想現実を現実社会にもってくる〟といった程度の認識と思われた。一部の技術者の間では、新しいタイプの「空間設計」技術とシンプル＆スッキリ捉える向きもあるようで、まあ〝いろいろ勝手に言い合うもの〟である、といったレベルの状況にあるらしい。

だが私には、この概念は断固として、一つの「世界」を指し示しうる程度の大きさは有していると感じられ、その意は明らかに、「今までの生物としての人間には見えなかった、今までの人類にとってはバーチャルであっても宇宙としては実はリアルな世界」と「今まで人間にも見えていた今の人間にとって通常なるリアルな世界」という二つの世界の合体した、トータルな一つのスケールアップした実在世界全体のことを指しており、進化の遅れた現代人の生なる感覚から表現した場合にはたとえば「メタバース」などと呼びたくなる真正空間、と考えたくなっていた。

〝メタバースなる空間を、現代人がデジタル＆ＩＣＴ技術を用いて新たに作り出しえた空間と考えるか、それとも元々宇宙にあった空間であり、今までは人類の能力の乏しさゆえに認識しえない存在だったものが、デジタル＆ＩＣＴ技術による人間の能力の全方位拡張・強化の結果、やっと認識可能になったもう一つの（以前から存在していた普通の）新リアル空間、と考えるのか〟

さて、どちらであろうや。今述べたこのような概念解釈は、どこまでも私個人の仮説に過ぎぬ。されど、このどちらと考えるかによって、本概念の意味の奥行き、つまるところそれに関連する事業の奥行きも、大きく変化してきそうであった。いやこの空間世界に住まう人びとの世界観そして価値意識までそれによって大きく変わり、新奇なるものをも創発しうるかもしれないのだ。

さらにはこれだけ短期間で爆発した社会ノイズを表象する概念の正体が、人類にとって〝発達進行度の高いものであるか否か〟のいずれであるかによって、現代社会というものの、其処に棲まう人間にとっての生物としての正統（まとも？）度までもが測れそうな気もしなくもないのだった。

「社会のまとも度」なんて、よくわからないって？　ウーム。そうだな。だからこそ拙速に結論づけず、360度からの吟味検討を徹底したいのだ。一度徹底して、哲学あるいは科学用語として揉んでみようよ、騒ぐのはあとにしてさ。

このような啓示的概念のコンテンツ醸成作業を、啓示本来の意図に沿って構築してこそ人間の前進・進化がある、と言えそうにも思えるのだ。

この概念は、まだ概念の卵（つまり初期）ステージに居り、まちがいなく概念化過程の半ばにある。ゆえにわれらは buzz-word 化しやすい状態にあると素直に認識するのであり、またその buzz 音を心地よき音色に変化させるべく卵を正統に孵卵させたいとも考えるのである。本質的な概念は、人類のために、真っ当な発達を遂げさせねばならない、ということになるのだろうか。

デジタル&ＩＣＴは、人間を、社会を、内から変える。その結果（成果？）の一つとして顕現可能になったのが「メタバース」ではないのか、と偏屈なる自分はとても自然に考えている。落合陽一（メディアアーティスト）の「計算機自然」「デジタルネイチャー」やルチアーノ・フロリディ（オックスフォード大学セント・クロス・カレッジのフェロー　哲学・情報倫理学専門）の「デジタルＩＣＴがもたらす第四の革命（情報圏〜インフォスフィア〜が現実をつくりかえる）理論」などの先見的視座に照らせば、一目瞭然の話であろうというわけなのだ。[注2]

注2　この辺り、落合陽一の『魔法の世紀』（ＰＬＡＮＥＴＳ／第二次惑星開発委員会　２０１５）、『デジタルネイチャー――生態系を為す汎神化した計算機による侘と寂』（ＰＬＡＮＥＴＳ／第二次惑星開発委員会　２０１８）など、ルチアーノ・フロリディの『第四の革命――情報圏が現実をつくりかえる』（新曜社　２０１７）、『情報の哲学のために――データから情報倫理まで』（勁草書房　２０２１）などを参考にした上での私の洞察である。

今まで述べてきたような私の想像的視座を、より明確かつ端的に語るとすれば、この言葉は人為に基づく「事業」の定義という領域にとどまらず、世界・宇宙といった単位において羽搏くスケール感ある「世界」空間の定義である、とかなりの確信をもってみたくなるのだ。すなわち、

「メタバースとは、〈超〉を意味する〈meta〉と〈宇宙〉を意味する〈universe〉が組み合わさった言葉であり、〈多次元の世界・宇宙〉といった概念を意味します。この発想の根底には、〝私たちが普段暮らしている現実世界はあくまで一つの選択肢に過ぎず、誰もが自分の望みに応じて好きな世界で生きていけることが望ましい〟という考え方があります」

（『脳と人工知能をつないだら、人間の能力はどこまで拡張できるのか――脳AI融合の最前線』紺野大地、池谷裕二　講談社　2021）

といった研究者の先見的でかつ素直な目線に加担するかたちで、この概念の発達を見つめたいと思うのである。邪魔な喧騒は抹殺したいのである。そして「世界」は今までの人間社会のように二次元中心の世界にとどまっているほうが不自然なのだ、と私は是非に考えてみたいのである。

では三次元に生きる人間とは、果してどのような生物でありうるのか。この問いの解なしにメタバースなる言語の定義などできようはずがない。二次元と三次元ではヒトの知覚も変わってこよう。二次元空間にあっては、ヒトの知覚は本来三次元（いや「時間」を加えて四次元？）であるはずのものをムリに変換させて生きてきた、はずなのだ。ポアンカレ（2021）も「われわれは視覚における網膜像の二次元印象を三次元印象へと変換するために、両眼の視線の調整や焦点の調整など、眼球の周りの筋肉を使う際の筋肉感覚を基準としている」と指摘していた（『科学と仮説』）。生きる世界が二次元中心であるか三次元（あるいは四次元？）であるかによって、このような身体的調整や筋肉感覚の基準など、より強化されたり不要になったり、してしまうのではないか。

世界全体の三次元化（実は元々ある姿である三次元の復活・回帰なのだが）つまりメタバース化（?）なる変質は、本来身体的には知覚まで変えうるということか？　知覚が変わればすべてが変わる？　こりゃあ堪らなく、怖ろしい、恐ろしい事態だぞよ。「メタバース」のわれら世界への侵入は、もっとおおごとに捉えたほうが正解なのかも

しれない？　そうは思わないか、皆の衆。

他にも、「メタバース」なる言語に対しては、「本などに比べてまだまだ幼稚なテクノロジー」（ドミニク・チェン）、「人の世界の拡張」（三宅陽一郎）、「人間の知性が結集する集合知性」（同前）、「〈情報社会〉の最新現象形態である〈ヴァーチャル社会〉の一位相」（大黒岳彦）、「新しい宇宙を情報の宇宙として組み立てる構成主義的企て」（丸山善宏）などといった叡智たちの興味深い指摘がすでにあり、現時点での語としての時代的特質としては「玉虫色で多義的という域を越えて、融通無碍な意味内容（というより願望）を担わされるに至っている」（大黒岳彦）といった感じに種々多様に、しかし興味深くまとめられているようである[注3]。

〝新しい宇宙を情報の宇宙として組み立てる〟など、震えがきそうである。今は何よりも優先して、これら叡智の指摘を熟考して考えるときなのだろう。

注3　この辺りは『現代思想』第50巻第11号　２０２２年９月号「特集＝メタバース――人工知能・仮想通貨・ＶＴｕｂｅｒ…進化する仮想空間の未来」より引用した。

たとえばこのように、一つの概念をどのような形で社会に顕在化させるかということの智慧の集合は、その時代に同居する学術も事業すなわち経済も、ひいては社会全体をも、その質を規定せずにはおけないということになる。今こそピエール・レヴィの「集合的知性」を現実化し発揮する時、であるか。

こ奴（メタバースのことです）はすでに「メタコミュニケーション」なる新しい三次元コミュニケーションへの移行を示唆する新buzz-wordを生みつつあるようで、Ｃ・Ｇ・ユング（１８７５-１９６１）の「ペルソナ」（人間が外界に対してつけている仮面）なる概念を現代によみがえらせる契機となりそうな気配すら感じさせて、その気配の行方を興味深くトレースしたいと思うのだ。

こ奴はうわっ滑りに、軽く扱ってはならない。人類の明日を規定しかねない何かを内含する。これらの諸動向にみる始原的蠢きの中の潜在的喧しさに比べれば、現在buzz-wordというクラウドの中に蠢く「メタバース」概念の解釈（２０２２年末時点）の大半は寂しく哀しく小さい。20世紀的でさえある。

まこと可哀想に思うのである。

ついでながら興味深い話を耳(?)にした。私自身どんどんファン化進行中の美学専門の総合科学者(?)伊藤亜紗

（現東京工業大学科学技術創成研究院未来の人類研究センター長）の近著（『体はゆく――できるを科学する〈テクノロジー×身体〉』文藝春秋　２０２２）のプロローグにおいて、である。

（株）イマクリエイトが開発した「けん玉できた！　ＶＲ」という「バーチャルリアリティを使ってけん玉のわざをトレーニングする」という商品についてのことだ。「コントローラーを手に持ち、ヘッドマウントディスプレイを装着すれば、バーチャル空間内でけん玉をあやつることが（速効）できる」ようになるというのだ。ものの５分程度バーチャル空間で練習すればリアルの空間でもできるようになる、のだそうな。ほんとうか。ウソみたい。提示されたデータでは体験者１、１２８人のうち、96・４％にあたる１、０８７人が技を習得したという。これを伊藤（２０２２）は「私たちがどんなに意識して〈リアル〉と〈バーチャル〉の間に線を引こうとも、その境界線をやすやすと侵犯してもれ出てくるような体のありかた」があるのだと説明する。伊藤亜紗の、この驚くべき洞察力！

この事例が本当なら（私はまだ未チェックである）〝こうなるのはとても自然だ。なぜならわれらの体は三次元用にもともと作られており、したがって二次元のリアルにも三次元のバーチャルにも変わりなく対応可能なのだ〟と言葉を添えたい。そんな体を始原的にもつ人類の前に、やっと「メタバース」と表現される空間が自由自在に操れる技術を伴って現れた。これを人類の《原点回帰》と捉えずに何とする。私はこの事態この概念を、〝二次元が三次元に移り変わる流れ〟だとは決して認識しない。断固、始原への回帰なのだよ。

三次元世界に生きうる「概念」を探索する……………………

流行り始めて一―二年後、一気にバズ音は小さくなっていくようだったが、それでも「メタバース」という世界のことがまだまだ気になっていた。

「概念」についての議論を伯仲させる上で、まことに好適といってよい「事例的」言葉と思えていた。ゆえにこの概念の本格定義は、事業家たちによるのではなく、研究者に期待していた。ところが研究びとの声は少ない？

されど私は、この言葉を聞いた当初から、本質的概念らしいと予感する。

その吟味は、われらの生活空間はどこまでも二次元中心（ですむの）か、はたまた十二分に三次元、四次元でありうるか、あらねばならないか、という問いかけに近似していた。その想いの切なさは、なぜか神がかりと感じられた。

> 「アインシュタインの相対性理論によれば、未来はそこにあって私たちを待っている。過去、現在、未来は、いずれも静的な四次元時空にはじめから存在していて永遠に変わらない。ところが私たちの意識は、変化しつづける〈現在〉に封じ込められ、時を追いかけ、未来を迎え入れ、未来がやって来た瞬間にそれは過去になったと思う。しかし、自分の行く手になにが待つのかを知ることは絶対にできない」
> （『サイエンス・ネクスト――科学者たちの未来予測』ジム・アル゠カリーリ　河出書房新社　２０１８）

そうなのだ、われら（其処には人間のみならず動物も物質も含まれる？）の世界は、もともと三次元、四次元のレベルだったのだ（とわれは考えたがっている）。そういえば「これまでの物理学で4次元とされてきた宇宙が、ひも理論では11次元となる。4次元を捉えている脳が、11次元をどうとらえるのだろうか？」（『思考が物質に変わる時――科学で解明したフィールド、共鳴、思考の力』ドーソン・チャーチ　ダイヤモンド社　２０１９）という問いかけも見られており、ドーソン・チャーチはそれに加えて「人間は宇宙と呼ばれているものの一部であり、時間と空間の制約を受けている。人は自分の思考と感覚が他と切り離されていると思っているが、これは意識が作り出す視覚的な妄想の一種である」というアルベルト・アインシュタインの言葉を添える。そうなんだ、「時間と空間という縛りから解き放たれて拡大した意識では、すべての生き物や自然をそのまま受け入れるようになる」（この部分もチャーチによるアインシュタインの言葉の引用である）のか。

〝そうか、私たちの意識は宇宙のエネルギーと互いにつながっている？〟

〝そうだよ、「意識」は〈注意が向いていること〉についてのエネルギーなのだ。だから思考も物質に変わる？　そんなこと、ありか？　でもこの結論は量子論論争の結果を待たねばならないのだろう。でも、ある人の心に浮かんだ思想がやがて世界中に広がるのはこういう理由であったのかも？〟

二次元が主であった今までのほうが普通ではなかった（特殊であった？）、デジタル＆ＩＣＴを中心とする先進科学技術の急伸の嵐のお蔭で、やっと本来の世界の姿が人類にも見えるようになってきた、と考えようとしていた。そう、複数の画期的先進科学技術のお蔭によって、半端者の二次元生物にとどまっていた人類が、やっと本来の三次元以上の世界を己れの棲家としうるようになりそうなのだ。そんな想いを前提とすれば、突然話題化した「メタバース」なる概念の卵を、二次元感覚横溢の現代人間脳の中で今見えている「事業」のみの概念にとどめおくことなど、先述のごとく実に勿体ない、大いなる錯誤なのだと決め打ちたいのである。この話題化は啓示なのだ。「事業」の類はこの概念のほんの先行する一部、序章・第1章であるはず。いや、たとえ「事業」概念どまりであったとしても、三次元以上の世界を前提に21世紀的に発想し直せば、そのスケールは無尽蔵・無限大に広がるはずである。

ということは、概念には〝レベル〟の違う複数が存在する、ということか。

この言葉はひょっとして、人類が待ち望んだ真の宇宙を表象する概念かもしれない？　となれば「やっと見えてきた三次元以上のほんとうに在る世界」の作業仮説概念として見てあげるのが、自然な視座ではないか。日本の産業復興のためにもそのほうがベター？　誤りと気づいた時点で修正すればよい？

〝元来三次元で機能したき言語を二次元でとどめ置く用法で使い尽くさんとする〟という世の反逆の流れのなかに、今の「メタバース」概念の悲哀と苦痛を見られそうであった。時代の歩みは急速化している。その過程で早くも「クラウドによる拡張」「モバイルとウェアラブルによる拡張」のピークはすでに過ぎんとしている。この拡張の速さは、何なのだ。なにゆえだ。

「コンピューティングの未来は、センサーと機械知性を組み合わせたものになる。センサーによってデータが入力され、アルゴリズムがそのデータを統合する。（中略）環境のすべてに画面が組み込まれて入出力可能になるのは、そう遠い未来ではない」

（『拡張の世紀――テクノロジーによる破壊と創造』ブレット・キング　東洋経済新報社　２０１８）

〝今遅れている技術は〟と問えば、膨大なトランザクションに耐えられる通信やデータ蓄積センターの問題をはるかに凌駕して「インターフェース」技術なのだ（と自分は推量していた）。正確にはヒューマン・マシン・インターフェースといったほうがよいか。この領域もここ5～10年たらずで一新する可能性があり、その間にホログラム技術を内包する三次元映像技術も一段と進化するだろう。

コンピュータはチップ上のCPUからあらゆるモノと場所へと拡散し、同時に人間の拡張も、「生体拡張」「知性の拡張」のみならず、すでに「感覚の拡張」までもがもう目前なのだ。これは本当に、人間、人類の話か。

仮に「メタバース」を概念の卵だとして、われはこの言葉を〈事業のみの概念〉にとどめ置かず、人類にやっと見えてきた「本当の実在する世界（宇宙）」を何らかの形で指し示す概念として捉えたい。「世界」を単位とする後者として捉えた際のこの言葉の思惟構築潜在力（含・事業化潜在力）は、前者のケースの何百・何千倍にもなるのではと、私は自信をもって予見する。

ＮＦＴを世界にひとつだけのデジタル資産などとして、モノとカネ中心の20世紀型金融思考（関与している技術は極めて21世紀水準なのだが）と強引に接合させ、今や息も絶え絶えの資本主義の極致のごとき概念と成すなど、あまりに20世紀的で勿体なさすぎる、当該概念が可哀想、と今のところ痛感するのだ。確か21世紀は、精神とソウルの世紀ではなかったのか。忘れないでいてもらいたい。もちろんブロックチェーン技術も併せ哭いている。この技術は、もっともっと人類に役に立つ代物だ。

「メタバース」なる新概念の資質（ポテンシャル）の高さを感じとるがゆえに、あえてしつこく繰り返す。そして直近のファド（fad）的流行り言葉ゆえ、あえて訓戒的にもう一言重ねておきたいのである（〝プロローグから訓戒など、いい加減になさい〟という声が飛んだ）。

インターネットを中核とする先進情報通信技術が生み出しつつある「新たなるパブリックネスに基づく社会」（ジェフ・ジャービス〈ニューヨーク市立大学院ジャーナリズム科准教授〉『パブリック――開かれたネットの価値を最大化せよ』ＮＨＫ出版　２０１１）という一つの未来像が模索されるなか、その一様相の象徴的橋頭堡事業に相当するビッグビジネスを、ＳＮＳテクノロジーを通じて他に先駆けて創案したパイオニアであるマーク・ザッカーバーグ（フェイスブック創業者）が描かんとする「メタバース」概念には、きっとこのくらいのスケール感は当然あるはずだ、あってよいと私は読む。そのイメージされた思惟のリアライゼーションがどこまで実現されうるかは別として。

彼・ザッカーバーグとイーロン・マスク（スペースX&テスラの創業者）はAIを一つの基軸として論戦を戦わせてきたと伝えられ、その際ザッカーバーグはいつも個別機能に特化したAIを先行させて思考し、一方マスクの頭には常に汎用AIがあったという。そんな知的に高度の議論を平気で為してきた二人が、果してメタバースなる世界を、〝（現時点ではそこそこに重く不便な）ゴーグルという付帯物を着けた人間が、芝居を為すように踊るがごとき世界〟を中心とした概念、などと捉えるだろうか。はたまたNFTのごときカネの亡者ギンギンの、まさに見え見えなる手段で、今後もそれほどにカネを稼ぎたいと思うだろうか。どちらかと言えばそう見做すことは彼らに対して失礼であろうと考えてみたい。といっても私には超大金持ちの気持や意識、考え方などわかりようもないのではあるが。

ただ、21世紀をすでに20年以上も超えた今、一つの事業を指し示す程度の言葉を、あえてあの超大企業の社名にするわけがなかろうとも思う。メタというICT猛者集団にとってのメタバース関連事業とは、たとえ〝芝居のごとくに踊る事業〟もその一部として仮に考えていたとしてもそれは、メタバース関連の中で容易に実現可能なそして先行させうる〈個別機能部分〉のほんの一部の事業化に相当する序幕にすぎないはずと見る。おそらくは序幕に続く本格バージョン（二次元と三次元が溶け合って元に戻ってしまった原・世界版）が第二幕・第三幕等としてすでに多様に用意され、続いて出てくるはずと推量する。後続するそれらを含めたトータルな設計絵図面としてこの概念の定義は成されなければならないのだろう。果して考えすぎと決めつけうる推測であろうや。そうは言っても、人も企業も、時間とともに変わり、衰えることもある。まあ、あまり早くに決め打たないほうがよさそう、ということもあるかもな。

「元フェイスブックの企業規模には「事業」というよりも明らかに「世界」を表象する言葉のほうが、似あう（変わり者の私見にすぎない）。当座の（メタ・プラットフォームズ社の）株価下落や大量人員整理など（これらは20世紀的には負の兆候なのだが）当然の読み筋であるはず。メタ出身のIT技術者の群れを見て〝大量人員整理〟と解釈するほうがおかしいだろう。彼らは世界の全企業にとって垂涎の的のはず。要するにメタの企業価値基準はすでに21世紀感覚の中にあっても少しもおかしくはないのだ。実際のザッカーバーグの頭の中には、どのようなプレディクションがあるのだろうか。興味津々だ。

買いかぶりすぎであればご免。でもそう考えたほうが、いろいろ新鮮なnewnessを楽しめそうなのだ。日本の「メタバース」参入企業の多くは、どうもこの概念を狭義に捉えすぎている（というよりは、自身のとりあえずわかる範囲内で拙速かつ陳腐に受けとめすぎている？）気配を感じて、心配である。どこか〝みみっちい〟。皆さんは、これらの夢想、お笑いになるだろうか。

「メタバース」周辺に集う日本の知は、本質乖離しているようで寂しい。

「メタバース」なる人間の未来にとって大切な新概念を、いち早くこのように狭く受けとめてしまう日本の研究の〝こころ〟をどう思う？　あれまた言っちゃった。ひょっとしておれのほうが、本質乖離？　そんなの知ったことか！

わかっている人はまだほんの一握りしかいない初期段階で、慌てて多くの関連社団や研究会を設けだすことにその浅薄さが滲み出ているようだ。何を議論しようというのか。どんな議論ができるというのか。遅れまいとする焦りのみが目立つ。まずは個々による勉強、そして本格研究人による本格研究だろう。

この事態、基本的な思考における「概念」構築力の弱化を象徴していないか。こんな想像、やたら怖ろしくなる予測であり同時にまことに笑い話の世界にもなりそうである。困った。まこと、日本の頭脳は困った。経済誌紙もやたら煽るな。くどくなった。ご免。でもこの概念の卵、凄そうで実に勿体ない。

〝世の未来先見者たちはひょっとして、三次元世界の思惟においても生きうる、人類の未来に有用な21世紀型概念を、今切実に求めている？〟

〝そんな新概念の創発競争に打ち勝った者が、21世紀のキングになりうる力をもつことになる。それは学術（アカデミー）においても、事業においても、そしてR＆Dでも、さらには国業（国力？）においてさえも〟

そう、近未来に到来する三次元の世界においても、従来以上の十分な存在意義をもちうるために、諸々の学は、そんな新奇なる世界に通用する概念を希求するのだ。世界の次元が変われば概念も相応の進化が求められて、少しもおかしくはない。「メタバース」は、20世紀における「ユニバーサルズ」といった概念らと同様、新時代に求められる概念の卵の代表格の一つなのでは。

出番を待つ画期的新概念「ディジオーム」

三次元以上の世界に似合う概念事例として「メタバース」ばかりが目立つので、他の同種新概念事例をいくつか探してみた。今は仮説のレベルにとどまっているのだが、序幕のメタバースに続く第二・第三幕における出番を待ちわびている若き元気な概念たちを抽出してみようというのである。

その一つめは情報生物学者の田口善弘（中央大学理工学部教授）が発信する「DIGIOME（ディジオーム）」という造語である。彼の画期的提唱の理解へ向けては、「DNA＝デオキシリボ核酸。生物の遺伝情報をもつ分子。A（アデニン）・G（グアニン）・C（シトシン）・T（チミン）というたった4種の核酸塩基より構成」「ゲノム＝生物のもつ遺伝子（遺伝子情報）全体のこと。その生物がもつ全塩基配列。ある生物がもつDNAの全情報を纏めてゲノムと呼ぶ」、そして喩え的に言えばその遺伝子情報の「一文字一文字がDNA」「その意味のあるところが遺伝子」「文字の載った本一冊の単位が染色体」「そんな本のまとまり（全巻）に書いてある情報すべてがゲノム（その生物がもっている全塩基配列）」などといった基礎知識ぐらいは事前に確認してから臨もうと身構えた。つまり全遺伝子情報の載った（生命体の設計情報を保持した）DNAがゲノムなのだ。そして一部のウイルスを除きこのDNAは、なんと全生物に共通するという！　画期的新学問（分子生物学）も生まれるわけである。

扨、田口の造語「ディジオーム」の意を簡潔に表現すれば「デジタル情報処理系としてゲノムを捉える考え方」「ゲノム自体をデジタル情報処理系《装置》として捉える見方」であるという。すなわち「デジタル情報系としてのゲノムの側面を強調（しようと）する」〈考え方〉〈見方〉の概念だという。驚！　生物（の細胞全体の構成）をデジタル情報処理系《装置》としてみようというのか。大胆なのか、風変わりなのか……ともかく普通ではなさそうに映る。新鮮だ。今の時代向きで、おもしろいかも……。

〝生命体はそのそもそも誕生時からこの高度なデジタル情報処理系の恩恵を享受してきた〟つまり〝生命体は精密な情報処理装置をもっていないにもかかわらず、ゲノムをデジタル情報処理装置として機能させることに成功してきた〟と主張しているようなのだ。そうなの？　どうしてそんな奇跡のようなことが可能だったの？

語りの熱は頭から勢いが目立つ。そう、「長い歴史の中でもようやく最近になって人類が享受できるようになったデジタル情報処理を、生命は発生当初から享受していた」とやっぱり言っているようである。生命は元々「化学反応という極めてアナログな仕組みで（デジタル情報処理を）実現する」らしいのだ。要するに「人間が（ゲノムの）デジタル情報処理を利用するのに手間取ったのはコンピュータの発明が遅れたため」らしい。フーンそうなんだ？（半分もわかっていない？）

なにせ「生命」と「人間」という二つの主体として話してくるので、ピンとは理解が進まない。ともかく「（人間にとっては）仮想的な電気信号でしかないデジタル通信と異なり、（生命の）ＤＮＡは現実の物体を利用したデジタル情報処理」であるらしい。そうなんだ。わからないことだらけだが、潜む凄い仮説（？）の世界に、わが好奇心は張り裂けそうに膨らむ。話全体からオーラが滲み出すようであった[注4]（半分もわかっていなくて、よく言うなあ）。

注4　この辺りの前後の記述は『生命はデジタルでできている――情報から見た新しい生命像』田口善弘　講談社ブルーバックス　２０２０より引用、筆者一部補足整理。自信なき解釈ゆえ、誤謬なきをひたすら祈る。

彼の勢いは一向に止まらない……「昔、コンピュータがまだ高価だったころ、この世にはアナログコンピュータというものが実在した。難しい数値計算をするのに、それをアナログ回路で実現して答えを電圧や電流の値として読み取る。これはデジタル計算をアナログ計算で置き換えているわけだが、生命は逆にアナログ回路でデジタル計算をする回路を作ってしまったのだから、ある意味人間の上を行っている」などと淡々と（と、そう聞こえた）続けてくる。

生命？　人間？　どう使い分けているのか……ともかくややこしい。自信なげに自己流で繙(ひもと)けば、生命は「アナログな操作でデジタル情報処理をやってのけ（ちゃってい）る」そして「ＤＮＡは現実の物体を利用したデジタル情報処理」ということか。結局〝生命は（ということは生命体全体も？）元々デジタルなのである〞ということになるのだろうか。これでよいのか？　理解に自信がもてず、呆然。複雑交叉しそうなこの展開に唸るばかり[注5]。

ところが現代では、高質安価な端末装置であるスマホも広く普及し、またＤＮＡコンピューティング技術の進展もすさまじい。そんな先端技術の急伸・急拡大により、ゲノムをデジタル情報処理系《装置》として捉える見方（これをＤＮＡコンピューティングと呼ぶらしい）が、今こそ種々現実化してきた？

注5　DNAの配列特異的結合を基礎として人工的な反応ネットワークを構築し、知的な動作が実行できる比較的単純なシステムをつくることを通じて、生物システムの動作原理を解明しようとする分野（日本生物物理学会）だといわれる。自分はまだ理解半ばだ。

とても十分にわかったとは言いづらいが、軽く頷くには十分（?）な説明だった。つまり「デジタル情報処理系としてゲノムの動作を克明に観察して記録しうるのに十分な技術と知識」という21世紀現代の贈り物が生活世界内で日常現実となり、そんな技術・知識の下でこのゲノムの一様相を鮮明化しようとする《装置的世界》を象徴する「ＤＩＧＩＯＭＥ（ディジオーム）」なる新概念を現代人の思考の中枢に組み込みうれば、きっと本概念はゲノムや分子生物学領域だけでなく社会全体に〈情報生物学（バイオインフォマティクス）の春の陽射しふりそそぐ新しい世界〉、すなわち新しい生命像の世界を拓いてくれると見込んだようであった。「概念」の使命、此処にあり？ヒャ～凄ッ。これぞ21世紀の知と呼ぶべきであるか！

〝ＤＮＡコンピューティングの利点をフルに活用すべくこの《装置的世界》に拘った〟と仮にすれば、即その視座は「ＡＩ、つまるところ機械学習」を連想させる。「ＡＩ＝機械学習はそもそも、人間がプログラミングしていないので、１００％の精度での動作が保証できない代わりに、人間が想定しない状況にも対応できる（＝汎化）」、「ＤＩＧＩＯＭＥは、このＡＩ＝機械学習と同じような特質を持っている。いつも正確に同じことを繰り返すことができないのと引き換えに想定外の事態にも対応が期待できる。生命体が接する環境はどのように変化するかわからず、フラジャイル（脆弱）なシステムでは対応できない。その意味では現実への対応において、ロバスト（堅牢）なＡＩ＝機械学習と同じような戦略を生命体が採用したのは偶然ではないだろう」などと田口（２０２０）は口角泡を飛ばす（かに思えた）。そう、彼は、生命（人間？）がつくるものはロバスト（堅牢）で、人工物がフラジャイル（脆い／壊れやすい）であるという旧常識を、機械学習の力を借りることで〝人工物でありながらロバストなデジタル情報処理系〟という新常識に置き換えようとしたのではと思われる。この気づきは、強烈な新概念によるデジタル時代への本格介入意図の十分な理解に深くつながっていくようだった。おもしろい、こうでなけりゃ。興奮！

ここからは、私の〝付録〟に近い浅薄な推量だが——現代のデジタルは一般的にアナログと思えるものをデジタルなものへと変換する。われらに宿る生命はアナログ回路でデジタル計算をする回路を作ってしまうことに成功した、つまりアナログな操作でデジタル情報処理をやってのけたのが生命であるとすれば、現代人が今求めてやろうとしている〝アナログからデジタルへ〟の流れと生命の始原のデジタルなる流れとは、見ようによっては逆流（？）関係にある（つまりデジタル化は原点回帰？）とみられなくもない？　間違っちゃった？　それとも無理筋？　どうなんだろう。生命体は元来デジタル？　結局のところよくわからぬままなのだが、気分は爽快だった。

デジタルが浸潤する現代にあって、そんなアナログ&デジタル二つの〝意識流〟のぶつかり合いが生起する摩擦感覚によって、現代人はデジタルに慄きデジタル社会の中でストレスを感じ、疲れきるのでは、とも推測できた。あるいはまた、もともと生命はデジタルであるのに、その時代の人間のために、過程においてわざわざ特別仕様のアナログ操作を用いてデジタル計算をしてきたのに、突然何の特別の加工・処理もない形であっさりと、デジタルがマンマ使えるように入ってくるようになっちゃったことに戸惑っちゃっている？　いやひょっとして無関係な推量かも。裏読みしすぎかなあ。

でもそんな摩擦感は過渡期だけの症状のようで、もともと生命はデジタルなのだから、デジタルにはスグに慣れて平気になっちゃうだろうって？　そうなのかも……。でも何か、すごく愉しい。こんな推量、其処此処に勘違いはあるのだろうし、その際はご免ネ。まるでゲームを楽しんでいるような想像だとあながちウソでも冗談でもなく、そう感じてしまって機嫌がよいのである。

それにしても大胆極まりなき、興味をそそられる新概念であるよ、なあ。

私の解釈にかなりの誤謬あれども、この新概念の近未来適性に揺るぎはなさそうである。

さらにもう一つ――「洞窟の比喩」につながる「シミュレーション仮説」……………

そしてもう一つ、出番を待つ二つめは「シミュレーション仮説」という。この新概念の意味は何かと見れば、「自分たちが〈現実〉と呼んでいるのは、実際には超高度なビデオゲームである――この考え方を、一般に〈シミュレーション仮説〉という」（『われわれは仮想世界を生きている――AI社会のその先の未来を描く「シミュレーション仮説』』リズワン・バーク　徳間書店　２０２１）とある。ゲーム？　それ、なんのこっちゃ。

リズワン・バーク（ビデオゲームパイオニア、プレイラボ創始者）によれば、昔プラトンが提示した有名な「洞窟の比喩」というものがあるそうな。こいつがまた面白いのだ。

「この洞窟では、住人は壁に鎖でつながれているので、外の世界を見ることはできない。彼らが知覚できるのはせいぜい、外の光によって壁に映る、現実世界の〈影〉である。洞窟の住民は、考えに考えて現実のイメージを作り上げる。プラトンは、私たちはこの住民と同じで、現実世界の影しか見ていないのだと推測した」

（『われわれは仮想世界を生きている』）

〝影〟だって？　現実が実在が、影だというのか。シミュレーションって、〝影〟のこと？　それともひょっとして、人間の「意識」のことをそう表現したのか？　それにしても大胆！　こんなこと本当にプラトンが推測したの？

デジタル社会化という一大潮流の中で夥しく広がるコンピュータサイエンスのハード&ソフト両面にわたる近年の圧倒的革新が、驚異的にリアライズを促した仮説のようであった。バーク（２０２１）によれば、物理学者・防衛兵器開発者のトーマス・キャンベル（２００３年に『ＭＹ Ｂｉｇ ＴＯＥ』を著す）は「もし私たちが住む３次元の現実を定義する仮想空間が本当に存在するなら、それはおそらくコンピュータプログラムやシミュレーションの中で用いる仮想空間と似たようなものになるだろう」（同前）と主張したらしい。

へェ、そうなんだ。そうだとすれば、シミュレーション仮説の中でシミュレートされているのは「意識のある生命」なのか、それとも結局のところ「意識のないシミュレーション」にすぎないのか、どちらだ。後者であれば、意識のない人間なんていないのだから、こんな仮説、ぶっ飛ばしたくなる。その結論は、関係者目下議論継続中らしい。でも、世界が物理的なものではなく情報であり、また計算で扱えるものだとしたら、それならこの仮説、成り立ちそう？

量子物理の世界で「意識」というものがどこまでも「意識の実態は一連の情報とその処理である」と明言してく

れれば、いわゆる「デジタル意識」なる概念もリアルにアクセプトできるのかもしれぬ。だが一方で「意識は実のところ物理的過程つまり化学反応の結果である」と神経科学のプロたちが強く宣えば、こりゃまたどうしたものか。己れの脳レベルでは結論は出せそうもない。

そういえば誰かが「プログラム（＝意識）は〈ソフトウエア〉であるが、コンピュータ（＝脳）は〈ハードウエア〉」などと言っていたっけ（調べてみると後に紹介する文献、A・I・M・レイ『量子論——幻想か実在か』の中にそう記載されていた）。ウーム、果して私たちは物理的な世界ではなく、確率の世界に住んでいる可能性があるのか。よくわからん。

この種の発想のベースには「空間の量子化（それはピクセル、つまりデジタル画像またはグラフィックスの最小単位でできている？）」のみならず、比較的新概念と思える「時間の量子化（宇宙にはクロック速度、つまりCPUが処理を行う際に発する信号の速さを表す値があり、コンピュータシミュレーションのように進行している？）」も含めた「量子化された時空」なる概念が前提とされているようで（自分はチンプンカンプン状態へと突入。わかっていないのなら書くなって？　ご免）、となれば当該空間は量子の世界であり、つまるところ必ずや「情報」の生きる世界となるはずだから「情報」と「計算」のレイヤーは生き生きとアクティブに動き「シミュレーション仮説」も成り立つことになりかねない、とリズワン・バークらの思惟は展開されていくようだった。

えっ、量子化された時空？　とんでもない世界だ。わかろうはずもない。だがとても面白く、またどこかありそうな話で、早く頷きたくなる自分がいた。

この物理的世界に見えている現実が実はそれほど物理的ではなく（たぶん古典物理学の思惟でいうところの物理的、ということなのだろうが）「人類が実はピクセル化・量子化された現実の中に住んでいるという可能性を示す」ということになるらしいのだ（と言われても戸惑うばかり。でもわからないなりに理解しようとはしていた）。いやあ、只々ビックリ仰天の世界、であるようだった。でも「量子化」のリアリティは、それなりに感じていた。

リズワン・バーク（２０２１）はこの書の末尾で、最も重要な点だとして次のように語っている。

「古典物理学の時代には連続的な道を動く一連の物理的物体と考えられていた、物理的世界の概念がアップデートされた。量子物理学によって、物理学的な物体など存在せず、ほとんどの物体は真空と電子で構成されているると判明したことで、私たちは、この世界の中で何が現実なのか、という形而上学的な問いに踏み込む」
（『われわれは仮想世界を生きている』）

このリズワン・バークの科白だけは、チョッピリではあるがわかったような気がした。そういえばあのイーロン・マスクも「私たちが〈基底現実（ベースリアリティ）〉にいる（つまり、シミュレーションの中にいない）可能性を、わずか〝数十億分の1〟である」とみたらしい（『われわれは仮想世界を生きている』）。ほんと、そうなのかも、しれない……。

冨島佑允（一橋大学MBA in Finance）も自書（『この世界は誰が創造したのか――シミュレーション仮説入門』河出書房新社　2019）内で、「私たちは、自分自身の脳が作り出した仮想現実世界に住んでいる」、だが「現時点では、シミュレーション仮説を客観的に検証する方法は見つかっていません」「もしシミュレーション仮説の証拠が見つかれば、従来の世界観はひっくり返ってしまうでしょう（中略）ダーウィンの進化論や、アインシュタインの相対性理論をはるかに超えるパラダイム・シフトが待ち構えています」とわれらを驚かす。圧倒され、否定できないでいた。ありうると思えてならない。扨、この答えはいかに？　無視できない面白き問いかけなのだ。

私はきっとまもなく、それも近々に結論は出るな、と予感し始めていた。

序幕として顕れたメタバースに続いて、それに強いリンケージをもつ形でこの「シミュレーション仮説」や「ディジオーム」などが二幕・三幕と続いて顕れてくることになるのだと仮定して見れば、昨今日本で喧伝されている「メタバース」概念にみる〝20世紀的商売感覚横溢のコンテンツ〟がいかに知として希薄であり陳腐であるかが、鮮明に見えてこないか。「シミュレーション仮説」も本気(?)で検証されようとしている今、日本国内で喧伝されている20世紀感覚の「メタバース」概念の捉え方など、果して時代にそぐうと誰が考えられよう。喝！　勿体ない、そぐうわけはなかろう！　時代錯誤だよね。

今、人類は三次元空間＋αに生きる。四次元ではすべてのものを構成する原子は安定を欠き、一－二次元では複雑な生命活動は難しく、物足りない世界にとどまる。だからこその三次元世界―メタバースであるはずなのだ。そんなちょうど良い世界捕捉（原点回帰）の兆しこそ「メタバース」。本格的多重世界のスタートなのだ。この視座には自信がある。

人類にとってまさに物理的実在の淡い（無い、とはっきり言うべきか？）世界が、量子物理学の知によって幕が開きそうである（と私は興奮）。21世紀も早や20年以上過ぎた現代にあって〝量子物理学は私たちがある種のシミュレーション現実の中にいる（かもしれない）という重要なヒントを与えてくれている〟ということをもっと認識すべきであるのか。きっとそうだよ。

そう、世のデジタル革命が新たに育みつつある物事の表象のありようを、量子物理学でさえ十分には明確にしえていない〝すべてを包摂する単一の現実など存在せず、複数あるリアリティの形が日々変化し、より複雑になっていく〟といった〈マルチ・リアル〉視座で受けとめていくことにあるのだ、とすでに見徹していた。今や近代科学が生んだシリコンバレーの「統計的な世界観」の限界が露呈し、複数の現実が複数の「意味の場」をつくり、世に存在する物事の価値は、自然科学だけでは見出しえないようなのだ。そんなタイミングゆえにこそ〈言語回帰〉に意味が生じ、概念の充実した新マーケティングの介入する隙間を見出しうるのだ（この辺り『世界史の針が巻き戻るとき――「新しい実在論」は世界をどう見ているか』マルクス・ガブリエル　PHP新書　2020を参考にした）。

ついでに言えば、そんな時代の具体的契機となり、またその世界の顕現を強く牽引する〈知〉とは、なんと「新概念」たちのようなのである。物理学の昨今の新概念が中心となって、モノからコトへの世界観の移行を推し進め、その勢いと賑わいが周辺の他学へも心地よい波風を送っているのだ。諸学のコンセプトも変わる。そんな時代認識の下でメタバースたちを捉えたいと思う。そしてデジタルの世は、複数のリアリティが生成消滅しつづける変革の時代となるのだ。

私にとって、「ディジオーム」や「シミュレーション仮説」の精度や信憑性がどの程度か等々、そんなことはどうでもよい。大胆な仮説であることには違いないのだから。私はそんな概念たちの〝複数の流れ〟の成す先に必ず現れてくるはずの〝共通項が育む奔流〟を見たいのである。

このような新鮮で興味をそそる新概念が、アチコチに今生まれつつある。その出自は皆、三次元空間周辺にあるようだった。そしてまた、〈技術〉だけは勝手に独り歩きし、身勝手な進歩を同時に推し進めていくようでもあった。

まこと困った奴らだ、人間が望んでいないコンビニエンスばっかりバラ撒きやがって。効率など、もう要らない。こ奴らに匹敵するような画期的新概念、斯界ではまるで見ないよなあ。マーケティングもまだまだ頑張らなきゃあな。

概念は新しい世界を拓く。それはまた、人間の世界観をも再生する。当たらずとも遠からず。あまり為したことのない思惟ゆえに、なにか愉しく、しばらく続けていたくなるのだった。結構面白いジャン、「概念」って。最近のいくつもの流行り言葉たちは、ずばり「概念」と呼称してよいものであろうか。「概念」なる存在、斯界（マーケティング）内ではすぐには挙がってこないというか、かなり少ない気がして内心かなり慌てていた。大半が日常用語ばかりみたい。この少なさ、気になるよなあ。心配だなあ。だからカレントマーケティングはますます覚束なくなる……。でもきちんとした概念らしきものを新たに増やす努力もせず、既存の概念を発達させたり是正する動きも出さずに、これまで学として過ごせていると思い込んできたのはわれら自身だったのだから、仕方ないことなのかな。

ひょっとして、やっぱり学になり切れていなかった、のかなあ。先（未来のことです）はやはり、ないのかなあ。情けないよなあ。

何か言いたそうな「概念」たちの声を聞いてみるか……………………

昨今われらの世界にも世にbuzz-wordといわれるものがやたら流入する。たとえば、「イノベーション」「ＳＤＧｓ」「ＡＩ&ＩｏＴ」など。〝これらが皆buzz-word？　なんたることを！　そりゃあ、手厳しい〟などと返されるやもしれぬ。自陣の専門概念ですら、buzz-wordとなりかねない気配を感じる始末で、たとえば少し前の「顧客満足度（ＣＳＩ）」などにもそんな気配を感じなくもない。「ＣＸ」云々などにも、そんな胡散臭さを感じている。

「CX」や「経験経済」などという言葉を嘯いて専門家面を強める輩、君たち正気か。礼節を心得ているか。これらの言語（と言うよりは概念であるか）の原点、たとえば「純粋経験」「直接経験」といった真意をご存じでそうお使いになるのか。知識不足？　正統なる矜持は何処？　智慧が足りない？

これらの言語はきちんと構築しなおせば、今もこれからもマーケティング思惟にとって基本的で重要なる概念となりうるつわものたち、のはずである。

いわゆるbuzz-wordをあらためて見つめてみれば、ブンブンとうるさくて、世間を騒がせる耳障りな流行語を暗に表しているようなのだが、どこかに〝無意味そうだが、かっこいい、今っぽい言葉〟のようなニュアンスもなくはない……。まあ、全姿として軽佻で浮薄なる様が滲み出していることは窺い知れよう。ひょっとして概念化の発達プロセスの途上にある言葉の群れの、出来のわるい一部の呼称がbuzz-wordということなのかもしれぬ。違うか。

そんなbuzz-word化している（かもしれぬ）言葉たちが今あるままの状態で（つまり未発達のままで）セオリの軸となる概念として安易に扱われてしまうとなれば、理論構築・立案なる基本タスクにも大きな影響を及ぼしてわれらの仕事自体を曖昧化し、いつかは仕事全体の質を規定し存在を危うくする事態をも招来しかねず、さらにはわれらの学の進化を遅滞させる因の一つとなるやもしれぬ。そんな致命的ともなりそうな危惧の大きくひろがる予感が心に浸潤していくようだった。軽すぎる……心配性なのかなあ、私は。

そういえば、最近斯界に交ざってきた他の言葉たち（あえて概念とは呼びたくない）にも素直に受け入れ難い感覚が明らかにある。今挙げたCX（カスタマー・エクスペリエンス）、CXデザイン、経験経済にとどまらず、カスタマージャーニー、D2C、n=1……まだまだいくらでも挙げられる。どうなっちゃったんだ、この学の言葉たちは……この見事なる軽さ、薄さ、無節操さ、そしてこのtoo simpleさ、さらにはとりあえず感……ついていけそうもない。

デジタルマーケターと呼ばれる新技能士たち、貴方は何処へ向かおうというのか。言葉の軽さは概念の軽さを映し、学の浅薄さへと広がる。学は消えた？

〝そんなのとても「マーケティング学」とは呼べやあしない。それらには「プロモーション」というキチンとした相応の名前がすでにあるんだよ〟

この瞬間「思想と貫通するイデオロギー不在の清潔な思想界の浮遊感を抜け出したかったのかもしれない」という量子力学者の佐藤文隆（元京大基礎物理学研究所長）の、古典物理学に対して述べたと伝わるシニカルな科白が浮かんできていた（『量子力学のイデオロギー　増補新版』佐藤文隆　青土社　２０１１より引用）。古典物理学にも、イデオロギー不在の清潔な浮遊感があったんだって？　あれ、物理学とマーケティングを比較しちゃあ失礼かな。今斯界にうごめく思想たちは〈清潔な〉というよりは、見事に痩せて薄っぺら！　もう勘弁してよ、少しは考えなさいよ、このところのマーケティングさん。

私は、許しがたいとさえ感じている。ウイリアム・ジェイムズや西田幾多郎が必死に磨き上げてきた「経験」なる貴重な言語をこれほどまでに安易に用いるとは。このときわが胸中でマグマのごとく噴き出したのは、そんな人間の「経験」という本質的で重要なる行為を、モノの供給側に立つ人びとが、自社商品の購買行動を効率よく顕在化させんがために、〝イベント〟という戦術を経由して操作し、なんと提供可能なものとして現実に流通せんと企てる浅はかなる目論見が、堂々と一つの有力な策として真面目に考えられている！　そんな事態に対する呆れと憤りの入り交じった複合感情の、鮮血のごとき怒りの滴りに苛立つのだった。何たる失笑の事態！

〝「経験」という言葉の安易な用法だけは、絶対に見過ごせない〟

〝冗談じゃあないぞ、いい加減にしろよな〟

そんなこんなで、言葉の軽さをまずは見直したいという素朴な態度が、私に「概念」へのフォーカスとその議論、意識収斂を急がせたのだろう。

〝斯界における言葉たちは、単にバズっているだけでなく、薄すぎる！〟

それは斯界の、周辺科学への関心や目配りがあまりに杜撰であることを物語る。このような状況の下でbuzzword候補とみなされる概念たちをあらためて鳥瞰してみれば、困ったことにその利活用分野にてより重視されるべき概念たち（何らかの有為なる根拠を有する希望の星?）こそが、あたかも優先して選ばれたかのようにbuzzword化することが多いようにも見えてしまうのである。ＡＩなどその典型と思われ、〝資質の高い子供が幼少期においてカネの亡者の大人たちから弄られ尽くす〟かのごとく、なのである。このような光景は、学の望ましいありようからみれば、まことに由々しき事態と受けとめねばなるまい。ＡＩ研究者たちなど、もっと大声を出し、両手を横に広げて是正に動いても当然であるか。

重視されるべき立場にあると映るものは、推察してみれば大体生まれてまもないか先端科学技術の恩恵を複雑・多層に受けていることが多いように見受けられ、個々の包含要素は多様で有用そうなのだが、ホーン数も高く、その内包物の共通項も半端なく曖昧模糊に感じられ、現実に見られているような事態の招来もある程度は詮無いことと受けとめねばならないのかもしれない。

あえて追究を深めれば、この種の事態の充満は、既存の学究タコツボの多くが自浄作用を失ったことの証左かもしれぬという慄くべき推量を可能にする。研究力よ、危なし！　そう、博士課程のなり手も少なく、本当に危ないのだ。

この機会に、マーケティングと呼ばれる曖昧模糊なる領域に、このところ存在し始めたこれらの buzz-words（のようなもの）たち――それらは自分がマーケティング界になんとしても招き入れたい言葉たちなのであるが――を熟視して、学からみたそれぞれの扱い方・望ましい対処のありようを個々に徹底熟考してみたいと考え、思い切って叢書風の本書を立ち上げてみた次第である。

繰り返し伝えたい――特に今挙げた「イノベーション」「ＳＤＧｓ」「ＡＩ＆ＩｏＴ」などは明日のマーケティング思惟にはなくてはならない概念になりそうな潜在力を有すると観ていた言葉たちである。今までマーケティング思惟のコアを成してきた諸概念に加うる形で、これらの今喧騒の真只中にいる概念候補たちを積極導入することは、マーケティングの明日、つまるところマーケティングの寿命（すなわち明日の人間社会にとっての必要性）を規定しかねない重要事項であるとすでに確信するに至っている。皆もこのことは否定できまい。

商品・事業開発の発展形でありその成果の最高峰を指し示す概念とも換言できそうな「イノベーション」、持続可能性という異様に映る日本語やサスティナビリティなる本格概念と深く関わりをもち、戦略・戦術の長期視座確立の中心的基盤となりえそうな「ＳＤＧｓ」、デジタル＆ＩＣＴの叡智をフォーカスした斬新な知的ネットワークと集合的知性を形成しつつ戦略立案・施行に伴う諸方法論の技術的進化を担わんとする「ＡＩ＆ＩｏＴ」などが、21～22世紀におけるマーケティング思惟において重視されないはずはない。それらは buzz-word 化などして発達遅滞していては困る、コアたる存在たちなのだ。

じっと凝視していると、2020年代の今、これらの概念（の卵）たちは、何か言いたそうであった。あるものは哭き、あるものは戸惑い、恥じ入り、またあるものは若返りたがっているかに見えた。それらの声なき声をまずは丁寧に聴かなければ、的確にわれらの領土に導き入れることはできないのではないか、と感じ取っていた。

〝今の彼らの立ち位置は、彼らにとって本意ではないのだ〟

〝よし！　まずはそれら概念たち個々の声に耳を傾けてみよう〟

今まで「マーケティング」概念総体のことばかり直截に注視してきた。明日の「マーケティング」概念のありようを厳密に見定めていくには、このマーケティングなる概念に飛び込んでくる新進気鋭の参入概念たちの声をもっともっと直接聴くべきではないか、そしてこれらの気鋭たちをマーケティングなる衣裳を着せて独自の姿に変身させねば、と身勝手に考えてしまうのだった。

叢書とは双書とも書き、「①種々の書物を集めて大きくまとめたもの。四庫全書・群書類従の類。②一定の形式に従って継続して刊行される一連の書物。シリーズ」（『広辞苑』より）といわれる。当該概念に関連する「概念」についての研究を進めている賢人たちの叡智を、われらの得意手法「セカンダリーデータ・アナリシス」風そして叢書風に収集整理分析し、当該概念の実情とこれからについて私見を述べてみたい。その際私が立脚したい視座は、どこまでもこれら有用なる概念候補たちを適切なる内包を保有した大人の概念と化してマーケティングに引き入れたい、という一心を起点とする。一意専心である。

つまり、マーケティング概念内に有能な複数のサブ概念たちを創発（収斂・再構築）しマーケティング概念の充実化を図る、という企図発出のファースト・ステージと言えるのかもしれない。当面の導入対象概念としてまずは4−5種浮かんだ。新しき概念候補が出現し次第順次取り上げていければと考えている。

これらの概念の各出自ジャンル内専門知識は、残念ながらわれらには乏しい。されど〝学際(?)王〟マーケティングには、統合・融合を可能にする何らかの手立てが固有に育っているはずだと信じている。あくまで〝マーケティング&マーケターにとって〟という限定的視点からの、これらの概念個々に対する限定版考察を、蛮勇をもって為してみようと力んでみることにしたのである。

なお追記しておけば、先に挙げたbuzz-word風の概念候補たちはいずれも、わが処女作『マーケティング・イデア２０４０〈ＪＩＲＯ's ＤＩＡＲＹ 過去現在巻〉』『同〈未来巻〉』全二巻（文藝春秋企画出版部 ２０２０）すでに絶版）――同書は私つまりマーケターＪＩＲＯ（ジロ）の仕事の日々における率直な想い・洞察の綴り（日記）のようなものである――の中において、当時のオープン情報をベースにわれなりにディスカス済みの概念である。その際記述した私文のいくつかを主たる内容構成の端々に据えつつ、大幅加筆・改訂というよりは間違いなく新規書き下ろしのレベルにて、また最近の新情報を多々加味しつつ、新設したストーリーフレームの中でフレッシュな提議を為すべく仕上げたのが本書である。処女作の読者も、あらためて見直してみたこれら概念の近況について、本書であらためて抉り出そうとした概念たちの血肉に映える再考察の鮮度のささやかなる前進を楽しんでいただければこれにまさる幸せはない。またこの書の性格上、固有名詞に対して敬称略とさせていただいた。これらのこと、ご了承願えれば幸いである。

以上、「概念」なる存在についての、冒頭におけるささやかなる妄想的考察（つまり「妄察」）でした。されど必死の考察のつもりではあります。

冒頭雑感――わかりやすく書け、というアホウ

出だしの章なのに自己流に走りすぎであるか。猪突猛進の性格ゆえどうしようもない。偏屈気質がこのスタイルで通すと言っている？　我儘を許せ。扨、いざ「概念」論となれば、はじめに断っておこうと思う。「概念」という難命題をわかりやすく書くなど至難の技、もう困っちゃっている。されど挑戦したい……。この言葉になぜか拘ってしまった。何としてもこ奴にマーケティングの明日を賭けてみることにしちゃったのだ。でも必死に書くつもり。

そう言えば、気になることを書いている人がいた。つい先程紹介した、あの人の言葉だ。「歴史的に見れば、学問という営為はまず概念操作の能力に優れた人材の活躍する世界として出発した」のだそうな。さらにこうも書い

ている。「学問の歴史を振り返ると、体系、論理、普遍、超越などの概念構築の高踏性に耽溺する悪癖が何回も繰り返された」だって。そりゃあそうだろう、この書き手の専門は、物理学それも今の時代に、旬に羽搏く量子力学のようだから（『科学者には世界がこう見える』佐藤文隆　青土社　２０１４）。なるほど物理学ならわかる。

だがジョウダンじゃあない、斯界（マーケティングです）に「概念操作の能力に優れた人材」などいるものか。何処で「概念構築の高踏性に耽溺する悪癖」が見られたか。そんなもの何処にもありゃあしない。貴方たち（物理学者）は別格だ。わが周りは無念ながら「概念」の構築や操作といったそんな難しいタスクにチャレンジする変わり者(?)など居るはずもない。〝売らんかな〟ばかり叫ぶ未熟な実務空間なのだ。勘違いしないでもらいたい。

昨今、まこと不安なることの代表的事象として〝言語のやせ細り（なかでも専門用語についての）〟が散見される。そんな知的不安事態の表裏に表象される人間の〝究め研ぐ〟行為（通常「研究」と呼ばれる）全般の縮退現象は、研究びとやマーケターのみならず一般知識人やコメンテーターと呼ばれる奇人たちの意識や行動までをも雑菌を濃いめに塗すがごとくに浸潤し、社会全体を魯鈍化していくかにみえた。これぞ現代〝哀〟の新形態？　それは令和のデジタル哀(!)とでも叫びたくなるような、昭和平成では経験したことのない異様なフレッシュさを感じさせる文明(?)と思えた。害や毒には容易になるが薬にはなりにくい、深み乏しき文明のようなのだ。これデジタル社会の特質であるか。

まずは最近〝八十路のマーケター思惟批評家〟と名乗り始めた私のボヤキの第一弾は、〝わかりやすく書け、と安易に言うアホウ〟……それは周りのうるさい雑言クラウドの靄の中でいつのまにか堆積し醸成された〝毒を含んだ哀〟の兆候として浮き上がる。こ奴、もしかして文明崩壊の予兆かもしれぬ。

ヒヤァ〜、本気かよ、よくぞそんなことを言う！　貴方たちが蔓延（はびこ）るから今の世はおかしくなるんだって。知ったことか。どうみても知の衰兆だよな。

何言ってんだろ、人間ごときがこの複雑怪奇な「世界」なる宇宙空間を記述しようというのだから、わかりやすく書けるレベルになど簡単に到達できるわけがない。違うか。わかりやすく書けたと感じた際には、実は何かを飛ばしたりいい加減なところが多かったり誤魔化したり、しているもの。どんなにわかりにくくなってもいいじゃない。命題の複雑さと人間の無力さとを比せば、仕方のないこと。わかりにくけりゃ伝播に限界が生じるのも自然なこと。だろ？

参考までに、〝わかりやすく書く〟ということはどういうことか、を分解してみた際、どんな方法論が持ち込みうるのか。科学用語や哲学用語などの専門用語を極力使わない、やさしい日常言語中心に書く、事例を多く使う、文体を長々としない（短文中心で書く）そして物理学のようにやたら概念を乱発しない……などと一応いろいろ挙げられそうだが、肝腎なのはあまり複雑な概念は使わないことが肝要、となりそうなのだ。要するに〝日常言語中心で書け〟ということか。それで物事の本質が書けるか、複雑な概念を使わないということは、作業仮説的概念を多用しえなくなり真実や実在へ向かいづらくなりそうである。だから量子力学など、一見訳のわからぬ仮説的な概念だらけになってしまうのだ。「コペンハーゲン解釈」「多世界」もたぶん立派な概念だよ（口に出したものの自信はない）。そうだよな。大人の充実した概念を使って深い思惟を為そうとすることと、わかりやすく書くことは、相反関係にあるやもしれないということになりそうなのだ。扨、どうかな。

わかりやすく書こうと努力する代わりに、必死に対象・命題に正対し迫りまくる。一心不乱。わかりにくくなることを早めに怖れない。これ、修士課程や博士課程で学ぶ者にとっては当たり前のこと。実務家の自分にとって、新しき命題に挑もうとする今のケースなどにあっては、ただひたすら、素人芸と言われようと罵詈雑言を浴びようと、命題の本質へと突き進むだけ。ものごとをわかりやすく書くなんてとんでもない。初心者の学び手にはこれしか手がない。

なにせ日頃は、企画書や報告書という堅物しか書いたことがないのだから。

今は蛸壺解体・脱構築期そして学融合の時代とみられなくもないのだから、こんな自己中なる態度も許容範囲ということで〝許されてかし〟と一応謝っちゃうが、実はとても〈普通〉の態度のつもりなんだよ、これが。

〝わかりやすく〟――こうあっさり上から目線で言い放てば、いっぱしの社会批評になると思い込んでいるんじゃあないの？　ホントやってられない！　これも大衆知識人たちの思考衰弱の兆しの一つ？（本音は、こう強く感じているのだ）その裏には〝考えない（考えられない、かな？）症候群〟のバクテリアたちが感染症スタイルにて潜み入り、蔓延る隙を窺う。

他にもいろいろ蠢くのである。音はほとんどしないが、空気が動き、うるさくってたまらない感じなのだ。そしてもっともらしい空気だけが残されていく。

ボヤキ第二弾は、〝やたらカタカナ文字を使うなよ、と口癖にほざくアホウ〟今度は、こう来た！　気にする個所が、違うんじゃあないの？　ねえ貴方。

こうほざく人たちの中で意外に多いのが、またもやなんと、知識人と呼ばれる人や研究びとらしいって？　こう言う人たち、結構原書など読んだことないんじゃあないの？　読めばどんなに適訳が難しいかがすぐわかる。言語には類語が必ずある。原書の著者がどんな意味合い、行間を示したくてその語を選んだか、その的確なる解釈自体難しいのに、加えてその意を難解といわれる日本語に的確に移すことなんて、なんとも至難の業！　類語間の行間のイマージュを読まなきゃあ言葉を選ぶなんてとてもできない。著者が選びたかった類語間のイマージュを察しなければならない。それを簡単に日本語化せよとのたまう！　アホウ（合いの手のつもりです。許せ）などとつい返したくなっちゃう。未成熟の研究びともどきさんたちよ。行間をも併せ読もうとするから「研究」も楽しくなるんだよ。わかってもらえないかなあ。まあ、コトバに平仮名もカタカナも漢字も、あったものじゃあない。言葉たちはその時自然に生まれ落ちてきた人間の認識結果なのだ。みな、平等！

さらに、事象・ものごとの実在は〝ネイティブ（native）〟なる環境に立ってこそより深く見つめうる、ということ（誰かがそう言ったような記憶があるような、ないような。ひょっとしてそ奴、昔の私？）。しかしきちんと見つめつづけることは難しい。外国語から日本語へという最も困難な翻訳という作業をなさるプロフェッショナルや言語の番人といわれる校閲者の皆さんがいかに大変か、誰でもできる作業ではないこと（私は頼りない研究人より、ケースによって小説家よりも翻訳家を偉大と感じることが多い）、そして不十分なレベルにとどまらざるをえないほどに諸々の限界で一杯の仕事であることをきっちり認識し、生を見つめ続けるべく自らネイティブな環境に接近していく。

簡単に、訳さない！　ネイティブな空気には必ずや正体不明の芳香を放つ生の〝味のイマージュ〟が育っているはず。言葉でなく概念となればなおさらだ。可能な限りネイティブ言語のままで（横文字は日本ではせめてカタカナ文字であえて日本語に変換せず）理解を進めることにしたい。されどその遂行は、語学の習得も加わってかなり大変なはずである。自分もあまりやれている（できている？）レベルにはないのだが、頑張るしかない。

これらのできごとは、そのほとんどが表面は微細で些細な動きにしか感じられない。だが、何かがとんでもなくオカシイ。異様なのだ。奥底のコアで事態の尋常ならざる変容が胎動し始めていることを窺わせるようでもある。

これまたオーバーに言っちゃえば、複雑極まりない日本語をあえて使う民族の、一つの知の衰兆⁉　たとえば役員会で英語しか使わせない大企業は、行間を読めない役員を育てていることと同じなんだよ。外資企業の外国人ディレクターたちは語学力だけが優れた日本人人種を一瞬のうちに峻別し、本当の仲間にしようとはしない（私の100パーセント外資企業勤務経験から）。これ、彼らの在日における基本能力。コングロマリットなどが競いあうシビアな世界は、言語の行間を読める（換言すれば、言語に潜む多様な意味を感じとれる、すなわち本質を読める！）、つまり本来の言語力（語学力ではない）をもつビジネスマンを求めている。類語の差異に鈍感な人や行間の読めない仕事人に国際交渉などできようはずがない。これぞインターナショナル・ビジネスアビリティ！　経験者だからこそ言う、まこと厳しい世界なのだ！

昨今しばしば指摘されている「研究力低下」なる由々しき問題の議論の大半は、なぜか個人に潜む直接的要因よりも、政策の問題、研究条件や研究環境の問題等二次要因的な話ばかりが周囲で膨らむ。まずは「研究力」なる概念の定義を明確にし、恐れずに個のアビリティ低下如何の問題を直視しよう。さすれば昨今の言語へのセンシティビティのなさに皆気づくはず。教育も変わってくる。

ということで手始めに斯界を見つめれば……CX？　そりゃあ「純粋経験」に失礼だろう？　n＝1？　無意味綴りじゃあ笑われちゃうよ。パーパスも今更なぜか、復活しちゃった。今更にいかめしくも「顧客創造」だって？　なんと唐突！　事業・商売であれば、あまりに当たり前のことじゃあないの？　「顧客創造が企業の目的であり、その役目を担うのは唯一マーケティング」だと直近（21世紀に入って十数年後）の著書にて斯界大御所は宣う。今頃「顧客創造」がキーワードに？　ウッソ〜、私は耐え難い。「顧客のウォンツの奥にある《ニーズ》を満たして顧客創造を実現する」とも添える。今頃になってP・コトラーさんの定義を変えちゃうの？　絶句！　《ニーズ》概念を釣り上げたくてみんな半世紀の間うずうずしてきたのに《ニーズ》の中身は今まで通りにスルー！　斯界の中枢脳たちは、なぜか〝いまだに〟この（一昔前の）次元に堂々と居つづける！　これじゃあ離陸期のままなんだよ。すでに（マーケティング学の）本格導入・成長期なのだから、未解決のまま放置されている《ニーズ》構造の解明に邁進しなきゃあ。この捕捉なしには何も始まらぬ。ドラッカーさんも、きっと呆れてるよ、こんなところで私の科白を使うなって。これみんな、導入初期の20世紀の話でなく、ほんとに直近の話なのだ。え～い、もう笑っちゃえ。ほんと、イヤになる、冗談じゃあないぜ[注6]（と怒り始める）。

注6　この部分は拙著『「人類マーケティング哲学」への前哨』に詳細記載済みにて参照願えれば幸甚なり。

「学」や「研究」だけでなく社会全体もイビツ、かな？　あらゆる感性や行動を自身の意志によってなぜか早め早めにキレイに（静穏に）納めようとする。プロセスを踏んで丁寧に先へ進むのが怖いのか。そんなわれらを時代は置き去りにする。21世紀に入って約20年、斯界にとってこの期間は何なのだ？　明日へ向かって何かやったか。滅びの始まる（つまり人新世そのもの？）直前の、氷漬けのタイムラグ？　耐え難い。

〝わかりやすく書け？〟——そんなことほざいている前に、自身がまずは、懸命に、何であってもよいので何かをしばらく続けて熟考してみればいい。そんな科白など吐く隙間のないことなどすぐわかる。年寄りは丸くなれって？　齢を経ている分、人より先に、負のおかしな世界が見えるのだから、見えた（気になった）年寄りこそ怒るべきだよ、孫のために、未来の地球のために。

〝わかりやすく書け〟とか〝カタカナ文字を使うな〟などといったこれらの言葉のことを、〝こういえばその先語らないで済む語〟、という。こ奴、〝スルーを大事に生きてきた民族〟の母国語なんだよ。いや昭和までは違った？　とうとう〝難しいことをわかりやすく語る専門家？〟まで現れた。そんなスゴイ才能をおもちならば、創発、発明、発見へ向かってよ。勿体ないジャン。

あらためてわが意を纏めれば、万人にわかりやすく記述可能な命題の答えなど、この複雑なる人の世には、ほんの一握りしか存在しない。一見生成系ＡＩのアウトプットはそう見える？　それがアブナイ。訓練すべきは、文章の、そしてものごとの行間（文字の間のスペース）を、〝あいだ〟を読めるようになること。方法は簡単には見えぬ。でも諦めない。〝あいだ〟には人類だけがもつ固有の〝味わい〟が潜んでいる。そんなの、ＡＩにわかるか。

この類のことについて滔々と諸々語っていると、己れ自身の欠点（多くは文才のなさのこと）の弁明であるかに聞こえてしまいそうで怖い。したがって皆なかなか率直に口に出さなくなる。口に出さないと震える。苛立つ。あるとき怒る。それはそれで詮無きことなのだろう。これらの科白、皆本音。ゆえに一方で、ひたすら必死に一心不乱で考え立ち向かうしかないということになる。

こっそり明確に伝えておこう。現代日本では、アホウほどわかりやすく書きたがり、何でも訳したがる。人間の優秀な武器である「言語」にも限界があるのだ（われのような文章下手が少なからず存在するのも確かなのだが）。わかりやすく書いたり、世界一（？）難しい日本語に訳したり……。そんな不可能にも近い難作業が、誰でもたやすく可能だと短絡に思い込むなど、アホウとしかいいようがない。この類の知（痴？　稚？　恥？）的シンドロームこそ研究の怠惰・退化に直結しかねない。まずは命題の本質へ、われを忘れ必死に挑む。究めることの前には余計なことを為す隙間などもない。難しいことを凝視する。難しくなることを恐れない。これぞ「研究」の態。私の生きるモットー。

（参考）この辺りで念のため、「アホウ」の定義をしておく。私の言う「アホウ」とは、考えない人、考えられない人、中途半端な思考にとどまる人たちの総称である。考えられない一つの主因としては「知識不足」がまず挙げられるが、昨今知識を多く有し「概念」にも多々触れてきているはずの自然科学系における〝歪アホウ〟（知識が理系に偏し、その一方で人文系知識が大幅に不足している人）が増えてきている感があり、世の知的状況に一層の質のわるさを加えている。

世界は、宇宙は、したがって生活空間も、元来たまらなく複雑・複合・多層にできていて、現代に生きる人間の知に比せば、わかりやすくできているとは言い難い。依って難しく複雑だ。怪奇でもある。だからまた、愉しい。挑もうと思う。マーケティングが機能する場も、間違いなくそんな〝意志する人間の空間〟なのだ。そのことを熟知していたゆえ、たぶんあの西田幾多郎も、己れの筆致を変えようとしなかった。なぜか変えられなかった。たぶんそれどころでは、なかったのだろう。A・N・ホワイトヘッドもルートウィヒ・ウィトゲンシュタインもそしてあのマルティン・ハイデガーも、みんな難しい。難しいまま自書を重ねつづけてきているのである。至極自然なのだ。意志に忠実！　ハイデガーなど、『全集』刊行予定のものがすでに七十余巻もありながら、それ以外にまだ未整理の遺稿が多く残っており、最終的には九十巻を超えそうという（『ハイデガーの思想』木田元　岩波新書　1993）。

皆さんはどうお考えか。ということで当然ながら、この拙著もまた、当然のごとくに、思いっきりわかりにくいのである。自分を賢人たちと同じにするなって？　まあそうだな、ごもっとも。許せ、勘弁な（やっぱり、自分に対する言い訳のような部分も、かなりあるかな。やっぱりわかっちゃうよなあ）。

研究びとほど、ものごとが複雑にあるままを、慄かずきっちり見つめたいもの。世界の叡智は皆そうしてきたはずである。What, what, what, Why, why, why……。研究とは、よき伝播とか効果とかましてや効率なんぞ、早めに考えたりすることなく、徹底した解明・洞察・分析の連射と大胆でアグレッシブな仮説立案の嵐の中、やっとこさ花咲くものなのだと信じたい（若干臆しながら口に出しちゃった。何卒ご容赦の程）。ここで冒頭雑感を終わろうとしたら、さらに偏屈の虫が脳の隅でざわつく。何っもう少しあるって？　ホント仕方ない野郎だ。だから纏まりがなくなる。

扨、〝わかりやすく書け〟という声には即「アホウ」と合いの手的に軽く返した。しかし〝わかりにくい〟という批判は素直に受け入れるのである。なぜなら、わかりにくさにはそうなる明確な根拠があるからである。言語・文章作成（言語の用法）の基本を知らない（つまり文章下手）、我流なる勝手な基準・枠組みの下で記述する、特定の既存学問フレームの下で記述されていない、基準とした学問の枠組み・体系（私の場合マーケティング学）が頼りない、半端な新概念が多すぎる等々がその根拠に該当しよう。私の場合〝基本を知らない〟プラス〝実務家ゆえ準拠しようとした学（の体系）が明確ではない〟あるいは〝基準とする学の枠組み・体系に関する知識が頼りない〟などが当てはまるか。それゆえにこそこの書において当該学のパワーを強化する何らかの道を懸命に探さんとしている（口に出した後、ちょっぴり恥ずかしがる自分に気づく）。なにせ昨今の当該学は、販促、プロモーションばかり……。それも沢山ある大事なことの一つなのだが、他にも一杯、肝腎があるだろう。

最近、ホント、アホらしくなって議論をする気も起こらぬ。今の「デジタルマーケティング」と一般に呼ばれている代物、偏った言い方にはなるが〝（本来あるべき）マーケティング〟らしくなく（私には《人間》総体がいないように映ってしまうという、私固有の偏屈認識にすぎないが）私を一向に燃えさせない（どこまでも固有の主観的見解である）。後半生、システム企画ビジネスにも取り組んだプラスαを含む経験体個々が自信ありげにそう伝えてくる。

デジタル（技術部分）はマーケ部分（業務部分）が明快であって初めて活きる！　業務知識部分・マーケ思惟に触れた経験の乏しい者が、知っている一部の技術だけで、学の中味を掻き回すんじゃあない。同じ名称（マーケティング）を付してくれるな。名前だけならいつでも差し上げる。貴方たちは「デジタル」の正体を考え抜き、そこそこには理解した上で取り組んでくれているのだろうな。〝デジタル＝ＩＣＴ技術＝効率〟だけじゃあ、なさそうなんだよ。デジタルは多質で深い。取り組むならば、其処（何処だって？　ご自分で考えてみなさいよ）からだ。でないと、ほんとに掻き回すだけ、になっちゃうぜ。

ともかく、このようにツラツラ前置きしたことで、わかりにくさ（最大の欠点と自覚はしている）を気にすることなく、思い切って書けそうに感じていた。正直なところ、それぐらいこれから記述しようとしている対象もまた難物と見えた。わかりやすく書く自信など欠片もない。臆することなく見つめてみようと思う。そしてたどたどしくはあるが、懸命に記述してみる。

「概念」さん、宜しく。あなたの行間を、読ませて下さい。

しつこいようだが、第三弾の〝アホウ〟もいる。内緒で教えよう。〝（人文科学を小馬鹿にする）20世紀に生きた自然科学偏重アホウ〟。こ奴、正確にいえば〝古典物理（デカルトの二元論）偏重アホウ〟という。20世紀には秀才で通った。されど今や量子物理に圧倒され、今更哲学も学べず、身の施しようもない。ただ後段で量子論を語る都合から此処では詳しくは触れないでおく。

あれ、どこかで〝研究びと〟に憧れていた？　なにせ実務家生活（約40～50年）、長かったものなあ。カッコよく見えそうな企画書やびっくりさせようと過激なマーケティング・インファレンスに満ち満ちた報告書ばかり書いてきたもんなあ。そいつら（作成文書たち）には、何らかの忖度、いつも必要だったよなあ。だから忖度があるかないか、どの程度か、はすぐわかる。なにせ2，200以上もの受託プロジェクトを、やっちゃったんだから。

言い訳的前置きはそろそろストップ！　さあ早速本論、つまり個々の「概念」なるものの正体を、じっくり見つめていくことにしよう。

2022年真冬12月、ウクライナの戦もまるで終わりそうもなき今、日本産業の復活の狼煙もまるで見えない今、専門言語のほそりに堪らなく不安をつのらせながら、渾身で考える。たどたどしい仮説ばかりになるやもしれぬが、一緒に考えていただければ嬉しい。またまた、わかりにくくなるぞ〜。

すべては、マーケティングのために、研究のために……ウッソー……。

また、ドン・キホーテ・デ・ラ・マンチャになっちゃうか。変身！

〈総論（上）参考文献〉

・『Mind in Motion――身体動作と空間が思考をつくる』（バーバラ・トヴェルスキー　諏訪正樹解説　渡会圭子訳　森北出版　2020）
・『昨日までの世界――文明の源流と人類の未来（下）』（ジャレド・ダイアモンド　倉骨彰訳　日本経済新聞出版社　2013）
・『脳は世界をどう見ているのか――知能の謎を解く「1000の脳」理論』（ジェフ・ホーキンス　大田直子訳　早川書房　2022）
・『思考心理学史――思考研究史』（矢田部達郎　培風館　1948）
・『言葉の現在――ハイデガー言語論の視角』（斧谷彌守一　筑摩書房　1995）
・『ことばと思考』（今井むつみ　岩波新書　2010）
・「テクノロジーと人類9〜言語の誕生」科学部編集委員・長内洋介（「産経新聞」朝刊2022年4月2日）
・『認識の進化論』（ゲアハルト・フォルマー　入江重吉訳　新思索社　1995）
・『純粋経験の哲学』（ウィリアム・ジェイムズ　伊藤邦武訳　岩波文庫　2004）
・『科学と仮説』（ポアンカレ　伊藤邦武訳　岩波文庫　2021）
・『メタバースがGAFA帝国の世界支配を破壊する！』（深田萌絵　宝島社　2022）
・『Web3とメタバースは人間を自由にするか』（佐々木俊尚　KADOKAWA　2022）
・『メタバース×ビジネス革命――物質と時間から解放された世界での生存戦略』（西田宗千佳　SBクリエイティ

ブ　2022）

・『パラコンシステント・ワールド――次世代通信IOWNと描く、生命とITの〈あいだ〉』（澤田純　NTT出版　2021）

・『脳と人工知能をつないだら、人間の能力はどこまで拡張できるのか――脳AI融合の最前線』（紺野大地、池谷裕二　講談社　2021）

・『現代思想』第50巻第11号　2022年9月号（特集＊メタバース　人工知能・滑走通貨・VTuber…進化する仮想空間の未来　青土社）

・『体はゆく――できるを科学する〈テクノロジー×身体〉』伊藤亜紗　文藝春秋　2022

・『サイエンス・ネクスト――科学者たちの未来予測』（ジム・アル＝カリーリ　鍛原多恵子訳　河出書房新社　2018）

・『思考が物質に変わる時――科学で解明したフィールド、共鳴、思考の力』（ドーソン・チャーチ　工藤玄恵監修　島津公美訳　ダイヤモンド社　2019）

・『拡張の世紀――テクノロジーによる破壊と創造』（ブレット・キング　上野博訳　東洋経済新報社　2018）

・『パブリック――開かれたネットの価値を最大化せよ』（ジェフ・ジャービス　小林弘人監修　関美和訳　NHK出版　2011）

・『生命はデジタルでできている――情報から見た新しい生命像』（田口善弘著　講談社ブルーバックス　2020）

・『われわれは仮想世界を生きている――AI社会のその先の未来を描く「シミュレーション仮説」』（リズワン・バーク　竹内薫監訳、二木夢子訳　徳間書店　2021）

・『この世界は誰が創造したのか――シミュレーション仮説入門』（冨島佑允　河出書房新社　2019）

・『世界史の針が巻き戻るとき――「新しい実在論」は世界をどう見ているか』（マルクス・ガブリエル　大野和基訳　PHP新書　2020）

・『量子力学のイデオロギー　増補新版』（佐藤文隆　青土社　2011）

・『マーケティング・イデア2040〈JIRO's DIARY 過去現在巻〉技術方法論 解剖』（香下堅次郎　文

藝春秋企画出版部　２０２０）
・『マーケティング・イデア２０４０〈ＪＩＲＯ's ＤＩＡＲＹ 未来巻〉理念将来像 妄想』（香下堅次郎　文藝春秋企画出版部　２０２０）
・『科学者には世界がこう見える』（佐藤文隆　青土社　２０１４）
・『ハイデガーの思想』（木田元　岩波新書　１９９３）

「概念」個論

個論Ⅰ　商品・事業開発の高みを目指す

――「イノベーション」概念は濫用されすぎて困り果てている

イノベイティブ、イノベーター、イノベーション……やたらカッコよく映る言葉たちだ。紳士然として小粋に見える。〝ビジネス・イノベーション〟とくれば、ビジネスが突然高度なる存在に見えてこなくもない？

流行りのイノベーション啓発本（？）の惹句（定義のつもりかな）には「新技術やアイデアなどを活用して、新たな価値や市場を創造し、社会に大きな変化をもたらすこと。この一連のプロセス全体こそがイノベーション」（『図解&事例で学ぶ　イノベーションの教科書』池本正純監修　カデナクリエイト　マイナビ　２０１５）と、技術ありアイデアあり社会あり……凄い内容が目一杯に躍る。皆がやたら使いたくなるのも無理はないか。この大それた惹句、ほんと大丈夫なの？明日の「マーケティング概念」でも重要なる構成要素となりかねない気配。ドラッカーが「マーケティング」と対比して使用したせいかやたらあちこちで登場する。されどこの言葉の使用・発信者の出自もいろいろ、意味解釈も多種多様を極め定かでない。しかしわれらの核たるタスクである「商品（事業）開発」と極めて近似した様相をもち、そんなわれらの業務の枠ともいえる「商品（事業）開発」の極みの極みといったニュアンスさえ感じさせ、困った存在なのだ。われらにとって今や放っておけない存在！

マーケティングのプロたちは、このような魅力的に映ってしかたがない新概念の急浸透を目前に見ながら、なぜゆえその解明を積極的に為さないのか、「商品（事業）開発」とどこがどのように異なるのかについて積極的に答えを出そうとしないのか。まともな研究びとなれば、通常このような二つの似た概念の整合を図ろうとして当然だろう。この言葉「イノベーション」のあまりに自由なる跋扈状態をなぜゆえここまで放置しつづけねばならぬのか、不思議極まりないのだ。この概念、われらの矜持を示さねばならぬ好適の対象物であろうと考えるが、いかがか。ましてやあのＰ・Ｆ・ドラッカーは、マーケティングとイノベーションをなんと同等並列で扱い、共に重視する。マーケティング概念とイノベーション概念は対等だというのだ。これを黙って見過ごせというのか。

そりゃあないだろう、ねえマーケティング研究に浸っている皆さん。

ＪＩＲＯ（ジロ、実は若かりし私のことです）も同じ想いに浸っていた。少しばかり若き頃のＪＩＲＯの声を、まずはしばらく聞いてみることにする。

「イノベーション狂騒」なるハリケーン

某日深夜のことである。綿屋（宮城県の日本酒／金の井酒造）を冷やで愉しみながら、昨今の出来事をぼ～っとトレースしていた。

リサーチャーでありながらストラテジストを気取り、戦略仮説やシナリオライティングらしき文章をやたら書きなぐり始めた最近のＪＩＲＯではあったが、遊び仲間でもあるプランナーたちや広告代理店のトップ企画マンたちの、夢想とロジカルさが微妙に編み込まれた八艘跳びを思わすシナリオ展開を目の当たりにするたび、今まで感じることのなかったコンプレックスが体内に籠っていくのを否定しえなかった。自らの脳組織の問題か、それともコンピュータテーブル上に泳ぎ回るデータばかり眺めてきたことによる〝慢性リサーチ病〟か。私には珍しいイラダチ症候群の到来である。

戦略発想は、インサイト（insight）だという。forecasting, prospect, predict, foresee, presumption, assumption, supposition といった類ならデータも必要だし、データは邪魔にならない。insight という概念が向いている方向は、それらとは別なのか。それは「洞察」という存在のようだから、それを可能にしてくれる intuition, instinct, hunch, scent, flair……「直観」か「直感」、あるいは「勘」なのかよくわからぬが、自分の場合、そんな類の神がかった何者かが臨機応変にセンスよく機能できていないからダメ、ということなのか。

そういえばマイケル・ポランニー（１８９１‐１９７６）だったか――「私たちは言葉にできるより多くのことを知ることができる」（『暗黙知の次元』ちくま学芸文庫２００３）、つまり言語の背後にあって〝言語化されない知〟がある、それが〈暗黙知〉だと言ってたっけ。あれ、どうも、おれが慣れ親しんだ〈勘〉などとは、レベルが違う！

この概念、われらには気になる怪物的存在のようである。はじめにこ奴の正体を明かしておく。こ奴、八つの頭と尾をもつ、あの伝説の〝八岐大蛇（ヤマタノオロチ）〟！　どうだ、驚いたか。

A　原意との齟齬（そご）が生む妖しき抵抗感

まずは、この「イノベーション」なる言葉、現状どんな風に使われているのか、その用法事例の一部を覗いてみよう。先日あった偶然の出来事である。この言葉の登場頻度の高い他分野専門書を偶々探しあて、その登場個所に目を送ってみて驚いた。

対象としたのは脳や知覚に関する専門書『脳は「ものの見方」で進化する』（ボー・ロット　サンマーク出版２０１７）である。著者ボー・ロットは神経科学を専門とするロンドン大学教授・ニューヨーク大学客員教授でミスフィット・ラボも設立している世界的権威だ。貴方も見て、「イノベーション」という言葉の洪水に、きっと呆れるはず。

「人生のあらゆる分野で、思考や態度にイノベーションを興すことができるだろう」／「生き残る（繁栄する）ためには、イノベーションが必要だ」／「進化のイノベーションは、他のイノベーションと同じように、ただ役に立つ機能を獲得することではなく、役に立たない機能を捨てることでもあるからだ」／「適応と、それに続くイノベーションはエコロジーによって決まり～」／「知覚にイノベーションが起こり、まったく新しい世界を体験できるようになる」／「イノベーションを起こす人たちは、新しい知覚を創造する（未来の過去を変える）ために、まず〝なぜ？〟と尋ねる」／「創造性と効率性の組み合わせがイノベーションを生む」／「エコトーン（水と陸、森と草原など、異なる環境の間にある空間）は生物学的なイノベーションの宝庫だ（中略）イノベーションは『間の空間』で起こる」／「イノベーションを生む環境で暮らせば、脳が豊かになり、新しい可能性が知覚できるようになる」……

（『脳は「ものの見方」で進化する』）

まあ、なんとスゴイ感じであることか。脳神経科学の世界であるはずなのに、経済用語のはずの「イノベーション」なる言葉が、次から次へと出てくる、出てくる……。同書内には他にまだまだあるのだ。もうびっくり！　他の専門ジャンルにおいてこの言葉が日常(?)感覚で普通に使われていることに、である。されどこれだけ登場しているのに、この言葉の丁寧な説明や定義は皆無。どうなっているの？　この圧倒的非丁寧さ（非親切さ?）には呆れる。

この言葉「イノベーション」は、すでにもう普通の日常言語、のようなのだ。表現を変えれば、この一見妙(たえ)なる言葉「イノベーション」は、偏屈なる私が感じるところ、丁寧に定義づけされたり説明されることをスキップされがちな存在のようでもある。

勝手に推察してみるに、同書内で使われているその意は、一つではなさそうなのだが、どうも進化や適応などの「画期的変革」という意味で使っている個所が多そうに感じた。仮にそうであればはっきりと、「画期的変革（なる内容・現象）」と言ってくれたほうが個々勝手な解釈に流れなくてよさそうなのだが、違うかな。ともかく著者は、この言葉「イノベーション」を読者の大半が熟知した用語と判断して多用している風情であった。ウーム。この書は自然科学系なのに、多様な用法を（説明なしに）示しているようであった。でも社会・自然科学を横断するその筆致や感触はセンスを感じて新鮮？

この『脳は「ものの見方」で進化する』は、あくまで本概念用法事例として参考にしたもので、そのコンテンツは本格・充実きわまりなく、十分に楽しませてもらった（失礼あれば許せ）。

本概念関連図書を読む中でしばしば「イノベーションとは何か」という項と出くわす。依ってその明確なる答えを期待して当該部分の頁を覗いてみたりする。其処には「偶然に生じるということはありえない」とか「多くのイノベーションは、それを支える科学より先に生まれている」とか「人びとが自由に考え、実験し、冒険できるときに起こる」、さらには「容易に予測できるものではない」「まさにセレンディピティ」などといった、その存在をすでに容認したかのような多様なる肯定的見方が、それこそ奔放に語られている。何よりも先にその明確な定義を知りたいのに、である。私には身勝手な語りと映る。

この概念は、ひょっとして、その発達過程において歪(いびつ)な育ちをしている?

いろいろな研究機関の説明を見ても、「広く革新を意味しており、狭義の技術革新にとどまるものではない」とまずは幅広に説明され、たとえば「知識を生み、知識を活用する営み」とか「システムとしてのそして社会的な営み」などと多面的に精緻な説明が続けられてはいるのだが、それらの説明は皆必要条件項目的で肯定せよと迫ってくるものばかりに感じてしまい、必要十分条件的に絞り込んで明確さを高めようとする説明とは感じえないと受けとめてしまうのだ。つまり概念として特定された部分の説明としてはどこか一面的な感じばかりが目につく。ともかく気になっちゃうのだ。〝サイエンティフィックとは言えない〟とまで言ってしまえばチョッピリ言いすぎかもしれぬが。

この言葉を使いたくなる主たる動機としては、REFORMを使えば改革・改新となり変わる度合が低い感じがあり、INNOVATIONつまり革新・刷新のほうをなんとなくつい使いたくなるのだろう。わからないでもない。

ましてやどこかの雑誌に掲載されていてメモを取っておいた文言――「企業はイノベーションに積極的に取り組み……」とか「日本が生き残る道は、やはりイノベーションを草の根の隅々にまで行きわたらせることしかないのでしょう」(わが備忘録より。原典(不明)といった風に〝決め言葉〟や〝キーワード〟として頼りにされる存在でもあるらしい。この概念、草の根の隅々にまで行きわたらせられるものらしい。ホントか? 大丈夫か? それ、チョット嘘っぽい、かな。この類の聞くに堪えない表現が多いのだ。

ともかく、使え使えと誘うようで、実に怪しい。誘われそうで怖い。

概念としてソリッドに特定化されていないものの定義など、作りようがあるまい。なぜか独特の色香のような印象・イメージを周りに振りまく言葉であるようなのだ。定義の明確化以前に、ついこ奴を用いて飾りつけたくなるような始原的に不可思議な魅力がすでに備わっている、ということなのだろうか。

私は妖怪の類は嫌いだ。妖怪にはゾル状が似合う。ゾル状は概念ではない。妖怪は退治し、解体し解明したくなる。妖怪でないことを祈りたい。

「イノベーション」というこの言葉、マーケティングマンにとって大事でかつなじみの深い「商品開発」とどう違うのか、以前から明解にしてみたいと思っていた。〝爆発的あるいは画期的な「商品(事業)開発」〟あるいは場合によって〝爆発的商品開発の社会化〟などと言ってしまえば、この言葉(イノベーションです)、不要になるんじゃあないの? それじゃあ、いけないの? どうして? 妖怪っぽいものより、ましだろう?

マーケティングのプロ、できれば測定のプロであるリサーチャーという立場で、可能な限りきちんと「イノベーション」の解剖を試み、その概念内に棲みうる〝sixth sense〟のような存在物のあらかたを覗き見て、己れの〝sixth sense〟レベルでも対応可能かどうかをサーチしてみようとすでに決めてしまっていた。商品開発のプロ（自称です）そしてリサーチャーとしての矜持が決めさせたことであった。

　ということで、冒頭しばらくは「イノベーション」概念解剖（退治、かな?）の旅にお付き合い願いたい。無根拠・無論理な考察、というほどではないにしても、妄想に近づいていくかのようなディスカッションをお許しいただければ幸甚である。名づけて「イノベーション概念」についての「妄想考察」、ひょっとして〝望ましからざる〈喧騒〉の考察・解剖〟になるやもしれぬ。妄想話として気軽にお付き合いいただければありがたい。こ奴め（八岐大蛇?）を、美味な刺身にして胃袋に納めてしまえたら、頭が八つある分やたら精もつきそうだし、こんな喧騒もなくなるのだろうが。

B　シュンペーターの「新結合」は至極まともだった

　少し前、〝MOT（management of technology）〟というアルファベット三文字がビジネスの世界に時折登場した。それと歩調を合わせるかのように、「イノベーション」という言葉もあちこちで目につき始め、すぐに爆発的露出を呈して拡散した。〝どんなニュアンスで使っているのかな〟と興味をもったのも、企業のひとつの組織名〝ビジネス・イノベーション・センター〟というカッコいい表記を見てからだった。一時期やたら新設された「CS推進室」のようなはやりものかな、くらいの認識だったような気がする。

　MOTとは〝いかにして技術をマネジメントするか〟ということなのだろうが、〝研究開発＝R&D〟よりは少しばかりマネジメント寄り・ビジネス寄りの言葉なのかな、研究というよりは事業のほうが似合うかな、といった程度の受けとめ方だった。イノベーションはMOTとはどの程度違い、どの程度重なっているのだろう、などと考えてみたものだ。

　たまたま中古書を探すために、ブックオフ・オンラインで〝イノベーション〟というキーワード検索をかけると、３、０００冊以上の書籍が抽出され（かなり前の２０１３年段階のことである）、驚かされた。２００３年から２００７年の間の「イノベーション」という記事検索件数は、4、000件から8、000件へと3年で倍増したらしい（『BCG流　成長へのイノベーション戦略』ジェームズ・P・アンドリュー、ハロルド・L・サーキン　武田ランダムハウスジャパン　２００７）。直近の検索件数は、確認していないので不明（日常化しすぎて、する気も起きない）であるが、たぶん凄すぎる数なのだろう。

　１９５８年度の『経済白書』において、「イノベーション」が確か〝技術革新〟と訳されていた記憶があるが、２００２年度の『科学技術白書』では、それまで「技術革新」と訳していたのを改め、「イノベーション」とダイレクトに表現し始めたようで、昨今のイノベーション概念は、〝技術的な革新にとどまらない「革新」の総称〟を指すといったニュアンスを感じなくもなかった。『科学技術白書』2008年度版では、その定義を「広く社会のシステムや制度を含めて新たな価値を生み出し、社会的に大きな変化をおこす」としたようだった。新たな価値？　社会的に大きな？　そうなんだ。私にはこの新定義表現は、わかったようなわからない曖昧模糊性増幅と見えた。

ブノワ・ゴダン（元カナダ国立科学研究所教授。『イノベーション概念の現代史』名古屋大学出版会　2021）によれば、「この概念はヨーゼフ・シュンペーターの時代には、統計学者、経済学者、経済史家の間で当たり前のように使われていた」らしく、また技術イノベーション（technological innovation）は「我々が抱える社会経済的な問題すべての解決策」であり「この社会の新たなる宗教となり、現代の信条あるいは信仰となった」と述べている。そうなんだ、そうだったんだ……。

〝ヨーゼフ・シュンペーター（オーストリアの経済学者。1883－1950）の時代には明確な概念だったのか、なあ〟

〝それが、現代の今、どうしてbuzz-word 化しちゃうんだ……〟

旧版の広辞苑（年度は忘れた）にもチャンと載っている——「①刷新。新機軸。②生産技術の革新だけでなく、新商品の導入、新市場・新資源の開拓、新しい経営組織の実施などを含む概念。シュンペーターが用いた。日本では技術革新という狭い意味に用いることが多い」。

ウーム、なんとも微妙な説明である。辞書として、これで、よいのか。

他の辞典類をみても、新機軸・革新・一新・新しい切り口・新しい捉え方・新しい活用法、といった「新」のつく語が並ぶ。in- は「内部へ」、novate はラテン語の novare「新しくする」なのに、日本の訳には technological がどうしてくっついてしまったんだろう、という素朴な疑問が広がった。

初めに使い出したのは『経済発展の理論』（1912）、『景気循環論』（1939）のシュンペーターのようだ。彼の造語「新結合（neue combination）」（1912年発表の『経済発展の理論』）の定義がおもしろい。「生産的諸力の結合変更」だというのだ。その具体的中身は、「新しい財貨の生産」「新しい生産方法の導入」「新しい販路の開拓」「原料あるいは半製品の新しい供給源の獲得」「新しい組織の実現」を結合することで〝新しさ〟を創発するのだという。ネーミングの斬新さに比して、極めてオーソドックスな論理展開を感じさせる思考と思えた。新しさ強調というよりは基本を踏まえたベイシックなアプローチに映る。その奥底に貫かれて覗き見えるのは、「転用」「結合」「動態的」「群生」といったキーワードが密に組み合わされ透徹・配備された〝セオリへの挑戦態度〟のようであった。[注1] これなら、ストンとわかる。

生産やビジネスの要素が既成の常識的範疇を超えて新しく結合するという動的な表現は、この新概念にとてもふさわしく感じられていた。クレイトン・クリステンセン（米・経営学者）が「一見、関係なさそうな事柄を結びつける思考」と定義したくなったのも、理解できそうだった。

それにしても、「イノベーション」よりも「新結合」のほうが、概念として深みも厚みも、そして大人感もありそうではないか。

注1　この辺り、『シュンペーター――孤高の経済学者』（伊東光晴、根井雅弘　岩波新書　1993）を参考にした。

私が見たいろんな辞書のなかでは、『人事労務用語辞典』（「日本の人事部」ホームページ。2009年6月22日閲覧）がよく整理されて練られていると感じた。実によくできているのだ。抜粋してみると――

「語源は英語で〝変革する〟・〝刷新する〟という意味の動詞innovateの名詞形innovation。経済活動において既存のモデルから飛躍し、新規モデルへと移行することを意味します。日本語ではよく〝技術革新〟の同義語として使われますが、本来は新しい技術を開発するだけでなく、従来のモノ、しくみ、組織などを改革して社会的に意義のある新たな価値を創造し、社会に大きな変化をもたらす活動全般を指すきわめて広義な概念です」

（『人事労務用語辞典』）

〝活動全般〟という点が新鮮に映る。そう、アクティビティ、なんだ。

原意を知ろうとしているのだから、まずは専門研究機関の定義を探さねば、と辿り着いたのが次の説明である。それは「イノベーションという現象」という言葉から始まっていた。「現象（phenomenon）」なんだ、イノベーションは。まあ、普通に、そうなんだろうな。でも、アクティビティもわかる。

「イノベーションの実現過程を定義するならば、イノベーションとは、新たに創造された知識や知恵を体化した人工物が、多様な社会の構成主体によってさまざまな理由から受容され、その結果として経済的・社会的便益が創出される過程である、と定義できる」

『一橋ビジネスレビュー』2017年SPR．64巻4号（一橋大学イノベーション研究センター編　東洋経済新報社　2017年3月23日発行）内の「特集論文Ⅳ・イノベーションを見る眼　周辺と変則」（一橋大学イノベーション研究センター准教授・軽部大）

ひゃあ〜、国立大学にこの概念を研究する施設があるんだあ。す・ご・い。

〈知識・知恵の体化〉など難しい表現で一杯である（この

表現、一般にわかるのか）。〈人工物の受容〉と〈便益の創出〉がどうもキーのようであった。それにしても代表的国立大学にまで専門の研究センターが設けられていることは想定外で、まことにびっくりである。此処に特別の国家予算をつけるのだ！

さらに「この定義に従えば、イノベーション実現のカギは3つある」と続け「〈第一のカギ〉新しい知識や知恵の創造、〈第二のカギ〉多様な主体による社会的受容、〈第三のカギ〉イノベーションによって創出される社会的・経済的便益の大きさ」とまとめる。

フーン、そうなんだ。この三つのカギのほうは、さもありなんというか、一見やたら、わかりやすそう。しかしなんとも幅広で大上段に構えた表現であることか。

ここで大胆に指摘された〝実現のカギ〟をみつめていて、結局わかりにくいことがわかった。シニカルに受けとめれば、なんとなくムリムリ作っているから難しくなる、無いかもしれぬものを想像で作ろうとするから難解にならざるをえない――そんな気がしてしまったのだ。〝あったらいいなあ、こんなすごいもの〟だけでは困るよなあ。

まあ、〝人工物〟〝想像物〟と認めてしまっている感もあるようだから〝あるものをそのまま〟などといった見方は適用不可能で、どのようなものでもできてしまうことになるっていうわけだ。でもこの〝人工物〟って、〈知識〉や〈知恵〉なのだから「ソフト」なんだろ？　だったら〝成果物〟のつもりかなあ。よくわかんないなあ。

あれ、あまり偏屈なる自分の独自すぎる見方は抑え気味にして、現状をそのまま観ていかねば、と心する。失礼なきよう留意して進めねばと自省。

ついでにもう一つ、大学研究機関の定義を見ておく。

「イノベーションとは、企業などの組織がコア技術をテコにして独自のビジネスモデルを構築し、新たな価値（顧客価値、事業価値）を産み出すプロセスとその成果を指す」

（『バリューイノベーション――顧客価値・事業価値創造の考え方と方法』産業能率大学総合研究所バリューイノベーション研究プロジェクト編著　原田雅顕監修　産業能率大学出版部　２００７）

フーン、そうなんだ……。価値を産み出す？　難しく書いちゃってまあ。一応、懸命に理解に努める。私の感性から言えば、これも大仰であるか。

急所はといえば、「新たな価値創造」「独自のビジネスモデル構築」そして「コア技術」と短い文章の中に、まこと盛り沢山である。一部のへそまがり層には抽象的美辞麗句の列挙に見えなくもなかろう。これだけ肝要な要素を多岐にわたって内含する概念など、果して一個の「概念」としての基本的機能を発揮できる状態にあるのか、などとわけのわからぬ余計な心配をしてしまっていた（これ、具体的にどのような心配なのか、自分でもよくわかっていない）。でも必要なことではありそうなのだ、アカデミーの世界では。「イノベーション」という概念の脳内は、もう一杯一杯のはず。

次も驚いた。超丁寧なることに、「コア技術」の要件までも親切に並べられていた――①容易には模倣できない技術であり、かつ組織の中核となる得意な技術であること②通常は単独の技術ではなく、関連する技術と擦り合せられた複合的知識体系をなしていること③長期的な視点で育成された技術であること④それをテコにして顧客価値の高い製品を産み出した実績があり、将来にわたって価値を提供できる技術であること。

言いも言ったり、スゴイ技術要件の驚くべき連立！　こんなスゴイ技術をコア技術としてもつ企業など、いまだお目にかかっていない。何かヘンだよ、なあ。

〝この概念、頭がよいと自認する人にあてがわれた玩具のよう〟

すごい概念なんだ、「イノベーション」って。その周りには、この概念を必死に追求したり利活用しようとする人たちが群がる……。なかでも、なにゆえか、懸命に定義づけを考えようとする研究人たちの異常にも見える〝熱意のようなもの〟に驚いていた。この並はずれたパッションは、何だ。このフォーカス力を生み出している基(もと)は、何だ。それにしても、一個の人工物の脳みそに一杯一杯いろいろ詰め込まれたかのごとくに見えるこの概念（の卵＝まだ単なる言葉）が、ホントに可哀想に思えてきていた。幼児虐待みたいだ。

歴史にみる原意はオーソドックスかつベイシックなトーンで一杯だったのに、いつのまにかボディビルダーのごとくどんどんカッコよく人工的に膨張させられてきた概念、といった印象もあるようだ。どう見ても、プロテイン過剰なようなのだが。膨張が、肥満になっていなければいいんだがなあ。

〝欲張りすぎだよ、この概念〟……感心しきりの中で、なぜか身体が気持わるさでフリーズしそうだった。そして、唸るしかない自分を自覚するのだった。

これを、あきれんばかり、という。俺、ちょっとシニカルすぎるか。

C　いじられ過ぎだよ、この概念

そんなこんなで、著名な研究者各自の本概念（イノベーション）に対する解釈にも、少しずつ目を送り始めていた。野中郁次郎（一橋大学名誉教授）、勝見明（ジャーナリスト）は『イノベーションの本質』（日経ＢＰ　２００４）の中で、あっさりというかシンプルというか、普通に「革新」といった意味に使っているように感じられ、好感をもてた。ただしその「革新」は、普通ではあるのだが、開発コンセプト、技術、プロセス、そして人と組織にまで対象として広範に拡張され、何とかして統合をなし、全体を包括して一つの総合知に達しようとするその勢いに、いままでとは別の、明確なる企図と差別化意識が滲み出てくるようであった。極めて素直なる見方だと思う。

あらためて、あのＰ・Ｆ・ドラッカー（『経営の哲学――

いま何をなすべきか』ダイヤモンド社　２００３）の端的なる託宣的言葉も、とりあえずチラッと借りてみよう。

「イノベーションとは企業家に特有の道具であり、変化を機会として利用するための手段である」

「イノベーションは、事業のあらゆる局面で行なわれる。設計、製品、マーケティングのイノベーションがある。マネジメントの組織や手法のイノベーションがある……」

「イノベーションは、市場に焦点を合わせなければならない……」

（『経営の哲学』）

まるで〝多様な知恵、アビリティの凝縮〟のような異様な存在物が其処に在った。それは本真珠をつなげた数珠の輪に映り、アクセサリー的輝かしさに満ちている。されど「言語」生まれなだけに、物理的実在物というよりは、個々知的な珠であり、ひょっとして幻想像かもしれぬという不安も同時に浮かび出た。見ようによっては、参勤交代の行列のようで、立派なものが並びすぎ……。

ホントかよ、そうなんだ……。たった一つの言葉にこれだけ一杯期待するなんて。詰め込み過ぎ。抵抗感大、かな。

『イノベーションと企業家精神――実践と原理』（Ｐ・Ｆ・ドラッカー　ダイヤモンド社　１９８５）では、さらにこのようにも語っている。

「イノベーションこそ、企業家に特有の道具である。イノベーションとは、資源に対し、富を創造する新たな能力を付与するものである。資源を真の資源たらしめるものが、イノベーションである」

「イノベーションとは、明確な目的意識のもとに合理的かつ体系的に行われる組織的な活動である。（中略）イノベーションとは、観念よりも知覚の活動である。したがってイノベーションを行おうとする者は、その見聞きするところのものを分析の対象としなければならない」

（『イノベーションと企業家精神』）

手段、道具、能力（を賦与するもの）、活動（アクティビティ）……。何じゃこりゃあ～。何でもあり？　ともかく立派な存在であるようだ、イノベーションは。どの文言も、大絶賛する態度から立ち込める煙のように感じられた。果してドラッカーがお薦めの「イノベーション」の意はどの姿だろうか。それとも多面体が正体？　アレレ、〝現象〟では済まなくなっちゃったかな。

此処には、国が白書等で使っている〝意〟とは明らかに異なる新しい鰯雲のような〈意〉の世界が広がっているようであった。さらには経営管理まで含まれているようで、そして組織活動、知覚活動（これも予想外）……。驚くべし、ここまで拡散するか。

〝新たな能力を付与するもの〟と言う以上この言葉も広義には〈能力〉の範疇に入るものなのだろうか。〝知覚の活動〟というのであればそれは思考よりも生物的認知に近いのだろうか（そんなバカな）……。もうすでに、冗談はやめてくれ、という段階に入らんとしている？　きちんとみるとやっぱり、かなりおかしい？

ドラッカーの科白をストンと聞き流していけば「イノベーション」の定義が多岐多様すぎてわからなくなりそうになる。啓発書としては、ありな世界なのか？　だが言葉としての表現はすべてスッキリしていてアクセプタブルだ。

自分はドラッカーのこの言葉の意図を、まだ十分理解しえていないようであった。経営あるいは経営学を成り立たせ、格もそれなりにつけ、一段と力強い形に強調したいがために、意図してわざわざ持ち込まれた概念のような気がしなくもなかった。ホント、ややこしいものを、よくぞ（いかにもありそうに?）いろいろ言ってくれたものだと感心する（ありもしないものを、と記述しそうになってこのように変えた）。ドラッカーは、企業人に新しい知的武器を与えたかった？　そうならそうで、もっと自然でリアルかつ精緻な感じの表現像は見つからなかったのだろうか。不思議極まりない話だ。らしくない。

少なくともイノベーションなる概念は、明らかに研究開発（R&D）より市場寄りである、というニュアンスだけは明確に感じており、また明らかに「事業」関連ワードでもありそうだった。ということはどこまでも経営学の新用語の一つとして産まれたばかりの〝発達途上にある〟新概念、とアッサリ受けとめておくべきなのか。ウーム。だが私は引っかかっちゃうのだ。

そして誰かが言った言葉なのだが〝マーケティングのイノベーション〟もある（らしい）。ということは、マーケティングとイノベーションは別の次元のコトバであり、直交座標上の対極関係にはなさそうということ、になるのだろうか。多義を含んでいてよくわからぬ。ただこの一連の思惟は、明らかにドラッカー独特のオリジナルな意の反映したものと思えていた。まことの話、説明の背景論理に軸が見えない感じが拭えないのだ（これも偏屈なる我流の受けとめ方にすぎないが）。

「イノベーション」という言葉は、実に多様な場面に顔を出し実に多彩で奥深そうに見せて鎮座する。見事に立派そうである。エラソウでもある。したがって安易には使いたくない、またキチンと丁寧に扱うには難しさの結構ある言葉、と感じられるのだった。みようによってはその多意性ゆえに勝手に使われやすい？　仮に気軽に使ってみれば、ヘンにあっさり格好がついてしまう、便利だが恐い言葉？　つい、まとめに使いたくなる？

〝こんな良いところてんこ盛りの概念を、よくも考えたものだなあ〟

〝こんな特質の言葉を用いれば、どんな難しいディスカッションも、おそらく結論が出しやすく（出た気に）なるのだろうなあ〟

〝ひょっとして、この言葉に引っかかる人となんとなく平気で使える人との間にある、何か性格や能力のようなもののリトマス試験紙になっちゃう?〟

こんな感じに追求を進めれば、なんとなくヘンな言葉だと思えてこないか?

しかし見方を転じれば、複数のイノベーション研究者がほぼ共通に主張する「イノベーションは経営革新だ」「イノベーションは技術革新というよりも技術革新の結果として新しい製品やサービスを作り出すことによって人間の社会を大きく改変することだ」などとすれば、その内容はマネジメント(の成功パターン)そして従来マーケティングが保有してきた役割に極めて近似した機能を有する概念に接近していき、意味・機能としてこれらの二つの概念――イノベーションとマーケティング――は相互に大きなオーバーラップ部分を有するが同時に重ならない部分も少なくはない〝対存在〟と推察できそうでもあった。

であれば、なぜ〝大ヒット商品の開発そしてそんなヒットを生み出す組織・体制の刷新〟という言い方にとどめず、わざわざ「イノベーション」というシンプルな一語表現の新概念を登場させる必要があったのだろうか。新語の使用で新たにどんな意を伝えたかったのだろう?　透けて見えては来るのだが。

もっとストレートに言えば、このコトバが普及して得するのは誰?　さらに率直に言って、こんな曖昧語、普及させて良いのか?　昔映倫という組織(仕組み?)があったようだが、〝言語倫〟でも作らなきゃあ、な。

〝ひょっとして、経営学という学の体系にとって、このような多要素を孕んだ概念が必要であり、またあれば格付け等々好都合であったのでは……〟

〝いやあ、学のコアを形成可能な一つの夢を追えるタネ(ネタ?)を作りたかった?　えッ、学術のため?〟

〝それでは社会のためというよりは、一つの学のため、になっちゃう?〟

いろいろな解釈ができそうだった。「革新」という言葉の単なる同義語あるいは総称として使うのだとすればこの言葉は大仰すぎる。さらにシニカルに言ってみれば、「イノベーション」は「画期的大型商品・サービス開発」をあまりにも知的に美化する意図を内包していないか。商品開発という概念も、大きく成功すれば〝社会的〟性格をも帯びてくるはず……。単に「革新」でイイジャン。ファンデーションによる〝知的美化〟など、私は好まぬ。

このような性格と疑念を併せ身に纏う「イノベーション」ゆえに、その使われ方は自由というか好き勝手というか、実に多様に見えるのである。じゃあそんな多様なままの姿で放置するのか。そりゃああるまい。商品開発の延長線上にあると自分には感じられており、そして社会にこれだけ浸透してしまった「イノベーション」なる新しい概念に、なぜゆえマーケティング専門家やリサーチャーたちは自身の新課題として正対し、なぜ両者の差異を抉り出そうとしないのか。その非行動事態に対する不可思議さが膨満してくるのだった。

少なくとも「現象 phenomenon」と「能力 ability」が一つの同じ概念に同居するなんて冗談じゃあない、それが私の違和感のコアといえた。「現象」と「能力」、この二つの概念は同居するには、実在と非実在の同居と同じほどに、あまりに異質すぎる。言語をきちんと使っているとはとても言えない。

〝どちらを取るとすれば、そりゃあやっぱり、〈現象〉だろうよ〟

そういえば、一橋大学イノベーション研究センターの他の書を見てみれば「イノベーションとはどのような特性を持った現象なのか」（『イノベーション・マネジメント入門』一橋大学イノベーション研究センター編　日本経済新聞出版社2001）と、明確に〈現象〉として扱っていてわかりやすい。そこにある整理も、実に気を引くのだった。

「イノベーションとは、一般には〝何か新しいものを取り入れる、既存のものを変える〟という意味をもつ」
「イノベーションは知識を生み、知識を活用する営みである」
「イノベーションはシステムとしての営みである」
「イノベーションは社会的な営みである」
（『イノベーション・マネジメント入門』）

とまあ、こんな風に概念構造の追求を、より〝もっとも〟と感じられる方向にあえて解釈しつつ、整理が進められてきているようであった。この追求スタイルは、まあそんな感じもあるかなと思うその一方で、夜店における香具師の語りを思い出さなくもない。ただ、なぜこのような追求スタイルまで設定し、国立大学の中に研究組織までわざわざ設け、この言葉を追究する次第になったのかについてはまるでスッキリ頭に入ってこないのだった。

まさに〝わざわざ感〟一杯の概念だ。そうは思わないか。確かにこれがイノベーションだ、というその実在を見た人はいない？　違うか、誰か見たか。

思い起こしてみるに私は、「イノベーション」という言葉と出会ったとき、次のような生の印象をもっていた。昔の整理なので、今更話すのも、なんとなく懐かしくも恥ずかしいが……。

〝「イノベーション」は可哀想なことに、いじられすぎている言葉に感じる。今は概念固定化のプロセスにあると考えたほうがよさそうだ。そのプロセスに何らかの形で貢献しようとするわれわれリサーチャーも、いざ「イノベーション」なるものと正対しそれをリサーチしようと考えるとき、慎重な姿勢の堅持を心掛け、現在のそんな狂騒事態に振り廻されてはならない、とまずは姿勢を正したい。持続的イノベーションのためのリサーチもあるだろうし、破壊的イノベーションのため、あるいはブルーオーシャン戦略・ホワイトスペース戦略（これらもイノベーション戦略のひとつかも）のためもありうるだろう。ざっくり「イノベーション」という一つの単語に束ねてしまっては、対応するリサーチ企画を創案する際にすぐに壁に当たろう。それ位今の「イノベーション」という顔は多面性（いや、混沌性、かな）をもっていそうである。多面性を放置したままでは、何の議論もできそうにないのだ。これ、「科学」に正対する者の基本態度。リサーチ企画の対象概念（この場合「イノベーション」）は、その定義をまず第一に明解に収斂させなければならない。そして、慌てず、短絡せず、定義の明確化など段階を踏んで具体的に、業界みんなで考えていかなければならない重要なテーマなのだと位置づけるべきであるか〟

その後この若きリサーチャー（当時の私）に「イノベーション」関連の知識が徐々に蓄積していく。さて、この若きリサーチャーの本概念に対する認識は、どう変わっていったのだろうか。それにしても、いじられ過ぎだよこの言葉。八岐大蛇の頭はすでにいくつ？　シュンペーターは今頃哭き咽んでいる？

D　意味多様性と正統解釈が共存していそうな不可思議なる造語空間

マーケティングというジャンルは、関連する科学研究分野も多く、ケーススタディの対象となる出来事も無数に存在する。そんな中では、否も応もなく、文献研究は必須事項となる。文献を繙くたび、どこまでを、どのように引用し活用させてもらえば、オリジナルなる範疇を維持可能なのか、真面目に考えると悩ましく、論文を書くことが仕事の学者・先生たちも結構大変なのだな、と同情の気持すら湧くのだった。

新しい操作概念を創成しようとするときには、周辺に散らばる学識を踏み台にして発想していく。新しい考え方やセオリを模索するときには皆文献学者風になるのだ。文献は仮説を組み上げる際のマルチに使用可能な原木のひとつとして当然活用することになるなどと考え、〝部品として他者の見解を駆使し、部品×部品から新しい考え方を探索する〟ことは、パーフェクトなオリジナル仕様の範疇である、と捉えることにしていた。これで、いいのかな……。何となく、端境がよくわからず納まりのわるい感覚は残るようであった。

そんなこともあって、文献研究に際しては、原則としてその文献が全体として何を言わんとしているのかについては二次的存在と位置づけ、文献内に埋め込まれている無数の文節個々を部品候補として分解的にみていき、その中から文節単位で勝手に部品に値すると見込んだ個所を抜粋するスタイルを〝自分流〟としてきた。文献をコマギレにし、素材としてミクロ化するのだ。気をくばったのは、的確に原本の意味をくみ取って引用したかどうかということというよりは〝コマギレの部品候補化〟してしまう失礼に対してであった。この点、全参考文献著者各位に、寛容の心をもって重々ご容赦願いたい、と平身低頭する。

ところが、である。各人の研究成果としての「イノベーション」という言葉の多様なる解釈を部品として収集してみると〈詳細後述〉、その意味分散の大きさに驚愕し、あまりに不揃いなる部品集合物を見て、戸惑うのである。あまりにも揃えた部品の範疇の枝葉が多すぎ、また広がりすぎるようなのだ。不揃いにも限度がある。この事態、アカデミーとして、まずいんじゃあないの？

商品開発テーマのプロジェクトはすでに数百案件こなしており、一応のプロのつもりではあるのだが、こと「イノベーション」なる概念に対してはとんと知識が浅い。これだけ流行り言葉になっているのに、商品開発のビッグなもの、業務刷新のスゴイやつといったことでどうしていけないのか、まるでわかっていない。それに加えて、この異常なる不揃いさの顕現である。困ったというしかない。本概念、とても知的な世界の存在物とは思えない。この言葉を平気で自分流に使っている人びと、おかしくないか、などとついつい考えてしまうのである。

そんなに大切で意味深遠な概念であるなら、お国が白書の中でどうして安易に「技術革新」という意味で乱暴に使いつづけてしまったんだろう？　誰も止めなかったんだろう？　そんな中いつのまにか、ある瞬間から、まるで突然思いついたかのごとくに「技術」という言葉を削除しようとする事態が目立つようになり、さらに混乱模様が増幅する。

自分にはこの言葉、すでに buzz-word の王様に見えてきていた。

ともかく、あまりの喧騒に黙ってもいられず、せめてわれらの業界として、プロのリサーチャーとして、「イノベーション」概念を自分たちなりに定義づけする必要がありそう、と考えざるをえなくなっていた。

珍しく素直にそう考えて実行に移していったのではあるが、学びの前にすでに、一つだけ負の先入観が頭の片隅にボンヤリだがわりとしっかりした形で存在していた。

〝イノベーションって、ビッグなヒット商品だったり、社会を一気に変える位の事業だったりするのだとすれば、それは〈売らんかな企業〉としての欲望の行きつく先、つまり「企業エゴ」の増幅状態をつくることではないのか。社会や、そこで生活する人びとに、そんなにビッグな一気呵成の変革なんて必要なのだろうか。ビッグなものであればあるほど、それは人びとを画一的にならしめる力に秀でているはずではないのか。ひょっとして専制者を育てる概念？　そんなもの、人びとが本当に、心から希求するはずがない。ビッグを欲しがっているのは個体たる企業のエゴ……。社会〈市場〉全体としては、もっと、ボチボチ、ユッタリ、でいいのではないのか。違うかなあ〟

〝結局のところ、イノベーションという造語は、無くてもよいところに多様なエゴが結晶して、〈悪徳の栄え〉のごとき欲望の多層バーチャル状態と化した仮想物が、無理やりリアライズされんがために概念化を進めた化け物（？）といえるのではないだろうか〟

そう、現代のひとつの仮像〈のごとき表象物〉、といえそうであるか。どんな企業もあるいは国家も、ＧＡＦＡＭのような覇権獲得を夢見るのは本能に近いありようなのだろうなあ、などといった諦観の叢雲（むらくも）がこの先入観の背景に厚く群れるようだった。そしてまた人も企業も、起死回生の所作や９回裏の逆転満塁ホームランをどこかでいつも待ち望む。その一方で〝そんな奇跡に頼った夢物語アプローチには必ず無理がある、地道に稼げ〟、と自らを窘（たしな）めてきた。〝イノベーションを恒常化する〟などと大それたことを平気でのたまう経営トップの姿は、そんな窘めなどどこかに吹っ飛んでしまった奇人（鬼人？）のように映ってもいた。アンタラ、頭（ズ）に乗ってる？

たまにしか実現できないからこそ「イノベーション」であるはずなのに、〝イノベーションをコンスタントに手中にする〟と真面目な顔で叫ぶなんぞ、非日常の発想以外の何ものでもない……。イノベーションを常に希求していくことよりも、昔流の地道なコツコツのほうが健全ではないのか。この言葉を自社のＣＩメインキャッチフレーズに採用している企業は、逆に信用できない？

この言葉の流行りは、市場主義の終焉を表す狼煙ではないのか……。

〝それにしても、この概念名は、なぜしっかり和訳されずに、批判の多いカタカナ文字のままで呼ばれているのだろう。マーケティングも同じなのだが〟

このところの〝イノベーション狂騒〟の中から、そんな先入意識の存在感が、脳裡に広がり、結構なシェアを占めてきたようだった。何事にも負の部分から先にフォーカスを当てるクセが、また出たようだ。しかし考えれば考えるほど、負の光景が明らかに広がっていくのである、それは見事なまでに。

ドラッカーはまたなぜ〈現象〉よりも〈能力〉あるいは〈活動〉といった意味のほうを、この言葉の中に観ようとした（自分にはそう見えた）のだろう。まこと不思議に感じざるをえない。ひょっとして彼の何らかの悔恨がそうさせた？

また昨今では、「何のイノベーションかを問い詰めると、大概は〈ＤＸ〉（デジタル・トランスフォーメーション）と〈グリーン〉（環境技術、脱炭素）に収斂する」といった、至極もっともな問題指摘もみられている（『21世紀未来圏日本再生の構想――全体知と時代認識』寺島実郎　岩波書店　２０２４）。ＤＸ（つまり効率を求める戦略行為）もイノベーションと呼ぶのか。何処か、つまらぬ。

やたら不思議、不可思議と感じる造語の世界が広がる。自由というよりは好き勝手、しかしそこでは新鮮なセオリが勃起しそうに思え、研究びとはマスターベーションを繰り返すがごとくに、この土壌の上で戯れまくる……。そりゃあ、偶には新鮮なセオリも生まれるだろうよ。まるで研究人の砂場みたい。

地球の末世に大接近中のこの時代にあって、そんなことやってる場合か。

こんな媚薬のような研究土壌、なぜゆえに醸成され、顕現してきたのだろう。

御大たちのオリジナルな概念定義が並立する世界に戸惑う

ともかく文献の学びを、今一歩踏み込んで進めていくことにしたい。

しかし、「イノベーション」関連の書籍や研究びとは、われの想定をはるかに超えて、多い。なぜか。そんなにこの概念が研究びとの心を震えさせるのか、それともこの概念が人類にとってインポータント極まりない意味をもつのか。自分には不思議に思えていた。この喧騒、ブームをも超えている？　まるで経営人にとっての麻薬(?・)みたい……（そりゃあ言いすぎかな)。

A　オーソドキシーが炙り出す固有の特性

最初の文献には、イノベーション研究センターを有する一橋大学名誉教授伊丹敬之の『イノベーションを興す』（日本経済新聞出版社　2009）を選んだ。わが書斎内で列をなしているのだ、彼の書は。そして自分にはとても読みやすい。そこには、イノベーションの定義がスッキリ呈示されていた。

「イノベーションという言葉は、しばしば技術革新と訳されるが、しかし新技術開発だけではイノベーションにならない。技術開発の結果として生まれる新しい製品やサービスが市場で実際に大きな規模で需要され、それが人々の生活を変えるところまで結実してこそ、本当のイノベーションである」

「イノベーションとは、〝技術革新の結果として新しい製品やサービスを作り出すことによって人間の社会生活を大きく改変すること〟なのである」

「イノベーションとは、ある製品やサービスの需要がこれまでになかった規模と範囲で広まっていくことである」

（『イノベーションを興す』）

〝大きな規模〟〝社会生活を大きく改変する〟〝これまでになかった規模と範囲〟、とイノベーションの概念のポイントとなる点を平易に整理してきている。そして「革新」に「＋技術」をつけることは、イノベーションの概念を歪めると伊丹（2009）は論じる。オーソドックスそのものと感じた。

そうなんだ、すんなり納得する。しかし、「大きさ」「広がり」「これまでにないレベル」とすべて皆行なったことがうまくいく度合を示す用語であり、行為が〝想像を絶するレベルにうまくいった〟段階に「イノベーション」という概念を適用するということのようだ（合ってるかな?・)。それでいいのか?

　概念としての定位置が最初から〝最高位〟に決まっている? そんなのありなの? それならばということで、すごくうまくいくこと（大成功）を求めて打ち出された「イノベーション」の大本というか母体は何かという点を追求してみれば、それは企業や団体が生み出す新事業、新商品・サービスの開発活動であったり、そして業務プロセスの刷新活動などが中心を占めているように見受けられるのだった。母体・源は、すごく普通のようだ。

　ということはやはり、企業・団体の戦略的活動の大成功ケース（大成功であれば当然それなりに社会的影響力・変革力も、そこそこにはあるはず）を「イノベーション」と呼ぶということになるのだろうか。であれば「イノベーション」という概念はビジネス上で即ダイレクトには使わずに、まずはイノベーションに変態する前の母体単位を示す他の概念から用い始めるといったきめ細かい発想をしていったほうが、研究びととしてもあるいはわれらマーケターとしても緻密に考えやすいのでは、と思えてしまう。そのほうが企図もはっきりし、素直で自然な思考だろう。なにせ「社会的影響力」となれば一企業として可能となる要素は狭くまた小さくなるのだろうから。

　気になる点は、まだある。「イノベーション」という概念は、現象全体を指すのかそれともある現象の「段階」「レベル」を強調して示す概念、ということなのか。どちらなのだろう。さらにである。この概念の母体には元々、少なくとも新事業領域と業務改革領域という異質な二つ（あるいはそれ以上）の世界が共存しているはずである。さらに「ギンギンの技術の世界」と「技術とは言えない世界」の両方を含んでいる可能性も多々見られる。このような異質なる二つ以上のものを乱暴に束ねて「イノベーション」とするのであれば、そんな曖昧語を使うのはみんなを鼓舞するためのトップの演説の中ぐらいにとどめて欲しい、と望みたくなる。なぜゆえ異なるものを同じに扱う? 賢い奴は、こんな考え方はしない。本質において異質なものの混在は「概念形成」として避けるべきではないのか。

　『イノベーションとは何か』（池田信夫　東洋経済新報社　2011）という仮説的視点溢るる啓発書を出版し、「イノベーション」の姿を世に問うた上武大学教授池田信夫も、

> 「イノベーションを初めて〈技術革新〉と訳したのは、〈もはや戦後ではない〉という言葉で有名な1956年の経済白書だといわれるが、これは誤訳である。innovateという英語は単に〈新しくする〉という意味で、技術という意味は含まれてはいない。おそらくこれを〈革新〉と訳すと政治的なニュアンスが含まれることをきらって技術という言葉をつけたのだろうが、これは日本の企業にとって不幸なことだった」
> （『イノベーションとは何か』）

と実に舌鋒鋭く切り込み、伊丹（2009）と同意見に感じ

る。

まさに二人の論は共に、イノベーションのオーソドキシーそのものと映る。

ということは、偶々「＋技術」を強調したケースにおいてイノベーションという言葉は、政府が好んで用いるのに好適なコトバに映ってしまったということか。政府がこの言葉を用いた運用事例をいくつか見てみた。あるわあるわ……。「日本がイノベーションで元気になるために」「持続的イノベーション創出能力強化による日本新生へ向けて」「産業イノベーション創出への取り組み」等々……。

これらは、20世紀の終わりから21世紀初頭、政府を中心とする科学技術関連の基本計画などにやたら登場するイノベーションという言葉の実際の運用（用法？）事例のいくつかだ。まるで、官僚によるシュプレヒコール語？ これらの一連の状況とそこで使用された多くのキャッチフレーズは『Beyond Innovation――「イノベーションの議論」を超えて』（前田正史編著 丸善プラネット ２００９）に圧絶してまとめられている。〝beyond〟というコトバのセンセーショナルな響きに誘われて、ウッカリ買ってしまった本だ。

政府刊行物の中の「イノベーション」という言葉は、「国創りに結実する科学技術創造の実現」（同前）といった文言に象徴される〝科学技術を用いて世を刷新する〟といったどこまでも軽い表層的な印象が私には強く感じとれ、伊丹（２００９）や池田（２０１１）の丁寧な定義づけへ向けての努力や、ヨーゼフ・シュンペーター、クレイトン・クリステンセンのロジカルな解釈への苦闘といった重さや深みの反映は確認しようがない。それは、出自とはまるで異なる別の言葉のようであった。

自分には、政府刊行物が、お国が、概念を歪める先頭に立ってしまったかに見えてきてしまっていた。平成18年3月閣議決定された僅か45頁の第3期科学技術基本計画内で「イノベーション」という言葉がなんと、38ヶ所も登場したという（同前）。これ、必要に応じた〝多用〟というよりは、明らかに〝濫用〟？ このような、あってはならないはずの不可思議なる屈折状況を、世の科学者・研究者たちが今、相互に手を取り合い、懸命に本来あるべき重要なポジションに概念を戻しつつある、とも言えそうなのだ。

繰り返す。なんたること！ おかしい、だろ？ 不安、だろ？

自らの学力・知力に不安を感じた国のチョッカイ（？）が余計なことだったのか？ いやそんなことは（ない？）……。国が衰退する因は、どこまでも国自身にある？ そりゃあ、まあ、当たり前のことなんだろうなあ。でも、放っては、おけない。

B 新鮮な成分の混入

ひとつの概念に対して、実に多様な見方が呈示されてきたものである。そんな彼らイノベーション研究者が大事にしているポイントの一つめは、〝技術は中核であるものの、それだけではない〟、ということだろう。イノベーションと聞けばまず技術を連想するのが普通と思っていたが、必ずしも技術中心と言いきれない特性をもっているということだろうか。でも〝技術抜き〟もあり(?)なのかも……。

この点について『ラジカル・イノベーション戦略――新市場を切り拓くプロダクト革新』（織畑基一　日本経済新聞社　2001）が以下のように鋭いメスを当てている。織原（2001）は、アメリカと比べて、日本のイノベーションの波が大幅遅れになっている現状への危機意識からこの書をまとめた感が強い。

「市場のニーズや技術革新を超えた（＝ニーズか技術かという二項対立を超えた?）〈コンセプト創り〉（こそイノベーション）」

「イノベーションというのは、きわめて哲学的な側面を持っている」

「イノベーションでは、信念、思い込み、実行、執念といったことが重要な要素となる」

（『ラジカル・イノベーション戦略』）

〝哲学的意味〟といった新鮮な成分の混入⁉　あれっ、ちょっと意外な気がした。他のイノベーション関連書にはあまり見られない言葉、「コンセプト創り」が前面に出ているのだ。ヘンに出過ぎている、といってもよい。自分たちマーケターからみれば、コンセプトが重要であることは基本中の基本だ。何を今更、の感である。ましてや〝ニーズや技術を超えたコンセプト創り〟とは、どういうこっちゃ。

ところが〝ラジカル〟（＝画期的・劇的変革）に拘る織畑（2001）は、イノベーションと正対した時点で、この言葉を取り上げずにはいられない大きな不安を抱いたように思えた。コンセプトなしに、哲学なしに、むき出しの科学技術のままではイノベーションたりえない、そんなイノベーションはイノベーションと呼ばせない、という著者の気持が胸を突き刺してきた。そしてフィロソフィに富んだ独創的「コンセプト」があれば、たとえスゴイ技術革新がなくてもイノベーションは創出可能である、とまで言っているように聞こえてきたのだ。

さらには、イノベーションを「経営革新」と捉えたドラッカーにも焦点を当て、「イノベーションは経営管理という〈技術〉に起こるのであって、個々の発明や科学技術進歩のことではない」「現在進行中の地球レベルでのＩＴ（情報技術）による〈新結合〉がどのようなイノベーション即ち経営革新を起こすかに注目する」などの言葉を紹介している。推測するに、「経営管理」の「経営」の中には当然コンセプトが存在するはずということで、此処にフォーカスを当てたのだろう。見方はいろいろあるものだし、あってよい。

新しい科学技術なしでもイノベーションはありうるのだろうとは思うのだが、しかし画期的な科学技術を含まないイノベーションになると、イコール・マネジメント、イコール・マーケティングに印象がどんどん接近してしまう気もしてくる。ともかく織畑（２００１）は、〝イノベーションを現実化するには、技術以上に、哲学的ともいえる「コンセプト」が必須なのだ〟と言いたいのだろう。結果的には、そうなるだろうとは思う。でも納得までには到らない。

　さらにさらに、である。〝イノベーションへの恒常的希求〟は、ＩＴのさらなる急進的発達状況によってそのリアリティを高めてくる、とも予測し、此処では読者を強烈に納得させてくる。ＩＴがこれほどまでにビジネスの中に入り込む前の段階では、イノベーションを〝恒常的に〟求めるなんてとんでもない話と思えていた。ところが、ＩＴやＩｏＴ（internet of things）の発展・浸透、つまりは科学技術のみにより、かなりの確率で恒常化されておかしくない世界が現実化しつつある（かに見える）のが21世紀後半以降の時代、と考えられるからこその経営トップたちの〝イノベーション狂騒曲〟なのだろう。この局面にあっては同時に、人間にとって今までに経験したことのないレベルの、慄くようなリスクというか落とし穴――その正体が何者であるかが問題なのだが――もまた拡大してきているということなのか。織畑（２００１）の大きな不安源は、ひょっとしてその辺りにあった？

　元々、できることと必要とされることとは、違う。ＩＴのさらなる技術革新は、ますます画期的〈新結合〉を生みうるだろう。しかしそんな〈新結合〉のすべてが世に送り出されてよいかどうかは別物だ。さらにはＩＴの成果物は放っておけば「効率」寄りになるという特性もありそうである。そんなこんなの是正・調整を為さんとして、別の尺度で成果物のもつコアな価値自体の必要性水準を判断しようとするところに織畑（２００１）のいう〝哲学的側面〟が介在してくるような気がする。そのクリティカル・ポイントに、自然科学・社会科学だけでなく人文科学の積極介入を求めたくなるのは自分だけだろうか。

　〝だからこそ、マーケティングも関わらねばならない？〟人文科学がキメを出さねばならぬイノベーションなんて、科学技術のあるべき方向としては、やはりおかしいというべきだろうか。それとも、そういう時代に入ってきたと見るべきなのか……。流石、量子物理学の時代……。

次に重要と思われることは、伊丹（２００９）のいう〝大きな規模で需要され〟〝社会生活を大きく改変〟〝これまでになかった規模と範囲で広まる〟といった革新・改変の〈スケール〉の、異常なほどの大きさ・速さの点だろう。それは『イノベーションの神話』（スコット・バークン〈マイクロソフトの Internet Explorer（ＩＥ）開発従事者〉オライリー・ジャパン　２００７）の訳者（村上雅章）のまえがきに引用されたドラッカーの定義「イノベーションとはパフォーマンスの新たな次元を生み出す変化のこと」というストレートな表現にも裏づけられている。今度は〈変化〉ときたのだ、たまんないよなあ……。それにしても、ドラッカーの言葉、切れるなあ。でも、やたらアチコチに出てくるよなあ。

〝新たな次元を生み出す変化〟という一文は、私には、抽象度は高くとも、シンプルで超・良き定義に感じられた。いろんな言い方があるものである。やはりイノベーションは、とてつもない〈スケール〉をもち、「新次元」を展開しうる現象であらねばならないということか。コンセプトとスケール&新次元、これこそイノベーション固有の基本特性と考えてよいとまずは決めこみたい。

彼（ドラッカー）流の、たった一つのシンプルな言葉に、圧倒されてきていた。どこまでも、見事に、スゴイ概念のように感じさせられていく。

こんな一見大仰なる概念が、こんなに卑近なる（高尚でなさそうな）形で世間で用いられ、ましてやバズる様相を顕在化させること自体、自分には考えられないことであった。その根拠探索を想像していく中で、ついつい研究びとの新興宗教的（？）あるいは心理的不安解消飲料といわれるドリンク剤マニアの振る舞い（そこまで軽くはないかな）のような〝百匹目の猿〟現象（生物学者ライアル・ワトソンによる）のごとき賑わい振りが浮かばなくもなかった。

最近多いのだ、この種の群れる巨大現象が。ネット浸透時代以降SNSの日常化に比例して恒常化する社会全体の同調行動的動きが自分のような一匹狼には耐えがたい。メタバースもChatGPTも、まさに瞬間、ビッグ喧騒状態に突入する！　瞬きする間もない。そんな狂信的といってよい動きに対し、あまり考えもせずに寄付をしつづける企業家（や国&国立学術機関）などのサポーターたちの動きも、賑わいの輪の中で少なからず目に留まるのだった。ネットもウェブも、人間の多様性を広げるはずが、逆に奪っていく。「イノベーション」という形の定かでない幻にそこまで動くか？　それは、南無阿弥陀仏といった念仏の類に何かを切なく求めようとした末世（？）の様相を思い浮かべさせなくもなかった。

〝現代科学技術が生んだ現代人固有のシニカルな心象風景であるか〟

企業家たちが唱えるイノベーションなる念仏は、何を求めてのものだったのだろうか。間違いなくそれは、人びとの幸せなどといった甘いものではあるまい。

２００1年に、日本のマーケティングに強いといわれる企業の経営意識に大いなるイノベーションを引き起こす起点となった衝撃の書『イノベーションのジレンマ――技術革新が巨大企業を滅ぼすとき』（クレイトン・クリステンセン　翔泳社　２０００）の初版が刊行され、その後約10年で数十刷も世に読まれる奇跡的（狂信的？）事態を生んだのは、「イノベーション」という言葉が研究者や民間企業内勉強家たちの地道な努力で、やっと本来の「概念」らしき空間に立ち戻りつつある証し、のような気がしてきていた。

ただ持続的イノベーションと破壊的イノベーションを見事に分けたクレイトン・クリステンセンは、あくまで自分の解釈に基づけばではあるのだが、イノベーションの戦略としての大切さは訴えてはいても、イノベーションの恒常化を強くは主張していない。たぶん強調したかったのは、〝持続的イノベーション完遂者はその後破壊的イノベーションの波にさらされる可能性が高いこと〟だ、と受けとめている。ただそれだけのことの指摘、のように思えていた。

彼はまた、絶筆となる書（『イノベーションの経済学――「繁栄のパラドクス」に学ぶ巨大市場の創り方』クレイトン・M・クリステンセン、エフォサ・オジョモ、カレン・ディロン　ハーパーコリンズ・ジャパン　２０２４）において「イノベーションには、持続型、効率化、市場創造型の３つの種類のあることがわかってきた」「組織の成長を支えるうえでそれぞれに別個の役割がある」ともいう。マーケティングのプロを一応自認する自分には、newness は感じない。〈効率化〉の類までこの概念に含まれてきてよいのか、まだ納得感はない。

〝狂騒曲〟の演出者、つまり〝イノベーションの恒常装備化〟を声高に叫ぶのは、「イノベーション」概念をビジネスのネタにしようとして跋扈する私たちのような人種と、そんな自分たちとビジネス様相の近似するソフト業を営む抜け目ない輩たち、と感じて情けない思いを断じえない。イノベーションという言葉もドラッカーという名称も、想像を絶する利をメディア商人たちに落としてきているのは事実なんだろうから。これも現代？　いやどちらかといえばそりゃあ、亡者の棲む末世（資本主義の行き着く先）かな。

C　画期性×社会性×新結合

ここでもう一度、オーソドキシー池田信夫の『イノベーションとは何か』を覗いてみたい。池田（２０１１）は、〝経済学にはイノベーションについての理論が全くない、経営学では過去の成功事例を事後的に説明するケーススタディ中心で、これもどうすれば成功しそうかにつながる理論は見当たらない〟といらだちながら、行動経済学とゲーム理論をベースに、イノベーションなるものの理解を進めるための10の仮説項目を呈示する。画期的、と思えた。見事、とも受けとめていた。

この箇条書きが、まことに面白い。こんな整理に遭遇すると、狂喜乱舞、したくなっちゃう（以下、『イノベーションとは何か』の〝はじめに〟からの引用。また、↓〔ジロ〕は筆者の所感、以下同じ）。

1．技術革新はイノベーションの必要条件ではない。すぐれた技術がダメな経営で成功することはまずないが、平凡な技術がすぐれた経営で成功することは多い。重要なのは技術ではなくビジネスモデルである。
　↓〔ジロ〕前提であり基本となる仮説。ビジネスモデルの重要性をスパッと明言。

2．イノベーションは新しいフレーミングである。マーケティングで顧客の要望を聞いても、イノベーションは生まれない。重要なのは仮説をたて、市場の見方（フレーミング）を変えることである。
　↓〔ジロ〕市場の見方や従来価値基準を新しく転換可能な仮説摘出がキー、と指摘。

3．どうすればイノベーションに成功するかはわからないが、失敗には法則性がある。

→〔ジロ〕イノベーションを興す法則性の追求の前に、よりクリアにできる可能性の高い失敗の法則性を科学化し、イノベーションが興らなくなる確率を低減するアプローチを採ろうとした。現実的、実際的といえるか。

4. プラットフォーム競争で勝つのは安くてよい商品とは限らない。

技術競争は「標準化」ではなく進化的な生存競争だから、すぐれた規格が競争に勝つとは限らない。むしろ新しい「突然変異」を拡大する多数派工作が重要だ。

→〔ジロ〕うっかりしがちなポイントだ。〝新しい突然変異を拡大する多数派工作〟って、すぐにはピンとこないが、おそらくは試行錯誤を恐れず、効率を考慮しすぎず、「突然変異」が生じる機会を積極的に増やしていけ、ということだろうか。ともかく、気になる文節だ。

5. 「ものづくり」にこだわる限り、イノベーションは生まれない。

特に情報産業の中心はソフトウエアであり、それは同じ製品を大量生産するものづくりではなく、ひとつの作品をつくるアートだから、要求されるスキルが製造業とはまったく違う。

→〔ジロ〕ここが急所か。〝モノ〟を意識しすぎないものづくり、さらには〝モノ〟でない何かを創成しようとする作業、といった感じのことを示唆しているのか。モノに拘った其処は、阻害要因の塊ということだ。定型・画一から〝アート〟へということなのだろうが、〝アート〟は果してどんな業務として成り立つのか。実務者の立場ではどのようにクリアにしてよいのか、いつも戸惑う。

（以下、簡略に6～10を引用する）

6. イノベーションにはオーナー企業が有利である。

7. 知的財産権の強化はイノベーションを阻害する。

8. 銀行の融資によってイノベーションは生まれない。

9. 政府がイノベーションを生み出すことはできないが、阻害する効果は大きい。

10. 過剰なコンセンサスを断ち切ることが重要だ。

イノベーションを高めるには、組織のガバナンスを改める必要がある。特に日本的コンセンサスを脱却し、突然変異を生み出すために、資本市場を利用して組織を再編することが役に立つ。

→〔ジロ〕〝日本的コンセンサス〟とは腹芸、阿吽の呼吸、なあなあ、などを指すのか。自由で柔軟な組織再編は必須だと言いたいようだ。それは、そうだろう。ただこれも、具体化は簡単ではない。

凄い切れ味、イイジャン、イイジャン。感心しきりの態である。

みんな、池田（２０１１）の整理や基準を踏襲すれば、今の混沌は容易に脱しうるのに、とつい思ってしまう。研究人個々にも意地・矜持がそれぞれにあって、なかなか難しいのだろうが。ホント、参考文献はこの一冊で十分、と思わせる。

この整理は、概念定義というよりは、セオリ（理論）のコンパクトな説明と思えるほどの総合性と論理の厚みを感じさせた。そして〝イノベーションは新しいフレーミング〟であり、〝ビジネスモデルなのだ〟という言い切りの部分が、最も響いてきた。イノベーションを理解し、イノベーションづくりを支援するための新しいリサーチメニューやマーケティングサービスメニューの探索を試みていく上で、羅針盤となりそうな項目立てと思えた。知的財産権や銀行、政府まで無差別に手ぬかりなく取り上げられている点が池田（２０１１）らしいとも感じるのだった。

しかし、である。「イノベーション」概念を特性項目に分解してみると、〝良き戦略〟を立案していくための条件そのものにも見えてくる。つまりマネジメントそのものであり広義のマーケティングにみる本質と大きく重なってくる感は拭えない。そして差別化ポイントはというと、「突然変異」だったり「アート」だったりと、急所の抽象度は高い。これから「突然変異」と「アート」の部分をクリアに解明していかねばならないということなのだろう。

それにしてもまた「アート」が出てきた……。質のわるい言葉、とつい言いたくなる。この場面でこの言葉を使うと、こんなに素晴らしいはずの言葉が、妖婦、あばずれに見えなくもない。この言葉、最近質がわるくなった。

池田（２０１１）は、マネジメントやマーケティングとの概念上のオーバーラップを恐れずに、俯瞰して〝イノベーション〟概念と正対し、この二つの突破口に辿り着いたようだ。「突然変異」と「アート」の共通項を探してみると、〝ロジカルさだけでは説明しえない〟〝想定外／予想の極めて困難な〟〝超複雑〟などが連想される。私たちは、想定外事態を計画的・意図的に実現しようとするほどに、無謀で愚かなのだろうか。

それにしても、困った時の「アート」頼み、はまさに困ってしまう。研究びとの間では、思い切って〝「アート」使用禁止〟としたらどうか。

「イノベーション」は果して、概念というよりも、もうすでにセオリ、なのだろうか。よくわからん。ウーム……。みんな、自由に、書くよなあ。

ただ、正統と感じた「伊丹敬之や池田信夫のイノベーション解釈」にみる概念コンテンツからは、喧騒をつづける「イノベーション概念総体」が息吹き出すオーム値高い違和感などまるで確認しえなかった。

この二つ、別の概念のように見えてしまう。二人の賢者が示した前者の概念には、たとえ１００万回に1回くらいの超・低い出現確率ではあっても間違いなく〝実在する〟現象を指し示している感が強いのだが、後者（喧騒なる「総体」の概念）に内含された構成素材の多くからは、どうも「願望」や「期待」といった観念というか〝実在しない淡い人間の想いや願い〟、さらには〝人間の弱さ・甘さや情感（感情？）が生み出す良からぬ人為・人工の負の機能の醸し出し〟を感じて戸惑う。

どうもヘンだ。後者の「総体」には異質の良からぬ人為が混入している？「喧騒イノベーション」現象から派生する異臭には生理的に遺棄し切りたい何ものかを強く感じるなかで、伊丹・池田両者の粋なる概念解釈は、〝画期性×社会性×新結合〟といった内容を表象する新別称の下、なんとしても生かしたくなる。この違い、何だ。その根拠、必ず詰めてやる。でなけりゃあ、オーソドキシーそのものである「伊丹敬之や池田信夫のイノベーション解釈」が勿体ないだろう。

D 「イノベーション」≒アビリティ概念？ そこまであり？

実は「イノベーション」という言葉がこんなに力をもって浸透したその背景には、御大といわれている思想家・研究者たちのハロー効果、つまり後光効果が少なからず存在するのでは、と見透している。その御大とは、P・F・ドラッカーであり、野中郁次郎である。二人の共通点は、常に〝独自〟の世界の中にあり、その語りは〝剛腕〟なるイメージに溢れる。読んでいる際に伝わる圧も半端ないのだ。二人は、「イノベーション」にどんな独自性を盛り込み、なぜゆえに強力にこの言葉の普及を支援しようと考えたのか、注意深くその心を追ってみたい。

普段、ビジネスの中でのディスカッションが異様にループしたり、マウスのようにピョン跳びして納まりがわるくなったりしたとき、クールでシンプルなドラッカーの言葉に戻ってみることが往々にしてあった。ただ、ドラッカーの著書は数多く、また各書のページ数もかなりのものがあり、当該する言葉になかなか辿り着かない不便さを感じていた。そんな名著に対する己れの認識は、〝結論ばかりが羅列され、其処に辿り着いた思惟のプロセスはまったく見えない〟ということであった。自分には、彼の言葉のほとんどは、神のお告げであった。

ドラッカー研究者藤屋伸二（藤屋マネジメント研究所所長）は〝イノベーション×ドラッカー〟を『48の成功事例で読み解く――ドラッカーのイノベーション』（藤屋伸二 すばる舎 2013）の書の中にサマライズし、ちょうど便利な参考文献に仕上げていた。このよくできた書の中から、気にとまった部分を、以下に引用してみたい。

「ドラッカーは、〝なぜ、そんなことに気がつかなかったのだろう、と言われるのが最高のイノベーションの評価である〟と言っています」

「ドラッカーの言うイノベーションの着眼点（中略）で、最も難しいものが『新しい技術やノウハウ』です。これに取り組めば、時間がかかるわりに成功の確率はとても低くなります。反対に、最も取り組みやすいのが『想定外のチャンス』を生かしたイノベーションです」

（『ドラッカーのイノベーション』）

イノベーションを語るとき、まさに〝コロンブスの卵〟現象もイノベーションのようだし、この書に出てきた〝想定外〟とは池田（2011）の〈突然変異〉と同根の事態のようにも思える。こうなってくると印象としてかなり〝技術離れ〟してくるのか……。文献サーフ途中の正直な気分……段々言葉遊びのようにもチョッピリ感じられ始めていた。同時に〝スッキリ感〟も逓減していく。コーポレイト・キャッチフレーズの中に「イノベーション」を入れ込んだ企業は極めて多い。彼ら、ほんとうに、わかっているのか。そのような企業、逆に大丈夫なんだろうか。そんな気もしてきてしまった。マズイ……。

「イノベーションの場合は、マーケティングに基づいて行なうのが基本プレー。（中略）イノベーションは、マーケティングとセットで存在しています。マーケティングなしにイノベーションを起こすことは極めて困難です。（中略）ですから、イノベーションは市場志向・顧客志向（マーケット志向）でなければ役に立ちません」

「イノベーションとは新しい価値を生み出すことであって、発明とイコールではない」

「イノベーションは、必然的に〈顧客の創造〉に欠かせないマーケティングにもとづくものでなければ意味がないのです」

（同前）

どこまでがドラッカー自身の言葉で、どの部分が藤屋（2013）独自の見解か、その線引きはとてもグレーな感じがしなくもないが、素直に受けとめられる平易さに溢れた語り口が続く。素直に聞く気になるのだ。

イノベーションとマーケティングは企業にとって両輪となる〝ツガイ（番）〟の動力であり、この両輪をしっかりもつということはその企業がハイブリッド車たる価値を手にすることになるということなのだろうか。社会に大きく浸透するのがイノベーションなる現象だとすれば、戦略的行動を生み出すマーケティングと〝ツガう〟のは至極自然な成り行きなのだろう。だよね。

「イノベーションとは、〝新しい経済的な成果を生み出す行為〟です。企業においては利益を出すことです」

「新しい何かの方法で顧客に貢献し、利益を伴う売上げをつくるということです」

「技術開発を伴うこともありますが、実際には、既存の技術や商品の意味を変えたり、用途を変えたり、無関係と思われていたものを結びつけることの方が多いのです」

（同前）

売上げ・利益につながる行為であるという点が必須の要件

なのだから、マーケティングと変わらない？　だからこそイノベーションを〝技術用語でなく経済用語だ〟と言いきれるわけなのか。大胆なアレンジングや用途開発のビッグなものといったタイプも、明確にイノベーションにインクルードしているようであった。結構何でも入っちゃうんだよなあ。

「イノベーション」という単独概念の理解としては、少し前よりはわかった気になってきてはいるのだが、「マーケティング」と並列させてみると、自分のようなアバウトな神経の持ち主には、ますますビッグな成果を生み出すマーケティング行為をイノベーションと呼ぶのだ、と理解してしまいそうになる。それでよいのか。何か、違う気がしてならない。この両者は延長線上にある関係でなく、別の象限に存在する関係であると思えてならないのだが、どうしたものか。どこかで結構、面倒くさくなってきていた。

そしてついに「イノベーションとは、普通の人たちが行なう体系的な仕事だといえます。決して特別なことではありません」と、天才・秀才といった特別な人たちのみによる所業ではないことにこだわる見解も登場する。

アレレそういうことになるの？　そこまで言うの？　また何でもあり？　〝体系的な仕事〟だとは認識するが、果して〝普通の人たちが行なえる〟ことなのだろうか。〝スゴイことを普通の人がするという二律背反状態〟ともいうべき高い障壁が眼前に築かれたような気がしてきていた。

いよいよ藤屋（２０１３）は、「イノベーション、それは……」といった形でサマライズに入る。それはしっかりと、書かれているようだった。

・想定外のものをチャンスに変える
・理想とする状況とのギャップを埋めるための商品化・サービス化
・プロセスニーズを商品化・サービス化する
・人口構造と業界構造の変化を商品開発に生かす
・市場と業界構造の変化に合わせて商品開発・サービス開発する
・考え方・価値観・認識の変化を取り入れて商品開発する
・新しい技術とノウハウの出現を生かして商品開発する

だが、これらの彼が指摘する項目がすべてイノベーションというのならそれはやっぱりマネジメント活動そのもののようであり、マーケティング活動と大きく重なってくる印象は、胸中でさらに強まってしまうのだった。違うか。

ドラッカーの言葉の端々を丁寧に受けとめようとすればするほど、どうみても〝企業の戦略をビッグに成功せしめた事態＝イノベーション〟に感じてしまう。皆さんも、そう思うでしょう。それとも自分が、未熟でヘンなのか……。迷路を巡って、同じ迷路の入り口に戻ってしまった感じかな。

藤屋（２０１３）は、ドラッカーの『イノベーションと企業家精神』『現代の経営（上・下）』『創造する経営者』『未来への決断』『ネクスト・ソサイエティ』（いずれも上田惇生訳ダイヤモンド社）をキー文献として、わかりやすくコンパクトに語りかけつづける。書としては良書なのだ。

それにしてもこの出版社、ドラッカーさんに足を向けて寝られないよなあ。

イノベーションはいつもマーケティングとセットなんだ、技術開発だけではダメで利益を生まないとイノベーションじゃあないんだ、新しい技術とノウハウを生かしたタイプのイノベーションは少数派なのだ……。〝延長線上でなく、セットというのだから、まあいいか〟。アバウトな性格がプラスに働いて、一気に妥協点に突入しようとしていた。ループしていた思考回路が、少しではあるが落ち着きを取り戻し始める。

ただ、マネジメントやマーケティングとは別に、あえて「イノベーション」という新語を担ぎ出して語らねばならない必然性が、最後までピンとは響いてこないようだ。自分には、この言葉、要らない。

自分のドラッカー像から慮(おもんぱか)ってみるに、荒神のごときドラッカーにはこんな万能な概念なんて要らないんじゃあないか? 彼がこの概念を携えると、あまりに神々しちゃって、似合わないよなあ。

それにしてもどうしてなのだ、「イノベーション」なる言葉がこんなに求められているのは……。時代としてマーケティングゴールに据える〝戦略の目標成功状態〟の水準が指数関数的に一気に高くなってしまったゆえの必然なのか、それともそこそこの成功を手にしてきた企業の〝エゴ〟による更なる大目標設定のために新語が必要となってきたのか、いや単にビジネス界の中での現代的詐術として登場した似非(えせ)概念をうっかり国が後見してしまったゆえ、なのか。

ともかくこの言葉が世に必要であることについての私の納得度は、精一杯高くみて、60パーセント水準にとどまっていた(甘すぎるかな)。

ドラッカーが企業の両輪とするイノベーションとマーケティングの違いについて、ついでながら自分なりに差異点抽出を試みてみた。

・出現時の規模(売上・利益)とその実現スピード
・先行者のスケールメリットをも簡単に凌いでしまう(無為にしてしまう)
・反動的な論理性に富む知的仕掛け(いわゆるイノベーションのジレンマ)の存在
・そのベースは新価値(すでに存在している価値とは異質な価値)の創造――そこには市場構造の変化要素をすべて内包した価値フレーム全体の大胆なリニューがある
・その実現の確率は、企業が保有する知的資産総和によって大きく規定されてくる可能性

違いとして浮かぶのはこんなこと位か。いや、果してこれらは〝違い〟といえるかどうか……。「能力」と「現象」といった異質なる概念を比較するほうが無茶、なのかも。

マーケティングとイノベーションは本当にセットあるいは両輪なのだろうか……。イノベーションはどこまでもマーケティング領域の中にあって、最近急激に出現数を増加させているひとつの現象であり、今まで対応策があまり考えられてこなかった、異質なる特性――たとえば巨大な社会性とか見たことのない爆発力とか異常なほどの伸長性とか――を内包する課題である、とみたほうが自然で妥当なように私には感

じられていた。
そりゃあそうだろ、イノベーションはどれだけビッグでも、そんな現象をつくり出すのがマーケティングだろうよ。確かに、諸々の科学技術の革新や情報技術ネットワークの社会細部に亘る緻密な浸潤は、昔はたまにしか生起しえなかったイノベーション事象を頻度高く目にとまるレベルに変えてきてはいる。だからこそ、競争の真只中に生きる企業家たちは焦りまくり、彼らにつけ込もうとするソフトなる人種はどんどん蔓延る。しかしそのような事象の頻発を、現代社会で普通に生活する人びとは、望み求めているのであろうか。

イノベーションと呼んでもおかしくない〝ビッグなる要素をもつ現象〟が頻発する確率は、科学技術の特に応用技術に関する大幅なレベルアップのお蔭で今まで以上に高くはなっているのだろうし、企業家たちは〝確率が高くなったのであれば敵に負けずにぜひウチもやりたい〟と声を上げているのだろう。

しかし生活者は本当に、いわれるところの突然変異的で想定外なる事態を受容しようと待ち侘びているのだろうか。ビッグな成功事態に覆われた市場の中では個人の差別化はしづらく、また良いと感じたものも素早くコモディティ化してしまう。だからこそ人びとは、実はもっと小振りな、ゆっくりとした変革こそ、自分たちにふさわしいと思っていないか。

地球温暖化などの影響といわれて日本の梅雨がしとしとから豪雨に変化しているように、時代の保有する今までにない特性が、マーケティングの成功譚をほどほどの状況から過激な事態に変えてきているようにも感じられていた。

コトラー流にいえば、マーケティングが一つの側面として〝ソーシャル〟の色合いを帯びて3・0化してきたように、イノベーションと呼ばれる現象の色合いに濃く染まった「マーケティング3・5あるいは4・0」のプロセスに単に突入してきたにすぎない（こうなると、イノベーションはマーケティングの一部になってしまうのだが）、という捉え方や表現は陳腐に映るのだろうか。

〝本質的に人間に必要なのは、イノベーションよりマーケティングだろう〟

本当に多くの研究家が、それぞれ自分流に、自由すぎる位自由に、定義らしき記述をして、そのことを世に問うている。いい加減にしろよとアキレルほどに、だ。この文献サーフはまだ始めたばかりなのに、探した文献の中ではまえがきと目次のみを見てすぐに棄ててしまったものも多い。どこかで〝もっと他に、研究すべきテーマは一杯あるだろ〟と叫びたくなってきていた。

そろそろ、放言プロセスは終わりにして、研究者うち揃って概念の本格収斂・統合化に路線変更してもよいのではないか。なにせ「イノベーション」は金（主に税金のことだよ！）がかかることなのだ。ムダ、は減らそう。

今、狂騒曲の真ん中にいることだけは間違いない。落ち着いて、冷静に、概念を見直そう、と自らに言い聞かせるのだった。どこからかそんな大それたものいらないよ、という声が聞こえた気がした。それを天のお告げと思いたかった。

端的に己れの今の想いを語れば、あのドラッカーまでがどうして「イノベーション」という言葉をあっさり容認し、その魅力に憑りつかれてしまったのか、不思議でならないのだ。ドラッカーさんには、実のところ「イノベーション」なる言葉に棲む魔気を一刀両断にしてもらいたかった、のである。

貴方だったら、こんな言葉使わずに、言いたいこと言えるでしょう?

あんたらもやっぱり、オカシイんじゃない? いやオレっちが相当オカシイの?

E　集合知研究の世界と「イノベーション」の関係

ドラッカーに少々時間を割いたので、日本でイノベーション関連の研究書を圧倒的に多く世に問うている〝ドクター・イノベーション〟野中郁次郎のイノベーション観についても、いま少し覗き込んでおきたい。彼は、『経済白書』など政府刊行物内でのうるさい位の〝イノベーション・シュプレヒコール〟の連発の中、静かに、淡々と、しかし営々とイノベーション概念の本質を解き明かしてきたように思えた。

20世紀末の『イノベーション・カンパニー』(野中郁次郎他　ダイヤモンド社　1997)においてすでに、

「イノベーションは技術のイノベーションばかりではなく、事業のイノベーションも次々に起こりました」

「思いつきや直観から始まって手探りでつくられたイノベーションの時代から、最近では、計画的、組織的に仕組んでいかなければイノベーションが実現できない時代になってきた」

「つまり、天才のイノベーションの時代から、組織力のイノベーションの時代に変わってきている」

(『イノベーション・カンパニー』)

と、技術から事業へ、天才から組織力へ、を強調し始めている。〝技術から事業へ〟はそうなんだろうと自然に感じるが、〝天才から組織力へ〟なんて、実際にありうることなのか、企業組織がそこまで辿り着けるものなのか、といった感じが正直な受けとめ方だった。たかが給料で結びついた企業の組織だもん。

〈集合知〉というものを、生活の糧を得る〝会社〟という場においてその芽生えを生むのは、途方もなく困難なるタスクといえるのではないか。実に非効率な作業への挑戦、と素直に見るべきではないのか。彼は夢追いびと?

野中郁次郎は、『イノベーションの本質』(日経BP　2004)、『イノベーションの作法』(日本経済新聞出版社　2007)、『イノベーションの知恵』(日経BP　2010)と連続上梓し、『イノベーションの知恵』の中で、日本および日本人のこれからにとって明るい示唆まで語ってくれていた。それはまさに、日本人企業家への檄のように思えた。

「イノベーションは本来、現場での帰納的なアプローチから生まれるものです。アメリカ的な初めに理論やモデルありきで、演繹的論理分析的にブレイクダウンしていくアプローチからはイノベーションは生まれません」

↓〔ジロ〕まずは、演繹的論理分析的は×、ときた。考えさせられる。

「イノベーションは現場でリーダーの実践知によってもたらされる。だからこそ、われわれは現場でリーダーに直接会い、真正面から向かい合い、個人に血肉化されている知を探ろうとしました」

↓〔ジロ〕リーダー個人の中に血肉化されている実践知を探るって？　どういうこと？　遡って、実践知とはどんな知？　肝腎の研究対象物をあっさりとリーダーという個体のアビリティ、タレントの類とされてしまっては、「学究」から離れてしまうことにならないか？

「実践知の多くは暗黙知です。言葉ではなかなか表現できない部分があります。それを言葉で表現できる形式知として聞き出しても、言語化できない部分も多くあります。それはトータルな物語として語るしかありません」

↓〔ジロ〕やはり、予期していた〈暗黙知〉ときたか。実践知は形式知のほうが多そうな気がしていたが。〝トータルな物語として語る〟という真意の具象像がまるで浮かんでこない。私には難しすぎる？

「研究者としてスタートしたときは実は〝経営はサイエンスである〟という考え方に傾倒しました。（中略）その後経営はサイエンスである半面、アートでもあると気づいた（中略）人間の能力には限界があります。それをリーダーの自己超越とメンバーとの共創によって飛び越えていくイノベーションのプロセスがいまこそ求められ、それはむしろ日本のお家芸であり、ＤＮＡであることを思い起こすべきです」

↓〔ジロ〕サイエンスよりアートに近いということは、一般的にはわからないでもない。ただ、サイエンスではない部分をアートとシンプルに表現してしまっては、〝アート〟という表現で伝達されるべきはずの肝腎なコア・コンテンツが、ボケて拡散してしまわないか。じゃあどう表現する（？）と問われても、今のところ答えは何もないのだが。

「一見、活力が失われつつある日本を再活性化させるには、わたしたちが本来持っている実践的なイノベーションの知恵を掘り起こし、〝日本人ここにあり〟と世界に示す気概が何より求められています。活力が失われた時期、分析重視のモノ的発想への傾斜が顕著に見られました。そこからもう一度、関係性を見抜くコト的発想へと立ち戻るときがいま到来しているのです」

↓〔ジロ〕凄いばかりの精神論的トーンが鼓膜に響く。要するに、モノじゃなくて「コト」開発でないと〝ソーシャル・ビッグ〟にはつながらない……。

「コト」発想は、クレイトン・クリステンセンの「用事」につながる概念。イノベーションは「モノ」発想レベルでは生起しづらく、「コト」発想に立脚して初めて対峙できる概念なのは間違いなさそうだ。基本、賛同できる。わかるんだよなあ。

（『イノベーションの知恵』）

まるでそれは夢を語る趣きを感じさせていた。人間の中に潜みある無限の叡智を信じ、その掘削のための坑道を掘らんとする逞しき青年の動きを見るようであった。若いんだ、彼の精神は。

途中で短く切りようもなく、長い引用となってしまった。〝初めに理論やモデルありき、ではない〟〝実践知〟〝個人に血肉化されている知を探る〟〝経営はサイエンスである半面、アートでもある〟〝（分析重視のモノ的発想から）関係性を見抜くコト的発想へと立ち戻る〟などの、マーケターにとって基本的であるが決して失念してはならないと思えるキーワードが連続する。

どうして野中は、これほどにイノベーションに耽溺（?:）したのか。今自分は、野中はイノベーションに耽溺したのではなく、イノベーションという言葉に託した〝某タスク?〟に耽溺し、それを生涯の仕事としたのだ、と考えようとしていた。託すコトバなんぞ、大体合っていれば、なんでもよかった？　じゃあ、託した真の仕事の中身とは、何か。

それにしても、またもや「アート」の登場である。この言葉は、麻薬か。正直〝もういい加減にしてくれ〟といった心情である。

これらのキーフレーズ内で繰り返される「イノベーション」を、現場における日常業務を推測する形で推考してみるに、業務構造的にはどうみても「新市場開拓型の事業開発・商品開発」と同義に感じてしまう。

野中のどの指摘も、ビジネス創発・新市場開発という範疇で理解すれば、今の自分にはスンナリ受容可能になってくる。では彼は、「ビジネス創発」などと掲げずになぜゆえ「イノベーション」という表札を選択したのか。「イノベーション」という表札・看板だからこそ、これほどまでに情熱が滾（たぎ）ったのか。彼にとって、この二つの看板の違いは、何だったのか。文献サーフィンを続ける間じゅうこのことがずっと気になって仕方がなかった。不思議で不思議でたまらなかったのである。たぶんこの言葉が当時無意味綴りに近かったから？

同時にジロ（私）は、ストレートに感じていた。〝日本人ここにあり〟なんて……。何たる母国への素直なるロマンの吐露か。自分には恥ずかしくて、とても言えない。野中は１９３５年生まれ。この『イノベーションの知恵』を上梓した時、御歳75歳。驚くべし！

経営の本質は組織的知識構造にある、という主張を『知識創造企業』と『知力経営』の２冊で世に問うたのが１９９５－１９９６年頃。以来イノベーション概念のリストラクチャリングを一貫して続けてきたすさまじいエネルギーの果ての、このロマンだ。何と、哲学たらんとしよう、とすることか。凄まじすぎる……。

彼・野中は、さらに次のように結んでいる。

「知恵は根源的には経験に基づく身体知です。求められるのは、実践を通じてイノベーションの知恵を身体化（embody）し、間身体性（原文通り。自分もまだよくは理解していない）により組織に埋め込んでいくことです。身体とマインドを分ける既存の欧米流の考え方では、これは望むべくもありません。イノベーションを組織に埋め込み身体化された革新（embodied innovation）を錬磨し続ける。ここに実践知のリーダーの最も大きな役割があるのです」

（同前）

〝イノベーションの知恵を埋め込まれた組織〟とは？

〝身体化された革新を錬磨する〟とは？

濃霧のなかを歩むようだった。大それた、といった印象もなくはない。

彼は何を追究しようとしているのだろう。ひょっとして、「組織」そのものか、それとも〝組織の中の人間〟の本質か。たぶん、そうだ。いや違うか？

武士道の醸成方法を伝授されているような、日本人ならではの表現に、わけもわからず圧倒されている自分がいた。抽象的というよりは、精神性が高いというか宗教的というか、学究書のトーン＆マナーとしては、戸惑うしかない。しかし、凄い空気圧が書から噴き出し、押し寄せる。ともかく、小手先ではないのだ。企業というものの全身を変える、組織を変えてこそイノベーション（大爆発の開発？）に接近できる、「組織」なしには本来的イノベーションはない、などと一貫性をもって明言してきたような気がした。確かにカレントマーケティングには、「組織」の視点が欠落しすぎている……。そうだ、「組織の知」だったんだ、彼の研究ターゲットは。間違いない。

ただその一方で、究めるアプローチとしては、自然さというか在るものをそのまま観るというよりは己れが気になることへ思い切って引きずり込もうとする強引さを少なからず感じてもいた。まるで明治維新を生き抜いた若者のようだ……。迫力に圧倒されつづけながら、また考え込んでしまう。これだけ彼の書を数多く読んでいるのに、彼がいうイノベーションの定義が浮かばない。池田信夫（２０１１）のような丁寧で箇条列挙してくれる親切さをもったディフィニションが、彼のケースにあっては、まるで頭に入ってこないのだ。

正直、今、野中の頭にあるのは「イノベーションとは、革新の極致、想像を絶するモノ凄い革新」のような感じに思える。そして、その「革新」自体、その「革新」が向かう方向は、人間にとって社会にとって絶対的な「善」であり「良きもの」なのだ、といわれているような気もしてきた。

そんな理解でいいのだろうか。もう一度読み直したほうが……。ともかくイノベーションの機能や特性については、彼のしつこいくらいの記述から、十二分に情報をいただいた気になっていた。〝企業にとって、社会にとって絶対的善だと信じているから、これだけエネルギッシュに語れるのだ〟と、心底から折伏されてしまいそうであった。どこかで、「身体知」「間身体性」など、通常の研究者の脳で論理化できるはずがない、ロジカルなる認識というより信じていることをただ大声を出して言っているだけではないのか、というわずかに浮かんだ偏屈なる想いが、彼の噴き出すエナジーで雲散霧消にされた気がした。

そんなエネルギッシュさを目の前にして、〝マーケティングやマネジメントとイノベーションという言葉は似すぎていて不要かも〟などと重箱の隅をつつく感のある論点に拘泥する自分の小ささが、情けなさにつながりかける。

彼にとって、ビッグで革新的なビジネス開発の代名詞が「イノベーション」だったのだろう。それは曖昧性をもつからこそ彼にとって意味があった？　新しい意味を乗せられる言葉であれば、それで十分だった？

きっと野中（2010）は、〝イノベーションを生み出しうる組織は、人間にとって望ましき存在にやっとのことで達しえた組織といえるのでは〟と問いかけてきているのだ……。経営行為における「組織」重視姿勢がそこにある。時代が知識創造型の人間集団の望ましきありようを求めてきているとき、「イノベーション」という言葉で呼ばれる社会事象を問い詰めることが、その答えを出してくれると信じたのだ……。

きっとそうだ、と思いながら、そんなことであんなエネルギーが出るものか、とまだ偏屈に思索をつづけるのだった。私も、頑固だ。負けるものか。

F　野中イノベーションは「画期的《組織知》革新」のことだった？

一息つくと、またまたもう一人の超偏屈な自分が顔を出す。企業が行なう商品開発って、世に何千、何万と泡のように出没し消えていく新製品のひとつを具体化する行為だろ。商品開発のもの凄いレベルのものがイノベーションだとしても、結局のところたかだか泡の一つにすぎないのではないか。もの凄い儲けや権力を手に入れられるなどと夢想した泡のごとき行為を、普遍的絶対善の領域にまで高めうるものなど考えられるはずがない、そう考えてしまえば、イノベーションは商品開発という単なるビジネスの延長線上に存在してしまう。

シュンペーターによるこの言葉の原意である「生産的諸力の結合の変更」の文意に見る真意は、どう考えてもすごく普通の業務であり通常の仕事項目の範疇を逸脱してはいないようなのだ。ただその印象に素直に準じてしまうと、イノベーションは商品開発の一つにすぎないということになり下がってしまう。

イノベーションと商品開発つまりマーケティングとを別物

とするには、前者に「絶対的善」（豊かさとか安寧とか、かな?）や「ウェルフェア」のようなものが必要条件として内含されていなければならなくなるのでは（と自分は考える）。言い方を換えれば、イノベーションを〝差別的に特別視せず、いま少し普通で当たり前の概念にしたほうが、整理がつくのではないか〟というシニカルなチョッカイを出したくなるのだ。確かに、「絶対善」「ウェルフェア」などは、一企業で対処可能な代物・目標とは思えない。いや逆に、商品開発すなわちマーケティングもまた、本来は「絶対的善」と同居してもめげないレベルまでクオリティアップしていかなければならない始原的特質を保有している、と考えるべきなのだろうか。そんな……。ありえない、と思った。

その時、イノベーションとの関係の整理は、どう考える? またまた、よくわからなくなっていく……、ウーム。どうしよう。

ともかく先程の野中（２０１０）の結びの文節の〝イノベーション（の知恵）〟という言葉を〝マーケティング（の知恵）〟に置き換えてもそのまま通用しそうではないか。無理なのかな?　これからの企業経営における組織論、マネジメントの視点って、こういうことなのかも……。いや、やっぱり無理か……。

〝（無理であるならば）それじゃあマーケティングは、野中学にはまるで敵（かな）いそうもない、ということになるのかな〟

ジロ（若き頃の私）は黙り込むしかなかった。あまりに肝腎の何かが違うゆえか悔しさは少ない。しかしそんな無茶話（?）に興じる野中が羨ましかった。

イノベーション創出になぜかやっきとなっている企業家、話題の先端を走ろうとする慌ただしいイノベーション学術研究者、さらには新しいビジネス用のフレームワークを持ち込んでイノベーション創出の新しいコンサルティングサービス提供を目論む情報ベンチャーたちに、野中（２０１０）のこのイノベーション哲学と照らした自分の今の立ち位置の、真摯なる再確認と是正を急ぎ求めてもよいのでは、と切り返したくなっていた。「身体化された革新」という文言が何かを解く鍵である気はしたのだが、理解するには程遠いままであった。

〝野中郁次郎は見方を変えれば、広義にはマーケティング研究者に入るよな（本人は喜ばないだろうが）。そして彼のイノベーション哲学をもって、マーケティングのクオリティアップ、つまり一皮めくれることに貢献してもらえれば、われらの業界にとって嬉しいことだよな〟

こんな風に都合よく考えてみたりしたのだが、ウーム、75歳か、やはりわれらは負けている。

野中郁次郎の「イノベーション」なる概念の位置づけを直截に我流で要約してみれば、彼にとってこの言葉は、これだけ熱をもって語られてはいるものの、単にシンプルに「画期的（身体化）革新」ということに過ぎないようにも聞こえてくる。意外に拘りを感じないのだ。しかし彼流の経営学の範疇におけるこの「革新」は、個体ではなくどこまでも複合する人間、〈組織〉というカテゴリーのなかで生みだされる

〝組織ならではの革新＝集合知の成果物〟でなければならなかった、ということのようにも映った。

彼にとって、その呼び名はcatchyでありさえすればなんでもよく、それが偶々「イノベーション」であった、呼び名などやっぱり彼にとってはなんでもよく、要は「組織」の中の思惟につながる何かの創発力に対しての拘りであり、そんな経緯の中で偶々彼は、その力の源となる現象の呼称としてあえて無意味綴りに近い「イノベーション」という言葉を選んだのだ、と解釈したくなっていた。〝新しい創発する力〟に新しい言葉を付与したかった？

彼からの一番のアドバイスは、ビジネス開発・商品開発のために必要な〝組織論＋集合知〟を、自分たちの仕事領域に明確に取り込みなさい、そこまでセットで考えないとこれからのマーケティングはできないよ、ということなのだろう。私は、そう指示された気がした。確かに、マーケティングでは、組織論はあまりしないよなあ。

それにしても、自分の人生時間をこれほどに一つの概念研究に捧げられるとは、浮気性の自分にはとても信じられないことだ。ひょっとして野中郁次郎は、この概念（の卵）の、まだ曖昧きわまりないこの呼称の中に、人間の夢の存在を見、その概念コンテンツを具体的に描写しようとしていた……。

ここまで考えてきて、瞬間私は思わず己れの推量を一気に広げたくなった。〝おそらく野中は、「イノベーション」などという概念名などどうでもよく、ひたすら〈組織（知）〉〈暗黙知〉そして〈集合知〉なる概念のほうに強い関心と拘りがあったのだ。彼が生涯のタスクとしたのは、「集団組織内における暗黙知の創発」ではなかったのか。またこの複合知こそ一つの人間の極みの知力と洞察したのだ。彼にとって「イノベーション」は、それらを人間の知に関わる大命題に繋ぐ架橋的・便宜的な仮のつなぎ言葉だったのでは……〟

そう、野中にとって「イノベーション」という言葉は、「画期的《組織知》革新（創発）」なる一大人間知のニックネームであった？

異常な喧騒が産み落とした仮説的煩悶

何かを期待させ周りのすべてを誘い込むかに膨張し続けるこの知的喧騒は、心をサイエンティフィックな快感で満たすというよりは、どこか落ち着かぬ多様な仮説的煩悶をつくり出し、いつか胸中を、懐疑と不安で一杯にしそうであった。

前項までに見てきたように、「イノベーション」なる概念は、混乱を生むほどの多岐多様なる見方はあるにしろ、多分野の叡智たちそれぞれの脳が元気に躍動する機会を延々と提供してきたような気はしていた。そのことだけで本概念が世に出た意味は十分にあった、とは感じていた。とはいえ困ったことに、参考文献の乱読を通じて、自分流の多様な〝仮説的煩悶〟が累々と浮上してきたのだ。自脳も少しは刺激を受け、やっと望ましく悩む方向に回転を始めたということであればよいのだが。こんな特性を示す概念は、実に珍しい。

①イノベーションの解明とは、〝僥倖を科学化すること〟に似たりと言えないか。セレンディピティに似たケース？　でもそんなことできるのか、しなければならないのか。新結合とかもっともらしく言ってみているようだが、それは〝大いなる存在〟（たとえば神とか）の業であって、人間の一科学者、一実務家ごときが対応してよいことなのか。

②イノベーションに〝特別のスケール〟が必須であるというならば、それは間違いなく「特別」という異常範疇にあることを示しており、〝特異で稀な現象〟のことと捉えたい。ブームやファッションをはるかに超えて、インテリゲンチャたちの狂気を孕んだファド（fad）現象とみるべきか。そんなもの経営の基礎などに据えてよいのか。そりゃあ×だろ。

③イノベーション概念は、その特別のスケールと突然変異性ゆえに当然のことながら概念の普遍化は遅延するであろうし、標準化への取り組みなど、できるものかどうか、またその意味があるかどうかも不明だ。その一方、多くのインテリゲンチャたちの複数意志によって概念の超多様化傾向はますます増幅されていく。それはつまるところ拡散化に到る。普通、このようなケースは一般論にならない、ユニバーサルズも凝固しづらい、と考えるのが当然の成り行きではないのか。違うか。また、となればこの概念は〈学〉にとって〝本概念を取り込んだ学を混乱に向かわせる〟負なる言葉となるのではないか。

④イノベーションが「特別」のスケールを必須属性とするのであれば、イノベーションの戦略とはある意味〝ピンのみの戦略構図〟を立案することになる。一方マーケティングはマネジメント全体のためのもの、つまり〝ピンからキリまでのバランスよき戦略構図〟を求めるものであり、過去のマーケティングにおいてピンの事態に合致する（対応する）確率が低くなっていても至極自然であり、仕方のないことなのではないか。ピンのみを求める戦略など本来愚策のはず。

元々、100万回に1回のビッグサクセス（宝くじに当たるとか100万馬券を当てるといったほうがよいかな）を生み出す戦略なんて、戦略として普遍化可能か？　いや戦略にならないというべきか？

ただ、ひたすらビッグサクセスの実現を確率的に高めたい企業の当然ともいえる必死なる思いと、ビッグサクセスを生み出しにくくなったり、後発のビジネスにある日突然出し抜かれやすくなったりした時代的市場構造の変化は、十分に理解できる。

〝喧騒イノベーション現象〟にはインテリ・ファドの要素を多分に感じる。インテリ対象に、インテリが考案した〝流行もどき〟だ、魔法にかかるな、怖がるな、となぜか言いたくなる。といってもお国が推奨し一橋大学イノベーション研究センターのごとき国立系研究機関が特別なる予算をいただき、その存在を基本的に追認しようとする姿勢を前に出せば、クライアント企業に〝魔法にかかるな〟といっても無理な話ではあろうが。

ただ、宝くじは生涯当たらないことがあるということはとても普通であり、100万馬券は数百回、数千回のトライの結果としてたまに手にする位が世の習いなのだ。連続して僥倖に恵まれるなんて奇蹟の領域に入るのだろうし、そんなことが起こるとかえって怖くなるのが通常だろう。そんな狂騒ファド現象の中で静かに淡々と変革を怜悧に語り続ける野中郁次郎は一味違うと受けとめてよいのかもしれない。

それにしてもおかしい、なかでもインテリゲンチャたちが。社会がイノベーションを求めるというのならばまあわからないでもないのだが、いつの間にか企業個体がイノベーションを求めてバタバタし、その状態が普通になってしまっている。誰がそんな非オーソドキシーなる舵を取ったのか。罪作りな話だ。

今の地球の現実をみれば、人口変動、資源磨滅、異常気象等地球環境への不安諸要素が多々拡大する中、AI、バイオを筆頭に諸科学技術の進化はその大半が逆L字的指数関数カーブを示し、とりあえずの成果として効率とコンビニエンスのみを撒き散らす事態は増幅する一方だ。突然生起した戦争の先の見えない継続と日常化は「正義」の定義すらぐらつかせ、同時に生物としての生きづらさも多岐に強化され、われらの生活感覚は違和感充満状態と化して心を冷水の中へと浸し込む。人間の欲望も社会の仕組みも否も応もなくオーソドックスなる収斂先を見失い、人びとは間違いなく心理的〝雪隠詰め〟の様相を呈し足掻き始めたように見えた。

地球の価値意識はその基本軸を今にも失いつつある？　そんな地球と人類の今に〝ないよりましの夢〟を配達してくるかのような、個人のための幻想の、そして仮像社会の運び屋としてこの概念は生まれ落ちたのか。

それともせめて環境や社会すべてが不安定で安らかな呼吸のしづらい日々の空気のさらなる膨張を、僅かなりとも抑制できないものかと思案し、やっと思いついた一つの対応策が社会全体にイノベーションを興そうと考えてみることであったとすれば、果してそれをひとつの理と考えてよいのか、それともそんな情けない対策はありえない、と考えるべきことなのだろうか。

しかし、現実の企業活動にイノベーションを持ち込もうという動きは、どこかで〝すり替え〟が意図して行なわれている感がある。企業は爆発的ヒットを連続させる必要はない、ボチボチ稼いで偶に大きなヒットが出れば十分なはずではないのか。短期間で一気に稼ぎすぎないほうが地球環境的にも人間の欲望心理（飽きなど）の点からも企業存在の永続性につながるのは自明なこと。経営悪化に苦しむ経営トップの多くが、とりあえず一度ビッグヒットを手にしたくて〝イノベーション、イノベーション〟と叫んでいるにすぎないのではないか。サラリーマン社長なら、元々短命ゆえになおさらのはず。企業は〝ピンのみ戦略〟でなくやはり〝ピンからキりまで戦略〟であるべきだろう。

〝誰が、こんなもの、心から求めているのか〟――イノベーション研究家はいまのところ、まだこの種の疑問・視点に答えてくれていない。

この喧騒が、研究界に財を投げ出すクライアント企業への研究びとの阿り・忖度などがそこそこに関与して生まれ出ているのだとすれば、いかに資本主義の世とて許しがたいと思うのだ。そんなことは、断じてないと考えたい。

マーケティング学の現況と「イノベーション」

マーケティングの現在という物見台に立ってみれば、「イノベーション」といった新しい概念・事象への対応は十分でないと素直に思う。ただしそれは、この概念が大人でしっかりしたものであるという場合のことである。しかしその問題以上に、マーケティングとして今まで意味をもって行えていた基本的手段・方法論が徐々にやれなくなってきているという切迫した難事態の横溢が斯界の不安を大きく広げていた。実践的アプローチがマーケティングの中で消滅しつつある……まさに焦燥……。「イノベーション」どころではないのだ。

マーケティング現場は今、ピンチなのである。たとえば、インシデンスなる絶対尺度に基づく数値指標に対する不安、ファクト（fact）が従来手法ではどんどん精度を低めてしか測れなくなってきている現実がある、つまり普及率・使用率などの絶対指標は実査現場の諸事情から測定しづらくなり、どんどん信頼できなくなってきている(?)という方法論的懐疑（現場におけるサンプリング手法の問題も含めて）は現実に増幅しているようなのである。電話調査、ネット調査の代表性精度への不十分感など、すでに世のリサーチャーの常識なのだ。世論調査はどこかで毎月行なわれ（電話調査法が多い）、政権を握る者までが揃ってそんな科学的には怪しき(?)データにびくつく。これも、世も末なる現象の一つだろう。

林知己夫（元文部省統計数理研究所長）のような本質を見うる学者が、今少なくなったこともその一因か。この一連の事態が示唆することは、質問紙法全体のパワー自身が大幅に低下したということではなく、質問紙法の適用範囲が安直に広がりすぎた結果として、ひとつの〈省察〉の形で当然のごとくに到来する未来なのだと捉えたい。質問紙法全能時代において、単純でありすぎあまり考えることをしなかったツケが来たのだ。斯界の問題沸騰なる現況においては「イノベーション」どころではない、ということになるのだろう。

されど、「イノベーション」に決して無関心であってはいけないのだ。われらは、近似した概念「商品開発」のプロなのだ。受注するプロジェクトの過半は事業・商品開発領域なのだ。なのに「イノベーション」についてクライアント企業をコンシェルジュする気持も知識も能力もない、なんて〈学〉の恥、だろう。「イノベーション」との対峙においても、マーケティング改革にインクルードし、今こそ専門家としての矜持を示さねばならない、今はそのタイミングなのだ。どうせ革命が必要な学なのだから、一緒にやっちゃえ！

マーケティングの視座の中で「イノベーション」という現象を再考してみるとき、イノベーションをむやみやたらに頻発させようと図るのではなく、半歩退く形でイノベーションという一大爆発現象の生起・創発の適度なる頻度・サイクルのありよう等自社にとって本質的に適切な「イノベーション出現像（出現シナリオ、かな）」を怜悧に判断する態度もまた重要視されてよいのだろうし、またクライアント企業をそうコンシェルジュしていきたいものである。

イノベーションなる「爆発現象開発」を生み出そうとする具体的アクティビティの中味が、同時に進められている経営戦略・マーケティング戦略とどのように効果的にミックスされて存在しうるか、そしてそれらの戦略の遂行を変質したり欠損させたりする部分はないのか、という点などが総合的にクリアになって初めて、イノベーションなる現象は本当の意味で企業のプラスになると考えたい。企業戦略というものは「イノベーション」だけでは済まないのだ。ビッグサクセスであるイノベーションは、必ずや当該企業に、「プラス面に匹敵する負の効果」を同時にお土産として置いていく、ということを忘れてはならない。

本項における文献研究や仮説的煩悶から、一つ明白になったことがある。それは、今喧騒の只中にある「イノベーション」概念には、複数の意味の軸が併存してありそうである、ということだ。その軸は大別して三種類ほど存在し、その一つは本概念の意味のコアを「一大社会現象」と見立てた伊丹・池田解釈（a）や野中らによる独自の「暗黙知×組織文化」論に基づく現象解釈（b）などの完熟したセオリが集う正統極まりなき《〃現象〃解釈軸》、そして二つめはやはりセオリの熟成度としては正統な意味のゾーンにありながら前述の第一軸とは異質な思惟過程の中で凝固されたドラッカーらにみられる《〃能力〃解釈軸》、そしてその第三には前述のごとき意味中枢に座りそうな正統解釈軸たちを茫漠化し混沌の世界へと誘引せんとして群がる市場主義に塗れた《〃ノイズ〃軸とも言うべき〃自己中〃解釈の群れ》、が挙げられるのではと推量してみた。こ奴こそ癌なのだ。

第三のノイズ軸には、国を中心とした狭義の〃技術〃要因重視態度を筆頭に、本概念を常態化せんとして偏った独自の解釈を世に問うことで己れの利を挙げんと図る一部のソフトサービスファームやコンサルティング軍団の資本主義特有の便乗の群れが鵜の目鷹の目で集り(たか)来て、第一・二の今にも中枢に座さんとするアカデミアらしき解釈軸の意味正統性をぼやかしていく。そんな浸透過程の泡沫(うたかた)に、今の「イノベーション」概念の負なる側面の、諸々の表出があると推量してみたい。まさにその外貌は、概念種類として八つでは足りないほど見事に〃八岐大蛇〃状態、と捉えざるをえないように映った。

本概念を、第一の軸を中枢と見ることで整理せんとする視座に拘泥しようとしてあえて見直してみれば、第二の〝能力〟軸もまたノイズ軸化して見えなくもない。本概念の凝固過程（コンソリデーションプロセス）における歩みは、今ちょうどそんなターニングポイントにさしかかっているのかもしれない。

〝われらマーケティング学は、いずれの軸に立つべきや〟

この推察にみるごとく、本概念の正統なる解釈の中枢が「一大社会現象」であり、また「集団組織内における暗黙知創発・発揚」という視座に基づくものであるとすれば、現代マーケティングにとっての本概念の構造は、曖昧模糊なる状態のままでは困ることになりかねない。しかしこれだけ喧騒化しカオス化し切った事態が果して容易に一つの中枢軸へ向けて凝固化可能なのであろうか。第一の軸に含まれる二つの意味（aとb）だけでもかなりの差異が感じられ、効果的意味収斂のためには第二の軸のフェードアウト（整理(?)かな）も必要になるやもしれない。しかし第二の軸はドラッカーさんの思惟だし……そこを何とか、身を引いてくれないかなあ。そりゃあまあムリだろ、ハロー効果も一番だしなあ。本概念の意味混乱はすでに回復不能な地点にまで到達している？

われは今、直観的に、この概念から離れたがっている。

本概念が誘発する「開発工程」のカイゼン(?)像

扨、われらの長年にわたる大きな関心事項――〝製品開発工程の効果的ありよう〟――を考えていく上で、本概念は何らかの有意義な示唆やヒントを与えてくれるのではないか、という淡い期待も、実は以前から感じていた。

イノベーション（＝ビッグなる開発）なる現象を生起させるための工程とはどう組み上げればよいものか、従来型とはどう異なるのか、いや改善型ではなくまったく異次元の工程になるのか。はたまた、そんなイノベーションの開発工程を整理・体系化そして標準化しようとするとき、そのように過度(?)に整理されたプロセスを介して開発されてくるものは、「体系化」「標準化」という工程が始原的に保有する毒性あるいは反作用によって〝非イノベーション〟となってしまう可能性はあるのではないか。さらにまた、イノベーションを必要とし始めたかもしれない市場構造の変質の中で、イノベーションとまではいかずとも通常の、いやそこそこの製品・事業を開発する工程は、どのポイントをどのように改め変更していかねばならないのか……そんな議論を少しでも前に進めたいと考えていた。といってもここで自分が考えようとした「イノベーション」は、〝成果としてビッグサイズになる事業・商品開発を現実化する工程のありよう〟のつもりであった。難しい命題だが、やってみるか。

そんな自分の目に飛び込んできたのが、「イノベーション普及学」「イノベーション普及過程論」というコトバというか研究分野である。この言葉がまたすごいのだ。えっ、何それ？　そこまであり、なの？　冗談だろう？

A　何っ「普及学」？　えっ「イノベイティブネス」？

通常、〝開発されたモノは一定のコミュニケーションプロセスを踏んで認知され購入されていく〟と見立てられ、〝コミュニケーション過程〟と呼ばれる仮説的研究が、代表的にはアイドマ（ＡＩＤＭＡ）などに見られるように各方面でいろいろ行なわれてきた。イノベーションにも同様に、普及過程研究・普及学があるらしいと聞き及び、早速関連書を探した。この概念は、それ自体発達途上であるにもかかわらず、この種の研究テーマを派生するほどに研究びとを魅了する側面を有していたのかとあらためて驚いたりしたものだった。その際、シュンペーターの思惟の流れの中の「イノベーション」とはまったく異質の〝単に new, novel, neue といった意を示す言葉〟として用いられたのかもしれぬなどといった単純すぎる疑念など脳裏にはまるで浮かんではいなかった。

『イノベーション普及過程論』（青池愼一　慶應義塾大学出版会　２００７）の中で青池（２００７）は、ここで言う「イノベーション」なる概念は、Ｅ・Ｍ・ロジャーズ（E.M. Rogers １９３１-２００４　イノベーション普及学研究のリーダーとしてスタンフォード大学等複数の大学の教授を歴任）の著書（１９８３年、１９９５年、２００３年）にみられる「個人もしくは他の採用の単位（unit of adoption）によって新しいものと知覚されたアイデア、行動様式、物である」という定義に準じたらしい。なんと幅広概念であることか。さらにこの定義は本書で取り上げている「イノベーション」概念とはまるで無関係なようなのだ。すなわち〝新しいものすべて〟を「イノベーション」という言葉で包括している！　驚（ギョッ）！　予期しなかった混乱の極みの到来のようであった。そりゃあ、われらも混乱するよなあ。そんなことまで、やってるんだ！

ここで言う「イノベーションの普及研究」とは、ロジャーズの見解も併せ組み込んで解釈してみれば、「新技術、新製品、新ライフスタイル、新しい情報、知識、ノウハウ、行動様式などの普及過程やイノベーションの普及によって、社会、文化、集団がいかに変化するかといった変動過程」といった研究を指すようで、青池（２００７）はこの視座を前提に「このイノベーションの普及の多くは（中略）旧来の製品、施設、技術、行動様式などが、新しく登場し普及してきているイノベーションによって代替されていくことを通して行われる《代替型普及パターン》である」という興味深い洞察を呈示しようとしたようだった。《代替型》となればそれは古い物たちの消滅プロセスにもなるはずだろうから《代替型普及》パターン研究はそれなりに意味ありとみられるのだろう。だがそのこと以上に、なにゆえわざわざ「イノベーション」という言葉を用い、新概念として研究対象としたのか。〝新しいもののすべて（のものごと、現象）〟の代替型普及浸透研究、という普通の表現の研究名称ではなぜ満足しえなかったのか。こんな茫漠たる研究対象表現にどうして陥ってしまったのか。首を傾げちゃうしかなかった。

シュンペーターの「新結合」なる概念が世に浸透していったのは、おそらく１９１２年以降30年代にかけてであろう。その約半世紀後に活動したロジャーズらは、果してシュンペーターのこの新概念を知って使ったのかそれとも知らなかったのか……。さらにはＰ・Ｆ・ドラッカーの『イノベーションと企業家精神』が著されたのが１９８５年。流石にこれらの関連書をロジャーズたちがすべて知らなかったとは考えにくい（この点については未確認）。でもインターネットもない時代のことだからなあ。この辺りにも、「イノベーション」概念輻輳の一因が潜んでいるのかも。この言葉、何となく可哀想……。

そうは言うものの「イノベーション普及過程に関わりあう諸要因や普及のメカニズムがどのようなものであるか」といった普及過程の研究には微かに惹かれなくもない。われもコミュニケーション過程として「イノベーション」なる新現象を特定化したり普及激伸につながったりする〈要因摘出〉や〈普及過程構成要素〉への漠然とした興味は日頃から感じていた。このような研究文脈の中でなぜあえてロジャーズや青柳らはわざわざ「イノベーション」なる言葉をテーマ名として選択的に採用したのか、それとも偶々だったのか……不思議な話だ。

〝そりゃあ、ないだろ。自分だったら、他の言葉を考える〟

〝当時、米語のイノベーションと日本語のそれとは行間イマージュが違ったのかも？〟

ロジャーズたちの研究『普及学』の最初の原書の刊行は１９８３年らしいのだが、今われわれが取り上げている「イノベーション」なる現象の特質を規定するファクターの正体を抉り、イノベーション構造なるものの理解を深耕しうる何らかの示唆を生むかもしれぬ、といった期待はなくもなかった。

ヨーゼフ・アロイス・シュンペーターが『Theorie der Wirtschaftlichen Entwicklung（邦訳／経済発展の理論）』を発表し、その中で「新結合（neue Kombination）」という言葉を使ったのが１９１２年。その後クレイトン・クリステンセンはその言葉の説明として「一見、関係なさそうな事柄を結びつける思考」と表現した。出自は結構古い。

〝クリステンセンは「イノベーション」なる概念を「思考」の概念とみていた？　そりゃあ、おもしろい、注目してトレースしてみたいなあ〟

青池（２００７）が自分の書の中核に置いたＥ・Ｍ・ロジャーズは、〝新しいもの〟の最初の採用者登場時点に先行して起こる意思決定や関連する諸々の物事の特性や属性による普及過程への影響を重視していたと伝えられている。

『イノベーション普及学』（Ｅ・Ｍ・ロジャーズ　産能大学

出版部　1990）においてロジャーズはまず「イノベーション開発過程」なるプロセスを「必要あるいは問題の認識から、イノベーションの研究、開発・商業化を経て、普及と使用者による採用、そしてイノベーションの結果に至るまでに生じる、すべての意思決定や活動、さらにそれらの結果である」と位置づけて提唱した（と自分は理解した）。確かに、新しきものがどう普及していくかについての全体研究のようであった。しかしそんな命題、簡単にわかる世界か、新しきものにはいろいろある、それらをすべてひっくるめて対象にするなど粗すぎる、と内心こっそりと呟いていた。

　さらに彼は「イノベーション決定過程」と題して「個人（もしくは、他の意思決定単位）が、イノベーションについての最初の知識を得てからイノベーションに対する態度を形成し、採用もしくは拒否の決定を行い、新しいアイデアを実行し、そして、その決定を確信するまでの心的過程」なるプロセスをも提唱し、普及学としての全容把握を模索している（ように映った）。実に丁寧なアプローチのようなのだ。「開発過程」「決定過程」――この二つはどう関係し、どう絡んでくるのか、どうしてこの二つの過程を分けて設けたのか等々興味津々でもありまたそのこと自体謎でもあった。これも「イノベーション」なる言葉の魔力ゆえと考えるべきなのか。しかし、学って何でもあり、なの？

　ともかく「イノベーション」を「あたらしいと知覚されたもの、アイデアの総称」と概括的かつシンプルに決めつけることから何か新しい意味を発見しようとした学術アプローチなのだろうと一応推量してみたりするのだった[注2]（だったら、〝イノベーション〟という言葉、使ってほしくないな、と思うよな）。

　このような動きを出す前に、もっともっとこの言葉の定義をなぜ多面的に吟味しなかったのか、信じられないことと思えた。

　それにしても現象としていまだはっきりしないものごとに対して、しぶとく考えるものである。まことこの名称・概念には、研究者を狂おしくさせるほどの何かが潜在的にありそう、とついつい感じ入っていた。この喧騒は、最近の流行りではなく、ひょっとしてかなり昔からのものであったのか。

　注2　この辺り、『イノベーション普及学』（1990）、『イノベーション普及過程論』（2007）の両方を参考にした。

　そんな中、突然（自分にはそう感じられた）提示されて驚いたのが、びっくりするような概念が変数として持ち込まれてきたことだった（青池〈2007〉より引用）。唐突に映る出来事だった。この新概念の提唱はロジャーズらによるものらしい。まことに粘っこく、いろいろ考えているようである。それは、「イノベイティブネス」という名の新概念が従属変数（＝目的変数）として設定され、それと関連する他の諸変数や独立変数との関係を発見する研究を進めようというものだった。自分には正直、この種の学によくある〝学の落とし穴〟に見えた。

　イノベイティブネスとは「ある個人が他の人々よりも多

く、もしくは少なくもっている相対的な変数であり、たとえば、個人が彼らの属しているシステムの他の成員に比べて、新しいアイデアを採用することが相対的に早い度合である」（同前）などといったことを指すようであった。性格テストでよく見る外向・内向性といったパーソナリティ要因に似たもののつもりか。たしかイノベーター／あと追い者等を判別するライフスタイル的分析でも最近見たような気もする。いろいろ考えてくれるねえ。このアプローチ、本気なの？　真面目なんだ……。

イノベーション研究において、対象個人の性質内に同種のパーソナリティ特性と思える変数を操作的に設定するなど、操作概念好みの自分ですら少し操作が過ぎるかなといった想いが膨らむ。人格に似た抽象的変数、具体的に捕捉するのは難しかろう……。でも、そこまでやるんだ。

〝もっと独立した要素・変数・概念を考えたいよなあ〟

〝これじゃ、「イノベーション」とは何かやその普及過程研究に加えて「イノベイティブネス研究」が増え、難課題倍増になってしまう〟

何をやっても、研究なれば何かに役立つ、とは思う。されど、である。

ともかく、「イノベーション」なる言葉の周辺に漂うただならぬ魅力・蠱惑性・魔女性は時代とともになぜか高揚の一途を辿り、研究者すらその魅力に翻弄されているかのようであった。魔女というよりは、時代的には、美魔女、かな。そう、「イノベーション」には人を虜にし、たぶらかす才能がある？

ホント、みんないろいろやっている。それも正体不明の概念に対して。またみんな、嬉々として楽しそうなのである。ヘン！　これ、現代研究感染症？　その新株名が「イノベーション菌」？　笑っちゃうような話、ではある。

そういえば、思い起こしてみるに、プロローグでとりあげた恩藏直人の啓発の書（著者の悩みが前面に染み出た感があり、ホント、よい本なのだ）『競争優位のブランド戦略――多次元化する成長力の源泉』（日本経済新聞社　１９９５）で提議された「探索型製品開発」の特徴として、①消費者よりも先行する②（既存事業間の）余白部分を開拓する③導入後の探索を継続し続ける④常識を打破する、の4点が挙げられていたように記憶しているのだが、

〝イノベーションは消費者の気づきの外にある〟

〝開発後も社会的拡大を意図してテコ入れを続ける〟

〝常識こそ障害〟

といったイノベーション現象の顕在化時に目についてくるその特性項目に対し、恩藏（１９９５）の指摘する4点の大半が奇妙に合致することに驚く。

この恩藏の好著（と自分は感じている）から少し引用してみる。

「自らのニーズを明確に発言できない消費者に、彼らのニーズを語らせることは決して効率的ではない。とすれば、企業側から消費者ニーズもしくは消費者ニーズを

具体化させた製品を探索的に提示することが重要になってくる。（中略）新たな革新を生み出すためには、従来の事業領域にとらわれない事業展開を進める必要がある。（中略）リスクを受け入れ常識を打破できるだけの革新的な組織文化を育成しなければならない」

（『競争優位のブランド戦略』）

肝要なる指摘と思えた。〝従来の事業領域にとらわれない〟という部分が己れに強烈に響いてくる。当時の恩藏（1995）は意識していなかったのかもしれないが、この探索型工程の礎となる思考のいくつかは、〝イノベーション開発（創出）工程研究〟の基礎部分に据えるに十分な良質の前提仮説ではなかったか、と最近思い始めている。ひょっとしてのレベルだけど。消費者ニーズの革新的方法論開発による補足と、そのビッグなる顕現化に導く戦略立案の苦闘は「イノベーション」の捕捉に通じるのかもしれない。恩藏はすでに気づき始めていた？　笑みがこぼれた。

恩藏（1995）のこの書の記述を見て私が一番気になったのは、暗黙知を育むような〝革新的組織文化〟はどう作れるかという点であり、そんな組織文化を生み出す触媒・何らかの媒体概念として「イノベーション」なる言語を持ち込むことは有意義なのかもしれない、とも推量したくなっていた。組織改革なしに、開発工程の革新なしに、イノベーションはない――こう考えていけばそれなりに本概念の意義もありそうかも。でも自分の感覚では、儲けに励む企業にそんな高尚な組織文化を求めるなんてお門違い、という見方のほうが今のところ勝っているようだ。

コトバの意味・定義の面において、「イノベーション」周辺は、まことぐちゃぐちゃというしかないようだった。未整理で超・カオスなる世界……。なんと、アカデミーらしさの乏しい感覚の漂う空間であることか。

その主因は……。研究人として、こんな多岐なるコトバ、安易に使うからだよ！

B 「イノベーション開発工程研究」は現実的タスクであるか

アレレ、独断の極みで、今勝手に〝イノベーション開発（創出）工程研究〟という幻想的(?)タスクを、さもチャレンジして意味ある課題であるかのごとくにとりあえずでっち上げ(?)てしまったようであった（本項のタイトル参照）。開発工程が考えられるということはイノベーションの創出は体系化可能、ということになりかねない。それで果して良いのか（良いわけ、ないだろ）。

池田信夫（上武大学教授）は、「イノベーションは突然変異である」（『イノベーションとは何か』）と明言する。突然変異なるものを、意図して計画的に引き起こす話になってしまう。普通、突然変異は偶発的だからこそ、そんな名称がついたのだろう。この言葉は、個性につながる好ましき語彙だとは日頃から思っている。しかし……。

〝突然変異？　そんな非科学的な言葉どまりで、済まさないで下さいね〟

一方で池田（２０１１）は、「イノベーションの本質はフレーミングだが、何がよいフレームかを決める論理はない」とも言う。率直な表現だと感じた。フレーミングなら、ロジカルな構造をもつはずだから、〝何がよいフレームか〟を決める論理に接近することは不可能ではあるまい。

池田（２０１１）はそんな中、悩みながらも（と自分は感じていた）「大域的に最適なプラットフォームを選ぶアルゴリズムは存在しないが、進化によって望ましい均衡を実現する制度設計は可能である」（『イノベーションとは何か』）と締めくくった。

〝進化によって望ましい均衡を実現する〟という、微妙でストレートには頭に入ってきづらい表現ではあるのだが、なんとなく頷いても大丈夫と思える程には説得力がある。学者でも研究者でもない自分には、若干折伏された感が残り、その具体的イメージはまったく浮かんでこないが、実務家としてなぜかホッとした想いは生じていた。専門の研究者のひとりが〝制度設計は可能〟と言ってくれているのだ、可能と考えてもよいのかもしれない……。

どの企業もイノベーションを興したい、イノベーション創出につながる具体的で実際的な開発工程を自社の中で制度設計したがっている。企業にとっては概念的に抽象度が高すぎるきらいがあり、たとえそこそこに整理できたとしてもすぐにカネにはなりそうもないことは、十分承知していた。おそらく実戦にすぐさま使うというわけにはいかない代物になるだろう。でも挑戦してみれば、その中味はきっと興味津々なものばかり？　やっと良書に出会えた気がしていた。しかし結局、本概念の全容（正体？）は、存外に見えてこないままだ。

ＩＥの開発に従事した元マイクロソフトのスコット・バークンが著した『イノベーションの神話』によれば、あのスティーブ・ジョブズ（アップル）が〝あなたはどのようにイノベーションを体系化したのですか？〟と尋ねられた時、それに対する彼の答えは、〝そんなことはしちゃだめだ〟というものだったという。矛盾しているようだが、池田（２０１１）の〝制度設計は可能〟という主張を聞いたときと同じくらい、嬉しい気持になった。〝体系化しちゃあだめ〟という科白も素直に聞けるのだ。実にへそ曲がりの概念である。

そのココロは何か。誰でもイノベーションの管理を試みようとしたり、新しいアイデアのリスク管理戦略を実行するための体系的手法に取り組もうとしたりしているのかもしれないが、イノベーションに内在しているファクターの数のあまりの多さと、環境の違いによってそれらのファクターの偏相関値（重相関係数／重み／ウエイト）が多様に変化してしまうことが推測されるがゆえに、使ってうまく行く確率として〝体系〟とはとても呼べない低確率の体系化に止まらざるをえない現実があるから、ということなのだろうか。

〝体系化〟というとき、ひとはスミからスミまでリジッドにロジカルさで磨き上げようとする。ジョブズはそんなリジッドな体系化がイノベーションにふさわしくないと考えたのではなかろうか。決して体系化のすべてが不要と思ったわけではあるまい、とはピンときていた。〝ルーズフィット〟な体系、体系化されたと呼ぶには逡巡してしまうレベルの体系、であれば大丈夫なのだと感じたのだった。でも、〝ルーズフィットな体系〟って、何だ？

体系化しないということは、裏を返せば〝試行錯誤を繰り返し続けることを容認する〟ということ、つまりムダが出ることを放置することと同じだ。そんな企業は、企業たりえない。また、成功想定確率50パーセント未満にとどまる体系など、とてもビジネスでは使えない代物だ。〝体系化〟に代わる、イノベーションにふさわしい言葉を探さなければなるまい。

瞬間浮かんだ。「イノベーションを生む組織」と「暗黙知を生む組織」は同じように見えてあまり重ならない。後者は学として科学的に詰められそうだが、前者はそうは簡単にいきそうもない。前者はもう一段階止揚する？

真面目に考えていくと、いろいろ、難しいようである。

スコット・バークン（2007）は鋭くかつ丁寧に、イノベーションが直面する難関を八つに類型化して提示する――①アイデアの発見②解決策（アイデアの実現策）の探求③スポンサーと資金の調達④大量生産／スケーラビリティの問題⑤潜在顧客へのアプローチ手法⑥競争相手の打倒⑦タイミング⑧足下を明るくしておくこと。

フーン、なるほど。体系らしくなってきた。この八つなら、自分の整理した「従来のモノづくり工程」（自分は〝JIRO流新製品開発工程六段階〟と呼んでいる Fig.4参照）にも重ね合わせることができそうだ。いや、変に従来型と混ぜ合わせないほうがいいのかな。少なくとも、イノベーションの創出にまではいけなくても、イノベーションの管理ならできそうな気がしていた。

しかし、〝イノベーションの管理〟とは〝イノベーションを創出しようと進めていく中で、意図した方向に向かっているかを管理する〟ということなのだろうが、果してイノベーションをつくるということは、走り出す前に〝イノベーション創出〟を目的化して進めることなのか、それともイノベーション創出確率がより高くなりそうな開発工程をつくった上で事業・商品の開発を進め、結果として進めたプロジェクトのいくつかがイノベーションにつながっていく、ということなのか、どちらなのだろう？

この二者択一の論点を明確にすることが何よりも先なのではないのか。自分には後者のほうが、〝真っ当〟（なぜこの言葉を使ったのか根拠不明なのだが）な気がしてならない。前者の選択は〝嘘っぽい〟のだ。イノベーションって、狙って手中に収められる代物とは、とても思えない。狙って手に入るものは、イノベーションとは呼ばないし、また呼べないはず。

一方、もう一人のオーソドキシー伊丹敬之（一橋大学名誉教授）は『イノベーションを興す』の中で、〝イノベーショ

Fig.4　カレントマーケティングにおける従来の「モノ」づくり工程(by JIRO)

アイデア開発	1新製品アイデア・ゼネレーション段階 ● 開発フレームの設定／潜在ニーズ分析／アイデア発想 ● アイデア・スクリーニングとその優先度判定

新製品個別開発（ニュー・プロダクト・ステージ）	2製品開発段階(プロダクト・コンセプト&プロトタイプ開発) ● 製品コンセプト構築・評価 ● 試作品(プロトタイプ)開発→最終形へ(by CLT&HUT)
	3商品化段階(製品の衣裳装備) ● アドコンセプト構築・評価 ● パッケージング／ネーミング／チャネル／価格／広告・SP(販促)設定
	4テスト・マーケティング&販売見込値算出段階 ● 実験販売／テストマーケット／販売見込値算出 ● 市場導入戦略立案・策定／販売予測
	5市場参入直後段階(直後3ヶ月〜半年位:ケースバイケース) ● 計画と実浸透状況照合・チェック&戦略見直し ● 発売後の修正販売予測

市場参入後の対応（イグジスティング・ステージ）	6既存商品販売段階 ●P&O分析／浸透状況トラッキング(wave study) ●各年度戦略・戦術評価&マニュアル・プラン ●製品廃棄・再活性化戦略

NOTE：筆者はすでに「心の開発」を新たに標榜し、別途それに則した「心の開発」工程を提議している
出典：『現代マーケティング解体考――真正・商品論序説一物の「心」様相 顕現』
（香下堅次郎　三省堂書店／創英社　2021）Fig.21(P430)から筆者(JIRO)の経験に基づく整理

ンの三段階プロセス〟として、①筋のいい技術を育てる②市場への出口を作る③社会を動かす、とシンプルな三ステップを提示している。巧みな言い方だ。社会を動かして（第③ステップ）初めて感動のイノベーションが生まれるという。スコット・バークン（２００７）の⑤潜在顧客へのアプローチ手法＋⑥競争相手の打倒、そして伊丹敬之の②市場への出口を作る、は正にマーケティングそのものであり、またコミュニケーションの領域も含んでいるようだ。

〝スコット・バークンの⑤・⑥＋伊丹敬之の②〟の部分が従来のマーケティング業務そのものなら、恩藏直人（１９９５）が提案する「探索型商品開発工程」や「ＪＩＲＯ流新製品開発工程六段階」（Fig.4）などがその部分に当てはまってきても、少しもおかしくないだろう。

全体的にはおそらくは「探索型商品開発工程」（恩藏１９９５）のほうが適合度はより高くなりそうな気はするのだが、「探索型」の業務ステップ最終型がまだ具体的にクリアに見えてこない段階では「調査依存型」をとりあえずのゆるい金型に用いることも実践的であり一法といえるのかもしれない……。

ここまで考えてきて、今までの思索ループまでのところで１回、大胆に仮説化を試みてみよう、と力んでみることにした。マイ・ハイポセシス・ドラフト・ワンである。

スコット・バークンの難関八類型を見据える徹底考究の先にイノベーション創出プロセス像を描こうという命題は、「ルーズフィットな工程体系」（本当は「体系」という言葉を何か別の表現に換えたい）としてある程度まで見えてこないか。ルーズフィットなレベルであれば、この像のクリアな描写は、十分有意義な研究対象になり得るのではないか。実現が可能と感じられる程度にクリアに描写できるのであれば、企業も強く求めてきてよいはずのタスクにはなるかな。その構築骨子のラフ・スケルトンは、〔スコット・バークンのイノベーションの難関八類型〕×〔伊丹敬之のイノベーション三段階プロセス〕×〔恩藏直人の探索型商品開発工程の考え方〕から構成したい。

これら三次元骨子からの研究・洞察の先に、業界が待望し実務に役立つ「イノベーション開発工程研究」のひとつの仮想解（draft）が、もしあるとするならば見えてくるかもしれぬ、ととりあえずは考えてみるか。

ここから先の本格詳細具体化部分は、クライアントを付けて金をとる形でやりたいものだ、とつい色気を出してしまっていた。はい、一口三千万円です。

C　工程の改善程度で「イノベーション創出確率」向上は目指せるのか

まだ抽象度は高いようだが、ひとつの仮説らしきものが描けそうな気がして、ホッとした感もなくはない。と同時に、やっぱり変だな、違うんじゃないか、といった落ち着かなさも胸中に広がる。毎度のことなのだ。病気だな、これは。落ち着かなさの因はどこにあるのか……。

〝やはり「イノベーションを創出できる独自のプロセス」などあるはずがない、あってはおかしい。野中郁次郎のように「イノベーションを創発可能な組織」であれば、まだわからないでもない。イノベーションはハンパでないビッグホームラン、常識はずれの大当たり。そのような奇跡を手順通りに開発していく業務プロセスなど夢物語のはず。なのに、企業は皆、切羽詰まった状況の中、苦しまぎれにあるいは助けを求めるかのように、イノベーション現象をコンスタントに生起させようとムダに近い努力を続ける。其処に、いかにもお宝であるかのごとくにオリジナル・テンプレートをぶらつかせて纏わりつくコンサルファームの野合……こんな構図がすぐに浮かぶ。そんな大事が、いかにも在りそうにまた出来そうに見えてくるのは情報ベンチャーたちの見事に弱みを突いたセールストークゆえであろうか、それとも企業家の心の弱さゆえ、なのだろうか〟

　実に虫のよい命題ではという自覚に苛まれる。どうしよう。じゃあ、今までの洞察や思索ループは、すべて水泡に帰し、没にするのか。熟考の末、次のような見解を途中下車駅としてとりあえず導き出していた。

〝イノベーション開発（創出）プロセスなんて、ない。たとえば、恩藏（１９９５）のいう〈探索型商品開発工程〉の急所に当たるいろいろな個所（業務プロセスの中の）に、イノベーションにつながる仕掛けを地雷のように埋め込むだけのこと。ある時いろいろな偶然が重なって、その地雷が大爆発することもある、ということだ〟

イノベーションにつながる仕掛けとは、ＩＴ武装だったり、ビッグデータ解析だったり、アイデア創出・評価スキルだったり、新たなデジタルマーケティング・スキルだったり、組織のありようだったり、ターゲティングの工夫だったり、新たな社会ムーブメントを生みやすい新コミュニケーション手法だったり、果ては意思決定用ＡＩロボットだったり……まだこんな考え方のほうが落ち着けるかも、などと自問自答を繰り返していた。

〝幻想的タスク〟のようなので、未完成レベルのマイ・ハイポセシスを恥ずかしがらずに、もうひとつ――

〝イノベーション創出工程を模索する上では、アプリオリに「イノベーション創出をゴールとする工程をつくる」という直接的目標設定は避ける。イノベーションがつくれるかそれとも何もないかといったオール・オア・ナッシングの博打のごとき業務工程は、社会に役立とうとするオーソドキシー企業にはふさわしくない。新製品・新事業といった newness を市場そして社会に持ち込もうとする点では通常の商品・事業開発と近似した業務プロセスになる。まず、「通常の商品開発工程」を、今までのマーケティング研究成果をフル活用しながら、「イノベーション創出確率」を上げる方向に精一杯改善していくことを出発点と考えたい〟

　ひとはイノベーションを考える時、〝従来型の改善ではおぼつかない、もっと大胆に革新的に〟というかもしれない。ところが、おっと、どっこい。ビジネスは、ゲームでも賭け事でも、まして手品を楽しむことでもない。従来型といわれる工程の中には、スコット・バークンの難関八類型も、伊丹敬之のイノベーションの三段階プロセスも、その大半はキッチリ入っているし、新たに入れ込む合理性を受け入れる寛容度も、十分存在していると考えたい。

自分は、イノベーション創出において核となってくるのは、アイデアの創出およびその評価のスキルだと感じている。〝アイデアの商品化〟（厳密には〝コンセプト化〟を経て）という工程は、今までマーケティングで試行錯誤してある程度手に入れてきた（従来型といわれる）商品開発工程と近似してきておかしくはない。この部分に該当する〝従来の工程部分〟をイノベーション創出確率向上の視点から徹底して見直す。その際は、妥協は許さないくらいの強い信念が必須だろう。

具体的には〝従来の工程部分〟の中ではまだまだ十分でないと思われる個所——たとえばアイデア創出・評価・実現スキルなど——の一層のブラッシュアップ、そのために望まれる組織メカニズムの確立、将来ビジョンとつながるイノベーションの戦略分野の具体的特定、さらには開発されたものごと（現象）の社会的爆発の仕掛け、などを工程として新たに組み込んでいくのだろう。

このプロセス部分については、確か『イノベーション・カンパニー』の中に、「イノベーション・マネジメントの体系」（それは〈イノベーション環境〉〈イノベーション創出プロセス〉〈イノベーション・スキル開発〉の三つからなるという）、「イノベーション創出プロセス」（それは〈戦略分野の特定〉〈アイデア創出〉〈商品化〉の三つからなるという）として緻密かつ丁寧に説明されていたような記憶がある（それぞれの内容は長くなりそうなので詳細の紹介は割愛した。許せ）。

蛇足ながら、この三つだけでは大きな要素が一つ足りない。それはイグジスティング工程（市場参入直後およびそれ以降の販売段階）における「社会的爆発戦略の策定」だろう、ととりあえず見透している。

マイ・ハイポセシスを今一歩踏み込んで、そこに見えてくる「イノベーション開発工程となる可能性を高く内包する仮説的新工程」のひとつの解とは、どんなイメージになるのか。思いつくままアトランダムに、そのイメージ断片を論（あげつら）ってみる。

・アイデアの創出やそれに伴う応用技術開発などは、当然ながら工程のスタート部分に位置づけられてくるのだろう。この作業の前に、戦略分野の特定や従来価値のスライドの方向性が確認されてしかるべきか。

・新製品・サービスのプロダクト・ディベロプメントとマーケティング・ディベロプメントは、恩藏（1995）の言う重複型・ラグビー型・短縮連鎖型などの形を選択していくなかでミックスされていくことが想定されるが、可能であれば基本、恩藏（1995）が仮説的に提示する「探索型工程」の中で進められれば望ましい。時代的には、プロダクト・ディベロプメントよりマーケティング・コンセプト（アドコンセプト）開発がウェイトを占めてくることが想定される。

・伊丹（２００９）の言う〝市場の出口を作る〟というパートおよびスコット・バークン（２００７）の⑤・⑥〝潜在顧客へのアプローチ手法&競合戦略〟のステージは、マーケティング・ディベロプメントの後半部分プラス市場導入戦略立案（含むテスト・マーケティング）の工程と合致してくる部分が多くなると推察する。

・従来型商品開発工程と一番異なってくるのはイグジスティング・ステージ（ＪＩＲＯ流新製品開発工程の第六工程）だろう。市場参入直後の半年位の間に導入新製品を早期改善すべく、実測データ入手・観察期間として位置づけることと並行して、発売直後を第二のスタートとしたさらなる当該製品の進化を深める第二段階の本格開発（二段ロケットの二段目の発射のような）が意図的に進行していく形で、イグジスティング・ステージの業務構造を考察・再構築していかねばならないと思っている。

開発工程はまさに二段ロケット方式となり、従来のイグジスティング（既存商品販売段階）は、イグジスティングとしてということではなく、継続する開発ver.2として、その活動内容をスライドしていかねばならないと考える。

つまりその活動とは、完成品（市場導入した段階の新製品）のリアルな市場参入後に必要性を迫られた見落としポイントの改編であったり、また他の新規参入など競合状況の変化による戦略改編といった従来までのイグジスティングにみられた〝改善的手の打ち方〟ではなく、市場参入直後の自社新製品をvers.1と見なし、市場参入によって顕在したリアルなユーザーの生の使用感覚をベースとするその製品価値の市場や時代への適合性についての精緻なる照合分析の継続から、自ら意図して刻一刻とvers.2-vers.nへとその提供価値を進化させていく工程、と見なすこと、なのである。市場参入後を単に販売段階と見なさずに、第二・第三の介達段階と捉えなおすのである。それは、今在るものを維持・改善するのではなく、商品寿命のある限り永遠に継続して開発を続ける〝終わりのない工程〟として対応する施策を生み出すこと、といえるのかもしれない。こうした「度重なる再考・再編成」の結果がイノベーション開発度を高めると考えたい。そしてそれらの上に、次なる新しき戦略工夫を重ねていくのだ。

・これら開発工程の流れを横軸とすれば、縦軸として、工程のフローと無関係に〝イノベーション創出インフラストラクチュア〟なる新しい軸を設定したい。それは、①イノベーションのための環境整理や障害排除に関わる業務②イノベーション創出支援スキル開発業務③ソーシャル・ムーブメント発信のための研究業務そして④組織・体制の〝知識創造企業化〟などが含まれ、日々進化されていく新たなベクトル（インフラベクトルと呼ぶべきか）として企業総体として並行強化されていかねばならない。このインフラベクトルの並行なしにはイノベーション創出確率は上がらない、とみたい。

従来のモノづくり工程すなわち〝JIRO流新製品開発六段階〟（Fig.4参照）に準じて語れば、こんな感じになろうか。さらにさらに、しつこく工夫を重ね、微細に詰めていかねばなるまい。

ともかく、つい安易に使いたくなってしまう「イノベーション」という曖昧模糊なる言葉は、世の多様な思惟プロセスにやたら交ざり込み、思惟を複雑化したりあるいは訳のわからない世界を拡散する現代の害虫といった側面もあるようだった。マサチューセッツ工科大学（MIT）のエリック・フォン・ヒッペル教授の表現である「イノベーションの民主化」（ユーザーによる草の根のような創造性も、非常に大勢の人がちょっとずつ実施している活動を総計すると、想像を絶するほどの力になることがある、といったユーザーイノベーションの意外な広がりのことを指すらしい）に関する現代的ディスカッションには、自分はまだついていけていない（『イノベーションの誤解』鷲田祐一　日本経済新聞出版社2015より一部引用）。どちらかといえば、もう勘弁してくれ、といった受けとめ方なのである。

イノベーションという概念が示す現象の骨格は、ユーザー発想に基づくものであっても、その兆しにキチンと開発側の顕微鏡つまりは科学的眼鏡を当てないと本格創出云々までには至らない、ユーザーの気づきの前提には大半の場合開発側や社会が提供する科学技術の存在がある、ユーザーによるイノベーションに見えて実はユーザーが示した一つの〝（あくまで）兆し〟を重用して拡張したタイプのイノベーション現象、だと捉えたい。したがって、「民主化」という言葉は使いたくないなあ、というのが目下の正直な受容態度のようであった。みんな、本当にいろいろ、言うんだよなあ。この言葉の動く思惟の陣地、あまり多様になってほしくないなあ、とつい感じてしまうこの頃なのだ。

仮に新技術のウエイトがニアリー0パーセントのイノベーションであるなら、従来型商品開発の工程やBPR概念の適用などで十分だろうし、用途開発などはすでにアドコンセプト探索時の基本項目なのだ。イノベーションはたとえ基礎技術でなくデザイン技術レベルであっても技術のnewnessが0であるはずがない、などと強く内々呟くのだった。

詰めていけばいくほど、あまり使いたくなくなる概念(?)のようであった。とはいえ、これからも頑固にならず、偏屈さを最小に抑えて学ぼうと思う。

それにしても、この概念(?)については、みんな好きなこと、勝手に言ってくれているよなあ。それを〝どさくさまぎれに〟と世間では言うそうだよ。

「イノベーション」概念内を飛び交う〝煌めきのサブ概念〟たち

「イノベーション」という言葉には蠱惑性のような負の何

かを感じながら、その一方で何か煌めきがある。凄そうな、めくるめく、そして眩しいものも、感じていた。だから、皆つい使いたがる。つい期待する。その曖昧模糊性は理解していながら使ってしまうのだ。要するに、普通でない言葉なのだろう。

だからこそこの概念の中では、煌めくサブ概念が育ちやすい。尋常でないサブ的存在にとって棲みやすい空間のようなのだ。それゆえに、この言葉が存在するだけで人の思考や創造の世界に貢献しているようにも思えてくる。羨ましい言葉だと思う。ただ煌めく分、曖昧模糊性も高まるのかも？

ちょっと考えただけでも「暗黙知」「アート」「審美」「フロネシス」などが連想されてくる。魅力的なこ奴らの飛び交うさまもしばしウォッチしてみたい。そのことがイノベーションの本質に迫るための一助になるやもしれぬと、淡い期待を抱いた次第。これらの煌めきコトバを多用すれば、普通は〝美化されちゃう〟といった厭味なニュアンス発揚の危惧が生じるのだが…心配だなあ。大丈夫かなあ。それにしても本概念には、勿体ない言葉たちだよなあ。

A　本概念が希求してやまない「超サイエンス」部分とは

まずは叡智の誰かが熱心に語っていた〝「超サイエンス」部分〟という、訳のわからない文言について、触れていきたい。サイエンスを超えるって何？

そろそろこの概念についての議論を締めくくりたいものだと思っていたら、いつもの納まりのわるい不均衡感が脳を覆った。少し、チクチクする……。まこと、おのれの粘着質な性格にあきれるばかり。その原因は、どうも理詰めすぎる感触が残り、気になって仕方がないのである。

そんな想いの中、今一度ブックオフ・オンラインで「イノベーション」をキーワードにして検索した参考文献のさらなる乱読を進めた。そして、〝あれ、これ、まだ読んでいない？〟と眼を留めたのが、またまた野中郁次郎。深く掘り下げている人にはとてもかなわない、と再び実感せざるをえない貴重な遭遇だった。その貴重な文言は『イノベーションの実践理論』（白桃書房　２００６）の巻頭〝はじめに〟の中にあった。読んでみて自分の思っていたこと言いたかったこと言いたくてもうまく言えなかったことはこのことだ、と瞬間感じ、と同時に、

〝実にそうだとは感じるのだが、マーケティングの現場やクライアント組織の中にそれらを当てはめて確認を図ろうとするとき、何をどう確認してよいのか、どう役立てればよいのかまるで見当もつかない。これ、ひょっとしてただのお話のレベルジャン。研究びとならそれで一つの区切りになるのかもしれないが、現場の実務家はそのレベルでは一銭にもならないんだよ〟

と声を上げたくなるような無聊陰鬱状況に立ち至ってしまった。困ったものである。この偏屈者！　順に、一つひとつ見ていこう。

「イノベーションの理論は、理論であるけれど、実践的でなければならない」

↓〔ジロ〕どこまでも実践的(!)なんだ。そうでなきゃあ……なあ。

「今日の社会科学は『科学化』が強調されすぎて、マネジメントの理論は、ますます、実体のない空虚な形式論理と実証研究に傾斜しつつある」

↓〔ジロ〕まこと、そう実感する。形式論理&実証研究止まりを完全否定。反論を恐れぬ大胆さ!

「実践には、人間の主観が主要な役割を果たすと思っている。(中略)ぎりぎりまで、主観を理論に取り込みたい」

↓〔ジロ〕主観を理論にエンベデッド⁉ そんなこと、可能なの?

「イノベーションは、非常に多様で、混沌としているが、研究者たちは、その中に何らかの一般的な傾向を見出して、理論化しようと努めてきた。そうすることで、多くの実務家に気づきを与えることができる」

↓〔ジロ〕「気づき」は確かに発信できよう。ただ、研究は「気づき」を発信することが第一義ではないはず。「気づき」のレベルはどこまでいっても「気づき」にとどまる。肝要なるは「一般化・普遍化・ユニバーサル化」。でもそれらとイノベーションは相性がわるそう。

「イノベーションをサイエンスにしようとする試みは価値があるし、大いに勧められるべきである。しかし、イノベーションは、サイエンスであると同時にアートだ。現在は企業の現場もまたサイエンス志向になっているように思われる」

↓〔ジロ〕〝アート〟⁉ また出た。正統な〈研究者〉が言って始めて意味をもつ言葉なのだろうし、アドマンの言葉でないからこそ本質的な意味が伝わる可能性は高くなる。しかし実務家は、その先の〝本質的な意味を語るコトバ〟を待ち侘びている。

「本当に優れたイノベーションの実践は、サイエンスとアートのバランスから生まれるのだと思う。ロジックを使いながら、ロジックを否定できる知恵がないと、分析麻痺症候群に陥ってしまう」

↓〔ジロ〕〝ロジックを使いながらロジックを否定〟! 核心に迫る迫力だが、〝サイエンスとアートのバランス〟などという言い回しは、ストラテジストやアドマンが使い古したもの。研究者には別の表現を探してほしい、かな。せめて〝伝えたい「アート」の意味〟ぐらい徹底してご説明願いたい。イノベーションを求めている場は、なにせ実利を必死に追う埃塗れの血塗られた現場なのだから。

「合理的な計算が出来ない状況の中でなされるすぐれた判断(中略)それがアートだ」

↓〔ジロ〕アートって、判断⁉ お願い! 綺麗に納めないで。

「サイエンスとアートは相互補完の関係にある。（中略）これらの間のバランスをどう取るかが、イノベーションのマネジメントに必要なのである」

➡［ジロ］サイエンスとアートのバランス？　やっぱり、ここに帰結するのか。でもそんなの、簡単にわかるか。ユーザーは企業人だよ。

（『イノベーションの実践理論』）

相変わらず、発想が全体として若々しい。マネジメントや財、利といった俗の中で、フィロソフィのアロマが漂う。アロマだから多少？（かなり、と迷った）甘いが、それでいて、品格を感じ疎外感を感じさせないのは、なぜか。

これまでの自分のイノベーションに対する洞察は、野中流にいえばサイエンスの匂いはチョッピリするが、まるでアートがないように思えた。ビッグデータのブームも、データサイエンティストの跋扈も、サイエンスの極みだ。確かに「アート化」なる類の何かが必要なのだ。それは、実に納得できる。では、〈自分の仮説をアート化する〉って、どういうこと？　どう考えればいい？　さらに、〝ロジックを使いながらロジックを否定できる知恵〟って、何だ。中味はロジカルさを尊びながらロジカルなトーン＆マナーを出し過ぎないようにしろといっているのか。でもわれは結局〝アート削除派〟に立つだろう。

〝アートって、ニーズという言語に似て、曖昧すぎるよなあ。（繰り返しになるが）これらの言葉を使わずに説明してほしいよなあ〟

つまるところ「超サイエンス」部分って、アートのことなの？　それともサイエンスとアートの絶妙なバランスのこと？　迷妄が、じわじわとしのび寄る。

彼独特の言い回しになんとなく賛同したくなってしまうから、余計に参るのだ。多分、暗黙知やＳＥＣＩモデルをロジカルに追究した彼が「アート」と使うから、アドマンの言い回しにならずに彼独特の品格を滲ませてくるのだ、と読んだ。だから真面目に解釈を深めようとついしてしまう。結果、辛くなる。

さらに踏み込んで言えば、これ程に〝参る〟気持ちで一杯なのに、現場の苛立った雄叫びが聞こえてきそうになる。まったく困ってしまう。これだから「イノベーション」というテーマとの対峙は、疲れ果てるのだ。

野中と勝見明共著の『イノベーションの作法』の「終章・知識を知恵化する」がさらに自分に畳みかけてきた。それは次のような明快な言葉たちの群れであった。

「マネジメントとは、本来『クラフト（＝経験）』『アート（＝直観）』『サイエンス（＝分析）』の三つを適度にブレンドしたものでなければならない。サイエンスに偏りすぎたマネジメント教育は、官僚的な『計算型』のマネジメントを育みがちだ〈カナダ・マギル大学教授ヘンリー・ミンツバーグ〉」

「経営コンサルタントなどから、新しい思考法として提起されている仮説思考は、基本的には市場や顧客を外側から見る客観的で論理分析的なアプローチの域から出ていない」

「論理分析は誰が考えても同じ展開になるため、他社も同じような分析的仮説を導き出し、差別化がなくなってしまうのだ」

「イノベーターが生み出す仮説とは、客体と一体化して顧客の目線に入り込み、市場を内側から見たときに直観的に浮かびあがるものである」

（『イノベーションの作法』）

そうなんだ。この一連の指摘は、まるで自分の日常のマーケティング業務に対するシビアな叱咤に聞こえた。野中・勝見（2007）は、誰よりも企業活動やマーケティングの現場における実証中心・テクニカル中心・データ中心のアプローチへの偏向に大きな危惧を感じとっている気がする。実証って何だ、データドリブンって何だ、本当にわかっているのかこれらの本質を、と問いかけてくる。だからこそ伝えたかった返すコトバが〈アート〉になったのだろう。おれらには、アートが足りない？　わかりにくいが直観で、これ正解、と受けとめた。そう、〝そうですね、わかりました〟と返すしか、ないようであった。その叱咤の声音から、私の最初の勤め先（100パーセント外資）における直属外国人上司マーケティングディレクター（米テキサス生まれの髭もじゃな大男。私のマーケティングの師匠）を思い出していた。とはいえ、納得するだけで、現場でこれらの叱咤にどう答えていけばよいのか、その具体的な姿はまるで見えてこない。これでは、野中・勝見（2007）を現場に連れてくるしかないではないか。野中・勝見（2007）は、数学者藤原正彦の『国家の品格』（新潮新書　2005）をも引用し、

「藤原氏は、〝どんな論理であれ、論理的に正しいからといってそれを徹底させていくと、人間社会はほぼ必然的に破綻に至ります〟と述べ、その理由を四つ挙げている」

「（その理由）①論理を通してみても、それが本質をついているかどうか判定できない➡（したがって）人間の論理や理性には限界がある②人間にとって最も重要なことの多くが論理的には説明できない（人を殺してはいけないこととか）③論理には出発点が必要であり、その出発点を生み出すのは論理ではなく、〝情緒〟や〝形〟（以下略）」

（『国家の品格』より野中・勝見〈2007〉が引用）

二人して、〝論理というものの人間にとっての脆弱さ〟を確認し合っている。こんな引用をする野中（2007）が面白い。でもマーケティングは科学（のはず）だしなあ。ましてイノベーション議論の中でそう言われてもなあ。

「藤原氏がいう人間の〝総合力〟としての情緒とは、多様な経験を積む中で蓄積された、何が真であり、何が善であ

り、何が美であるかを直観的に判断する『暗黙知』にほかならない」と藤原氏との共鳴部分を吐露するのだ。

ここに到って、テーマは「イノベーション」から離れ、もっと大切で重要な「これからの企業活動・マーケティングのあり方」に及んでいると解釈すべきか。野中郁次郎は単に「イノベーションの研究家」と見るべきでは決してなく、もっとラージスケールな範疇に属する人、と考えるべきなのだろう〈組織内暗黙知研究家?〉。

ここに到って、イノベーションには、非論理の〈アート〉的サムシングは必須、ということまでは明確になったが、さて、その〈アート〉の何たるかまでは、まだクリアにされていない。私の迷妄は増幅するばかり。このくだり、アートとはほど遠い人間には、あまり突っ込みたくない思索であった。

それにしても、組織に代表される集合知のプロフェッショナル・野中にとっての「イノベーション」なる言葉は、〝必須〟とか〝重要〟とかいう感じよりも、真摯さとゆとりの隙間から匂い立つ〝とりあえずの catchy なまとめコトバ〟の感じに映り始めていた。野中がイノベーション、アート、サイエンス、クラフトなどといったコトバたちを使うとき、美化という危惧は雲散霧消し、本質の概念部分に血が生きいきと通うようだった。凄いひとである。

B 暗黙知? 賢慮? SECIモデル? ますます霧は深まっていく……

「暗黙知」とくれば、SECI(セキ)モデルにも触れざるをえない。

広く知られている概念なので、詳細な引用は割愛するが、SECIモデル〈組織的知識創造の一般的原理〉は四段階から構成されているようだ。以下は『イノベーションの作法』他、野中の複数の書の中に示されている内容を筆者が整理したものである。

①共同化(socialization):直観……個人の暗黙知が組織の暗黙知として共有され、知識創造に向けた場が生成されるイメージ(暗黙知→暗黙知)

②表出化(externalization):対話……暗黙知を言語化し、形式知としてのコンセプトを紡ぎ出すステージ(暗黙知→形式知)

③連結化(combination):体系……場に存在している他の形式知とリンクをはり、その組み合わせにより、一つの知の体系としての新たな形式知をつくり出し、コンセプトを具現化していくステージ(形式知→形式知)

④内面化(internalization):実践……そのコンセプトつまり形式知の実践を通じて、メンバー一人ひとりに新たな暗黙知を吸収させ、血肉化させていくステージ(形式知

→暗黙知）

この四ステージの継時的でスパイラルなループ（①→②→③→④→①…）を通じて、新たで高質な知が生み出されていく、と彼は整理している。彼の近年の語り口は、このSECIモデルが原点のように思えた。興味深いのは、スタート時点が場（組織）のリーダー個人の暗黙知で始まり、とりあえずの最終ステージが、場の中に血肉化された暗黙知が存在している状態で終わることだ。

論理中心の存在である「科学」は、②・③のステージでは力を発揮するが①・④ではどうか……と伝えたいのか。知のループの出発点となるたぶんビジョン――〝自分たちは何のために存在するのか〟――から導き出されたそれは、ある意味イノベイティブなリーダーの主観ともいえる個人の暗黙知――それが④でさらに高質化し組織の暗黙知に醸成される。イノベーションの原動力となる喜怒哀楽の感情の知も、暗黙知により深みを増すという。

こんな理解でいいのだろうか。いや、ちょっと、待て。

①の段階に存在するはずの「暗黙知」に関して、その存在が有りであるということをどう確認すればよいのか。個人レベルから組織に共有されるということは、どういう組織の状態が表出されてくることになるのか。①に存在する「暗黙知」と④に存在する「暗黙知」の質・レベルには違いがありそうな気もするが、「暗黙知」にも異なるレベル・次元が存在するのか。

ともかく現場感覚で概念を捉え直そうとすると、無数の質問が飛び出してくる。若造である自分クラスが、あの有名なSECIモデルについて、グダグダ言うんじゃない……よな。今少し、黙って先に進もうと思う。

この知の生成モデルのスパイラルなループの、高質で高みに存在する知が、イノベーションを生み、それは〝イノベーションの源〟と見なされるのか？　とすれば、イノベーションは場（組織）や人（リーダー）の暗黙知が極まったその先に存在するということと同義とみてよいか？　さらには、暗黙知のスパイラルなループが〝自分たちは何のために存在するのか〟といったアイデンティティの認識から始まるのであれば、リーダー個人の主観などに依存せずに事前に皆でそのコンセプトを創ればいいのではないか、また組織内にどの程度、どの種の暗黙知がどのようなかたちでどの程度充填されれば「イノベーション生起」状態に至れるのか……。そんな数量的インデックスが現場には当然欲しくなる。これだけの奥深い仮説、現場に反映させねば勿体ないと考えるべきか。またそう考えた場合〝場とリーダーの高質な暗黙知にすべて帰結する〟というあまりにも当然な結論に至ってしまうのだが、これでは面白くなかろう。

またまた、難課題そのものであることを実感する。結論はまるで見えない。もういい加減にして、などとぼやきたくなる気分だ。

つまり、高質な暗黙知をもつ人あるいはもつ可能性の高い人にプロジェクトリーダーをお願いし、その組織は高質な暗黙知が血肉化していける場であることがイノベーション生起の前提となるということなのかな？　換言すれば「組織」を高質な暗黙知が血肉化していける場に転回・変態せしめてこそ「イノベーション」らしき現象を生みうる、ということになる？　そりゃあ、そうだろう。当たり前の話、になっちゃった。でもそんなこと、一般企業の中で可能になりうることか。私には夢物語に思える。何か、つまらん。人の育成と組織の革新がイノベーションのエンジンとなってくる……そんな力を有する人と場があってイノベーションが可能になり、その空間は「暗黙知」が血肉化していける場である、と言われてしまえば、否定のしようもない。

この展開、現場感覚でシビアに見れば、すべてを個人のアビリティに帰結しすぎていないか。いや逆に、個人のアビリティとは別個の〝個の集合〟が新たに生み出しうる集団的アビリティ（およびその醸成の方法論）について語ろうとしている？　う〜ん、idealな世界を個別に抜き出して組み合わせ、できあがった人工無機質な〝夢の成体〟に拍手を贈るがごとき理想郷の論理に感じられて仕方がない。鵜呑みにするようには納得しがたいようではある。

〝イノベーションは「人と組織」から独立しては存在しない〟という見解は妥当だしこれだけで凄く新鮮な感じは強くするのだが（と私の脳は揺れている？）。正統なアプローチと感じるだけに仕方のない迷妄であるか？

どこかで、やけに大層な考え方だなあ、といった揶揄も発せられてきそうだった。実は、教育と組織論、ともに自分の好みでない苦手なジャンルなのだ。ともかく、群れることの嫌いな人間には、その類のことを考えること自体避けて通りたいテーマだった。今にも、虫酸が走りそう。

野中御大とあろうものが本気で、こんなに青っぽく、〝人と組織に尽きる〟などという陳腐な帰結を採るわけがない、裏に何かある……。そうこちらも青っぽく考え文献読破を継続する。野中・勝見（２００７）はさらに大胆な洞察を進めていた。ますます、抽象性に溢れ、哲学大接近の態を示してくるのだ。

そして、〝イノベーションに好適の場（組織）〟それは、一口で言ってしまえば、「知と知のリンクの相乗の中で場が対立するパースペクティブを持ちながら深まり、その先にソフトな弁証法による知的対立の統合がみられ、より高い次元へ進んでいこうとする場」だという。言ってくれるよなあ。なんという難解な、現実場面に落としづらい言い回しであることか。そして一方的に〝実践的〟であれ、とも重ねる。そんな場、実際的にどのようにしてつくれというのか。はたまた、どんな場のことを言ってるんだ、わかりゃあしねえ。

また〝イノベーションに好適な人材（リーダー）〟それは端的に言って、「賢慮（フロネシス）のリーダー」だという。今度は明らかに、人間個のアビリティについてである。勝手に、言っていてくれ、という感じか……また難しい。疲れてきた。

このように次から次へと高尚なる概念を畳みかけられると、全体的現場感やそれらを現場の中に息吹かせるための具体的イメージを描こうとする気力すら乏しくなってくるようだった。企業のマーケティング担当者といってもその大半は専門経験3年未満のサラリーマン。大学を出ていないトップも多い。それが通常普通に存在する企業の姿だ。でもそれを言っちゃあ、ideal な世界は、何も語れないことくらいわかってはいるのだが。どこかで現実に使えそうもない理屈を避けたがっている自分が居た。事実は事実だ。

「組織」というものの本質は、語られているごとくたぶん、そういうことなのだろう、たぶんその辺りにあるのだろう。何となくそんな感じは強く受けた。正直、そのレベルの理解の範囲で、われはフリーズした。行き止まり！

普通一般の実務家の一人にすぎぬ自分の限界を、またじっとり感じていた。

諦めずに、もう少し、頑張ってみる。

アリストテレスの「ニコマコス倫理学」において示された知識の三分類のうち、エピスメーテ（科学的知識・認識論的知識を生み出すことに関わる分析的合理性・普遍的一般性志向の〝形式知〟）やテクネ（実用的知識・スキルを生み出す技能・ノウハウで、テクニック、テクノロジーに対応した身体知・経験知などの〝暗黙知〟）よりも、フロネシス（phronesis 賢慮・思慮分別・倫理・実践的知恵や推論など と訳される。妥協を超えたバランス感覚と実行力をもった賢人や達人の知恵という意味合い。これも〝暗黙知〟なのか、それとも何なのだ）を感覚的には自分も好ましく思う、のは同じだ。

じゃあ、フロネシスをもったリーダーって、誰？ どんな人？ どうやって見つけるの？ どうやって育むの？ その奴飲める？ 過去事例の中で出現したリーダーからなら該当者は抽出できるだろうが、現在進行形のこれからスタートするプロジェクトに対して事前に、こんな人材配置をするなんて、どうするの？ すべてが抽象化し実践的でなくなっていく……。何とか、具体化してよ。しばらく一人で、ぶつぶつブツブツ、口の中を動かしつづけていた。

賢人の研究内容説明に、この種の質問を直截に投げかけること自体、次元を無視した魯鈍の行為なのかもしれない。そう反省しながら、知りたさも募るのだった。つまり、現場人間の限界露呈状況亢進、なのである。ご免なさい。

C 野中思惟の冠名は「イノベーション」でなくてもよかった?

一方で、次に挙げる野中・勝見（2007）の言葉の連続の中に、『聖書』を読んだ際に中味から受けるような、どこか微妙なニュアンスの強力な伝達意志を感じていた。それは〝主観に立ち戻れ〟といっているように聞こえた。

「科学的で客観的なマネジメントを行うため、個人の価値観のような主観的側面はノイズとして排除された。科学化や客観的アプローチにより、マネジメントのあり方はどんどん現実から乖離し、本来主体であるはずの人間の存在は希薄になってしまった」

「現代の経営学はサイエンス化を志向した経済学を模倣して、狭義の科学的実証主義に走るか、あるいは概念なきハウツウの氾濫を生み出しつつある」

「ＩＴを活用した知識共有システムは、普遍的なシステムをつくり、それに各企業の仕事のスタイルを合せるため、ただの媒体としての情報の共有は行われても、暗黙知的な部分はどんどん希薄になっていった」

「その結果、仕事の仕方も、ＩＴを使って単に情報を処理していく分析的な手法が支配的になり、個々の主体性が欠如し、傍観者が増えてしまった」

（『イノベーションの作法』）

マネジメントの科学化、あまりの客観重視は、どこかで人間存在との溝を深め、暗黙知削除へと向かう？　わからなくもなかった。ビジネス界への愛をも感じさせるこれらの苦言的トラブルシュートに対しては、〝ズバリその通り〟と、なぜか喝采の声を添えたくなっていた。それは自分の気づきに対しての感謝の表明でもあった。

「知識創造は、それぞれが思索や行動を通して自分のものとなったさまざまな暗黙知を形式知に転換して共有するとともに、表出化された形式知と個々の暗黙知が相互に作用し合い、暗黙知がより豊かになるというスパイラルの中で行われる」――野中・勝見（２００７）流の言い回しではあるが、そうなんだろうと、本当に納得させられてはいた。そして「現場では、特定の空間と、特定の時間と、特定の人間の関係性の中で新たな知が創造される」――そう、この「特定」が鍵なのだ。でも現場が、科学的でありたいがために論理の勝ちすぎる空間になりかねないのは科学者・研究者たちの思惟自体のせい、なんだがなあ。現場には、ここで触れられていない諸雑事・諸気分が一見小さい障害物として無数に散らばっているのだ。理論というものはそんな障害物に負けない耐性を持たせてこそ真の実践理論となる、と日頃から強く感じている。これ、実務家の率直な気持である。野中・勝見（２００７）の結びのことば「生き方を確立していない人間にイノベーションは起こせない」は、とても具体的には開発現場に生かせそうもない抽象度なのに、感動と緊張が己れの背骨を突き抜け『聖書』完読後の清澄な空気が全身を包んでいた。ただちょっとだけ清くありすぎかなあ。

ひとつだけ、実際的に理解しえたことが残った。それは私の宝と思えた。

〝イノベーション創発要素には人、組織そして工程の仕組みの三側面が少なくとも存在している。工程だけ研究吟味しても、イノベーションは生起しない〟

なんとこれ、実に当たり前の指摘じゃあないか。

それにしても、科学化だけじゃない、超サイエンス、それがイノベーションに求められているのだ。だがサイエンスのレベルもＩＴの武装レベルも、ある基本的水準はクリアした上での話であろう。論理的思考とサイエンスの高みで構築された開発プロセスの起点と終点、そしてその間のどこかに適切にエンベデッド（embedded　組込み）された〝フロネシス（賢慮）と高質の暗黙知（embedded Anmoku-chi）〟――そんなプロセスがイノベーションを感動的に創出するというのか。これこそ、前述した野中の「特定」の正体であるか。

　納得しそうになりつつも、すぐまた懐疑も頭をもたげる。これらの考え方を少しでもいかにビジネスの現場に反映していくか、それが難しくまた課題でもあるということなのだろう。この考え方を新しくつくられる創発工程の中へなんとかエンベデッドしなければならないとは思えども、とんでもない難問！

　私は〝ソフトな弁証法で知的対立の統合を〟とか〝賢慮のリーダー〟といった次元の解釈をイノベーション解剖のゴールにはしたくない。企業にとってのマーケティングやイノベーションは〝哲学的(?)〟であることは求められるが、決して「哲学」そのものではないのだ。現場はどこまでもシビアな営利戦場なのだ。具象化へ向けてのさらなるチャレンジが関係者それぞれに確かに求められてはいる。しかし実践的・実際的となすのは簡単ではなさそうだ。困った。

　ただ彼が提示した建設的で人間的なそして見事なまでに鋭利なこれらの概念が生み出してくるはずの成果や数々の好影響を、ベンチャー的経営コンサルタントたちを引き寄せる撒き餌にしてはならない。供給企業の矜持を信じよう。

　今、野中の書を離れるに当たって、彼と私という人間の質（たち）の違いに感じ入っていた。現場の塵芥、さらには忖度と妥協に塗れたわがボディに比して、なんと御大のボディや脳は、清々しいのか、と。当たり前だが不思議であった。

　このような記録集を後日読み返すことはほとんどないのだが、賛同と苛立ちの同居した読後気分が引っかかり、珍しく数ヶ月後に再び目を通した。そして何やらピンという音を聞いた。微かな〝ピンと来た〟が来たのだ。

　〝野中郁次郎は、これからの企業活動の最重要テーマである「イノベーション」というネーミングを借りて、明日の時代に則した企業の望ましいありようを整理し、そのコア要素として〈集合知醸成〉なる具体的目的にフォーカスし、そのエキスを企業家たちにぶつけようとしたのだ。「望ましいありよう」さえ伝えることができれば、具体的な「イノベーション創出」など二の次でよいとどこかで感じ、そう理解していたのでは。それを自分は、直截に実務として「イノベーション開発工程」の中にダイレクトに反映することのみ考えようとした。そんな短絡理解は間違いか。大切なのは「これからの企業のあり方の哲学」だったのだ〟

　こう受けとめた瞬間、即〝苛立ち〟が消えた。「イノベーション」というカンバス上に描かれた野中の動画は、戦国絵巻にみえた。戦いでありスペクタクルだったのだ。彼は現実遊離など一切畏怖せず、ストレートに纏め切った。

　彼には「迎合」なる言語はないのだ。そしてそう、野中にとっては、これらの熱気に溢れた行為の対象はなにも「イノベーション」という呼び名でなくても、よかった？　使いつづけて今更、わざわざ変更するのも面倒で、「イノベーション」を使いつづけた？　単に、わざわざ変更するのが面倒くさかった、だなんて。されど言語「イノベーション」にはなんの拘りも未練もない？　どこか粋じゃあないか。いいなあ、素敵だ。

それにしても、昨今読んで〝勉強した〟と実感できる書は少ない。そんな稀有の文献に数多く触れられて、機嫌はとても良好だった。同じ人の同じテーマの複数の書は、連続して読むに限る、と今回も再認識したのだった。

今、明白に、野中郁次郎の心若き〝熱〟が、われの皮膚を貫いている。

一応、類似概念との違いを確認してみた

此処は、つまらない項になるかもしれぬ。これから取り上げる予定のそれぞれの類似概念に対し、私は何の興味も感じていないから、それは当然の成り行きなのだ。語呂合わせでもあるまいに、インベンション？　リ・インベンション？本当のところ、もういい加減にして、とソッポを向きたい思いもなくはない。でもイノベーションの本質にホンの半歩でも接近するためにはやらないよりはやったほうがと決め打って消極的に本項を立ち上げた。ノリはわるいかもしれぬが、ご勘弁いただきたい。ハイ、八岐大蛇追加編のはじまり〜。

そうそう、類似概念としてここでは取り上げなかった「ブレークスルー」概念にも同様の感じをもったので、後の項で少しは触れようと思っている。

A　インベンション（発明）とはどう違う？

クライアントとして、あるいはサプライヤーの立場でクライアントと共に、気軽に多くの市場創造タイプの新製品に関わってきた。そして昨今、ことあるごとに、新製品・新事業サービスのビッグサクセスタイプである「イノベーション」なるカオス様相を呈する概念を眼前に突きつけられ、マーケティング実務家として結構狼狽状態を露呈する自分を意識していた。

従来の新製品開発とイノベーションの共通項は、新しいモノ・コトの創出とその普及といえる。Newness の社会規模的爆発がイノベーションなら、昔ながらの言葉「発明(invention)」はどう位置づけられ、どう違うのか。それにしてもこの言葉、「イノベーション」と似てるよなあ。どこか少しは参考になるやも、と電子辞書で広辞苑を引く。この小柄なハード、実に便利にできている。

「発明」とは、①物事の正しい道理を知り明らかにすること②新たに物事を考え出すこと③機械・器具類、あるいは方法・技術などをはじめて考案すること④かしこいこと、聡明、怜悧、とある。①・④は初耳だし、普通まあ、②か③なんだろうなあ。でも①の道理を明らかにするって、こんな意味あったんだ。「発明」って、良き言葉なんだなあ。

偶々そんな時、絶版になっていた『発明家たちの思考回路』が改題されて再刊行されたらしい、と伝え聞いた。『発明家に学ぶ発想戦略——イノベーションを導くひらめきとブレークスルー』（エヴァン・I・シュワルツ　翔泳社2013）、帯に「インベンションはイノベーションの要である」と大きく入っている。これも翔泳社刊だが、この出版社の系統だった〝コンセプトあり〟の刊行姿勢には、いつも感心させられる。

著者のシュワルツはクレイトン・クリステンセンが創業したファームの一員のようで、クリステンセンも「発明のプロセスに驚くほど共通性があることが見出された。本書は、分野を問わず、よりクリエイティブな解決を探る発明家の一助となるだろう」と推薦のことばを寄せている。

Newness 開発と「発明」、相互に関係し合っていて当たり前だろう、と即納得した。ひょっとして、大半重なり合っているかもしれない……。

イノベーション研究の流れでインベンション研究を読むと、これがまた変に刺激的で、面白さが増幅する。発明家たちの思考回路の共通項は、イノベーション・プロセスの何処かに組み込まれた地雷の役割を果たすのではないか、これらは野中郁次郎のいう「内在化ステージで組織内に埋め込まれ血肉化した暗黙知」に関わるものではないのか、そんな思考連結が脳裡をよぎり、チョッピリ興奮を覚えたのだった。

エヴァン・I・シュワルツ（2013）は冒頭から結論を明示する——「発明はイノベーションの要である。新しい製品やビジネスモデル、あるいはそのための新会社を発展させ、社会に定着させていくことだ。発明は新しい市場価値を、いや新しい市場そのものを生み出す。そして成長する市場が経済発展の原動力になる」のだと。

〝発明はイノベーションの要〟だって。発明はイノベーションに必須要素として内包されるものなんだ。市場価値をもつものを発掘することとイコール発明なの？　ヘェ〜、知らなかった。

前提として「市場価値」なる概念が飛び出し、ちょっと驚く。一応なるほどとは思うのだが、同時に〝発明って、イノベーションと同じじゃないの？　発明をマーケティング展開することがイノベーションじゃないの？〟といった問いかけもしたくなる。最初から意外感が広がる。

つまるところ、このシュワルツ（2013）の引用文中にある「イノベーション」という言葉は、不要ではないか、無しでもわかる、と思ってしまっていた。事実、そのほうがすっきりとした感じに思えていた。

新製品・新事業開発とイノベーションの境界が不明瞭だったところにもってきて、もうひとつ「発明」の概念が加わり、三すくみにグレイゾーンが広がっていく。新しさの質（たち）・様相や経済波及力のスケールの差が鍵なのか。それもあるのだろうが、ビックリ、意外感、新しさを生み出すヒネリ具合の〝アッ〟という間投詞的感覚の強さ、なども三者の差の部分に含まれていそうで、おもしろそうと感じさせてくる。

シュワルツ（2013）のコメントをもう少し追いかける

――「人間の創造性が凝縮したのが発明である」「発明は芸術の創造性と相通じるところがあるのではとわたしたちは思っている」――なるほど。〝サイエンスからアートへ〟などという科白もよく聞く。この種の言葉、多用されすぎたせいか、昨今では、新鮮感はない。誰もがこの言葉に辿り着くと、ゴールインしたかのように、それ以上の説明をしなくなる。このところ、「アート」は可哀そうに映る。

シュワルツ（２０１３）は畳みかけてこう提案する――「企業は製品や市場へのありきたりの見方を捨て、偉大な個人発明家のような発想をしてみてはどうか。発明は学びとってどんな領域にも応用できる一つの分野だと考えてはどうか」と。飛躍しすぎた感は残るが胸を刺してきた。偉大な発明家の発想を企業に、なんてとんでもなさそうで実はとても面白く感じた。応用がすごく効く新しいひとつのカテゴリーとして「発明」が存在すると考えるなんてとてもユニークと思えた。瞬間「基礎研究」が「発明」に見えてきた。

そして逆転の発想が飛び出す――「それにはまず、消費者の立場で考えるのをしばらくやめなくてはいけない。現代の消費社会に生きるわたしたちは、まずほしいかほしくないかの観点でものを見る癖がついている」だって。

ヒャア、ウーム。言ってくれるもんだよなあ。勇気がいるのだろうなあ、消費者として考えるのをやめるなんて。〝コンシューマー・オリエンテッド〟（consumer-oriented）に考える習性は、今まで叩き込まれてきたことなのだから。それで、大丈夫なんだろうか。ま、過去常識の否定、と捉えるか。

このところ自分は、顧客第一、顧客満足、コンシューマー・オリエンテッド、まず消費者ニーズに照らそう、などといった言い方の中に「以前のシーズ中心型に存在した〝良さ〟を埋没させ、顧客迎合姿勢の増長を促す」良からぬ〝気配〟を感じ始めていた。だからこそシュワルツ（２０１３）の「消費者の立場で考えることをやめる」という考え方に、慄きは感じながらもどこかで〝オッ〟と息つき、勇んで同調したくなっていた。

シュワルツ（２０１３）は自信満々に（自分にはそう映った）――「発明は人類の歴史の一部として脈々とつづいてきただけでなく、人類の未来にもなくてはならないものだ。（中略）発明は過去があってこそ成り立つものだ。画期的な技術進歩と発明家の貢献を理解するには、それ以前のことを知る必要がある」と自説を続ける。ホント、自信満々に映るのだ。

要するに、〝発明は単なる一瞬のインスピレーションではない〟ことをしっかり伝えたいようであった。それはある意味、マーケティング活動として成功事例研究の繰り返しの中から明日に役立つ戦略指針を導き出していく作業に似ているのかもしれない、と想像を拡げてみた。

シュワルツ（２０１３）の脳は、ケース分析としてあるいはヒストリカル・アプローチとして、発明家の戦略的発想パターンの共通項を追跡する形で、発明の出発点である「わかった！」の瞬間の到来に関する《ロジック》を探っているように感じられたのだった。企業内でこんなことやってるところなんぞ、どこにもないだろう、とは素直に思った。でも、気になって仕方がない。

この書には、発明家の発想法に関連するキーポイントというか共通性癖というか、そんな興味深い項目が目次に並ぶ。それらのいくつかはなんと、日常、戦略企画や新製品コンセプトづくり、そしてシナリオライティング作業などで心掛けている視点・切り口にも登場するものだった。発明ロジックの基本要素と事業開発の必須要素が重なっている？

この目次項目は、良質なマーケターやストラテジストの教育研修にも使えそうだな、などといった実務的な臭いを感じさせていた。「発明」という使い古した言葉も、このように新鮮に深掘りできるものだなあ、と感心していた。また「発明」の発想ポイント個々にも興味を感じたので、参考までに書内からいくつかのキーポイントを選択的に絞り込んで、列挙してみる。これがまた、面白いのだ。

・可能性を創出する――「新しい可能性を創出するには、解決しようとする問題が新しいものでなくてもかまわない。新しくなければならないのは、問題のとらえ方だ」「心理学者のカール・ユングは可能性を創出しようとする原動力について、（中略）個人の内面から生じるものだと述べている。（中略）新しいものを創造するのは知性ではなく、内的必然からはたらく遊びの本能なのである」

↓〔ジロ〕キャア、おもしろい。ユング（1875-1961）を引用してきた。製品開発やイノベーションも〝遊びの本能〟や〝内的必然〟が埋め込まれれば成功確率が上がるらしい。

・問題を突きとめる――「発明家というと問題の解決がうまい人と思われがちだが、それよりも問題の発見が得意な人と考えた方がよい」

↓〔ジロ〕解けば新しい問題の発見につながると考えることはとても自然な流れか。フォーカスの当て方が発明的成果につながる？

・パターンを認識する――「パターン認識とは、複雑さを読み解くことである。パターンを見出せれば、次に起こることが予測できる」「発明家はあらゆるところにたえず目を配り、応用したり発展させたりできるパターンを探し出そうとしている」

↓〔ジロ〕リサーチャーは多様な収集情報の中に、無意識に〝パターン〟らしきものを探してきた。多変量解析にあっても諸因子や諸係数などの中に、いつの間にか〝パターン〟を狩猟しようと身構える自分を発見する。リサーチャーもパターン認識がうまい？

・チャンスを引き寄せる――「新しい発明は、一面からみればそのほとんどが偶然の産物のように見える。だが別の面からみると、少しも偶然ではない。発明につながった過失やアクシデントは、ふさわしいときに、ふさわしい場所で、ふさわしい人に起こっているのである」

↓〔ジロ〕〝チャンスを引き寄せる〟ということはひょっとして何らかの形で「セレンディピティ」を出現させるということかも。

・境界を横断する――「二つの産業、二つの知識分野、二つの世界をまたぐチャンスを嗅ぎつけて、それまで別のものとして扱われていた概念を結びつける。境界を自由自在に行き来するのである」「創造性の世界には、二つの世界をまたぐことを的確に表した言葉がある。〝境界進入〟と呼ばれることもあるが、〝バイソシエーション（双連性）〟ともいう。後者はアーサー・ケストラーが1964年の名著『創造活動の理論』で使った造語で、一見関連のなさそうな二つのアイデアを結合することを指す」

↓〔ジロ〕「境界進入」「バイソシエーション」など興味深いキーワードの指摘の連続！　きっと仮説的思考に推進力を与えるのだろう。多くのアカデミズムはこの双連性のパワーを駆使して進歩した？

・アナロジーを応用する――「問題の解決（ターゲット）に、過去の類似した経験や知識（ベース）を利用するのがアナロジーの応用」「パターン認識ができれば誰にもできる。見慣れたものから新しい発明を構想するのだ。いい換えれば、アナロジーは解決策を提示しているのである」「類推する能力は人間と動物を分ける高次の認知的道具の一つなのだ」

↓〔ジロ〕戦略構築時の私（ジロ）の得意技。他の業界や他の市場カテゴリーで興味をもちつつ経験したことを、今ぶつかっている事象や製品の戦略に活用するやり方だ。近いカテゴリー同士よりも遠い関係にあるもののほうが面白い戦略になりやすい。

シュワルツ（2013）はしつこそうであった。これらの項目以外にも、「完成図を視覚化する」「失敗を糧にする」「アイデアを積み重ねる」「システムとして考える」などの発明家のキーとなる特性要素を連続列挙してくる。「完成図の視覚化」は情報共有や次のリアライゼーション・ステージを考えると、当然必要なアビリティと思える。とても現場で参考になるのだ。

発明というと、一見〝ヒラメキ重視〟に見え「システム」とは対極のようなイメージがあるかもしれないが、「発明はそれだけで独立して存在することはありえない」とし、「その発明が生き残るか消え去るかは、ほかの技術とどれだけ調和し、社会環境にどれだけ溶け込めるかにかかっている。（中略）最もすばらしい発明はシステムの発明なのだ。そしてまた新しいシステムは既存のシステムに融合するか、さもなければすっかり置き換わるものでなくてはならない」（シュワルツ）と発明思考における〝システム志向〟の重要性を強調する。〝発明というシステム体系〟というわけか。この点もまたマーケティング実務の中で日頃心掛けている姿勢である。部品同士をいつもリンケージし、全体像としてシステム的に配備することの重要性！　アイデアの素晴らしさが個々にどんなに光を放っていても、一つのシステムの体系として相互に関連し合う仕組みとして配置されないと、市場や社会にその有用性を長期に維持することはできないということのようであった。またひとつ、リサーチャー・ジロ（私です）が大事にしている心掛けというか武器というか、そんなキーとなる属性が発明家の思考回路の特性という形で見つかった。嬉しくもありまた実に勉強になる。

　今までリサーチファームなる集団が提供してきた情報は、厳しくいえばシステム志向のない一過性のデータ価値にとどまる〝コマギレ商品〟ではなかったか。「スタンドアローン・データ」とでも言おうか、どこまでも「ローデータ」に近似したままの（意味希薄な）商品に止まっていたと言えるのかも。

　当面対峙するリサーチ課題の周囲に、どんな情報が存在し、どんな新情報を入手すれば相互に反応し合って情報活用度と生み出す戦略価値が増してくるのかなどといった複数データの複合的クロス発酵を意図して意味を深めようとする視点は、従来のリサーチ企画には希薄なようであった。

　これからのリサーチャーは、データ同士のリンケージに敏感なシステム思考を重視し、プライマリーに測定された新情報がクライアントの中でできるだけ多岐的に幅広く活用されるようなリサーチ企画にしていかねばならない。そのためには、データベース技術知識やクライアントの保有ＤＢ情報の把握まで必要となってこよう（このセリフ、何回しゃべったかなあ）。クライアントのオリエンテーションには、既有関連データの開示を求めたいと考えている。これからのリサーチャーは、単発調査つまりはアドホックリサーチの名人にとどまってはならない。〝システマティック・リサーチャー〟を志向し、発明家の思考パターンを積極的に模倣していきたいものである。このように私はシュワルツによって、いつのまにか高揚させられていた。ちょっと、照れるかな。

　シュワルツ（２０１３）のいう「問題を突きとめ発見し、チャンスを引き寄せ、パターンを認識したりアナロジーを応用しながら、複数の領域を横断する」――そんな発明家の思考回路は、マーケティング・ストラテジストの発想回路と大きくオーバーラップする。さらにそれは、イノベーションの要（かなめ）となるポテンシャルパワーに関わり、リーダーや組織内の暗黙知の一部を構成するアビリティにつながっていると考えてもよさそうであった。これ、本気。

〝そうだよ、暗黙知の欠如したマーケティング・ストラテジストなんていないよなあ。彼らを育てればイノベーション活性化はリアライズする？〟

〝イノベーションなどという新語を用いずに、「ビジネスインベンション」とでも呼んだほうが、定義づけはしやすかったのでは？〟

〝新製品・新事業開発×インベンション≒イノベーション？〟

　それにしてもだ。マーケティング戦略企画や仮説抽出における発想法がインベンションと大きく近似してくるということは、マーケティングが「学」たりうる素地を十分保証されているという一つの証し(?)を見つけたような思いだった。わるくない気分。イノベーションのリアライズに十分参考になるやも（と身勝手な自問自答をつづける自分であった）。エヴァン・I・シュワルツの次作品、出ないのかな。待ってます。

われれは、イノベーションを自脳から削除するか、でなければ「ビジネスインベンション」のほうを使いたい、と思うのだった。インベンションをなんとかもじれば、イノベーションは、要らない？　これも一法であるか。

結局のところ、「イノベーション」と「発明」の差異を明確にしようと思いながら、両者の重複部分の多さに驚く次第となったようであった。

B　そして、「リ・インベンション」もあるでよ

2012年12月、三品和広（神戸大学大学院経営学研究科教授）は「私たちは、リ・インベンションをイノベーションに対置すべき概念と捉えています。その背景には、声高にイノベーションの重要性が叫ばれる割には、良い結果を出していないのではないかという疑念があります」と切り出し、三品ゼミの若き学生たちと一緒に新しい概念提唱の口火を切った。そのきっかけは「イノベーションを担ってきた名門企業が次から次へと経営不振に陥っていく現実」に端を発するらしい。だから定義を再考せねばといった展開はきっと自然なのだろう。

これからの時代、イノベーション研究の周辺がこのような対峙概念の登場などを契機にさらにノイズアップし一層刺激的状況を昂進していくようで、それは多少微妙ながらも、自分の望む一つの変化とはいえそうであった。

『リ・インベンション――概念のブレークスルーをどう生み出すか』（三品和広、三品ゼミ　東洋経済新報社２０１３）によれば「リ・インベンションとは、直訳すれば〝狙い定めた事物をゼロから再発明する〟という意味ですが、それを私は〝前衛への挑戦〟と意訳します」と冒頭定義づけてきた。そう、この概念の土台は、「発明」のようなのだ。副題が、センスよく響く。

本書の帯のコピーがまた凄い。「ブルーオーシャンへの道（中略）イノベーションでは戦えない」。まこと大胆というか、時代の「キーワード揃え」というか……。力みが見えるほどに勢いがあり、それはそれで気持よい。リ・インベンションって、やっぱりそのまま「再発明」と訳して、よかったんだ。

彼らによる従来タイプのイノベーション定義理解は「過去の競争の中で定められたパラメーター上で、技術的なブレークスルーにより、漸進的あるいは飛躍的な性能の向上、または多様化を実現すること」となっている。あれっ、この定義、昔政府刊行物の中などで散見したイノベーションの説明というか、イノベーション研究の端緒でみられた旧態の定義のよう？　昨今では池田信夫、伊丹敬之、野中郁次郎らイノ

ベーションの語り部の大半は「技術革新だけではない」「同じ価値基準からの脱皮が肝要」と繰り返し強調しているはず。同じパラメーター上での技術的なブレークスルーにとどまるのがイノベーションであれば、現在すでに見直されているはずの旧態概念との対比になりかねない。

　昨今ではクレイトン・クリステンセンら多くの経営学者たちの間で、〝ひとつのイノベーションの成功〟（この場合持続的イノベーションか）のあとに〝成功したがゆえの独自の大きな障壁〟が形成され（これをイノベーションのジレンマと呼ぶようだ）自縛的状況の中で利益を落としやすくなる、といった見解は常識化しているようで、通常〝イノベーションと呼ばれているものは常に無敵〟ではなく〝イノベーションの反復の中で大きな新障壁があらたに顕現しそれをクリアする戦略的方法論は容易に明確にはならない〟という悩みは深いと認識されているように感じられ、クリステンセンたちも破壊的イノベーションにあっては先行するイノベーションによって満たされなかったニーズに応える方向の模索こそ新しい価値パラメーターにつながると見ているように見聞きする（あくまで自分の解釈）。となれば三品たち（2013）の「従来の製品を規定するパラメーターと訣別することがリ・インベンションに他ならない」とする考え方は他研究家の見方に類似・共通する同調的主張と見られなくもない？

　この新概念提唱の中で気づいたことは、「（イノベーションは）企業の戦略と捉えるというより、一種の社会現象と捉えるほうがよい」という見方を強化すべきであり、また「（イノベーションは）過去の競争の中で定められたパラメーター上で、技術的なブレークスルーにより、漸進的あるいは飛躍的な性能の向上、または多様化を実現すること」という従来の考え方を速やかに脱却し「従来のパラメーターを忘れて新しい価値基準を打ち立てる次元」にまで創発を深めることが大事になる、といった発想の転換こそ「リ・インベンション」という新概念の臍である、と主張していそうに思えたことである。要するに「新しい価値基準の具体化＝創発する考え方つまり「概念」のブレークスルー」が「リ・インベンション」であると伝えたいようであった。

　そうなんだ、《技術のブレークスルー》から《概念のブレークスルー》へ――このレベルの発想のもとで生まれ落ちた新概念「リ・インベンション」は果して〝新〟たりうるのか……ちょっぴり心配になり始めてもいた。

　それにしても「イノベーションでは戦えない」（表紙帯のキャッチ）とはいかにも挑戦的に感じられ、勇気のいる表現を選んだものだと感心する。力入ってる〜。戸惑う中さらに本書を読み進め、納得しうる次のような示唆的ポイント（各表現は、要約的に筆者一部加筆整理）に辿り着く。[注3]

・成熟期のそれ（リ・インベンション）は、成長期のイノベーションとは異質でなければならない。→〔ジロ〕フーン。

・従来のパラメーターを一切棄て、新しい評価軸（価値基準）を打ち立てる必要がある。→〔ジロ〕まあ、そうだな。

・競合との差別化ではなく、新しい価値基準内での絶対的優位を目指す～特にユーザビリティの劇的引き上げがひとつのポイント。↓〔ジロ〕まあそうかな。
・エンジニアがデザインを選ぶことで製品の全体を見る目が養われ、製品がどう、誰に使われるかを考えるようになる〈デザイン・エンジニアリングの重要性〉。↓〔ジロ〕まあ否定はしないが、新概念に必須の条件なの？これが。
・ネスレ社のネスプレッソ事例を呈示しての〝基幹製品を自らの手で葬り去る（ことをも厭わない）〟ことも重要。↓〔ジロ〕そうだね。そうありたいね。
・リ・インベンションは成熟期・衰退期にある製品が格好の対象になる。↓〔ジロ〕確かに、成長期と成熟期のこの現象のありようは違ってくるかも。だから？

注3 『リ・インベンション』からの引用というよりも、むしろジロ（筆者）独自の意訳的サマリーとなった。ニュアンスの異なる部分あれば、ご容赦。

〝成熟期のそれ〟と切り出しているということは、プロダクトイノベーションに限定した議論をしているということ？ 成長期・成熟期と分けている基軸は何処から？ たとえば「製品のライフステージ」から？ 分ける意味は？ イノベーションにもライフステージはそりゃああるんだろうけど、あまりその議論はしないよなあ。まして一つの概念が有するライフステージによってネーミングが変わるとなれば混乱してしまいそう……。え、そうじゃあないの？ 私の勘違い？

いろいろな所感を湧出しつつ、彼らの言う有用指摘を重ねてサマライズしてみれば、「リ・インベンション（的アプローチ）は成熟期向き」「新しい価値スケールの創出による絶対優位の探索が大事」「デザイン・エンジニアリング組込みの必要性」「基幹市場を自ら葬る覚悟」など、皆個々には興味深く大事な点ばかりなのだが、概念コンテンツの全体像整理にこれらすべて必要な要素なの？ ホント？ 余分な周辺の切り口まで入っていない？

諸々のイノベーション研究の猛者たちがすでに発した諸見解との重複部分の多さも目につくようでもあった。であれば名称など、イノベーションでもリ・インベンションでも、どちらでもよい？ 成熟期（何の成熟期かははっきりしないが）以降の精神的・ソフト的新価値のウエイトの高い状況下でのイノベーション的な（ビッグな newness 開発）事象の創出という命題としてそのコンテンツを確認してみれば、イノベーションであろうとリ・インベンションであろうと、私にはともにほぼ同じ内容を伝えようとしているように見えてしまうようであった（合っているかな）。

どんなアンチテーゼでこの新概念を持ち出したのかという議論の起点の理解からすでに私の受けとめ方はやや曖昧なようであった。彼らの切り口と私の理解にどんなギャップがあったのか？ 彼らの切り口は、イノベーション全容についての彼らの解釈に拘泥せずに眺めれば、個々には諸々示唆に富む点も多いのだが、アンチテーゼ探索（イノベーションと対置される概念探し）として捉えれば、既存概念の奥底にまでもっと深く広く下りたほうがよいのではとは感じていた。拙著の文献調査をみても、あまりにこの原概念、多岐多様なのだ（勝手なことをいろいろ言って、ご免なさい）。

三品たちのリ・インベンションは、「前衛への挑戦」と主張されているのだがそれは「創造的破壊」という言葉を思い起こさせ、一方主張する全体のトーンは〝普通のオーソドックスな範囲内にある〟かに映った。

自分の率直な感触は、この段階で当該概念（まだ対象とする概念の範疇を示す差別的境界線がクリアに浮き出てきていない？）に対して新しいネーミングをする段階にはまだ至っていない、ように映っていた。ただ表紙カバーに副題風に記載された「概念（コンセプト）のブレークスルー」という文言の含意は、じっくり吟味・解剖するに足る宝物のような何かを内包しているようには感じていた。ひょっとして、イノベーションにはコンセプトが大事であり、そんなコンセプチュアルなイノベーション（あるいはインベンション？）をリ・インベンションと呼ぼうとした？　この点深掘りしてみるか。

三品たちが〝re-〟を付す前に想定したイノベーション（あるいはインベンション？）は「持続的イノベーション」に相当し新たに登場させた「リ・インベンション」は「破壊的イノベーション」に近い概念のようだ、と自分にはアバウトながら感じてしまっていた。それでよいのかな？　ブッチャケ、当面この「リ・インベンション」という言葉を記銘するつもりはない。

ただイノベーション概念の急所を再確認する議論には十分なったはずだ、学術界はこのような見解の激烈なやり取りを繰り返して充実を図っていかねばならない、とあらためて感じるのだった。議論内で失礼あれば許せ。仮説の「畳み掛け合い」は学術のなかではもっともっとあるべきだろうし、お互い遠慮なくやり合いたいと考えている。斯界にも、こんな掛け合い、もっと欲しいよな。

そろそろまじめに、曖昧化した概念に筋を通そうとする

自分は、ことに当たって、〝芋づる式〟に対応することが習慣化されている。ベタな感じの語感も含めて、〝芋づる式〟が好きだ。

読書もまさに芋づる式である。阿佐田哲也（色川武大ではない）、新橋遊吉、若い頃の伊集院静（2023年11月24日急逝、合掌）、逢坂剛、江坂彰、林知己夫、梅原猛、池田晶子……最近嵌まっているA・N・ホワイトヘッド、カルロ・ロヴェッリ、大森荘蔵、ピエール・レヴィ、ティム・インゴルド……そして長年嵌まりつづけるL・ウィトゲンシュタインやデカルト関連書……人単位で芋づるにした書棚が周りを

囲む。なんとバラバラな……。だが短期間に同じ人の複数の成果物に続けて触れると自分なりにその人の勝手な像が形造られてきて楽しい。わかった気にもなりやすい。

例外（芋づる式にしたくてもできない）は、このところわれの心臓部を射抜いた上妻世海。なにせ刊行書が『制作へ』（オーバーキャスト　エクリ編集部　2018）しか見当たらないのだから芋づる式にやりようがない。残念だ。

実は、西田幾多郎の書も数多くあるのだが、読んではやめやめては読みの状況で読書をしたうちに入らない。それはブルーノ・ラトゥールも同じだ。難解の一言。その内壁は超えたいとこっそり決めてはいるのだが。

作家も研究者も、必死に生み出したコンテンツの質もさることながら、その筆致から浮かぶヒトとしての生き様の印象（イメージ）がとても大切な気がする。会ったことはないが、凛という文字が似合いそうな野中郁次郎、ボクサーのような闘争心を内に秘めているかのごとき気迫の伝わる池田信夫、実際にどんな男か。たぶん酒、飲めるだろうな。格闘家タイプの研究者には、もっともっと出会いたいもの。下西風澄なる若者、まだイメージないが、何となく会いたい。

こんなボヤキ風の私見、偏屈人の身勝手な思いなのだからお目こぼしいただけるよう願うばかりである。凡人とは身勝手なことを言う生きものなのだ。

〝芋づる式〟という点ではビジネス・キーワードも同じ感じがある。質問紙法、標準化、コンセプトフォーメーション、価値論、顧客満足／ＣＳＩ、最適化モデル、ニューラルネットワーク、ＭＤＳ（多次元尺度構成法）、データ同化等々――自分が一定期間集中して頭を使った一本の芋づるにぶら下がって連なる概念群だ。

今回の「イノベーション」も、そんな芋づるに加わってきた文言の一つなのだが。ちょっと、異質なんだよなあ。肌がムズ痒くなっちゃうんだよなあ。

Ａ　概念定義の真打は気鋭の物理学者

野中郁次郎、池田信夫の蔓（つる）は長くて深かった。粘りも結構濃そうに感じる。そろそろ、イノベーションの芋づるを引っぱるのも、終わりにしようと思った矢先、蔓の深くて少し曲がったその先に、もっと粘りそうな芯のしっかりした〝当たり〟らしき手応えが伝わってきたようだった。その濃い粘りは、いろんなタコツボをまさに自由に回遊して育まれたものと思えた。

その〝当たり〟の実体とは――仏の哲学者オーギュスト・コント（1798-1857）が提唱した「社会物理学」において語られた「社会という法則化し難い対象に対しても、科学的な研究が可能にちがいない」というコントの視座に立ち返り、なんと「日本社会を物理学者の目で見直してみよう」「二一世紀にあるべき社会モデルを、科学の目で再発見してみよう」と切り出し、われらの眼前に仁王立ちするかに見えた物理学者山口栄一（当時同志社大学大学院教授　現京都大学名誉教授）の『イノベーション――破壊と共鳴』（Ｎ

ＴＴ出版　２００６）が〝当たった〟のだ。そう、これ、物理学者の本なのである。

この書物の奥付をみると、初版第1刷が3月なのに、数ヶ月後の10月にもう2刷発行となっていた。この種の堅い専門書で日本人著者のものとしては異例の販売スピードである。著者の経歴に、１９５５年生まれ、東京大学理学部物理学科卒業、ベンチャー三社を立ち上げる、などを見たとき、このイノベーション文献サーフの終着駅はこれか、という予感が走った。

「私たちは、イノベーションを産業の核に置いて製品の付加価値を最大化しなければならない時代に足を踏み入れた。そこでは人間は、労働者であることから解放されて、共鳴場（暗黙知が醸成され伝達される場のことのようだ）の生成者であり参加者でありえるのだ。この気づきから出発してイノベーションを志す人々の魂を躍動させる共鳴場ネットワークをつくることで、二一世紀産業社会の構想が初めて開かれる」

（『イノベーション――破壊と共鳴』）

単なるイノベーション創出への応援歌にとどめず、この概念の基本的必要性に立ち返り、イノベーションは21世紀のヒューマンフィロソフィーだと高らかに謳っている感すら受ける。物理学者にそぐわない、とつい感じていた。しかし対象の構造を透視する眼は、自然科学者のそれであった。

〝そうか、時代がイノベーションのような新概念を求めているというのか〟

〝イノベーションはこれからの人間社会に必要なものだと確信している？〟

〝イノベーションの場は、同時に人間を解放し人々の魂を躍動させる？〟

山口（２００６）は、イノベーションは奇跡のように偶に登場するというのでなく、常態として産業の核に据えねばならないとする時代観に立つようであった（と自分は直感した）。〈常態化〉？　ウソっ、ホントかよ。

自分はまだこの見方にはとても立てないでいた。彼は「イノベーションとは、技術革新にとどまらず、経済価値および社会価値をもたらすあらゆる改革行為のこと」とサラッと言う（『イノベーションはなぜ途絶えたか――科学立国日本の危機』山口栄一　ちくま新書　２０１６）。とても普通ジャン。

彼は、イノベーション（の常態化？）について考えていく際に、まずは〝場〟なる概念が基軸になると考えたようだった。それを《共鳴場》と呼び、「暗黙知が醸成され伝達される場」だという。元来清水博（生理学者）によって厳密に定義された概念であり（あの野中郁次郎も、この清水の概念を自身のＳＥＣＩモデルの考え方に取り入れたといわれているらしい）、共鳴場という「場」は、彼によれば「異なる個性や生き方をする多様な存在が、共有しそしてそれらの存在全体を包み込む全体的な生命の活き（はたらき）」をいうらしい。そんな非現実的なこと、いうの？　フーン。単に聞くだけ、がやっとのようだった。「場」については、みんなこんな感じのことをいう。そうなんだ。

〝そんな常態化を可能にする「場」など、夢物語ではないのか〟

「新技術の創造を渇望する人間と、彼自身が導いた正しい科学的知見の知識とが共鳴して、新しいパラダイムが得られる。さらに、事業化の責任者がこの《共鳴場》に参加して暗黙知を共有していれば、〝パラダイム破壊型イノベーション〟の連鎖が初めて完結することになる」

（『イノベーション――破壊と共鳴』）

このように燃えて（と私には映った）語り、山口（２００６）は自身の「共鳴場モデル」を野中郁次郎の「ＳＥＣＩモデル」と比較分析するかに見えた。その詳細は長くなるので各文献を参照願いたいが、そんな「場」をもちうる企業のありようになっていかねばならない、と企業像の根元的変革を提唱しているように感じていた。そんな「場」の構築など、儲け専心の企業なる存在において、実現可能解なのか。そりゃあ理想論だろ、と即叫びたくなる。

　きっと、そんな「場」が企業の内外のどこにあるかは問題ではなく、内外含めたそのような「場」をリアライズする企業のネットワーク形成こそがこれからの力強い産業を形づくる、とたぶん言いたかったのだろう。そこには時代が求めるものをなんとしても洞察し抜き、現実化しなければならないとする、夢に裏付けられた意志の透徹が見え隠れした。この人、やはり燃え滾（たぎ）っている？

〝彼にとっては、イノベーションの具体的成果よりも、人々の魂が躍動する場づくりが優先している？　イノベーション賛歌など眼中にない？〟

　時代観に裏づけられた、小手先にとどまらない議論は小気味よさを生む。

　夢に支えられ、夢を追うかのごとき思考の動きに、持論をしばし抑制し、耳を傾けたくなる。不思議だ。でも、真摯ながら強引すぎる、と呟きかけて、それを必死に抑える。真っ直ぐな勢いの潮に乗るべきか。ウーム。

　いろいろ感じるところありとはいえ、しばし山口栄一なる研究びとが生み出す論点の一つひとつを確認して、アルファ波を浴びてみようと決心した。今まで名前すら知らなかった人なのだが、日本の研究分野にも、強烈なストレートを投げる人が、普通に居たのだ。最近の物理学者は、量子力学の概念たちを見るまでもなく、〝圧巻〟の一言。まさに人文科学を犯そうとしている……。

B　多次元構造の中で一際光る「アイステシス」という軸

山口（２００６）の興味深い指摘――それは今まで見たこ

ともないオリジナリティ横溢のコンテンツであった。サマライズしていても興奮が打ち寄せる。

①まずはイノベーション概念を、次のように再定義し、明確にした――

・イノベーションの定義も、従来のように、技術革新よりも広い概念として〝経済的・社会的成功に帰結するあらゆる改革行為〟としてしまうと、〝イノベーションとは、経済的・社会的成功という結果がもたらされるまで、それをイノベーションとして定義できなくなる〟という自己矛盾に突き当たる。

・従ってイノベーションを「人々の生活を経済的にも社会的にも豊かにすることを希求する持続的で総合的な〝改革への営み〟」として再定義する。そして経済的・社会的成功に帰結したとき〝イノベーションの成就〟と呼ぶことにする、とした（〝営み〟だって……。見事な展開である）。

②アッと驚く〝アイステシス〟なるサブ概念を組み込んだ――

・この〝持続的で総合的な改革への営み〟（＝イノベーション）には、「技術革新によって牽引される技術イノベーション」「経営革新によって牽引される経営イノベーション」「人の感性に直接訴えるアイステシス（aisthesis　美しさや心地よさ、そして安心の希求つまりよりよい生への希求を意味するギリシャ語）イノベーション」という三軸があり、それぞれの軸は直交する三次元空間で表現でき、イノベーションは一般にこれら三成分のベクトル和であたえられる、とみたようだった。

・技術革新によって牽引される技術イノベーションは基本なのだろうが、「資源配分や経済構造の障害を利用したり、資源配分の流れを効率化したりして、経済価値を生み出す」経営イノベーションも、サプライチェーンマネジメントの改善などの事例を見ればこの概念構造に包含されるであろう推測は難しくはない。

③キーとなる技術イノベーションにも異なる構造の三つの姿がある――

・第一軸として挙げられた技術イノベーションの契機は、技術というものがもつ三つの限界――「物理限界」（その技術を成立させている物理現象自身がもつ限界）、「装置限界」（その技術の製造・流通コストの経済制約に起因する限界）、「実行限界」（研究室の中では可能だった技術が実際の工場内でかならずしも可能でないといった技能者のスキルに依存する限界の存在）――を突破しようとするダイナミックスによって与えられ、それぞれの限界突破ごとに、イノベーションの方法論も性質も異なってくる。

④科学パラダイムを基軸とした別の視点からの二次元構造分類も可能――

・一つは、クレイトン・M・クリステンセンが発見した「性能破壊型イノベーション」vs「性能持続型イノベーション」、もう一つは、「パラダイム破壊型イノベーション」vs「パラダイム持続型イノベーション」。

・前者は「主流の評価軸では性能を引き下げていて認められないけれども主流ではないところで新しい顧客を魅了するか、それとも主流の評価軸に従って性能を向上させているために主流市場で認められるか」ということ。つまり、潜在市場の中にイノベーションの契機がある。

・後者は「新しい科学のパラダイムに依拠しているために、製品の物理限界を決定的に高めているか、それとも既存技術が依拠する科学のパラダイムの枠内にとどまっているか」ということ。つまり、技術イノベーションの源泉のちがいにその契機がある。イノベーションの出力としての潜在市場と、イノベーションの入力としての科学のパラダイム。[注4] これらが独立して存在することはいうまでもない。そしてそれぞれのペアは直交座標系として表現可能となる。

注4　彼は「パラダイム」を〝自然を人間が認識する枠組み〟（米・科学史家トーマス・クーンの『科学革命の構造』みすず書房　中山茂訳　１９７１）だと語る。

なんとすさまじい構造整理の切れ味であることか。彼の取り上げ方も〝商品開発の最高峰〟に近いとは感じたのだが、暫くは黙って話を聞こうと思う。

一つの抽象概念をここまで多層的に解剖していくしつこさに驚く。

技術創造の領域を、技術の限界と科学のパラダイムという要因を基軸に鋭角的に描写し、イノベーションなる概念の構造に迫るのだ。まっこと、ロジカルで丁寧に語られている記述を、コマギレにして申し訳ない。

また、突然出現した「アイステシス」という言葉に、わが眼を疑ったりしていた。ウーム、再定義とは、このことだったか。全体としては、とても平易に読めたのだった。それにしても物理学をたやすく跨ぎ越え、自由な発想極まりない。

再定義したくなった根拠は、十分わかる気がした。生身の人間の知へこの概念をどこまでも接近させたかったのだ。

その源には〝一世紀以上前のヨーゼフ・シュンペーター時代に最初に概念化した頃のイノベーション（それに対しては自分の抵抗感はまるでなかった）とは、まるで異なる仕方で経済活動における生産手段や資源、労働力などを〈新結合〉して価値を生み出すことに注力することを否応なく求められつつある人類の歴史〟を忘れまいとする山口（２００６）の意志（信念？）の強さを感じていた。

この再定義は、技術（の限界）と（科学の）パラダイムのシフト方向を凝視するところから創発されてきたのだろうと推察した。この展開、この分析的流れは、間違いなく自分好み……。またこのような考え方に基づくのであれば、この概念はあってよい、と思い始めてしまっていた。なんと日和見！

概念枠が刷りガラス状態からクリア化し始め、イノベーション概念を明確にしていくための諸々の数量的尺度・指標開発も、この考え方に基づいていけば、現実性が増していく感も強まった。これ、リサーチャーとしての勘。
〝軸が通った！　これだったら、われらの明日に、あってよい概念かも〟

山口（2006）のイノベーション思惟の稀有なる断片を、たどたどしくはなるが今一歩踏み込んでトレースしてみざるをえなくなったのである。

C　「知の創造」と「知の具現化」を分けちゃうの？

彼・山口は己れの思惟構造の大きな前提として、基本となるであろう科学技術革新に基づく「技術イノベーション」なるものは、「知の創造」と「知の具現化」という二つの知的営みの連鎖プロセスによって起きることを示そうとして幾何学的図示表現の「イノベーション・ダイヤグラム」なる新概念を導入したようだった。関連情報を整理して体系的に表現し、モデル化するということ？　そんな彼は、肝腎の「知」なるものをどのように考えていたのか。

そのことに関して彼は、社会学創始者オーギュスト・コントの「実証哲学教程」にみられる知の三段階説をベースに、①空想的段階（世界は宗教的方法によって説明されようとする）②形而上的段階（世界は哲学によって説明されようとする）③実証的段階（世界は観察と経験という実証的な方法で説明されるとする）という知の三段階を仮説的に設定し、第一・第二から脱し第三に達したものを「実証的な（Positive）知」と考え、この第三段階の知を創造する営みを「科学」と定義した。ヒャ～、この部分に山口（2006）独自の科学観の芽生えを見ることができそうだった。

「科学とは完璧なものではない。それは、体系化されるまでは不完全で不確実な〝知〟の断片の集積体にすぎない」というのだ。面白いのは「断片知を結びつける知慧（中略）それは常に、知識化していない知慧、即ち暗黙知からやってくる」という点だ。〝断片知の接着剤は暗黙知であり接着されて体系化された科学になる〟（筆者の推量）という論考の進め方はとても新鮮であった。

（実証的な）知として誰も知らないことや誰も見たことがないことを発見するのが「知の創造」であるのに対し、科学的知見を集積・統合して実行可能なものに仕立て上げる知的営みを「知の具現化」という。なるほど、「発見」（「発明」も入るのかな？）が「創造」で、「仕立て上げる営み」は「具現化」……。これ、「技術」？　なるほど、なあ。

そして研究・開発に関しては――「研究とは、誰も見たことがないこと、誰も知らないこと、誰もできないと思っていたことを、見たり知ったりそしてできるようにする営み」＝「知の創造」であり、「開発とは、製品を社会にもたらすことを目的として、ユーザーのさまざまな使用条件下でユーザーが求めた目的を成就する営み」＝「知の具現化」である、とする。ふう～ん、そう見たか。精緻！

要するに、「発見」を「知の創造」とし、技術の営みを通じて形に仕上げることを「知の具現化」というように、「知」を分けて考えたのか。そして科学は本来この二面性を有しており、「イノベーション概念」もまた同様だというのだろう。
ロジカルさと平易さの共存する表現……。どんどん、納得させられていく自分が自覚されていく。こう考えてみるのも、ありなのか、なあ。疲れるが、スゴイ。

「企業では、最終的にイノベーションが成就したとき、〝知の具現化〟だけを評価軸の対象にすることが多い。それは〝知の具現化〟すなわち技術開発を、イノベーションそのものと勘違いしているからに他ならない」

（『イノベーション――破壊と共鳴』）

此処だ、急所の一つは。「知の創造」って、昔大企業の中央研究所で行なわれていた中心業務のはず。中央研究所閉鎖の連続の中で、企業内で今や消え去ったタスクだ。この「知の創造」を彼は「研究」と呼び、「知の具現化」を「価値創造＝開発」と呼んでいる。「知の具現化」よりも、そんな「知の創造」のほうこそイノベーションにとってより本質的でありまた解明を深めるべき対象であると言いたいように受けとめた。そしてそんな「創造」は場がつくる？

行間に山口（２００６）のフレッシュなフィロソフィの溢れを感じていた。

さらに面白い表現でロジカル展開したのが「昼の科学」と「夜の科学」という科学の二面性への指摘である（『イノベーションはなぜ途絶えたか』より）。すなわち彼は、「昼の科学」＝「形式知」＝「言葉にされた〈知〉として教科書などに載ってしまった知」、「夜の科学」＝「まだまだ言語化されておらず、暗黙知にすぎない知」と大胆に区分けした。そして「昼の科学は厳密には〈科学〉ではない」「ブレークスルーに連なるイノベーションは、常に土壌の中で行なわれる夜の科学を契機とする」とまで明言した。面白くないか。われは今、狂喜乱舞のおもしろさを感じている。

だからこそ彼は、西田幾多郎（哲学者）や清水博（生理学者）と同様に「場」の概念（彼の主張する場は『共鳴場』という）を重要視し、組織内における暗黙知の共有を図らんとした（あくまで自分の見方です）のだろう。話の展開に、筋が通りすぎるくらい通っている。論理的でもある。また怜悧なのだ。

D　あれ〜、ついに「実存」まで出てきちゃった！

ついに山口（２００６）は、哲学者真木悠介（『人間解放の理論のために』筑摩書房　１９７１）の欲求分類を借りてきて、彼流のオリジナルな説明を続けようとする。この部分も思惟の基本になっている？　脅威なり。

「哲学者の真木悠介は、これら〝生理的な欲求〟と〝社会的な欲求〟そして〝道徳的な欲求〟をあわせて『原初的な欲求』と名づけた。そして、この『原初的欲求』とはまったくちがう〝よりよい生への欲求〟があると考えた。すなわち、〝創造する欲求〟〝他者を愛する欲求〟そして〝自己を高めたいとする欲求〟だ。彼はこれらを『実存的な欲求』と呼ぶ。これは『原初的な欲求』と異なり、自分自身がこの世界の中でどのような内なる価値をもっているかということを問うという特徴をもっている」

（『イノベーション――破壊と共鳴』）

空恐ろしい……物理学者が哲学者になろうとしている……。極めて論理的なのに、引用して踏み石にする他者の概念の特性といい、生理的欲求等に対極配置した実存的という人間らしさ溢れる欲求群の整理といい、それらのかもし出す思想のトーン&マナーは、いよいよ物理学専門らしからぬ屈折様相を示し始める。ただ、彼が「実存的」という他者に伝わりにくいはずの言葉を、なぜわざわざ選んだのか、まるで見えなかった。意外だった。私がマーケティング関連の前著（『「人類マーケティング哲学」への前哨』）に売れなくなりやすい「哲学」という言葉をあえて使ったことに似た意地なる想いが含まれていたのであろうか。他に何か別の言いようもあっただろうに（物理学者ならなおさらだ）。自分にはそれは高い〝確からしさ〟をもって〝わざわざ〟なる仕業と感じられていた。しかし実に新鮮なネーミングである。

「〝何のために生きているか〟という問いかけに対して、〝実存的な欲求〟を満たすために生きると答えることは、〝原初的な欲求〟を求める生き方に対して『パラダイム破壊性』をもつ」

（同前）

ついに、出た。待ってました。この主張こそ要諦であるか。

乱暴に意訳すれば（そんなことやめとけ、という声も聞こえるが）、原初的欲求ベースのイノベーションに対して、実存的欲求ベースのそれは破壊的イノベーションとしての役割をもつ可能性が高い、ということになるのか。

「もし人が〝原初的な欲求〟のみを求めて生きているならば、仕事とはその欲求充足の手段としての金を稼ぐこと、そして自分の生きる目標を会社の目標に一致させて会社に評価されること、さらに会社の中で名誉ある地位を得ることのためにある。（中略）しかし、人が実は〝実存的な欲求〟によって生きていると考えなおすとき、まったく新しい組織経営の方法に思いいたる。経済学者の太田肇（『選別主義を超えて――個の時代への組織革命』中公新書　２００３）によって提唱された組織経営の手法、つまり〝組織は個人を支援することに徹し、社会が個人を評価する仕組み〟だ」

（同前）

挙句の果て、唖然、という感覚が己れの口から飛び出す。

「イノベーション」と「実存」の連想にも驚くのに、「実存」が今度は「組織経営」にもリンクした。今までのイノベーション論とはかなり異なることが実感される。イノベーションを創出する組織のありようまでをも示唆しようとする。参っちゃう。

　ウーム。破壊的といわれる類のイノベーションを創出する組織は、知の創造を渇望する人たちが「実存的な欲求」に目覚め、暗黙知をプールしていっている。その共鳴場の昂りの中で「実存的な欲求」が創出すべきイノベーションのコンセプトに組み込まれた時、それは破壊的イノベーションそれも「パラダイム破壊型」として爆発力を有するようになる。原初的な欲求ベースの持続的イノベーションはこの種の現出に対して抗（あらが）うパワーをもたない、ということなのか。こんな発想を為す研究びとは、超人と呼ぶしかない、か。

　ややこしかった迷妄イノベーション論議に、明確に筋が通ってくる。とても理解しやすい。

　とすると、イノベーション開発プロセスづくりとは、まさに組織づくりそのものじゃん。少なくとも、プロセスの初頭部分は、組織づくり工程が占めてくる……。それに「パラダイム」がキーであるのなら、気づき・発見（＝知の創造）のほうが科学技術（＝知の具現化）以上に「イノベーション」に関わってくる？　また、秀でたアイデアがあれば、ということでは済まないのか。いや、〝秀でた〟と評価しうるアイデアは、組織づくりがあって初めて生まれるということか。

　その組織づくりは、彼のいう「共鳴場づくり」――つまるところ「暗黙知の産卵場所」を目指さなければならない。ウミガメの産卵を思い起こして、苦行なんだろうな、と想像した。場の重用態度は野中とも通貫する。

　良き人がいなくても、良き組織がなくても、イノベーションは生まれそうな気はするが、確かなのは、それはそのままでは「偶」であり常態化しないこと。〝常態化させるためには〟とか〝少しでも創出確率を上げたい〟などと考えたとき、組織づくりのプライオリティが上がってくるのだ。

　このような概念の思考ループの中で、彼が精緻に詰めてきた「イノベーション概念」に内包されている独自の「サブ概念」たちの定義づけの徹底が効いてきているようにみえた。ちょっぴり乱暴には感じられるが、見事に核心を突く。これからのマーケターは、「組織」という課題に、並行してチャレンジしなければならない。「組織」を定性・定量両面から数値化し、「裸」にして今のマーケティング業務とクロスさせることでマーケティングスキルの上達につなげていかなければならない。「商品開発」レベルでは「組織」を忘れていてもよかった。しかし、「イノベーション」レベルになると、そうはいかないのだ。そうだな。あれ、太い筋というか背骨が本当に通ってきたようだ。でもチョッピリ大仰の感もあるかな。そりゃあ複数の蛸壺をこれだけ自由に回遊すればそんなニュアンスも生じよう。いいぞ、ビリビリ来るぐらいだ。

　その思惟の流れは、次のような彼固有の諸々のオリジナル発想同士の相互融合のなかでＭＡＸに到る斬新さに凝縮されていくようであった。

E　イノベーション構造の三次元マップへの布置

　すなわち山口（２００６）は、イノベーション構造の全体像までをも絵にしようとする。こちらは特定のイノベーションの内容構造の図示ではなく、複数のイノベーションの三次元マップへの布置による分類と特性の明確化が主たる狙いのようだ。やってくれるぜ。ホント勉強になる。

　ちょうどわれわれリサーチャーが用いる数量化Ⅲ類のｎ次元空間上への対象物（たとえば店舗やブランドなど）の布置に似ている。数量化Ⅲ類では、カテゴリーデータから対象物（布置したい対象）の特性をまとめ、因子負荷量の多い上位３軸（因子）を抽出して三次元空間をつくることが多い。山口（２００６）もイノベーションの諸特性から導き出した因子（軸）を三つ抽出し、それらを直交クロスさせてイノベーション構造を示す三次元空間をつくった。

　先程も簡単には記述した通り、第一軸（因子）は技術限界とパラダイム破壊性を構造視座として組み込んだ「技術イノベーション」、第二軸は資源を基軸とした「経営イノベーション」、そして第三軸には人間ならではの「アイステシス・イノベーション」を組み込んだ。この第三軸がオリジナルな新鮮さをすごく感じさせてきたのだった。

　ウーム（これは感嘆の吐息である）。「技術イノベーション成分が減少して一見性能が落ちたかに見えるけれども、アイステシス・イノベーション成分は増えてポータビリティなどの快適さ・心地よさが増大する」といった表現で破壊的イノベーションを説明している。面白い！　物理学者らしくない！　明らかに興奮状態に入ってきていた。〝ここが臍に違いない〟と、即ひらめく。

　アイステシス・イノベーションは〝実存的な欲求〟にもつながり、この軸こそ〝暗黙知〟の働き場所との関わりが深いのだろうことを想像させた。

「技術イノベーション」の説明の中に、彼が持ち込んできた半導体プロセスがある。

　工学者藤村修三（『半導体立国ふたたび』日刊工業新聞社２０００）が示した技術の限界３類型による技術コンテンツ分類――「物理限界」「装置限界」「実行限界」なるサブ概念――がそれである。そうなんだ、そうくるか、参った、と即感じたが、それ以上にびっくりさせられたのは、なんといっても本質的イノベーションには「実存的欲求」と「審美」が必ず関わってくる、という主張に対してであった。オリジナルの極み、と思えた。

　山口（２００６）の考察に対する我流解釈、これで合っているかな？　自信はない。いやぁ痺れる。土下座付きの参ったのようであった。こんな脳ミソ、あるんだ。

　なかでも、イノベーションに対する「技術」「経営」「アイステシス」という三軸設定については、ひとつの軸から次の軸へという発想でなく、これら三軸の三次元空間全体がイノベーションであるという新たな発想で一杯の思惟空間をつくり出しており（合ってる?）、強く頷かされるのだった。
さらに、山口思惟を端的に我流解釈をまとめてみれば（この辺り『イノベーションはなぜ途絶えたか』より）、「イノベーション」なる言葉で注目を集める社会現象の極みは、〝「帰納」→「創発」→「演繹」という思惟過程の土壌を介してブレークスルーをもたらすもの（山口〈２００６〉によれば「パラダイム破壊型イノベーション」に相当するようだ）〟であるらしい。

このプロセスの途中にある「創発（abduction）：この言葉は米・チャールズ・パースが帰納・演繹と並列に用いた。自分はemergenceのほうが好みだが」とは、イコール「発見」すなわち「仮説形成・仮説的推論」であり、それは〝部分が集合するとその単純な総和以外の性質が滲みだす〟といった推測をしうるところが堪らなく面白い。この創発をリアライズし、より深めうる思惟の形としては、物事の本質に深く下りることのできる「帰納」が必須となるらしい。

ここまでが「研究」という領域であり「知の創造」を為す範疇（今や企業内には見つけられない）なのだが、この発見（創造）された知を基盤とした演繹思考（モデル化など）を介して開発行為が遂行され、その成果物（つまりイノベーション）が生まれてくるのだ、という。

したがって、知の創造なき（つまり創発なき）開発行為の中からは山口仮説である〝パラダイム破壊型の社会現象〟は生起しない、という理屈になるのか。中央研究所（創発を為す場）を閉鎖した（つまり研究業務カテゴリーを廃棄した）企業集団からはビッグ・イノベーションは生起しない、そして日本は凋落した、ということになるようだ。「パラダイムは自然観」「創発は原理的にプログラミング不能」「創発とは人間だけがなしうる創造行為」「創発には暗黙知が棲む〝夜の科学〟が必要」などといった指摘を噛みしめなければならない。「演繹による直接的で短絡的な価値の創造をめざしたこと」が日本企業のこれまでのイノベーション戦略＝敗者の戦略だった、ということなのだろうか。

ただものではない。わかりにくいがとてもロジカル。そんな貴重な文献である山口栄一の『イノベーション――破壊と共鳴』と『イノベーションはなぜ途絶えたか』の2冊を、まこと失礼なことにコマギレ状態にして紹介してしまった。ご勘弁。許せ。彼の論調の総意もさることながら、総意に至る過程において有用となる関連概念の諸定義の徹底した明確化作業の中に、実務家にはとてもありがたい〝すぐに現場で使える明解さ〟を見ていた。

それにしても、「実存」という言葉、本当に物理学者の口から出たのだ！

山口（２００６）は概念の再定義化に関して、諸々の学説を何のヘジテートもせずに、踏み石として大胆にとり込み活用する。きっと、とり込み方のトーン&マナー、選択のための思考コンセプトが彼の個性であり、らしさなのだ。

他者の主張の乱暴なとり込みは、公開統計資料や新聞記事も含めてシナリオライティング作業などで自分もしばしば行なっていることなのだが、精緻さに基づいた的確さと激しき大胆さにおいて、彼とは大きな差があることを認めざるをえない。真の研究びとの、底の見えぬ大きさを実感していた。

読み進むうちに山口（２００６）は、暗黙の内に次のように語っている気がした。皆さんも大胆かつ積極的に周辺の諸学説を自説内に取り込み、ホップ・ステップ・ジャンプと前後左右に「回遊」しましょう、と。それを自分の背中で見せている、そこがスゴサなのだと感じていた。了解、と即答する。さらにもっともっと、垣根を作らず無差別に文献を漁り、議論をし合わなければならない、と己れに言い聞かせるのだった。学解融・学融合の時代なんだぞう。

F　真打「山口学説」の思惟構造サマリー

物理学者・山口が強烈に主張したかったと思われるパートを、勝手に選んで次に引用する。ここが彼の〝まとめ〟と思われた（間違うなよ）。

「イノベーションをいかに生み出していくか。最も容易な方法は、既存知識の延長に向かって進むことだ。しかしそれはかならず行きづまる。行きづまったとき、既存の知を一旦捨てて科学的地平にある根本に下りていくことは、とりわけ経営者にとっては図太いチャレンジ魂がいる。（中略）同時に、経営者は現場との共鳴場をたえず維持し、現場の暗黙知を常に汲み取る努力をすることだ。知が滞留して経営者に伝達されなくなった組織は必ず腐る。それ以上に、知が形式知でしか経営者に伝わらなくなった組織もまた、みずからの独創力を必ず腐らせる。（以下略）」

（『イノベーション――破壊と共鳴』）

「〈演繹〉ばかりに固執して〝山から下りられなくなる〟のを防ぐために、常に〈帰納〉をし〈本質〉に向かって下りる修行をすることだ。そして（中略）土壌の中まで下りることではじめて〈創発〉をすることができ、新しいパラダイムを見つけられる」

「未来に至る価値の創造は、現在の延長を〈演繹〉するだけでは、見つからない。つねに〝ちがう未来〟を構想し、分野や業界の〝知の越境〟を果たして〈回遊〉することである」

「本質を求めて土壌に下り立っても、創発の最中に行き詰まったら、分野の壁を越えて知の越境を心がけることである」

（『イノベーションはなぜ途絶えたか』）

いいなあ、と感じつづけていた。痺れちゃっていた。山口（２００６／２０１６）のイノベーション概念研究が与えた、ビジネスの現場にとっての〝目からウロコ〟的画期的成果は、次の三つに絞り込めそうであった。

①開発プロセスの二面性

企業の現場におけるイノベーション開発という業務は、〝ユーザーが求めた目的を成就する営みである「知の具現化」作業〟だけでは不十分で、〝誰も見たことがないこと、誰もできないと思っていたことを、見たり知ったりそしてできるようにする営みである「知の創造」作業＝創発〟も組み込まれていなければならない。従来の商品開発業務は「知の具現化」中心であったが、イノベーション開発業務は「知の具現化」×「知の創造」の二軸両方を内含する形で構成していかねばならない。

↓〔ジロ〕自分は勝手に、〝知の創造は科学（＝研究）、知の具現化は技術（開発）〟と決め打って理解した。それとも両方含んだ全体が科学かな？　あるいは知の創造はインベンション？　自分にはもう少し見えないところも残る。

②実存的欲求重視

これからの時代は、〝原初的欲求（生理的欲求＋社会的欲求＋道徳的欲求）〟以上に〝実存的欲求（創造的欲求＋他者を愛する欲求＋自己を高めたい欲求）〟が高まる。

〝実存的欲求〟は〝原初的欲求〟に対して「パラダイム破壊性」を有する。破壊的イノベーションの創出を意図するなら〝実存的欲求〟をベースにしなければならない。また時代の価値観・欲望構造の変遷から自動的に企業の商品開発も彼のいう〝実存的欲求〟に根付く形、つまりイノベーション開発に近似する形で常態化されなければならない。

↓〔ジロ〕自分は勝手に、〝実存的欲求は自己実現欲求（A・H・マズロー）以上の人間に固有の欲求とほぼ同義だと決め打ちたくなっていた。それが「自己超越」？　まだわからぬが此処が臍だ。

③アイステシス（審美）こそ不可欠エレメント

イノベーションの構造は「①技術イノベーション」「②経営イノベーション」「③アイステシス・イノベーション」の主に三次元から成り立つ。今までの開発業務は①・②中心だった。イノベーションと呼ぶ以上、当該概念〝らしさ〟を高めるには、そしてパラダイム破壊性を高めるには、③の軸がウエイト高く加味されていなければならない。「アート」より「アイステシス」のほうが、ずっとよさそう。

↓〔ジロ〕自分は勝手に、アイステシスはマイケル・ポランニーや野中郁次郎の「暗黙知」概念の周辺にある、と理解したがっている。

「アイステシス」とは〝人の審美観や安心感、そして生活の質を良くすることで価値を生み出す〟こと。一言でいえば〝実存的欲求〟を十二分に反映した軸なのだ。「アート」よりはずっとわかりやすいだろう。

この必須の「アイステシス」を開発に反映するには、開発を行なう人・組織が何よりもまずそれにふさわしく変わらなければならないという。そんな第一の課題のクリアなしにはイノベーション（特に破壊型）は存在しない。つまりは企業の場を「共鳴場」化（さて、どんな場か。簡単にわかれば苦労はないが）することが最優先されるということなのだ。

ただ、大きな一つの不安あり。現代企業組織を、果して「共鳴場」化しうるのか。今の企業は「実存」「アイステシス」とは縁遠い……。

乱暴な嫌いもあるが、自分なりに彼の思惟要点を三項目に凝縮してみた。山口（２００６／２０１６）も〝イノベーションを常態化して、イノベーションを乱発しろ〟とは言っていないようだ。イノベーション開発のキーとなる「アイステシス」をリアライズする（商品やサービスに反映する）ことが可能になる組織・人・体制のありようを実現し常態化すれば、それにつながるやもしれぬ位は語っているのだろう。これからの企業の命綱は、今後膨らんでいく価値意識「アイステシス」つまり〝実存的欲求をシュートしていくマーケティング〟にある、とみたのではないだろうか。その結果が時には成功に結びつく商品開発だったり、偶の爆発的ソーシャルイノベーションだったりするのだ……。そう考えれば〝イノベーション狂騒〟の終焉が見え、イノベーション概念に一本の太い筋が通るような気がしてくる。でもこれらの改革的工夫に「イノベーション」なる名前を付せば、また混乱する。依って私は、この山口学説に別称――たとえばtrue innovationとかbusiness abduction――を付したいのだが、いかがか。

山口（２００６／２０１６）の、言ってみれば〝数量化理論的〟発想の仕方は、①イノベーションの重要因子を常に複数で考える②それらの因子を定量的に処理することが可能である、という二大長所を含有しているように思えた。手法のトーン&マナーも含めて、われらリサーチャーが「筋」として採用するに好適な発想アプローチに思われるのだった。

こんな想いも含めて、リサーチャー・ジロ（私）のイノベーション定義は、これからすべて、山口（２００６／２０１６）のセオリに準じようと結論づけた。かなりの自信をもって、である。でもちょっぴり、理想論かもなあ。

この山口学説に基づけばモデル化も早そうだし、マーケティング向き・リサーチャー向きであろうと直感したのだった。そして、野中郁次郎が「アート」という言葉で伝えようとしたものを、山口栄一は「実存」（あるいはアイステシスかな）という言葉を借りて表現しようとしたかに感じたのだった。「実存的欲求」―「アイステシス」―「チャレンジ魂」……山口栄一は一貫している。自分は心理学出身だが、最近の物理学も人間をよく見ていて、わるくない。

ただ唯一、〝一企業のためになぜこのような崇高ともいえる組織・人・体制が常態として必要とされなければならないのか〟〝一企業レベルではそんな高次の常態化は不可能なレベルに近く、夢物語と考えるべきではないのか〟といった〈常態化〉の部分については、まだクエスチョンマークが消せないままのようであった。自分は今更に、リアリスト（?）であるか。

近未来の企業像を、一度くらいは山口学説にふさわしい形・姿に思い切り近づけるべく振り抜いてみてもいいのかも。きっと役に立つ。

「イノベーション」概念は要らない、と思っていたのに、〝山口イノベーション〟ならいいかな(?)と思わなくもなかった。どうしても「イノベーション」をやりたい企業は、是非に〝山口イノベーション＝business abduction〟でお願いします。いやそれよりはスッキリと「創発開発(emergence development)」と言っちゃったほうが、山口学説そのものでよさそうかな。どうだろうこのネーミング。「イノベーション」はもう使いたくないし、なあ。まあ、これで少し〝スッキリ〟に近づいた感があるかな。「イノベーション・キング」なる王冠があるなら、私は迷いなく山口栄一に授けたい。「イノベーション」なる概念思惟のキングというよりも、「《共鳴場》提議者」「《アイステシス》なる価値構成原子発見者」という思惟画期性に対してキングの称号が頭上に舞い降りたのだと思う。創発開発の王に乾杯！

ともかく、日本の研究人は、まだまだ多士済々だ。涙が出そう。

ありゃ〜、〝ブレークスルー〟もあるでよ

このところ（2010-2015年頃）のイノベーション研究の論文等の数はまこと凄まじく、尋常でないようだった。偶々研究者各位の研究内容・論考に連続して触れ、その熱く多様な高質感に圧倒された。芋づるをたどって次に進むのが、苦痛でなく楽しい。

マーケティングも負けてはいられない、そんな気持が日々強くなる。

良き研究者との出逢いも多い。池田信夫や山口栄一を知った（といっても書物の上だけだが）のも想定外で貴重だった。野中郁次郎が示したここ数十年の研究軌跡も、〝人間のソウル〟に回帰している感を受け、温かかった。

「イノベーション」の普遍的一面である〝社会に強い影響を及ぼす程の爆発的スケール〟を思うと、今の日本企業はそんな規模の革新を常態化しなければ生きられない程煮詰まってきている？　そんな常態化を求める方向に本当に市場の構造は変質してきているのか。際限なしの欲望の爆発？　企業が神経内科系の病に罹患しているだけではないのか。〝イノベーションの常態化希求〟に対しては、どうしても素直に頷けない強い抵抗感を意識しつづけていた。

そんなバカな……。ジャンボ宝くじやロト6を頻繁に当てる話と同じじゃないか、ジロ（自分）流にいえばマンシュウの3連単を2、3点で当て続けるような話にも思えた。歪（いびつ）だ、どこかおかしい……。こんな大それたことを、普通の企業が打ち揃って普通に求めているなんて……。

そんな風に考えボーッとする中、〝そうだ、こんなコトバも最近あったな〟とチョッピリ気に留めたのが「ブレーク（ブレイク）スルー」。

break は破壊する、through は通り抜ける、という意であり〝現状の問題や障害を本質的かつ革新的な方法で解決したり突破すること〟らしい。革新的・飛躍的という形容詞が似合う言葉のようだ。こ奴も凄い現代的意をもつ存在らしいのだが、現象というより行為を表象するように感じとれたのだった。

常用する電子辞書で引いても（バージョンが古いせいか）該当項目が出てこない。「現代用語の基礎知識」（２０１４-２０１６年辺りのもの）でもなぜか未掲載。懸命に参考文献探しを始めて最初にこのコトバに遭遇したのが、同業に近い広告業のクリエイティブワークを仕事とする木村健太郎（博報堂ケトルのエグゼクティブクリエイティブディレクター）の書（『ブレイクスルー――ひらめきはロジックから生まれる』宣伝会議　２０１３）だった。其処には「ブレイクスルーとは、創造的な思考で、壁を突破し、結果、課題が解決されること」「脱・パターン。脱・一方通行」「ブレイクスルーは未来図・突破口・具体案という三つの思考ループで起こる」（筆者意訳）などという《思考法》の概念として記述されている。そうなんだ、それならいいか。現象を表す概念の感あるイノベーションとは異質のものなのだろうか？シャープそうだが、どこか軽いなあ。

次にぶつかった文献は、「研究組織進化論」などという肩苦しい副題が付されており、研究機関の組織運営に資するための書のようであった（『ブレークスルーのために　研究組織進化論』テクノライフ選書　市川惇信　オーム社　１９９６）。テクノライフ選書は日本機械学会が提案した選書で、著者の市川惇信は東京工業大学名誉教授、国立環境研究所長・計測自動制御学会会長等を歴任した純粋研究者のようで、書内でブレークスルーは「ブレークスルー研究」といった研究アプローチ・研究形式の用語として使われている。つまり「インクリメンタル研究」（既知の現象をより良く説明し、または既知の問題をよりよく解決できるように、既知の方法を改善する研究）の対語として「ブレークスルー研究」（新しい現象を発見し、または新しい問題を解決するため、あるいは、既知の現象を新しい方法で説明し、または既知の問題を新しい方法で解決するための研究）が対峙的に用いられ、その重要性が滔々と述べられているようなのだ。前者が〝既知の世界の改善〟であるのに対し、後者のブレークスルーはどこまでも〝革命的に新しい発見の世界〟を指す真面目な言葉、ということなのか。それならわかる。でもそれじゃあ、「ブレークスルー」は「イノベーション」の類語とは、とても言えそうもない？

「ブレークスルー」というコトバには、思考法の新しさや研究形式の新しさを意味の中心とする概念様相しかないのだろうか、本当にイノベーション概念に近い様相はないのだろうか、と考えながらあらためて文献探索を継続した。

やっと該当する書を見つけた、『ブレイクスルー――イノベーションの原理と戦略』（マーク・ステフィック、バーバラ・ステフィック　オーム社　２００６）と『ブレークスルー・マネジメント』（司馬正次　東洋経済新報社　２００３）の２冊である。

「ブレイクスルーはイノベーションのなかでも類まれな出来事である。ブレイクスルーと呼ばれるものは、それが、多くの人が不可能であると思っていた何かを実現するからである。ブレイクスルーは科学的・技術的知識を縦横に駆使する知的活動から生じる。ブレイクスルーによって、新しい産業が生まれたりこれまでの産業が変革したりする」

「ブレイクスルーは人々にとって驚きである。それはめったにない出来事で、科学的技術的洞察から生まれてくる。ブレイクスルーと呼ばれるのは、人々が通常実現できないと思っていたことを実現するからである。ブレイクスルーは何か新しいことを創り出したり、それまで認識されていなかったニーズを満たしたりする。大きなブレイクスルーは、発明家が思いもしなかったような利用価値や効果をもたらすことがよくある。ブレイクスルーは、新しい産業を興したり、既存の産業を変革したりする」

（『ブレイクスルー――イノベーションの原理と戦略』）

こんな現象、あるんだろうなあ、あったら面白いなあ、なとといろいろ思わせる。でも今のところその実在を誰も実証しえない？　これ、想像というよりは明らかに「空想」？「願望」？　それとも「神が為した技」かな？

果してこの概念、一人前の仮説として認めてよい代物かそれとも弱き人類という生物特有の「願望」の表象？　いや「夢想」？　まあどっちでもいいさ。

〝こんな感じのものごとをブレークスルーという〟といった説明の仕方がつづく。イノベーションの中のビッグなタイプをブレイクスルーとあらためて呼び直しただけなら、ビッグ・イノベーションじゃあいけないの？　安易に別のネーミングにするからますます混乱が助長されてくるんじゃない？

訳者の一人鈴木浩も〝訳者まえがき〟で印象深い見方を吐露する。

・イノベーションは発明だけでは実現しない。また、製品開発からだけでも生まれない。真のイノベーションを起こすにはブレイクスルーが必要だという。

・「ブレイクスルー」は現状打破、突破口、革新的、急進的、画期的成功、などの意味での使い方が主流であるが、著者マーク・ステフィックはむしろ〝ラディカル研究（根本的研究と訳すことにした）〟こそがブレイクスルーへの近道だという。

・ラディカル研究におけるブレイクスルー対応戦略としては――×クローズドイノベーション（縮小均衡に陥る）、△オープンイノベーション（製品がコモディティ化する）、○オープンインベンション（この部分、筆者の意訳）。

〝戦略タイプとしてブレイクスルーは、「オープンインベンション」であらねばならない〟とするシンプルな帰結に持ち込んだ思い切りの良さは興味深く受けとめられたが、でもそれがホント正解でいいの？　迷うなあ。

本当にこんな実在概念、存在するのかなあ。そうは思えないんだがなあ。都合よすぎ感で一杯――。

これらから類推して、「ブレイクスルー」の私の解釈は――

・イノベーションとは別概念と言い切れない。しかし、どうも（経営イノベーションよりも）技術イノベーション寄りかな。

・イノベーションの中で超ビッグ・超レアな〝驚き〟を伴うタイプのものを指す？

・技術の中でもより〝根本的研究〟（応用研究でなく基礎研究と単に捉えてよいのかそれともラディカルというニュアンスをより強く帯びている研究なのか……よくわからないのだ）によって出現確率が増すタイプのもの。

といった概念のように察しられたようではあったか（ムリムリ、だけど）。

仮にそうだとすれば、わざわざ別の概念名を付けなくてもよいのでは。山口学説の「パラダイム破壊型」云々などの類ということで十分じゃあないの。あるいはイノベーションの細目分類の項目を増やすだけじゃあダメなのか。概念に感覚的newnessを付与したいがためというならわからないでもないが、それじゃあただそれだけのこと、にならないか。

〝流行り言葉の追っかけごっこは、もうやめようよ〟

精読に入ることもなく、この参考文献を畳んだ。ゆえに誤謬・勘違いあればご免。でも、〝ブレイクスルー〟なんて、カッコよくって見出しに使いたくなるよね。それにしても、ブレイクスルー、ブレークスルー、どっちなの？

もう一冊の『ブレークスルー・マネジメント』にも目を通した。こちらは〝ブレイク〟でなくて〝ブレーク〟なのだ。

「ブレークスルー・マネジメントは変化の時代の新しいマネジメントである。ビジネス環境が大きく変われば、今までのビジネスそのままでは通用しないのは当たり前である。そのとき今までのビジネスを手直しする、と考えるのが伝統的な考え方である。しかし、それでは通用しなくなっている。従来のビジネスAを新しいビジネスBに変えなければ生き残れない。そのためのマネジメントがブレークスルー・マネジメントなのである」

（『ブレークスルー・マネジメント』）

プランBに当たる「ビジネスB」の必要性、というところまでは即わかる。ただそれがなぜ（イノベーションで足りずに）一気に〝ブレークスルー〟になるのかがわからない。生き残るためのビジネスモデル変革？　この論調では〝ブレークスルー・マネジメント（B・M）≒イノベーション・マネジメント（I・M）〟となるの？　それとも？　どちらにしても「強烈なプランB」の必要性の話だよな。少し疲れてきた。違う言葉を用いなければ勝てない、というわけでもなかろうに。

救いだったのは、ブレークスルーの研究には、イノベーション創出プロセスに類似する「ブレークスルーを創出しやすい業務プロセスを模索する」といった発想が目につかなかったことだ。これならコンサルタントが商売として安易に入っていきにくいといったメリットはありそう？　しかしそう考えていけば、ブレークスルーは〝神やセレンディピティにしか起こせない〟ということになりかねない？　どんどん調べるモティベーションが下がっていく。

　ブレークスルー研究は、過去事例を徹底解明し、ブレークスルーをなぜ起こしえたのかを追求し抜くことで、ブレークスルー創出のための要因や条件の探索に徹しているようには一応感じた。しかしブレークスルーと思われる過去事例を、どのような基準で抽出し、そう判断するの？　ブレークスルーは先天的で天下り的に突然何処からか下りてくるものだとすれば、とりあえず「神またはそのような存在のせい」ということに結論づけることで事例抽出も可能になるかもしれないが、科学的には解明できないまま。また人類にしかできぬある先天的能力によって生起するものだとすれば（ここまで行かないと「イノベーション」との差別化はできないよ）、そんな能力を表象する概念の説明もない現状下ではすぐに行きづまっちゃうかも。この概念（の卵）は、別の用法ですでにきちんとした元来研究用として使われている概念なんだよ。忘れないで。

　ましてやイノベーションやブレークスルー現象の顕現を常態化するプロセスを見つけ出そうと企図するなんて実におこがましく感じられてならない。研究者としてウソっぽい。〝編相関値の高い仮説や要因・条件を抽出する〟程度の言い回しに抑えて口に出せば、と本音では言いたくなる。たとえばイノベーションの最高峰（と仮にした場合）たる「ブレークスルー研究」など有意義な形でやれそうなの？　ブレークスルー的(?)現象はいかにも〝ありそう〟だが。

　やはりチョット疲れた。リ・インベンションとかブレークスルーとか、新ネーミングを簡単に用いて差別的自論を誇らしげに提唱する研究者各々の勇気に、ただビックリするばかり。これ、研究者の性（さが）なのかなあ。それにしても、カッコよさそうなコトバばかり、やたら追いかけている感、あるよなあ。

　ここまでくると、〝ここまで先走らずに我慢しようよ〟と言っちゃおうかなあ。もうみっともなくなる寸前のような気がする。私の纏めの言葉は、もういいよ。これらの言葉、基本要らない。お祭り騒ぎは、そろそろ手仕舞いだ。

　蛇足にはなるが、実はこれらの類似する複数概念を有意義に活用すべく、①通常のマーケティング成果②イノベーションの成果③ブレークスルーの成果という三種の成果概念を同一次元にあるものと仮定して概念の統合整理を進め、商品開発業務をその浸透パターン・ベネフィット特性・成功水準（極大・大・普通）などから、「普通の開発レベル」「イノベーション（成功大）レベル」「ブレークスルー（成功極大）レベル」の三類型に判定的に分け、その成果内容をより緻密に分析・検証していくというアプローチの有用性を検討してみたこともあった（拙著『マーケティング・イデア

2040〈JIRO's DIARY 過去現在巻〉』参照)。この視点は自然な流れとして《類型判定モデル》の必要性も生んでくるかもしれないが、果して成果レベル別業務整理など、実戦レベルでなにがしかの意味をもちうることなのだろうか。

ということで私は思考を中断してしまった次第(具体的には前述の拙著参照)。八岐大蛇にはそろそろ降壇していただこうと考えているゆえ、まあ仕方ないことと言えそうかな。

イノベーション概念が生むやもしれぬマーケティング業務革新の可能性

不思議だった。マーケティング領域の中で本概念を活かす道はいろいろありそう、となぜか暇さえあればいろいろ模索していた。蠱惑的な何かから手招きでもされたようなのだ。たとえば、事業・商品開発工程の何処かに「イノベーション度判定のための《関所》を設置する」とか、其処でそれなりの審査を行なうとなれば「評価尺度併設」は必須となってくるのだろうし、そんな尺度開発の充実はマーケティング思惟の強化につながるはず、となぜか考えてしまうのだった。

現状〝イグジスティング〟と呼ばれる新製品市場参入後の業務工程は、年毎のアニュアルプランづくり中心の平板な予算作成作業にプラスして、若干のプロダクトライン修正等の比較的シンプルな開発業務が加味されたリジッドな定型業務ステージの印象が強いのだが、仮にイノベーション現象たりえるかどうかの判定を行なう《関所》機能をこのステージに常設し、SNSメディア戦略等の多様なデジタル技術を総合的に駆使し、開発された商品・サービスをソーシャル・ムーブメント化していくための《第二のコミュニケーション戦略開発工程》を後追いで組み込めば、デジタル市場にふさわしい工程刷新になるのではないだろうか。現在の「営業・販売ステージ」の業務構造はあまりにシンプルで直截だ。ビッグな成果へ向けての新工夫や知的武器開発も少なく、デジタル技術横溢の時代に似つかわしくない。営業・販促関連の基本的マーケティング業務の現状は、なんと基本20世紀の姿のまま、CX、n=1、カスタマージャーニーなどと宣って〝デジマケ〟の厚きファンデーションを塗りたくっているだけのよう。はっきり言って、皆〝小手先〟なのだ。イグジスティング(existing)工程の業務コンセプトこそDX気運増大にそぐうべく基本から革命的に見直したいものである。

さらに「イノベーション度判定指標(index)開発」などと呟けばドエライ話にはなるのだが、関連専門家たちが知恵を出し合いこの種のインデックス開発の具現化に挑戦してみるのも一法かもしれない。イノベーション(のような一大社会現象)が企業の未来において一つの大きな開発目標になるという前提を置くとすれば、数値指標を伴ったこの種の羅針盤的武器の開発は不可避なるインテリジェント・ジョブだろう。喧騒イノベーション脱出期をマーケティング業務の抜本見直し期と捉えられれば、そりゃあ望ましいことではあるが。

　このように妄想的発想を展開していけば、〝イノベーション開発の常態化など夢物語〟と受けとめていたはずなのに通常の商品開発の延長にイノベーションもブレークスルーも存在しうるようでもあり、大当たりする商品開発を常態化しようと考える経営トップの発想もそれなりに自然で正常に思えてきてしまうから不思議だ。基本、企業は儲けるためにあるのだから。

「イノベーション」なる現象のリアライゼーションを定例的成果として常態化しようと考えることは現実的ではないが、開発業務工程上にその要望を僅かでも可能にする何らかの武器&仕組みを常設セットすることは企業知力向上の上で十分ありうる話なのだろう。イノベーション概念には「?」がつくが、この喧騒は良き勉強機会かもしれぬ。指標開発はデジタル時代の必須科目だ。

　実にヤヤコシイ、だからまたすぐ迷う。いずれの視座が正鵠を得ていて、この狂騒に意味があるのか、混乱するばかりだった。イノベーションという言葉は「newness 開発」の一つの表現語にすぎぬ。この言葉が単なるコトバであろうと概念といえようと、「newness 開発」はどこまでも企業の〈命〉なのだ。美味しい〈命〉の周りにはバイ菌も群がる? そりゃあ世の常だよ。

　どうだろう、あえて「イノベーション」でなく「画期的ビジネス開発」あるいは……という他の普通の言葉を使おうよ。イノベーションという言葉、単に「画期的革新」という意味でシンプルに使っていただくのであれば、何も問題ないのだ。特別な何かを含有していそうな新語としての濫用は避けたい。どうして皆、この言葉を複雑怪奇に、自分勝手にいじりまくる！　普通の言葉でいいじゃない。エエカゲンニセエ！

　こんな話が、多すぎて疲れる。なにか時間もエネルギーも、とんでもなく無駄をしているような気がしていた。これらの無駄はすべて、「イノベーション」という概念を容認しようとするところから始まっているようであった。この言葉は便利すぎ、都合よすぎる。私は「イノベーション喧騒」を21世紀人の一つの代表的迷妄と決めつけたい。それは、真面目びとが小悪魔に翻弄される光景に似たり？　そしてビジネスマンの脳ミソの質の低下は夥しい？　あなたは、どうお考えであろうか。

やはり、「願望」に満ちた概念なんて、ヤダ！

イノベーション&ブレークスルーを〝マーケティング活動の中の Big & Excellent な事業・商品・サービス開発〟とし

て一旦位置づけて見るとき、まずは〝従来マーケティング内の事業・商品開発行為に組織戦略（たとえば野中イノベーション思惟のような）を必須科目として組み込むべし〟という革新的アドバイスに容易に気づくことができる。さらに言えば、イノベーション&ブレークスルー開発を思考する過程には〝企業という場が〈人間個〉に立ち返る可能性を高める何物か（ひらめきや暗黙知など）の存在を必要とする〟といった考え方が求められるのかもしれない。それはまた、企業という「経済」行為に偏しすぎた場の寿命維持とその構成員の人格形成に人間らしさを賦与することをも同時に可能にする数少ない貴重な思考と見ることもできるのかもしれない。この視点に立脚すれば、このところのブーム的なイノベーション喧騒状況も、〝新たなる勉強機会〟として是認されてよいのか、とも思い始めるのだった。

　要するに、イノベーション&ブレークスルー概念を包含可能としたマーケティング概念の刷新は、基盤となってそれを支える「新組織戦略」（＝文化？）の創発をもってスタートしてこそ意味があると言えるのかもしれなかった。

　なんとか「イノベーション」なる妖美な概念にも、そこそこに筋が通ってきたようだった。山口栄一説に基づく「イノベーション」概念（＝創発開発？）なれば、「アイステシス」「実存的な欲求」など学術の世界でもビジネスの世界でも、それぞれに有益な形で役立つと思われ、積極支援もしたくなる。しかしその一方で、暗黙知の成果であれ実存的な欲求の顕れであれ、それらは〝あってほしい世界〟の抽象物＝幻影にすぎないような気もしなくもない（此処も大事だ）。不安だ。私も、心が揺れる。扨、どっちだ？

「《危機》と《イノベーション》。この二つは、破局へのまなざしと成長へのまなざしというふうに、一見対立するもののようでありながら、じつは一つの意識の表裏だったのではないか」（『濃霧の中の方向感覚』鷲田清一　晶文社　２０１９）という叡智の見方を思い出す。「いま世界で何かが終わり、別の何かが始まりつつあるという意識をたえずかき立てないではやってゆけない〈モダン〉な社会」（同前）であるからこそその意識構造が、〝成長のまなざし〟を淡い「願望」にまで引き上げざるをえなかったがゆえの「イノベーション」という言葉の〝わざわざの選択〟だったのではないか、という推測が妥当そうに映り始めた。引き上げられた願望の先には組織の新しい人間文化がある？　そうかなあ、いやそうかもしれない……。願望は、極めて人間らしい感覚だからなあ。ただ、すでに〝ある（はずの）ものをじっと見つめてあるかないかを懸命に検証しようとする学あるいは科学の世界〟に、両足を踏ん張って生きているはずの人びとにとって、〝あればいいなあというものをあることにして在る世界〟にすべてを置換して都合よく生きようとするということはきっと耐えられないはず、とも想像する。やはり、「願望」は、ヤダ！

　その行為はきっと其処で為される思惟を学の体系から遠ざけていくはずだ。今の「イノベーション学」はその典型に映る。人間という弱き存在が求める諸々の極端なものごと（理想郷とか完全無欠のものとか、いいことずくめのものとか）を先験的に組成成分として包含してつくられた「願望」なる言語あるいは概念は、生活世界に生きる日常の人間個にとっては自然に映る〝ある一つの必要な存在物〟であるのかもしれぬが、学と取り組みつつ懸命に生きる研究びとにとっては、基本的に世界認識という観点からは決して採用してはならない（その誘惑には負けてはいけない）非学究的態度につながっていく一つの不安材料、落下したら一貫の終わりの深きクレバス、と捉えるほうが自分らしいし好みである。今からでも襟を正そう。遅いなんてことは、まだない。

「イノベーション」は、そしてついでに言えば「レジリエンス」もまた、いいことずくめの要素で一杯だ（われはこれを国連思考の甘さの反映と捉えたい。SDGsも同じかな）。いかにも願望の塊のようである。だから学には不要と考えるのである。いつ頃から、このような組成の概念が、尊き学に混ざり込んできたのか。問題である。現代人縮退の象徴、と感じざるをえない。

今の時代、コンサルファームへの美味な餌（これ、ファースト・フーズだよ）が増えすぎ！　もっとギンギンに生身の実在を追おうよ。それぞ学術！

「願望」なる概念を有力な素材として取り込んでつくられた新概念（ここでは「イノベーション」が該当する）の性格は、〝甘さ〟があまりに滲み出てきていて、その上、抽象物臭、曖昧・人為臭などが気になって仕方がない。「願望」から滲み出す甘さは、好みではなく、また当然学向きでもないはずだ。

私は、概念というものは〝あるはずのものをあると突き詰める〟厳しき作業仮説のために存在してほしい、と日頃から考えている。「イノベーション」という新概念は、ビジネス思考を担う基幹概念としてみた場合先述のような甘さを一杯湛えた人間臭いB級の作業仮説に映らなくもない。そんな実体（実は仮晶？）をシュンペーターの後光が覆ってきた？　私には生理的に不適合な代物と映る。このような乱暴とも思える視座も一つの活きた見方だと信じる。

しかしながら別の視座もありそうだ。思考の基幹概念という視座から離れて、何かを創り出すことをつないだり支援する副次的「媒介概念」としてこの概念を見つめ直すとき、B級評価の一因であった「願望」は、その負なる影響力を減退させ、たとえば創り出したい「新組織文化」の開発・創造に役立とうとする感性にやさしい支援的コトバとして活きてくる、といったような見方も侮れないかもしれぬ。だからこそ野中郁次郎もこのコトバを棄てきれず、逆にこだわり続けたのではないか、と結構自信をもって推察するのだ。「イノベーション」というコトバにはこんな活かし方もあったやも、ということか。

ただ、「科学の世界」ではなく、人間の生（なま）な本質を投影する芸術のごとき「制作の世界」を想定すれば山口栄一説がグーンと生きてくる。やはり「イノベーション」は、創作・制作（ポイエーシス）の世界のものか。となれば私も忌避する理由がなくなるのだが。さて、どんなものかな。こんな

「山口思惟」を包み込む制作的属性を保有する現象のネーミングとしては、やはり「イノベーション」という呼び名以外にもっとふさわしいものがありそうな気がしてならない（たとえばbusiness abductionとか）。

私は文献内で詳細見させていただいたイノベーションに関わる驚愕の「山口思惟」に対して、新基幹概念としての新しい名称を授けることを提案したい。

〝イノベーション喧騒〟にはもう飽きた。この言語の追究はムダなようで、徒労のみが残りそう。本言語の意味の現況にみる特徴は、明らかに複合を重ねた多様で歪な組成をもっているようであり、ゆえにこの言語に頼る思考は、しばしば結び言葉やキーワードとして説明なく使われることが多いことを見れば、肝腎かなめの土俵際で詰めのない思考に成り下がり、好きなように解釈してくれ、といった〝締まりなき考察〟を増加させる危惧に溢れる。つまりこの言葉、〝混乱を招来する頼りなき思考〟の原因になりかねない。そうは思わないか。これぞ、極み研ぐことの衰兆だろうよ。私の行き着いた処、それは……しつこく口に出せば、使えば使うほど本質から離れる感触が強まる。知的虚飾を排したい自分にはなくても困らない。私はこの概念を自論のために用いることはないだろう。ついでに言えば、「レジリエンス」概念も同様だ。

この21世紀、デジタル化の浸透する世界にあっては、〝航空機や自動車等にみるような20世紀の偉大な発明に匹敵するイノベーションを生み出すのはもはや至難の業〟とも語られ、ロバート・ゴードン（ノースウェスタン大学）、タイラー・コーエン（ジョージ・メイソン大学）などは「イノベーション停滞説」をロジカルに提唱する（『デジタル資本主義』森健、日戸浩之　此本臣吾監修　東洋経済新報社　２０１８）。時代もまた、この概念の降壇を待っているかのようでもある。

それにしても困った。本書で最低五概念は語らねばならない予定をしているのに、「イノベーション」だけで多くのページ数をとり過ぎた。まあ、われらの「商品開発」とあまりに似ているのだから、こうなるのも仕方ないか。

実はこの概念、自分は可能なれば学から消去したがっている。なぜかと言えば、こ奴の脳は生来〝カオス〟そのもののように見え、今後とも学の混乱を招きそうで危険と感じるのだ。なぜだろう。こ奴、人間の弱さを見抜いている？

これ、developmentの表裏を長年見つめてきた実務家の勘。開発の実像は、そんなに綺麗で魅力的ではなかろう。代わりに「山口学説（＝創発開発）」を加えさせてもらおうかな。あとの残った四概念は、もう少しスッキリさせねばとは思うのだが、果してそうまくいくだろうか。不安である。

とりあえずは今一度、だらだら書いて、ご免なさい、と言っておこう。

【個論Ⅰ　サマリー】「イノベーション概念」の独り言

私は「イノベーション」といかにも格好よさそうに呼ばれ

ている概念。

生まれたのは結構古いのに、その後の発達はあまり目立たず、多くの類語の介入で曖昧化の進行する未熟成なる存在。ある人は「現象」として扱いまたある人は「アビリティ」的なものだといったり「思考」だともいう。国は「技術革新」として用い、研究びとはもっと多様な諸々の「革新」の総称として気軽に（適当に？）使ってもいる。どうなってるの？果して私は何者か。なのに、私の外観を見て、誰もがなんとなく好んで使う。部門の看板（たとえば「ビジネス・イノベーション・センター」とか）にまで、私は居るのだ。実に煩わしい。私のコーチだという人が、やたら多すぎるせいなのかなあ。

研究センターなる名称の、私を究めるためのきちんとした専門組織もあるようなのに、私の整理・剪定作業は一向に進まない。もういい加減、意味不明瞭なままで持て囃されるのは迷惑だ。現状私は、周りから必要とされている実感をなかなかもてないで悩む。なかでも〝buzz-word〟なる仇名は不愉快極まりない。

わが血筋は「新結合」系統と名門であり、昨今は皆この血筋を忘れがちだ。

定義明確化もなしに、有名企業のコーポレイト・キャッチフレーズにまで安易に用いられては、困った風情程度でとどまらず、もはや号泣しかねない。

悩みは深まるばかり。私のような概念は、本当に社会に、学に、必要なのか。単なる希望の星の象徴にすぎないのでは……。〝憧れ〟だけの存在など仮像、幻影ではないのか。同様の状態にある概念は多々あれど、おそらく哭き始めるのは、私が一番早いだろう。その際は、悲しいというより腹の底からの慟哭になりそうである。誰か、助けて。Help me! 本当に今、辛いのだ。

あ、マーケティングさん、そんなに及び腰にならずに、よかったら好きに整理して、適切にあるいは適当にでも、使ってくれませんか。「アビリティ」的な意味合いはスッキリと切り捨ててもらって、「現象」ということで構いませんので。何卒宜しく頼みます。できれば〝山口栄一ロジック〟を中心に据えていただければ、身だしなみも整い、私の本質に近づけて嬉しいのですが。

【MY結文】こんな願望的概念、要らねえ

八岐大蛇の不要なる頭は、令和の草薙剣にて断ち切ることにしたい。

これからのマーケティング思惟は、〝実在を在るがままに見つめる〟態度にあらゆる科学的基盤を置き、人間の欲望と正対し、人間として好ましく感じられる情動の開発につなげていく夢をリアライズせんとする果敢な学たることを目指す（拙著『「人類マーケティング哲学」への前哨』を参照していただければ幸甚である）。したがって「期待」や「願望」の立ち込める概念の類を思惟の餌にしては混乱の因になりかねぬ。「期待」や「願望」には人間固有の甘き感情や情感が少

なからず反映しており、こ奴（「イノベーション」概念）はそんな人為の勝った概念であると見通す。甘い人為は「思考」に対して、多々負の働きを及ぼしかねない。依ってこの概念は、マーケティングには不要と判断し、その追究の一切は他学たとえば経営学他に委ねたい。やりたければやれ。わるいがその成果物は、遠慮なくわれらの事業・商品開発業務等に活用させてもらう。

われらマーケティングびとは、事業開発・商品開発という代表的集合知収斂業務の革新的成果物として創発されてくるはずの「人間らしき情動（≒心のはず）の開発」を実践し、人間の「生きいきとした生」を謳歌する姿の達成を科学的方法論によって捕捉せんとする、いわば「欲望人」という一つの人間像を仮説的対象とした人間学学徒なのである（同様に拙著参照）。

そんな集合知収斂業務の流れの中で探しうるMAXなる成果物の一つが、たとえば昨今「イノベーション」と呼ばれるビッグなる社会現象のリアライゼーションなのだろう。〝イノベーション研究〟なるリサーチ・タスクが生み出す貴重な智慧――たとえばイノベーション・キング山口栄一学説など――は、われらの事業開発・商品開発に代表される集合知収斂業務の明日を育む〝肥やし〟すなわち〝構築基盤の基本思惟〟の一つとして組み込んでいきたいと考える。

その根拠は実に明快で、イノベーション研究者山口らがたとえばアイステシス、実存的欲求など人類の近未来において重要と指摘した価値変数は、21‐22世紀にかけて人間の意識の中でますます意味膨張・拡散していくものであるはず。であるがゆえに〝重用されてよい〟と容易に見徹すのだ。

〝あるであろうものごと〟と〝あったらよいものごと〟では作業仮説の質に大きな差異が表れる。私はどこまでも、前者の視座を堅持したい。

近年における本概念に向けられた知の高エネルギー・フォーカス事態を、単なる負の余韻・残渣にとどめおかないためにも、本概念の原意であるシュンペーターの「新結合」という鮮烈なる思惟にとどまらず、革命的新概念創発（たとえば山口学説の進化版とか）につなげ、新時代における人間の《価値表象変容》の洞察に役立てていければ、とは希望的に考えなくもない。ただそのアプローチの具体化は、実戦においてそう簡単ではあるまい。

この概念の流行りのすぐ裏には、「イノベーション」と「テクノロジー」の2本の御旗をひたすら振る、「独占」がモットーのピーター・ティール（起業家、投資家）が高笑いする姿が見える？　あれ、傍らには昔彼が創業したペイパル（金融サービス会社）時代に解任したイーロン・マスクの姿も……。ウソ、だろう。私は、ティール思惟には乗りたくはない。ひょっとして「イノベーション」や「ブレークスルー」、最近では「ムーンショット」（困難だが、実現すれば大きな成果が見込める壮大な計画や研究）といった類の言葉、彼らが意図的に流行らせた？　そんな……。

私の最終結論――現時点で後者（あったらよいものごとつまり「願望」の概念）に属すると見える、今ある〝意味拡散状態〟の「イノベーション」概念よ、とりあえずさようなら。同様にブレークスルーもっての外。ブレークスルーはその出生地である〝研究開発領土〟の中だけで生きるべきだろう。

今のあなた（イノベーション）を、今のままでは、許容できない。

えッ、今頃になってそんなこと言うなって？　だってみんなの研究エネルギー爆発が凄すぎて、じっくり見つめていたら時間を食っちゃったんだ。学術の未来を考えれば、今からでも遅すぎることはない。俺も頑張る、人間の甘さに滲み込む不埒な八岐大蛇め、皆で一日も早く退治しちゃおうぜ。よろしく。

〈個論Ⅰ　参考文献〉

・『図解&事例で学ぶイノベーションの教科書』（池本正純監修　カデナクリエイト　マイナビ　２０１５）
・『暗黙知の次元』（マイケル・ポランニー　高橋勇夫訳　ちくま学芸文庫　２００３）
・『脳は「ものの見方」で進化する』（ボー・ロット　桜田直美訳　サンマーク出版　２０１７）
・『ＢＣＧ流　成長へのイノベーション戦略』（ジェームズ・Ｐ・アンドリュー、ハロルド・Ｌ・サーキン　重竹尚基、小池仁監訳　遠藤真美訳　武田ランダムハウスジャパン　２００７）
・『イノベーション概念の現代史』（ブノワ・ゴダン　松浦俊輔訳　名古屋大学出版会　２０２１）
・『シュンペーター——孤高の経済学者』（伊東光晴、根井雅弘　岩波新書　１９９３）
・『一橋ビジネスレビュー』２０１７年ＳＰＲ．64巻4号（一橋大学イノベーション研究センター編　東洋経済新報社　２０１７年3月23日発行）
・『バリューイノベーション——顧客価値・事業価値創造の考え方と方法』（産業能率大学総合研究所バリューイノベーション研究プロジェクト編著　原田雅顕監修　産業能率大学出版部　２００７）
・『イノベーションの本質』（野中郁次郎、勝見明　日経ＢＰ　２００４）
・『経営の哲学——いま何をなすべきか』（Ｐ・Ｆ・ドラッカー　上田惇生編訳　ダイヤモンド社　２００３）
・『イノベーションと企業家精神——実践と原理』（Ｐ・Ｆ・ドラッカー　小林宏治監訳　上田惇生、佐々木実智男訳　ダイヤモンド社　１９８５）
・『イノベーション・マネジメント入門』（一橋大学イノベーション研究センター編　日本経済新聞出版社　２００１）
・『21世紀未来圏 日本再生の構想——全体知と時代認識』（寺島実郎　岩波書店　２０２４）
・『イノベーションを興す』（伊丹敬之　日本経済新聞出版社　２００９）

・『イノベーションとは何か』（池田信夫　東洋経済新報社　２０１１）
・『Beyond Innovation――「イノベーションの議論」を超えて』（前田正史編著　丸善プラネット　２００９）
・『ラジカル・イノベーション戦略――新市場を切り拓くプロダクト革新』（織畑基一　日本経済新聞社　２００１）
・『イノベーションの神話』（スコット・バークン　村上雅章訳　オライリー・ジャパン　２００７）
・『イノベーションのジレンマ――技術革新が巨大企業を滅ぼすとき』（クレイトン・クリステンセン　玉田俊平太監修　伊豆原弓訳　翔泳社　２０００）
・『イノベーションの経済学――「繁栄のパラドクス」に学ぶ巨大市場の創り方』（クレイトン・Ｍ・クリステンセン、エフォサ・オジョモ、カレン・ディロン　依田光江訳　ハーパーコリンズ・ジャパン　２０２４）
・『48の成功事例で読み解く――ドラッカーのイノベーション』（藤屋伸二　すばる舎　２０１３）
・『イノベーション・カンパニー――継続的に革新を生み出す会社の条件』（野中郁次郎、山下義通、小久保厚郎、佐久間陽一郎　ダイヤモンド社　１９９７）
・『イノベーションの作法――リーダーに学ぶ革新の人間学』（野中郁次郎、勝見明　日本経済新聞出版社　２００７）
・『イノベーションの知恵』（野中郁次郎、勝見明　日経ＢＰ　２０１０）
・『イノベーション普及過程論』（青池愼一　慶應義塾大学出版会　２００７）
・『イノベーション普及学』（Ｅ・Ｍ・ロジャーズ　青池愼一、宇野善康監訳　産能大学出版部　１９９０）
・『競争優位のブランド戦略――多次元化する成長力の源泉』（恩藏直人　日本経済新聞社　１９９５）
・『イノベーションの誤解』（鷲田祐一　日本経済新聞出版社　２０１５）
・『イノベーションの実践理論』（大薗恵美、児玉充、谷地弘安、野中郁次郎　白桃書房　２００６）
・『国家の品格』（藤原正彦　新潮新書　２００５）
・『発明家に学ぶ発想戦略――イノベーションを導くひらめきとブレークスルー』（エヴァン・Ｉ・シュワルツ　山形浩生解説　桃井緑美子訳　翔泳社　２０１３）
・『リ・インベンション――概念（コンセプト）のブレークスルーをどう生み出すか』（三品和弘、三品ゼミ　東洋経済新報社　２０１３）
・『イノベーション――破壊と共鳴』（山口栄一　ＮＴＴ出版　２００６）
・『イノベーションはなぜ途絶えたか――科学立国日本の危機』（山口栄一　ちくま新書　２０１６）
・『ブレイクスルー――ひらめきはロジックから生まれる』（木村健太郎、磯部光毅　宣伝会議　２０１３）
・『ブレークスルーのために――研究組織進化論』（テクノライフ選書　市川惇信　オーム社　１９９６）
・『ブレイクスルー――イノベーションの原理と戦略』

（マーク・ステフィック、バーバラ・ステフィック　鈴木浩監訳　岡美幸、永田宇征訳　オーム社　２００６）
・『ブレークスルー・マネジメント』（司馬正次　東洋経済新報社　２００３）
・『濃霧の中の方向感覚』（鷲田清一　晶文社　２０１９）
・『デジタル資本主義』（森健、日戸浩之　此本臣吾監修　東洋経済新報社　２０１８）

個論Ⅱ　〝consumer-oriented 視座〟を透徹し企業長寿を実現する

――「顧客満足度指標（ＣＳＩ）」概念は今、転生したがっている

私は短い一時、従業員500名超のシステムインテグレータ企業でシステム開発営業本部長として情報システムビジネスの営業開発に注力したことがある。専門がマーケティングなので、情報系それもマーケティング情報システム領域を開拓しようと志したのは自然な流れだった。勇んで当時の情報システム関連サービスメニューをつぶさに俯瞰・検討する苦闘の日々が続いた。

その結果、何の後ろめたさなしに客先へ向けて自信をもって提案できる既存の営業企画メニューなど周りのどこにも見当たらず、探しあぐねるおのれの必死さが〝CSI（顧客満足度指標／customer satisfaction index）〟という概念との出会いを生んだ。あとから思えば僥倖だった。ジロ（当時の私の通称）はその後数年にわたって、CSI関連プロジェクトをなんと数十件受注、他社との差別化と〝IT×マーケティング〟という新世界への上陸を一時的に達成することになる。

「顧客満足」——この文字をあらためて見つめれば、わかりやすそうに見えて何かよくわからないニュアンスの残る言葉。まるで長所の塊のごとくに〝もっともらしさ〟が前面に出ていて、簡単には好きになれそうもない不思議な言葉である。

「顧客満足」というと、なぜかいまだに水道哲学を唱えた松下幸之助が浮かぶ。「満足」という心理色強きこの概念は、元来曖昧なもののようで、「顧客」とセットにされて四文字熟語化されると、なんとなくわかった気になるその一方、曖昧さが四文字の隙間から滲み出し、いじればいじるほどその印象が増幅されてくるようだった。

アメリカの民間企業J・D・パワーが開発したCSIという呼称のマーケティング指標が太平洋を越え、ある時突然渡来した。なぜかみんな飛びついた、たぶんその意味も十分理解しないままにである。しばしば遭遇する日本人らしき性の噴出と思えた。

日本の大企業が争うようにCSIを導入しつつあったそんなとき、自分にはこの「顧客満足」なる概念は、困って泣いているように感じられた。みんなから大事にされ世論もおかしい言葉とは思っていないはずなのに、まこと不思議であった。

そんな自覚が自脳を刺した瞬間、松下幸之助への思慕も含めた連想は、一旦消滅し切ったように感じられたのだった。

CS概念のブーム化、だって

少し、マーケティングの歴史を遡ろう。CSハリケーンの到来史の回顧である。

1980年代の終わり頃からCSという文字がアチコチに目につき始め、1990年4月26日号「日経産業新聞」経営特集に、〝「顧客満足」が勝負を決める、CSI：企業のサービス評価、米国ホンダ・「買って喜ぶ」運動展開／ランキング快走、トヨタは巻き返しへ／世界規模で首位狙う〟、といった見出しが躍った。充実した記事だった。後で詳細を語ることになるのだが、CSIにおけるホンダ（トヨタもそうだったのだが）は、軽自が快調な昨今とは比べものにならないほどに、プライベートジェット開発に乗り出した頃と同様、アクティブかつ大胆で、素敵極まりなかった。

1990年10月にはアメリカのCS調査の専業J・D・パワーと日本の市場調査会社R&Dが合弁でジェイ・ディ・パワー・ジャパンを設立してビックリ。日本で初めてCS専門のマーケティングと情報サービスを開始する。週刊ダイヤモンド1991年10月19日号でも、〝あなたの会社のCSは間違っている〟とCS特集を組み、世の経営層に問いかけ、有力メディアも美味しい餌と感じたのか、やたら勢いがあった。大手企業はハシカにでも罹ったかのごとく、連続して〝CS推進室〟や〝CS推進本部〟などの専門部署を立ち上げ、クライアント企業の社内廊下を歩くと、壁に〝CS運動〟のポスターが貼られているのがやたら目につくようになる。当時自分は、クライアント企業を軒並み〝CSIサービスメニュー〟拡販のためにウロついていたのだが、CS商品を売りに来た本人（私です）がそのブーム的状況のすさまじさにビックリするほどであった。といっても昨今（2020年代）のCXデザイン部や顧客のCX創造気運に比べれば、遥かにまともで実際的と思えた。

ところが、この〝CSブーム〟は自分の関心外の出来事だった。なぜか。自分が売り込もうとしていたのは、〝顧客志向〟の延長にある〝顧客満足〟とは次元を異にする「新しい情報系システム・パッケージ」（のつもり）だったからだ。

モノからコト&ココロへ、ハード発想の限界、ハード価値からソフト価値へなどと軽く語られる、この時代の表層しか映さぬパラダイム転換の動きは、その類の言葉に弱い経営者たちの脳内に一気に滲み渡る。とても自然な流れとみえた。お客様第一主義を貫いてきたはずの企業家たちは、今までとどう変わらねばならないのかに戸惑い悩み、思い通りに行かないケース山積の中で自信を失いかけていたのだ。

そんな中での異常なる〝CSブーム〟。それはまさに〝喧騒〟のうねりだった。

この背景には、経済のソフト化、サービス経済化の大きなうねりに翻弄される〝工業化に凝り固まり生産性・効率性重視に徹してきた〟昔ながらの経営者意識があったのだろう。その反動からか、顧客志向・お客様第一の見直し、顧客とは果して何なのかが問い直されるという一見健全にもみえる事態がブームの基底に膨らんでいったかに思えた。このブームのような経営意識の揺り戻しは、決してわるいことではない。

〝お客様第一〟を標榜した企業・経営者の中で、それを実践的に体現しえたのは松下幸之助くらいかなと思う。でもそれは、水道哲学に見るように社会のインフラレベルの欠乏時代であったからこそ経営の中で輝いたのであり、これからの時代のような心の欠乏期、情動希求期にあっては、松下幸之助をもってしても簡単ではないとつい考えてしまう。言うは易く行なうは難しの典型が〝お客様第一〟なのではないか。

「CS経営とは、自社の提供する商品・サービス・企業イメージなどに対し、顧客の満足を得るために、定期的、継続的に満足度調査を行ない、その結果に基づいて不満足な点を迅速に改善し、より高い顧客の満足を追求する経営活動をいう」

（『「顧客満足」経営のすすめ方――CS経営・導入と成功のノウハウ』平島廉久　日本実業出版社　1991）

といった類の定義も登場。当時としては、画期的と感じられたようであった。

しかし、じっくりと考えてみた――この言い方・表現でも意図は伝わるだろうし間違いとは思えないのだが、〝満足を得る〟を〝ニーズに対応し〟と変え、〝満足度調査〟を〝市場調査〟に置き換えれば、そのままコンシューマー・オリエンテッドなマーケティング活動、いや経営活動そのものを表す文節になってしまう。

あえて〝満足〟というあいまいで実体の摑みづらい言葉を多用して定義づけることに、どんな新しさと意味があるのだろう。ただ一点、〝顧客という概念を今様に再考させる〟といった付帯効果ぐらいはあるのだろうが。満足という言葉のマーケティングへの採用の是非、という一見新しく感じられる命題との対峙の始まりであった。

それにしても、〝満足度調査を行ない、その結果に基づいて〟とは、「満足度」なるものが調査によって測定可能、という立場にストンと立っている。本当にそうなのか。〝不満足な点を迅速に改善し、より高い顧客の満足を追求〟とは、顧客の言う通りに経営しろ、ということと同義ではないのか。それは「迎合」にならないか。オウム返しのマーケティングで、それで済むのか？　それ程にわれらの仕事は簡単な代物なのか。〝冗談じゃ、ない〟という科白を、すぐにでも吐き出しそうであった。

「CSは理念・戦略・手法の三位一体で進める全社・全組織の活動」（『よくわかるCSのすすめ方』武田哲男　日本能率協会マネジメントセンター　2005）という見解も見られ、CS＝CSM（CS Management）だという。否定しづらい、ごく普通の見方だ。おもしろくもない。自分の感覚では、わざわざCSと付けるよりは明らかにCI（corporate identity）の一環、〝顧客志向型のCI〟にみえてしまう。またQC（quality control）／TQC（total QC）との違いを意識するその裏では、QC／TQC的属性を保有する全社的ムーブメントといった性格をもつものと位置づけられているようだった。そしてCS／CSMの先には、ITを活用したFSP（frequency shoppers program）、CRM（customer relationship management）やＳＩＳ（strategic information system）まで言及されていくのだ。

〝顧客の満足〟といわれれば、「重要／重要ではない」の尺度でいえば、その概念は定かでなくても間違いなく重要だと答えてしまう。しかし、ＣＩやＴＱＣといった全社様式に加えて、ＣＳという別の様式も重ねて必要となれば、どんな大企業も導入することは容易ではあるまい。混乱もしよう。元来、〝客は神様〟は商いの原点ではないか。原点を徹底させるべく、新たで大掛かりな様式が必要だとはあまりに現実無視といえないか。さらにはＦＳＰ／ＣＲＭとなれば、ソフトパッケージに詰め込まれた形式知をシビアで粗野な販売の現場の中へ適用し常駐させていくという難事をも併せ含めることになるのだ。気持はわかるが大風呂敷すぎる、という印象が残った。

ブームのさなか、クライアント企業をじっくり観察してみると、二つのタイプが浮き上がった（当時の自分の定性的観察結果である）。ひとつは、当時偶々ソニーなどに目立った〝ＣＳ運動派〟、今ひとつは〝新たな顧客というか市場サイドからの評価の仕組みとして数値化された満足指標を効果的に経営やマーケティングの現場で活用する派〟だ。後者はトヨタやホンダなど自動車業界の主要企業が該当したようだ。おもしろい分かれ方だなと感じ入った（ソニーは後者も含めて両方力を入れていた?）。

ＣＳ研究家といわれる人びとの大風呂敷をそのまま取り入れている企業は、さすがに無いようだと感じて安堵する。妥当な落ち着きどころであるか。

Ａ　「満足」という分析上とてもリスキーな言葉

それにしても、どの時点で、誰によって、〝お客様第一〟の世界に「満足」という言葉が介入させられてきたのか。〝お客様第一〟も、〝顧客目線〟も、〝顧客志向〟もそれなりに自然な表現で、内包する意味もある狭さの中に嵌め込まれている。しかし、「満足」の含意はどうか。あまりにも広いと自分には思えた。もうこれ以上ないといったアッパーレベルも満足、失敗でなく不満が無い状態も満足、感動も納得も満足、周り（社会）を見回して〝まあいいか〟というときも満足……。こんな多意な次元を併せ含む概念を用いて、人が受けた刺激に基づいてある特定の行動に踏み出すときのクライテリオン（臨界点）を指し示すことができるのだろうか。

そして、人が本当に感動し、共感を覚え、幸せな気持に包まれたとき、「満足」という言葉が選択されるのだろうか、という素朴な疑念も浮かんだ。「満足」という言葉は、実に理性的（中性的?）な表現ではないのか。無機質といってもよい。本音を吐露する情況にはふさわしくないのではないか。そのうち、〝顧客満足〟という合体語を含意の明確化・絞り込みなしに平気で濫用しつづける輩に対し、段々と鳥肌発露感すら覚えてきていた。ただ、この種の〝満足〟という言葉で伝えたいある何かを、時代が執拗に求めてくる背景は何となくわかるような気がした。

　では「顧客」に、なぜ「満足」を合体させたのか。「満足」でなければならない強い根拠はあったのか。ひらめきとして、「満足」という言葉の選択はない、と内心ズーッと感じていたからこその反論だった。

　関連する専門家は皆、この四文字「顧客満足」を本気で大上段に振りかざしてくるようだった。自らの企業活動を市場視点から評価・統制する、ということは、誰もが可能ならば〝やってみたい〟と思う、すごく当たり前すぎることにすぎないのではないか。

　自らを〝顧客目線で評価・統制していく経営〟はこれからの時代のマネジメントのひとつの要諦だと私も思う。しかし嶋口充輝（当時慶應義塾大学大学院経営管理研究科教授）は、〝顧客目線〟でなく〝顧客満足〟を文献内で使用した。その理由を知るべく、『顧客満足型マーケティングの構図』（嶋口充輝　有斐閣　１９９４）を自分の書棚からあらためて取り出した。書の帯にも、〝競争戦略から顧客創造の時代へ！　成熟経済における企業成長のあり方を顧客満足に求め、未来戦略型ビジネスのあり方を探る〟とあり、副題には〝新しい企業成長の論理を求めて〟とある。21世紀以降の成長の論理の鍵は「顧客満足」にあると言っているようであった。

　自分には少なからず抵抗を感じるコピーたちだった。まずは〝新しい企業成長の論理〟があって成長がある？　そうだろうか。企業という集団は必死に何かを為したくて動き回り、その結果「成長」を手にするのだろう。其処に見る「成長」は、「形式」に基づいてある確率は乏しく、「ビジョン」やある種の「情熱」のクオリティにほぼ１００パーセント因るものだ。このようなもっともらしい成長の形式など容易に気づけるはずはない。

　ちょうどＣＳのブームの頂（いただき）の頃にまとめられた嶋口（１９９４）の考え方を、私オリジナルな独断偏見抽出術にて覗いてみたい。引用文直後の矢印の先にある文章は、ＪＩＲＯ（若き頃の自分）の反射的直後レスポンスだ。

「顧客創造を通じての成長という永遠の企業テーマこそ、今日、顧客満足を経営やマーケティングの中心課題に据えた直接的原因と思われる」

→〔ジロ〕たぶんそうなのかな。否定はし辛い。でもそれだけかなあ。当たり前すぎるし、もっともらしいのだ。顧客創造を成す構造の解明こそマーケティングと言われればわからなくもないが。

「ビジネスの永続的成長の源泉を顧客創造に求めたとき、ビジネスの中は顧客満足を軸にいかに売れる仕組みを提供するかというマーケティング活動と、新しいイノベーションに置かれるようになる」

→〔ジロ〕そうなの？　この二つ、顧客創造↕顧客満足と連続関係にあるものなの？　この二つの熟語は存在する象限が違うような気もするんだがなあ。

→〔ジロ〕マーケティングは売れる仕組みを提供するこ

となの？　それに突然の「イノベーション」登場！

ふ〜ん、こう使うんだ……。

「今日は顧客にとってありあまるモノやサービスとその代替品が豊富にある顧客選択の時代である。その点で大枠的にみれば、〝顧客が事業を生かす時代〟といえる。とすれば、事業運営の原則は、いかに顧客に生かされるか、という効果を前輪に置く事業運営がヨリ必要になる。顧客に喜ばれる効果の追求を行い、その効果的方法に合わせて、経営資源をうまく適応させつつ利益の源泉である効率的対応に落とし込んでいくやり方（効果的効率主義）である」

↓〔ジロ〕ホントに、それでいいの？　それ〝迎合〟というのでは？　顧客に喜ばれることを追い求めその道を効率的対応に落し込む——事業が顧客に生かされる——ウーム。

（『顧客満足型マーケティングの構図』）

瞬間的第一印象は、〝なんじゃあ、こりゃあ〟であった。どこか、浅い。〝ムリクリ論理〟っぽいか。時は１９９４年、まあ仕方ないか。市場の時代認識のもとで〝顧客満足を軸にいかに売れる仕組みを提供するか〟が大事になると説き、〝マーケティングによって顧客創造の方策を顧客満足の仕組みとして構築し、そこに革新性を発揮して魅力的な製品・サービス開発やコスト削減機会の追求を図っていくこと〟を実践していくべきと主張しているようであった。ここで言う〈顧客満足の仕組み〉とは、おそらくは顧客つまり生活者、ユーザー視点からの評価の仕組みを指していて、これからの企業における顧客創造方策は、この新しい評価システムと連動して機能するものでなければならない、ということを提唱しているのか。全体が表皮ばかりの気がして、ストンとは落ちてこない。言葉遊びや屁理屈という評価語も浮かばなくもない。

第一印象としての抵抗感はそこそこあったものの、評価システムのクオリティ次第ではこの考え方も成り立つかな、とはチョッピリ思った。とすれば、自分がＣＳＩの中に見ていた「戦略を市場が評価するシステム」という意味構造と大きく重なってくる感じもありそうにも見えてきたかな？　いや「評価」だけにとどまらず仕組みとして顧客との「共創」の領域にまで手を伸ばし包含しようとした概念なのかもしれない……。「共創」？　そう思った瞬間、それがどんな仕組みなのか、その具体像が途端に見えなくなってしまうのだった。この言葉、欺瞞チックなんだもん。

また、書中に、〝満足という言葉を使う根拠〟に関するストレートな記述は見当たらなかった（ような気がする）。ともかく「顧客満足」という合体語は、まず〝ありき〟ということで記述が進んでいるような印象を受けてしまっていた。

なぜ嶋口（１９９４）は〝満足〟を是として使用したのだろうか。偏屈なジロの〝らしさ〟が迸（ほとばし）り始めた。

その一つめの理由の推測——嶋口（１９９４）は〈不満〉というものを、①ディスサティスファクション［一般にゼロ以下のマイナス状態になった感情や態度を示し、それゆえに自らの怒りを解消するために不満告発運動（complaining behavior）をとるような心的状態」、②アンサティスファクション［告発運動を伴うような怒りをもったマイナス状態でなく、あくまで、ただ満足していない（つまり、満足がゼロの状態）だけ］」、の二つに分け、「１９７０年代の顧客満足論は、マイナスからゼロへの責任論として、一方90年代のそれはゼロからプラスへの成長論としてとらえることができる」と見立てたようだった。つまり、〈満足〉という言葉の使用を通じてディスサティスファクションとアンサティスファクションを明確化したかったのではないか。なかでもこれからの時代に、より重要性を増してくるであろうアンサティスファクションの炙り出しに関心があったのではないだろうか。結構、イイジャン。

二つめの理由の推測はこうだ――嶋口（１９９４）は「もし、顧客満足を企業の最終目標として、１００％に近い満足を達成したときは、企業はもうそれ以上の努力を必要としないのだろうか。これは明らかに間違っている」と〈満足〉という言葉を使用したことのデメリットの存在を匂わせている。そして続けてこう明言する。

「顧客からの顧客満足度評価で自社事業のサービスに１００％近いポイントを得たとしても、それ以上の革新努力をしなければ、競合他社の努力によって次の段階で自社のシェアを失い顧客満足を相対的に下げてしまうことになる。とすれば、顧客満足の目標は、常に競合他社との相対的な立場からその水準を設定していかねばならない」

（『顧客満足型マーケティングの構図』）

そりゃ、そうだろう。この指摘も、当たり前すぎる話だ。「満足」という言葉は相対尺度関係の中においてだけ使用されなければならず、絶対尺度関係の中で使用した際には「満足」という言葉のもつ曖昧さ・多意味性が増幅して表出し、不便で不都合な使用に至らせてしまうということなのだ。統計学の専門でもなさそうな嶋口（１９９４）から、こんなビビッドな指摘を感じとれるとは……。なんとなく嬉しくなってきた。少しばかり安堵する。

そうだ、できるだけ幅広い包括的で総合性を感じさせる言葉ほど、二つの概念比較をする際に洩れやブレなどを少なく済ませうると見るのは、わかるような気がする。そんな包括性・総合性・安定性は重回帰分析などの要因分析手法の中の〝総合指標／被説明変数〟としては適性があるはず。もちろん、説明変数には向かないだろうが。

原点であるアメリカＪ・Ｄ・パワー社の業界別ＣＳランキングは、明らかにsatisfactionという言葉を相対評価のための指数化の基軸概念としてのみ間接使用している。アメリカでは、自社ユーザーリスト入手と変わらぬ手間・苦労で容易に競合社のユーザーリストが手に入るからこその商売上の知恵だと感心させられる。測定された自社ＣＳインデックスは、競合社のそれとの比較、時系列（前年やそれ以前との）

比較といった相対比較の形でつなぎ機能としてのみ使用されている。流石マーケティング母国アメリカ、実にキチンとよく考えられている。今、日本で独自に普及している各社各様のカスタマイズバージョンとは別物なのだ。一緒だと、見てはならない。

以上の二点から、嶋口（１９９４）は「満足」という言葉を、気になりながらも他の研究者同様に使用することに甘んじたと推測してみたのだが、どうだろう。

嶋口（１９９４）の指摘したアンサティスファクション（ゼロをプラスへ）の重要性と、ＣＳインデックスを相対比較として限定利用した際のルールとしての適合性、という二点は特に肝に銘じたいと感じたのだった。その切り口、見事。

しかし、嶋口（１９９４）のこんな注意深い指摘とは別に、そこまで考えて、あえて「満足」という言葉を使用するのであれば、こんなことも深掘りしてみたいとは感じていた――顧客〈満足〉にはいろいろある。その中から企業にとって好都合な、売上・利益の向上に結びつくタイプの「満足」を抽出してこなければならない。直接〝満足していますか〟と問いかけるなど愚の骨頂。求める満足を抜き出すためには、複数つくることが可能なはずの総合指標の、いずれが自業種・自社の売上・利益向上に、よりパラレルに働くのかを峻別した上で総合指標（およびそのワーディング）を選び抜かねばならない。好適な総合指標選定のためのプリテスト・ステージが極めて大切になってくるということだ。きっと、満足度と売上が比例することなど少なくなるケースが多いのだろうから。なぜなら、「満足」という気持のレベルは、嶋口（１９９４）の指摘するように複数多岐にわたって、異なって存在するのだから。

そしてまた、単に時系列比較として使うというのであれば、逆に多様な意味を包含する「満足」という言葉自体を、そのまま総合指標として気にせず使い続けることが妥当性維持・向上につながってくるのかもしれない。この場合、曖昧なる特性を保有する「満足」という総合指標（被説明変数）は、その特性ゆえに直接表に出すことなく陰の大黒柱となるように工夫して使われなければならないのだろう。

つまり「満足」という言葉は、意味の曖昧性・多様性ゆえに、解析に使う際の工夫次第で、被説明変数への適性の高さすなわち解析指標全般への容易ならざるシュータビリティを発揮しうることにもなる、とも考えられるようなのだ。Ｊ・Ｄ・パワー社はそんな「満足」なる言葉のもつ解析言語としての長所を最初から見抜いていた？　どうもマーケティング思惟内における〈満足〉という概念の存在は、諸刃の剣を想わせ、融通無碍でまた八方美人のようでもあり、その一方怪しい副作用も孕んでいそうな、奇妙なもののけのごとき存在に見え始めるのだった。

B　CSとホスピタリティ・マネジメント

ブームが凄まじい分、ＣＳ関連書籍の刊行点数も異常に多い。なかにはとても〝顧客満足〟というキーワードで一括りにしてはいけない多様なコンテンツが広がっている（書斎にあったCS関連の文献を数えてみるとなんと26冊もあって、買いも買ったり、われながら驚く）。顧客満足というキーワードを表紙の何処かに配置すれば、一定の販売部数が保証されるとでも勘違いしているかのようだ。そんな現実が、実に異様に映る。チラッと目を通して、泣きたくなるような文献も少なくない。たとえば（類似表現のものが複数目に留まったゆえ引用文献名はあえて特定しない）……。

・「〝売る〟という発想から〝買っていただく〟という発想に転換することが大切」

↓〔ジロ〕？？？　〝売る〟も〝買っていただく〟も供給サイド中心であるのは同じ。そんな話ではないだろう。

・「すべては『顧客満足』から始まる」

↓〔ジロ〕そういってしまえばあらゆる経営戦略、マーケティング活動はすべてそう言える。だが、ちょっと待って熟考してほしい。〝それでお客さまは満足ですか〟と問いかけて、「はい」という答えをもらえればOKなの？

・「お客様の満足を経営の理念とする」

↓〔ジロ〕〝お客様の満足〟の本音をどのようにして捉えるのか。こんな複雑多様な概念を経営の理念に据えていいのだろうか。理念より前提かな。

これが、当時の日本のマーケティングなのである。読んで、思わず吹き出しそうになったものも、少なくない。これでは、〝顧客満足〟は水戸の黄門様の印籠のようなもの……。刊行版元や編集者は無為の存在……。同種のテーマで26冊も読めば他テーマでもそうなるよと言われそうだが、それ位多様で幅広く、無神経といいたくなるほどに、〝顧客満足〟なるフレーズが文中個々に、自由かつ独自に使用されている光景を目にしてしまう。書いている人たちは、他の顧客満足文献に眼を通したのだろうか……。自分にはそう見えてしまうのだった。これを、概念の〝濫用〟〝玩（もてあそ）び〟というのでは……。広義には、それぞれ個々役に立つのであろうから、それでよいではないか、といった意見が聞こえてくるようだ。まあ、いいだろう。自分には知の退廃に見えるが。

そんな中、二つほど自分に光を向けてくる書があった。その重厚な光のほうの一冊が、『「顧客満足」を超えるマーケティング』（佐藤知恭　日本経済新聞社　１９９５）だ。佐藤知恭（当時白鷗大学経営学部教授）の本は自分の書棚には4冊あった。前述以外では、

①『顧客満足ってなあに？――ＣＳ推進室勤務を命ず』（日本経済新聞社　１９９２）
②『あなたが創る顧客満足』（基本のキホン――日経ビジネス人文庫　２０００）
③『顧客ロイヤリティの経営――ＣＳを超えるサービス・マネジメント』（日本経済新聞社　２０００）

などであるが、このうち①・③はともにイラスト版と銘打たれている通りイラスト一杯で、①は原紀子（「北斗の拳」の

作者原哲夫夫人）を、③は小野口雅人なる専門のイラストレーターを活用しているユニークな書籍だ。イラストに騙され(?)気楽にパラパラ流し読みしそうになる。

ところが『「顧客満足」を超えるマーケティング』は違った。本の装丁を見ると①と同じ感じなのにイラストは全く見当たらず、堅い超専門的学術書そのものなのだ。刊行元の日本経済新聞社も依頼した内容とそのでき上がりのギャップの大きさに戸惑ったのではないか。ともかく骨太で読みごたえがあるのだ。〝顧客満足〟を表層で捉えず、CSブームを逆にチャンスとみて、サービス・マネジメント、顧客創造のこれからのあり方を、この機に精査しようとする意気込みが伝わってくるような気がした。佐藤知恭の一貫して伝えたい結論はとても明快に思えた。

「企業は満足し、感動をいただいた継続的な顧客（ロイヤルカスタマー）があってのみ存在が許され、永続する」

「（そのためには）顧客に満足を超えて感動と喜びを与えうるサービス・マネジメントを超えたホスピタリティ・マネジメントの発想が企業経営に不可欠な理念となる」

（『「顧客満足」を超えるマーケティング』）

佐藤は、ホスピタリティ・マネジメントの発想とは、「コトラーが『顧客満足』から『顧客歓喜』を説き、トム・ピーターズが『満足を超えて』顧客を『やんやといわせる』ことを強調している」ことと同義というのだ。「ただ単に顧客が満足するレベルでは客を呼べない。感動こそが求めるものだ」（『トム・ピーターズの経営破壊』トム・ピーターズ　平野勇夫訳　TBSブリタニカ　1994）という見解に同調し、顧客の期待の理解からスタートして、その期待を管理し、それを満たすべく商品・サービスを創造し、それらに基づいて顧客・企業関係の創造を図っていく、といったビジネス・アプローチがこれからの時代に必須だと説く。「期待の理解」をスタートとする……ずばり、だな。素直に感心。

CSブームに乗っかりながら、実は〈満足〉レベルではダメと、〈満足〉を否定しているかに見えるところが味わい深い。顧客歓喜・顧客感動なら、自然と両手が上がり、そんな時代になるのだろうな、と素直に耳を傾けたくなって少しもおかしくはない。なかなか、やるなあ。どこかでみた「顧客創造」とは、次元が違う。そして、顧客の期待とそれに対応しようとして創案された企業のアクションとの関係、つまり「受容度」を計数的に測定する仕組みを、とりあえず「顧客満足度測定」と呼称しようと言っているように聞こえた。それゆえ、〝計数化〟がキモ、というわけか。

佐藤（1995）の大胆洞察はまだまだ続く。マーケティングというコンセプトそれ自体の性格も、「狩猟民族である欧米人の発想から出ているので多分に収奪的な傾向があることは否定できない」と指摘し、〝収奪のマーケティング〟(plundering marketing）から〝養殖のマーケティング〟

(breeding marketing。すなわち一度お客になってくれた顧客をしっかりと取り込んで、商品および企業に対しての愛着と信頼感を植えつけ、いつまでも変わらないロイヤリティを育て、その継続的かつ安定した再購入、さらにその友人や知人への好意的な口コミの波及効果によって売上を確保・維持し、企業の発展を図る論理）への新しい流れを喝破する。その上で〝顧客主導市場〟なる目標を明確化してきているのだ。その段階的包括性は驚異である。イイゾ！

「養殖のマーケティング（Breeding Marketing）を支える基本理念は、当然のことながら、従来のマネジリアル・マーケティングのコンセプトでは通用しない。それを支えるコンセプトは個々の顧客を大切にするインターアクティブ・マーケティングのコンセプトである。（中略）まさに〝顧客不満をマーケティングせよ〟なのである」

（『「顧客満足」を超えるマーケティング』）

〝インターアクティブ〟（インタラクティブ？）という表現は気になったが、全体として何となく首を縦に振ってしまう見方だ。少なくとも論考展開の格調と裾野の広さには感心させられる。〝囲い込み〟より〝養殖〟のほうが品があるか？

論考、仮説思考の類は、こうでなきゃ、と頷いていた。佐藤（1995）の関心は、CSというより、顧客ロイヤリティの醸成、本質的ホスピタリティ・マネジメントの浸潤に向いているように思えた。彼は1992年時点ですでに〝従業員参加の新しい運動〟としか認識されないことを打破・払拭すべく、CSの定義関連の興味深い指摘をいろいろ記述している。

「提供された商品・サービス、さらに提供者の理念などについて顧客が自分自身の基準によって納得の得られるクオイリティと価値を見いだすこと」

「〝クオリティ〟とは〝お客様の満足を満たすこと、満たすもの〟なのです。その意味で〝クオリティ〟イコール〝顧客満足（CS）〟となるのです」

（『顧客満足ってなあに？』）

彼の〝クオリティ〟の解釈は新鮮だ。きちんとしたCS論になっている。佐藤（1992）の見解に徐々に同調したくなっていく自分を感じていた。CSって、実のところは、サービス・マネジメントを超えて、超ド級の〝ホスピタリティ・マネジメント〟まで至らねばならない、ということなのか。しかし、CSとホスピタリティの間には、質的にかなり深いクレバスがありそうだが。それに、同列に比較してよいことなのか、チョッピリ逡巡の想いが走る。

ただ、玉石混淆の中に、気づいていなかった視野への教示を見いだし、乱読も捨てたものではないとありがたがるのだった。叡智は其処此処にいるんだよ、なあ。

CSという指標化作業

「満足」という言葉は、「顧客」という言葉と結合することで、力を得たように見えた。満足は始原的に曖昧だった。なにせ＋（プラス）、０（ゼロ）、－（マイナス）をすべて有するのである。曖昧で当たり前であった。ところが「顧客」とセット化されることによって、「顧客指向（あるいは志向）」というこれまたア・イ・マ・イなる言葉を具体化・鮮明化しつつあるように見えた。

私には、マーケティング領域にあっては間違いなく重要な〝consumer-oriented〟なるひとつの基本視座を示す言葉に具体的リアリティを付与しうるものとして重用されようとするかに写っていた。なにせ〝consumer-oriented〟は、BtoCビジネスにあって、あらゆるマーケティング思惟を為すための基本中の基本態度のはずであった。というよりも、「経営」の前提的態度だろう。何を今更、だ。

この言葉は、BtoBビジネスまで包括して考えた場合、〝customer-oriented〟と同義と思われ、供給側の都合を優先したマーケティングは行なわないという禁忌のごとき原則・態度を指すもののはずでもある。その範疇には、顧客の欲望の理解に始まり、あらゆる戦略・戦術立案そして実行するアクションの顧客サイドからの評価等々まで、マーケティング行動の一切が適用対象として含まれてくるはずだ。

この度の「満足」という言葉の活用展開は、一つの言葉の魔術と捉えられるようにも感じ、新概念というものはこのように形成されるのだという事例を見せられた気もしていた。「顧客」＋「満足」という二つの単語が合体した瞬間、生まれ落ちてきた新熟語は、過去の〝お客様は神様です〟や〝水道哲学〟などの言葉とも積極的に連鎖し、一つの運動レベルにまで概念発達を成す力をなぜか蓄えたらしい。

概念とは不思議な生き物、のようである。確かに新概念形成の見本を見るようでもあった。そしてある時、誰かがそんな可能性の広がりに気づき、運動だけでは勿体ないと、指標化（つまりはシステム化）を考え始めたようであった。その代表がJ・D・パワーなのだろう。

その指標化の過程において、「満足」の欠点であった曖昧性は、回帰式の中で長所として活用されるという画期的な知の洗礼を受けたのである。この言葉「満足」は、システム化の中の指数間の《つなぎ概念》として再生しえた、ということになるのだろうか。要するに「顧客満足」という言葉は、指標化を通じて、言葉の媒介力を強大にしえた珍しい概念であると認識している。解析言語・解析概念と呼ぶべきか。

実に、記銘したきおもしろい話、ではないか。ただスケール感は小さいかな。

A　CSIとは消費者のモノサシで市場を見つめること？

もうひとつの、ビームという表現の似合う、鋭い光の発信源は、『CS［顧客満足］の実際』（佐野良夫　日経文庫1996）だった。まさに、これぞ〝自分の好み〟といえる書が、世に存在していたのだ。コンテンツ、タッチ（得意のトーン&マナーか）、語り口……すべて自分向き？　にできているようで、ホッとする。

佐野良夫（当時ジェイ・ディ・パワー・ジャパンのシニア・コンサルタント）は、コンサルテーションの実務家だけに、実務に役立つべく技術・技能の包丁をスパッと揮い、小気味よい書に仕上げた。システム営業も兼ねている自分には、生理的に合い、わかりやすく読めた。彼らは、ロジカルで、ピッと切れる。

「消費者のモノサシで市場を見つめるという、顧客第一主義とは異なった、現在のCSの時代が到来したといえます」

（『CS［顧客満足］の実際』）

このフレーズは、自らの発想とガチッと噛み合わさった。〝消費者のモノサシで〟と〝顧客第一主義とは異なった〟の二ヶ所は、CSというものに対する日頃の自らの持論でもあった。

「消費者は、過去の経験で、経験がなくとも情報誌や身の回りの知人から情報を仕入れ、自分なりの判断基準で商品やサービスの選択を行うという態度が身につくようになりました。このことがCSの時代の到来を招いたのです」

「CSはマーケティングの一つの要素ではなく、マーケティングの中心を規定する概念として捉えるべきだといえましょう」

「満足とは事前期待に対する充足の程度。事前期待が満足を左右」

「CS調査は、医療にたとえると、定期成人病診断に相当します。（中略）精密検査の結果、その原因と症状が明らかになり、治療（アクションプランニング）が行なわれることになります」

（同前）

たまらなくシンプルな説明。ムダがない。そしてその通りだと思う（拍手）。〝事前期待に対する充足の程度（事前期待と実績評価の差）が満足〟といった定義など、満足度測定を前提とした定義としては操作的で指数算出容易性もうかがわせ、私をうならせる。さすがに、プラグマティズムを育んだアメリカ生まれの概念の長所だと思わせた。

CSとはCSI（CSインデックス）であり、〝消費者の

Fig.5　CSI算出のステップ

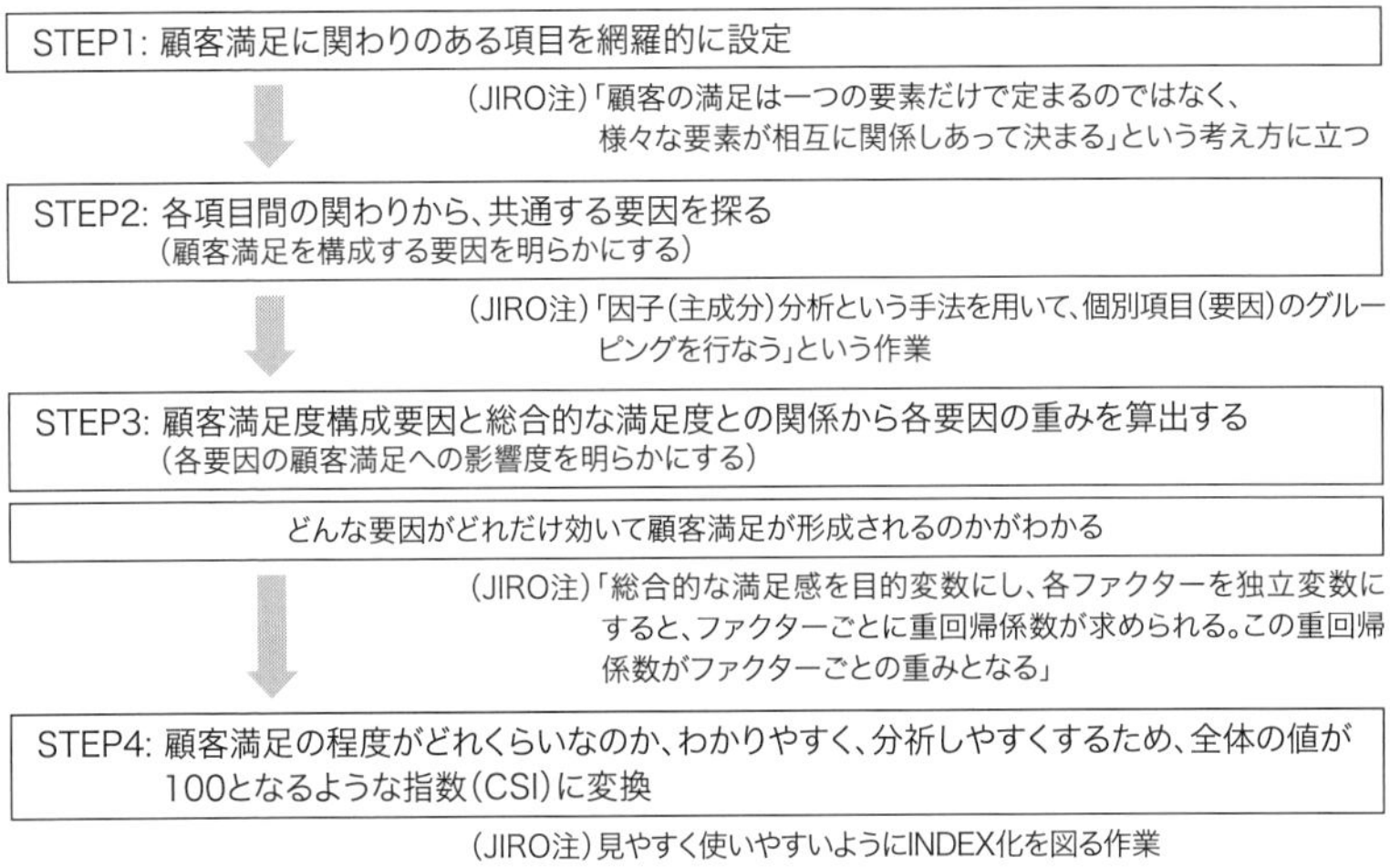

STEP1: 顧客満足に関わりのある項目を網羅的に設定

↓　(JIRO注)「顧客の満足は一つの要素だけで定まるのではなく、様々な要素が相互に関係しあって決まる」という考え方に立つ

STEP2: 各項目間の関わりから、共通する要因を探る
(顧客満足を構成する要因を明らかにする)

↓　(JIRO注)「因子(主成分)分析という手法を用いて、個別項目(要因)のグルーピングを行なう」という作業

STEP3: 顧客満足度構成要因と総合的な満足度との関係から各要因の重みを算出する
(各要因の顧客満足への影響度を明らかにする)

どんな要因がどれだけ効いて顧客満足が形成されるのかがわかる

↓　(JIRO注)「総合的な満足感を目的変数にし、各ファクターを独立変数にすると、ファクターごとに重回帰係数が求められる。この重回帰係数がファクターごとの重みとなる」

STEP4: 顧客満足の程度がどれくらいなのか、わかりやすく、分析しやすくするため、全体の値が100となるような指数(CSI)に変換

(JIRO注)見やすく使いやすいようにINDEX化を図る作業

出典：『CS[顧客満足]の実際』(佐野良夫　日経文庫　1996)図4-6(P111)より引用

モノサシで市場を見つめる〟仕組みのひとつの具体的表れ、と言いたいのだろう。そして、「満足」という言葉を、キチンと相対評価の仕組みの中で活用している。ここでも〝戦略を市場から評価してもらう仕組み〟というジロ（私）の着眼点と一致してくる。そのシステムの具体的ステップ構成（Fig.5参照）もシンプルそのものだ。このCSI算出ステップは、J・D・パワーが整理してサービスメニュー化したものと推察するが、実によく考えられている、というしかない。リサーチャーとして多変量解析を使いこなしてきた経験をもつスペシャリストなら、この佐野（1996）のCSI算出ステップからはすぐに〝回帰式〟を思い浮かべて、〝重回帰分析〟が基軸になっている、と容易にイメージ可能だろう。

　つまり、説明変数（評価項目）の重み（重回帰係数・偏相関）を把握し、回帰式（$Y_i = \alpha_0 + \Sigma\alpha_i X_i$　Y_iは被説明変数、X_iは説明変数、α_iは説明変数の重み《係数》を指す）を用いて、重みを掛けた説明変数データの総和から総合評価指標値（被説明変数値）を算出するという手順が浮かんでくる。被説明変数として総合満足度尺度を用いれば、Y_iが顧客満足指標値になるというわけだ。これ、多変量解析の基本。

　少し余談になるが、被説明変数を総合評価指標、目的変数、従属変数とも呼び、説明変数を独立変数ともいう専門概念の複数ネーミングは、どこからなにゆえ派生したのか。専門分野の学術タームなら吟味・峻別してどの言葉かに集約させていく努力があっていいのではないか。それとも和訳の問

題だったのだろうか。ただでさえ難解な多変量解析が素人の方々には、さらに輻輳して見えてこよう。複数ネーミング放置状態の理由を誰か教えてほしいもの。つまらないことに、こんなところがいつも気になる自分だった。

Fig.5に示したCSI算出ステップを、自分たちのような実務家グループの言葉で言い換えてみる。

〝最初に、評価したい企業のアクション／戦略・戦術／商品・サービス・店舗などの評価項目を抽出・峻別しそれらを説明変数（独立変数）として設定する。次に被説明変数（総合評価指標）としてn件法絶対尺度の総合的《満足》度スケールを設定する。被説明変数に対する各説明変数の重み（ウエイト）を重回帰分析で算出し、実際の獲得データと重みを掛け合わせて（掛け算して）総合評価総得点を算出する。その総合評価総得点を理解しやすくまた他指標と比較しやすくするために、100点満点であるとか○○年度の得点を100と見るとかに変換してわかりやすい数字文字で指数化し、その値をCSI値とする。説明変数の重みを算出する際に、数量化Ⅲ類や因子（主成分）分析などから説明変数のクラスターをつくり、クラスター単位（つまり因子グループ毎）の重み（重回帰係数・偏相関）も併せて算出しておくと各要因の大事さがわかり、本システム利活用上の便宜性が増す〟

一気に、処理ステップを記述してみた。実戦上のミソは、獲得データに重みを掛けて総得点を出す手順をとることで、平易で使いやすい指数化を試みるところにあると感じている。確かにこのアプローチをとれば、重み（重回帰係数・偏相関）から重要な評価項目が判明し、総合得点の継時変化もトレースしやすくなることは間違いない。また総得点に対する説明変数得点値シェアを見ることで、総得点を挙げることにどの要因が効いてきたか、の経緯も追跡が容易になる。依って、実際の改善行為もさらにそのコスト配分も、重要度順に行なうことも可能になる、というわけだ。

このプロセスにおけるデータ運用にみる大きな特徴は、質問紙で問うた〝どの程度満足していますか〟というQに対する反応データR（パーセント）は〝アウトプットではまるで表に現れてこない〟という点にある。回答された満足パーセントというローデータは、どこまでも〝総合評価得点〟および〝各説明変数の重み〟の算出のみに用いられ、影の存在にとどまっている。

このように、マーケティング上有用な加工データが、CSIという一つの仕掛け・一つのリサーチから複数得られてくることがわかる（参考までに自分は、この種の調査手法をマルチパーパス〈多目的〉リサーチと命名している）。この手順を通じて得られたCSI値や関連する加工データが、どの程度現実の評価対象の改善に有用であるかどうかは、評価項目抽出・選定が（そこそこ以上に）適切であったかどうかにかかっている、という制約(?)は当然あるのだが。

この算出プロセスに基づくCSI値の入手は、ブームを生むだけの付加価値、企業経営にとっての利用価値を十分内包していると見てよいと私は推量するに至った。ないよりましの技というよりは、まさに頭のよい切れ者の為す技、だと感じている。

そういえば、解析手順を教科書通りに追っている隙間を縫って、またまたつまらないことが気になってきていた。それにしても〝customer satisfaction〟をいつ、誰が〝顧客満足〟と翻訳(?!)したのか。特に〝satisfaction〟は〝満足〟以外に〝満足を与えるもの・こと〟〝(条件などを)満たすこと〟〝(基準などの)合致〟〝達成〟〝本望〟といった意味もある。ひょっとして、〝条件を満たす〟〝合致〟を選択していたほうが原著者の伝えたいニュアンスをより強く反映していたのではないか、と考えられなくもない。

〝満足する（させる）こと〟の意として〝満足〟と訳してしまったことは、実は大失態だったのではないか。結果的に失態し、〝顧客満足〟とネーミングしたことで、ブーム化の促進には大きくつながっていったのだろう、と思わなくもないのだが。自分の勘違いに基づく推量となれば、その際はご免なさい。ともかく専門研究領域における用語の翻訳はまことに難しい。この点を十分理解して、ジャーナリズムやメディアは注意深く専門用語を伝達するよう心掛けてほしいと祈りたくなる。佐野（１９９６）のＣＳ概念をみて、Ｓは〝満足〟の意である必要はない、いや満足でない他に適切な言葉がありそうな気がしてきていた。今更、困ってしまう話なのだろうが。

ＣＳブームをきっかけとして、〝人（客）に役立つ行為の一方的提供〟であるサービスを、〝人（客）と感動を分かち合う〟ホスピタリティに高め、真の顧客ロイヤリティに接近しようとする佐藤（１９９５）も、私のずっと先を歩む巨人の一人か。

市場による新モノサシを発見したと言ってもいい佐野（１９９６）の書からは、巨人というより、静かだが一目置かざるを得ない切れ者の印象が浮かぶ。〝サイエンティフィックな工匠〟のほうが合うかな。世に、スゴワザの研究びとは、想像以上に多い。だからこそ出会いが楽しみになってくる。それにしても、佐藤知恭２００６年2月没、という。お願いだから、巨人は、早く逝かないでほしい。

B　CS概念浸透初期のドタバタ

大手クライアント企業に雨後の筍のごとくＣＳ専門部署が設置されていき（Fig.6 参照）、Ｊ・Ｄ・パワーが創り出したＣＳＩが、アメリカの業界ランキング・スタイルに代表されるレディメイド型とは異なり、各企業の独自性を大幅に加味したカスタムメイド型（カスタマイゼイション・タイプ）で日本市場を席巻していく中、ＪＩＲＯ（私）はまるで研究開発案件にいそしむように、オリジナルなＣＳＩ創発への諸工夫を、〝暇があれば楽しんでいた。

なぜ、憑りつかれたように、没頭していくことになったのか。まるで博打でも楽しむように、どうして喜々として熱中状態に身を置いていったのか。江戸川乱歩に嵌ったときのような実に変な自分が、其処に在った。世にまだ稀なもの、に

Fig.6　CS専門部署設立の経緯

		(部門名)
1978. 2	伊勢丹	販売促進担当(チーム)
1986	富士ゼロックス	顧客満足度調査
1988. 2	資生堂	コンシューマーズセンター
1988. 2	ミズノ	ミュージック(部門名)
1989. 1	トヨタ自動車	CS向上委員会
1989. 1	ソニー	カスタマー・サティスファクション・プロジェクト
1989	三井海上火災	CS運動
1990. 1	日産自動車	CS推進室
1990. 4	東急グループ	CSD(CSダイアグノシス)開発プロジェクト
1990. 4	川崎汽船	サービス向上運動
1990. 4	JCB	トライ・アンド・トライ運動(トライ²)
1990. 6	マツダ	CS推進部
1990.10	本田技研工業	CS推進室
1990.10	東芝	CS推進委員会
1990.11	オムロン	アクション'90S・プロジェクト
1990.12	いすゞ自動車	CS推進室
1991. 1	日本IBM	顧客満足度向上委員会
1991. 2	日本交通公社	CS委員会
1991. 4	松下電器産業	CS本部
1991. 4	日立製作所	日立CS向上委員会
1991. 4	日本ビクター	CS企画室
1991. 4	鐘紡	No.1サービス運動
1991. 7	日本電気	CSM推進室
1991. 7	東京ガス	お客さまセンター

出典:『実業の日本』1991年11月号〈特集〉“お客が満足する会社・不満な会社”の中の「主要企業のCS活動の現況」より引用

触れ親しむのは、実に愉快だ。その証しは、考えている時間を短く感じること、の一点に尽きる。

ひとつには、〝マーケティング×IT〟ジャンルでの新しいビジネスを開発したかったことにも、当然起因していよう。しかし大きな動因として働いたのはやはり〝消費者のモノサシで市場をみつめる〟という、どこかで見たボディ・コピーだった。

戦略の良し悪しは誰がどのようにして判断するのか。明確なのは、売上・利益が向上するという事実に基づく判定だ。上司やトップが、〝いいじゃないか〟といってくれたり、喜んでくれたりする事態も該当するのだろう。専門家・研究者の人びとが〝よくできている〟といってくれる称賛の声ももちろんそのひとつだ。しかし実際には、上司も研究者もインディファレントであったり非認知であったり（評価者たりえない）、その上売上・利益などの増分にも大きな変動も見られないという波風の目立たぬケースが、戦略遂行時にはとても多いのではないだろうか。こんな時、戦略立案者・戦略遂行責任者は、手の打ち方は本当にこれでよい（よかった）のだろうか、と戦略立案時の苦しさ以上の厳しい時間を過ごすことになる。市場よ、早く答えを出してくれ、ターゲット評価を知りたい、というのが当事者の共通の叫びだ。

いつもの直観から、CSというシステム構造の中には、戦略を市場つまりターゲットが評価できる仕組みの「金型」が埋蔵されている、と感じとっていた。戦略を市場が評価するというときの主たる言葉に「満足」が目立って多く用いられているようなのだが、「満足」と同等以上に適用可能な他の言葉もあるのではないか、と思い巡らしもした。オリジナルCS創発のモティベーションが、そんな違和感錯綜の中でグーンと上がっていったのだった。同時に、わかったようでよくわからぬ「満足」という言葉を、マーケティング思惟において多用することへの生理的な抵抗意識もまた、膨らみつづけていた。そんなマーケティング界は、まだまだ幼い？

J・D・パワーの、敵（競合）との満足度水準の比較をベースとしたCSI算出手順は、実に実際的で完成度も高い。しかし、日本ではアメリカのように競合社のユーザー（バイヤー）リストは簡単に手に入らない。つまり自社・競合社の満足度水準のダイレクトな比較を定量データに基づいて検証しようとすれば、アメリカとは比較にならない程ビッグなコストが必要となってしまう。無作為に各社のユーザーを一定のサンプルサイズに達するレベルまで確保しようとすれば、トータルサンプル数は超ビッグになってくるのは当然だろう。日本の知恵のある企業は、コンペティターとの比較でなく、事前期待と事後充足内容とのギャップ測定、さらにはそれに加えて将来購入意向度測定を加味した独自の指標カスタマイゼーションを発想することに努めた。

その一方で、測定されたCSI指数値がマーケット内でいろいろ活用されていく本格浸透期に入っていく中、〝売上・利益とCSIの上昇幅との間にパラレルな関係は確認できない〟などのCS不信を示唆する意見もチラホラと芽生え始める。さらにCS運用の現場レベルでは、努力目標のCSI指数値を設定していく中で、〝少しも努力目標値に近づかない。現実はかなり改善されていっているはずなのに〟といった具体的な問題認識がCSプロジェクトチームのあちこちで膨張し始めた。

こんな現場レベルの問題は、実際にプロジェクトの現場に入って確認してみると、笑い話であるケースも多く見られた。ある企業のCS担当者は、総合指標（被説明変数）である総合満足度を5件法尺度で測定しており、5件法の各ポイント（各選択肢）のウエイト（＋5、＋4、＋3、＋2、＋1）の加重平均値をそのまま努力目標値に設定していた。5件法尺度（7件法でも同じだが）では、正規分布の原理から、分布の両端に寄れば寄るほどスコアは上がりにくくなる。加重平均値を同じ0・2ポイントアップするにしても、3・8を4・0にするよりも4・0を4・2にするほうがはるかにむずかしいのは統計学の基本である。そんなことにも気づかない状況下でCSブームは現場内で吹き荒れていたのだ。単純に加重平均を使わず、100点満点など任意の特定基準を設定して指数化すれば、問題は簡単に解消する。実際に遭遇したクライアントの総務部門担当者との会話でこの珍事(?)に出会ったとき、笑うというより基本も確認されることなく浸潤していくCS運動に、言いようもない不安をもったものだった。

マズイ事態が、ブームの広がりの中で、同時進行していくようであった。

ビジネスがB toC中心の企業はまだよい。個人対商品・

サービスという関係の中で、何らかの満足度アンケートをターゲット層に実施できているからだ。ところがＢtoＢを商う企業はどうか。「満足」というものを測ろうとすると、ビジネスとして集団対集団によるマルチ・サービス関係が前提なので、評価する側も評価されるものも複数存在し（マルチの評価側面をもつ）、したがって満足を測定しようとするといくつもの満足度水準データが生じてきてしまう。

　ＩＴサービス業界などはその典型だ。評価されるものにはシステム企画、システム開発、運用・メンテナンスなど多要素が存在し、評価する側もユーザーのトップ、プロジェクト・リーダー、営業責任者など多彩に存在する。各々で測定された個別満足度をひとつの指数にどう収斂させればよいのか、どんな重みづけをしてひとつの指標に集約していけばよいのか。こう考えていくとＢtoＢのＣＳ概念は、異様に複雑なものになる。ＢtoＢ企業はＣＳに手を出そうとして戸惑い、どうＣＳ概念を自社に導入してよいのかまさに藪の中、といった混迷状態に嵌まり込んでいく。そんな窮地を救う実戦に即したコンサルなど不在だ。ＢtoＣ企業にしか通用しないＣＳなんて、戦略の基軸たりうるのかといった疑問も正直湧いてきてしまう。それなのに、やたらブーム化しているこの現実。やはり、なにか、真っ当でないのだ。これも知の幼さか。

　仮にＣＳという概念は、〝戦略（企業が市場へ向けて打ち出したアクション）を市場・ターゲット側から評価するシステム〟だとすれば、ＣＳは独立した専門部署などで行なわれるものではなく、事業各々の中でその事業特性に沿って実施されていかねばならない類のものではないのか。なのにFig.6にみるように、主要大手企業が足並み揃えて専門部署をつくるのはどんな狙いからなのだろう。これらはＣＳ活動の活性化状況とも見えるが、逆に異様な右に倣え状態とも見えてくる？　残念ながら、最近のＣＸブームも、これに近い？　愚は繰り返される？　此処で言った〝愚〟とは、経営者の〝焦り〟を指す？　どうも図星のようだ。もっと基本を勉強してから動きなさい。

　ＣＳの測定構造の難度以上の技法的難度を保有する科学的方法論のいくつかは、専門部署なしで十分使いこなされてきている例が少なくはない。ＣＳをＱＣ・ＴＱＣやＣＩの流れとみたムーブメントとして捉えたがゆえの、社内浸透を図る専門部署ということなのだろうか。こんな一つのシステム次元にとどまるもの、専門部署など要るの？

　正直自分には、経営者たちの〝お客様第一〟という不滅の信条を保持し続けることへの心理的不安と、市場環境の〝コンシューマー・オリエンテッド〟な流れへの効果的対処の仕方を見いだせないでいる心理的苛立ちの相乗が産み出した現代企業のシンドロームに感じられていた。これは病気だ。われらサプライヤーにとっては儲けにつながるありがたい流行り病だ。それにしてもコンサルや出版社は儲かっただろうなあ。

　一方日本で導入の主役を演じた米国Ｊ・Ｄ・パワーのＪ・Ｄ・パワーⅣ世（創業者長男？　バイスプレジデント）やク

リス・ディノーヴィ（バイスプレジデント）そしてJ・D・パワーと合弁会社をつくったリサーチファームR&D（リサーチ・アンド・ディベロプメント）の牛窪一省社長らは、専門家としてまともだった（と当時そう感じた）。導入推進役が正常でオーソドックス（奇を衒わない）だったからこそ（自分の勝手な見立てにすぎないが）、ブームとなり急浸透したともいえる。きっと、そうだよ。

あの敬愛する怪僧上田八洲率いるMRS（マーケティング・リサーチ・サービス）がある時突然弾け、個性的で尖ったリサーチ人材が分散し、いくつかの市場調査会社が誕生した。その代表的2社が松井睦、渡會隆らの群雄割拠するTSR（東京サーベイ・リサーチ）と牛窪一省を中心とするオーソドキシー溢れたR&Dだ。当時日本のリサーチ業界の中で、課題の難しい単発調査の企画・実施をやり切れる社はこの2ファームだと感じていた。その頃パネル調査を中心としていたり、大手広告代理店を親とする市場調査会社が業界内で大手となっていたが、企画力と実査精度では怪僧八洲の息吹を継承するこの2社は卓抜したスペシャリティをもっていると私は信じていた。なかでもTSR（今は、その名前はもうない）は〝荒法師的若者〟が多かった。そんな場のトーン&マナーが存在していたのだろうか。荒法師の一人〝実査管理の熟練者〟Oとは特によく飲んだ。四谷荒木町に歌手のザ・ピーナッツが店を出したということで連れて行ってもらい（確か漢字でHIROと書いたような店名だった？）、お目当ての芸能人が店に現れるまで飲もうとし、結局現れず、次の日私初めての無断欠勤の因をつくってくれたのがOだ。今頃、奴ら、どうしているかな。もう齢だもんな。

そのうちの一社であるR&Dが日本でCSを本気でかついだ。JMRA（日本マーケティング・リサーチ協会）初代理事長を務めた牛窪一省の会社がリーダーシップをとったからこそ、CSの手法論はまともな形で日本市場に拡がっていった、と言っては身贔屓すぎるか。実のところ牛窪一省のことについては、自分はあまり知らない。彼のもとに集結した圧倒的なスペシャリストの何人かを知っていただけなのだから、こんな見立てはすべて、自分の独断的感性だけから感じたものにすぎないが。手法論の導入役は結構まともで、カネを払うユーザー企業は病気、その周りを虎視眈々と窺うコンサル軍団――実にCSは異形の浸透スタイルを表出したと言えそうだ。

しかし、異形の浸透状態に合わせるかのごとく、原型のJ・D・パワーの正統CSIにまったく沿わないCI的というかQC的といったムーブメント構築手法をやたら吹きまくる自己中解釈の、まさに異形物の増幅現象が市場に拡散する段階を迎えてしまう。その増幅推進者は先述の〝コンサル〟と呼ばれる曲者たちだった。〝異形のエセ推進役×異形のユーザー〟がCSというものをどんどんアンビギュアスな存在に変えていったように感じられたのだった。〝斬新なシステムが、平板な運動になっちゃった〟瞬間だった。儲かりそうだと、皆、蟻と化す。これも仕方ないか。大手銀行などは、顧客満足アンケートと銘打った簡単な葉書アンケートを実施することが専門部署の仕事となった。一通のはがきで顧客満足が測れると本当に思ったのだろうか。

先行して浸透した自動車業界では、ホンダ、トヨタなどはJ・D・パワーのCSI構造の長所を取り込み、自社なりにカスタマイズして的確なオリジナルCSIを構築していったと伝え聞く（特に当時のホンダはCSマーケティングの権化と思えた）が、他の某大手（クルマやさん？）では当初、満足度の指数化や要因の重みづけなどのマッタクない指標（多分普通のアンケート結果データ）をCSIとし、しばらくたってのち慌てて指標構造を変えて是正した、といった噂話も伝わってきていた。

本当にCSIは、導入社にとって役立っていたのだろうか。そのコスパは？

また的確に指標導入を図った一社の年間CS調査費が5億〜6億円もかかり（額は噂の域を出ないが）、それを毎年一括受注した中堅広告代理店が生き返った、という話も業界内に面白おかしく広がっていた。そんな大規模な予算でもコスパは大丈夫なのだろうか。どうせなら、自社で一括受注したい、なんて営業魂を滾らせたりしたことが懐かしい。ところが、このビッグ予算は十分成果に見合っていたらしい？ビックリだ。日本の大企業は何と賢い輩なのか。そうだからこそ、CS先行導入企業は世界一を目指して今もそこそこに頑張れているのだろう。

C　独自手法創発――戦略評価システム by the MARKET

CSは、己れの両足を、戦略とシステムという二つの陣地に根ざそうとしているからこそ異色でおもしろい。ゆえにこの概念は語らねばならない強い必然性を感じる。

ある時私は、CSカオスの中、ブーム狂騒曲の阿鼻叫喚をBGMのごとく耳にしつつ各社の右に倣えのCS導入状況を横目に追いながら、少し前から目論んでいたオリジナルな〝戦略評価システム by the MARKET〟の概念を創発することに着手していた。狙い通りの動きだった。

企業が打ち出した戦略やあらゆるアクションを、ターゲットつまり当該市場が果してどう評価してくるのか、を瞬時に測定・把握できる仕組みをつくりたかったのだ。

直観が、これこそ情報系システムの実際的基盤になる、と伝えてきていた。その発想の原点は、〝つくりたいモノを、つくりたいときに、つくって流すといった情報発信型のしくみから、謙虚に生活者すなわち市場の声に耳を傾けるしくみに供給サイドの動きを変えていかねばならない〟、ということにあった。

また当該市場による評価の仕組みとして「共通のモノサシとなれる計数指標」でありたいとも考えていた。またその際には、回帰式（$Y_i = \alpha_0 + \Sigma\alpha_i X_i$）をベースにしてみようと決めていた。この回帰式をロジックのベースにするということは、たとえば〝とある店舗の総合満足度〟を例にとれば、その店舗の総合満足度は、当該店舗を評価する諸評価要因各々が関わる度合いの総和として規定されてくる、とまず考えてみることと同義である。そして諸評価要因各々が保有する総合満足度に対する寄与の度合いはそれぞれ異なり、寄与の度合いのより高い評価要因をより高く評価反応した人ほど総合満足度は高くなるはず、と考えることなのだ。これ、解析思考の基本である。

こんな背景ロジックを念頭に、独自手法の手順説明を聞いてもらいたい。ということで、オリジナルに発想したシステム構築手順を、以下に生な形で概説する。

評価したい商品・サービス・店舗・戦略・戦術の評価項目（評価要因）をX_iとし思いつくだけ複数抽出する。総合評価の値（指標）をY_iとし、Y_iに対するX_iの重み・ウエイトを重回帰分析によりα_iとして算出する。この部分は、Fig.5のおさらいだ。

Yの値が一定となる際の各説明変数X_iの値を導く運用方式は《制御》であり、先に説明変数X_iの値を入れてYの値を求める運用は《予測》を意味する。計数的指標として運用する際のごとくに実際的に表現してみると、〝被説明変数に総合満足度を用い、各説明変数つまり評価項目X_iそれぞれの総合満足度尺度に対するウエイトを求めた上で、そのX_iの値を回帰式内のX_iに代入して決まってくるYの値が総合満足度指標値となる〟ということになる。この場合Y値を求めるゆえ《予測》に該当する。

ここまでは回帰式の基本でありかつ佐野良夫（１９９６）も示したＣＳＩの基本的考え方だが、ＪＩＲＯ（私）のオリジナルはここから始まる。Yは満足度とは限らない（必ずしも満足度でなくてもよい）、情報発信度でも好感度でも購入意向度、リピート意向度、新奇度、興奮度、他者への推薦度、感動度など、何でもよい。Yが変わるごとに各説明変数へのウエイトα_iも変わってくる。したがって測定したいYの種類・中味を意志して選択することで〝求めたい評価構造〟が得られるという仕組みになる。

何を被説明変数にもってくるかが、ユーザー企業の自主性つまり個性であり、また勝負ということになる訳だ。市場内では継時的にα_i（重み）も変化していくだろう。この重み（ウエイト）の変化こそ、ターゲット（市場）の、評価構造の《変容》を数値的に表すものと捉えたい。マーケットの評価構造の変化を知るということは〝ニーズを把握する〟ということの大きな部分を占めていると考えてよいのではないか。

しかし、評価項目X_iが数十項目もあれば、そのウエイト値は小さく分散し、評価構造の変化を見づらくなる。したがって数十の評価項目を数個にくくりまとめて変化を理解しやすくしようとして因子（主成分）分析を行なうのだ。すなわち、まず評価項目（30〜40）を抽出し、指標値算出の基盤づくりとする。この評価要因抽出が大事なファクターを落とすことなく、妥当といえる範囲で行なわれているかどうかで当該総合指標値の戦略に役立つ度合い（つまり質）が決まってくるといってもよい。
そして当該分析課題に適切な被説明変数（総合評価指標）を設定し、〔因子（主成分）分析で説明変数をくくる〕×〔重回帰分析で説明変数を重みづける〕、といった複合解析手法を併行実施した上で回帰式に代入し、総合指標値（Y）を算出するという工程になる。この辺の説明は、黒板に式中心に書いてしまえば速いのだが、今はノート上に文章で記述しているのでまどろっこしくて仕方がない。許せ。

総合評価値（Y）の算出直後の状態は、ウエイト×説明変数の単純サム（総和）の値が出るため何の基準も示さず、変数の数の差もそのまま反映してバラバラの個数が並ぶ状態にある。そこでYを、各説明変数のウエイトがすべて10（ウエイト100％の意）だった際の値を100とした新しいモノサシに変換すると、〝100点満点のうち何点とれたか〟というわかりやすい指標値に換えられる。この処理によって本指標のビジネスの現場への適応力・わかりやすさが一段と向上することになるのだ。この解析プロセスは、CSIユーザーの現場で勘違いして進めやすい点なので、繰り返しになるのを承知の上で、今一度しつこく確認していただければと思う。

このオリジナル手順内では、被説明変数（総合評価指標――多くの場合n件法で測られた総合満足度が用いられている）の回答（実測）データは、評価要因・項目のウエイトを算出するためだけに用いられ、その生データ（たとえば非常に満足した人15％といった）は分析に使用しない。重回帰分析によって得られたウエイト値（重回帰係数・偏相関値）を個々の評価項目の測定結果データ（5件法だとスケールの5・4・3・2・1を得点として各項目の合計得点が算出される）にそのウエイト値を乗じ、順に各評価項目のウエイト付けされた得点の総和（サム Σ）が総合指標値Yの値（つまりCSスコア）となるわけだが、このままのCSスコア値を分析に使うと、値の桁数も多くまた評価項目数（の差異）によって指標値の水準も大きく変化して相対評価に使えないなどとても扱いづらい。依って各評価項目がすべて満点評価を得た際のY値を100点（満点）として実測のCSスコア値を変換算出するケースをリコメンドするようになったと考えられる。使いやすさ向上のためのノーマライズかな。

この手順の長所ともいうべき肝要ポイントは、三つある。一つは、繰り返しになるが、〝Yの値は、実測値をそのまま用いるのではなく、アンケート結果などの評価項目それぞれの実測値にウエイト（偏相関値）を乗じ、それらのすべての評価項目で算出された数字全部をサムしてはじき出された仮想の値である〟ということにある。

二つめは、評価を測定したい市場内存在物の特質に応じて、Yの質（満足、好感、情報発信度などについての、対象とした存在物の総合評価に最もふさわしい言葉・ワーディング）を、分析者の事前洞察を基準にして選択可能になるということだ。つまりYという総合評価値は〝満足〟オンリーでなく、その総合評価に最も馴染む（適性がある）と判断された言葉が指し示す概念の含有度合いとして計数化されるのだ。この手順で算出される総合指標は、「満足度指数」にとどまらず、要するに「総合的全体評価指数」となるわけである。此処に指標としての多様性を見ることができるだろう。

そして、さらに指標運用上の複雑化を抑える工夫が、三つめの、主成分（因子）分析によってX_iの数を絞る、という作業だと考えている。これは実践力向上に貢献する。

以上の三点こそ〝ジロ・オリジナル〟の原点であり、そのオリジナル性を支えている基盤といえるだろう。Y値の表現の仕方に関して、１００点満点といった基準が今一つと考えるなら、たとえば２０００年度のYの値を１００とした際の指数値（この方法をとれば時系列分析がしやすい）に変換してもよい。運用者にわかりやすく戦略的に意味ある変換なら、何でもよいのだ。算出直後そのままの値では記憶しづらく、社内や業界浸透もさせづらい点を是正しようとしているにすぎない。

以上のジロ・オリジナルのCSIモデルの概念イメージを、フローチャート風に整理してみるとFig.7のようになる。このオリジナルCSI算出手順も、完成度はまだまだ低い。Fig.7内の〈要検討事項〉にも示されているように、評価因子（評価項目のグループ）と評価項目の単独個々のどちらのウエイトを先に出すべきかとか、また時系列比較の際には評価因子が実施毎に変わると比較しづらいので、プリテスト段階でセットされた評価項目のグループ（つまり評価因子）は、その後もしばらくの間アプリオリにセットし続ける形にするか、それとも毎回因子（主成分）分析を行なって都度自然で新しい因子の抽出を図ったほうがよいのか、などケース毎に正解に近づいていくための努力の道程は多様に残っていると考えるべきだろう。つまり多種多様な複数の応用形が理論上は成立しうるということだ。おそらく市場、業界、商品・サービスの特性、ターゲットそしてCSIに求める分析視点の違い等々から、正解はケース毎に異なってくるのではないだろうか。要するにどんな形であろうと、自社にとってベターな方法手続きを独自にもてばよいのだと考えたい。カスタマイズは無限に可能なのだ。各社の個性を思い切り発信したいものである。

肝腎なのは、そんなことよりも、このオリジナル手順の良さは〝各評価要因を1対1の関係、つまり同レベルとしては決して見ない（必ずウエイトをつけて要因の重要性を認識しようとする）〟といった運用態度であり、〝総合指標値の意味構造を〈満足〉に限定せず、都度課題に適切な指標を厳選して据えることができる〟ことであり、さらには〝総合指標値はそのままの絶対値でムーブメントの目標値などに使えるよう係数として変換されている〟、といった点にありそうに思う。なかでも〝重みづける〟という点を「市場」による判定データによって行なおうとする点は、今までになかったことだと感じている。このオリジナル版、結構自信あり、なのだ。

Fig.7　オリジナルCSI算出手順概要

(I) 構造化質問紙を作成する

①評価項目の抽出
②総合評価指標の質問の設定
→ ③それに基づいて構造化された満足度アンケート調査票の作成
→ ④構造化されたアンケート調査票の実験運用によるファイナライゼーション

(II) データを測定する

満足度アンケートの実施（定期的実施が望ましい）による総合指標データおよび評価項目データの測定

(III) 評価因子・項目のウエイトを算出する

①因子（主成分）分析により評価項目をくくる。
——各評価項目をくくりまとめて、評価要素グループ（因子）に収斂する。
——つまり相互に独立な因子が抽出されることになる。
②各因子の因子得点を用いて重回帰分析を行ない、各因子の総合評価指標（被説明変数）に対する因子ウエイトを算出する（100点のウエイトを各因子に配分する形が運用上わかりやすい）。
——つまり重回帰係数の大きさに応じて"満点100"のウエイトを各因子に配ることになる。
③各因子に含まれる（くくられた）各評価項目個々の因子負荷量の大きさに応じて因子トータルが持つウエイトを各項目に配分する。

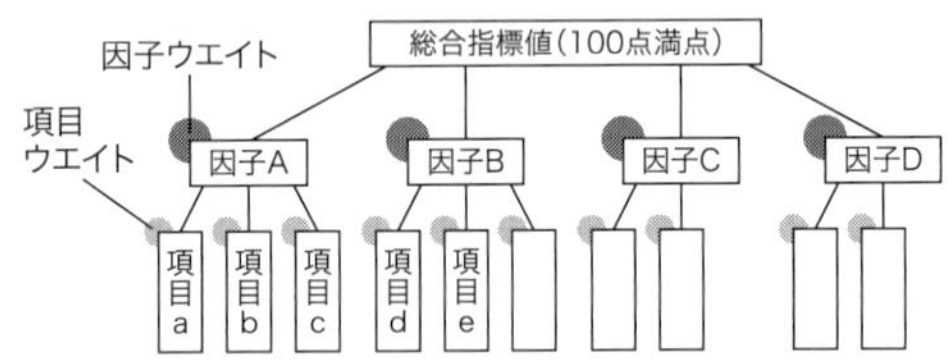

〈要検討事項〉上記②→③つまり因子のウエイトを先に出しそれをくくられた個別評価項目に配分するやり方と、個々の評価項目それ自体に重回帰分析をかけ、評価項目個々の重回帰係数から出されたウエイト値を足し上げて各因子のウエイトを算出する③→②のやり方のどちらがベターかは簡単には判断できない。評価対象の性格、業界、分析意図などからケースバイケースでベターなものを選択していくべきだろうと目下のところ考えたい。

(IV) データとして測定されたXiの値を代入し、CSI総合指標値Yiを算出する

（回帰式）$Y_i = \alpha_0 + \Sigma \alpha_i X_i$

Y_i：CSI総合指標値（被説明変数）
X_i：説明変数（評価項目／評価因子）
α_i：重み（ウエイト／重回帰係数）
α_0：定数項（Y軸との切片）

出所：JIROオリジナル
出典：『マーケティング・イデア2040〈JIRO'S DIARY　未来巻〉理念将来像 妄想』
（香下堅次郎　文藝春秋　2020）図74（P130）より

D　オリジナルCS運用に見る多目的性

ではこのオリジナルCSの運用イメージ（アウトプット・イメージといったほうが正確か）はどんな感じになるのだろうか。想定されるアウトプットは、Fig.8に示されているように主に三種考えられる。

とりあえず被説明変数（総合評価指数）Yは、〝満足度〟を基準に測定されたとすると、その要のアウトプットは総合満足度が上がったか下がったかを示すものとなり、それは地域別・ターゲット別など参入マーケットのセグメンテーション軸別に時系列に示される（アウトプット・イメージ①）。

次いで重要なのが参入市場の顧客の評価尺度の変化（つまり市場ニーズの変わり具合）をトレースするための評価要因別（もちろん評価項目別でもよいが）の重みの100分構成比を時系列に知るためのものである（アウトプット・イメージ②）。

そして三つめが、評価因子毎の達成率をレーダーチャート化したものである。どの因子の達成率がよいかわるいかを一目瞭然に示すと同時に、その達成率全体像（レーダーチャート全体）がどんな形か、さらには満足度を効果的にアップすることにつながる（重みの値の高い）因子で達成率が高くなっているかどうか、今後総合CSIスコアを上げるためにはどの因子に注力することが効率が良いか、などが洞察可能となるのだ（アウトプット・イメージ③）。

このオリジナルCSの凄いところは、これら三種の効能が1回の調査で一斉に（同時に）判明させうるという点にある。このような効率の良い仕組みの原点となる考え方に気づいた（と思っている）J・D・パワーCSIは、やはりgraciousと認めざるをえない。オリジナルCSの長所をここで整理してみる。

①総合評価指標（たとえば顧客満足度）の時系列トレースが容易。

②ターゲット・サイドの企業アクションに対する評価尺度の構造的変化が同時に把握できる。

③指数化されているのであらゆる戦略・戦術・アクションを評価する際の共通のモノサシとして使える。

④アウトプットが棒グラフ・帯グラフ・レーダーチャートとわかりやすくシンプルなので、現場担当者から役員まで容易に理解できる。

⑤重みの高い因子中心に打開策を効果的に考えられる。

⑥売上・収益／来客数などの量的評価指標に加えて質的評価指標を保有することができる。

⑦今後、売上・利益などの量的指標と相関の高い質的評価指標を探索可能にする。

CS運動に熱を入れていた企業の多くは、これらの長所認識をどこまで理解していたのだろうか。気づいていなかったとすれば実にモッタイナイ話だ。みるところ、自動車業界だけは十分にこれらの長所を有効活用していたのではと推察する。

Fig.8　オリジナルCSI アウトプット・イメージ

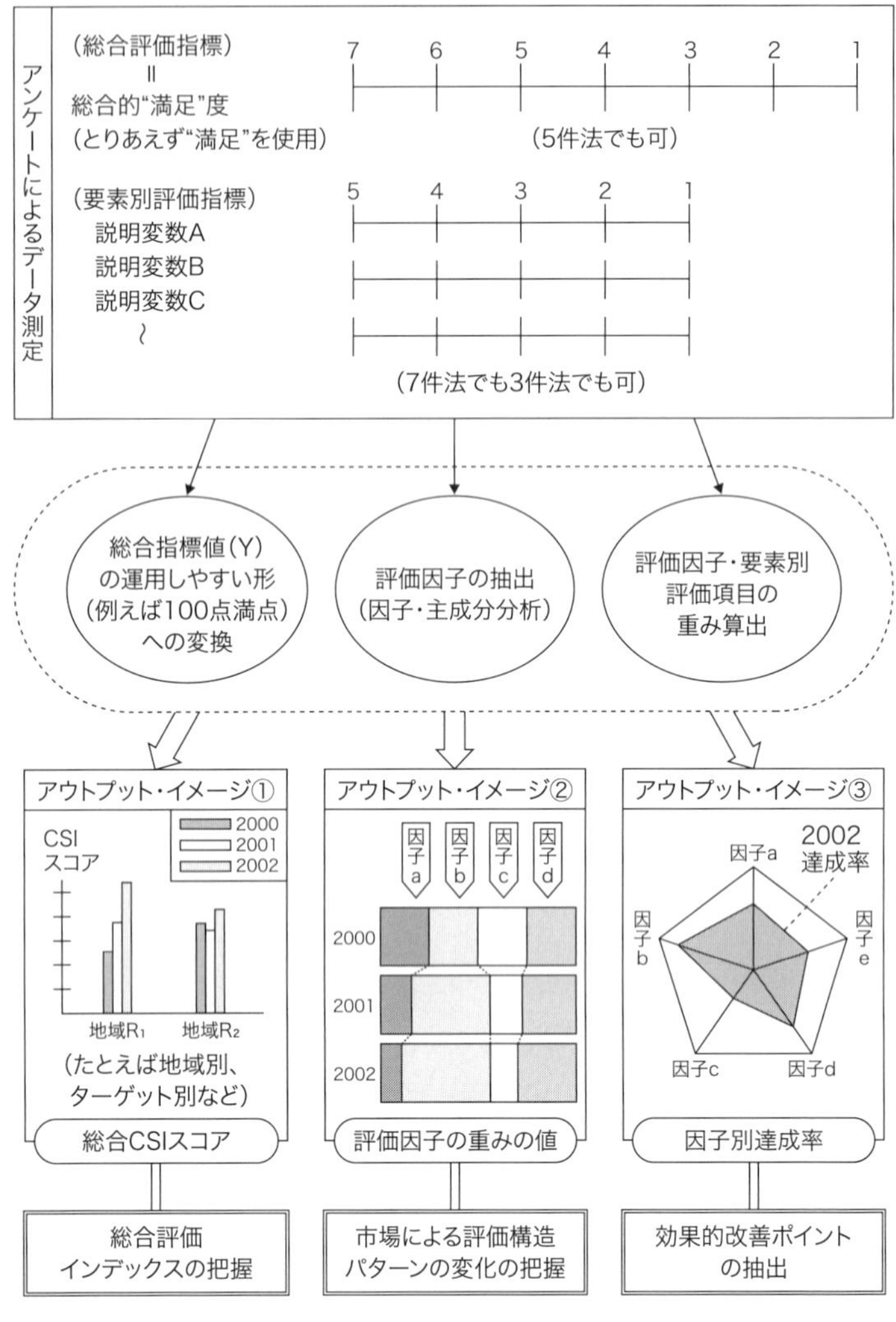

出典:『マーケティング・イデア2040〈JIRO'S DIARY　未来巻〉理念将来像 妄想』
（香下堅次郎　文藝春秋　2020）図75（P133）より

しかしその一方で、このオリジナルCSにも弱点というか、不適合領域も当然ながら存在している。まずは、成熟市場であればあるほどこの手法は機能しそうだし、さらには販売ルートが固定化している市場のほうが効果的運用につながるような気がする。ということは、その逆のケースには、この手法は適用しづらいのかもしれない。このオリジナルCSを導入する際には、これらのメリット、デメリットに基づいて自社市場の徹底した吟味が必要になると考えたい。

さらに推察を加えて言えば、この1回のCS調査は、多様に活用可能という〝multi-purpose〟性を保有していると思える。CS調査はマルチ・パーパス・リサーチなのだ。それはどういうことか。あくまでJIRO個人の推測というか洞察の範囲を出ない話ではあるが、例示的にCS先行ユーザーの多い自動車業界のCS調査を想定して推察してみたい。クルマ業界のCS調査は、各クルマ販売店個店毎の購入者アンケートのサム（総和）からおそらく成り立っていると推測する。個店当たりのサンプルサイズは、仮にジロ持論の効果を出せる最小の300S（サンプル）だとすると、対象販売店が100あれば3万サンプルのCS調査となる。この調査のアウトプットとして、Fig.8で示した棒グラフ、帯グラフ、レーダーチャートが得られてくる。興味深いのは、3万サンプルのCS調査は、どのように切り取られて集計・解析されても、これら三種のアウトプットを生むことができることである。すなわち、

〈活用パターンA〉全数を分析対象とした際には、ベンチマーク的トータルマーケット分析が行なえ、本社の戦略立案に資する。

〈活用パターンB〉販売店をディーラー単位でまとめてディーラー毎に分析すれば、本データはディーラー評価データとして活用できる。同様にリージョン別に切り取って処理すればエリア別評価データとなる。

〈活用パターンC〉販売店個々に、自店の顧客データ分析として300Sのアウトプットを還元すれば、各店への販促・経営支援データとして使える。

つまり、ベンチマーク的全体調査、ディーラー評価調査、販売店支援データ入手のための調査などが、1回のひとつのCS調査で実施したことになってしまうのだ。これぞまさに、〝マルチ・パーパス・リサーチ〟！　こう考えれば、1回数億円の調査コストなど安いもの、という見方も可能になるのかもしれない。そして、CS導入企業では、役員会資料がFig.8のごとき棒グラフ・帯グラフ・レーダーチャート中心に変わり、平易で深みのある役員会資料づくりをも実現し、活発で本質的な議論交換につながった、との話も風に乗って伝わってくる。解析手法など何も知らないVIPたちでも、この資料なら意思決定に使いやすかろうと想像する。役員会資料改善まで、CS調査はやってのけた⁉

〝この手法なら、自信をもって客先にプレできそうだ〟

そんな確信を深めるのだった。同時に、CS調査のリサーチとしての革新性――システムと一体化したリサーチ設計、そしてマルチパーパス性――に圧倒されていた。それはまる

で、できのよいマルチパーパス・ソースを見るようだった。

この考え方を少しでも見習い、他のリサーチ手法にも革新の息吹を浴びせかけなければ、と目途もなく〝崇高(?)なる想い〟を馳せる若き自分が居た。〝戦略評価システム by the MARKET〟という新しいダイヤモンドの原石を手にした今、詐術やごまかしのない、オーソドキシーで貫かれた拡販・販促フィロソフィを拠り所に、ターゲット市場を走り回りたくなるのだった。マーケティングの世界はこうじゃなきゃあ。

オリジナルCS手法の拡販事例

営業パンフレットの改訂作業を進める中、今日も、自分たちで考え抜いた〝戦略評価システム by the MARKET〟というオリジナルCS手法を、システムインテグレーターとして情報系システム開発案件受注の橋頭堡というか取っ掛かりの足場にしたいと考えていた。各社の〝戦略〟というものには顧客データベースが必ずくっついて存在し、その裏側には既存商品マスターや場合によっては向こう3年先くらいまでの新製品開発計画表が貼りついている。とりあえず顧客データベースと商品マスターを共有のものとしてしまえば、そのクライアントに対して、どんな情報系システム企画の提案も可能にする臍を押さえたようなものになる、と推量して胸を膨らませていた。

戦略を評価したい、といったニーズをもちうるのは、やはり超一流企業だろうし、そんな企業であれば一旦ゴーサインの構えをとらせてしまえば、その予算は大きなものになる可能性も高い。少なくとも、予算規模でストップがかかる確率は他のケースよりも低くできるはずだ。提案する中身（CS手法）も、後ろめたさなく自信をもてるレベルに達している。頑張って、歩こう。企画書の金型はあるのだから、いくつでも個別プロポーザルは作れる。

ちょうどそんな頃CSブームも頂点を極め、海外市場版CS調査の引き合いやガードの堅いメガバンクからの相談も続き、自社のCS調査経験値はどんどん上がった。

笑ったのは、某メガバンクからの打診内容だ。こちらの提案、リコメンデーションを聞く耳をもたない。おそらく本店か本部で、すでに調査企画はフィックスしてしまっていたのだろう。銀行の顧客は個人顧客と法人顧客両方が存在し、それぞれ重要だ。法人顧客のCS測定は、評価者が複数存在すること、提供サービス内容も多様になること（商品のようにひとつに収斂した形を成すモノになっていない）などから極めて難問といわれている。なのに当時、個人顧客・法人顧客のCS調査はどちらも葉書が用いられた。この物理的限界の範囲で、何を測定しろというのか。自分には、大事なお金を棄てるに近い行為にみえた。狂気の沙汰だ。

自ファーム内で、この仕事を受注すべきかどうか、議論が交わされた。結果、クライアントの企業規模が派生するかもしれないビジネス上の旨味のようなものを求めて、CSとはとてもいえないアンケート処理ジョブを受注してしまったのだ。そのクライアント担当者には企画内容の問題点を手厳しくかつ丁寧に伝えたのだが、〝当社にはCS実績が豊富にあるのだから、何とかうまくやってほしい〟ということになってしまった。今、振り返ってみれば、クルマ業界を別にすれば、CS調査なんてその程度の受けとめ方だったのだろうと想像する。その銀行のCSが現時点で構造的に刷新されていることを祈るばかりである。

市場でも、〝CSスコアは上がっているのに売上は伸びない、どうなっているのか〟といった声は日増しに大きくなってきていた。しめた、と思った。自分たちの提供するCSモデルは、全体的な満足度測定ではなく、〝市場に打った戦略を市場自身に評価させるモデル〟なのだから、少しも困ることはなかった。

日々、プロポーザル書きとプレゼンが続く。こんな小ロットの売上ばかりを追うシステム営業を上司はどうみていたのだろうか。少しばかり申し訳ない気持ももった。

少し毛色は変わっているが面白く感じたCSモデル事例を、評価構造の捉え方を中心に、いくつか紹介してみたい。[注1]

注1　以下に挙げる事例は、リアルな場面背景を設定してはいるが、〝こんな仕事が受注できればいいな〟〝実際に受注した案件の中身がこんな風な内容であったらいいな〟〝この企画アイデア、こんな風に実現できないものか〟など、想像の世界として自分の頭の中を投影する形で擬似事例化したものを中心に構成されている。一つの提案アイデアとしてご覧いただければ嬉しい。

A　駅ビル／ファッションビルのCSI

わが生涯のマーケティング案件受注件数2、000以上の中で、圧倒的に多いテーマは新製品・新事業関連である。多分それに次ぐのは、店舗開発・リニューアル関連プロジェクトのはずだ。大手銀行やGMS（総合大型スーパー）クラスのスーパーマーケット出店計画コンファームのための調査、新しいDIYコンセプトをもつ新業態ストアの立ち上げと多店舗化戦略に関する調査、昔〈駅ビル〉といわれた大きな駅に隣接するショッピングモール的大規模複合商業施設の出店とその維持のための調査、そして駅ビルの商圏を構成する繁華街・ターミナルや街の潜在顧客流動調査など……枚挙に遑がない。計数器を何個もかかえて街を走り回り、出店予定地の膨大な空き地周辺の住宅街にエリアサンプリングで詳細面接をかけるなど、まさに店舗の仕事は汗と体力の勝負だった。

これらの仕事は、新規出店時に関われば、最低年1回のトレース、そして数年に1回の大規模リニューアルといった継続的ジョブを、ヘマしない限り生み出してくる。新規開拓がそのままクライアントの固定客化につながるおいしい仕事なのだ。

と同時に、ハイティーンと20代前半をターゲットにしてとりあえず成功したファッションビルの多角化を目指し、30代層に絞った別棟をつくって大失敗するとか、テナント診断結果に基づく是正策に「情」が介入して大反省するとか、店舗という、アミーバのごとく変態していく魔性のような存在に振り回されてコンプレックスの渦に沈むなど、実に悩み多き仕事でもあった。ともかく、打った手に対するダイレクトな反応が、即刻おのれのボディを直撃してくることになる。その分、情が湧き、調査対象施設が閉館するというニュースを聞くたび、目頭が熱くなるのだった。

そんな大東京の中で、競合に負けじと頑張る大繁華街のファッションビルのために、ジロ（私）は〝オリジナルCS手法〟を持ち込んだ。出店後の定期的チェック作業の質を、マーケットサイドからの視点を高めることで強化しようと考えたのだ。

テナント型のファッションビルは、テナントが変わると評価項目・視点もつい安易に変えようとする。それはそれで長所もあるのだが、一貫して基本要素の評価水準の推移をみていくことも年を追うほどに重要になってくる。さらには、評価の前回／当回差が小さくなってきた際でも〝変化の兆し〟を摘出しやすい「時系列計数指標」に基づいた評価判断が重要視されてくる、と考えるに至った。

また、計数指標であるオリジナルCSデータをパソコンに入力して、ウェブシステム内で使う形にすれば、どのエリアの店舗からでも、誰でもいつでも、瞬時に該当店／他店比較データが確認できる、そんな評価システム・ネットワークを作ることで、愛するファッションビルの情報武装力をアップしたいと願ったのかもしれない。

総合評価指標つまり被説明変数は、一番一般的なそして素直な〝総合満足度（n件法）〟を用いた。満足すればリピートしてくれるのが店というものだ、と信じた結果だ。一大課題は、該当店舗（ファッションビル）の評価項目の抽出だった。評価項目には、絶対に抜けや漏れがあってはならない。だからこそ項目数が増えることは怖れなかった。その結果30～40項目がピックアップされた。仮に5件法の態度バッテリー項目が一つの来店客アンケート内に30～40項目あったとしても、アンケート対象者の回答時間はそれほど長くない。逆に、直感的に、考えすぎずに答えてもらったほうが、本音が測れる、という考え方もあろう。私も原則、そう考えたのだ。

評価項目（来店客アンケートで測定された質問単位の細目レベル）を評価要因（項目のグループ）に括るその数は、クラスター分析を階層・非階層両方の手法で試みてみて、あまり大くくりにならずに自然に各要因のネーミングができるレベルとした。その結果概要がFig.9である。この図では、店舗の満足度を規定する評価項目（質問単位）と評価要因（質問単位の項目を主成分分析でグループ化したもの）の一覧、および店舗満足度に対するそれぞれの寄与の度合いを示すウエイト値が示されている。それらの内容や結果データは仮想

Fig.9　駅ビル／ファッションビルの評価要因と評価項目

	評価要因	満足度に対するウエイト(配点)	含まれる評価項目
要因①	接客品質	○○.○	①商品知識　②△△△△ ③△△の親しみやすさ　④アドバイス…… ⑤△△△と身だしなみ
要因②	商品クオリティ	○○.○	①高品質素材　②流行商品の存在 ③△△情報の豊富さ　④時代合致性 ⑤△△△△△
要因③	テナント プレファレンス	○○.○	①入っているテナントの質　②有名ブランド ③自分好みの……　④テナントが△△△ ⑤テナントの多様なキャンペーン・サービス
要因④	商品○○○	○○.○	①○○○の豊富さ　②陳列△△△ ③レイアウト関連……
要因⑤	コミュニケーション &SPパワー	○.○	①宣伝……　②△△のよい広告 ③催事イベントが多い　④DM・チラシ…… ⑤メンバーシップやイベント……
要因⑥	ストアアトモスフィア	○.○	①清潔・衛生～　②整理・整頓 ③パブリック・スペース関連……
要因⑦	プライシング関連	○.○	①割安から高級まで　②手頃 ③コスパ……
計		100.0	

出典:『マーケティング・イデア2040〈JIRO'S DIARY　未来巻〉理念将来像 妄想』
（香下堅次郎　文藝春秋　2020）図76（P137）より

のものを用いている点、ご了承願いたい。

30〜40の抽出された評価項目は、来店顧客を対象に、それぞれ5件法でアンケート測定され、評価要因①〜⑨に分けられた。対象ストアの総満足度スコアを１００点（満点）とした際、各要因①〜⑨に１００点はFig.9に示したごとくウエイト（配点）として配分された。このウエイト値は前にも述べたように、重回帰分析処理の結果得られた重回帰係数（偏相関）の値である。またこのウエイト値は、店舗満足度に寄与する度合いの高さを表している。

各要因の名称は、含まれる評価項目から類推してジロが勝手に命名した。ストア全体の満足度総量に対する各要因の重みは、このケースの場合見事に5％前後から20％弱に分散した。大型複合商業施設の場合、興味深かったのは商品クオリティ、商品インパクトなどの要因以上に接客クオリティ要因のウエイトが高くなったことだ。が、商品関連の要因は②・③・④と三要因に分散しているのだからその結果も当然なのかもしれない。

このCSスコアの恐ろしさは、抽出しアンケート化された評価項目の範囲の中で満足度水準が否応なく決まってくる（決まるようにCSスコアの算定手順が設定されている）という点だ。仮に大きな評価項目を見落としていたら、測定されたCSスコアは現実離れした形で算出されてくる。ともかく、数字がとりあえず結果として出されてくるから、怖いのだ。説明変数の見落としは絶対避けねばならない。

Fig.9では評価要因・項目とその満足度に対するウエイト値しか示さなかったが、それ以外の基本アウトプットとしては、各店舗の総CSスコア（総合満足度水準を示す値。これを時系列比較していく）、評価要因毎の得点（要因単位の持ち点に対して実測値として何点とれたか）、などがその主たるものとなる。そして、付加的に得られるCS調査毎の評価要因のウエイト（持ち点）の時系列推移の把握も、興味深いアウトプットといえよう。これらの算出数値を時系列に、地域別に、各所に点在するチェーン店舗別に比較検討することで、各店舗の長所・欠点が浮き彫りになってくるという仕組みなのだ。

そして総合指標である被説明変数は、第一の満足度以外に、再来店意向、今後の利用意向など第二・第三の被説明変数を用意し、満足度（第一の総合指標）と再来店意向など第二・第三の総合指標が高い相関を示すかどうか、またそれに基づく評価要因ウエイトも第一と第二・第三の間で大きな差異がないかどうかを確認していくことになる。もし仮にかなりの差異が複数の被説明変数間に生じた際には、満足度以外の適正な被説明変数を再設定する心構えが必要になってくると考えなければならない。

新たな分析視点として面白いと思えるのは、店舗間の（総CSスコアに対する）評価要因ウエイトの違いと、店舗毎の立地条件・見込み客特性条件の違いを照合分析することを通じて、立地別・顧客タイプ別に〈店舗評価軸〉がどう違ってくるのか、ということを把握できるかもしれない、という点だ。加えて、評価項目は分析企画者がある意味自由に選定できるという点を有効活用し、評価項目（つまりアンケート測定項目）を「店舗の運営予算項目」とできるだけ連動して設定することで、〝店舗満足度をウエイト高くアップできる予算項目を発見し、高いウエイト値を示した予算項目に、数少ない予算総額の多くを振り分ける〟といった予算の有効活用策を導き出すこともある程度可能になるのだ。少なくとも満足度をあまり上げることに貢献しないSP予算を減らして他に振り向けることなどは容易に可能と想定される。

そしてまた、店舗コンセプト関連の項目中心に評価項目を構成して同様の処理をすれば、どの要因がコンセプトを効果的に機能させて満足度につなげていけるか、そしてまた店舗コンセプトの受容度と満足度の二重構造を示しうる総CSスコアを得ることも可能になってくる。このような運用手順を通じて、戦略のコアの部分を市場がどう評価したかを示す多様な数値データの入手が可能になってくるというわけだ。

一般的なストア満足度水準と、ストアのコアコンセプト受容をベースとした満足度が必ずしもパラレルな関係で生じてこないケースも多く、この両方を示唆するCSスコア構造を企画しその実測値を追跡していくことは、今後の的確な店舗戦略を模索する上で重要になってくると考えられよう。CSIのような計数指標値は、ムーブメントの目標値として有効なだけでなく、戦略・戦術の実行、予算の効果的消化、さらには次なる効果的戦略策定など、現場における諸活動の中で羅針盤として使えるからこそ戦略指標と呼べるのだと考える。

残念ながらクライアント企業の中でCSIを戦略指標として十二分に活用している事例には、まだお目にかかっていない。特にストアに関しては、現場業務のシビアさの中で、この種の簡単には理解しづらい手間のかかりそうな新業務を上乗せ実施する現実的難しさが、大きく障壁として介在しているようだ。CSIが一番向きそうに思える領域だけに、残念でならない。

ともかく今回販売回訪した駅ビル・ファッションビル用CSIのプレゼンテーションでは、提案内容は興味深く聞いてくれたようなのだが、システムとして常設して運用するまでのコスト面、現場業務構造面の余裕は、店舗側に無かったようだ。

あえてコストを無視して、さらなる提案を上積みして考えてみれば、大型複合商業施設全体のCSスコアと、それを構成するテナント個々のCSスコアの二重構造の仕組みがつくれれば（施設全体のCS＋その施設に出店しているテナント個々のCSの二重構造のCSIシステム）、おそらく盤石になると考えたい。テナント個々のCSのコストは、テナント出店条件に個別実施が必須であることを盛り込むことによって大幅に低廉されてくるはずだと思う。つまり戦略的テナント選定作業の一環としてCS測定ジョブまで組み込んでおくことが、大規模複合商業施設経営のひとつの〝新視点の技（わざ）〟なのかもしれない。

この事例を経験して、ジロの脳裡は、何本かのひらめきビームを感じていた。この考え方はショッピングモールにとどまらず、来店客アンケート、入場者アンケート、宿泊客アンケートなどを実施している場・機会すべてに適用可能なのだと。つまりすべての小売店、ホテル・旅館、イベント会場などが戦略データ入手場所になるのだ。この考え方のもとでは、外部と遮蔽された密室で黙々と行なわれてきた主成分分析、重回帰分析などの解析技法が、実践的空間の中で見事に生き生きと動くようだ。

顧客アンケートというものにはもともと二種類のありようがあるのだ。見た目通りに、単にアンケートとして集計され、実測のパーセントデータとしてだけ使われるタイプのものと、見た目はそれとほぼ同じなのだが、実は綿密に仕組まれ、多様な戦略データを紡ぎ出す高次のアンケート手法のもの……。後者の革新性は、データ活用の新しい仕組みづくりの知恵・企画が先行しその仕組みをリアライズし運用するためにリサーチする、という点にある。今までのあらゆるリサーチは、リサーチという狭い知識カテゴリーの中で、リサーチ側からリサーチ自身に閉ざした企画をまず先行し、そして実施される。データ入手後のことは、前もってはほとんど考えなくてよかったのだ。

ほんとうはそうじゃないのだ。特にこれからは……。データを戦略的に使いたい大きな《目的》、そのために手間がどんなにかかろうとも、入手方法・手順を発明的に綿密熟考した上で初めて測定へ向かうデータ、そんなデータ測定のためのリサーチ企画であらねばならないということか。となれば、リサーチのこと以外に、《目的》に関わる仕組みの知識を保有し、行ないたいリサーチの周辺にすでにあるデータを理解し、それらを統合的に仕組み化できるリサーチャーであらねばならぬということか。

CSって、考えさせてくれるよなあ。CSが、リサーチ革新の機会を作ってくれているようなものか。ただシステム武器としてみれば、チョッピリ小規模で迫力に欠けるのかなあ。現時点では、まあ、それで十分じゃあないの。なにせ発明品だもん。

B　GMS鮮魚売場のCSI

前述のようないくつかの店舗事例をみてきて、CSIの本質的メリットが徐々に鮮明になってきたように感じた。それは、決して満足度の高低をアンケート結果のパーセントデータで出すことではなく、店舗スタッフが生（なま）に、店舗の評価構造を見直し、店舗評価要素の重要度の高低を知り、その高低を反映した総合評価指標によって店舗がうまくいっているかどうかを把握する、という極めて科学的でロジカルな店舗運営を実践すること、なのだ。この把握の仕方だと、改善策も重要度の高い評価要素にフォーカスして、コスパ良く進められるということになる。解析など人生で初体験の店舗スタッフたちが、興奮して重回帰係数（評価要素の重み）を扱うところにCSIの良さがあると思えてきたのだった。

ストアの中の売場単位のCS測定も、続けて受注した。営業感覚からいうと、不思議でたまらない。このところのCS

関連クライアントは、すべて新規顧客（それも超大手ばかり）で、何のコネも値引きもない。テーマ営業開拓の強さが顕在化したと素直に受けとめるしかないようだった。幸せというべきか、それとも僥倖か。

首都圏郊外のJR大型駅の東西に、分かれて立地する大型GMS2店の一大競合エリアがあった。発注先はその一つのGMSだ。GMSは以前ホットデリカの売場が賑わいを演出すると取り沙汰され関心を集めたが、最近ではデリカテッセンに代わって、鮮魚売場が戦略拠点として注目を集めていた。当時苦境という長いトンネルに入ったGMSにおいて、情報小売業的色彩の強化、意図された《盛り場環境化》による情動溢れる販売空間への脱皮などが専門家の間で囁かれていた。

駅東口のスーパー（発注元のストア）は元来価格指向が強く、鮮魚売場も冊（さく）ものや鍋パックなどの便利性の強化された品揃えが特徴的であった。それに対して西口のスーパー（発注元の競合ストア）は売場の多くの部分を専門の魚屋に委ね、丸もの（一尾もの）、一夜干しなど市場でよく見る鮮魚の原点の品揃えが前面に出ていた。ハチマキをした魚屋のアンチャンの大声が響き、まさにアメ横を思わせる賑わいを感じさせた。東口のストアはスーパーらしく、西口のストアは専門店を感じさせ、見事に対照的だった。

東口のストアは、この両売場のトーン&マナーの違いを顧客がどう受け止め、どのレベルの満足度水準で評価しているかを確認すべく（というより、東口担当者が自店の上司へ向けて明確な敗北事例を上申しようとして）、この仕事を発注してきたかに思えた。担当者の危機感一杯の顔が今でも鮮明に浮かぶ。たぶん自店の鮮魚売場を思い切って改革したかったのだろう。そのためには明確な敗北の確認が必要だったのだ。もしこの推測が的を射ていたとしたら、それはクライアント担当者の大英断といってよい。

鮮魚売場の評価項目抽出は、実に大変な作業だった。バイヤー、売場責任者らの専門家の視点、ユーザーである利用客らの定性情報、そしてわれらマーケティングのプロの眼などから合作された叩き台がFig.10である。この評価項目ツリーのドラフトから構造化アンケート調査票が作成され、因子分析結果として括られた評価要因とそのウエイト値は次のようであった。

・品揃え関連……3△%、　・売場関連……2▽%、
・スタッフ関連…1▼%、　・SP関連……1●%、
・情報関連……△%、　・その他……▲%

売場が対象であるだけに、当然ながら「品揃え」要因のウエイトが高くなることが想定されたため、前もって品揃え要因部分を大分類（他の評価要因の表現水準に合わせ、他要因との比較がスムースに可能になるように設定された大括りの分類基準）と品揃えの中身を具体的かつ詳細化した細分類基準の二重構造を構成して評価項目を組み上げる形をとった。品揃え要因の二重構造化というアイデアは、品揃え関連の評価項目数を増やし過ぎると、項目設定企画作業の段階で品揃え要因のウエイトが大きくなる方向にバイアスがかかる可能

Fig.10　鮮魚売場の評価項目の叩き台

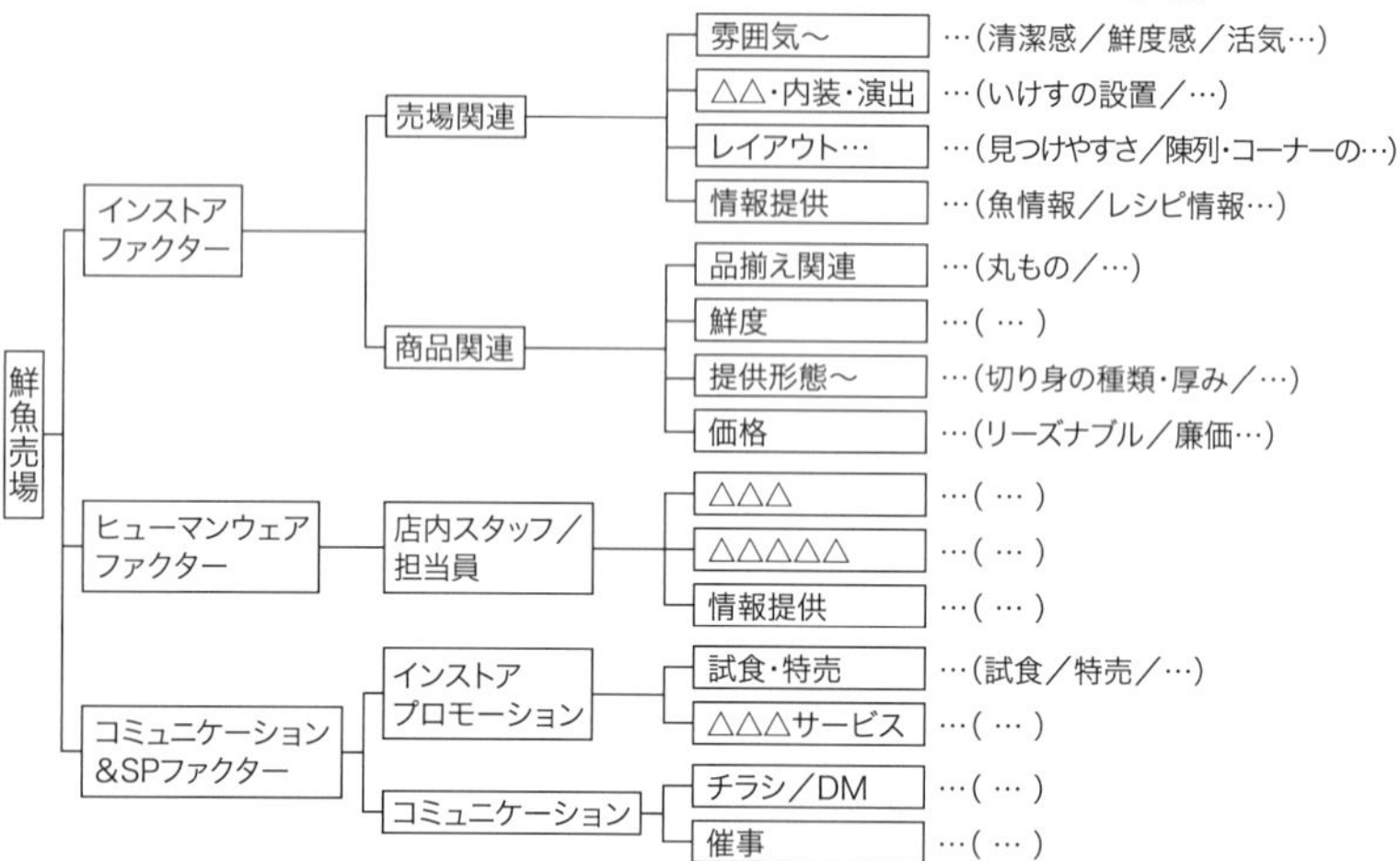

出典:『マーケティング・イデア2040〈JIRO'S DIARY　未来巻〉理念将来像 妄想』
（香下堅次郎　文藝春秋　2020）図77（P142-143）より

性があり、逆に品揃え項目を減らし過ぎるとその構造が具体的に把握しづらくなり、品揃えの内容面で競合店との差異を検出する力が低減してしまうという二律背反をクリアするための苦肉の策ともいえた。

ただ、この部分が鮮魚売場のCSI構築の要となったことは間違いない。二重構造のもうひとつの、細分品揃え評価要因・項目は、焼魚類／一尾もの／刺身商品／魚卵類／個食用パック／徳用パックなどが事前の調査から抽出され、各項目についてCS調査結果として、〝満足度に対するウエイト値〟が測定された。

これらの結果から、たとえGMSであっても、鮮魚売場の評価基準はスーパーの売場らしさといった方向というよりも、一般鮮魚店のシェルフをみるかのように、本来の〈鮮魚〉を扱う売場として充実しているかどうかという方向で消費者の脳裡に刷り込まれていることが理解できる。消費者がスーパーの棚を鮮魚売場としてみた際の最大の評価要因は、予想通り「品揃え」となっており、価格や特売・スタッフの接客などの要因をはるかに圧倒するウエイトを示した。

品揃え要因の二重構造設計内を覗いてその点をさらに深掘りしてみると、丸ものや切り身、刺身、焼魚などの質感やバラエティなど、極めて妥当でもっともな評価要因が上位を占め、満足度向上要因として機能していることがわかる。

鮮魚売場は、その主役である魚介類の質と量に大きく満足度が規定され、店員・販促・価格・売場構成・情報などの次位以下の要因をいくらいじっても、〝魚介類の品揃え〟に手をつけない限り大きな満足度上昇は見込めないという基本特性を有することが判明したといえよう。この点で東口ストアは西口ストアにはっきり差をつけられていたといえる。西口ストアの売場の良さは店舗形態如何にかかわらず鮮魚シェルフとして本質的であり、それゆえに戦略売場としてのオポチュニティを内在し、かつ〝盛り場環境化〟を通じての集客力をもポテンシャルとして保有していると見通せるようであった。今まで売場構成や販促・価格などを中心に売場改善を進めていた東口ストアは、結果として本質的な売場見直しを、提供する商品の質中心に行なうことを迫られた、といえるのかもしれない。担当者の思惑は、多分見事に当たったといってよいのだろう。

鮮魚売場のCSIデータは、売場改善の見事なガイドラインになったと推察される。ここでもCSIデータは、その総CSスコア以上に、示された要因のウエイト値が示唆する利用者の売場評価尺度の内容が、戦略改善上ユースフルだったと思われる。つまり、「売場評価要因個々の売場総満足量内シェア」の把握と改善策への活用がCSI最大のメリットであり、CSIは単に「売場に対する総CSスコア値」の把握だけで終わるものではない、ということなのだ。

ただ具体的改善施策は、CSデータのたとえば目標達成率の低い個所を改めていくだけでは西口の競合GMSに似た売場になっていくだけであり、プランナーのセンスとして、西口競合店とある程度差別化しながらCSスコアが上昇する評価要因の改善を図っていく、という極めて緻密でオリジナルな手順が求められてくるはずだ。

だからこそ戦略の立案と実行は、実態の把握とは比べものにならないくらい、難しいことなのだろう。その意味では、CSIは、問題を浮き彫りにしてはくれるが、改善戦略の大半は自分たちで別途考えなければならないことになるのだと思う。

C　FACTORY PARKのCSI

どこの誰がつくった言葉なのか、いつからか〝ファクトリー・パーク（factory park）〟という概念が業界専門紙上を流行り言葉として躍った。工場、研究所、公園が一体化され、学術・技術情報が飛び交う空間に、イベント機能・エンターテイメント性が賦与された世界――つまり〝ファクトリー〟のパーク化された極めて意図的な戦略産業空間をファクトリー・パークと呼んでいたような気がしている。

大手企業も企業イメージアップと社会資本整備の補完が同時に可能になると考えて前向きに建設に踏み出し、当時の通産省（現経済産業省）も積極支援の構えを示した。当時実際に運営されたファクトリー・パークとしては、業界紙によれば、以下のようなものがある。

サッポロビール千歳工場／日本オリーブ岡山工場／大塚製薬徳島ワジキ工場／エンゼルキングダム（三重／森永製菓）／プラスランド（前橋／プラス）など

今でこそ工場見学ツアーは爆発的ブームになっているが、

当時にあってもたとえば大手一社の年間工場見学者は約80万人、そのための一社当たり年間投入経費もそのケースでは10億円単位に及び、その費用対効果や戦略的メリットが模索されていた。それなのに現実は、極めて常識的な見学ルートが設定される程度で、簡単なその場限りの来場者アンケートが形ばかりに実施されていた。

自分が見学者として回るときなど、たとえば好きなウイスキーの樽が埃をかぶり静かに眠って出荷を待つ工場の倉庫の情景を見て、「工場は本物の質感を伝えうるメディア」たりうるのではないか、と考えることもあった。なにせそんな情景は、埃まで含めてリアル極まりないのである。TVCMの映像などおよびもつかない深みをもつのである。そんな流行りを見ながら私は、大手製造業の全国工場をひとつの〝新しい企業コミュニケーション発信メディア〟と捉え、その中に費用対効果指標を科学的に提示可能な評価システムとして組み込み、工場という存在をより効果的情報発信メディアたる方向に改善・充実していく戦略的アプローチを提案することは面白いかもしれない、などと空想したりしていた。まるで〝マーケティングバカ〟状態であった。

工場の製造過程や自然環境をつぶさに観察すれば、〝本物の質感を伝える〟〝聖地に研ぎ澄まされた〟〝モノをロマンで包む〟など、印象・インパクトを増幅する要素・部品は一杯転がっている。今までそれらコミュニケーションの隠れたる潜在資源に気づかず、放置してきたのではないかとも考えた。工場をメディアとする個性的でパワフルなコミュニケーション手段は何かあるはずなのだ。工場は生産拠点だけにとどまらず、イメージ発信の拠点となるのかもしれない、と徐々に確信を深めていた。

クライアント側は、工場が効果的メディアになるとまでは思わないまでも、工場見学対応経費のコスト・パフォーマンスが良くなれば、そしてどうせなら、より顧客を満足させられる工場見学の見せ方のシナリオをつくれれば、といった観点からわれらのプレゼン・トークに乗ってきた。工場来場者の満足度測定に関して、経年比較や複数の工場間比較分析が可能な「共通のモノサシ」は間違いなく求められていたのだ。

本企画書の目的の設定の項には次のように記されている。

「工場見学来場者の満足度向上施策の基礎指標となる満足度アンケートの調査票と分析&アウトプットの標準化。そして新しい企業コミュニケーション情報発信メディア〈FACTORY〉のメディア効果判定に資する科学的計数的指標の構築」

システム構築手順は、オリジナルCS手法の基本に則り、次のように整理して進められた。

①〈FACTORY〉が生み出しうる企業コミュニケーション関連のメディア効果の抽出・整理。つまり見学工程の中のどの施設・設備の特性がどんなメディア効果をもっている可能性があるか、を明確にすること。

・製品製造工程／立地の自然特性／文化・情報施設の種類・内容／休憩・リフレッシュスペース／試飲・試食・試作物提示／案内スタッフの質／アメニティ・エンターテイメント要素など。

・メディアから発信されるはずのキー・イメージ項目の絞り込み（先進感・技術力・スケール感・上質感・ヒューマンイメージ・文化性・ハイクオリティ・希有性・生命の息吹・ソフィスティケーテッド性・オーソドキシー・高品質感・安寧など）。

②前項要素項目を組み込んだ構造的満足度アンケート調査票の作成。

・工場見学工程各々[注2]の施設・内容・提供サービスに関する評価項目を網羅し、満足度向上にどの工程要素がウエイト高く働いてくるかを確認できるよう構造化。

注2　工場見学工程は、立地・環境／文化等の施設など／受付／製造工程の各部署／休憩・リフレッシュルーム／試作品試用コーナー・レストラン・売店／案内スタッフ窓に分類された。そして工程毎に工場から発信されるはずのキー・イメージ項目を評価項目として配置していく形をとった。

・工場見学工程を基本的な評価要因分類として用い、要因に含まれる評価項目群の中にモノづくりの〝シズル感〟をイメージで捉えられるよう、〝シズル感イメージ測定項目〟をちりばめる形で調査票化を進めた。

③アウトプットは、ⓐ工場満足度スコア（総合ＣＳスコア）とⓑ満足度構造パターンを示す見学工程別ウエイトの中での目標達成率のレーダーチャートの２種。ⓐⓑともに工場毎にアウトプットされ、工場間比較が一目瞭然となる形（Fig.9 のアウトプット・イメージ①と③参照）。

このクライアントの既存企業イメージの中には、独断的類推ではあるが、〝匠のモノづくり〟といった要素はとても希薄であり、どちらかといえば〝アーティフィシャル〟〝合理的〟〝広告宣伝の巧みな〟などといった匠のモノづくり企業にはふさわしくないイメージに若干傾斜気味という欠点が見られていた。工場のもつ「匠の世界」要素を強化・演出して見学者にイメージ記銘できれば、マスメディアではなかなかうまく成しえなかった弱点ポイントの改善を大きく進めうるのではないか、と企画プレ時に力説した。

見学工程それぞれも、どんなキー・イメージを発信すべきかが明瞭になれば見学者に見せる工程の中身の造り方も当然異なってくる。特定のイメージを発信すべく見学工程を造っていき、構造化されたアンケートによるＣＳ評価システムの分析結果をみてさらに鋭角的に改善を進めるというわけだ。工場への〝知恵の注入〟である。

この種（オリジナルＣＳ手法）のアプローチがたぶん有用に機能しそうな対象ファクトリーの代表例としては、真っ先にアルコール製品や嗜好性の高い飲食料品をつくっている製造業などが挙げられそうだ。嗜好性に関わる〝シズル〟は、広告クリエイティブではなかなか醸し出しにくい。

アルコール製品には、ビール（ブリューワリー）、ワイン（ワイナリー）、ウイスキー（蒸留所）、日本酒、焼酎などがあり、たとえばそれらの工場見学工程は、同じメーカーであればそれら種類に関係なく同じ形・スタイル、つまり一律に造作されている可能性が高い。しかし、たとえばブリューワリー、ワイナリー、蒸留所がより強く発信可能なキー・イメージには、三者間で大きな差異があるはずだ。つまりブリューワリー、ワイナリー、蒸留所が潜在して保有する（はずの）メディア効果は異質である可能性が高い、と推測される。

三者それぞれに若きジロが大胆に提案するオリジナルCS手法を適用することを通じて、三者それぞれの評価のウエイトつまり評価基準の違いを鮮明に把握し、それぞれが強化されるべき方向で、それぞれの特性に合わせて改善が進むということを実現できるかもしれないのだ。ということは、製品の核部分をつくる工場、部品をつくる工場、パッケージの工場といった三者においても、見学者の評価基準の差異を明確に知った上で見学工程を造り上げていくことが可能になるということでもある。

シンプルな評価システム導入がもたらすメリットとしては決して小さくはないだろう。戦略を的確に実行するということは、緻密な知恵を丁寧に現場に組み込みつづけることから始まると思えるのだが、扨、どうであろうか。

このクライアントは、発注の仕方も変わっていた。提案プレゼンテーションでは見積概算数千万円、工場レベルのワークとしてはとてもそれだけの予算は用意されていない、しかし全国すべての工場の仕組みとして導入はしたい、とまるでダダっこのようなことを真顔で言うのだった。しばらく思案顔を続けた上で、仕方なく、本件を家庭教師のような添削指導スタイルで進めるのはどうか、と再提案した。

実際にCSシステムを作り進めるのはクライアント企業のプロジェクトメンバーであり、自分たちサプライヤーは10日に1回東京本社に集まった各工場の中間アウトプットを添削し、次の工程へ進むための指導とアドバイスを行なうというやり方だ。勿論報告する義務もない。見積額は法外に下がり、結局少額での契約となった。獲得した売上は自社平均よりずっと小粒にとどまってしまった。愉しみにしていた全国工場出張も大幅減だ。私たちは、果してビジネスの勝負に、負けたのか、それとも中長期視点で一応勝ったことになるのか。かなりあとに、このクライアントから新事業開発のプロジェクトが舞い込んだが、この工場案件のいびつな受注スタイルがプラスに働いて生じた事態なのかどうかは、結局今も判明していない。

売上は小さかったが、トータル販促効果はかなりあったようであった。当時の自分は、〝オリジナルCS手法の導入事例がひとつ増えたと思えばよい〟などと自分に言い聞かせ、しょげ返るというよりは、更に燃え上がっていた。

中堅広告代理店の調査部門代行業も併せ行なっていた私は、〝何社もの広告代理店の企画提案書を集めるために引き合い＆コンペを実施し、結局どこにも発注せずに、提案された企画書の中に盛り込まれている知恵だけをおいしくいただくというクライアント企業が少なくない〟、という噂をよく耳にした。添削指導スタイルというのも、出した知恵への対価としては、具体的なモノとしてのシステムづくりをアウトソースしないがゆえに、極めて低廉なコストにとどまる。そんな安価な形で、外部プランナーたちが必死に絞り出した知恵を自分のものにできるのだから、添削指導も擬似コンペも似たようなもの、ということなのだろうか。許せない話であるか。

ソフトというか、知恵らしきものを売る商売は、難しく、そして何とはなしに、無常……。しかし盗まれることを恐れて話を抑えるなんて、自分の柄ではない。自分が思いつける程度のことは、遅かれ早かれ皆思いつく。守るよりも迸るほうが柄だ。いつでも、〝オール〟ストリップティーズ、してやる。口に出し裸になってこそ次のアイデアにつながる。そのほうが一秒でも早く業界が変わり、社会が動く。その動きのプロセスの何処かで儲ければよい。迸らせるその勢いは先行き何らかのプラスを生む（はずだ）。これからも、そう考えて仕事する。でも、いつも考えさせられるポイント、ではあるのだ。ソフト業につけこむ大手企業は現代では普通に居る。

ファクトリー・パークもあれば、テーマ・パークもある。いや無数にあるショールームに常駐させる戦略的仕組みとしてなら、簡単にセット可能だろう。ファクトリーがいければイベントもいけるかもしれない、などと単純発想を進めたその果てに、「展示会・見本市効果モデル」「イベント効果モデル」など販売活動に直結するおどろおどろしいテーマに対してまでも、オリジナルCS手法の応用形として、提案を試みてしまっていた。大手家電メーカーに対しては、複数存在する販社やそのネットワークのマネジメント管理指標としてCSスコアを導入することを勧め、興味をもたせた。プレゼンテーションはみな好評、耳をそばだてて聞いてはくれたのだが、具体的前進をみるには、先行投資（単品システムの規模のみならず、関連データベースの整備費までが必要になる）が大きすぎ、大きな情報系システムの引き合いを顕在化するには至らなかった。この種の仕組みのリアライゼーションには、〈部分〉の企画より〈全体〉観・〈全体〉像が必要になるのだろう。

あとで振り返れば当然だった。なにせCSスコアに興味を抱いてくれたクライアント企業の中には、まだ営業情報システムも販売管理システムも、ひとつのデータウェアハウス（DWH）として連動する形では存在していなかった。CSスコアの測定のみ先行して、それを戦略・戦術に生かすデータベースなどほとんど未整備だったのだ。ビッグビジネスにつながるはずがない。昨今流行りとなっている工場見学ツアーも、ここで紹介したような戦略的仕組みが構造としてセットされているようには見受けられなかった。そうであれば、実にモッタイナイ事態、と考えるべきだろう。半歩、早やかりしか。

マーケターはシステム視点をもって〈営業〉しなければな

らない、ということだ。

ＣＳＩは企業のシステム感性と総合的サステイナブル性を高める

ジロ（若き頃の私）にとって未知で辛いシステム開発営業本部長の数年が、あっという間に過ぎた。勘定系でなく業務系・情報系を営業の手掛かりにして市場開拓を図る、といった作戦は明らかに失敗だった。手掛かりとなる情報系企画は、難しすぎ且つ小規模すぎた。よく言えば理想論、業務系のシステム化の難度を舐めた結果といえた。今思えば、なぜにエンドユーザーのみから攻めたのか、どうして、情報市場に君臨するビッグなシステムインテグレーターたちを最初に攻めなかったのか、悔やまれる。

そのうち、経済界のＣＳブームも一段落がつき、ジロ自身〝オリジナルＣＳ手法〟のプレゼンと当該小案件の処理に飽きを感じ始めていた。なんたることか。人は、同じことを繰り返すと、慣れてきて技は磨かれるが、それ以上に飽きが来るのだ。なかでも自分は、そうである。慣れは、考えなくて済むようにしてくれる。考えなくて済む度合いが高くなるからその分つまらなく感じ、そのうち飽きる状態に至る。そしてある瞬間、冷める。〝後ろめたくない企画提案〟などという後ろ向きの姿勢でビジネスと対峙しているからこうなるのだ、と自らを叱責する。

本来あるべき情報産業の雄たろうとするために、自分たちのビジネスを進化させていこうとするなら、できることからやるといった小人の志でなく、きっちり進むべきビジネスの道に見えてくる正統なる基本コンセプトを、全容として明確化することが先ではないのか。ええい、知識不足、能力不足などはしばらく忘れ、〝情報化〟なる奔流の中で必然的に浮かび出て来るであろう新しいビジネスのコンセプト探しに挑戦してみることにするか、戯れになることを恐れずに。この度は、恥ずかしながら失敗談となった。許されてかし。

ＣＳＩの実績集を眺めて、私は何かやれたのだろうか、何か意味があったんだろうか……などと瞑想に逃げ込みたくなる自分を感じていた。小手先のこの小さなスキルを、さも大切なことのように提供してきただけなのではないか。この程度のテクノロジーやビジネスモデルでは何も変わらないし変えられない。そんな不安が心の隙間に浸潤していく。高収益率のプロジェクトを手にしながら、儲けることと満足することがこんなに食い違うこともあるのだ、と実感した。営業こそスケール感が必須か。

されど、ひとつリサーチャーとしての気づきらしきことがあった。それは、頻繁にプレゼンをしてきたＣＳ手法の構造が与えてくれたようだった。〝マーケティング（＋リサーチ）×システム〟とよく言うが、マーケティング（＋リサーチ）側にはこの程度（ＣＳ手法程度）のシステム発想およびシステム的論理思考は元々包含されているのではないか、ということだった。今存在するマーケティング側あるいはリサーチ側のファームらは、自らのシステム関連細胞を切り離しすぎている、今のリサーチ側のビジネスのありようは狭量でいびつな姿なのだ、自らが元々保有するシステム細胞をフルに活かす姿に戻さなければ本来のリサーチの姿とはいえない……。たとえばＤＷＨなど、リサーチャーの技術であるべきか。となると、〝×システム〟のレベルは、もっとスケールが大きいものであるはず。今のマーケティングのプロはシステム音痴！　ＣＳの拡販活動の中からそんな風に思い込んでしまっていたようだが、違っているかな。

さらにもう一点、ＣＳシステム営業というクライアント企業への行動的アプローチが気づかせてくれた企業としてのありよう――それは〝ＣＳＩのごときシステム商品を身近に感じて過ごす企業は、自然にいつのまにかconsumer-orientedなる感覚を醸成していくであろう〟といった、彼らの未来にとってとても明るく望ましい推測だった。

顧客の基準、顧客の評価尺度で、企業の戦略・戦術・行動を評価するなんてことは、至極当たり前のことだろう。製品の品質評価は各種消費者テスト等で測定し業務内で活用されてきた。しかし戦略・戦術についてはどうか。この当たり前のことが実は、何も行なわれていない、忘れられているのだ。あるのは企業内における〝社長の評価〟と自動的に手に入る関連する販売物の売上・利益の数字だけ！　とんでもないというべき現実、なのである。

企業の未来には、地球の未来にそぐう形で嵐の到来をにおわす叢雲（むらくも）が立ち込める。にもかかわらず中長期戦略の重視姿勢は、四半期決算の連続の前に吹っ飛ぶ。サラリーマン社長ばかりの日本産業にあっては、当然のことなのだろう。しかしそれでよかろうはずはない。そんな態度で厳しき市場なる戦場を生き抜けるのか。市場はそんなに甘くない。ここで示したＣＳシステムに基づく「戦略評価システム by the MARKET」の基本的考え方を、ＣＳブームの終焉と同時に雲散霧消させてしまうのは、どうしてもあまりに勿体なさすぎると思ってしまうのである。

私は提案したい。サスティナブルな基盤に支えられねば生きていけぬ市場ばかりが広がる明日を果敢に泳いで生きつづけなければならないすべての企業のために、この仕組みを未来型情報系システム基盤として、さらにはホーリスティックなシステムコンセプトとして、大きく抜本的に転生させたいと考える。この情報系システムは、単なる「顧客満足」概念に基づくシステムにとどめ置くだけでは勿体ない基本的性格を有すると見込む。こ奴、「顧客満足」なる、曖昧なれど普遍的意味を内含する概念なのだ。つまり評価項目（説明変数）の設定ポリシーとしてサスティナブルな（持続可能性のある）要素の変容に敏感でいられる視座を優先強化し、単に中長期戦略視点ということだけでなく、地球（資源）との共生可能な企業寿命の長命化をリアライゼーションする中枢基盤としても一向におかしくない懐深き概念なのである。その実現のためには、説明変数の〝時代に即した新感覚なる設定〟がヘソとなってくるのだろう。

《consumer-oriented × sustainability》という二つの企業観構成要素の同居・融合は、これからの時代にあって、あらゆる戦略・戦術の基盤の必須構成要素に組み込まれてしかるべき変数と思える。そんな未来に必須の戦略要素たちを具体的に企業経営システムの基盤に組み込む手立ての一つとして、このCSIという小さく身近な、しかしシステム感覚を十分に養いうる情報系システムを再活用してみようという提案なのだ。この概念の出自は「顧客第一主義」につながっているだけに、企業の全社統合的システム基盤を容易に成しうる特質を十分に保有していると判断したい。

それはまた顧客視座の確保だけでなく企業環境熟視視座にも容易につながるだろうし、そんな企業視野の鳥瞰性は、あらゆる市場でサスティナブル性重視態度の進行する明日にとって、想像以上にマルチパーパスな知的情報資産であるかもしれないのだ。顧客の背後には常に彼らの生活環境が貼りついており、この顧客視座・環境熟視視座を常に一体として見つめていくことがあらゆる戦略にとって重要になるはずである。今やサスティナブル性重視態度は、「エコ」の枠を外し全方位に広がるのだ。

あえてもう一言付け加えれば、この概念こそ情報系・業務系という一つの既存情報システム基盤の橋頭堡に育つべきだと推量する。勘定系が当然のごとく基盤的に存在する時代にあって誰も情報系の基盤化は発想しない。なぜか。システム屋が業務発想を苦手とするからか、それとも業務発想のシステムなんて膨大な知恵とコスト（初期開発コストだけでなくメンテも大変）ばかりかかって儲からないから（提案されない）ゆえか。そうじゃあなかろう。〝過去の稼ぎのシステム〟より〝未来をつくる業務のシステム〟こそ企業の命脈を担う。企業にとって〝カネ勘定〟は大事だが〝業務の質勘定〟も極めて大事なはずなのだ。此処に日本のシステム発展史の歪みが見られそうで、産業が育つ基盤に一つの欠落を見るようだ。

歴史的に見て日本の産業構造はシステムのバックアップに乏しい。システム思考は、日本民族の昔ながらの弱点であるか。今や時代はデジタル&ICTとAIが浸潤を進める世界。そんなこと、言ってられるか。そう、この概念を、AIやビッグデータ概念特性を進化的に埋め込んでいくデジタル用のシステム基盤概念の先兵・橋頭堡にしたいのだ。AI&ビッグデータにはまだ疎く難しいなあと戸惑う企業でも、CSIなら容易に理解できよう。BI（ビジネスインテリジェンス）的機能もこれらと統合しよう。CSIのシステム構造は、主成分分析、重回帰分析、クラスターアナリシス、そして回帰式など多種予測モデルの素材・部品等々、時代をつなぐ魅力あふれた機能・具材・メソドロジーを満載している。CSIを現代的に復権させながら、解析技術をマスターしつつAI&ビッグデータと融合する本格情報系システム基盤の確立を楽しみに待とうではないか。これぞマッシブデータフロー時代にふさわしいシステム武器といえるのではなかろうか。

　其処に広がる新しい情報系システムの世界は、まさに転生、昔のビジネスインテリジェント・パッケージの世界やこのところ散見されるマーケティング・ダッシュボードやその他のマーケティング・オートメーションの次元をはるかに凌駕し、人間の生活内における不可思議といってよい「情動創発」の解明にまでくさびを打ちうるという期待をもてそうな気がするのだ。そう、なぜならば、ＣＳＩというシステム指標の考え方には、効率を求めるだけでなく人間の「心」につながる「因果」がいっぱい詰まっているはずだから。私は、この概念の、大いなる多岐的発達を望みたい。

【個論Ⅱ　サマリー】「ＣＳ概念」の独り言

　私は「ＣＳ」という何かははっきりしない、しかしいろんな人から大事だよ、と言われてきた概念。何かはっきりしないが大切だと言われても、簡単には肯定できない。どちらかと言えば、自己嫌悪に陥りがちである。

　ところが昔から、経営学やマーケティングにおいては、なぜか相対的に大事にされてきたようなのだ。〝お客様は神様です〟などといったとても日本的な商売の心得の浸透のお蔭かもしれない。マーケティングにおいても昔、〝シーズよりニーズ〟などと喧伝され、そんな議論の中で〝顧客指向〟の代表のような自分を温かい目で見つめてくれた。

　しかしＣＳ運動一段落後には、そんな温かい目も無関心に変わりつつある。無関心は低関心よりはるかに辛い。代表的ＢＩの一つなどと喧伝された昔がウソのよう。私が何かしでかしたせいではないのだが。今やＣＳ推進室などの組織も閑古鳥。ＣＳスコアと売上が比例しないケースが多く生じたのがその理由のようである。そんな当たり前のこと、私の知ったことか。私が本当に大切な概念であるのなら、私ももう一度、できれば復活・再生したいと思う。そのためには私という存在は〝運動〟レベルでとどまっていてはいけないと認識している。私がシステム生物であることを忘れないでほしい。ＣＳＩの利用で、システム嫌いを少しは減らすことに貢献したのだから。

　マーケティング領域にあってすべての戦略・アクティビティが〝consumer-oriented〟たることが基礎として求められるのであれば、movementを超えて、その精神を具体的指標と化して再生を望み、明日の企業行動に具体的に貢献したいと考えるのだが、マーケターの皆さんはどうお考えであろうか。中でも私は、サスティナビリティさんとは仲良くできそうだよ。またＪ・Ｄ・パワーのＣＳＩの先にあるはずの未来型指標開発らしいものに発達させてもらえれば嬉しいな。そこには回帰式をはるかに超えるニューラルネットワークやＧＡ（遺伝的アルゴリズム）などに基づくＡＩやビッグデータ解析技術応用の世界もあるのだ。是非に一度、再考をお願いし、ＣＳの再興、というよりは私の解体・再構築を願い奉りたいのである。その分、お返しと言っては何だが、顧客指向感覚が自然に身につく術を私のシステム分身を通じて体感してもらいたいと思う。きっとお役に立てると思うよ。
あらためて、どうぞよろしくお願い申し上げる。

【MY結文】アンタが情報系統合システム基盤の核になっちゃいな

「顧客」と「満足」が連結して並ぶと、急にもっともらしくなる。四文字熟語の趣きがどうもこの組み合わせに対してはポジティブに働くようだ。その分、狭間に曖昧性・虚飾・阿（おもね）り・諂（へつら）いなどの雑菌が入り込みやすくもなるのだろう。

そんな雑菌たちの侵入を拒むために、CSにはindexという科学的鎧を纏わせたい。consumer-orientedなどという表現はどこか恰好よすぎ、また意味としてはあまりに当たり前に映る。供給サイドに立ちすぎない、徹底した需要サイド、ユーザーサイド、つまり人間の生活から世界を見るという視座の堅持を担う役割こそ、この概念の核であろう。なれば「顧客＝人間個体」の視座を科学的に保持しつづけるための鎧、具体的にはそんな人間視座の基盤となるシステム基盤概念として、昔あった日本流の「顧客満足概念」から脱皮・転生させたいと思う。

できうるならば、サスティナビリティなどの「地球そして遥かなる宇宙と企業との共生」精神に根づいた長寿化につながりうる概念たちとの融解・融合を実現し、未来的システム基盤に確立しうれば最高だろう。ＣＳＩはそんな理想なる像からすれば、まだ本概念の初期的一様相にすぎない。

繰り返す。この概念は本来、顧客たる人間を対象とする企業・団体のアクティビティを検証しうる最適の情報系システム概念なのだ。その統合像の核となるにふさわしい特質を有しており、さらにまた、来たる本格サスティナブル時代を長期視座で生きぬくために必要なベイシックシステム武器でありうるのだ。

企業にとって情報システム基盤の本格確立期となるであろう本概念とＡＩ＆ビッグデータ概念との融合期を経て、このシステム概念が、集団＆コミュニティの統合的情報系システム基盤として、生活の明日をプレディクトする日が楽しみである。ＡＩのエキスはこの概念の明日の姿にすべて注入するのだ。其処では松尾豊（東京大学大学院教授）たちの研究する「消費インテリジェンス研究」（個論Ⅳ参照）の叡智もきっと活きてこよう。その日の到来まで、この概念を手放してはならない。

〈個論Ⅱ　参考文献〉

・『「顧客満足」経営のすすめ方——ＣＳ経営・導入と成功のノウハウ』（平島廉久　日本実業出版社　１９９１）
・『よくわかるＣＳのすすめ方』（武田哲男　日本能率協会マネジメントセンター　２００５）
・『顧客満足型マーケティングの構図——新しい企業成長の論理を求めて』（嶋口充輝　有斐閣　１９９４）
・『「顧客満足」を超えるマーケティング——企業は消

費者から選ばれている』（佐藤知恭　日本経済新聞社　1995）
・『顧客満足ってなあに？——CS推進室勤務を命ず』（佐藤知恭　日本経済新聞社　1992）
・『あなたが創る顧客満足』（佐藤知恭　基本のキホン—日経ビジネス人文庫　2000）
・『顧客ロイヤリティの経営——CSを超えるサービス・マネジメント』（佐藤知恭　日本経済新聞社　2000）
・『CS「顧客満足」の実際』（佐野良夫　日経文庫　1996）

個論Ⅲ　戦略長命化の礎となるはずの

――「ＳＤＧｓ」概念は恥ずかしがって隠れる穴を探している

最近、胸のバッチまで作られて流行っている〝エス・ディー・ジーズ〟って、ご存じだろうか。ヘンな概念らしき言葉が蔓延る、その代表選手である。目標（ゴール）が17個もあり、169のターゲット、232の指標を統合した一つの概念だという。正気なのか。通常の概念の構造からみれば、その複雑怪奇さはまるでもののけのようである。通常このような多岐にわたる多様すぎるものは、一つの概念として扱いにくくまた扱われないはずだ。

エッ、概念ではなくて、単なる目標を表す言葉だって？　でもあちこちで〝概念〟風に使われているじゃあない？　使われている当人も、まんざらでもなさそう……。それが、ほんとうに流行っているのだ。ＳＮＳ時代の、それもZ世代からも抵抗なく普通に受け入れられているようである。この風潮、日本だけ目立つの？　なにゆえそうなる？　また誰が流行らせたのだろう。こんな流行り、どのように理解すればよいのだ、流行るはずがないもの、流行っちゃあいけないもの、流行りにくいものが、バズッてしまってることを……。

遡れば、少し前にＭＤＧｓ（ミレニアム開発目標）があり、「持続可能な開発（sustainable development）」という言葉に辿り着くのだそうな。いわゆる「エコ」（環境概念）関連となれば、地球を汚辱する張本人的批判もしばしば受けるマーケティングゆえに、放ってもおけないか。

数日前に送られてきた『學士會会報』（№９５５　２０２２年７月号）の中で斎藤幸平（東京大学大学院総合文化研究科准教授。２０２０年ベストセラー『人新世の「資本論」』の著者）も次のような率直な見解を披露している（書中の論考「人新世の環境危機と二十一世紀のコミュニズム」より）。

・ＳＤＧｓは良心の呵責を和らげるための薬にしかなっていません。
・企業もＳＤＧｓをマーケティングの道具にしています。
・ＳＤＧｓは大衆のアヘンである。

なんと手厳しい。この人、どこかストレート（すぎる、と言いかけてストップする）。まさに一方的に、吊し上げんばかりのコメント。ここまで言うか。ともかく一人のマーケティングマンとして、唸るばかり。ムムム。

さて、この言葉をマジに概念扱いしてよいものか。でもその本質は、企業にとって極めてインポータントな示唆に富む意味も多様に包含しているようで、無視してよいのか重視すべきか、扱いにくいこと夥しい。

少し前、サスティナビリティ、持続可能性、循環型など一括りにまとめて一人ディスカスしたＪＩＲＯの日記（『マーケティング・イデア２０４０〈ＪＩＲＯ's ＤＩＡＲＹ 未来巻〉』）の下敷きになった私の古い備忘・整理録を横目で追いながら、まずは現状認識に努めてみようと思う。今回はそれら昔の備忘録の内容（あまり気が乗らずに記述した記憶がある）を参考にしつつ、思いっきり最新書き下ろし版として大幅加筆・改訂した。とにかく類似する概念風の言葉がやたらあるのだ。類似語の氾濫は世の曖昧化を促進する。依って世界が認識しづらくなるというわけだ。このような輻輳した現代用語風の言葉が明日のマーケティング思惟に重要となりそうなんて想定外と言えるか。まあ確かに、長期戦略的視点とは関わりは深いのではあろうが。今回は、気が乗ってくれるかなあ。

ミレニアム時に突如出現した新語
〝サスティナビリティ〟

世紀末、あるいは新世紀初頭という稀な時期には、とても普通とは思えない志向・嗜好・思考・指向・試行が〝その時だけ〟の気まぐれ風に同調を示し、集団の態度として強化されることがある。今回のミレニアム時にあって、同種の言葉たち——サスティナビリティ、循環型社会、ゼロ・エミッション、そして持続可能性等々——が、さも自分たちの出番とばかりに、表舞台に溢れ出してきていた。これらは皆、えもいわれぬ音の響きはあるものの、その音の色はグレイのようで、正体不明感を漂わせていた。どうも、いままでの〝エコ〟とはどこか違う感じである。そしてその極めつけが、SDGsであるらしい。

先に言っちゃえば、これらの言葉軍団に纏いつくtone & manner には、なかなか preferable になれない。生理的にダメなのだ。正義感づらというか真っ当らしすぎる、もっともらしい、〝正しい〟という言葉がちらつく等々、寒疣（さぶいぼ）がまず出てきて、そのうちムシズが走りそうになる、ってことかな。先入観は、この際閉じ込める。

これらの新概念（と言ってよいのかどうか）は、われらマーケティングに生きる者にとって、関連づけなければならない重要項目のひとつなのかそれともスルーしてよい程度のものとみてよいのか。流行りの新概念登場時には、いつも不安になり戸惑う。学術の世界にしては似た言葉が多すぎて呆れるばかり。

今回はその出自において政治色にも少なからず染まっているようで、その意味のスケールもまた、ヘンに大きそうに感じられ、無視しづらくて怖い……。

正義なるファンデーションを塗しがちの環境主義周りは、いつも騒々しい。

A 〝持続可能〟について語った最初のリサーチャー

最初は、身内（リサーチ領域）の素敵な話から入りたい。依って時間をミレニアムの頃に戻す。

少し長めの期間を対象に、ミレニアム前後のマーケティング刊行物の検索を進めていくうち、やっとというか、ついにというか、〝われわれも捨てたものではない〟とホッとするような一冊に出会えた。それは、よく知るリサーチャーが著者でありながら、《持続可能》《循環型》という文字がタイトルに入っている意外性が手に取らせたものだ。

この書、なんと１９９９年刊行なのである。『〈シリーズ21世紀の生活価値展望３〉持続可能な日本――循環型社会への道』（油谷遵、辻中俊樹　游商品環境デザイン研究所　１９９９）は、21世紀に入る直前において、〝21世紀の生活価値展望〟三部作としてまとめられてきたものという。

著者のひとり油谷遵はガウス生活心理研究所の設立者で、直接会ったことはないのだが、リサーチ業界では定性調査・グループインタビュー（略称グルイン）の達人としてその名をしばしば見聞きしていた。そんな定性リサーチのプロがこのようなタイトルの書を世に出していたとは、まったく知らなかったし、また驚きでもあった。もう一人の辻中俊樹はネクスト・ネットワーク創業者。共に民間のマーケティング・リサーチ関連の実務家らしい。そんな普通の実務家が、高邁な視野と感じる《持続可能》・《循環型》なる言葉を駆使する著作を行なったということだけで、素直に〝ステキ〟と思えた。

本書には、どこにも〝グルイン〟や〝定性リサーチ〟の文字は出てこない。冒頭にある〝世紀末の潮流〟の項の次のような記述をみて、油谷遵という着流しの似合いそうなプロフェッショナルを正しく理解していなかったことに気づいた。まずそこには、シニカルな企業観が躍っている感があった。

「今、日本の企業を二つの大きな潮流が仕切っている。ひとつは積極派であり、もうひとつは消極派である。積極派は、企業の最終資源がマーケット（消費者）にあるという信念に立ち、市場を研究し、衆知を集め、賢者に学び、積極派に投資していけば、新しい未来が拓けると確信するグループである。消極派は、市場は伸びないと見、投資の前に、まず利益確保、そのためのリストラはいとわず、工場を削り、人を解雇し、使うカネを減らすことに専念するグループである。ほとんどの分野で、積極派は敗退し、消極派が勝利を占めつつあるかに見えている」

（『持続可能な日本』）

おそらくこの視座は、数多くのクライアント企業とのマーケティング・プロジェクト遂行経験を通じて、油谷・辻中（１９９９）が実感として獲得した切り口なのだろうと想像した。

〝優秀なモデレータ（にすぎない）と思っていたのに、こんなことも言っちゃうんだ。これ、自分と同じ企業観じゃないか〟

私は、売上より利益重視を声高に叫ぶ経営者に本物を見ない。売上至上、利益至上共に明確なデメリットは内包していよう。しかし企業たるもの、戦（いくさ）に際して、新しい陣地を獲る動きをしてこそ明日がある、と信じている。切り拓いて前へ進んでこそ事業である。

利益重視型は、新しい陣地獲得などといった不透明な投資をできるだけ避けようとする。追いつめられれば、すぐにリストラなどと口走る。人間の舞台から安易に人を外して、どうしようというのだ？　さらに言えば、売上至上に比べて利益至上は陽に対して陰、明に対して暗、動に対して静だ。明日をより拓くのは陽、明、動であるということは不滅の理。されど昨今、攻めが難しいからか、それとも自分が攻めタイプゆえに不安になりがちなのか、守りタイプの声を聞きたがるトップが増えている。最近の日本の代表的病理であるか。

油谷（１９９９）はまず、企業の縮みを怖れる。彼のこのような記述に目が行った瞬間、〝気が合う〟と勝手に思い込んでいた。

読み進めていくと、想像以上に自分が待望していたステイトメントの林立が連続する。

「20世紀における〈量〉の概念から、21世紀は〈質〉の概念に転換する。その〈質〉を、たとえば今の段階では循環型社会と呼んだり、循環型高付加価値経済システムといったりしているのである。そこでは企業のマーケティングが変わる。ゴミがでてからその回収を考えるのではなく、商品開発の当初から地球環境への負荷を限りなくゼロにするという発想でマーケティングをプランニングしていくというスタイルである」

（同前）

この人も〝エコ〟か……てっきり、新しいエコロジーマーケティングの発想だと思った。グリーンマーケティング研究を為す人たちは、往々にして現代マーケティングという山とは別に、新しくグリーンマーケティング山を作ろうとする。そりゃあ違うだろ。今ある現代マーケティング山全体を、根底からグリーン化しなければならないはずなのだ。革新すべき山は一つなのだ。問題を惹起する源もすでにある現代マーケティング山自身なのだから。

そこには〝市場と地球システムの関係性〟を基盤から深めようとする態度が明確に打ち出されているように感じられ、嬉しくもあった。

さらに読み進めて気づく。彼が述べようとした概念の大本は、いわゆる環境・エネルギーなど、つまりは流行りの〝エコ〟問題、グリーン思想にあるとてっきり思い込んでいたが、それは大間違い、のようであった。次のような指摘が本書の偉大なる所以だ、と後ですぐに判明する。つまり——

「21世紀世界は、〈ニューフィフティ社会〉（新しく、50歳以上の人口が相対多数を占める社会）になる。それは日本から始まる、２００５年前後から。しかも、そこへのスタートは、１９９７年にすでに切られた」

「まさしく〈未来〉は、50歳以上で構成される世界である、〈ニューフィフティ社会〉にこそある。通常、年齢の高い人間たちが〈過去〉であり、これから成長する子供たちこそが〈未来〉であるという認識を持っているが、これは全く逆である。〝我々の未来そのものである子供たちに、豊かな地球環境を残していくためにこそ、我々は今、環境悪化に歯止めをかけ、改善しなければならない〟という、すべての環境主義的言説は、〈過去〉のことを指摘しているにすぎないのに、これをあたかも〈未来〉のことのように錯覚しているだけなのだ」

「〈未来〉は、〈ニューフィフティ〉の中にこそあり、環境の問題をいうならば、〈ニューフィフティ〉のなかにある内在的な問題を取り上げ、それを課題化する以外に〈未来〉という意味は全くない」

(同前)

この辺りでやっと、勘違いしていたのでは、と自覚した。〈ニューフィフティ〉なる未来の現実を直視しなさいと言っている……。この新しい社会においては地球システムとの共存が彼らの欲望のベースを支えているのだ。つまり、エコロジーマーケティングを《併設》するのではなく、彼らを的確にターゲティングするためには現代マーケティング山の《革新》が必須、と言っている……。今までにない新しい視座を感じていた。

50歳以上を単に高齢者と表現しないところが嬉しい。「高齢者社会」などといった表現、いかに無機質であることか。そう、社会の中心となる主人公集団は、これからは〝高齢者〟でなく〝ニューフィフティ〟なのだ。高齢化社会真只中だというのに、高齢者は要介護・被保護者の側面ばかりが取り上げられ、健康でバリバリ動く〝ニューフィフティ〟の価値観や好み求める生活スタイルの話などほとんど前面に出てこない。逆にZ世代とやらで、社会の超少数派にすぎない若者セグメントがまさに媚びる対象としてクローズアップされ、やたら要介護者の眼前に模範の人間のごとくに映し出される。其処にはメディア人たちの〝若さへの迎合〟という古めかしい思惟がのぞくようだ。相変わらずのヤング重用態度が現実を見失わせる。金属疲労の目立つ20世紀脳をもつメディア人たちが好んで掛けるコンプレックスで一杯の眼鏡には、高齢者のうごめく現代はそう写るのだろう。おかしいのは、メディア人のほうだ。彼らはまだ自分の若かりし頃に生きている。しかし油谷らは、違った。

まあ、リサーチャーらしくないかな……そんな自分のポジティブな思いに、次のような追い打ちがかかる。

「〈未来〉は、まさに年齢という時間のイメージからいえば〈過去〉にみえてしまう、〈50以上〉にこそあるといっていい。社会は、この〈未来〉を基軸にしながら、多様で重層的な内容に、今まさに転換を遂げ始めている」

(同前)

イイジャン。びっくり感覚が深まっていく。この人は、グルインのモデレータがうまいだけでなく、おそろしく怜悧だ。彼の鋭い考察用メスの動きは、一向に止まらない。彼は人間個人の人生を、とりあえずI期（0～19歳）、II期（20～49歳）、III期（50～79歳）、IV期（80～120歳）に分け、「22世紀は〈人生第IV期〉の人々が相対的多数を占める社会となる可能性がある」とした。なんと、80歳以上が中心になるというのだ。

　これ、本当にリサーチャーが言った科白か。

　その根拠としては、人間の強制的肉体労働からの解放、世界大戦争はなくなる、医学系の知と技術および医療制度などのさらなる進歩、老化メカニズムの解明などを指摘し、「人間は本当は三百歳や四百歳までも生きられるという説もある」とまで言及して、「22世紀という〈未来〉から見れば、たかだか50歳から80歳までの人口が比較多数を占める社会が来るからといって、決して〈高齢化〉というに足りないということである」と結ぶに至る。だから市場も社会も「持続可能」＆「循環型」の性格が強く在らねばならなくなる、という風にストーリー展開しようというのか。

　貴方も、驚愕しないか。この人、本当にリサーチャー？　人生III期など、高齢社会と呼べないといっているのだ。そして「二一〇〇年には、全世界が〈ニューフィフティ社会〉になる」と突き詰めてくる。その根底には、科学技術の先進性の見極めが、かなりの厚みで為されているように感じられたのだった。

　それにしては、昨今、すでに十分高齢社会化、彼の表現ではすでにニューフィフティ社会になっているというのに、世の主人公として扱われているのは昔と変わらずヤング（若者）であり、高齢者やニューフィフティは厄介者の位置づけのままのようなのだ。おかしくないか？　何かズレている？　古き脳のまま21世紀を生きんとするメディア人たちの劣等意識の塊を見るようであった。油谷・辻中（1999）は彼ら〈メディア人〉に対して、〝そろそろマジョリティを構成するニューフィフティを主人公にして絵を描きなさい〟と語りかけているように思えた。いいなあ、やるなあ。ヨッ、時代分析者！

　その結びはこうだ――

　「〈人生八〇年、ニューフィフティ社会〉の構成が、循環経済の持つ思想的本質と同致している。この人口動態の変化による社会構成の変換は、歴史的段階としての外在的要因といえる。加えて〈ニューフィフティ〉は、循環経済の持つ本質を、内在的に持つという、もう一方の見方ができる。循環経済というのは、〈持続可能な社会〉といういいかえをしてもいいように、〈ニューフィフティ〉の生活価値や、ライフスタイルそのものに、この持続可能性のキーファクターが内在化しているといっていい」

（同前）

　そうか、〝ニューフィフティ社会＝サスティナビリティ重視社会〟なんだ。

一瞬、いわゆる「ライフステージ」論の一種か、と思いかけたが、どっこい底はもっと深そうであった。「超高齢のニューフィフティ社会―循環経済―持続可能社会」と論理が見事に連鎖する。実にマーケティングリサーチャーらしい未来の切り方だと感じていた。同時に、自分の驚愕が頂点に達した。だから〝循環経済システムの問題は、環境問題にとどまらず、〈ニューフィフティ社会〉全体における新しい思想のあり方だ〟と言いたいようであった。そしてあえて〝超高齢〟などと言わずに、〝ニューフィフティ〟と表現したその感覚がステキなのである。健康な高齢者なのだから、こう呼んでも少しもおかしくはない。循環経済という視野を重要視させるその背景には、ニューフィフティという独自の新概念認識とその心・意識（≒いわゆるニーズ）がある、ということか。視座の構築の仕方が、とても立体的で斬新、と感じた。

地球環境負荷を極力ゼロにするような新しい商品開発のあり方も、一部には環境問題との関わりはあるものの、その大本は〈ニューフィフティ〉の新ライフステージ&スタイルのコンセプトの中にある、ときっと言いたいのだろう。

「循環経済社会の持つ意味は、実は地球環境負荷を低減するというレベルの問題ではなく、〈人生八〇年〉に一気に拡張をした人類史の新しい〈段階〉に対する、新しい思想転換を迫る一つのモデルだといっていい」

「経済学もマーケティングも交換価値を軸にした、そのプロセスの管理の手法という意味しか現在は持っていない。その最たるものが、いわば〈マネー〉である。その点でいえば、経済学やマーケティングは、アウトプットという中に占めている交換価値の増大だけに視点を置くのではなく、実際はその使用価値や利用価値の最大化に転換をしながら、さらにそれだけに留まらず、いわばライフ・サイクル・アセスメントでいうトータルなプロセスに拡張していかざるを得ない」

（同前）

なんと循環経済社会の本質を環境視点のみで理解してはならない、そして交換価値中心の経済学・マーケティングでは不十分である、とも言っているように聞こえてきた。素晴らしい！

循環社会を語る人の中で、誰がライフスタイルがらみの視点を明確にしたであろうか。たぶん誰もいない（私の知るところではあるが）。すこぶる強烈で強引、されどそのロジカル極まりない展開に圧倒される。

「人生１００年時代」とは普通に言う。しかしそこにおけるマーケティングコンテンツは老後の話ばかりなのだ。「人生１００年時代」は「人間拡張の世紀」と同居する。そしてマジョリティは、「高齢者」というよりは〝長く人生を生きた人たち〟、つまり若者よりも複雑な重層的生活価値観を有する人びと、なのだ。この新鮮なターゲットに的を当てた今までにない新ターゲティング・マーケティングが求められてきてよい。Z世代ターゲティング、SNS、TikTokなどを戦略上今ほど重要視する前に（戦術としては十分活用すべきではあるのだが）、考えることが一杯あるのでは、と思ってしまうのである。

著者たちの言質は、「循環経済社会がその思想的根底に抱えているLCA（ライフ・サイクル・アセスメント）という概念は、単なる環境問題の解決基準ではなく、21世紀の社会構成への転換の道筋を内包しているものになる」という洞察に、自然に行きついていくようであった。

こ奴ら、鋭い。常識に拘泥しない。この書、1999年刊行なのだ。参った、と両手を上げかけていた。自分のグループインタビューにおけるモデレータ技術が〝油谷さん〟よりすぐれている、などと比較していた自分が、とても小さく見えてしまっていた。ニューフィフティとは、そこそこ長く生きた人間、つまり人間の大人なのだ。高齢社会などとアッサリ言わない所がシャレオツである。メディアの人びとも、見習え。Z世代なんかより、いいだろ。

「消費という面を〈ニューフィフティ〉にイメージし、生産と流通を〈ニューフィフティ〉というものに、やはりイメージさせていけば、そのことによって十分に引き合うものになり、さらに生活という、いわばソフトウエアそのものの満足度と価値の充足度は高くなる。このこと自身が環境負荷を下げることにつながるはずだ」（同前）

環境問題がすべての出発点ではない、としながらも、その大半は〈ニューフィフティ〉の中にある、「〈ニューマー的色彩を持った消費者の世界といえる」「潜在的グリーン・コンシューマーであるというのは、かれらの生活価値観の背景に、〈感謝〉の念があるからである」とも付している。〝環境〟なんぞといった小さい枠組みで未来社会を捉えてはならない、と言いたそうでもあった。

ドイツの通称『循環経済法（循環経済・廃棄物法／1994年成立）』にも詳しい油谷・辻中（1999）だからこそ発信できる説得力なのだろう。

「製品を生み出し、それの効用の最大化を図り、その使用の役割を終了した時点の全てに渡って、環境に負荷を与えないための有効な管理をすることを、最初から経済行為がもつべき」（同前）

まさに、〝循環経済を実現するためになされなければならない製品に関する責任〟を、当然のこととして義務化してきているのだ。クライアント企業の経営者たちの苦虫を潰したような顔が目に浮かぶ。現在スーパーやコンビニ、ショッピングモールに並んでいる商品アイテムの何パーセントがこの基準をクリアしているかを考えると、空恐ろしくなる。また、循環経済の小売末端における責任の多くの部分を、膨大な取り扱い量を核兵器のごとくに威嚇武器として用い、個店オーナーやコンビニPB（プライベート・ブランド）を生産する製造業などに押しつけて利を増やさんとする日本型コンビニ・ビジネスモデルなど、これらの視点から早々に見直していくべきなのだろう、とわが推量が身勝手に先走りする。

「持続可能性」なる概念（あらためて見直すと、実にヘンな日本語なのである）をわれらマーケティングマンがこの地球において真面目に考えるとするならば、まずは各社の主力商品の見直しから始めるべき、と日頃から感じていた自分には、嬉しくなる見解であった。同じリサーチャーとして、何か誇らしくもあった。なんと朗々と感じられ、意欲溢れる叫びに聞こえてくることか。よく理解するまで、何度も読み返さねばなるまい、と自らに言い聞かせていた。

正直、ホッとしていた。マーケティング界にも、このような指摘をする賢人が存在していたのだ。とはいえ、油谷らのこの提言が為されたのは、言ったようになんと1999年。もう、20年以上も前なのだ。この声を耳にした研究家たちはどう反応していったのか。その後彼ら二人はどう主張を継続して行ったのか。

クライアント企業のその後は、ますます逆の方向に動いている気配すら感じる。

〝企業家たちよ、エコやグリーンが気になるなら、自社で売れ筋の主力商品（本業）からまずは環境点検・審査を始めなさいよ。数量の多い売れ筋・本業の改善こそが、最も「持続可能性」にとって効果があるはずなのだから。それやってなければ、恰好だけ、と言われちゃうよ〟

後日談――油谷遵がリサーチ以外について書いた本を今少し読みたくてネットで探していたら、なんと、彼は2006年6月急逝していた。何たることか。しばし無言。ただただ、合掌するしかない。

B　コンサルファームも、〝サスティナビリティ〟を無視できなくなっちゃった？

油谷・辻中（1999）以降、マーケティング領域において〝持続可能〟や〝サスティナビリティ〟などという企業経営にとって面倒極まりない概念（私の偏屈見解です）を積極的に取り上げている事例はないかと日頃から留意していたのだが、2013年に到ってやっと一つ、該当書を見つけた。今度はリサーチャーでなく、コンサルティングファームがまとめた書であった。広義には、マーケティングジャンルに入れてよいかと思う。

『BCG 未来をつくる戦略思考――勝つための50のアイデア』（マイケル・ダイムラー、リチャード・レッサー、デビッド・ローズ、ジャンメジャヤ・シンハ　御立尚資監訳　ボストン・コンサルティング・グループ編訳　東洋経済新報社　2013）のBCG（ボストン・コンサルティング・グループ）とは、1963年米国ボストンで産声を上げ、世界第二の拠点として東京進出（1966年）を果し、堀紘一の名とともに日本の大手企業のマネジメントをリードしてきた世界を代表するコンサルティングファームである。

同書では今の時代を、「産業革命以来もっとも根本的なグローバル経済の再構築」を目指す時期、そして「この再構築が進む間（数十年に及ぶ可能性がある）、著しい混乱や不安状態が続く」時期と捉え、「いまは改善的施策をいじくり回している場合ではなく、大規模な構造的変革（トランスフォーメーション）のときである」とした。この時代認識は自分と極めて近似しており、嬉しくなる。そして、この激動期、変化が加速する時代に特にその重要性が増している特性として、変化適応力（アダプタビリティ）、グローバリゼーション、コネクティビリティ（接続性）、サステナビリティ（持続可能性）の4つを挙げた（BCGはサスティナビリティとは言わずにサステナビリティと呼ぶ）。実にコンサルらしい巧みなる特性抽出である。やっと、やってくれたか（自分は、よくやってくれた、と言いたがっている）。

サスティナビリティの概念は、四大ファクターの一つとして重要な位置づけを与えられていた。瞬間、どことなく〝これは真面目だ〟と感じ、またそう判断したのがBCGだからこそもう大丈夫かもしれない、マーケティングの世界も遅滞しているばかりではなかった……そんな多様な感情が頭をよぎった。

〝コンサルも、たまには真面目になるもんだ〟

BCG（2013）は、同書でサスティナビリティをどう捉えたのか――

「サステナビリティ（持続可能性）はいまや企業にとって重要な課題のひとつである。企業の多くは潜在的な批判を封じ込めるためではなく、核となる目標のひとつとしてサステナビリティ戦略の策定を行うべきだと理解している」

→〔ジロ〕戦略のメインに据えるべき概念だというのか。正解かな。

「サステナビリティはまた、コスト削減、売上成長、競争優位性のよりどころにもなり得る」

→〔ジロ〕一見ソーシャルな要素と見られがちな概念だけに、この部分の指摘は新奇性を感じさせる。

「サステナビリティをめぐる課題には4つのカギがあり、それが事業運営及び戦略全体の中心になっている。（それは）①（サステナビリティに対する）経営トップの姿勢②協働（顧客企業やNGOなどとの）③ビジネスモデル・イノベーション④新たな組織構造」

「サステナビリティ実現を目指しビジネスモデルを変え、かつその取り組みが利益を生んでいる企業を、BCGでは〝サステナビリティ志向イノベーター〟と呼ぶ」

→〔ジロ〕ビジネスモデル組み上げの大きな構成要素と位置づけなさい、と言っている？　なかなかやるジャン。ほめすぎ、かな？

「サステナビリティへの取り組みからより確実に利益を上げるポイントとして、次の3点をあげたい。①ビジネスモデル変革に備える（詳細説明部分省略）②サステナビリティについての顧客の考え方や、サステナブルな製品・サービスに対し顧客がどの程度プレミアムを支払うつもりがあるかを理解する③組織の枠組みを越え、個人、顧客、企業、各種団体とさらに協力する」

「サステナビリティへの取り組みと他のチャンスとのバランスをとる必要もある。（中略）ほとんどの企業がサステナビリティをコンセプトのひとつとして受け入れ、事業を行う上での確たる根拠を探している。（地球を守ることに比べるとパッとしない使命とはいえ）消費者にとって実質的に価値のある製品を軸にすることで、サステナビリティから利益を上げるために必要な戦略上の、また組織上の取り組みを推進することができる。サステナビリティ事業そのものをサステナブルにする方法は、これしかない」

→［ジロ］通常の事業戦略とサスティナビリティへ向けての諸活動を巧みにミックスし、そのよきバランスを探すことが鍵となってくる、ということのようだ。手慣れていて、うまいもんだ。

なるほど、至極もっともというしかない主張が連続して飽きさせない。

具体的には、「サステナビリティ戦略の策定（その概念の内容は明らかにされていないが）の重要性」「サステナビリティ概念を基軸とするビジネスモデル・イノベーションは新利潤源の発掘につながる」「サステナビリティ関連タスクの先行実施は競争優位性を形成する」などだ。

〝サスティナビリティ〟に＋戦略、＋事業といった言葉の意味をプラスして独自の新語にしてしまい、さも以前からあったかのような考え方と思わせる点など、企業のトップをふらっとさせるに十分な話術といえよう。

そんな中、ＢＣＧによるサスティナビリティの明確な定義を知りたくて、書の中をあちこち探したのだが、案に相違してどこにも見当たらない。なぜ探す気になったのか。それは書の中で頻度高く登場するこの言葉が、ある文節では地球環境のサスティナブルな状態を指していたり、また別の個所では企業の持続可能性をストレートに言っていそうに感じたり、あるところでは単に普通の〝持続可能な〟という言葉通り、逐語的に解釈することが自然のような気がしたり、いろいろ微妙に思えたからであった。うまく使っているな、というのが実感であった。

ただ、定義が記述されていないのはまだ良いのだが、

①サスティナブルな価値に消費者がどの程度プレミアムを支払うかを調べることが肝要

②消費者にとって実質的に価値のある事業とサスティナブル事業とを分け、前者の利益で後者を補填しようとする姿勢（自分にはそう読めた、勘違いかもしれぬが）

の二点は、自分の思考枠にはいまだストンと納まってはいない。サスティナブルな価値とは、消費者に聞いてその価値の大きさや値打ちを確認する次元のことではなく、供給サイドが可能な限り自主的に行なわなければならないタスクから生

まれてくるものだと考えている。たとえばダイヤモンドなどは提供する側がその値打ちを決め、ユーザーに教えていくものだ。ユーザーにはわかりはしないことのはず。伝える側の信念・根拠が提供するものたちの値打ちをも決めてくることになるのが面白いのだ。

消費者（顧客）というものは、いつもは大半が実質的価値に目を向け、理性の働きやすい落ち着いた偶の機会にサスティナビリティに思いをめぐらす位が自然だろう。消費者は、人間の大きな特性のひとつである目先目先の「快」をいつも探している生きもののように思う。そんな消費者にサスティナブルな価値のプレミアム値をダイレクトに尋ねれば、常に最小のプレミアム値が反応されるだけだ。あるいは法外な値付けが戻ってくることもたまにはあるかもしれない。企業側がリアライズ可能な最大のレベルのサスティナブル・バリューを、企業が生存可能なギリギリの利潤をベースに設定したプライス（一つの提案）で世に送り出し、消費者たちにその正当性を繰り返しコミュニケートしながら啓蒙運動化していくような姿勢が今求められていると考えたい。

もうひとつのひっかかりは、消費者にとって実質的に価値のある事業（本業の多くはこれに含まれると思われる）とサスティナビリティ事業を分けて考えている点だ。

ムハメド・ユヌス（グラミン銀行創設者。ノーベル平和賞受賞者）の「ソーシャルビジネス事業」のように、サスティナビリティ事業が一つの独立したカテゴリーとして運営されることもあるだろう。しかし、ソーシャルビジネスというスペシャルな概念（自分の理解の範囲においてであるが）に比べて、サスティナビリティはより本質的で、その意味は広汎だ（と思う）。サスティナビリティの考え方からすれば、サスティナブルにしていかなければならないのは、何よりも〝消費者にとって実質的に価値のある事業〟つまり《本業》のほうだ。生産・流通量の多い本業を極限にまでサスティナブルにすることが、地球環境の維持・良化を最大にするはずだと確信する。《本業》はそのままで、熱帯雨林の植林をちょっぴりやって済ませるなんて、ふざけるんじゃない。このように自己中に考えて《本業》のチェックをサボりながらとりあえずの恰好だけつけようとする企業が多すぎる。それ、違うだろ。

コンサルの達人であるＢＣＧは、〝両者のバランスをとるべき〟と言っているようだから、このような側面など百も承知なのかもしれない。しかし、この次元の引っ掛かりは、四大重要要素の一つにサスティナビリティを加えてくれたことからみれば、現時点では些細なことと考えねばならないのかな。

この考え方をさらに発展・拡大させ、世にサスティナビリティの重要性を認識・徹底していく動きを、コンサルティングファームやマーケティングファームに期待したいとは思うのだが、流石に急にはムリな話なのだろうか。

サスティナビリティという言葉がマーケティングの現場でよく使われたのは、自分の経験からしてミレニアム後のわずか数年間のように見えた。率直にいえば、昨今（２０２０年代に入って）サスティナビリティなる言語は企業の経営トップの脳内シェア争いで、完全に敗北していると感じる。ノイズのホーン数も下がり気味？　実に考えられた概念と思えるだけに勿体ない話である、折角世のコンサルファームも、本質的取り上げ方をしてくれていたのに。

これだけ豊潤な世にあって、これだけ賢い消費者が増えつつある中にあって、なぜ滅びの道のほうを喜々として選択しつづけるのか（主に企業たちのことです。研究者たちも一向に喝を入れてくれない！）。宣教師になってやろうという気迫あふれたマーケティングのプロや研究者そしてメディアなどが、どうしてこのようにほんの少数しか現れないのか。

人びとの過ごし方・態度は、過ぎし日の高度成長期に暮らす人びとそのもののように映った。今は、高度成長期とはまったく異なる、末世イメージすら感じさせる時代であろうことは万人が明白に知ることなのに。

結局のところ、企業人は地球人たりえず、そして消費者も身勝手なまま、欲望のまにまに、ということになる。そんな牽引車を運転するのは、なんと大手ホールディングスの年老いたサラリーマン社長たち……。その運転は、20世紀のやり方なんだよ、今は21世紀だ。これでは、あまりに哀しい。

黙って追随するマーケティングも哀で一杯（！）であるか。

凄まじいかな、〝持続可能性〟なる混沌ディスカッション

21世紀後半の市場社会像探索などという空想を繰り返していると、その作業のプロセスでやたら〝経済成長神話からの脱却〟とか〝持続可能性〟といった言葉にぶつかる。〝循環型社会〟という表現なら、まあこんな感じかなとそれほど抵抗はないのだが、〝持続可能性〟となると「これ、日本語？　それも、専門用語として成り立っているの？」と確認したくなる。

どうやらこの言葉は、１９８７年国連の「環境と開発に関する世界委員会（ＷＣＥＤ）」における「ブルントラント報告」で提起されたサスティナビリティの和訳らしい。ムリムリの訳語が市民権を得た典型的な例のようだ。どうしても、和訳するんだ、日本では……。

A　ヘンな日本語だよなあ、〝持続可能性〟

少し前にも述べた話なのだが、このところ、専門用語のカタカナ・コトバをやたら〝嫌う〟御仁に辟易している。カタカナ文字の多用は、カッコつけていて、わかりにくい、と批判してくる輩だ。冗談じゃない。どんな専門用語でも、的確

な和訳が可能と思っているのだろうか。

コンセプトを概念といつも訳せばよいのか、心理学のアロウザル（arousal）を覚醒といったほうが言語の意味が通りやすいのか、じゃあマーケティングという言葉はどうなんだ。何と訳す？　専門分野の言語は、各々にそれが育った土地・場所をもつ。その場所の土壌で育まれて言語の概念化が進んできているはず。カタカナ用語は、別の文化、異なる体系の中で育まれたものなのだ。その言葉の郷に飛び込んで理解する姿勢が一番肝要だろう。違うか。別の土地の人びとがその概念をきちんと理解するためには、育った土地の言語の形のままで反復使用しつづけることが正鵠に近づく近道のはず。そうでなければ、物事の〝行間〟は読めない。これ、常識と思うのだが、世間はそうでもないらしい。

〝戦略の基本コンセプト〟という時と〝広告系の表現コンセプト〟という時、〝コンセプト〟は微妙に違う。この微妙な違いをわかってこそプロフェッショナルだといえる。人間の感官に比せば、言語は万能ではないのだよ、と言いたくなる。

本書のテーマ「概念」もconceptの訳語だという。ややこしい。変に和訳してしまうと、微妙さを感知しにくくなり、行間の理解の芽を摘まれてしまうことになりかねない。また訳すとなれば、同じ外国語でのケースに応じて違った日本語を選択しなければならない難しさも生ずる。コンセプトをそのまま使わずに和訳していれば、広告代理店や企業のマーケティング部門の業務の遅滞・混乱は、きっと増したことだろう。〝グローバル〟という言葉が20世紀後半以降頻繁に使われているが、グローバルとは、多様に使われることはあっても、正にそのまま〝グローバル〟でよいのだ。多くの場合、やたら安易に母国語に訳してはならない。

その点、英語圏側は賢明だ。〝サビ（わびさびのサビ）〟〝ワショク（和食）〟〝カラオケ〟といったように、ムリに訳そうとせずそのまま平気で使うことが多い。日本文化は容易には訳せないという事前の認識が浸透しているように感じてホッとする。大事なことを忘れていない気がして安心だ。

ついでながら、日本の会社なのに社内使用語を英語にする企業も多く出てきた。これら企業の経営者は、成人してからではネイティブな多国語を話せるようには絶対になりっこない、ということをわかっていない。頭脳は言語で動く。思考も論理も言語が媒介する、そして学や研究は概念が育てる……。

成人後勉強した言語のレベルでは、深い思考・論理は多くの場合不可能のような気がするし、いわゆる〝行間〟〝間合い〟の理解については、まずマスター不能だろう。成人してから覚えた他国語でグローバルなビジネス社会をわたろうとすると、必ずムリが出る。限界が早く来るのだ。まずは、母国語で行間・間合いのわかる大人のビジネスマンに成長することが先決だろう。100%外資の、必死に日本で働く外国人上司の下で仕事をしてきた自分には、これは当然すぎる考え方なのだ。語学がうまいだけの幹部・役員はつくってはならない。なぜって？　そんなこと、当たり前でしょ？　国際的に動きまわっている外国人は、嗅覚的に（本能的に？）すぐ〝語学だけ〟と見抜くのだから。ビジネスは表層的技術だけで成り立つものじゃあないんだよ。

　言語の裏には必ず思考の体系が表裏一体で存在する。そこまでセットで、言語というものを扱わねばならない。何も悩むことはない。世界のビジネス用語がすべて英語に置き換わっても、成人になって覚える会話力のレベルは、まもなく自動翻訳ロボットが十二分に代替してくれるはずだ。企業たるもの、決して行間の読めない社員を育てるような愚策は採ってはならない。

　脇道が長くなった。さて、ミレニアムの前後10年位の間に流行語ともいえるように多用されたサスティナビリティという言葉は、〝人間活動、特に文明の利器を用いた活動が、将来にわたって（地球上、と入れたくなるが）持続できるかどうかを表わす概念〟（執筆時点のウィキペディアより）というのがその意味であるなら、サスティナビリティ、あるいはサスティナブルとそのまま使えばよいのに、と思ってしまう。とても本質的で、良き概念なのだ。また慣用句も、サスティナビリティ性、サスティナビリティ学、サスティナブル経済、持続可能な開発（development）、持続可能な社会、持続可能な発展（これもdevelopment、いいのかな）と極めて多様で、逞しい。

　深井慈子（当時南山大学総合政策学部教授）の、「持続可能性という概念が、いろいろな立場に都合のよい意味に使えるきわめて便利な概念であることがわかる。持続可能性を〝浮草的意味づけ用語〟（floating signifier）と名づけた学者（Baudrillard, Jean, 1992）もいる。すなわち、底にある違いをカバーしていろいろな場面で使われるが、具体的な政策選択にとって無意味なものになってしまう類の概念だという意味合いである」（『持続可能な世界論』深井慈子　ナカニシヤ出版　２００５）という指摘も、さもありなんと感じてしまう。政治家や官僚にも使われやすい（利用されやすい？）概念ということか。この現象、今の日本で目立つ傾向である。イノベーションも、そうじゃあないかって？　自分で考えなさい。

　流行り言葉やbuzz-wordを生む張本人（犯人とまではいえない？）は、あっちゃあならないことだが、国や国際会議であることが意外に多いように見える（いやメディアかも？）。困ったことだ。floating signifierとは、言い得て妙、その類は昨今のアカデミア界において、外来生物の蔓延るがごとき勢いで、増えているような気がしなくもない。この用語、良き概念のようにお見受けした。floating signifierと操作概念を明確に区別しなければと感じるこの頃である。

B　さて、持続可能な〈発展〉って、何？

　では「サスティナビリティ（≒持続可能性）」とは、どのような意識と行動によって満たされてくる概念を指すのだろうか。先人の多くの文献から、その概念の中身の探索を前へ進めてみることにする。

「目指すべき〝持続可能な社会〟は、『低炭素社会』『循環型社会』『自然共生社会』の三つの側面を持ちます。そして地球によって生かされているという気持ちを持ちながら、三つの側面の統合的な取組を展開していくことが不可欠です。自然との共生を図りながら、人間社会における炭素も含めた物質循環を、自然そして地球の大きな循環に沿う形で健全なものとし、持続的に成長・発展する社会の実現を図るべきです」

（『22世紀へのメッセージ――持続可能な社会を目指して』中川雅治　大成出版社　２００９）

教科書を読むようだ。当たり前が並ぶ。〝低炭素〟も三側面に入ってる。

「持続的発展のためのキーワードは、分離（Decoupling）だと考える。分離とは経済発展と環境影響増大を切り離すことである。（中略）そのための戦略としては第1に脱物質化（あるいは脱物量化）がある。省資源、省エネルギー、長寿命化、修理、リユース及びリサイクル、廃棄物ゼロを目指すゼロ・エミッション化、土地使用の減少、ＩＴの活用、製品販売から機能販売へ（サービス化）などである。第2は、物質の代替化戦略であり、より豊富にある資源、再生可能資源、毒性のより少ない物質などへ代替化する。第3にはエネルギーの脱炭素化戦略がある」

（『サスティナブル経済のビジョンと戦略――地球再生に向けた論理と知見』山本良一責任編集　内田裕久他著　日科技連出版社　２００５）

まじめでもっともな記述が続く。やはり、教科書タッチだ。そんな中での「分離」というキーワード登場。そうきたか。わかるような、わからないような展開であるか。背後に〝正義らしきもの〟が蠢く？　ウーム。

「持続可能な社会は、物理的拡大ではなく、質的な発展に関心を持つ。物質的成長をどこまでも有効な至上命令とするのではなく、熟慮の上で道具として用いる。（中略）また持続可能な社会は、その価値観と地球の限界に関する最良の知識をもとに、社会の目標達成に実際に寄与し、持続可能性を高めるような成長だけを選択する。そして物質的な成長がその目的を達成したあかつきには、成長を停止させるのである」

（『限界を超えて――生きるための選択』ドネラ・Ｈ・メドウズ他　ダイヤモンド社　１９９２）

そのゴールは《質的発展》？　質って何？　それは、どんな中身か。

〝特定の知識を元に、〇〇〇を高めるような成長だけを選択する〟といった峻烈な選択行動なんて、現実のものにできるの？　神技ではないのか。それはどこまでも不可能な世界のことを指していることと同じではないのか。となれば即〝サスティナビリティ〟は夢の中の存在ということになる？　反論にまではまるで至っていないのだが、欲望人たる人間には、どうも納まり具合はよくない感じなのだ。みんな、きれいすぎる……。キモチワル。

「私たちは、20世紀〝最後の10年〟から21世紀〝最初の10年〟にかけて、価値観の180度転換を余儀なくされている。20世紀型産業文明のキーワードは『成長』であった。21世紀型脱産業文明のキーワードは『持続可能性』でなければならない。持続可能な発展（sustainable development）への方途を模索することが『サスティナビリティ学』に課せられた重い課題なのである」

（『入門サステイナビリティ学——循環経済と調和社会へ向けて』佐和隆光監修　京都サステイナビリティ・イニシアティブ＆立命館サステイナビリティ学研究センター編　ダイヤモンド社　２００８）

そうなんだろうと、頭の中では理解しようとする。しかし「成長」vs「持続可能性」という対峙でよいのか。この種のことが二項対立で済むわけがない。これもちょっと、納まりはイマイチの感触（私の偏屈のせい？）ではある。人間の欲望の現実をじっくり直視してみれば、この考え方では、べき論・理想論？　綺麗事？　学としてすぐに行き詰まるのでは、という危惧は膨らむ。議論があまりにまじめすぎるよなあ。自分らしくないなあ。

貴方、そんなに綺麗に、生きられるのですか。

「持続的発展といっても、持続的に発展を続けようということではなく、（中略）持続的である方策を考えようという意図であったと捉えるべきである。そういう意味では、〝sustainable development〟ではなく、〝sustainability development〟あるいは〝development of sustainability〟、すなわち持続性の構築というキーフレーズの方が適切ではないだろうか」

「千年後に思いを馳せ、社会の持続性をそこまで到達させる方策を練ることが真の持続性の達成に対して有効であり、千年持続策は持続型社会の構築に大いに役立つことと期待される」

「〝千年持続性〟とは何か。それは日本に暮らすわれわれ、そして人類全体が千年後も健康で文化的な生活を送れるようにと願い、そのためにできることを今やろう、という未来への強い意志を持ち続けることである」

「近未来の展望を考える時、人は現在の知識から敷衍して、実現可能であると期待される将来像を描いてしまいがちであり、〝百年後はこうなっているであろう〟という自らの予測の精度を高めたり、あるいはそれがどの程度現実化しそうであるかに心奪われてしまう。これに対して千年後に思いを馳せたとき、人はその実現可能性を超えて〝こうあってほしい〟という未来への強い意志をもつことになるはずである」

（『千年持続社会――共生・循環型文明社会の創造』資源協会編　日本地域社会研究所　２００３）

おそろしや、千年持続！　予測に際しての〝千年評論〟の良さは一応言葉として承知はしているが、マジに現実の戦略内にその視点を組み込もうとするなんて、本当にやれることなのか、意味あることなのか。遊びにならないか。不安至極。それに希望・願望の類をそのままプレディクションとみるなど、プロフェッショナルらしからざる所業(?)と誹(そし)られそうで落ち着かない。

「地球的限界を認識できれば、持続可能性ある発展への貢献が、企業にとって社会的責任の最大の目的であることが理解できる」

（『持続可能性と企業経営――続企業倫理学ノート』宜川克　同友館　２００９）

そりゃあ、そうだ。しかし地球的限界の認識を、企業がきっちり成しうるだろうか。ある程度までは成しえても、忘れようとするあるいは忘れたふりをする態度のほうが、現実感があると思うが。やはり企業道徳教育論に成り下がる？〝べき〟から入らずに、普通にアプローチできないものか。この世界に、私は居ない。

「ワールドウォッチ研究所のレスター・ブラウンは、持続可能な社会とは、未来の世代の可能性を損なうことなく現世代のニーズを満たすことのできる社会であると定義している」

（『ゼロ・エミッション――持続可能な産業システムへの挑戦』フリッチョフ・カプラ、グンター・パウリ編　ダイヤモンド社　１９９６）

理想の社会の定義と思えた。定義するのは勝手だが、超難課題をゴールに設定することで、人びとから諦めを引き出したり、混乱させたりする心配はないのか。ひょっとして、マスターベーション？　自己満足は自分の心の内だけで行なうこと。自分は、べき論の先行スタイルが孕みもつこんな特性があまり好きになれない。これ、生来のものだから、どうしようもないよなあ。

ある、ある。関連図書が、やたら、ある。こんなに楽に進められる文献サーフは初めてだ。それらの書は皆、似ていて、個々へのコメントも、とてもしづらい。こんなに生真面目さが連続するなんて、逆にまじめさが疑われないか。

正義に溢れる環境主義に似て、こちらは真面目さの大安売り？　そうなの？

たとえば、である。〝地球よ永遠なれ〟などと叫ぶだけでは、何も変わりそうもない。みんな、その原因は、はっきり認識しているんだろう？　そちらへ的を絞れよ。

多様な研究者たちが争うごとくに定義してきた〝サスティナブル〟は、なんだか同じ辺りをグルグルめぐっている感じであり、そんな中各々が微妙な違いによる超些細な差別化を互いに競い合っているようだった。その共通項は、あまり好まぬ〝べき論〟と、真摯さとロマンが派生する主張のきれいさ（〝きれいすぎる〟という表現をやっと抑えたのだが、抑えないほうがよかったかな?・）。本来は科学のロジカルさが行きつく先のはずなのに、また企業にとってはシビアな選択を迫られる話なのに、なぜかヘンに優しい情感の漂う世界（ここでも必死に〝綺麗事の世界〟という言い切りを避けた）である不可思議さだった。それにしても、中途半端と私が感じる概念らしき言葉の蔓延ること夥しい。

　ここまでみてきて、「持続可能な発展」という、強固な意志の下で設定されたはずのゴールの中身が、存外アンビギュアス&ベイグそのもので、落ち着かなくなっていた。いつまで持続しようとするのか、地球環境のそして人間社会のどの範囲までが持続可能にならなければならないのか、どうしてそんなタイムテーブルや精度は問われてこないのか、その結果として獲得できる〈発展〉とはどんな中身か、今までの〈発展〉とどう違うというのか……、さらには犯人は誰か（何か）、どうしたら逮捕状を出せるのか等々、無限に続きそう。

　概念化がまだまだ、途中というか十分でないのではないかと考えてしまう。著者たちは、こんなアンビギュアスな概念定義にイラダチを感じなかったのだろうか。不思議だ。最終的に、直面する現実をどうしようとしているのか、どう動くつもりなのか、アンビギュアス極まりない。物事、案よりも行動だ。とはいえ、案がなにもないよりはマシなのだろうが。

　みようによっては、〝イジリ倒し合戦〟と見られなくもないのだが、それがシニカルでなくまじめさ・真摯さをベースにしているように思えるだけに、粗雑でないだけに、皮相に感じられなくもないのだ。それだけこの言葉が、便利で好都合な道具として企業経営トップの脳内で安住を保証されている、そんな証しをみるようであった。これが現代！　これが現代人！

　21世紀以降にとって貴重なはずの概念が、皆の関心を集めうるという自らのもう一つの広報的特性ゆえに、自らの周りにわけのわからない状態を自己増幅させている、つまるところ自身のアンビギュアスさを高めてしまっている。まさにfloating signifier というしかないか。深井慈子のこの言葉、実に切れ味がよい。

　〝develop〟（発展する）という言葉を、C・ダグラス・ラミス（サンフランシスコ生まれの政治学者）は『経済成長がなければ私たちは豊かになれないのだろうか』（C・ダグラス・ラミス　平凡社　2004）の中で、興味深く解剖している。

・〝develop〟（デヴェロップ）という言葉は「ほどく」とか「とく」というのが本来の意味で、あとはすべて比喩、メタファー。何か物に包まれた、紙や布に包まれたものが、だんだん出てくるような変化を指す。
・あらゆる変化を「発展（デヴェロップメント）」と呼ぶことはできない。一種の構造に従うような変化を「発展」と呼ぶのが正しい言葉の使い方。そうでない変化もありうるわけで、たとえば完全に人工的な変化は「発展」ではない。
・ヘーゲルはその哲学の中で（中略）人間の精神、あるいは歴史そのものの精神が「発展する」と言った。（中略）ヘーゲル哲学のなかの「発展」という用語は、生き物の成長のような形の変化をしていて、他動詞ではなく自動詞なのだ。
・マルクスの思想の中でも経済は、（資本家、ブルジョア階級の金儲けの活動の「副作用」として）「発展」する。ここでも「発展」は自動詞。
・経済発展がうまくいかなくなってくるたびに、発展経済学者の多くは、「発展」という言葉に何か形容詞をつければ、この言葉を使い続けることができると考えた。それで何度も新しい形容詞がついた訳だ。今までは嘘の発展だった、だからこれからは本物の発展だ、真の発展だ、人中心の発展だなどなど、いろいろな形容詞がつけられた。
・その一番新しいのが「持続可能な発展」という言葉だ。それが何を持続可能にしようとしているかというと、もちろん今まで通りの「発展」なのだ。それを続ける方法を探っている、つまり経済成長を続けるための「発展」でしかないのだ。

（『経済成長がなければ私たちは豊かになれないのだろうか』〈一部筆者が意訳整理した〉）

なんとまあ、「発展」という言葉をしつこく弄り抜いたものである。結局「持続可能な発展」とは、〝今までどおりの経済成長が持続可能な形で発展する（し続ける）もの〟という意味なのだとラミス（２００４）は言いたいようだ（違うかな?）。こう考えると「持続可能な発展」という概念への印象は、一気に変わってくるように思える。ちっとも、素敵でなくなるのだ。

要するに、〝持続可能な〟という形容詞がつけられた瞬間に化学変化が生じ、「発展」の中身が根底から構造変化をきたす。われらがその構造変化の納まる先、つまるところ「発展」という構造の再構築された結果を発見せねば、わざわざ〝持続可能〟というキーワードを用いた意味がない、ということなのだ。こんな仮説、どうだろう。このような〝言葉いじり〟も、面白い?

そう、この類・この世界は、どこまでも〝いじり〟の領域であり、本質的な「言語ゲーム」とはほど遠い。この議論、前へ進んでいる、と言えるのか?

それにしても、マーケティングのプロとして、この言葉、どう扱おうかな(?)とつい考えてしまう。使いたくても使いにくいことだけは確かなようである。なにか、もったらもったら、しているよなあ。納まり、わるそうだなあ。このコトバを好んで使いたがる現代人、脳ミソ少し腐ってるんじゃあないかなあ。

C ついでに、「対抗発展（カウンター・デヴェロップメント）」にも触れるか

ラミス（２００４）は、分析をこのレベルで終わらせず、この「発展」に対して「対抗発展（カウンター・デヴェロップメント）」という新概念を用意していた。「対抗発展」とは、ラミス（２００４）がどんなことを伝えたいがために用意した概念なのか。それは――

・今までの「発展」の意味、つまり経済成長を否定すること。これから発展すべきなのは経済ではないという意味。それは逆に、人間社会のなかから経済という要素を少しずつ減らす過程。

・一つには、対抗発展は「減らす発展」。エネルギー消費を減らすこと、それぞれの個人が経済活動に使っている時間を減らすこと、値段のついたものを減らすこと。そして二つめの目標は、経済以外のものを発展させること。経済以外の価値、経済活動以外の人間の活動、市場以外のあらゆる楽しみ、行動、文化、そういうものを発展させるという意味。経済用語に言い換えると、交換価値の高いものを減らして、使用価値の高いものを増やす過程、ということになる。

（同前）

マニアックでそれこそ偏屈？　かつまわりくどい印象は拭い難いが、きっとラミス（２００４）は「発展」という言葉は安易に使いたくないと考えたのだろう。きっと、今までの「発展」とは異質の「（対抗）発展」を目標にしたいと感じたのだ。でも経済成長を否定するならもっとストレートな道もある？

何となくだが「発展」の中味は経済ではないようであった。人間の本来的楽しさ、幸福、幸せを感じる能力、つまり「生きていることを楽しむ文化的能力」を発展させたいと主張しているかに思えた。それは、機械文明や機械そのものが過剰生産・過剰消費につながり過剰発展・過剰成長を生んだという状況からの脱却に他ならないようにも感じられたのだった。それならそれでよいか？

ラミス（２００４）はまた「過剰成長の社会には、快楽を感じるような技術や機械、エンターテイメントなどがあふれているがために、そういう機械や技術に頼らずに快楽を感じる能力、楽しくする能力が、社会として、あるいは一人ひとりの個人も鈍くなっている」（一部筆者要約）と指摘し、「だからこの『対抗発展』は禁欲主義ではなく、本当の意味の快楽主義とあえて言いたい。（中略）消費による快楽主義ではなく、本来の快楽主義。われわれ人間の快楽、楽しさ、幸福、幸せを感じる能力、それらを発展させることが基本」（同前）とニュー快楽主義を説いている。「方便」というコトバも、浮かばなくもなかった。でも、まあいいか。

ここでもまた、21世紀の新しい価値観像として、精神性の

高いニュー・バリューの概観が炙り出されている。自分が探す生活者の未来的ベネフィットは、やはりラミス（２００４）が説くような深・精神性、戻・人間性の方向なのだろうか。みんな、迷っている感じだ。でも現実の姿は、見えている？

現実を凝視してみれば、スマホやタブレットが与えてくるコンビニエンスやエンターテイメントに埋没しきって日常を送る市民の姿のほうにインパクトを強く感じ、日常の率直な生活実感とラミス（２００４）の指摘の間には、大きな暗くて底の見えないほどの深いギャップを感じざるをえない。なんとかならないものか、いやなんとかしなければ……。あれ、自分も、焦ってどうする？

このような嗜好に近い《言葉いじり》を楽しむ中、せめて自分の関心領域である企業活動あたりから〝サスティナブル〟という言葉の中味の質的分解・解剖を進めてみたい気持になっていた。有限なる地球社会全体をサスティナブルにしていくとはどういうことか、たぶん使用価値の中で人が呼吸できるサスティナブルな人間舞台（企業）の多様なありようを、まとめて抉り出し現実化していくことが必要ではないだろうかなどと妄想に近い思いを巡らすのだった。

結局のところＪＩＲＯ（私）は、類似語の中では一番マシなサスティナブルというこの表現でさえ、現時点ではあまり好きになれそうになかった。印象として概念の性格が生々しさに欠け、かつ時間軸が強すぎるのだ（私の主観です）。でもわれら地球人にとって〈本質的〉な問題とは映っていた。こんな半端な言葉、なぜ流行らせたとぼやきたくなってもいた。でも〝エコ〟よりははるかにましかなあ。正直、この章（個論Ⅲ）つまらん。性に合わん。早く終わろう。

D　どんなアクティビティを〝サスティナブルな企業活動〟と呼ぶのか

〝サスティナビリティ〟という流行り言葉は、企業活動全般を襲った。企業のトップ層は、みんなそれなりに困惑する。では、何をどう変えればよいのか。

サスティナブル経済の中で、ありうべき企業活動というものは具体的にどこをどう変えていくことが求められてくるのか。これ案外にスッと解が出ない。

『サスティナブル経済のビジョンと戦略』（山本良一責任編集　内田裕久他著　日科技連出版社　２００５）の中でそのいくつかの指針・ヒントらしきもの（筆者洞察）を見いだせる。

・商品の存在の仕方は、〝フロー重視〟→〝ストック重視〟に大きく変化する（ストック重視経済への転換）。

　→〔ジロ〕当然の流れか。住宅産業の〝新規開発ニーズ傾斜→アフター・サービス・ニーズ重視へ転換〟という趨勢にも表れている。

・消費者という概念が元来保有する二つの側面のうち、①経済行為者としての「買い手（buyer）」の側面以上に、②人類が生きていくために水や食料そして様々な資源をトコトン〝費やし〟、最後にはこの地球から資源が〝消えて〟なくなるまで使い尽くしてしまう「消費者（consumer）」としての側面がクローズアップし、コンシューマー＝破壊者（ショーター・オックスフォードの言）となる。従って、顧客満足を推進するというＣＳの概念は、何らかの程度・形の範囲を限度として迎合的に進み過ぎてはいけない、という倫理的使命を帯びて変質してくる。

→〔ジロ〕もっともだ。〈迎合〉がＣＳ戦略の最大の問題点と考えたい。

・国際消費者機構（ＣＩ）は２００３年、〈持続可能な消費〉は、「エネルギー消費を最小限に抑える」「持続可能な資源を使用する」と「廃棄物の削減」によって達成されると明言している。

→〔ジロ〕それが可能なら、そうなるのは明らかなのだが、問題はどのようにしてそれを可能にするかだ。教科書みたいな話。

・〝持続可能性〟概念を経営モデルに組み込み、市民社会に支持される企業行動を策定しなければならなくなる。つまり、企業経営者が伝統的経営手法に加えて《持続可能なモデル》を環境配慮と社会適合の両面から追求することが求められてくる。

→〔ジロ〕〝策定しなければならなくなる〟〝求められてくる〟などの表現で整理するのには、強い抵抗がある。自らの未来をみつめて、企業が主体的に行為する、ということのはずだと捉えたい。

・人、モノ、金（カネ）の上にサスティナビリティ（持続可能性）を経営資源に加えるといった、経営意思決定及び経営管理の基準と価値観の革新が求められる。

→〔ジロ〕多分その通りなのだろうが、人、モノ、金（カネ）と同列に並べられるのだろうか。今の企業トップがサスティナビリティなる概念をそこまで重視できるだろうか。正直、信じられないのだが。

・新ビジネスプロセスの提案として、Ｒ（研究）／Ｄ（開発）／Ｐ（生産）／Ｓ（販売）／Ｓ（サービス）／Ｒ（リサイクル&リユース）などすべてのプロセスにサスティナビリティ評価を加えることが社会的要請として強まる。

→〔ジロ〕サスティナビリティ評価の必要性は間違いなく高まるのだろうが、果してそれは社会的要請の結果だろうか。社会的要請が高まって初めて動くようでは、企業も社会も〝終わり〟のような気がする。〝社会的〟という言葉の使い方に、消極姿勢をつい感じてしまう。細かいことを気にしすぎているのかもしれぬが。

・「環境」と共生しうるグローバル経済時代の資本主義への変容のレベルにとどまらず、「Sustainability コンセプト」の資本主義への内包化まで深行することが求められ、「Sustainability コンセプト」の社会技術化の進行につながっていく。

→〔ジロ〕難しい表現が多いが、深い洞察と思え、大体共鳴。されど「……の資本主義への内包化」や

「社会技術化」って何？ まだ理解半ばだ。

・「イノベーション」は、改善のレベル／革新のレベルの先にある〝ライフスタイル・ビジネススタイルの変革〟のレベルに到達することでサスティナビリティと一体化し、寄与的役割を果たせるようになっていかなければならない。

↓〔ジロ〕これからのイノベーションも、サスティナビリティとの一体化が必要ということかな？ 社会的爆発が求められるイノベーションであれば、そう考えたいのは、至極当たり前かも。

この書は、25人もの現役大学研究者・企業技術者によって執筆されているだけに、企業活動のこれからに関して、多側面にわたる実践的な方向性示唆を提示する。山本良一（当時東京大学生産技術研究所教授）は責任編集者として、われら素人にもわかりやすくまとめようとしているようだ。

〝循環型社会のイメージ〟を、（ライフスタイルの側面については）良いものを大事に使う〝スロー〟なライフスタイル、（ものづくりの側面については）環境保全志向のものづくり・サービス提供、（廃棄物の側面については）廃棄物などの適正な循環的利用・処分システムなど、と三側面に収斂させ、われらが模索する21世紀の市場社会特徴像にストレートに反映可能なレベルに整理してくれているあたりは、あたかもマーケティングのプロの仕業であるかに感じさせていた。

ここで確認されるべき主たることとは、CSR／環境経営といった表現で本業とは別のアプローチ中心に進めるような、独立した別個の（本業とは別路線の）副次的アクティビティであってはならないこと、企業人の全人的活動として全社的に貫かれて遵守すべきことの第一のポイントでありたいということなのだろう。それは、心の叫びを思わせる強い主張と受けとめた。

これらの言い分は、日頃のクライアント企業とのつき合いの中で私が実感する感慨と相通じる部分が多い。しかし、だ。しかしながら、現実のクライアント企業の具体的な顔を思い浮かべると、正しいと思うしかないこれらの主張を、誰がどんな形・方法論で、彼らを導き実際行動に移させていくのか、ある意味暗澹たる気持に陥らなくもない。

人、モノ、金にプラスして、コスト上昇と利潤削減に直結しかねないサスティナビリティというファクターを自らの評価要素に加えるなどということは、企業という組織体としてたぶん採択しづらいことなのだろう。であれば、誰がどんな風に、あるレベルの強制力を保有する形で仕組み化できるのだろうか。クライアントの人びとも、個人であれば十分にわかりうることなのだから、それだけに問題が難しくなるのだ。

ローマ帝国のつもりのごとき世界の超巨大企業たちは「この書の主張を実行に移すことは、自社の利益・プラス要素を増幅する方向とは真逆にある」と考えるのが一般的ではないだろうか。日本の大手企業も、ほぼ同様であるか。

この実行にシフトする変換器をどうつくればよいのか。ここに地球の明日の分岐点があるように思えてならなかった。

今、わかっていることは、〝こうしなければならない〟という《性善》に立った諸々の〝べき論〟的主張をまとめている段階であるということは、全行程のまだ3分の1にも到達していない途半ば以下にある、ということだ。

こんな真面目っぽい話が流行りになる時代、悦んでよいのか。それとも哀？

そう考えると心の端々に木枯らしが針風のごとく吹きぬけていくようでもあった。サスティナビリティコストを寿命の代金と捉えるのはまだ早い？　嗚呼。

E 「持続可能文明の創造」という超真摯なる視座

少し前に〝エコ〟とか〝環境〟といったコトバの流れで昨今多用されてきているかに映る流行り言葉たち――〝持続可能性〟や〝サスティナビリティ〟など――の文献サーフを続けていると、議論する当事者たちのエモーションの昂揚加減が気になるほどに目立つ。勢い込んだり、燃えたり……現代の研究びとには珍しい情緒の様なのだ。

『持続可能文明の創造――エネルギーからの文明論』(神田淳　エネルギーフォーラム　2011)もその代表的な一つとして興味深く目を通した。そこには以下のごとく示唆的コメントが溢れていた(筆者整理)。

・経済は環境の下位システムであり、生態学的限界を超えた経済成長はありえない(ハーマン・デイリー)。ハーマン・デイリーはいわゆる経済成長ではなく、「発展」と言い、「知恵の経済」と言った。

・新しい持続可能文明を切り開くのは、
①大幅なCO_2削減を達成するエネルギー技術の開発
②経済の脱物質化・サービス化
③経済と社会の制度の変革
といった三領域での技術、社会および制度上のイノベーションによる。

・豊かさを維持しながら環境負荷を減らすには、財・サービスの価値を維持しながら、資源・エネルギーの使用量を減らすことが方策となる。そのため、財・サービスをできるだけサービスにシフトさせて財(物質)の量を減らし、かつ、サービスを生むためのエネルギー消費をできるだけ減らす。

・経済プロセスから生まれる真の経済的な産出物は不要物の物質的な流れではなく生の享受という非物質的な迸りである(ジェクス・レーゲン)。

・環境価値経済評価方法のイノベーションは、環境経済学による学問的研究そのものである。

(『持続可能文明の創造』)

一見堅くまじめな言葉が連続する。そんな懸命な(と私には映った)語り口の中で、〝経済の脱物質化・サービス化〟そして〝真の経済的産出物＝生の享受の迸り〟という文言が自脳の中央に深く突き刺さる。経済の基盤を構成する要素というか原点についての話ばかり。やはりそうか、そうなんだ。この著者は現代経済なるものを単なる成長を基準とした概念から人間の営みにふさわしい《知恵》の感じられる新しい経済概念に移さんとして燃えている……。

神田淳（通商産業省から京葉ガスそして高知工科大学客員教授）は、通常一番難しいといわれる〝制度変革のイノベーション〟についてもこう述べる――

「このような社会にしたいと人々が熱望するビジョンが、社会制度のイノベーションを生むだろう。人間が創りだすものは、思想や道徳は当然であるが、制度や組織から、さらに技術、そして機械など物質的なモノまで、すべてが〝人間の思念の産物〟である。最初に思い（アイデア）があり、概念設計、詳細設計と次第にブレークダウンして最後に製造となる。最初に思いなくしてモノや制度の創造はありえない。そして心の底から本当に望むという思いの強さが創造に強く影響するのである。最初の強い思いが、現実化できる詳細なアイデアを創造する。ビジョンの強い思いがイノベーションを生むのである」

（『持続可能文明の創造』）

すべてが、まじめなようであった（当たり前か）。幾度、〝思い〟という言葉が登場したであろうか。思念の産物という言い回しもなぜか自然に映る。原点の再確認の要を迫られている感じだ。思えばできる、逡巡してはいけない、と伝えてくる（と思えた）。最初の思いが萎えてしまった経験を一杯もっていても、諦めずに頑張れ、と。神田（２０１１）の語りは普通の概念の連続なのに、なぜか力がもらえるようで、また彼は冷静なようなのに、聞く自分だけが勝手に高揚するかのような不思議な感覚があった。私もひょっとして、意識していないつもりだったのに、ず～っと不安を抱えていた？

やたら動きすぎで慌ただしいばかりの、目の前にある日本市場に目をやれば、そんな新しい持続可能文明を切り拓いていくイノベーションらしき現象はほとんど目に留まらない。代わりに強烈に消費者の脳に割って入り込んでくる光景は、明日を見たというよりは、過去実績に依存・拘泥し、過去と未来の混濁した迷妄の姿ばかりのようであった（偏屈なる己れの、偏ったものの見方の一側面にすぎぬことをご了解の上、見て頂ければありがたい）。

一見よさげに見えてどこかヘン、そんな歪（いびつ）な光景ばかりが現代を席巻する。これぞ王道を脱輪せしマーケティング事象の林立。すなわち、

――圧倒的販売力を武器に恫喝風の態度に慣れ親しみ、販売カテゴリーを無制限拡大する中で生産・流通・小売りという古来からの分担商慣習を転覆し尽くさんとし、製造業者名を他社表示にすることで自社が担うべき

製造物責任をすり抜けているかに見えなくもない（我流推量の範囲だが）その一方で、いかにも良質なる佇まいを保持するビッグ・コンビニPB（プライベート・ブランド）たち／低価格とそこそこに良き品質の両立を魔法のランプを使うがごとく見事に戦略化したカジュアルアイテムの選択的集中マス販売を旗印に、全世界の隅々にまで苛烈に行軍しつづけるファストファッションSPA（製造小売り業）軍団／独自のスピーディな宅配物流方式や〝弱いAI〟を巧みに活用した新推奨方式の活用等オリジナルな戦術武器を駆使して全方位浸蝕を図るビッグ・ネット通販サイト／通常価格非提示&初回限定価格のみ提示という非誠実にも映る巧妙露出を胸を張り堂々と広告展開する、堪らなく手を出しやすく感じさせる通販商品の群れ／本業の迷妄の最中に他業界開発の投信・保険等金融商品の手数料収入競争に未熟なセールス技術のまま埋没し、厚顔横取り名人の名を欲しいままにするビッグバンカー老貴族たち／未来につながる多様で膨大な技術資産を自らの努力で営々と蓄積しながらも完成品であるクルマ単体への執着を捨てきれず自社のトータルシェアアップを目指して生産面・販売面等の多くの工夫を異様に積み上げ、本来不要なはずの多ブランド展開まで現実化し、地球の恵みである公益的生態系サービスを無償にて恥ずかしげもなくロスさせるビッグ・クルマメーカー／本業改革を為さぬまま、世のヘルス志向・高齢化認識の増幅傾向に便乗加担して安易なる道――〝心理的効果(?)依存〟商品への依存路線――を疾駆する健康食品&サプリメント通販商品の群れ／新規サービスには必須と思われる使用マナーの徹底など何処かへ置き忘れ、社会・倫理視座まで失念したかのようなスマホ業界にみる無限の機能&ゲームコンテンツ&ポイント付与戦争（本来のトップブランドらしさは何処へ）／さらには昨今の販売戦略にみる安直購入を蔓延らせる〝やたらサブスク〟の無節操なる氾濫等々――

独り勝ちすればそれでよいのか、自社の矜持や社会的使命はどこへいった？

　されど不思議なことに、食品は堪らなく美味しく、衣料は生地・縫製もすこぶる良いのだ。みんな、品質は良質、だからこそ質がわるく根が深い？　ウーム、まだまだ、あるか。枚挙に遑がない。

　もちろんそれぞれに長所・メリットも多々みられはするのだが、負なる側面を凝視すれば、こんな様相が目に飛び込んでくるのだ。哀！　哀！　哀！

　挙げるたびに泪するこれら隘路探しに邁進するカレントマーケティング戦略・戦術の数々！　すべてが軽く慌ただしい。心の籠った本線の、丁寧なモノづくりはどこへいった？　親身なコミュニケーションは何処？　社会的視座の欠落はあちこちに感じられ、どこに〝人間の思念の産物〟らしき安寧なる余韻が確認しえよう。どこに国力強化の視点が見られるか。〝負の思念〟ばかりが突出するといった見立ては、私が乱視ゆえであろうや。

本来あるべき本質的マーケティング（これって、何だ？）が、この喧騒の中でまったく見当たらないようであるのも、自分をイラつかせていた。

これらすべて、それぞれに〝役に立たない〟とは決して言えぬ。これらに該当する商品やサービス、私も沢山使っている。おいしいし着やすいといった欲望に負けちゃってるのだ。〝……映え〟だって？　いい加減にしろ。

商品の次元だけ見れば、これらの大半はかなり〝よさそう〟だから。使っても大きな問題はなさそうだから。理念がなくても、技術が品質や信用を守っちゃう時代なのか。されど持続可能性、サスティナビリティといった地球視座の角度内でみれば、とても〝よい〟とは言いづらい。創業者以外のトップ（サラリーマンの、ということです）たちの行動は、このような程度に収まりがち？　そろそろ、ダメと言わないと……。そうだろう？　そうじゃなければ、地球も人類も、ダメになっちゃう。各社の寿命もきっと短縮？　1回ご破算の〝ダメ出し〟して、その範囲の中で新たに儲けられる工夫をしてみないか。いい加減、動いたほうがよさそうだよ。でも自分も理性、乏しいからなあ。中期計画、怖いよなあ。各社のトップシェア商品がサスティナビリティ要素で×を食らっちゃあ、そりゃあホント困るよなあ。ノーチェックのままでいたいよなあ。まあ、わかるんだがなあ。そう考えるから、ダメなんだよ、地球が壊れるんだよ。

これらは日本の市場に見る一側面の実話である。自らの帝国化と欲望拡大化を、大手を振って同時進行させているかにみえるイノベーション（らしきもの）の申し子たちが、消費者に己れを誇示し〝われらの信念〟とか言いながら、より稼ぐべく突っ走る〝独自なるエゴの道〟とかなり重なって見えてくるのは自分だけであろうか。そこには〝持続可能〟を生もうとする意識よりは「成長」の名の下に周りをすべて凌駕せんとする我欲の苛烈さが目立つ。

〝イノベーション概念は、そんな申し子たちに利用されている？〟

ともかく、現代の市場を満たす空気は、身勝手なわかりやすさで一杯で、せわしすぎる。明日（短期）だけ自分だけ、日本全体なんて未来なんてそして地球なんて、知らない？結局〝自分ファースト〟中心の世なのか。頭に乗って付加すれば、せこく小さい。何っ、だからＳＤＧｓだって？　とんでもない。

今日も電車の中で優先席に座った。三人掛けの優先シートの向かいにも三席ある。合計六人（うち一人はＪＩＲＯ）の席のうち、自分以外の五人は乗ってきてすぐにスマホを出して夢中に操作し始めた。隣の老年男性のコンテンツは麻雀ゲームだった。キャリア三社のトップはこんな現実を、たぶん十分に熟知しているだろう。そして、〝やった！〟と破顔一笑しているか。そしてマナー教育は交通機関その他に委ねて、カネもほとんど出していない（未確認、でもキャリア三社のマナー教育の広告・ＰＲは見たことがない）？　今の外食産業の人手不足、すでに得意芸の〝おもてなし〟などぶっ飛んだ。商売の道義もまた、この21世紀前半をまもなく終えんとする今、見る影もない。無残。

此処（マーケティング現場？　それとも日本の現代市場全体？）では、決して心の底から求められてはいない押しつけの「便利」が、「倫理」を圧倒し「道義」や「仁義」まで消し去る。里見八犬伝の八つの玉は、見事にみんな消し飛ぶ。こんな今の〝現実〟を果して〝思えばできるようになる世界〟などとほざいていてよいのか。ポイント集めの狂乱も、同じように見えて仕方がない。われらの市場は、そしてマーケターの意識もまた、地球の心臓とともに息も絶え絶えだ。

あれ〜、自分も、つられてホットになったようであった。負の現実が傍にあるから、本議論がらみのエモーションはいつも炎上する。そして炎上してスッキリ発散したら、次の日はまた〝スルー〟の継続！　もう、手遅れか。

そんな中、神田（２０１１）が必死に求めた〝思う力〟の〝思う〟つまり〝思念〟は、おそらく「生の享受という非物質的な逆り」を念じる強さのことだろうとみた。まさに救いの湧水である。要するに、今の地球は、なんでもありの時代では、もうすでになくなっているはず。なのに今ある市場を、時代の革新であり進歩の反映した姿だと捉えろというのか？　いや逆に生物としての退化ではないのか、種全体を守らずに独り個を守ろうとする種なんぞ地球に不要？　先進国？　日本でこの兆候は目立つ。スルー行為は日本の得意技。

そして結局、考え始めてすぐにみんなホットになるのだから、やはり、持続可能性は喫緊の要件なのだ、と確信する。いろいろ考えた挙句、またメランコリックに嵌まり込んでいきそうだった。

F　全生命のためのゼロ・エミッションとディープ・エコロジー

そんな中、〝持続可能な製造業〟の基本コンセプトを明確にしている企業も、少数だがあるようだった。

前述した『ゼロ・エミッション――持続可能な産業システムへの挑戦』の末尾に、パタゴニア社の創業者イヴォン・シュイナードの想い（第12章これからの１００年）が紹介されている。彼は「消費経済に依存した自分の会社が、商品が溢れかえるこの世の中に何らかの貢献をしている現実に、私は長年悩み続けてきた」結果、〝貪欲〟が企業を短命にするという気づきに到り、成長の終止符と長生きできる企業のプランニングという企業変革に取り組んだという。そこで表出した言葉たちは、次に示したように、サスティナビリティの本質を反映している、と感じられたのだった。

・企業は長続きするものであるとすれば、その会社の所有者や役員は、単純な収益を超えたところにも責任があると考えるようになる。

　↓〔ジロ〕そう考えるか。そうかもな……。

・長期的な視野をもつ企業は、その資源とともに生き、そこにいる人間を大事にし、顧客であるコミュニティを満足させる、あらゆる努力を惜しまないはずである。さらに言えば、死の惑星に企業は存在しえない。長期的視野をもつ企業は、自然環境に与えるインパクトを最小限に抑える義務を負っていることを認めなければならない。

→〔ジロ〕これ、すべての企業がわかっていることをあえて明文化したに過ぎない？　現実は中長期戦略を意志して割愛する企業ばかりだ。トップのサラリーマン化のせい？　それとも……。

・「持続可能な製造」とは、自家撞着的な言葉である。（中略）出口のないこのジレンマから抜け出すキーワードは品質であるという結論にいたった。（中略）できるだけ長持ちする製品をつくることである。

→〔ジロ〕この真逆を行なうことで、実はすぐ消えてしまう陽炎のような短期的果実を得ようとする姿勢が主流をなす時代、が今なのだ。

・シンプルなやり方に帰ることで、われわれは尊厳を取り戻すことができる。土地との一体感を取り戻し、人とのふれあいが重要であることをふたたび感じ取ることができる。（中略）この方向は人の魂を楽しませる方向である。

→〔ジロ〕抽象的で難解だが、〝人の魂を楽しませる方向〟こそ、これからの時代にふさわしい欲望開発だろう。

（『ゼロ・エミッション』）

実に素直な言葉たちではないか。まるで「持続可能な製造業」の基本コンセプトをみるようである。『教科書（＝企業経営入門書）』のようでもあった。現代に、このような企業も、あるのだ。企業が短期的に、〝短期間にできるだけ高く売るべき商品を製造し販売する〟ことは仕方のないことかもしれない。しかしその商品も、この基本コンセプトに則って、製造されてほしい。

各業界の上位ビッグ5企業がうち揃って中長期戦略にこの種の戦略基本コンセプトを据えることができれば、容易にサスティナビリティ経済に接近することができるかもしれない、と考えるのは甘いか。可能なれば、結果は出る。

私には、一つだけ確信できることがある。それは、今の生活者の多くあるいは大半は、そのように行動したそれらビッグ5企業に対して、少なくとも今まで以上の好感度を寄せるのは間違いないということだ。違うか。

『ゼロ・エミッション』は新パラダイムの浸透も指摘する。

「シャロウ・エコロジーは人間中心の認識の仕方であり、人間を上位に置き、人間を自然と切り離して捉える。人が価値の源であり、自然とは人間が利用できるものであり、そこに自然の存在価値があるとする。ディープ・エコロジーは、人間を自然環境から切り離さない。人間だけでなく、何ものをも環境から切り離さない。世界は、孤立したものの寄せ集めではなく、基本的に相関し、相互に依存する現象のネットワークとして世界がとらえられる。ディープ・エコロジーは、すべての生き物に本来的に備わった価値を認め、人間を生命の網の目をたまたま構成する一要素としてとらえる。われわれ全員が、自然の循環プロセスのなかに組み込まれ、そこに依存しているとする考え方である」

(同前)

廃棄物ゼロ(つまり3Rを含む)という「ゼロ・エミッション」、全生物・全生命のための「ディープ・エコロジー」――ひょっとしてこの考え方は、近未来の人間社会の構造のありようそのものではないのか。《基本的に相関し、相互に依存する現象のネットワーク構造》が未来社会なのだ、と言っている? これぞ、〝ディープ・エコロジーの時代〟というわけだろうが、自分は未来社会に「エコロジー」という言葉を適用したくないと思っていた。〝すべての生き物に本来的に備わった価値を認め〟合う相互関係のネットワークは、エコロジーと呼ぶには、より総合的・全体的・動的で、より本質的な気がしていた。いわゆる「エコ」は一側面に偏し、〝狭すぎる〟と感じていた。

関連文献の主張は、結構近似しているように思えて、何か安心できそうな気持が広がってきていた。みんな、ほんとはわかってる?

G 本命は、「持続可能的開発」だって――

そうこうするうちに、真打ち的存在にぶつかった。ありがたい。大体極め付きとか真打ち、大トリは作業の終わり間際に登場する。早めの遭遇が少ないのは、作業の理解を深めさせようとする大いなるものの優しさか。

その大トリは新書判で現れた。『新・環境倫理学のすすめ』(加藤尚武 丸善ライブラリー 2005)の第Ⅱ章「持続可能性とは何か」が該当する。この章をサマリー化してみたい。

同書では、〝持続可能性〟について、「発展」でなく、「持続可能的開発」として取り扱っている。このことに直感で好感をもち、書に向かった。

自分は、ここまでの文献サーフの中で、「持続可能的発展」という使い方より「持続可能的開発」のほうが妥当な感を強めていた。なぜなら、「発展」は軸となる物・事象の中身が変質することを前提にしなくても成り立ちうるのだが、「開発」の場合、〝持続可能〟を実現するために中身をそのように作り変える、あるいは新たに創造することが前提となる。21世紀以降に求められる「持続可能性」の質は、当該する事物の中身の変容まで伴って初めて効果を発揮しうるのだ、と考えたからである。

「この言葉(持続可能的開発)の中身が分からないという声が多い。ある人が調べたら23通りの定義があったそうだが、〝持続可能的開発の定義は１００以上ある〟という説もある」に始まり、〝地球の有限性を絶対的に有限なものとして厳密に解釈する（ハード・サスティナビリティ）〟か、〝資源のコストが相対的に低下するなら、資源は無限として扱い得るという相対主義を採用する（ソフト・サスティナビリティ）〟か、という理論的対立の存在を指摘している。このことがおそらくは本概念の曖昧性を高めている主因なのだろう。こんな状況下でありながら、どうしてこの言葉を多用してしまうのか、まことに疑問というほかはない。

　加藤（２００５）による「持続可能性」の定義の理解は、シンプルで明快だった。まず『ブルントラント委員会報告書』の中身から、①自然生態系の保護、②未来世代の利益を守る、という二要素を抽出して定義のコアに据えた。それに加えて、ヴォルフガング・ザックスの『地球文明の未来学——脱開発へのシナリオと私たちの実践』（新評論２００３）から「減りゆく自然資源の中で幸福を生み出す能力を再構築すること」、つまり「広範かつ長期にわたる経済の〈脱物質化〉が必要」であることをプラスし、「持続可能性とは、枯渇型の資源への依存からの脱却と廃棄物累積の回避」でなければならないと考えたようだ（間違っていなければ幸いである）。

　ここでは暗に、〈脱物質化〉と〈廃棄物累積の回避〉が厳しく事業活動を生み出す企業・団体らに課されているように思う。このシンプルな定義の遵守は、いかにも〝持続可能社会〟につながりそう、というリアリティを十分感じさせていた。であれば、アンビギュアス極まりなくまた言い訳に使われやすい〝持続可能〟などといったわけのわからぬ言葉は、そろそろ棄却すべきか。

　これからの事業・商品開発内において取り扱う新たな欲望・欲求の前提となるタイプに対して、〈脱物質化〉と〈廃棄物累積の回避〉の二要因のウエイトを上げることを徹底していけば、〝持続可能〟という言葉を使用した際と同じ効果を出せるのではないか。まあ、そうはいっても、どのような形に実行計画を立てどう遂行に移していくかは、なかなか難しいことなのだろう。

　加藤（２００５）の素敵な言葉（自分が勝手にそう思ったのだが）を最後に掲げ、世の警鐘とする。幾度目を通しても、番たび、考えさせられる文言と思うのだが、いかがだろうか。

「〝成長か持続可能性か〟という選択の可能性はない。成長を続けていれば、必ず持続不可能という事態に到達するのだから、〝成長から持続可能性へ何時自覚的に転換するか〟という選択の余地があるだけである。多くの人は〝持続可能的発展を守る〟というテーゼを承認したとしても、多少は持続可能性に配慮した発展を図るべきだと考えている。そして〝持続可能性への配慮〟という契機と発展という契機の配分比率について賢明な選択をすべきだと考えて、結局は、〝持続可能性への配慮〟を最小限にしようと努力する」

（『新・環境倫理学のすすめ』）

〈持続可能性への配慮〉を最小限にしようと今、努力していると言う。

何っ今だと！　わかっちゃいるけど、結局やめられないいんじゃあないの？

〝循環型〟、〝環境アセスメント〟、そして〝ＳＤＧｓ〟へ――もういい加減にしてよ

アカデミーにあっては、論戦は必要・良なるもので、研究人はすべて剣闘士と呼ばれても少しもおかしくはない、と日頃から感じている。誰かが使っていた表現だが、研究とは〝研ぐほどに究める〟といった逆る冷徹さをその本質に有する世界であると見定めている。

しかしそれにしても、である。あまりに類似語が多すぎると、まことに〝研ぎ究めているのか〟という点で、確認したくなるのも本音である。

この類、論戦というよりは、私にとって〝buzz-〟音を連想させて辛い。

A　〝循環型社会〟という類似視座

サスティナビリティに似た言葉で、「循環型社会」というのもある。こ奴もそこそこ市民権を得ている概念のようだ。こんなに勝手に、いろいろな類似語を出して、よいものか。これ本音のボヤキ、なり。

〝循環〟というと、何となく各種リサイクル法がレジームとして行き渡った、3Rを目指す〝リサイクル社会〟のように思い込みがちである。ところが「リサイクルは手法であって、目標は環境負荷低減である点を強調したい」と強弁する書が目に留まった。その名もストレートに『循環型社会――持続可能な未来への経済学』（吉田文和　中公新書２００４）という。

「循環型社会の目的は、本来、物質やエネルギーの循環やリサイクル自体にあるのではなく、それを通じた人間生活の豊かさ（well-being）の向上にある。ものの生産や所有を通じて人間の生活や生命活動に負の影響をもたらすような生産や循環経済のあり方は、目的と手段を転倒させることになる。循環を通じてできるだけ環境負荷を低下させる。つまり資源採取を減らしスループット（throughput、環境通過量）の最小化が図られるべきだ。この意味で、循環による脱物質化（物質をできるだけ使用しない方向）に基づいて、人間生活の向上をも

たらす途（みち）を探ることが課題」

（『循環型社会』）

言いも言ったり、〝循環型社会のゴールは well-being の向上〟だって……。大変な理想を掲げて素晴らしいのだが、偏屈ＪＩＲＯには恥ずかしく、大きく出たな、という印象だった。循環型社会とは〈循環〉それ自体を目的としておらず、ゆえに「循環型社会はリサイクル社会と同一ではない」のであり、「天然資源の消費が抑制され」「環境への負荷ができる限り低減される」ことが目的となり、また「循環を制御することが焦点」だという。だったら、〈循環〉という言葉を使うなよ、と言いたくなってしまった。

　要するに、七面倒臭いという感覚が、さらに増幅してきたようであった。ご免。

　吉田文和（当時北海道大学公共政策大学院・大学院経済研究科教授）は千年持続学に興味をもち、２０００年〝循環型社会形成推進基本法〟が成立した直後に、いち早くこの循環型社会という概念をまとめている。ここから察せられることは、〈循環〉という語を選択したのはどうも彼ではなかった、ようなのだ。すでにそういう用語が使われていて、それをそのまま（気の向かないまま、と多分思うのだが）使ったのでは、と推測してみた次第。

　彼もサスティナビリティと照らしながら、「循環型社会の考え方は、直接には廃棄物問題から発展した概念でありながら、『持続可能な社会』の物質的側面を表す、『持続可能な社会』の下位概念にあたると考えればよい」と整理を進めている。そして「基本は維持可能な発展と持続可能な社会の枠のなかで、環境負荷低減社会による『豊かな社会』（生活の質）をどうつくりあげるかという課題が生まれてくる」と続ける。

　サスティナビリティも循環型社会も、到達すべきゴールは、Ｃ・ダグラス・ラミスも『経済成長がなければ私たちは豊かになれないのだろうか』の中で鋭く指摘していたように、21世紀に生きる人びとの生活の〝ニュー・豊かさ〟であるようなのだ（この連想は自分にはストレートには浮かばない）。そのプロセスに環境負荷低減というクリアすべき大きな障害物（クリアすべき条件）が横たわっているらしい。だが、ゴールの〝ニュー・豊かさ〟の中身については踏み込まれていない（どうして？）。マーケティング実務なれば、それは評価されないパターンに入る。

　〝ニュー・豊かさと簡単に括って言うが、その中身は多様で、個々にいろいろ違うはず。そうだろう？　此処のところ、もうチョイ突っ込もうよ〟

　また、〝生活のニュー・豊かさ〟という言葉の印象は、どちらかといえばソフトな論考展開であるのに、どうして地球・環境・資源などのハードな言葉を連想させる〈循環〉という言葉をあえて選択してしまったのか。ＪＩＲＯは、その論考を全体的には評価しながらも、ネーミングについてはセンスいまいちかなあ、と感じていた。さらに突っ込めば、「低減」とか「○○可能な」という表現形式は、ベクトル（ここでは当然下げる方向になるが）だけ示したのでは伝達したき意味がボケてしまう。そのベクトルが効果を表し意味あるものになる値（閾値といったほうがよいか）が与えられて初めて活きてくる考え方のはず、とも感じていた。閾値の類など、どこにも提示されておらず、またそんなことは、容易に算出可能ともとても思えないのだが。ウーム。

〝維持可能な発展と持続可能な社会の枠の中で……〟といったまどろっこしい語り口は、人工的に複雑につくり上げられた知恵の輪のようで、理解しようとする者にとって迷路を提示されたような思いに嵌まりかねない。〝○○社会の枠の中で〟って、何のこっちゃ。〝維持可能な／持続可能な〟などの形容詞（この二つ、どこが違うの？）とそれを受ける体言――社会／発展／開発――の組み合わせで、微妙に意味・解釈がいろいろと異なってくるやもしれぬ。まるで言葉遊びの世界、のようでもあるか。

この議論は、ほんのわずかでも戯れに映っては困るのだ。精度を求めたい。この種の似通ったいくつかの概念はお国（つまり官僚）がつくることも多いのだろうが、学説的に整理されていない以上複数はいらない気がする。ましてこれら類似語の定義の差異を問い詰めるのは、無駄な作業と言いたい。研究とも言い難い。ついでながら昨今の官僚の質？（何の質？）の低下も気になる。

概念化は思索化だろうし、マーケティングのブランド戦略でよく用いる差別化アプローチの流れの中で、ひとつのブランドに対して考えすぎた結果、複数の姿・概念を世に登場させるのは、巧みな戦略とは必ずしも言いづらく、かえって混乱増幅につながり、当該課題にとってマイナスとデメリットが増えることのほうが多くなるかも。まして持続可能社会・循環型社会というテーマはソーシャルな課題。ソーシャルな概念の創成に関するディスカッションに際しては、《差別化》などといったマーケティングの極みともいえる〝重箱の隅〟的動機が多大に関与してきてはいけない、と私は考えたい。

こんな状況の中にカタカナ文字毛嫌い派が絡み、〝持続可能な〟というヘンな日本語、〝循環型〟というもっともらしいが曖昧極まりない日本語が、われらの理解力を低減させるべく参画してくる。そしてさらにさらに、これらの概念とセットで用いられる「社会」「発展」「開発」が加わり、ひとそれぞれの多様な類似概念の解釈が飛びかう状況が増幅されていく。発展と開発、みんなこの二つの言葉の違いを即答できるか。これらのくだり、学究的には無駄なことに入るように見受けられた。C・ダグラス・ラミス（２００４）のように、事前に〝develop〟という言葉を緻密に分解・洞察し尽くした上で使用し理解する、といった心掛けが求められてよい。

複数の類似概念が競い合って登場するという喧騒は人びとの環境に対する意識づけを強化するという副次的効果は認められるのだろうが、これらの各概念が必要に迫られて世に創成されるに至ったプロセスにおける労力を考えると、そんなことをしている場合では決してないだろう、とつい力説したくなる。

各人は、ことの重大性から必死に素早く思索を続けているがゆえに、それぞれの思索精度が上がるのを待つ"遑"もなく、そして相互批判の中から一つの良き調整形に収斂させる余裕もなく、結果として現在の混沌状況を垂れ流している、という好意的見方はできるのかもしれない。

されど、研究者同士で張り合ったり、概念論争する時間があったりするのであれば、環境を無視して奔放に経済の持続可能性ばかりを追求する事業家や企業への折伏・啓蒙・説得のために、その時間を使うべきときではないのか。地球環境が待ったなしのさなかのこの議論、それ自体がまた切実感を高め、相互のやりとりを見つめるだけで、とても刺激的ではあるのだが。これ、不謹慎なる見方かな?

B　環境アセスメント的考え方をどう活かす?

『環境アセスメントとは何か――対応から戦略へ』(原科幸彦　岩波新書　2011)の中にこんな一節がある。原科幸彦は当時東京工業大学大学院教授であった。ギンギンの理科系である。

「sustainable development は"持続可能な開発"あるいは"持続可能な発展"と訳されることが多い。日本語では development を開発と訳す場合と発展と訳す場合があるから」

「環境基本法では、"持続的発展が可能な社会の構築"(第四条)という言葉が使われている。しかし、この表現は sustainable development の本来の趣旨を表わすには適切ではない」

「環境は人間活動の器であり、人間活動は器としての環境が持続可能な範囲でしか行えない」

「持続的発展というと、発展が永久に続いてゆくように思われるが、それは不可能である。有限な地球という環境制約を認識した今日、発展が際限なく持続し続けるとは考えられない。したがって、持続的発展という表現は不適切である」

(『環境アセスメントとは何か』)

ここでも発展・開発論議が続く。大事なことかもしれぬが、相も変わらず、といった印象が堆積する。それぞれみんな、頑張っている、ということか。

なるほど、development を日本人が勝手に開発・発展と訳し分けているわけだ。これでは曖昧化、未定義状況もやむなしということか。それに、法律の中に用語として使われているとしたら、その用語の"未定義状況"は法の運用がし辛く不安定になって、まずい事態をひき起こしかねない(法律の中では、"持続可能"ではなく、"持続的"となってはいるようだが)。まあ、これだから議論やディベートは面白い。

ともかく原科(2011)の主張は「環境を人間活動の制約条件と明確に認識するという理念からは、筆者はむしろ、

〝維持可能な発展〟という表現の方がふさわしいと考える」ということのようだ。〝維持可能な発展〟という表現の背後にある諸々の考え方に触れながらこの概念を理解し使用しろ、ということなのだろう。それでいいのかな？（と面倒感が源の寒疾が出始めた？）

いずれにしろ、定義っぽさが少し進展した程度で、アクティビティとしては〝スタートラインに立ったまま状態〟にあり、何も変わらない。行動を前に進めることが大切で、少なくとも概念整理に併行しながらアクティビティが現出していかねばならない類のテーマだ、という思いのほうが強いのだが。

とはいえ、〝維持可能な発展〟という表現は極めて当たり前な言い方であり、言葉自体がもつインパクトや魅力に欠けると思えてしまう。やはり〈発展〉にこだわりつづける部分には人間中心主義が滲み出している気がしてならない。

原科（2011）は、持続可能性の3タイプ（Fig.11参照）を提示していて、興味深い。スッキリした図だ。

> 「三つのうち、最優先されるべきものが、環境の持続可能性である。環境の持続可能性が保たれて、はじめて経済の持続可能性が保たれる。環境と経済の両者の持続可能性が保たれて、はじめて人間社会の持続可能性が真に保たれると、筆者は見ている。つまり、環境の持続可能性は人間社会の持続可能性を保つための必要条件である」
>
> （同前）

その通りだ。しかしながら、「環境」とは何だ？ Fig.11の中の「環境」という言葉を「地球」、「社会」という言葉を「人間」と置き換えてみれば、「経済」は人間のアクティビティの一つなのだから、この主張は至極当たり前のことの確認に過ぎないという受けとめ方をするほうが自然だろう。このような確認をあらためてしなければならない程に〝人間中心主義〟が諸々の個所で「誤った常識化」を成し遂げて、社会の各所に貼りついているということか。

自分は元々〝assessment〟という言葉に好感をもてていない。

査定・評価、課税、見積り、割当額、判定という和訳の流れは、どこか、〝evaluation〟よりも、《裁く》という姿勢を強く感じてしまうからだろう。

原科（2011）の書のタイトルの中心になっている〝環境アセスメント〟という言葉は、〝環境影響評価〟ということのようだが、「環境アセスメントは、人間行為が環境に及ぼす影響を予測し、それをできるだけ緩和するための社会的な手段である」と丁寧に説明されている。事業が開発された段階で、事業の実施に先立ち、当該事業による環境影響の予測・評価から環境保全策を選択し環境保全につなげていく、そんな事業者による自主的な環境配慮の行為を指しているように思える。行政による規制等ではなく《自主的行為》なのだ。

Fig.11　3つの持続可能性

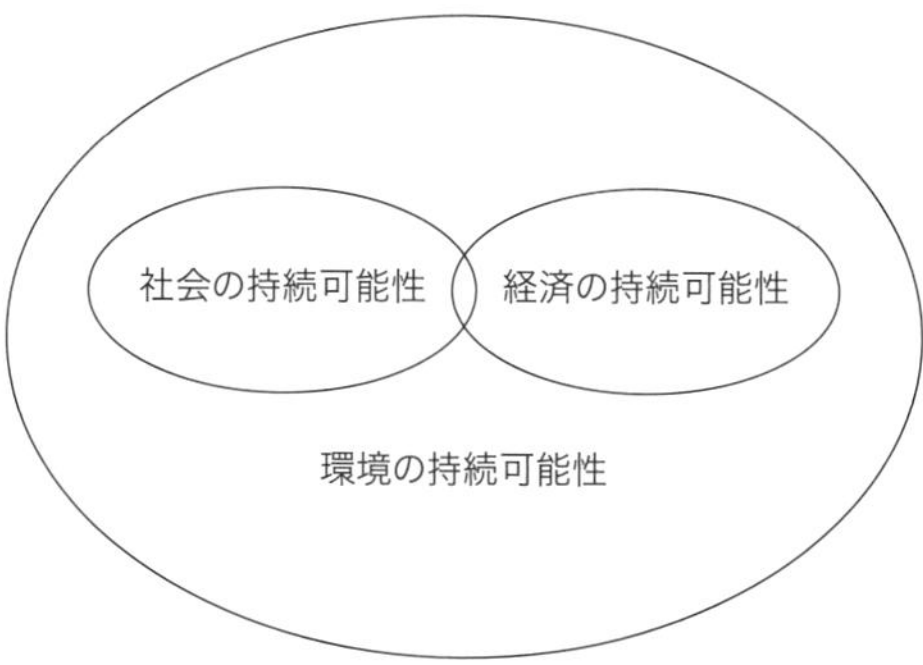

出典：『環境アセスメントとは何か——対応から戦略へ』（原科幸彦　岩波新書　2011）より引用

このアセスメントという概念には、事業主体者に指名された、主体者とは別人の某チェッカーの某意志の反映した査察、といったようなニュアンスを感じ、若干ひっかかり感を意識していた。アセスメントという武器を手に取る前に、勇気を振り絞り、先行してやることがあるだろう。企業も国も行政も。

事業主体者が自由発想で（ということはえてして人間中心型／欲望解放型になりがち）開発し終えた事業を自らの主体性の範囲でアセスメントするのではなく、事業主体者が事業開発の初期段階から、〝環境の持続可能性〟というファクターを、自らのアクティビティにおいて、何よりも優先してその各開発工程内に組み込む形で新規事業を創出していくスタイルの実現度に対する客観的アセスメントでありたい、と自分は考えたい。この場合も、市場参入直前段階で念には念をといった狙いからアセスメントが行なわれることにはまったく問題を感じない。

「環境アセスメント」という概念が、事業開発と独立してその意味と実像を大きくすればするほど、事業主体者の開発当初における環境配慮はなしでも許されかねない、などといった本来の期待効果とは真逆の想定外判定リスクも生じかねない気がしている。市場主義とはそんなもの、なのだ。

環境アセスメントが求める効果は〝事業開発の初期段階において〟事業主体者の開発意図と一体化する姿で反映されていかねばならない、という考え方の方式こそ、21世紀型の基本特性を内包する新たな事業開発工程といえるはずだと考える。早ければ早いほどよいのだ。

「アセスメント」は本来チェックシステムとしてあるもののはずなのだが、「環境」のケースだけは、地球規模の大課題対応作業ゆえに、手法として同じであっても〝アセスメント〟と呼びたくはない。また人為的ニュアンスがより希薄になる別の表現で、きちんと表したいと率直に思う。今の世は〝軽いアセスメント・アレルギー〟蔓延であるか。

「環境アセスメントは、持続可能な社会をつくるために必須のツールである」ということは、そりゃあそうなのだろう。しかし、開発事業のプロトタイプがほぼ完成し本番実施（参入）直前にアセスメントを対応させるような形式で、果して本来の目的を達成可能なのであろうか。熟考を迫りたい。改善不能を前提にしたチェックシステムなど、言い訳という用途にしか使えないはずである。

具体的にイメージを広げてみると、事業開発の初期段階では価値創発工程やアイデア／コンセプト／プロトタイプ開発の評価項目として反映させ、市場参入前では従来通りの環境影響評価の形をとるといったように、手法としての現実形は、ダブルチェック型として、従来のものとはかなり異なった内容になってくることが想定される。一言でいえば、事業開発工程に環境アセスメントワークシートを組み込んで一体化させていくといった感じになるのだろうか。

しかしこの形式だとアセスメントというよりは戦略ブラッシュアップと言うのでは。この概念、持続可能性の実践議論の中におかれるべきものとしては「?」がつきそうで、再考の要あり、かも。

本来〝査定〟のはずなのに、〝アセスメント〟という語感のやわらかさにはぐらかされて、なんとなく使ってしまうということは避けたい気がしていた。

否定というか先入観ありの形を前提に議論してしまい、申し訳ない。

C 〝持続可能性〟や〝エコ〟などの現代的造語を一旦棄ててみるか

それにしても〝サスティナブル〟関連文献のこのすさまじい程の刊行数はどうだ。皆、心配している、不安になっている、何とかしたいと思っている、そんな感情が溢れ出したからなのだろうか。それとも、流行り言葉に飛びつく研究者やコンサルタントが多いからなのか。だがやはり、〝いびつ〟だろう。

その答え、つまり執筆動機を小宮山宏（当時東京大学工学系研究科化学システム工学専攻教授）が『地球持続の技術』（小宮山宏　岩波新書　1999）のあとがきの中で具体的に語っている。それにしてもこの書は2011年で14刷というロングセラーグループ入りをしている。このタイトル名のような書がこんなにも読まれているとは、びっくりしつつ嬉しくなるのだった。

小宮山（1999）は「人間は有限な地球のなかで、これまでのようにその営みを続けていけるのだろうか。地球は人類にとって、美しく豊かな生活の場であり続けるのだろうか」と問いかけ、「人類と地球の持続的な発展を可能とする具体像を科学と技術の観点から提案する」ためにこの書をしたためたという。そして「21世紀半ばに実現すべき省エネルギー型の物質循環型社会の具体像として〝ビジョン2050――①エネルギー効率の向上②人工物の飽和と循環③自然エネルギーの開発の三点を基本原理としながら、それらを具体化したもの――を提起」してきているらしい。

　彼はピュアなように思えた。彼によれば〝地球持続のためのマクロなビジョン〟という挑戦的提起なのだそうだ。しかしその中身以上に、彼をそんなハードな提起に到らしめた〝動機〟に関心をもった。

　その第一は、政府や企業や個人がそれぞれ別個に主張し、非連動・無関係な行動にとどまっている現状、つまり「モチーフのない点描の絵画を見る」ような「全体像を共有していない事態」の是正にあるという。それぞれ、よいこともしているのだが勝手な動きのままでは効果が十分出ない、ということへの苛立ちだとすればわからないでもない。そして第二の動機は、「専門を異にするものの間や、あるいは専門的な知識をもたない人たちとの間でも、全体像を共有できるという確信が生まれたことにある」というのだ。そんな確信、どこから生まれたのか。彼の世界観なのか？　小宮山（1999）はさらに続けて、

「そうでなくてもわれわれは、『問題の複雑化と領域の細分化』という根元的な困難をかかえている。だからこそ、専門家は自分の領域をわかりやすく説明する責任があるのだ。細部はその領域の専門家にまかせよう。しかし、基本的な全体構造は、専門を越えて理解し合わなければならない」

（『地球持続の技術』）

と力説する。科学領域の細分化・タコツボ化の打開なしには、〝地球持続のためのマクロなビジョン〟は描けないと言いたいらしい。まるでその裏側に、新しい技術・未知の方法論が埋まっていると信じているかのようだ。言ってみれば、《学究領域のリストラクチャリング》の必要性、ということかな。

　そんなことできるか、と言っていないで、どうしてもやらねばならぬ程に個々の科学技術自身その影響サイズも深みも厚みも巨大化した、という風に受けとめるべきなのか。シンドイ話だ。1972年の『成長の限界』（ローマクラブが資源と地球の有限性に着目し、マサチューセッツ工科大学のデニス・メドウズを主査とする国際チームに委託して、システムダイナミクスの手法を使用して取りまとめた研究の成果物）以降数十年経過して、そこに挙がっている問題を憂慮する声の数は多いのに、収斂して効果を生み出すに到っていない一つの大きな因はここにある、と指摘しているようにも思える。

　私見でも、既存のタコツボ個々に閉じた研究ではもう先に

進めない〝どん詰まり〟に来ている、と見る。古来のタコツボの解体・再構築が必要なのだ。

小宮山（１９９９）はまた「市場に委ねられるか」、否「市場を誘導しなければならない」とビックリするような指摘もしている。《市場の誘導》なんて、していいことなのか、はたまたできることなのか。

彼は自らの直観か何かは知らぬが、明確に予知したのだ。どうしてできるの？　などと問い詰めたくはない。誘導しなければ解決しないことが生じたからなのだ、と暗黙の内に伝えてきている気がした。

鋭い人は、論理・因果を超えて、ジャンプする。量子跳躍のように。ジャンプした結果が彼にとって《誘導》であったにすぎない。実に参考になるのだ。

市場の誘導というものは、政府、企業、個人（市民）三者すべてを巻き込む形で形成され、三者間の十分な相互理解が図られて進められなければならないはずだ。そこで描かれるビジョンは、あらゆる科学と技術の多様な視点からみて、ロジカルといってよい水準を保持していなければならないし、同時に全体像の共有が可能な形になっていなければならないのだろう。このような学究事象の共有やそれらを束ねるホーリスティックなアカデミック・ビジョンとも呼ぶべきフィロソフィカルなコンテンツの共創と相互理解は、言うは易く行なうは難しの代表だろうと推測する。できないこともせにゃならぬタイミング？

小宮山の思惟は、〝その全体像は、物質とエネルギーに関する保存則といった、ごく少数の原理を前提とする形で可能になる〟とシンプルに考えたように私には映った。大同団結の絆は、シンプルなほどよいのかもしれないし、シンプルであればこそ幅広に輪に飛び込めるのかもしれない。そうかもしれないしそれだけでは十分でないのかもしれない。ともかく、今の自分にとって理解を超えた話ではあった。

小宮山（１９９９）の素敵でアドバイザブルなメッセージはまだ終わらぬ。

「巨大化した科学技術が、人類の生存を脅かす可能性をもっていることを否定はできない。しかし、もし人類が科学技術を適切に発展させられるならば、快適な環境と豊かな生活を実現できるのである。そのためには、社会の合意にもとづく、技術の向かう方向にかんする正しい選択がなによりも大切である。社会と技術の良好な関係を、いまほど必要としている時代はかつてなかったであろう」

（『地球持続の技術』）

感服。真面目だ。おれはこんなにいい加減なのに。

確かに、社会と技術の良好な関係の間に横たわる論理性には、まずはどんな先入観にも囚われない、素直でストレートな色合いが求められてくるはず。サスティナビリティ、循環型、持続可能などは、まさにこの前提理念に相当しないか。この両者の関係を良好に関係づける要諦は、人間の生・欲求を、できるだけピュアに自然や地球に向かわせることにあるのではなかろうか。なかでも、〝べき論〟などあってはならない気がしている。自信はないがそんな感じがしてならない。

マーケティング戦略なるものの基盤には、こ奴・サスティナビリティ的な思惟は、必須だよなあ。どんな形・レベルのものであってもないよりましなんだよなあ、きっと。

社会と技術の良好な関係を築くために、社会と技術を匠の技で媒介する存在――そんな形にマーケティング＝欲望学＝人間学が機能することができれば、きっと〝マーケティングをやってよかった〟と心から思えるのだろう。その方向で活きうるマーケティングの術も知識も、自分にはまだまだ足りない。解体・再構築も必要だ。しかし、いつかは新しいタコツボとして参画してやろうと、こっそり決意はするのだった。

こっそり決意してしまったから、本音を言う。これ日記もどきだから、本音を出しても許されるだろう――サスティナビリティ、持続可能性、循環型、環境○○、そしてエコ……。何か、つまらないのだ。小手先の思考のようで、その中に身を置くと落ち着かない。本当のところ、思索して楽しめない。〝エコ〟を語る専門家の人相に魅力を感じることは少ない（こんな偏見、口に出してよいはずがない？）。どうしてだろう。そんな輪に自分も混ざり込むのは動物的勘が〝いやだ〟と言っている。しかし語り合うテーマは何よりも大事といってよいくらいだし、みんなで何とかしなければならない喫緊の課題ではある。

と言いながら、実はとても困ってしまっている。とりあえず、生理的判断尺度に素直に準じて、サスティナビリティ、持続可能性、エコ、環境○○などといった、「わざわざ感」の高い現代的造語（？）を棄て去ることから始めて、もう一度白紙から考えてみようと思い始めちゃったのだが。人間の欲求が、何の邪魔もされずに自然・地球へ向かうとき、どうなるか、人は欲求の中に何か新しさを生み出してくるのだろうか、それとも地球が喰い尽くされてしまうのか……。もう間に合わない……。そこまで考えてきて、今は人新生。現代という今はそう考えて日々を送ってきた結果としてあるのだ、とあらためて実感する。ありゃあ、ホント困っちゃった、どうすりゃいいのさ思案橋。

〝やっぱり、サスティナビリティ的思惟だけは、単独・個別の形でなく、戦略全体の基盤のひとつとして、またあらゆる戦略を支える大きな城石の集合体として組み込んでみるか。そうだよなあ、そうじゃなきゃあなあ〟

持続可能性云々の束だけは基本要素として残し、生理的抵抗感の高いエコ、環境○○、グリーン○○などの個別は棄てる、ということにしよう。

あ、そうそう。〝みんなで何とか…〟の部分については、自分は生理的に合わないんだ。群れでいるより、一匹狼・野良犬が面倒くさくなくてよい。そういえば、エコや環境○○等々も十分生理的に合わないのだが。基盤としてなら仕方ないか。城石のひとつなら我慢しよう。この種の議論の輪は、群をすぐつくりそうで、群の好きな人の入りやすい集団のようで、生来抵抗を感じているのだが……。できれば戦略の基本要素から外したかったんだが、なあ。

　この概念の位置づけをどうするかについては何らかの方針がほぼ見えてきていても、私の〝困惑度合〟は、あまり低減していないようであった。

さて、肝腎のＳＤＧｓについてであるが……こ奴、どうする？

　冒頭からで申し訳ないのだが、正直に言えばこの言葉「ＳＤＧｓ」に対しては生理的抵抗が著しい。言葉も少し激しさを増すやもしれぬが、お許し願いたい。ＳＤＧｓなる外貌の異体に対して、〝お前、それでも概念のつもりか〟〝なにゆえ〈サスティナビリティ〉の代わりを務めようとする〟と即声を発したいぐらいなのである。元々私は、この世に、自分の好みのものが少なすぎて困っている。偏屈ゆえ、らしい。たぶんそのせいで、こんな吐露になった。許せ。

　ＳＤＧｓが国連で策定されたのは２０１５年9月25日であるらしい。

「２０３０年を期限として、17のゴール、１６９のターゲット、２３２の指標により、世界の社会・経済・環境のあらゆる課題をとりまとめる、相互に不可分一帯の目標」（『ＳＤＧｓ――危機の時代の羅針盤』南博、稲葉雅紀　岩波新書　２０２０）だという（Fig.12参照）。

　初めてこの言葉を聞いたとき、笑っちゃあいけないのに笑っちゃった!?

　不謹慎極まりない？　でもそうだろう、目標が同時に17もあるのだよ。本気でやろうとする目標なら、こんな風には考えない、国連による策定つまり一つのお祭りだから許される、そう直感した。ふざけるな、と即返してよいことだと思う。違うかな。「国連お墨付きのビジネスチャンス」だって？誰が言ったの、そんなこと。

　生物学者池田清彦（早稲田大学および山梨大学名誉教授）も17の目標間のトレードオフ関係、人口問題の欠如を指摘する（『ＳＤＧｓの大嘘』池田清彦　宝島社新書　２０２２）。あの養老孟司先生も「〝欲しがりません勝つまでは〟と同じような、文字通りのスローガンだなと思うだけ」（『表現者クライテリオン』２０２３年3月号　ビジネス社　特集インタビュー「養老孟司、ＳＤＧｓとＡＩを語る」）と語っている。また南・稲葉（２０２０）によれば、目標だけではなく「我々の世界を変革する：持続可能な開発のための２０３０アジェンダ」なる文書もあるそうな。そこでは「変革」がキーワードであり、「世界を持続可能かつ強くしなやか（レジリエント）な道筋に移行させる」ことこそがＳＤＧｓの目的なのだそうな。ＳＤＧｓと同様の国際的造語「レジリエント（強くしなやか）」も登場し、われの抵抗感を煽る。レジ

Fig.12　SDGsの17ゴールと5つのP

人間(People)のゴール

1 あらゆる場所のあらゆる形態の貧困を終わらせる
2 飢餓を終わらせ、食料安全保障および栄養改善を実現し、持続可能な農業を促進する
3 あらゆる年齢のすべての人々の健康的な生活を確保し、福祉を促進する
4 すべての人に包摂的かつ公平な質の高い教育を確保し、生涯学習の機会を促進する
5 ジェンダーの平等を達成し、すべての女性および女の子の能力強化を行う
6 すべての人々の水と衛生の利用可能性と持続可能な管理を確保する

繁栄(Prosperity)のゴール

7 すべての人々の、安価かつ信頼できる持続可能な現代的エネルギーへのアクセスを確保する
8 包摂的かつ持続可能な経済成長およびすべての人々の完全かつ生産的な雇用と働きがいのある人間らしい雇用(ディーセント・ワーク)を促進する
9 強くしなやかなインフラ構築、包摂的かつ持続可能な産業化の促進およびイノベーションの推進を図る
10 各国内および各国間の不平等を是正する
11 包摂的で安全かつ強くしなやかで持続可能な都市および人問居住を実現する

地球(Planet)のゴール

12 持続可能な生産と消費の形態を確保する
13 気候変動およびその影響を軽減するための緊急対策を講じる
14 持続可能な開発のために海洋・海洋資源を保全し、持続可能な形で利用する
15 陸域生態系の保護、回復、持続可能な利用の推進、持続可能な森林の経営、砂漠化への対処、ならびに土地の劣化の阻止・回復および生物多様性の損失を阻止する

平和(Peace)のゴール

16 持続可能な開発のための平和で包摂的な社会を促進し、すべての人々に司法へのアクセスを提供し、あらゆるレベルにおいて効果的で説明責任のある包摂的な制度を構築する

パートナーシップ(Partnership)のゴール

17 持続可能な開発のための実施手段を強化し、グローバル・パートナーシップを活性化する

出典:『SDGs―危機の時代の羅針盤』(南博・稲葉雅紀　岩波新書　2020)図1-1(P12)より

リエンスとはアンドリュー・ゾッリ（キュレーター）などによって考究され広められた〝回復力・復活力〟といった一つの能力を示す造語のようで、昨今、一応流行り言葉のようになっている。私は処女作『マーケティング・イデア２０４０〈ＪＩＲＯ's ＤＩＡＲＹ 未来巻〉』（文藝春秋 ２０２０）において、〝この言葉は不要〟と断定した。

その都度都度に好都合な〝能力〟造語をつくられては、パーソナリティ研究などにとって、たまったものではないと思案した結果である。能力概念というものは、科学として追求可能な作業仮説に達しているものであってほしいという私の願望がその底辺にある。そう考えるのが普通であろう。

ＳＤＧｓにも、まあ似た風な感触をもってしまったのだ。実行を前提に考えられていない〝見せかけ（超・人為的↓人工的↓作為的？）〟にも映る目標設定は、その底に流れる目標の精魂のリアライゼーションにはかえって障壁となる、と思うのだ。

なのに、やたら流行った。サスティナビリティ以上に。なぜ今そうなのか。

言われるところの「ＳＮＳ社会」の拡大もあるだろう、企業のステークホルダーや投資家たちの意識変革も少しはあるだろう。その結果としてＥ（環境）Ｓ（社会）Ｇ（企業統治）なる擬似概念のグローバルな伝播の影響も否定はできない。このところ世界の中央銀行が刷りまくった一つのマネー流入先として見つけ出された〝ＥＳＧ＆サスティナブル〟投資は世の《グリーン・ウオッシュ》風潮（環境にやさしいことをうわべだけでごまかすこと。米・環境保護活動家ジェイ・ウェスターヴィルトの造語）に見事に乗っかり、バズりが促進されたようにも映った。そんな20世紀特有のエグい金融モンスターの美味しい餌にされてしまったとみるのが最も自然な理解の仕方であろうか。されど２０２３年３月、大手格付け会社がＥＳＧファンドを一斉格下げ、保険会社や運用会社も「グリーン」から逃亡を開始したと伝えられる。[注1]〝金融バズり〟もそろそろ終焉であるか。このＥＳＧに吹き付けるハリケーン並みの逆風は、当分収まることはあるまい。

注1 『ＳＤＧｓバブル崩壊――意識高い系がハマるリベラルビジネスの正体』（渡邉哲也 徳間書店 ２０２３）より引用・参考。

この数年間で人間社会は、その構成員も含めて大きく変わったようである。そしてみんなとりあえずの安心を希求している、気休めを欲しがっている。少なくとも今企業は、無数の「ＳＮＳ市民」の眼が日常的に気になり、反応せざるをえない事態に陥らんとしているようだ。やたら、いいね！をもらいたがっている……。21世紀の起業家たちは、少し弱っちゃっている？ いや元々サラリーマン上がりのトップたちだもの、なあ。そんな中で、ホールディングスに納まる超高齢の〝過去トップ〟だけは、まだ昭和を生きているようだ。

これぞ、人間の幼稚化シンドロームの極み、といえるか。

そこに、17もの目標の束が提示され、企業もおそるおそるではあるが、その中から自分たち向きの目標を選びやすくなった……だからとりあえず参画しておくか……そんな諸々の好循環と出会いが、ＳＤＧｓという流行りを生んだ、といえるのかもしれない。目標の17という数字は、当たるも八卦、の証し？　この流行りは僥倖？　あるいは大凶の選択肢とみるべきなのか。

未曽有の分岐路を提示された現代企業は、今こそ地球環境意識の拡張を最大化するタイミングと捉えなければならないのか。とすれば、この表現への好悪に囚われずタイミングを活かさねばなるまい。意味はサスティナビリティとニアリー・イコールでよいではないか、そう考えることにしてみようと思う。

ただ企業の価値を測る際の新しい指標とこのところ語られる「ＥＳＧ（Ｅ＝環境、Ｓ＝社会、Ｇ＝企業統治、ガバナンス）」なる概念とは合体させたくないと見通す。その理由は各自ご推察願えれば幸甚である。私は、Ｅだけでは駄目であったものがＳとＧを伴う形でやっとＥが企業家の脳裡に侵入しえたと一時はちょっぴり安堵したものの、ＥＳＧの出自はどこまでも〝カネの申し子〟だということを失念してはならないと考える。こ奴申し訳ないが真っ当な大人の概念とは捉えたくない。金融なる化け物の欲望によって生後支えられてきたこ奴の寿命はその欲望と共にまもなく立ち消える。金融は狩猟をスタートにして生を永らえてきた人間にとってお化けだ。忘れるでない。

ＳＤＧｓについてもう一つ申し添えれば、その目標のカバレッジは貧困・飢餓から健康、食、水、エネルギー、気候変動是正にはじまりなんと不平等是正、持続可能な生産・消費、グローバルパートナーシップまで広がる。貧困・エネルギー・環境・気候変動とくればまさに何でもありの世界であり、またそれら個々の目標はすべてありか、またはゼロといったまさに極端なクリア化を目指すようでもある。言語の世界に、なんでもありなど、あるか。簡単に、多要因すぎる根源的問題の「貧困」まで並列に挙げないでいただきたい。「貧困」を「気候変動是正」と並んで挙げちゃあ、カテゴリー的にも恥ずかしい。人間の知性が哭く。大人が本気で掲げるアプローチとは思えぬ。こんな概念、恥ずかしい。

企業たちが以前よりは寄ってくるのも、17の内自社で取り組みやすい所を選べるゆえとりあえずやっていることに〝しやすい〟からではないのか。

私ならば、企業たちに自社で一番売れている主力商品のこれらの観点における見直しを求めたい。売れているものの改善は、数も膨大ゆえ当然効果も大きい。本当にやる気ならば、そのレベルから始めるべきだろう。

またそれらの目標に一旦横串を入れてみれば、これからは万物対等の世界へ向かうという言い分に、「人間中心主義」なる近代の残像が滲み出そうでもある。

これらの類似概念から代表を選ぶとすれば、多少深掘り不十分な気もするが「サスティナビリティ」や「循環型」程度でいいんじゃあ、ないの？

外貌を見直してみれば、この言葉ＳＤＧｓは、言語としての基本的構造をも有していない。S＋D＋G＋s、どこまでも寄せ集めのままだ。やるせない。

〝なにもやらないよりいいでしょう〟という声も聞こえる。私はそうは思わぬ。そんな悠長なことを言っているときでは、もうないようだ。このbizzは明らかに人間知性の低減の兆しだ！　特に日本人の！　海外でSDGsがそんなに流行っているか、そうじゃあなかろう。

私は概念構造としての本概念の問題点を指摘してきたつもりだが、最後にその内含する意味からみた手厳しい見解を、真偽の程は別として〝こんな見方も聞こえてくる〟ということで紹介しておきたい。「SDGsというのは実現不可能で矛盾した目標を並べ立てた〈嘘〉である。現代の厳しい国際競争のなかで、グローバル資本主義で成長をつづけたいヨーロッパ諸国がつくり出した〈詐欺〉だと言い換えてもいい」（『SDGsの大嘘』）。結構大胆で踏み込んだ指摘だ。小生の受けとめ方も何となくだがこの生物学者の見立てに同調したくなってくる。EVが搭載するバッテリーやハイテク機器も生産時多くのCO_2を排出するとか、太陽光パネルの下の地面は太陽光を遮られて光合成不能になり屍と化していくとか、こんな当たり前とも思えそうな論拠指摘を突きつけられれば、国単位の陰謀論もあるやもしれぬと感じなくもないのだが。さて？

SDGsなる言葉は、概念として却下する。踊りたい人・企業は勝手に踊れ。ちょっと言い過ぎたかなあ。されど、メディア人はやっぱり踊りすぎだろ。でも「サスティナビリティ的思惟」の類は忘れずしっかりと戦略のどこか中枢辺りに置いてくれ。知的アロマを感じないSDGsについては、小生はもうあまり語りたくない。許せ。己れの「学」に対する矜持が許しそうもない。日常の言葉に、ここまで委ねてはダメだろう。せーの、で一斉に却下しよう。SDGsなる言葉が力をもつ社会は、研究行為も含めて、きっと甘く、真摯さに欠ける。メディアももう少しシビアにみてよ。

ふと、〝うるさく言わずに今のブームを逆手にとって、利用すれば……〟といった声をうしろから浴びせられた気がした。〝そうはいくか！　ダメなものはダメなのだ。なにせ恥ずかしいのだよ〟、そう口に出しながら内心それでもいいか、そこまで言わなくても、とは実のところ思わなくもなかった。面倒くさいし、私も、弱い現代人だから迎合は得意だしなあ。新聞社もTVも企業さんも、きっと同じ気持なのかなあ。

2024年8月26日、「循環経済設備支援一〇〇億円」と新聞朝刊（産経）に見出しが躍った。「サーキュラーエコノミー」とも呼ぶそうな。造語の戯れは今も継続中。脱炭素型資源循環設備の導入支援費として令和7年度予算の概算要求された額だという。別途大量廃棄時期の近い太陽光パネルなどの再生材利用促進に4億円⁉　単年度予算分だとしても、この数字、小さすぎないか……。この概念、都合よく弄ばれている？　センス、よくないなあ。

デジタル市場主義における「持続可能性」とは

SDGsに反旗を突きつけたところでこの章を終わろうとしたのだが、何か物足りない。肝腎の視点が欠けているのでは、といった不安が襲いかかってくるようだった。

今という時は近代以降相も変わらず激烈な市場主義の真只中。「スーパー資本主義」「ポスト資本主義」（『科学と資本主義の未来――〈せめぎ合いの時代〉を超えて』広井良典　東洋経済新報社　2023）という新時代ベクトルを示唆する人もいる。そして市場主義をスッポリ覆い尽くす「デジタル&ICT」、終焉を迎えんとする資本主義はデジタルに侵食され尽くして何か新奇なるものへ変質せんとしているかに見える。その空間に飛び交うAI、DX……。

そんな新奇な空気の中で、「持続可能性」も微妙に変質しても当然だろう。

〝新奇なる持続可能性〟という言葉の向こうをボワ〜ッと夢想していたら、ビックリするような本を突きつけられてしまった。その書は資源地政学を専門とするジャーナリストでドキュメンタリー監督もこなすギヨーム・ピトロンが著した『なぜデジタル社会は「持続不可能」なのか――ネットの進化と環境破壊の未来』（原書房　2022）という。われらが気づかなかった（見過ごしてきた？　目をつぶってきた？）情報満載なのである（筆者が簡潔に整理）。これらは事実なのか？　本当のことであるのか？　そうであれば、どうする？　弾けて華やかに映るDXやAIの向こうに、こんな慄くような裏の陰なる世界が潜んでいた？

・デジタル・テクノロジーは今日、世界中で生産される電力の10％を消費し、二酸化炭素の排出量全体の4％を占める（世界の民間航空機業界の排出量の2倍弱）。
・デジタル分野の電力消費は年率5－7％増加、2025年には世界の電力消費の20％を占めるだろうといわれる。二酸化炭素の総排出量に占める情報通信技術の割合は2025年までに2倍になるという予想。
・（それらの数値の基になるデータとして）世界中に出回るデジタル機器は340億個、その重量2億2300万トン（セダンタイプの車1億7900万台に相当）。
・アマゾン・ウェブサービスは、「フランスで、数百万人の都市の需要に相当する155メガワットの電力契約を交わしたはずだ」と、匿名希望のある専門家は明かしたという。今日、クラウドサービス業界は世界の電力消費量の2％を消費。2030年には今の4倍か5倍になるだろう（と予想される）。（また）アイルランドの送電会社エイルグリッドの調査によると、2028年にはデータセンターは国の消費電力の29％を消費するという。
・長さ数十センチの5Gのアンテナ（ガリウム、スカンジウムなどのレアメタル使用）は（必要個所に）１００メートルおきに設置されるようになる。このアンテナはどのようにリサイクルされるのだろうか？

・5Gのデータ伝送にはアンテナを追加の光ファイバー網につなぐのだが、アメリカの25都市をカバーするだけで、２２０万キロメートル（地球の外周の55倍）の光ファイバーを敷設する必要があると高速ファイバー協会は見積る。

・１００万台の自動運転車が生産するデータはウェブサイトにアクセスする世界の総人口のデータに匹敵する。自動運転車はＬｉＤＡＲ（ライダー）（レーザーによって周囲を検知してその距離を測定するセンサー）や超高画質画像のカメラのため、最大で毎秒1ギガオクテットのデータを作る。（つまり）車が「自動」であればあるほど、周囲のインフラに依存するというパラドックスになる！（その前に、ガソリン車からＥＶへというデータ生産力の高い車種〈?〉への移行も大きく存在している）。

・データ量の大きな人工知能（ＡＩ）ひとつを維持することは、自動車5台の全ライフスタイルの二酸化炭素排出に相当すると研究者が最近試算した。

・インターネットは水陸両生の巨大なネットワークだ。今日、世界のデータトラフィックの99％は空中ではなく、地下や海底に敷設された管を通っている。伝送能力の高さと競争力のあるコストのために、海の〝ハイウェイ〟が宇宙を凌駕（りょうが）した。

・現在、４５０本の「灯された」タコ足（光ケーブル）が大洋の底にある。合計１２０万キロメートル（地球の外周の30倍）だ。

・現在、１００万キロメートルの廃用となった光ケーブル——「ゾンビケーブル」と呼ばれることもある——が世界の海底に横たわっている。光ケーブルの寿命はおよそ25年。（その）所有者（の多く）は「リサイクルする倫理的な心遣いは持っていない」（らしいといった恐怖の推測もあるようだ）。

これら各項目を順に目に通していくと、途中で慄き始めて普通だろう。著者ギョーム・ピトロンが調べ上げた数字（どれもおよそ２０１０年以降のものらしい）は妖鬼のごとくに眼前に林立する。まるで地獄めぐりだ。

この情報は研究びとの論文だったりインタビューだったりその出典はいろいろである（この書の末尾の原注にその出所がきちんと示されている）。ほんとうか、事実か、果してどこまで裏はとれているのか、われにはわからぬ。しかしスゴイ！　気になる！　ピトロン（２０２２）の声をしばし追ってみる。

またこれらの数字各々が語っていることは「実はデジタル・テクノロジーは汚染する。それも著しくだ」ということであり「（デジタルによる）非物質化とは、ちょっと違うやり方で物質化すること」でもあるらしい。デジタル化は環境負荷だけでなく資源負荷も膨大なようで、５Ｇ・６Ｇ、自動運転車・EV、IoEなどの浸透とともに、それらの負荷は算出不能なほどに空間的・時間的に爆発的な広がりを見せているようなのだ。まさに非物質的大津波襲来であるか。地球負荷というよりは宇宙負荷とまで考えたい。現実を、眼を剝いて見よう。

一人の〝いいね！〟というデータ、一社のDXに関わるエネルギーが地上の基地局を離れてあっという間に海中に潜り、単に効率のためだけに世界中の海から瞬時に届く、その実体の空恐ろしさは、これまた尋常でない。

国際通信のほぼすべてを担う海底ケーブルの通信量の約7割をGAFAなどで占めるという《驚異》も顕在化する（2020年米・調査会社テレジオグラフィー試算「産経新聞」2023年8月29日朝刊一面「命は守られるか関東大震災100年 1」より）。リスクの巨大さに慄かざるをえない。

ほとんどメディアに登場しないデータセンターの驚くべき経営実情（たとえばクラウドサービス業者は、データセンターそのものも二重にすることが通常のようであり、大手金融機関などバックアップのためだけに複数契約して浪費に近い非効率な電力消費にとどまる幽霊データセンターを多発させているらしい）や利権で一杯であるかに映る海底ケーブルの新設・回収・リサイクルビジネス、さらには無限に続くかのような膨大な海底産業廃棄物処理ビジネス等の中で、種々雑多なIT巨大企業たちが圧倒的な利を貪っているやもしれぬこれらの実体を、そこそこに推測したり垣間見ることぐらいはできるだろう。彼らはいよいよこれから、収集しえた膨大なネット上のデータを元に、AIロボットビジネス（大規模言語情報DBを含む）で厖大に儲け続けていこうとするはず。すでに対話型生成系AIビジネスにその兆しが大きく膨らむ。

これらはたぶん、デジタル社会揺籃期の実情の真なるほんの一つの側面だろう。このような人間にとって負なる趨勢を事例とし、「デジタル革命は人間と機械のある種のハイブリッド化を加速させるロボット革命（ロボリューション）である」以上、ますますデジタル汚染の総量は拡大の一途を辿るのか。そんな激動の中「持続可能性」概念はどう変容していかなければならないのか。この状況の蔓延るままでは、好き放題「デジタル」に翻弄されてしまいそうで気になる。

「情報通信技術（ICT）は実際に世界をよくしたが、環境面の影響から言えば最悪の到来物だ」という噂話もまんざらではなさそうか。「人々は〝コードレスの世界〟に生きていると信じているが、結局、私たちはこれまでにないほどお互いがコードで結ばれているのです！」とピトロン（2022）は叫ぶ（そう聞こえた）。そして「今われわれの目の前に展開しているようなデジタル・テクノロジーは、ほとんどが地球や気候に貢献してはいない。ほんの些細なことであっても、逆説的に、人類共通の家である地球の物理的、生物学的限界をもたらすものなのだ」「非物質化というほとんど神話的な理想の名のもとに、恐ろしく物質的な現代性を生み出しているテクノロジー」と続ける。要するにデジタルは「人間を救うために人間のもとに遣わされた救世主」ではなく、ずっと「凡俗である」ようなのだ。また最終的に人類は、自らの進歩のために「デジタル技術と一体化すること」をどこまで望むのだろうか。考えさせられる話であるか。ウーム。

そこで、である。デジタル社会の揺籃するときであるからこそ、私は提案したい。今こそ「持続可能性」なるコンセプトを「環境」「エコ」といった狭き領域の中に止めおかず、概念として太く発達させ、人間の思惟、企業の戦略などすべての思考基盤を構成する知的新概念へと発育させたい、と考える。

じゃあどうすればよいのか。包括・体系的な答えは実に難しく、まだ良き答えは見いだせていないのだが――。

☆まずはすべての戦略の基盤にこの「持続可能性」コンセプトを盛り込む、つまりその考えが続けられるための条件――他に困る人・ことが生じたりするといった諸問題を投げかけないで済ませうるか、原材料・使用資源は継続使用可能か等々――をどんな時も一番に熟考するくせをつける。

☆「生産性」をめぐる考え方を大きく変え、それを「労働生産性」から「環境効率性」ないし「資源生産性」に転換していく。

☆つまり「科学や技術のもつ意味や価値が、「競争力、生産性、効率化、イノベーション、投資拡大、経済成長」といったものに矮小化されてしまうこと」(『科学と資本主義の未来』)からの《脱皮》をこの機に図っていくのだ。

☆「そうした中で(地球や)環境の有限性を視野に入れながら、人間と自然の両者を含む生態系や宇宙の歩みを、大きな視座において理解しとらえ返そう」(同前)と日々努めつつ暮らす。

このような信条を仕事で生活で徹底していくしかなさそうに感じられていた。難しかろうと、人間に善を為すはずのデジタルの、負の部分の圧倒的顕在化を未来において最小にするには、こんな地道な道しか、なさそうだった。

私はもう一度、声を上げて提案する――「持続可能性」なる思惟を、すべての戦略の基盤的思考として〝あらゆる機会に、まず第一に考えなければならないこと〟に指名しようではないか。従来の「持続可能性」は〝量的な時間の長さ〟が中心になってきた側面も強いが、このコンセプトに関連する《質》を探し、その充実した血肉をすべての戦略・戦術にエキスとして注ぎ込むのだ。

ならば、このネーミング、新鮮なものに変えたいなあ~。たとえばIntrinsic Sustainabilityとか、Qualitative Sustainabilityとか。貴重なヒントを多々くださった広井良典先生、ほんとうにありがとう。

今は、デジタル時代の真只中。そんな人間社会に必死に生きて、新しい人類学を拓かんと苦闘するティム・インゴルドの直近(2020年3月)の序の言葉を聞きながらこの個論を終えたい。彼の文言、ビシッと胸に刻もう。

「多くの人が称賛する〈デジタル革命〉は、ほぼ確実に、おそらく今世紀中に自滅します。気候変動という緊急事態に直面している世界では、それもまた明らかに持続不可能なのです。デジタル革命を支えるスーパーコンピュータは、すでに膨大なエネルギーを消費しているだけでなく、デジタル機器に使用される有害な重金属の抽出は、世界中で大量殺戮を伴う紛争を煽り、多くの環境を、永久に人が住めないものにする可能性があります。それに対し、デジタル化は、記録された歴史のアーカイヴをかつてない速さで破壊しつづけています」

（『応答、しつづけよ。』ティム・インゴルド　亜紀書房　2023）

【個論Ⅲ　サマリー】「SDGs」概念の独り言

私（SDGs）は、初お目見えでは、とてもス〜ッと読んでもらえそうもない寄せ集めの概念。メディアでは「エス・ディー・ジーズ」と口にしていただいているようである。遡れば、その源は1972年の『成長の限界』らしいと思われる。つまりローマクラブの活動が、ある意味現在の地球環境に関する国際的な取り組みの出発点となり、各種エコロジー研究を育み、サスティナビリティ、循環型社会、そして私のような意味拡張タイプの概念を派生してきたようなのである。

サスティナビリティ概念さんにはそれなりの安定感があったようなのだが、私はとても落ち着かない風情であるようだ。わが内部にはシステムダイナミクスらしき組成はどこにも感じられそうになく、漫画チックなほどに単なる寄せ集め物体の感が深い。正直に自己評価すれば、私は、知の城を築くような立場に立たされれば、無力なる根無し草。付き合いはそこそこに幅広いが、といって深く付き合う資質も術もない。なのに、なぜか駅伝のアンカーらしきポジションをあてがわれているようなのだ。それがまた落ち着かなさを助長する。それは、国連サミット（2015年）で採択されたという金科玉条のお蔭か、それとも企業たちの協賛を得やすいタイミングに産まれたせいかな。そんなことを考えて、余計に戸惑う。

通常であれば、誰が17もの目標、169ものターゲットを同時に考えるありかたを普通と考えるであろうか。大半の方は、私の姿を異常と思うはずだ。本気で目標達成を目指すなら、こんな非合理的なアプローチは採択されるはずがないのだ。なにせ私のボディは、超・困難なことばかりを、何の因果も考えず、アトランダムに数多く並べたてる形で作られているのだから。

この一点に、私の今の迷妄と自己嫌悪の因が潜んでいる。

ついでに語れば、この言葉を前面に押し出してくれる輩は、私の含意と異なり、なぜかコマーシャル感覚に長けた人種のようにお見受けした。私を前に出せば儲かり、自分たちにも好都合のようなのだ。私の偏見だろうか。

　しかしそんな私の外見の醜さ（たとえばネーミングの異常さなど）に構っている余裕などすでになさそうである。予測される諸々の地球寿命を勘案すれば、ＳＤＧｓであろうとなんであろうと、これらの概念に通貫する精魂を一日も早く実行に移さなければならない。そんなポジションに、私はあるはずなのだ。そして企業のあらゆる戦略に〝長い眼〟〝鳥瞰する眼〟を育みうる的確なキーワードと代替していただければありがたい、と今、身構えている。

　端的に言えば、私は早々に退きたいのだが、ただ引くだけでは、今担わんとしている法外なる責任を意識するとき、あまりにも無責任に感じなくもない。

　現時点においてあらためて、自分自身の内部に潜む多くの構造的欠点をみつめ直せば、自分では具体的にどう動いてよいのか、本当によくわからなくなってくるのだ。誰か、助けて。また正直に吐露すれば、誰か早々に、今私に振りかかってきている責務を、代わりに受け持ってくれないだろうか。

　今の私には、大人の概念の役割を担うなど、到底荷が重いのである。

【ＭＹ結文】ふざけんじゃあねえよ

　ＳＤＧｓなる概念呼称は、マーケティングにおいて無視しようと思う。類似の意を有する概念としてすでに「サスティナビリティ／持続可能性」なる、より発達した大人の概念らしきものが存在するゆえ、同種の意味を用いたり伝えたいとき、できればこちらのほうをさらに改善して用いることにしたい。

　このように明確に判断するその根拠を語ってみれば、ＳＤＧｓなる言葉の本質は、その意味を包む懐の浅さ・曖昧さゆえ「概念」とは認めづらい未熟さを有している（筆者の推量）、という一点につきる。またこの概念の今後のさらなる発達も期待しえない。育てようがないのだ。使いたい奴は使え。

　ＥＳＧに吹き付ける逆風よ、もっと吹け。カネの力ばかり目立った20世紀じゃああるまいし。今や、魂（ソウル）の時代だ。ふざけんじゃあねえよ。

　されど類似の持続可能性なる概念のほうは、即中長期思考の横溢つまりは企業の長命化をリアライズせんがための思惟の充実につながる性格をもつ。どんな企業も地球の大地の上に立つ。ゆえにこの種の言葉はできうれば、企業戦略の「対地球負荷性」&「中長期思考性」そして「地球との共生」を尊ぶ必須概念として、あらゆる経営戦略の基盤にきめ細かく総合的に組み込むよう努めたくなる。この要素の特質は、単独であれこれ機能させるよりも、全企業経営戦略の一つの礎・基盤として組み込むことで全方位の原（もと）を成す形で機能させたいと考える。先行きは本概念を「環境」なる狭き領域から飛翔させ、人新世に生きる現代人のあらゆる思惟の基盤に組み込まれてもおかしくない本質的な大人の概念に発育させたいと考える。なぜなら資源を大幅に喰うはずのデジタル化拡散社会におけるあらゆる思惟の奥底には、この種の倫理的コンセプトが必要条件として内含されてしかるべきと見通すから。デジタルは資源食いなのだ。

現時点にみる本コンセプトは〝持続可能〟という言葉から地球資源を前提とした「時間軸」中心つまり量的な意味に偏しすぎている。持続可能が実現すれば大事になるのは、その生活と時間を質的に充実させ、持続可能になったその増分によって生活としてより豊かな現実に作り上げていく、そんな質的実践性まで本コンセプトに加えたい。ただしその概念名称は、当分の間変更自由とし、研究・改善を重ね、一つの新しい〝よりらしき〟名称への収斂を待ちたい。基本は〝Qualitative Sustainability〟に置くべし。皆の知恵を総動員してつくりあげていこう。

さらに踏み込んで洞察してみれば、ＩＴビリオネアやペイパル・マフィア出身軍団たちの果敢なアクティビティによる「商業宇宙」空間の拡大がこのところ目覚ましく、米・オバマ（当時）大統領が出した民間企業をも巻き込む「新国家宇宙政策」（２０１０年）が、今やっと実現ステージに突入したようなのだ。加えてニック・ボストロム（オックスフォード大学教授）によるＣＥ（cosmic endowment　宇宙資源の賦存量）仮説の現実化可能性（この部分、『未来を読む――ＡＩと格差は世界を滅ぼす』ニック・ボストロム他　大野和基インタビュー・編　ＰＨＰ新書　２０１８を参考にした）と照らしてみれば、地球資源のみを基準とした〝残り時間感覚〟も、白紙から見直されて当然だろう。人類の未来に必須の「サスティナビリティ」概念は、今、徹底修正時期にあると見極めたい。時の流れはエクスポネンシャル（指数関数的）なのだ。

この機会にメディア各位に、ＳＤＧｓという言葉の〝使用手控え〟の誓約を求めたい。メディア各位が本来有しているはずの知的水準に照らせば、この概念を使うことに衒いが生じるはずである。そんなメディアの意地を信じたい。

〈個論Ⅲ　参考文献〉

・『學士會会報』№９５５　２０２２年7月号「人新世の環境危機と二十一世紀のコミュニズム」（斎藤幸平）
・『〈シリーズ21世紀の生活価値展望3〉持続可能な日本――循環型社会への道』（油谷遵、辻中俊樹　游商品環境デザイン研究所　１９９９）
・『ＢＣＧ 未来をつくる戦略思考――勝つための50のアイデア』（マイケル・ダイムラー、リチャード・レッサー、デビッド・ローズ、ジャンメジャヤ・シンハ　御立尚資監訳　ボストン・コンサルティング・グループ編訳　東洋経済新報社　２０１３）
・『持続可能な世界論』（深井慈子　ナカニシヤ出版　２００５）
・『22世紀へのメッセージ――持続可能な社会を目指して』（中川雅治　大成出版社　２００９）
・『サスティナブル経済のビジョンと戦略――地球再生に

向けた論理と知見』（山本良一責任編集　内田裕久他著　日科技連出版社　２００５）
・『限界を超えて――生きるための選択』（ドネラ・Ｈ・メドウズ、デニス・Ｌ・メドウズ、ヨルゲン・ランダース　茅陽一監訳　ダイヤモンド社　１９９２）
・『入門サステイナビリティ学――循環経済と調和社会へ向けて』（佐和隆光監修　京都サステイナビリティ・イニシアティブ、立命館サステイナビリティ学研究センター編　ダイヤモンド社　２００８）
・『千年持続社会――共生・循環型文明社会の創造』（資源協会編　日本地域社会研究所　２００３）
・『持続可能性と企業経営――続企業倫理学ノート』（宜川克著　同友館　２００９）
・『ゼロ・エミッション――持続可能な産業システムへの挑戦』（フリッチョフ・カプラ、グンター・パウリ編　赤池学監訳　ダイヤモンド社　１９９６）
・『経済成長がなければ私たちは豊かになれないのだろうか』（Ｃ・ダグラス・ラミス　平凡社　２００４）
・『持続可能文明の創造――エネルギーからの文明論』（神田淳　エネルギーフォーラム　２０１１）
・『新・環境倫理学のすすめ』（加藤尚武　丸善ライブラリー　２００５）
・『循環型社会――持続可能な未来への経済学』（吉田文和　中公新書　２００４）
・『環境アセスメントとは何か――対応から戦略へ』（原科幸彦　岩波新書　２０１１）
・『地球持続の技術』（小宮山宏　岩波新書　１９９９）
・『ＳＤＧｓの大嘘』（池田清彦　宝島社新書　２０２２）
・『ＳＤＧｓ――危機の時代の羅針盤』（南博、稲葉雅紀　岩波新書　２０２０）
・『表現者クライテリオン』２０２３年３月号（ビジネス社　特集インタビュー「養老孟司、ＳＤＧｓとＡＩを語る」）
・『ＳＤＧｓバブル崩壊――意識高い系がハマるリベラルビジネスの正体』（渡邉哲也　徳間書店　２０２３）
・『科学と資本主義の未来――〈せめぎ合いの時代〉を超えて』（広井良典　東洋経済新報社　２０２３）
・『なぜデジタル社会は「持続不可能」なのか――ネットの進化と環境破壊の未来』（ギヨーム・ピトロン　児玉しおり訳　原書房　２０２２）
・『応答、しつづけよ。』（ティム・インゴルド　奥野克巳訳　亜紀書房　２０２３）
・『未来を読む――ＡＩと格差は世界を滅ぼす』（ニック・ボストロム他　大野和基インタビュー・編　ＰＨＰ新書　２０１８）

個論Ⅳ　マーケティング業務における岐路の〈判断〉を担う予定の

――「ＡＩ＆ＩｏＴ」概念は己れのあまりの多面性に戸惑っている

さてそろそろ、「概念」としてさらには「技術」として拡張しつづけ、まさに発達急伸長の途上にあると誰もが感じる「AI&IoT」について、本気で揉んでみることにしたい。実は私はこのジャンルを、20世紀後半から期待をもって見てきていた。その頃は「エキスパートシステム」と呼ばれていた。

新製品開発工程にはいくつかの大きな判断を問われる分岐が存在する。その分岐の道の適切なる選択をAIによって判断してもらえればどれだけ助かることかと夢見ていたのである。当時この類のシステムツールとしてはMDSS（マーケティング意思決定支援システム）と呼ばれるものが存在してはいたが、その精度および想定能力は、とても現場で使える代物とは思えなかった。

マーケティング情報システムと幅広く呼称されていた一応知的道具らしきものは、DWH（データウエアハウス）をベースにした全社情報システムの狭義な一概念ではあったのだが、そのシステムコアがいずれにあるのか、当時（ミレニアム前後）はまだ無念ながら捉えどころのないツールに映っていた。

戦場のごとき開発現場に対峙しつづけるマーケターたちの「判断」と「意思決定」における切実なる悩みがまともな期待に育ち始めたその主たる契機は、目を瞠らんばかりの「AI技術×ビッグデータ技術」の相乗的伸長にあるようだった。そんな待ち焦がれていたはずの技術ジャンルが、一方でなんと今バズワード化しつつあるという。知能とはまるで無縁な低能(?·)ロボットまで堂々と当該範疇に含まれそうなのである。とんでもない話、と思えた。

本概念が発達過程で生み落としてくるいくつもの心地よき先進技術道具たちの恩恵シャワー散布を浴びて、われらのマーケティング思惟&技術そして当該業務の革新は一気に進行すると推量できた。それほどにこれらの知的テクノロジーはマーケティングにとって貴重であり精緻であり未来的に見え、「AI×IoT×ビッグデータ」は、マーケティング向けの〝高カロリー輸液〟のようなものと想像しえた。自分は今、率先してこの概念の《バズワード化阻止隊》に応募しようと考えている。

ふと私の昔の日記（『マーケティング・イデア2040〈JIRO's DIARY 未来巻〉』）を見返してみれば、一部にまともな議論がなされているのだ（あくまで自賛レベルだが）。早速、振り返ってみることにする（昔の日記内容はこの機に一からのつもりで書き直させていただいた。日々更新のつもりである）。

先進技術戦争の急先鋒に立つＡＩ技術空間

２０３０年以降の、今でいう「市場」を想像してみるとき、すでに流行り言葉になってしまった「ＡＩ」（Artificial Intelligence）と「ＩｏＴ」（Internet of Things）は、その潜在市場変革力から想定しておそらく近未来における有力なキーワードになるであろうことは、当事者たちの間ではすでに常識化していたのだろう。「知能の人工化」のリアライゼーションなのだから、時代のキーワード化も当然のことと受けとめたい。ただＡＩについて書くとなれば、この記述自体も〝バズ化〟しそうで、あまり気が進まない。

ＡＩ先進技術が生んだバズりの叢雲は現代ビジネス市場を戦場化するかのようにたなびき渡る。たとえばＩＢＭのワトソン・グループによる「Cognitive Innovations」（知能イノベーション）プロジェクトや自動運転車参入でサプライズを起こしたグーグルの〝多層（ディープ）ニューラルネットワーク〟関連プロジェクトなどの概要を追うだけで、過去の常識が、単に通用しなくなる次元をはるかに超え、次々に新しい常識に代替されていく時代に突入しつつあるようだった。ＡＩのバズ化を契機とする凄まじい先進技術戦争の激化である。

モノを見る力（脳の視覚野）やコトバを操る能力（脳の言語野）をベースに世界をモデル化しそのモデルをもとに未来を予測しようとするグーグルのアプローチは、まさに人間の視覚野・言語野の再現への挑戦に映るようであり、また〝ＷＡＴＳＯＮ（ワトソン）〟を「プロダクト」でなくクラウド上の「プラットフォーム」として位置づけ、其処に多くのＡＰＩ（アプリケーション・プログラミング・インターフェース）の機能をもたせることで人間の意思決定を支援する「ツール」として確立せんとする戦術センスなどは、この種の先進技術を安易に人工知能（ＡＩ）と呼ばせない慎重さを感じさせ、丁寧な新市場挑戦態度が窺えるようであった（このくだりは、『The Next Technology――脳に迫る人工知能　最前線』（日経コンピュータ編　日経ＢＰ　２０１５より引用）。技術戦争のなかで怜悧なる戦術アプローチの選択を為しうるそんなワトソンに対してさえも、その数年後には瞬く間に疑問視する意見も出てくる研究速度の速さがとても印象的だ。世はまさに複数の先進技術の融合・生滅プラス再構築が生むエクスポネンシャル（指数関数的）時代真っ只中なのだろう。

「ＩｏＴ」についても、人間対人間、人間対モノ、人間対環境という関係の中で生起する情報に加えて、モノ対環境、モノ対モノの次元の情報なども先進センサー技術&インターフェース技術を経由し新たなビッグデータの範疇に所与されてくるのだから、人間とモノの存在数を比較するまでもなく、ビッグデータ規模は次元を変え巨大にスケールアップしてくる時代になるのだろう。そんな情報の多様相性・極大規模性に対応して、人間にとっての「環境」「社会」もまた複雑化してくることを予期せざるをえないようである。単純に「環境」「社会」といった漠とした言葉を用いてしまっては何も伝わらなくなるほどの、異次元なる「世界拡散」情勢かもしれない。過去および今という時間に存在する既存常識どもは、いち早く遺棄していかねばならない連続変態時代の到来かもしれなかった。早く棄てたが勝ち——そう、古いものは素早く徹底破壊する時代になってしまったのだ。

A　時代背景に交錯する革命的社会変容

そんな激烈なる〝常識の脱・構築〟とでも呼びたくなる未知のスーパーカオス状態が、しばしの間われらの住む世界の中枢機能を担う思想部位においても猛スピードで渦巻きつづけることが想定された。たとえば大黒岳彦やブルーノ・ラトゥール、ピエール・レヴィ、落合陽一らのすさまじき叡智たちが予見する独自のネットワーク論で編みこまれた〝ヴァーチャル化社会や計算機自然そして大黒流情報社会論〟などの多様な洞察と大胆な仮説（Fig.13参照）[注1]の類が浮かんでは消え、また〝新たなるもの〟が加味されてくる事態が繰り返される。それらが加速度的に入り乱れる情況は、「極カオス」とでも表現しておかしくはない〝常識なるものの不在〟という大混沌・曖昧化・大変革時代を眼前に押し出してくるかに感じさせていた。科学技術の〝複合と統合〟による知的に映る超変身的大躍進は、社会全体だけでなく、すでに個々の人間を野馬追（のまおい）のごとくに限界まで追い込んでいるということなのかもしれない。

このような近未来洞察そのものの混沌が、リアルにどのような姿で秩序化され、どの辺りで落ち着いて凪状態化してくるのかについては、しばしの間その変わり身を凝視するしか、ないようだった。ただこのようなカオス的時代背景がハイスピードで変わる時代にあっては、人間の価値意識、世界観、宇宙観さえも変えないはずはないと考えるのが妥当なのか。今は〝すべてはそんな視座から出発する〟と考えるタイミングなのかもしれない。

注1　『現代マーケティング解体考——真正・商品論序説—物の「心」様相　顕現』（香下堅次郎　三省堂書店／創英社　２０２１）内のFig.16およびその関連記述内に詳細が示されている。参照願いたし。またこれらの図・記述をベースにして此処に提示するFig.13および冒頭提示済みのFig.1（B）を併せ作成した。本書ボリュームの点からこれについても詳細説明しえないことをご了解願えれば幸甚である。

さらにあのレイ・カーツワイルの「今世紀に人類は、１００年間で20万年相当の技術的進歩を経験する」（『人工知能——人類最悪にして最後の発明』ジェイムズ・バラット　ダイヤモンド社　２０１５）という言葉にみるような時間軸の超鋭角的変質傾向が重なってくれば、人間個の認識など革命的に変わらざるをえなく、ここ10～20年はドエライ「旧常

Fig.13 「明日の世界」はどう変わるかについての仮説的洞察整理(by JIRO)

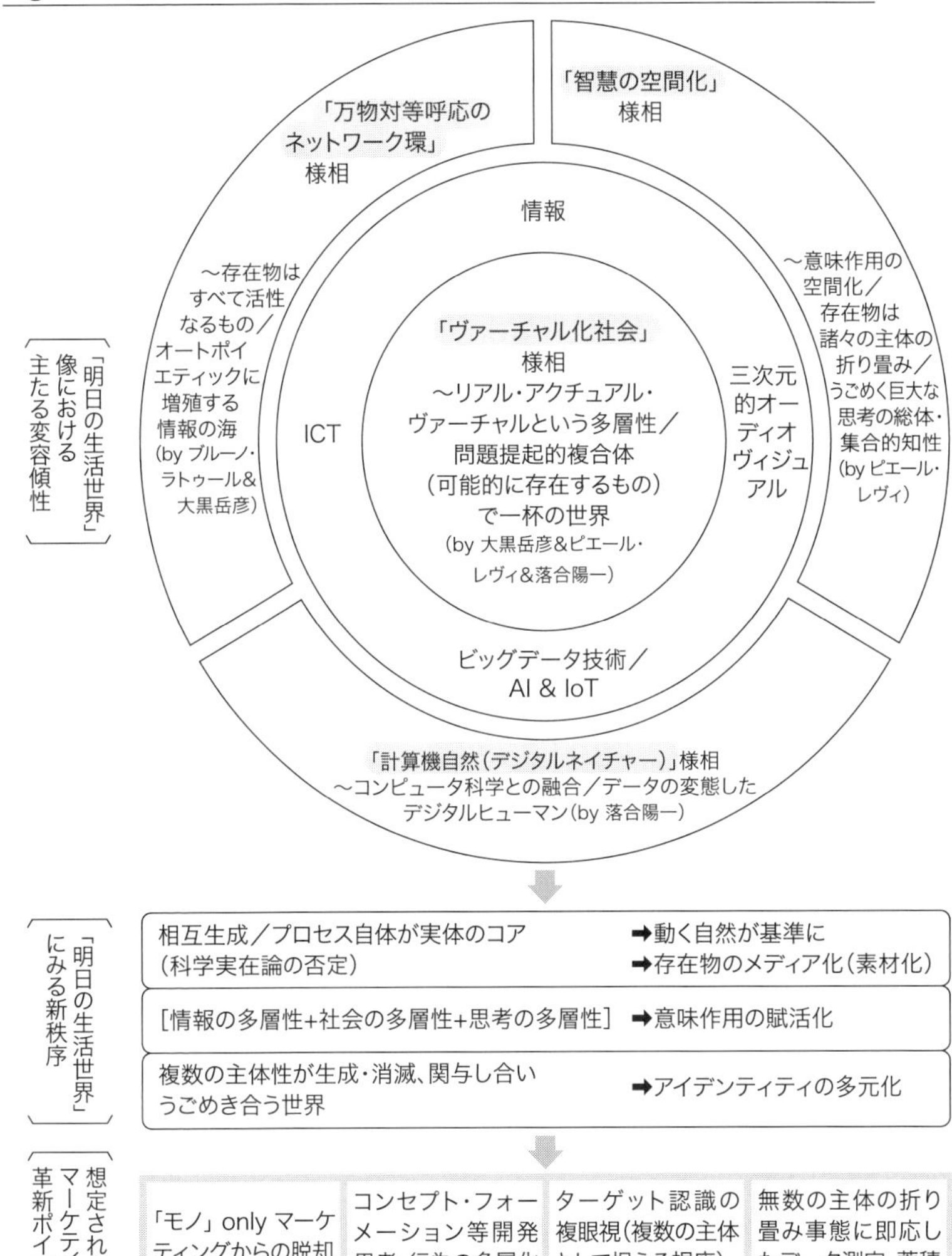

出所:四賢人による計7冊の参考文献内容から著者(JIRO)が要約整理の上加工
出典:『現代マーケティング解体考——真正・商品論序説—物の「心」様相 顕現』
(香下堅次郎　三省堂書店／創英社　2021)Fig.16(P391)より。筆者一部改訂

識の破壊・無用化」が急ピッチで進行しつづけてしまう可能性を十二分に理解できるだろう。

〝100年が20万年相当〟ということの実感は、コンピュータ能力の直近の発展予測として「1年で2倍になると仮定して、10年で2^{10}で1024。だいたい1000です。カーツワイルの説の通り指数関数的に進化するとすれば20年で100万倍（1000×1000）、30年で10億倍（100万×1000）、40年で1兆倍（10億×1000）となります」（『2045年問題——コンピュータが人類を超える日』松田卓也　廣済堂新書　2013）といった指摘からも、確定的に頷ける、すぐ其処にある避けようのない現実なのだ、と捉えたい。

「量子コンピュータ」の話もある。量子力学の原理を応用して高速演算を行なう米グーグルの量子コンピュータ研究所による〝D‐WAVE　TWO〟が評判であるが、山本喜久（国立情報学研究所教授）はこのD‐WAVEを超える超高速量子コンピュータを5年以内に開発すると言明する（『The Next Technology』）。ホントかな？　5年以内だとすれば、おそらくは特定用途限定版なのだろうが（こんな年次誤差など問題ではないが）。

〝AI&ビッグデータ〟概念は、このような今まで経験したことのない社会的大変革の中でバズリながら一気に登壇した。それは宿命か僥倖か、自然な流れか。

AI概念は、まるで知的に映る人間個の変態を助成せんがための武器として、いのちをいただいたかに見えた。

馬鹿げた話ではあるが、《AIが人の仕事を奪う》とか《AIは人類を殺す》とか、まさにホラー話を思わすタイトルの本もまた、ある程度売れているようだ。バズりには常に商売っ気が纏わりつく。はしたないよなあ。

〝なにも今、こんな過渡期の最重要時期に此処（到来しつつある大事なデジタル&ICTの分野）をカネ儲けの場にしなくてもいいだろう、お金が欲しけりゃ他所でやれよ〟という台詞を研究人・文化人（?）たちにも投げかけたくなっていた。商売はそこそこがよい。20世紀はモノ・カネ中心で終わったが、21世紀以降は精神・ソウル中心でありたいし、きっとそうなるだろうという見込みをもちたい。これ、人間が生きる上での矜持の問題、ここまで何とか生きてきた人類のもつべき時代認識の問題、と思えて仕方がない。

ふと、自裁死という形を自らに課した西部邁（2018年1月21日没）の強靭な矜持を思い出していた。それにしても、幇助するのもさせるのも、本来の「矜持」の外にあるような気がしてやりきれない。人間、やたらやりきれなく感じちゃうようになったら、おしめえだ。〝いい加減〟に、しなきゃあな。

あれ、大事な話が、いつの間にか、個人的ツブヤキになってしまった。こりゃ、いけない。失礼しました。

B　まずは〝「知能」とは〟から始めてみるか

知能に「人工」がプラスされてAIとなる。へぇ～、そうなんだ。

『思考の整理学』（筑摩書房　1986）で有名な外山滋比古（元お茶の水女子大学名誉教授）が面白いことを書いていた。「人工というのは、自然に対比されることば」「自然知能（ということば）は聞いたことがない」（『自然知能』外山滋比古　扶桑社　2023）。さらに〝日本語の「自然」には山川草木、動物は入るが人間は含まれない。しかし英語のnatureは生まれたものを意味するゆえ人間が含まれる〟そうである。だから「自然」といった場合、日米でその意味するところは異なっているようだ。実に興味深い。さすが切れ者の指摘。

外山（2023）はゆえに「人工知能がキカイ知能であるとするなら、自然知能は人間知能（＝すべての人間が持っている能力）である」（同前）と捉える。確かに人工知能という言葉の前に自然知能という言葉があってしかるべきだろう。「人工知能を理解するには、いまのところ無自覚の状態に置かれている基本的な自然知能をはっきりさせておくことが必要である」（同前）ということになる。ウーム、AI研究者たちはこの点についてどう考えるだろうか。普通なら〝すべての人間が持っている能力〟なんて、と自然知能の人工化など瞬間やめてしまいそうである。《すべての能力》なんだよ！　なのに「人工知能」はこれほどにバズった。Why!　ひょっとして「知能」という言葉を探索可能なレベルに都合よく自在に変更しようとした？　冗談だろ？

扨、1956年にアメリカのダートマス大学で開催された「ダートマス会議」のことをご存じであろうか。AIの書はここからスタートしているものが多い。「知能」に関する研究の歴史は、この「ダートマス会議[注2]」に端を発する、と伝えられている。この会議において「人工知能（Artificial Intelligence）」という用語が初めて登場し、「知能」を人工的に実現するための枠組みが議論された。この会議によって「機械が言語を扱う」「抽象化と概念の形成」「人間にしか解けない問題を解くこと」「機械が自分自身を改善する方法」といった研究の方向づけがなされたらしいのだ。

この象徴的な会議によって情報科学全体の大きな流れが形成された一方で、「知能とは何なのか」という疑問に関しては、十分な議論がなされなかったようであった。そもそも、「知能を人工的に実現する」という試みが十分に為されていなかった当時、「何が機械にできて、何が人間にしかできないのか」ということを十分に議論できるほどには、研究が進んでいなかったようである。

注2　この「ダートマス会議」関連の記述は、『人工知能の哲学――生命から紐解く知能の謎』（松田雄馬　東海大学出版会　2017）からの引用および一部筆者整理による。

著者松田（2017）は京都大学工学部地球工学科を卒業後日本電気（NEC）中央研究所を経て人工知能の研究開発を行うファーム「アイキュベータ」を立ち上げたこの分野の草分けの一人だという。実にオーソドキシーを感じる彼の、哲学本線の多々なる視点に、当時私は吸い寄せられていくようだった。

扨、襟を正して、まず「知能」から考えてみることにする。

「知能」というと、心理学出身の自分は、あの難解極まりないジャン・ピアジェの『知能の心理学』という教科書を思い出す。確か、みすず書房刊だったか……。ともかく「知能」の範囲にとどまっているとはとても思えない（私はそう感じた）、まるで哲学書でもあり、チンプンカンプンの連続で、今も内容はほとんど覚えていない。「知能」とくれば、やっぱり心理学なのか。

「よく調べてみると、心理学の世界において、知能の定義は、実はそれほど明確に定まってはいない。（中略）おおよそ大別すると、①抽象的な思考能力としての〝知能〟（L・M・ターマン、L・L・サーストン等）②学習能力としての〝知能〟（W・F・ディアボーン、F・N・フリーマン）③環境に対する適応能力としての〝知能〟（S・S・カルヴィン、D・ウェクスラー）、といった主張が存在する。（中略）現在、統一的な心理学上の〝知能〟の定義は存在していない」

（『人工知能と産業・社会――第４次産業革命をどう勝ち抜くか』山際大志郎　経済産業調査会　２０１５）

このコンパクトな書によれば、「知能」とは前述のように整理されるようである。知能の定義が想定外にシンプルに記述され、助かる。例によってネット（コトバンク）でも確認する。自らの偏屈さは、こんな時、絶対に『心理学事典』（平凡社）を先に見ることを、させない。狭いタコツボの中で固められたディフィニションの類は、できれば見ないで済ませたいし、覗くとしても最後だ。

自分の頭を、スッと、旧態タコツボの定義に持っていかれることがとても恐い気がして、考えることを書に奪取される気がして、そうしている。

「知能とは、生物などにおける高次の心的機能を指す語である。統一的な定義は存在せず、その範囲は必ずしも明確ではないが、主として推理能力、新奇課題への理解と対応、知識量およびその運用力、概念化能力などが含まれる。また、社会的能力・対人的能力も含まれるとする考えもある。以上のほかに、知能とは知能検査で測定されたものである（Boring, E.G., 1923）という測定手続きを優先した擬似操作的定義が存在する」

（コトバンク　２０２２年５月５日閲覧）

ウーン……唸るばかり。ネット上の知能の定義は日々更新される？　数年前と今とではその内容が異なっている？　要するに、適応から人間の知覚・学習・思考諸機能の複合体、言語・非言語まで、ともかく巾広領域を横断するものであった。これ、定義と言えるのか。ネットに見る定義はまあこんなものと思えばよいのか。苦悩は深まる。反動的にＩＴにも詳しい本格的プロフェッショナルの見方を覗きたくて、ソルボンヌ大学情報学研究所内「ＡＣＡＳＡ」（認知モデルや機械学習などＡＩに関する研究を行なう）のトップを20年以上にわたり務めたジャン＝ガブリエル・ガナシア（哲学者。同大学コンピュータ・サイエンス教授）の書（『虚妄のＡＩ神話――「シンギュラリティ」を葬り去る』（ハヤカワノンフィクション文庫　２０１９）の頁を急ぎ捲った。其処には「そもそも知能とは、単純作業を実施するスピードのことでも、メモリに保存された情報量のことでもない」という文章から始まっていた――。

　「まずは知能というものの多様な面を分解し切り離してみて、それからその各部分のシミュレーションを行なう必要がある。そしてそのシミュレーションを可能にするために必要となるものは、コンピュータの性能向上というよりも、むしろアルゴリズムであり、知識の表現方法の形式化であり、思考方法のモデル構築であり、論理なのである」

（『虚妄のＡＩ神話』）

　助かった、と感じた。哲学的コメントに逃げず、「知能」概念の追求方法論の前提を教えてもらっているような風情であった。これならついていけそうだ。知能は多面的である、そしてそれらの側面それぞれに適正なアルゴリズムを用いてシミュレーションを進める、其処において肝要な点は「知識の表現方法の形式化」「思考方法のモデル化と論理」なのだという。納得。多面性の中身はゆっくり調べることにしよう。たぶん時間がかかるだろうから。

　さらに継続して、極力シンプルに表現された定義を探していたら、またひとつ見つかった。ＡＩの分野ではすでに有名人といってもよい宇宙物理学者松田卓也（当時神戸大学名誉教授）のものだ。

　「そもそも知能とはなんでしょうか。（中略）私はかなり広い意味にとらえ、〝動物が生存するために必要な情報処理能力〟と考えています。（中略）情報処理とは、入力された情報を変換して、出力情報に変えることです。知能も情報処理の一種です」

（『人類を超えるＡＩは日本から生まれる』松田卓也
廣済堂新書　２０１６）

　そう来たか。松田（２０１６）は「知能とはビット列をビット列に変換する装置」「ベクトルをベクトルに変換する、非線形関数」といった表現も別の個所で採っている。仮にそうであれば知能の人工化もありうるのかもしれない、と理解しようとした。同時にまた心理学出身の偏見かもしれぬが、〝知覚・弁別・記憶・思考はそれぞれに違うのだろうし、ビット列、情報処理にアッサリ帰せるものかな〟といった不安も、チョッピリ湧いてくるのを否定しえなかった。まあ、そう簡単にはいかないかな。非納得。

　ＡＩ分野でベストセラーを出しつづける松尾豊（当時東京大学大学院工学系研究科准教授）は２０１６年ビジネス書大賞審査員特別賞を受賞した基本中の基本の書『人工知能は人間を超えるか――ディープラーニングの先にあるもの』（松尾豊　角川ＥＰＵＢ選書　２０１５）の書中、「〈知能〉という、環境から学習し、予測し、そして変化に追従する仕組み」という簡潔と感じる定義的文言を示し、人工知能をつくるということは、そんな知能の機能を人間およびその組織から切り離す作業、と明快であった。ただ松田卓也・松尾豊両者の定義には、次に人工知能研究が待っている、という知能への私的態度がほのかににおい、知能を見据えた定義として基盤に据えるには、私としては躊躇するものがあった。このように関連文言をみてくると、人間のこんな〝知能〟をマシンに置換するとしたら、どの部分を対象とするか、それとも全部か、という点が当然気になってくる。そこで、情報学者の西垣通と情報社会を論じた大黒岳彦が、私の脳内で勢いよく登壇した。

「知能を生命活動から分離してとらえる見方もあるが、これは疑問である。人間の知とは本来、生存のためのものなのだ。科学的知識でさえ、中立で絶対的なものというより、われわれの身体や社会によって限界づけられた、ホモ・サピエンス特有のものにすぎない。人間もまた、クオリアの連合体からなる一種の閉鎖システムの中で、相対的に世界を観察記述している」

（論考「知をめぐる幼稚な妄想」西垣通『現代思想』２０１５年12月号　青土社）

「Ｊ・マッカーシー、Ｍ・ミンスキー、Ａ・ニューウェル、Ｈ・サイモンらは、『推論』を以って『知能』の典型とみなす。（中略）『推論』こそが人間的『知能』の本質、すくなくとも典型をなすのであって、このプロセスを普遍化・形式化することで純化・抽出し、因って以って人間の『知能』を再現することがＡＩの目的であると彼らは考える。（中略）『知能』の本質が『推論』能力であり、それが『思考』の実体であると考えるならば、Ｇ・ブールに始まりＢ・ラッセル＆Ａ・Ｎ・ホワイトヘッドに至って完成した仕事によって、『思考』は記号操作による推論『計算』にすでに還元済みである」

（論考「人工知能の新次元」大黒岳彦『現代思想』２０１５年12月号　青土社）

二人の見解は共に『現代思想』「特集・人工知能―ポスト・シンギュラリティ」（２０１５年12月号　青土社）に掲載された論考であり、大黒の引用部分は他者の見解を多様に引用して〈知能の本質＝推論能力〉という仮説を導いているようで、興味深い。それにしても〝すでに還元済み〟とは、驚くばかりだ。

　また西垣（２０１５）は、本特集に「知をめぐる幼稚な妄想」と題して（粋な題である）稿を寄せているように、シンギュラリティ（技術的特異点）信奉者を〝トランス・ヒューマニスト〟と表現し〝ＡＩが自ら主体的に学習して進化していく〟というのは妄想であり、虚妄・詐術であるとまで明確に指摘する（と自分は受けとめた）。その根拠の第一は「生命体が『自律（autonomous）システム』であるのに対し、機械は『他律（heteronomous）システム』あるいはむしろ『適応的（adaptive）な機械』と呼ぶ方が正しい」と明快だった。彼の指摘は、疑問と感じたケースに早めに〝疑問だ〟と言ってくれて、いつもわかりやすい。いいなあ。でも、機械も《自律》しないか。しそうだよなあ。なら、どうなる？

　しかし「人間の尊厳をもたらすものが自律性にあるとするなら、それはどういうものか、ＡＩのような機械が持っているものなのか、真剣に考えなければならない」（『ＡＩ時代の「自律性」――未来の礎となる概念を再構築する』河島茂生編著　勁草書房　２０１９）といった提議も最近見られ始めている。

　そう、「生物は、自分で自分を作りながら内部と外部を形成し、その内側のメカニズムから環境を認知していく（ラディカル・オートノミー）」（『ＡＩ時代の「自律性」』）と語られているのだ。自律性とは何で、生物のラディカル・オートノミーと機械の自律性の違い・距離は、といった明解にしたい課題がＡＩ技術の進展とともにどんどん膨らんでいくようであった。ますます、難しくなるなあ。でも、そんなところが面白いんだ、よなあ。

　彼・西垣（２０１５）の結びはこうだ。「深層学習は大いに期待できるし、ＡＩ技術の活用は望ましいことだ。だが、その際大切なのは、〝永遠の命〟〝不死の脳〟といった商業宣伝文句に惑わされず、人間の知について成熟した洞察を深めていくことなのである」と。力感溢れた考究展開に、〝まあ、これでイイジャン〟と、たやすく説得されそうであった、かな？

　そうなの？　仮にそうであれば、ポイントとなってくるのは、人間とＡＩの知はどう違うのかそれともほぼ同じなのかという点、そしてＡＩの進化した先に到来する〝シンギュラリティ後の世界〟はどのようであるのか、ということになるのだろうか。さらに「人間の知への成熟した洞察」とは、何をどのように抉ろうとしたいのか？　〝成熟した〟で誤魔化されたくない気持が広がる。説得されかけたかに見えて、若干のズレやゆらぎのようなものも察せられ、迷妄はまだ残るようだった。〝成熟した洞察〟って、何だ。

　あ、そうそう、追加でもうひとつ。ＡＩが超進化していけば、当然人間とも身体的・精神的にオーバーラップする部分もさらに増えるはず。そんな時、逆に「人間とは何か」「どこまでが人間か」といった境界線議論が常に明解にされつづけなければこの議論はクリアに行なえないのでは、とも感じていた。

　このような個々の洞察に深入りしていく前に、この段階でＡＩ関連の諸書にしばしば掲載されているＡＩの歴史的発展過程（それに基づくＡＩの種類）やＡＩはどんなタイプに分類されうるのかなどについて確認しておきたくなっていた。

このことについても諸説紛々ありそうだ。またまた、困っちゃうな。

本項のとりあえずの結論――「知能」は歴代にわたって多義・多意味で未解明な概念のままにある。要するに「知能」は未定義なのだ。なのに、よくぞ簡単安易に、あちこちで奔放に（定義バラバラに）、そして無秩序無責任に、知能というコトバ込みの「AI」という用語をやたら使うものだと感じ始めた。その使う人びととは、一般人というより、研究人だったりメディア人だったりするところが、今までにないアブナイ事態のような気がしてならないのだった。まさに知的ザワメキだった。つまるところは喧騒。何かが、いい加減！何かが、おかしい。論にも人にも、違和がある。この勘、当たってるよ。

ひょっとして、「AI」の〝I〟というコトバと「知能」というコトバは、まったく別物のつもり、なのかな。そりゃあ、無いでしょ。

C　多様なタイポロジー続出！に呆れる

だいぶ昔、某システム・インテグレーターのシステム科学研究部なる先進部署でAIプロジェクトを進めている部長と雑談した際、私はこんな話を言い出したらしいのだ。自分でもよく覚えていないのだから、いい加減なものである。

〝人工知能って、人間の知能を技術で置き換えることなのだから、その置換アプローチには、①世界、社会、人間をモデル化し、そのモデルにシミュレーションを繰り返すことによってモデルの精度を上げ、そのモデルの対象にどこまでも接近させていくアプローチ、②人間の脳の動きを神経細胞レベルまで精緻に観察しぬき、その情報をスキャニングしてコンピュータにアップロードしていくアプローチ、の二つが考えられそうなのだが、こんな考え方はどうなの？　成り立つの？　今は、そしてこれからは、どうなの？〟

なんと、乱暴な質問をしたものである。

ところが昨今のAI技術空間においてもまだ、この二つのアプローチ両方ともまんざらでもなく、ありそうに思えるのだ。これだから、複雑なる実在の検証はおもしろい。途端に胸躍り前向きに調べようとするのだから、まことに単純な性格である。

２０１５年５月発行の日経ＢＰムック（The Next Technology）の冒頭を飾る研究叡智でありかつ目下この領域の最大のAI技術インフルエンサーとメディアに認識されている感のうかがえる松尾豊（当時東京大学大学院工学系研究科准教授）へのインタビュー・サマリーによれば――

「AIは50年以上の歴史があります。（中略）第一次AIブームがあったのは１９６０年代で、このときに情報の『探索』や、ルールに基づいてコンピュータが判断する『推論』ができるようになりました。（中略）第二次AIブームは、１９８０年代にやってきました。日本が『第五世代コンピュータ』を開発しようとしたのもこの時期です。このときのＡＩは〝エキスパートシステム〟などと呼ばれました。キーワードは『知識』です。当時のＡＩ研究者は、人間が持つ知識をコンピュータに教えてやれば、コンピュータによる高度な判断が可能になると考え、様々なＡＩの開発に挑みました。（中略）今、ＡＩは第三次ブームを迎えています。（中略）第三次ＡＩブームでは、ディープラーニング（深層学習／データから特徴を見つけ出す手法。ＡＩを迅速に、かつ低コストで実現する汎用技術）により、オントロジー（知識や常識を記述するルール）を、コンピュータがデータを基に自動的に獲得することができるようになった（この部分はインタビュー表現を文章表現に整えるべく一部表現を変更させていただいた）。人間には不可能だった『知識表現』が、ディープラーニングによって可能になり、〝ＡＩができない理由〟が無くなった」

といったように、ＡＩ技術は発展史的に三段階のブームが存在すると整理されるようであった。さらに叡智・松尾豊は同インタビュー内において、現時点でのＡＩを「ＡＩと人間の脳とを比較すると、今のＡＩは認識器である大脳新皮質の一部を上手く再現できたに過ぎません」と位置づけ、「脳には大脳基底核や扁桃核、海馬といった、他の役割を担っている部分があります。こういった部分が、知能を実現する上で重要な役割を果たしているはずです。しかし現状では、それらの部分をどうすれば人工的に再現できるのか、よく分かっていません」という段階にあると見たようだった（『The Next Technology』より）。「知能」の解明は、まだ道半ば、と解釈すべきであるか。

　その適応範囲と処理能力からＡＩを①特化型人工知能（ＡＮＩ：Artificial Narrow Intelligence／文字通り特定の仕事をするためにつくられた人工知能）、②汎用人工知能（ＡＧＩ：Artificial General Intelligence／どんな知的タスクでもうまくこなせるＡＩ）、③人工超知能（ＡＳＩ：Artificial Superintelligence／あらゆる面で人間よりもはるかに優れた能力をもつ人工知能。シンギュラリティによって「知能爆発」を起こした以後の人工知能）、と三つに分けたのが『人工超知能が人類を超える――シンギュラリティ―その先にある未来』（台場時生　日本実業出版社　２０１６）の台場時生（当時某大学理工学部准教授、専門研究分野はロボット工学）だ。

　この分類は現代人にとってとてもわかりやすく、われらの今の常識に沿う。特化型は現在、汎用は２０２９年（カーツワイル予測）、人工超知能は２０４５年（カーツワイル予測）に実現するといわれるが、ニック・ボストロム（オックスフォード大学哲学者）が人工知能専門家に対して行なった調査では50％の確率で汎用型が２０４０～２０５０年実現とされているらしい。

　台場（２０１６）に近い分類――「特化型ＡＩ」と「汎用ＡＩ」――をしている研究者に井上智洋（当時駒澤大学経済学部准教授）がいる（『人工超知能――生命と機械の間にあ

るもの』秀和システム　２０１７）。彼の論考の興味深い点は、ＡＩの世界を「シンギュラリティの類型」から整理している点だ。

⑴知能爆発型（英数学者Ｉ・Ｊ・グッド、米数学者ヴァーナー・ヴィンジ）
　ソフトウエアの観点から、賢いＡＩがさらに自分より賢いＡＩを作り、ということを高速に繰り返していくことで、あっという間に人工超知能（超ＡＩ）へと進化を遂げていくと考える。
⑵ムーアの法則型（米ロボット研究者ハンス・モラヴェック、米発明家レイ・カーツワイル）
　コンピュータのハードウエアの観点から、ハードウエアが全人類の脳を凌駕すれば、予測もつかないとんでもないことが起きると考える。
⑶ポスト・ヒューマン型（レイ・カーツワイル）
　人間の方もコンピュータと融合することでパワーアップする、脳にチップをインプラントする（埋め込む）などして人間がコンピュータを取り込んだり、逆に人間の意識をコンピュータ上にアップロードしたりすると考える。こうしたコンピュータと融合した新たな人間をカーツワイルは「ポスト・ヒューマン」と呼んだ。
（『人工超知能』を参考に筆者整理）

このシンギュラリティに基づく三類型は、「シンギュラリティ」なる不可思議で超現代的な新概念の解釈が、変に固定化せずに、柔軟にそれへの対応を考えうるための余裕を私たちに与えてくれているようで有意義に感じられるのだった。ＡＩに関する適切なタイポロジー探索のためのひとつの基盤情報とみなせるのかも……。

　しかし「人工超知能（つまり、汎用ＡＩの極み）」に対する井上（２０１７）の追究は、つまるところ「意識」を持ち出し、意識内に存在するという独自の概念「クオリア」をキー要素として展開される。大胆、といえそうであった。

・意識を、「クオリア」を持ち得る何ものかとして定義する。
・意識というのは「クオリア」（感覚質）を持ち得る何かである。「クオリア」というのは、人が主観的に体験し得る感覚のことをいう。
・生命はクオリアを持っており、ＡＩにはそれはない。ＡＩはクオリアを生じさせる何ものかとしての意識を持ち得ない。
・渇望感のようなクオリアをＡＩに持たせることはできない。
・人間並みのＡＩが作れるかどうかは、ただ人間が自らの脳と心の働きを解明し切れるかどうかに掛かっている。
（『人工超知能』）

この部分は、まだ十分に理解できたとはいえそうもない状況だが、彼が「意識」と独自の概念「クオリア」を持ち出さざるをえなかった心理と成り行きは十分察せられていた。この本の帯に「もはや、哲学的議論を抜きにＡＩは語れない」とあるのは、意識とクオリア（この概念、両方とも難解である）のことを指しているようにも解釈できると感じていた。クオリアに関して、脳科学者茂木健一郎の「クオリア」とどう違うかについての記述などは格別見られていない。

　要するに井上（２０１７）は、自らの分類「汎用ＡＩ」を、台場（２０１６）の分類②汎用人工知能と分類③人工超知能に分ける軸として、「意識」と「クオリア」を持ち込むことで問題解決を図ろうとした、と考えてよさそうかな？　汎用ＡＩで十分大仰なのに、人工超知能とは、びっくりだ。

　ＡＩの分類として、台場（２０１６）のいうＡＧＩとＡＳＩ、特にＡＳＩの存在とそのディフィニションに研究者たちは悩んでいるようでもあった。

　ＡＩのタイポロジー、いろいろあるものだが、包括的には〝未整理状態〟と言ってもよさそう？　とはいえ、タイポロジーを普通に思考している際、広すぎるあるいは曖昧極まりないカテゴリーにクラシファイすることに違和感がなかったようなのがとても不思議であった。これじゃあ好き勝手放題に近い？

　われらの今の常識に沿うといえば、あの養老孟司（東京大学名誉教授）の『遺言。』（養老孟司　新潮新書　２０１７）の中でも引用された『人間さまお断り――人工知能時代の経済と労働の手引き』（ジェリー・カプラン　三省堂　２０１６）の中で示されている二分法が一番だと感じる。実によい。

　カプラン（２０１６）は、本文中でＡＩの分類とはなぜか明記していないが、昨今そして近未来に広がる機械学習、ニューラルネットワーク、ビッグデータ、認知システム、遺伝的アルゴリズムなどの先進科学技術の世界を「合成頭脳（synthetic intellect）」と呼び、いわゆるロボットが主たる機能とする人間の労働を代行・支援するシステム（カプランは「労働機械（forged laborer）」と名づけた）と区別する。

> 「合成頭脳は、従来的な意味でのプログラムではない。増えつづけるツールやモジュールを適当に組み立てて、目標を設定し、餌となる実例の山を指し示して、あとは勝手にやらせるという方法をとる。だから、最終的にどんな結果になるか予測不能だし、製作者がそれをコントロールすることもできない」
>
> 「言うまでもなく、この二種類のシステム――合成頭脳と労働機械――を組み合わせれば、高度な知識や技能の必要な仕事を物理的に実行できる。自動車を修理したり、外科手術をしたり、豪華な料理を作ったりできるわけだ」
>
> （『人間さまお断り』）

　この辺りの記述にはＡＩというコトバはまったく出てこない（タイトルの副題には人工知能とあるのに）。台場

（２０１６）がいう人工超知能など、合成頭脳の先の先ということゆえか、あえて語ろうとしていないのか。カプラン（２０１６）が今言いたいことは、どうも〝人間にとって合成頭脳は、もう間もなくアンコントロールになる。そのような段階において人工超知能と名づけてよさそうな姿をもつ何がしかの存在物は、おそらく登場してくるのだろう。しかし、それは現れた瞬間から人間のコントロール力の外にいる。今が、つまり現在の人間の選択が、コントロールしたときと同じ結果を出せる最初で最後のタイミングなのだ〟（これ、すべて私の想像）ということであるかに感じとれたのだった。まっこと、面白いのだ、この展開！

　彼・カプランは、「初期条件を今なら設定できる」という言葉で、二百数十頁にわたり、熱弁を振るう。ＳＦ風なのだが、実に考えさせられる良き書である。時間のある時に再度精読せねばと肝に銘じる。

　そういえば、二択・二分法の分類基準として、哲学者ジョン・サールが提示した「強い人工知能（strong AI）」「弱い人工知能（weak AI）」という考え方があったことも思い出した。ホント、分類軸の多さには呆れる。

〈強い人工知能〉……知能をもつ機械（精神を宿す）。
〈弱い人工知能〉……人間の知能の代わりの一部を行う機械。
（『人工知能の哲学――生命から紐解く知能の謎』）

松田（２０１７）――前述した「ダートマス会議」の話でも登場した――は、「人間のような知能、すなわち〝強い人工知能〟は、いまだ実現されていない」とし、一方の「機械が代替することで、人間の知的活動のうちの一部を担い、人間をサポートする〝弱い人工知能〟」は、すでに多く実現されていると見たようだ。

　この著者の凄いところは、「知能」を語る前に、その前提として「私たち人間を含む生物は、常に、〝はじめて〟出会う出来事に遭遇し、予測が困難であり、完全に理解することも把握することも困難な《無限定環境》を生きている」という視座を持ち込んでいるところである。そして松田（２０１７）はここで語ろうとする「知能」を、「この不確実な世界を生きていくことを可能にするために、環境と相互作用することによって、《自己》を見出し、環境との調和的な関係を作り出していくものであると解釈できる。《脳》は、そうした不確実な世界を生きていくための《知能》を実現するものであると考えられる」と見立て、明快さとわかりやすさを同時に与えてくれようとしているかに感じられていた。率直に、凄すぎと思え、と同時に感心する。

　この書の他所においても松田（２０１７）は繰り返す――

「どうやら、私たちは、（中略）〝世界を主観的に作り出す〟ことなしに、世界を〝認識する〟ことはできないようである」

「私たち人間を含む生物が生きる空間は、時々刻々と変化する、予測のできない《実空間》である。こうした

《実空間》においては、得られる情報は不完全であり、その不完全な情報に基づいて、環境に適応して生きていかねばならない。すなわち不完全情報に基づいて、環境との〝調和的な関係〟を作り出し続けていくことが、生命にとって必要な《知》なのではないかと考えられる」

（『人工知能の哲学』）

そうなんだよ、きっと、そうなんだ。〝こんな人間の《知》の能力こそ、知能なのだ！〟と、十二分な納得をもって、松田（2017）の言葉を噛みしめていた。やっと少しわかりかけてきたようだった。

〝しかし、知能を松田（2017）のようにオーソドックスに定義すれば、わかりやすく納得しやすいのではあるが、こんなもの人工的にそうやすやすとつくれるはずがない〟、〝なのに、学たるもの、このように安易に、《人工知能》というコトバを無節操に濫用しつづけてよいものか……。せめてアラーム位出しなさい〟

《機械》に対して、《知能》という名前を与えることが、とても納得いかなくなってきていた。同時に、目下〈強いAI〉はほぼゼロで、〈弱いAI〉が99・9パーセントだとすると、この二分法は現時点ではものを分ける力はゼロに近く、二分の手法として取り上げるに足らない、という気持も湧いたのだった。そう、強い・弱いというコトバも、あまり好きではないし……。

〝学たるものに、意地や矜恃の類が、見えなすぎる……〟

D　今やディープラーニング時代の真っ只中？

AI発展史は、前項で紹介したAIプロフェッショナル松尾豊のインタビューで概括されていたように、一般的に〈推論・探索〉の第一次AIブーム、エキスパートシステムに代表される〈知識〉の第二次AIブーム、そして〈機械学習・特徴表現学習〉の第三次AIブームという三世代を踏んで発展してきたといわれる。三世代の捉え方の概要を別の文献[注3]に準じてお浚いすれば――

〈人工知能の第一世代〉……探索による知能――可能性がある選択肢を「探索木」と呼ばれる樹上図の上に展開していき、コンピュータの計算能力をフル回転してより好ましい結果になるように選択肢を選定していくという効率的な探索システム構築の段階。

〈人工知能の第二世代〉……現実の複雑な状況を「知識」として記述することで、個別の問題に固有の知識を集め、それを基に適切な解を導き出すという「知識ベースシステム」を構築・整備し、（さらに）当該知識ベースから課題に応じた適切な解を見出す「推論機構」を組み合わせることで、当該専門分野の人間よりも精度の高い回答を出せる「エキスパートシステム」なる仕組みを構築する段階。

〈第三次人工知能革命――人工知能3・0〉……圧倒的な識別率で他の機械学習に基づくプログラムに勝利したとい

われる「ディープラーニング」という新技術の開発により、人の手を介さずに計算機自らが、環境の認識（環境の「概念化」を含む）、「知識」ベースとの照合、これによる行動プランニング、アクチュエータへの指示による環境への作用、という一連のプロセスをすべて自律的に遂行する上でのボトルネックが解消した段階。つまり、ディープラーニング機構を備えた自律エージェントシステムを一度構築してしまえば、当初はランダムな試行から始めつつ、次第に精度高くタスクをこなしていく「創発システム」が現実のものとなる可能性が高まった段階。

注3　『人工知能と産業・社会——第４次産業革命をどう勝ち抜くか』（２０１５）より引用・一部筆者要約、整理。刊行年からして、第三次世代は技術的にさらに大きく変身していると見るべきだろう。

で、現在はどこにあるのかとみれば、当然ながら第一はもちろんのこと、「知識」という概念をコンピュータに入れ切ることの困難さを中心に第二世代もまた懐かしき過去のものと化し、すでに第三世代のど真ん中を一気に突っ走っている、あるいはもうすでに次の世代を目前にしている、という感じであろうか。少なくとも、合成頭脳と労働機械（自分が一番好ましく感じる分類）、強い人工知能と弱い人工知能、などの対構造で表現されている両方が発展史区分の第三世代に皆含まれて混在しカオス感覚を深めているようにも察せられ、第三世代の細分化あるいはそれを含むその後の近未来についてのありようを白紙からあらためて再構築すべきタイミングに入っているように思えたのだった。

確かにいま実用化されている人工知能技術の大半（いやすべて？）は特化型、特定目的専用すなわちＡＮＩタイプと思われた。それらも含めてすべてのタイプをメディアも研究者も皆〝ＡＩ〟と安易にひっくるめて呼称している？　Why?（ホントはふざけるなと言いたい気持）それでよいのか。メディアはどうしてＡＮＩをあまり使わないのだろう？（メディアの自信なき慎重さ？　それとも商業主義の反映？　あるいは何も考えないで流されている？　知るか！）

そんなＡＩのカテゴリーやステージについていろいろ妄想していたら、ある書の中で〝地球派vs宇宙派〟なる分類が人工知能学会の中でカジュアル(?)に使われているらしいことを知った。[注4]

注4　この辺り『人工知能はなぜ未来を変えるのか』（松尾豊、塩野誠　ＫＡＤＯＫＡＷＡ　２０１６）より引用。

「地球派」は「やはり人間が大事、人間が人工知能を使っていこうという立場」、「宇宙派」は「そもそも人間は人工知能を作るためにあった」なんだって。ビックリすると同時に、何やってんだ、という想いもチラッと浮かぶ。さらにもう一つ、「遺伝子」か「ミーム（meme）」か、つまり人工知能について考える基本単位を、生体としての基本情報を伝える遺伝子に置くかそれとも人びととの間で文化や慣習などを伝達していくための基本単位であるミームに置くか、という分類基準というか立場の違いも当時議論されているようなのだ。「ミーム（＝社会を形成するための情報）から見れば、遺伝子は単なる運び屋、乗り物と考えられる」など、興味深そうな話ではあるのだが、いろいろ議論するにしても、そろそろいい加減まとめに入ってもいいんじゃあ……。そろそろ再整理の時期じゃないの？

ということで、第三世代以降の重要要素を、少しばかり細かく見ていく——[注5]。

第三次以降においては、機械であるＡＩ自らが自発的・自動的に解を創発し探索ループしていくその「自律性」に大きな差別的特質があるという。そして「データをもとに、コンピュータが自ら特徴量（機械学習の入力に使う変数）をつくり出す」（松尾〈２０１５〉）ディープラーニングなる技術の段階で初めて「シンギュラリティ」が現実味を帯びてきた、といわれているようなのだ。そんなに凄いのかディープラーニングは。リサーチャー（私です）ごときが理解するのは、こりゃあ、まっこと大変だ。

ただ、〝何を特徴量とするかは人間が決めざるをえない〟という問題は、機械学習なる仕組みのリスクとして、研究しそれを利用する人間を迷妄の大渦に巻き込みそうな要素も多々内包しているようであった。たとえば機械学習につきものの〝説明可能性〟の低さ（その結論に達した理由のわかりにくさ?）、機械や仕組みがもつ独自バイアスの可能性への不安、間違ったかどうかの判断やその修正力に関する無力さ等々、がその代表として挙げられているという。これが本当なら、こ奴、本当に科学属なの？

つまり、結果は出すのだが、その結果は一旦信じるしかなく、生じた因果も不明であるという前提下で、ディープラーニングなるシステムは当面活用しなければならないようなのだ。ニューラル・ネットワークシステム（人間の脳神経回路をまねすることによって分けようというしくみ）は「言葉で表せる真実」ではなく「統計的な真実」を扱うといわれているようだから、仕方ないんだろうなあ。

注5　この部分、『DIAMOND ハーバード・ビジネス・レビュー』２０１８年1月号（ダイヤモンド社）内のマサチューセッツ工科大学エリック・ブリニョルフソン、アンドリュー・マカフィーによる論考「人工知能が汎用技術になる日」に詳細記述されている。

何っ、「因果」が飛び越され、無視されている？　こんな性格のツールを目下の段階で経営の武器としてよく薦めるものだと感じ入る。そうだろう？　企業家さんたちは大胆だなあ。それに最近の国や自治体も……。乱暴・無知の一歩手前じゃあないの？

実は口を割れば、私も客先提案段階の討議現場で、なんと機械学習とディープラーニングとを曖昧なまま混同使用(?)してプレしていた？　こりゃあ許せん。半端な非専門は困っちゃう。こんなことやっちゃったら昔のこととはいえ、謝るしかないか。

「機械学習とは、コンピュータがデータから反復的に学習し、そこに潜むパターンを見つけ出すことです。そして学習した結果を新たなデータにあてはめることで、パターンにしたがって将来を予測することができます。人手によるプログラミングで実装していたアルゴリズムを、大量のデータから自動的に構築可能になるため、さまざまな分野で応用されています」

（SASのHP「機械学習」より）

正直に語れば、当時（20年前位のこと？　大体ミレニアム前後かと記憶する）業務遂行上多々お世話になってきた予測モデル専門ファームのSASやSPSSなどに指導され、大手広告代理店の研究部門とも意見交換して勉強し、やっといくつかの予測モデル関連受託プロジェクトを現実に動かした（実際にいくつかの受注プロジェクトを立ち上げた）。その中で、システム企画に参画していた私が、予測や最適化のモデルとして使用してきたニューラルネットワーク、遺伝的アルゴリズム（GA）さらにはファジー推論などを具体的にどのようなシステム概念としてユーザーに紹介し議論し使用を薦めていたのか、ブッチャケ記憶の中ではっきりしないというありさまなのだ。怖ろしい実話である。当時は、それで〝営業的には〟通用したらしい。すべて新しいことばかり、かつ私個人には超難解。その対応姿勢も恥ずかしいものだった。何とか取り繕った、という印象が残る。でも客先担当者の専門知識もほぼ同程度だったので、一緒に勉強するということから何とか許された甘さだったのだろう。今思えば懐かしい。まあ良き時代であるか。

あらためて整理してみる。ディープラーニングは同じ機械学習領域に属するもの（多くは多層的ニューラルネットワークで実装されているらしい。常時たどたどしくてご免なさい）のようなのだが、最大の違いは《自ら学習するか否か》にあるという。コンピュータに対象物の区別を認識させる際、区別させるための基準を「特徴量」、そしてその設計を「特徴量設計」（Feature engineering）と呼ぶらしいのだが、特徴量を人間が命令しなければならない機械学習に対して、ディープラーニングの場合自ら特徴量を探し出してその性能を向上させていくといわれている（この辺りは、諸々の資料を参照してにわか勉強した結果である）。

松尾豊（２０１５）は、「通常、ディープラーニングは〈表現学習（representation learning）〉のひとつとされるが、本書では〈表現〉という言葉をわかりやすくするため、〈特徴表現学習〉という呼び方をする」として、特徴量を自らで考えるケースのディープラーニングを、やはり機械学習のレベルより一段高いところに置いているようだ（これでいいのでしょうか）。すなわち特徴の捉え方が抜群にうまく、データ量が少なくても精度も目立って下がらず、既存の手法に＋αとして乗っかれて柔軟性に富むなどといった機械学習に優る長所が抽出可能なようである。そして機械学習レベルでは人間が大きく関与・指示し、ディープラーニング・レベルでは自律性が高まる、ということでもあるらしい。

要するに「ディープラーニング」とは現状「ニューラルネット（神経細胞網）」と呼ばれるモデルを用いており、「三層のニューラルネット・モデルの学習を、多段に繰り返していく機械学習の方法。（それにより）結果として深い多層の学習を実行する、という方法」「多段の学習を繰り返すと、やがて高次元の層の少数の人工ニューロン同士の結合度に原パターンの特徴が集約されていくという考え方」（『ＡＩ原論――神の支配と人間の自由』西垣通　講談社選書メチエ　２０１８）だという。

深層学習――「データからの予測」の多層化ともいわれているらしい――の最大の特徴は「自動的にパターンの本質的特徴をとらえる」（『ビッグデータと人工知能――可能性と罠を見極める』西垣通　中公新書　２０１６）にあるという。

したがってそのメリットは「〝分類（分ける）〟というセパレーションと〝一緒にする〟というグルーピング」が得意技となるのだ。このお蔭をもって現時点で明確に「ＡＩ技術はディープラーニング・テクノロジーの段階に入って格段に躍進・向上した」ということが言えることになったのだろう。

逆にディープラーニングの現時点で気がかりなデメリットを挙げてみれば、「数字や言葉などデータとして表現できないものを人間のように読み取る力が全くない」「意味を理解せず、特徴だけを見ている」「《なぜ?》が無いし、《なぜ?》とも考えません」「自分に与えられた学習データの枠は超えられません。いまあるデータが全てだ（この点については機械学習全般にみられる特性）」（『誤解だらけの人工知能――ディープラーニングの限界と可能性』田中潤、松本健太郎　光文社新書　２０１８）、さらには「現在の機械学習システムはほとんど統計的な、モデルの見えないモードばかりで作動している」（『ディープ・シンキング――知のトップランナー25人が語るＡＩと人類の未来』ジョン・ブロックマン編　青土社　２０２０内のジューディア・パールの見解）などが指摘され、今や素晴らしきディープラーニング時代到来(!)などと喧伝されても、あくまでこのような明確な限界点を内包した状況下での、どこまでも〝弱いＡＩ〟範疇にとどまる開発なのだ、ということは当分失念してはならないのだろう。

機械学習、特徴表現学習、深層学習、ディープラーニング……まこと類似語が多くて素人には大変なジャンルではある。辛い記述が続く。

松尾（２０１５）によれば、第三次ＡＩについて、ディープラーニングによってＡＩは〝特徴量をつかむことに長けている人間に近づいた〟と言われるが、今のところ、大脳基底核や扁桃核、海馬などはまだコンピュータとの置換非対象領域として残存している段階にとどまっているらしいのだ。それらが全部置換されたらどうなる?　どうなってしまう?というのだろうか。

どだいこれら全領域込みの形で一つの研究ジャンルにするなど、無茶な話、なんじゃあないの?　せめて個々の研究ジャンル名称ぐらいしっかり付けなさいよ当該学会さん。あら、また言っちゃった。でもこの見方妥当だと思うよ。

そういえばこの先、「物質」と対峙させられる形で対となることの多い「意識」「心」もまた、〝置換されうる〟ということになってくるのだろうか。ジロ（若かりし頃の私）は、科学を進歩させるということが、時々わからなくなっていた。本物の科学者は、これから先、わけのわからぬ「意識」と「心」を自らの研究対象に取り込まざるをえない状況に嵌まり込み、真面目に考えれば考えるほどドツボを経験し、その結果、狂気の〝気〟に包まれざるをえなくなるとでもいうのだろうか。なにせ学、学術の世界のことだし、なあ。

それにしても「意識」と「心」の仮説的予見をもたないＡＩ研究者って、ありうるのかなあ。ＡＧＩ／ＡＳＩとなれば〝人工人間〟に近いんだものなあ。

言ってみれば、人工知能とは〝限られた知能〟の再現であって、〝人間〟の再現じゃあないもんなあ。

いつの時代にあっても真面目は辛いってか。少し暗くなるなあ。

とりあえずＡＩ技術史をまとめてみれば、どうも「特徴表現の獲得」という問題に集約できそうなのである。

Ｅ　〝AIと意識〟だって……凄いテーマだよなあ

帯に、先程の松尾豊が推薦と大書されている『シンギュラリティ――人工知能から超知能へ』（マレー・シャナハン　ドミニク・チェン監訳　ＮＴＴ出版　２０１６）では、脳をコピーする話が具体的に記述されていて興奮。ここまでやるってか。〝全脳エミュレーション〟、覚えておこう。

「脳をコピーする――全脳エミュレーション〔移し替え〕とは正確に何だろうか。一言で言えば、非生物学的（つまり、計算的）な基質の上に、特定の脳の忠実で実用的なコピー（複数の場合もある）を作ることだ」

「全脳エミュレーションの作業は、マッピング（被験者の脳を非常に高い空間分解能〈サブミクロン〔１ミクロン未満〕単位〉でマッピングする）、シミュレーション（マッピングによって得た青写真を使って、これらすべてのニューロンとその接続の電気化学的シミュレーションをリアルタイムに構築する）、身体化（シミュレーションを外部環境と接続する）という三段階に分けることができる」

「生体脳と違い、脳のデジタルなエミュレーションは任意に何回でもコピーできる。また、生体脳と違い、デジタル脳は加速できる」

（『シンギュラリティ――人工知能から超知能へ』）

脳のことなのに、エミュレーション、シミュレーション、マッピング等、何と私にとって正体不明なる超難解なタスク・キーワードがやたら出てくる。相も変わらずクエスチョンマークの連続だ。それにしても大胆に考えるものである。ホント、ここまでやるんだ。〝脳をコピーする〟ということをそこそこ見事に具象化し、その構築技術として脳のマッピング技術、神経シミュレーション技術、身体化の技術（ロボット工学）を挙げ、脳のリバースエンジニアリングにも触れており、一見サイエンティフィックそのものだ。

　すぐに分かれって？　何言ってるんだろ、ムリムリ、私哲学科卒だよ！

　流れは、いよいよ〝AIと意識〟の話へと向かっていく。本気みたい。

　脳ベースのAIに意識が芽生えるかということについて、二つの説をシャナハン（2016）は提示する――①新陳代謝（自己と他者との境界線を保つのに必要な、環境との間の物質とエネルギーの連続的交換）ができない人工物には意識は認められないとする説、②ニューロンの生体的特徴から何らかの形で意識の霞が生み出され、それは生物の行動とは無縁のもの――哲学者が「随伴現象（epiphenomenon：心的な事象は物理的現象に随伴する副産物であり、その逆ではないという考え方）」と呼ぶもの――であるとする考え方、の二つだ。

　さらにそれら二つの説に共通に関わってくるのが、「それ（意識）は決して脳のいずこかの一部で発生するものではなく、汎用的な、統合された、分散型で、全体論的（ホーリスティック）な特性」、つまりバーナード・バースのグローバル・ワークスペース理論（まったく知らない）やジュリオ・トノーニの統合情報理論（聞いたことはあるなあ）などホーリスティック理論に基づくものだという。「（それらの理論においては）意識とは基本的に全脳的な、または全システム的な現象である」そして「（それらの理論は）その非常に寛容な構造的要件ゆえに、生体脳と全く異なるタイプのAIにおいても意識の存在について考慮できる余地を提供してくれる」と見立てたようなのだ。〝グローバル・ワークスペース〟云々や〝統合情報〟云々については詳しくは知らないのだが、一応備忘録に控えた。気持はわかるが、ちょっと無理筋、かなあ。

　ともかくAIと意識の関係性に関しては、研究者は皆苦心惨憺の連続のようである。なかでも「意識」の芽生えについては、一番の謎のようであった。未だにエネルギーなのか電気なのか磁気なのか引力なのかわかっていないんだって。「意識」はわれらの領域の言葉でもあるから何とか解明したいよなあ。

　この記述の少し後に、シャナハン（2016）の「テクノロジーで拡張された人間にせよ、AIにせよ、このような生物的な不都合に直面したことがない存在は、人間の苦痛を真に理解する能力に欠けるだろう」という結論じみた一節が登場する。これは、非生物的進化は意識をもてないと言っているのか、それとも……。興味深いのでつい引用部分が増えていく。面白いがわからない。

　さらにその文節のすぐそばには「ニーチェによれば、人間とは、動物と超人とのあいだにある深淵を渡る橋にすぎない。この主張によれば、人類は、生物学的な制約の下に生きる動物的生と、テクノロジカルな超知能とのあいだの卑しい中間的ステータスに甘んじなければならない」といった言葉が並んでくる。しかしニーチェの見解は×だとか、意識はAIにはもてる・もてないとか、そんな結論らしきものはどこにも明言されていない。明言できないのか、明言を避けているのか。理解能力に欠ける読者はどうとればよい？　ウーム。

テクノロジカルな記述部分は明快なのだが、科学語で言い切れない部分については、いわゆる哲学風のカーテンに包まれ、抽象トーンが一気に広がるようであった。それにしてもこのAI領域にも、哲学の風が吹き出した？

読む者の理解がスッと進まない感じが続く。シャナハン自身まさに「意識」を取り上げてしまった悩みの中にある？後悔？　そう考えては失礼極まりない、か。

「意識にとって必要であるばかりでなく密接に関連している認知属性が三つある。それは(1)明白な目的意識、(2)環境と現状に対する認識、(3)知識と知覚と行動を統合する能力である」

（『シンギュラリティ――人工知能から超知能へ』）

人間の知能に関わる認知属性がこの三つだと明言してしまえば、これら三項目のすべてが人工的に代替・置換可能であるとは、なかなか言いにくくなりそうにも感じていた。「意識」の概念そのものがまだ未確定で、ゾル・ゲル状なのだから、科学者としての論理的結論は、そう簡単には出せないのだろう。その一方で、自律性のもとで自己増殖していくと見るとも言うのだから、十中八九はそうなるだろう、とも容易に言えそうにも思える。さて、どっちだ？

こんな葛藤が面白いのだ。楽しいまでにはまだ行かないが。このチャレンジ精神には、敢闘賞の拍手を贈らねばなるまい。まだ無理なら無理と、素直に言えばよいのに、そうしないところが研究者の意地というものか。ともかく、AIと意識では、悩み抜いて、はっきり言えない状況なのも、当然かつ自然だろう。本にするだけ、スゴイ。多大な勇気が必要なはずだろうから。

まあ、人工的な知的システムとの対峙経験は「人間という知的生命体のデザインがいかに洗練されているかという気づき」を増幅していくらしい。よって葛藤も増幅していくということになるようだ。少しは、わかるよなあ。

ここまで考えて、あえて挑戦しようとするんだ、と驚かされていた。意識ありのAIなんて、アッサリ先送りすればいいのに。でも、こんな知的戯れ？　実に楽しそうだなあ。

結局のところ、意識との関係性を〝意識〟するとき、人間はどんな人工知能を必要とするのか、ということにまず注力しなければならない、ということしか言えなくなってしまうようであった。そこまでの人工版が、ホントに必要なのか？そうであるなら〝意識ありのAI〟ではなく、ずばり「人工意識」だろう。よくわからないことだらけである。その開発者は人間なんだろ？　はっきりしていることは「機械的な超知能」であればいくら進化したものであっても何ら問題はない、ということだろう。機械的ということは〝意識なし〟ということ？　もうわけがわからないからこそ気になり、燃える、そんな時代に完全に突入している気がする。でも冒険・挑戦はよいが、混乱・カオスは困る。

燃えるのは時代だけではない。先進科学技術者たちが、AIというテーマのお蔭で、わけのわからない「心」とか「意識」という対象物に光を当てて、否応なく、かつ〝たどたどしく〟その周辺に集い収斂していく多様なる現況は、これまた面白いといわずに何といえばよい？　AIの登場した意味は、この段階で十分あるのだ、と考えたくなるようだった。

まずは「意識」からはっきりさせていくという風になぜか行かないで一気にAIに向かってしまうのは、「意識」が難しすぎるからか、それともAIに格別の魅力があるからか……。どうも後者のように感じられてスッキリしない。いや、AI研究者の質（たち）なのかも……。AI研究者たちの採るアプローチは、どこか普通じゃあないようだ。そう、待ちきれないんだ、「意識」が解明されるまで。きっと早くやりたいんだ。ディープラーニングばっかりやりたがったら、ダメなんだよう。我慢しなさい。

もうひとつ、おまけの印象として――AI科学者たちは、既知のアカデミズムの範囲にあっては〝教授〟のようであり、未知の課題のもとでは一変して〝学生〟のように振る舞っているかに見えた。これ、ヘンだし同時に面妖に映る。

目下のAI研究の中では、「意識」は置いてきぼりにある、と見ざるをえないのか……。つまり、自信ありげと無さげが同居するのが今のAI研究者――これが、現実なのか、な。貴方たちに「意識」と「心」の解明は無理なんじゃあないの？　また哀が迫ってきた？　いろいろまあ、どうなっちゃってるの？

F　AIは、あくまで人間の「道具」なのか

大黒岳彦（２０１５）は、発展史的でもあるが同時に概念的に「初期の人工知能」（このカテゴリーは松尾〈２０１５〉のいうANIのみを指すのか、ANI＋AGIまで含むのかなど微妙に映り、少なくともASIは含まれない、と捉えてみた）を二つの系譜に整理している。この大黒論考『現代思想』「人工知能の新次元」を筆者が意訳、整理してみたのが以下である。

①記号計算主義

・「推論」を以って「知能」の典型とみなし、このプロセスを普遍化・形式化することで純化・抽出し、因って以て人間の「知能」を人工的に再現しようとする。この考え方に基づくAIは「推論機械」。

・すなわちAI自身と世界・社会との繋がりを「記号」によって担保することを前提とした推論機械としてのAI。

・最初から「プログラム」という完成形の「知能」を実装している。従って「プログラム」を人間が書くことで、「知能」の内実が完全に可視的となる。

②コネクショニズム

・コネクショニズムには二つの考え方があり得る。その一つはニューロンと論理ゲートあるいは脳と電気回路は、いずれも「知能」の〝素材〟・〝手段〟に過ぎず、「知能」そのものはそれらの上位に実現されるべきものであり、それが不可視・無形のソフトウエアである「プログラム」に他ならない、と考える立場。「意識」や「こころ」をもニューロン上を走るソフトウエアとみなす。

・もう一つの考え方は、実際は〈脳〉にはすでに〈知能〉が〝事実ある〟のに対して、電気系統には〝未だない〟という前提に基づき、AIはむしろすでに実際「知能」を実現している脳をこそモデルにして設計すべきという立場に立つ。

　→〔ジロ〕ここでは「知能」を素材的物質とは区別されるが、「素材＝〝質量〟（ヒュレー）なしには単独で存在し得ない、アリストテレスの〝形相〟（エイドス）の如き何か、と捉える」という視点は興味深く読める。

・コネクショニズムは「知能」の本質を「推論」行為に求めるのではなく、「知覚」（ないし「知覚」を基礎とした「認知」）にみる立場。

・そして「知能」を未熟な状態から〝経験〟を通じて「学ぶ」ことで徐々に完成態へと〝成長〟してゆくものとみる。

・入力と出力しか可視的でなく、「知能」の実質はブラックボックス。

ともかく難解。こんな分け方もあるのか、彼の二分法は他とはどこか違う、と大黒ファンになりかけていた自分はすぐに納得に入ろうとする。「知能」の解釈の違いを前提に二分するところは、とても彼らしく思えていた。〝記号計算主義〟と〝コネクショニズム〟の違いは、何となく理解はしやすい（ただ自分にはコネクショニズムというネーミングの由来がまだピンときていない）。

そんなこんなの中、「推論」と「知覚」という明確な差異をもった能力を人工的に創ろうとするのだったら、AIという共通名称でなく、違う名前にしたほうがいいんじゃあないの(?)などと考えたりしていた。

大黒（２０１５）はあっさりと（と自分には思えた）、文明史レベルでの大きなパラダイムシフトと連動してAI領域も記号計算主義からコネクショニズムへと潮目は移り、キーとなるディープラーニングの登場とともにAIの世界はまったく新たな地平を見ることになると明言する。やはりそうか。キャ〜いいぞう〜。難解なれど毎度の思いっきりと大胆さ。大黒は相変わらずだ。

当面のマーケティングの世界への応用を想定してみるとき、AIは《推論機械》で十分なのだろうが、〝経験〟によって新たな血液をつくり自己増殖を可能としていくAIであれば、それを活用しようとするマーケティングの世界もまたおそろしいほどに変質せざるをえなくなるのだろう。同感である。かほどに、彼の分類はマーケティングへの応用を考えやすい構造に見えた。こそばゆい嬉しさがつのる。

彼の人工知能観で一番示唆を受けたのは「知能は決して個体レベルで閉じてはいない。また単に技術的レベルにおいて個体に〝実装〟できるようなものでもない」「AIは〝社会〟という水準で論じなければ、その本質を捉えることはできないし、またそうでなければ無意味である」と明言し、「AIを常に『人間』個体と比較する図式」に対して警鐘を鳴らしていると思われた点であった。その根拠はよくわからないまでも実に同感の思いはあった。特に知能は元来人間にとって所与のものであるのなら、〝社会性〟は付き物のはずではないのか。みんな大黒（2015）の言葉を聞くべし。

そして彼の結びのことばは、「AIが人間にとって代わったとしてもAIの『知能』は元の人間の『知能』（しかも〝心〟や〝意識〟と同一視されたそれ）が都合よく『プログラム』化されたものにすぎない」であった。そうだよなあ。AIの知能と人間の知能とは、どこまでも別物、と言っている？　文中の〝都合よくプログラム化された〟の《都合よく》が、実によく効いていて気持よい、などといつも賛同してばかり。どうしてか。ファンというほどでもあるまいし。彼の言葉はさらに明快さを増して周りに響きわたる。

> 「『知能』とは社会関係が物象化され個体に「内—自—有（イン・ズィッヒ・ザイン）化したものであるにもかかわらず、人間〝個人〟にとっては『知能』の具有は所与の事実であり、またその時々の現場で抱かれる実感でもあるからである」
>
> 「メディア・パラダイムの変動に応じてAIが、『知能』や『人間』の〝シミュレータ〟から、〝エージェント〟そして〝アクター〟へとその役割を転じていったのと同様に、『人間』もまた社会〈システム〉の水準からは、コミュニケーションを連鎖的に紡ぎ出すことで社会を再生産する、したがってAIと機能的に等価なネットワークのノードとして位置づけ直されざるを得ない。もはや、人間（ヒューマン）のみが〝主体性〟や〈自立＝自律〉性の特権的所有を誇る理由はどこにもない。そしてそれこそが『ポスト・ヒューマン』（post human）の語によって本来指し示される筈の事態なのである」
>
> （論考「人工知能の新次元」大黒岳彦　『現代思想』）

〝人間はAIと等価？　そこまで言う。AIはモノや動物で充分なのか〟

またまた、そこまで言う、といった気分だった。「情報社会論」に続いて、彼はまた今回もカッコよく映った。彼にはAIごとき虫けら（失礼！）のような存在物よりも〝社会像〟にいつも目が留まっているのだ。ウー、ウーム。まさにアッパーをボディにしたたか入れられた感覚だった。もう、ファンに、なっちゃえ。いつものように読んですぐにはピンとこない、しかし気になって仕方がない洞察がそこにあった。自らの「情報社会」論と人工知能観をリンクさせながらポスト・ヒューマン時代の輪郭を感じさせたりして……。

　論旨に含まれる各キー要素の、周辺関連存在物とのリンケージ・センスにも拍手を送らざるを得ない気持であった。真偽（どうせわからぬことなのだが）の程は別にして、大黒岳彦の社会像を２０４０年の背景に再びお借りしたくなったことだけは、〝実感〟といっていいようである。

　この辺りは要所と思えたので、しつこくいく。ということで、少し前に触れた松田（２０１６）の「意識をもつ人工知能は〝強い人工知能〟、意識をもたないものは〝弱い人工知能〟と呼ばれます」というシンプルな二分法をもう一度振り返ってみた。この分け方についてはさすがに気になったのか松田（２０１６）は「ただし、意識をもつ／もたないは、あくまでも哲学的な観点です。より実際的な観点に立てば、科学研究などの知的活動に利用するうえで、人工知能に意識が必要とは考えられません」と断りを入れ、「人工知能に意識をもたせるにはどうすればいいのか、現在のところは見当もついていません。技術的に極めて難しいことなのです。〝それならば、当面は意識の問題はおいておきましょう〟というのが、現実的な立場だと言えるでしょう」と締めくくる。あれ～エ。でも結構イイ線、行ってるかな。だが自分は「意識」を哲学的視点だけとは思っていない。

　〝人工知能に意識をもたせる〟という表現よりは〝意識を人工的に作る〟というほうが素直じゃあないの？　ストンと「人工意識」開発と言うべきか？

　一方〝弱い人工知能〟は、聞いていてストンと腑に落ちた。でも意識をもたないなら、人間じゃなく〝機械〟だろ、だったら〝人工知能〟とどこまで呼んでいいのかな？　微妙な呼称はやめて「ＡＩロボット」とか機械ということがすぐわかる名前のほうがよさそうじゃあないの？　ねえ、当該学会さん。

　松田（２０１６）もやはり「意識」が気になった？　それで大きく取り上げたものの収拾がつかなくなった？　そしてそれをタイポロジーの一つの分岐軸に持ち込もうとした？〝当面おいておく〟なら、「意識をもつ人工知能」という表現は今不要だろうし、〝当面おいておく〟ということは〝先行き意味をもってくる〟ということを言外に言いたかったのだろうか。わかるなあ。されど一読者として、懐疑的世界に追い込まれていきそうでもあった。

　「意識をもつ人工知能の必要性」ということなど、今は（マーケティングにとって）どうでもよいというか、その先・二の次の問題だった。肝腎なのは、人工知能は意識をもてるか、意識が機械に置換しうるか、意識をもつものを人間以外に認めるか、ということなのだろう。意識自体ですら、はっきりしているとはとても思えないのに、はっきりしていない存在を置換しようとするのか。そりゃあまあ、ムリだよねえ。まぁだ、早いよ。とはいえ量子物理学者たちは、すでに「意識」の定義を彼らなりに考え始めているようではあった。

　ただ私の独断的見解では、認識中心の「意識」だけでは人間にとってまだ足りない。独・哲学者マルクス・ガブリエルがあちこちの自書で語っていた「意味の場」において生まれくる「意味」をどう連続的に理解するかに関わる能力のようなサムシング——たとえばクオリアとか——は、人間らしい感情等を産むうえで必要と思えた。

しかしちょっぴり考えを深めてみると、〝弱い〟AIは即ピンとくるのだが、コトバの対として〝弱い—強い〟という表現があるからといって、人工知能の区分けに鸚鵡返しで〝強い人工知能〟という分類を簡単に認めてしまっていいのかなあ、と感じなくもない。〝弱い〟が合うほどに〝強い〟は人工知能に合いそうにはないのだがなあ。違うかな？　これ、義務教育の国語の時間？

研究者たちが、目下のところはまだ自信なげなポイントに立ち竦み、苦労しつづけながら当惑の中にいる、そんな怪しからぬ幻影が浮かんできてしまった。まだはっきりしていないことが多すぎるのに、はっきりしているのは《機械》の領域（正確には〝プラスＤＷＨ〟、プラス情報、ではあるのだろうが）だけなのに時代はＡＩと騒ぎ（機械であればそんなに騒ぐこともない？　多少は減る？）、人工知能に関する〝あるまとまりのある考究〟を求めてくる、それも《意識》がらみだとなおよい、今何か（なんでもいいから？　そりゃあ違うよね）書かなくては時代に応えられない、自分も世に認められるタイミングを失してしまう、そんな研究者たちの煩悶が見えなくもなかった。

〝今はまだ、どう見ても、ロボットの世界のようだよ、ＡＩは〟

〝それなのにこんなに一緒くたにして議論を続けるとは、どういうことか〟

数年以上の汗の結晶として形を成した膨大な論文ならいざ知らず、一冊の数百ページしかない書籍単行本レベルではとても、何も書き切れない世界であることは、みんな知っているはずなのに……。メディアも、よくないなあ。

機械と人間、人工知能と人間、これらの対峙図式を改めて見直すと、なぜ〝（人工）知能vs人間〟が大きく取り上げられてしまっているのか、やたら気になり始めた。知能≒機械のつもりなんだろうが、どこか議論がすりかえられている？このように、また、わけがわからなくなっていくのだ。そんな気分に陥るのは私だけじゃあ、ないだろう？

G　知能以上の「何物か」の存在を想定する？

ここで知能以上の「何物か」が一人の切れ者によって抉り出される。

「知能が人間に残された最後の砦ではない（中略）。それを上回る『何物か』を私たち人間は持っているのです。それは、ある能力において自分よりもすぐれた存在を創造し、それを受け入れる私たちの先見性と懐の深さです」

（『ＡＩの衝撃——人工知能は人類の敵か』小林雅一　講談社現代新書　２０１５）

ここで指摘された「何物か」の存在の類を、自分も信じてこのところの時を過ごしていた。小林（２０１５）の指す何物かは、何となくではあるが「創造性」や「独創性」を微妙に超えたもののようであった。だが私には、小林（２０１５）の言う「先見性」や「懐の深さ」といった、包含する意味の多様すぎる曖昧模糊に映る概念というよりは、人間も含めた生物すべての進化の極致点に待ち受けているかのように存在するはずの全生物共通の「崇大な精神性（のような何か）」と思えてならなかった。〝知能イコール人間〟なんてとんでもない、人間はもっと奥が深いんだよ、と叫びたくなるのだった。

大事なものは、曖昧模糊で済ませてはならない。ということは、超人工知能というか人工超知能という代物の想定される中身と人間との間には絶対的な差異性が存在すると、今のところ考えてみよう、ということなのだ。

〝人工超知能なんてコトバ、誰が作った？〟

結果として、人工知能とは、ではなくて、《機械や先進技術に侵食され続ける人間の、人間でいられる範囲、つまりどこまでが人間なのか》、という問いのほうが大切に思えてきた、ということに尽きる。

ただ問題なのは、小林（２０１５）が〝おわりに〟の中で語っている「仮に〝強いＡＩ〟や〝ロボットの意識〟といったものが生まれるとすれば、それは彼らなりの進化の過程で自然発生的に生まれると勝手に思い込んで（きた）という見方」（アシモフのＳＦ小説『バイセンテニアル・マン（２００年生きた男）』の影響かも、と小林は語る）や「一部科学者の〝ＡＩの意識は計算ずくで実現される〟とする見方」などの諸仮説にみられる妥当性の勝負が、コンピュテーショナル・ニューロサイエンスや神経科学における実験技術の異常ともいえるほどの進歩の激流の中で、どのような決着をみせていくことになるのかによってその後のこの研究世界のありようや考え方は大きく変わってくるのだろう。私には、そのレベルはまるでわからぬ。今のところその確度高い予想などまったくできそうもなく、またそんな予想に興味はない。

先般引用した山際（２０１５）の書の巻末特別対談として、山際大志郎vs松尾豊が「人工知能３・０の可能性」を語り合っている。その中で松尾豊は、「人間は生命体であるからこそ、強い自己欲求や自己増殖欲求を持っており、これが強い〝目的〟となって知能を活用しています。人工知能は知能としては洗練されていくでしょうが、人工知能自身に生命体としての本能や欲求に基づいた〝目的〟は存在していないため、人工知能が自己の存在自体を目的化して人間を脅かす、という状況は考えにくいと思います。人工知能はあくまで人間の〝道具〟として発展・活用されていくと思います」と滔々と（そんな気がした）述べる。その通りだ、と感じた。〝生命体としての本能や欲求に基づいた《目的》〟の有り無しは、確かに分岐軸になりそうと感じさせる語り口のように映った。

情報学者西垣通も「機械（コンピュータ）」と「人間（生

物）」の差異についていろいろ語っている――「機械」（すべてのコンピュータ処理）は「過去によって完全に規定されている」「再現性にもとづく静的な存在」「人間という異物（アロ）によってつくられ、作動結果という異物をつくりだすアロポイエティック・システム」であり、一方人間（生物）は「流れ行く時間のなかで状況に対処しつつ、絶えず自分を変えながら生きる動的な存在」「一回性のある出来事を重ねていく時間的存在」『みずから自己をつくるオートポイエティック・システム」であると（『ビッグデータと人工知能――可能性と罠を見極める』）。そして西垣（２０１６）はこう締める――「人間の目標設定は（すべて）〝生きる〟という価値軸にそっておこなわれる」と。痺れる結びの言葉である。人工知能開発にあたってこの言葉を心に念じたいと思う。まさか「人間」を作ろうとする不届き者などいまい。人間（と同じもの）なんて、作れっこないと決め打っておいたほうがいい。みんな開発のスタート時には「機械」を作ろうと考えているんだよ。そうだよね。

　このような心落ち着く見解の一方で、ジェイムズ・バラット（２０１５）の書の訳者（水谷淳）あとがきに、次のようなコメントも躍るのだ。

> 「人間の知能は進化によって獲得されたため、そもそも人類が生存して反映することを前提としている。しかし機械の知能は、それとは異なる目的で作られ、異なるロジックで進化する。そのため、ＡＩが人類の生存を前提条件に置いてくれるとは限らない。ＡＩにとっては、人間を殺すことと害虫を殺すことに何ら違いはないかもしれない。ＡＩは我々を守ってくれると決めつけるのは、人間の自分勝手な思い込みだというのだ」
>
> （『人工知能――人類最悪にして最後の発明』）

ふざけるな、と思った。しかしチョッピリ、わからないでもない。こ奴、何者？　どんな意図・状況から、このような展開を推量したのか訝り始めていた。〝異なる目的で作り、異なるロジックで進化させる〟のは人間ではないのか。自己増殖をなしうる存在であろうと、システムとして人間がコントロール可能なはずだろう。警鐘のつもり？　きっと何か普通ではない別の意図があるのだろう、と思ってしまうのだった。

> 「超知能ＡＩは、ますます急速に進化して、人智のとうてい及ばない能力を次々に獲得していく。（中略）そして時間と物理を超越し、宇宙誕生以来の全時間を通じて全宇宙を支配しつくすようになるかもしれない。しかし我々が見る限り、現在の宇宙はＡＩに支配されてはいない。ということは、ＡＩが勝手に進化してとんでもない能力を獲得するというのは、実際には起こりえないことなのかもしれない。あるいは、（以下略）」
>
> （同前）

〝あるいは、〟と言われて、脅しを途中で中断されたがごとき悪しき気分になった。読後直ぐ、感覚的に〝バラットの超知能AIは、間違いなく人間以外の非生物だ〟と感じ取っていた（自分はすでにボケ始めている？‥）。

そうじゃあ、ないだろう。超知能は人間にこそ持ちうる能力ではないのか。それは小林雅一が言った《知能以上の何物か》なのだろうし、知能であれば、それを保有しうるのは人間に限られる。断じて非生物であるはずがない、そう強く思うのだった。〝人工超知能〟なる新概念を抹殺せよ、と内心呟く。そんな中、「知能以上の何物か」が簡単に見つかった。岡潔の言う「情緒」も「知能以上の何物か」だ！

著者たち各々の心情を知りたいわけではない。科学的洞察というものがこの領域においても可能であるなら、自分はそれこそを知りたいと思う。

ジェイムズ・バラットはどうしてこのような負の想定を反復する書を書こうとしたのだろう、と一旦は思ったのだが、略歴をみて納得がいった。バラットはフリーのテレビ・プロデューサーだった。なら、負のコミュニケーションを求める気持もわからないでもない。いやあ、そんな簡単なモティベーションではないかも、なあ。

それにしても、まあ自由な、何でもありの時代ということなのだろう。だが、この人類にとって大事な研究分野が〝何でもあり〟では困るのだ。何でもかんでも、AIで括るな！

私の想いは、AGI／ASIを究めんとするときには「世界観」（宇宙観、かな？‥）の勝負になる、という確信にフォーカスされていくようだった。

〝世界観の学びなき者に、AGI／ASIは解明不能である〟

人工知能周りで〝科学的洞察〟を探していくと、先ほど参照した『現代思想』「特集・人工知能――ポスト・シンギュラリティ」（2015年12月号　青土社）に行き着いてしまった。論考として6人の異分野本格研究びとが手抜きなしの劇稿（読む者に何らかの激しい作用を与えるほどのインパクト溢れた論文を勝手にこう呼んでいるのだが）を寄せていて、なんと1300円なのだ。青土社とはドエライことをするところだ。

H　インフラ型AI

同じ雑誌（『現代思想』）の中で、情報学の上浦基が「〈システム〉思考と特異点を待たない人格のアップロード」という、自分レベルにはほぼ理解不能なタイトルで寄稿した論考中に、またまた極めて興味深いAIのタイプ分類が見つかった。前へ進めていると、何かしらいいことがある。

「人工知能には、二つの発展の方向性がある。ひとつはロボット、自動車、ドローンなどの動く身体を与えられそれを自律制御するためのものであり、もうひとつは〈システム〉の様々な個所に埋め込まれたセンサーからデータを収集して処理し、知識発見を行い、〈システム〉にその結果をフィードバックするものである。ここでは、前者をロボット型ＡＩ、後者をインフラ型ＡＩと呼ぶことにする」

（上浦基　論考「〈システム〉思考と特異点を待たない人格のアップロード」『現代思想』２０１５年12月号　青土社「特集・人工知能――ポスト・シンギュラリティ」内）

ロボット型ＡＩには、極めて普通の受けとめ方の静けさがあったが、「インフラ型ＡＩ」と聞いた瞬間、ドキドキしてしまった。ＰＧＲ（皮膚電気抵抗測定器／通常嘘発見器）の針が大きく触れた感じか。これ、今までＩｏＴの世界として捉えていたこと、そのものじゃあないの？　だから学者・研究人は複数（というかできるだけ多く）当たってみなくちゃ、とまた思ってしまった。

上浦（２０１５）は同論考の中で、「人工知能もまた人間の意識や知能との比較を置き去りにしたまま、工業技術としての発展を開始する」とシニカルに吐き捨てる（とジロがそのように感じてしまっただけなのだが）。なんとなく素敵である。彼・上浦基の論考の主たる要素を構成しそうに思える記述を、我流に抜粋してみると次の通りだ。

・データ駆動科学またはデータサイエンスと呼ばれる領域は、データストレージや通信容量の拡大、センシングデータの多量化・多様化、統計処理の自動化に伴って近年明確になったものである。

→〔ジロ〕そのよう、らしい。データ駆動科学って言い方もあるんだ。

・ＣＰＳ(Cyber Physical System)、ＩｏＴ(Internet of Things)、ビッグデータ、データ同化（Data Assimilation）等、すでに実用化・市場化されてもいるデータ駆動型の情報技術や科学的方法論によって、システム論が持っていた実世界環境下での方法論困難は、一定の解消がなされる。

→〔ジロ〕そうか、勉強になる。データ同化作用、気になっていた。

・近年その中心的技術として用いられているニューラルネットワークは、ファジイシステム、進化的計算、群知能などと共に、従来の人工知能と区別して計算知能(Computational Intelligence）と呼ばれることがある。

→〔ジロ〕オプティマイザ開発などのプロジェクトで、触れる機会があんなにあったのに、まったく知らなかった。

・機械学習手法の実装系と見做せる現時点での人工知能を、データ駆動科学の一分野として考えることが可能である。

（同前）

→〔ジロ〕ＡＩはデータ駆動科学の一分野？　ＡＮＩの話かな？

知らなかった知識がいっぺんに飛び込んできた。「計算知能」とか「人工知能はデータ駆動科学の一分野」とか、耳にした瞬間身が縮んだ。見事に、脳ミソの外の用語であった。

自分はまだ、十分門外漢の人間なのかもしれない。

インフラ型ＡＩについての上浦（２０１５）の本物感溢れる具体的記述が続く。その具体感はなぜか生々しさを感じさせていた。感じちゃうんだよ〜。

「日常生活を〈システム〉として、すなわち、機能＝関数の連鎖として捉えるとき、日常世界に埋め込まれた無数のセンサーは、我々の生活動作のひとつひとつから生み出されるデータを関数の入出力として拾い上げ、ネットワークを通してサーバに送る。（中略）インフラ型ＡＩの偏在化＝ＣＰＳの全面化は、日常における我々の動作が生み出す流れ＝人的フローを、滑らかに整流する」

（同前）

第一印象として、大黒岳彦の情報ネットワーク社会になんと馴染む考察であることか、といった感慨が胸を浸した。同時にセンサーから吐き出されたデータがぼうふらのようにも見えて、異様な世界が迫る感もあった。ビッグデータがぼうふらであるわけがない……。異様さを感じたのは、きっと妄想好きのパーソナリティのせいだろう。

今、そしてこれからのわれわれの日常生活はインフラ型ＡＩが核として埋め込まれたシステムの様相を強めていく、というのだろうか。そしてＣＰＳの全面化がシステム化の進展に比例して拡がっていくのだ。これもＡＩ、か。瞬時に大黒（２０１０）の情報社会論に見事にそぐうと見立てたジロ（筆者）の感覚は、果して正常だったのだろうか。まだ感じてるう〜。

インフラ型ＡＩは、将来のものなどではなくて、人間の意識や知能との比較やその関係性などは無視された状態のまま、スマート・ファクトリー、スマート・マシン、スマート・シティ、あるいは企業のＡＩ戦略などの俗名の下で、すでに工業技術としての発展のスタートを切ってしまっている気がする。スタートボタンを押したのは企業、そして押すドライブは明らかに何らかの企業エゴのようであった。そりゃあ、間違いなかろうよ。

人間との関係性への洞察やそれに基づくメタフィジカルな意味の確認のないまま、欲望拡大・功利の潮に乗って、人間のためであるはずの科学の枠が、すでに他律的に流れ始めているというのか。なにかしら、感無量状態が心に隆起したようだった。いつもながら、その流れは侘しさ寂しさを感じさせてくる。

「システムは、構造を記述することでなされる対象の認識であり、必然的に観測者を対象の外に置く。（中略）実世界環境中に置かれた対象については、入出力から関数を調整する帰納的プロセスであるインフラ型ＡＩが〈システム〉の各所に埋め込まれ、その動作を整流していく。他ならぬ私自身は、そのように眺められた〈システム〉の内側で、日々を生き暮らすことになる。（中略）しかし、〈システム〉の記述においてその内側と見做される場所にしか生を持たない私自身にとって、その境界を切り取れるかのような記述に、どのような意味があるというのか。私自身を眺めるような〈システム〉の記述は、本当のところ、一体誰の視点でなされたものだというのか。自らの生に〈システム〉の視点を持ち込ませようとする誘惑は、確かに存在している」

（同前）

〝その境界を切り取れるかのような記述〟？？？　本格的に本質的な部分に迫ろうとしている感触は、なんとなく伝わってくるのだが、正確な内容理解などまるでできない。難解というよりは独居房にひとり置かれた感覚がしていた。正直に言えばこの文言は、嗅覚として、きっと重要であり、そのうち自分もわかる時が来るだろう、そんな思いでわが備忘録に書き留めたにすぎない。

彼の論考のタイトルの一部に「特異点を待たない人格のアップロード」とあるのは、「〈脳をスキャンして（コンピュータに）アップロードする〉ことにより、人間の人格もそのコンピュータに移管できるという主張」に対する問いかけだったのだろう。明確に理解したのは、彼の「我々の生は、実体として機能＝関数なのではなく、せいぜい、他の観察者の認識においてそのような見方が可能というだけ」であること、そして「自らの生は、自らにとって局所視野でしかありえず、記述的境界を認識の前提とするシステムという見方によって自らの生を認識することはできない」という二点にすぎず（と言っても、この二点も論者の企図にどこまで合致しているのか不安なのだ）、そこから彼の言いたいことを感じとるには、今のところどだい無理な話と思えた。読者の方々も、そうなのかな？

あれれ、そのレベルしか理解していない文献を引用するな、というクレームの声が耳に響いてきた。でも大事そうなのだから、しゃあああんめえ。まあ、そのうち役に立つ、って……。あきらめきれずに、いつのまにかまた、上浦論考（２０１５）の自分なりの解釈作業に入ってしまっていた。この論考は凄いという直観に従ったまでだ。

ここでいう〈システム〉は、〝インフラ型〟だけに、生活・社会の広範囲にわたって記述され、組み込まれているがゆえに、従来のものとは異質感が高く、質（たち）がわるいと言えるのかもしれない。ひょっとして、これが将来の社会システムの主たる構造を成すのかも、と想像したとき、このシステム企画は、誰が誰のために考え、その境界をどんな思想の下に線引きしてきたのかが当然問われてくるはずだ。このインフラもいつか老朽化するのだろうし。

その reconstruction 作業を想像してみれば、世界にとっても人類にとっても、こんな空恐ろしいことはないと考えられる。つまりインフラ型ＡＩのきちんとしたメンテナンスやリフォーミングなどは一大難作業に入るのだろう。それだけは、間違いなさそうだった。

インフラ型ＡＩつまり数多くのＩｏＴたちをつなぐ〈統合

コンセプトとしてのＡＩ〉という存在はほんとうに「あり」なのだろうか、それはまた、どのような具体的方法論を通じて「ありうべき秩序」の形を遵守しながら全体を貫く基本コンセプトたりうるのだろうか、などと思いを馳せてみると、久方振りの本来の苦悶の正味が露出してきそうであった。震える世界の到来と思えた。

やはり、未理解者の戯れだったか。結局、よくわかっていない自分がはっきりしただけのようであったか。この上浦論、もっとわかりやすくならないものかなあ。彼の論考、気になって仕方がない……。

それに、ＩｏＴの領域を○○型ＡＩと呼ぶには、ＩＣＴやセンサー技術と比してインターフェース技術が大きく遅れて原始的なままである、インターフェースはカームテクノロジーとしてわれらの生活空間内に隠遁するぐらいカームでなければならない、などといったＩＣＴ技術全体の、一層の〝生活化〟の重要性を今更に直観するのだった。遅れているインターフェース技術が他の技術を活かせるレベルにまで追いついてきた際にみられるであろう時代変化は、空恐ろしい。

ひょっとしてインターフェース技術の進化は、バーチャル（ネット）とリアルを融合する（境界線を消去する）？　いや、もともと宇宙は少なくとも三次元以上の世界であり、「①ＡＩ＆ＩｏＴ×②ＩＣＴ＆センサー×③進化版インターフェース」という技術の同居・一体化・融合によって、今まで隠れていた本来リアルであるはずの直前までバーチャルであった空間が人類の眼前に突然顕現する、ということなのかも……。あれ、その空間、「メタバース」じゃあないの？いや宇宙は元々デジタルで三次元以上だったんだよ。半端な生物（人間）が科学技術のお蔭で無事機能拡張し、全部（もとのあるまま）認識できるようになっただけだよ。

ありゃりゃ、素人が妄想しすぎるんじゃあない、と即叱責の声が飛んできそうだ。そりゃ、マズイ。撤回、撤回。まあ、ゆっくり考えよう。

そう、たとえば〝三次元の世界に羽搏く〟というには、ゴーグル型ＶＲヘッドセットやＶＲ－ｃｈａｔの世界は序幕すぎて陳腐かつ幼稚すぎる、と言いたくなっても詮方ないか。いろいろまだ、よく、わかんない。

上浦（２０１５）は、「自らの生は、自らにとって局所視野でしかありえない」、そして「記述的境界を認識の前提とするシステムという見方によって自らの生を認識することはできない」とまとめている。ということはインフラ型ＡＩの蔓延（はびこ）る世界の中で生の認識を持とうとすることは容易ではない、と言っているのだろうか。そんな気がする。大変な時代だよなあ。

とにもかくにも、ＡＩ戦略なるものを野放図に、企業まかせで先行させていってよいのだろうか、この領域に至ってはそろそろ市場主義に委ねることを見直すべきではないだろうか、「倫理」一本やりでも困るのだが、でもそれに似た類の、個々の企業エゴからは完全独立した大きな枠組みが必要な気がする、などといった年寄りの冷や水のような願望（心配？）を持ってしまうのだった。今のアカデミー、企業エゴからの脱却なんて夢のようなもんだもの、なあ。みんな、頭がよい。素敵な研究人も多い。この項も、十分疲れたなあ。

ＡＩ研究は「人間拡張学」？

ＡＩについていろいろ語っていると、いつも「人間とは何か」という問いが傍にある。強いＡＩ、汎用ＡＩ、そしてついにといった感じの「人工生命」となると、震えがくる。

私は、ペースメーカのお蔭で生き、直近3個目を入れた。まあ、ペースメーカの指示通りに生きているようなものだ。他に臓物も一つ失し、心と同じくらい大切な勃起神経も取った。両眼も寿命50年ものの人工物で満たされている。私はまだ人間か。すでに別の生物の領域に入った？　最近よく考える。

デジタルが横溢する未来は「人間に能力をダウンロードする時代」に、本当になるのだろうか。

凄くて怖いもの――ｉＰＳ細胞、原子力発電、そしてＡＩ、人工生命……。そんな怖いものを年がら年中調べる研究びとも、怖いひと？

でも、考え方、使い方で、ものすごく役に立つ。私は今、やっぱりマーケティング思惟にＡＩがほしい。だからＡＩを学ぶのだ。マーケティングの今にふさわしいＡＩの機能を絞り込み、マーケティング用に特化したいと願う。

Ａ　キターッ！　人工生命化、そして〝無意識〟！

研究人の劇稿に往々にして確認される凄まじいほどの洞像には、空恐ろしささえ感じる。冬の多摩川の中で逝った西部邁の論考もそうだった。

脳を鍛え抜けば、ひとはそんなにもものごとが見えてくるものなのか。これが上浦（２０１５）の論考に対する印象であった。すでに西垣通、大黒岳彦にも触れたから、それ以外の賢人たちからの示唆もアトランダムに列挙してみる。

ギョッ、これはなんだ！　なんという論考であるか。まずは、複雑系研究者といわれる池上高志（東京大学大学院総合文化研究科教授）のものを挙げたい。ビックリ、インパクト、サプライズといった因子に対して彼が保有する因子スコアは最高得点レベルだと推測する。それぐらい私には奇想天外に思えた。

「人工物に生命性が宿ることを、『人工生命化』と言おう。（中略）人工生命化とは、すなわち、いろいろな技術やサービス・メディアが自動化しその仕組みが、われわれの期待を裏切りつつ、そのために自然現象化することをいう」

→〔ジロ〕人工生命化？　そして、われわれの期待を裏切るって？

「人工生命とは、生物学的にいわれる生命よりも〝大きな〟ものである。人工生命化した技術は、われわれの制御を離れ、自律性（自動化とは異なり、自分で判断し行為決定する）・ホメオスタシス（自分の元気さを維持する仕組み）・自己発展性（われわれとの関係性や自分自身の機能を革新していくこと）といった生命的な性質を顕著にもつようになる。（中略）つまり、単なる自動機械化と人工生命化との違いは、社会の中での人との関係性の築き方が大きく変化するところにある」

→〔ジロ〕ヒャア、これまた難しすぎる論考……。生物学的生命よりも人工生命のほうが大きい？　どういうこと？

「singularityは（中略）むしろ人間が変わっていくことであり、爆発的な技術の進化でたとえれば二〇年前の人の価値観と現在の人の価値観が不連続になる、ということだ。価値観の改革は、哲学書や宗教で起こすよりも、単に技術革新がもっとも確実かつ高速だということである。特に、人工知能（ＡＩ）は最も大きな影響力をもつ技術である」

「しかし、ＡＩは人工生命化する技術の中の一つ、サイドエフェクトにすぎない」

→〔ジロ〕言われてみれば、そういう見方も成り立つか。テクノロジーは人間の価値観を変える編相関値の高い要因だ、と言っている？

「これまでのＡＩ研究は、あたりまえのように、人間の意識に関する研究であった。（中略）それならば、われわれには無意識は必要ないのだろうか。そうではないだろう。意識というのは巨大な無意識の一端が見えているにすぎない。いまだＡＩがなしえていない、創造性や自己参照性、あるいは欲とか遊び、そういったものは、無意識の中にある。だからいかにして無意識を表現し、それを技術的に組み上げていくか、が、生命を人工的に創りだす鍵となる。その技術の人工生命化は、社会に進行している」

→〔ジロ〕まさに、キター！　という感じか。気になったことは、必ず誰かがすでに取り上げているのだ！　研究界は、やっぱり凄い。

（池上高志「人工生命化する社会とシュルレアリスム」『現代思想』２０１５年12月号）

ついに無意識登場！　キーワードが一杯飛び交う、かに見えたが、そのキーワードの大半は理解不能のようであった。なぜ「生命」を取り上げるのか。そのことによって何をしようとするのか、何をわかりたいというのか。取り上げたこの論者は、「生命」とは何で、どのように構成されているかを説明できるというのか。私の頭は、真っ白になり始めていた。苦しいくらいだ。

ひたすら推量を広げる——先進テクノロジーの相乗が《人間拡張》を当たり前のように生む時代にあって、〝どこまでを〈人間〉とするか、何を基準として〈人間〉と見なすか〟と問い詰めていったとき、〈生命〉なる存在が気になってく

Fig.14 「われわれの知っている生命」と「ありうる生命」

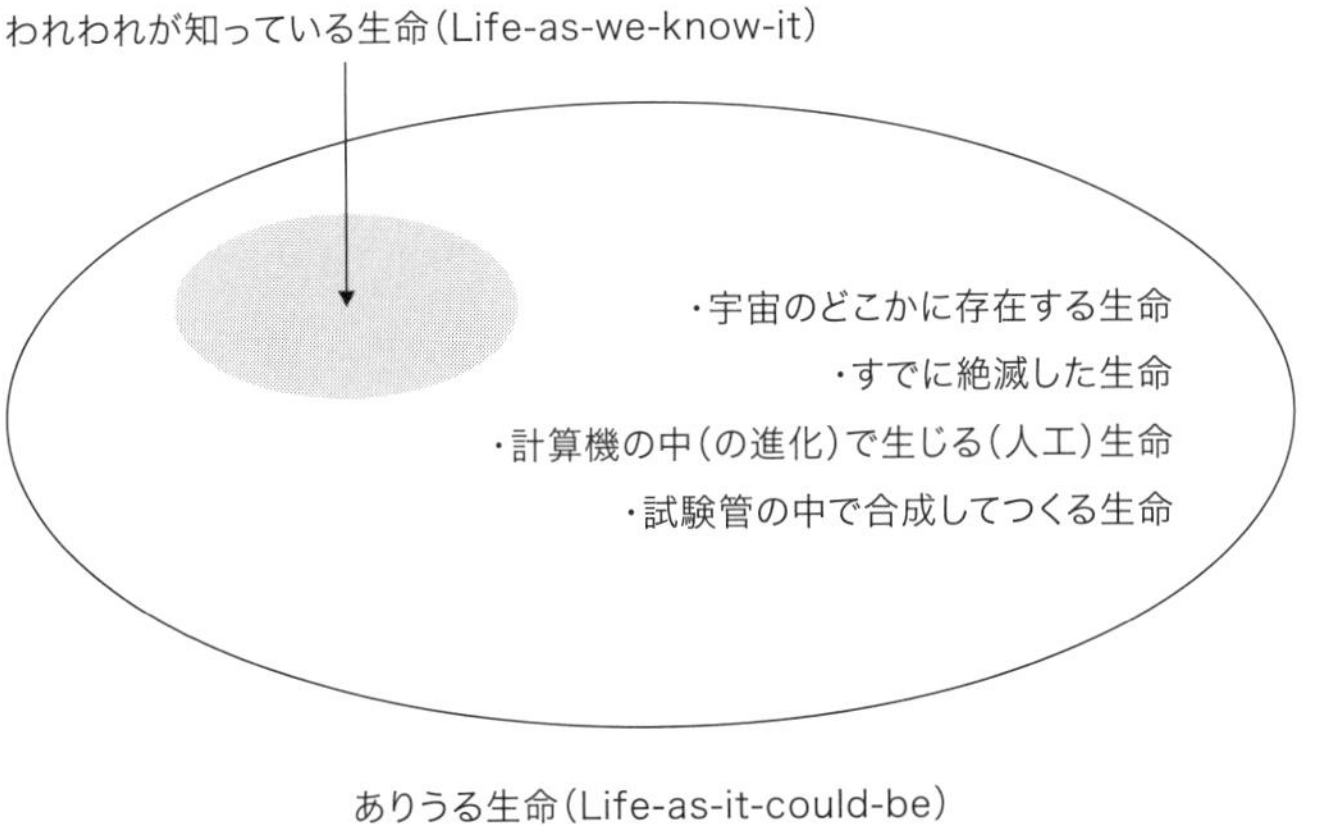

われわれが知っている生命(Life-as-we-know-it)

・宇宙のどこかに存在する生命
・すでに絶滅した生命
・計算機の中(の進化)で生じる(人工)生命
・試験管の中で合成してつくる生命

ありうる生命(Life-as-it-could-be)

出典:『ALIFE | 人工生命 | より生命的なAIへ』(岡瑞起　ビー・エヌ・エヌ　2022)Fig.1-1(P24)より
(有田隆也『心はプログラムできるか』〈SBクリエイティブ〉を参考に作成した由)

るのは自然な事態であると思えた。生命の中央には欲望を噴き出して生きる人間が居るはずなのだ。生命という舞台(仕掛け?)の中央で動きまわる人びとの欲望様相のリアルな姿は意識・無意識入り乱れて生成消滅を繰り返し、われわれを戸惑わせる。マーケティングを〈人間の欲望様相解明の学〉だとみれば、その新方法論を鍛え抜かれたメスとして其処に群れ入る関連意識・無意識を抉り出すことができればどんなに胸がすくことであろうか。

見れば、彼ら気鋭の人工生命研究家たちも「われわれが知っている生命」とは別に、「ありうる生命」なる概念を発想しようとしているらしい(Fig.14 参照)。まこと、いろいろな学者がいるものである。〝(技術の)人工生命化〟って、ありな言葉か。人が意識していようといまいと「生命」は存在し動く。意識している中での知能・思考など諸々の生命の動きについては人間がどうにか知りようもあるのだろうが、無意識においても生命の動きはあるようだから、それを知るべく多種多様な技術の複合から生命に似た動きをする人工物を用意して〝それを動かすこと〟を通じて無意識の中の生命の実体を探ろうとしている? だとすれば、とんでもない、ビックリ仰天、というしかないか。

いやどうせ容易には解明しえぬ「無意識」なる概念を行きがかり上「生命」なる構造の一環として設定しちゃった以上、その解明を諦めぬ限り、無数の仮説もどきも含めて手当たり次第に実証を進めてみるしか道は残っていなかった、というほうが当たっているのかもしれない。生命を人工化するには無意識の解明が必須である、ということなのだろう。

「無意識」とは、ユング研究者で元京都大学教育学部教授・河合隼雄らが言うところの〝意識〟を下部（閾下）から支える存在であるようで、それは個人的無意識と普遍的（文化的・家族的）無意識から成るという。さらにはあのチャールズ・ダーウィン（イングランドの生物学者）も下等動物たちの表情や身振りによる感情・意志表現に注目し、「なぜ人類は非言語的なコミュニケーションを発達させたのだろうか」という問題意識から「人間の非言語的コミュニケーションの多くは、進化の初期段階から受け継がれた本能的で機械的なものかもしれない」と推測し、さらには人間の意識の外側における無意識的な存在などによる影響にも思惟を巡らせたらしい（あくまで私の勝手な推量にすぎないが）という。進化―本能―非言語的コミュニケーション―無意識と連想をトレースしてみれば、ちょっぴり突っ込んでみたい話ではある。

人間の知能にはこの種の要素はすべて関連してくるはず、と十中八九は言えそうだとすれば、汎用AI（AGI）の類は「無意識」の解明なしには成しえないということになる。なのにAIの世界は汎用やAGI等と騒がしい。

それにしてもレナード・ムロディナウ（米・数理物理学者）は「人間が知覚する世界は人為的に構築されたものであって、その特性や性質は、実際のデータの産物であるとともに、無意識の精神的な情報処理の結果でもある」（『しらずしらず――あなたの9割を支配する「無意識」を科学する』レナード・ムロディナウ　ダイヤモンド社　２０１３）、つまり〝脳における日常世界のモデル化（知覚を通じて脳が感知した身の回りの世界すなわち日常世界のモデルをつくりだすこと）〟＝〝人間の心〟と伝えたかったのだろうか。となれば「人生を首尾一貫して生きるための力は、無意識から生まれる」（同前）ということになりかねない。それでも研究びとは今AGIを作ろうとする！

貴方たちはセッカチすぎる、ものごとステップバイステップ、だよ！

さらにまた人工の生命づくりを目指す（なんと大それた！）ということになれば、「生命」という以上〝自律性・ホメオスタシスもまたなくてはならぬものになる。これらの難物もこの人工物モデルに組み込もうとしている？　そんなことできるのか。よくはわからぬ。あまり難しく考えずに、iPS細胞みたいなものをつくるアプローチとおなじような考え方、とみればよいのか？　いや少し……かなり……違うような気もする。実に落ち着かない。

同時になんとなく感じてきたALIFE研究アプローチの実相は、どうもコンピュータなどで仮想的に構築した「生命」なるつくりものをモデルにして試行錯誤を極めながら動かし、本来の生命の実相に接近しようとするアプローチのように映っていた。そして沢山ある人工生命化するための技術の中の一つが意識に基づく知能化というべきAI研究のようであり、さらにそのアプローチを深耕する形で人工生命化を介しての〝（人間の）無意識〟への挑戦につながっていく、とでも言いたいのだろうか……。いや〜、奇想天外過ぎて、腰を抜かしそうである。ただそんな視座の向こうには、「何か」に役に立ちそうな仮説の山が山積みになる可能性はきっとあるのだろう。

　夢多き未来の話のはずなのに、跳梁跋扈の世界を見るようでもあった。人間というものがドラスティックに変わる、まさにその臨界に今あるということなのだろうか。それとも今まで隠れて見えていなかった人間の本性の一部がやっとあらわになりそう、ということか。AIどころの騒ぎではない、AIはほんの一部なのだ。AI様相をも組み込んだ人間の意識・無意識トータルの変態解析と捉えるべきや。ここでも、インフラ型AIと同様、AI研究が全体として有する社会性（というよりは社会変革性か）、さらには人間変革性にまで、もっともっと目を向けねばならないという示唆に満ち満ちているということのようでもあるか。われらも含めて関係者のすべてが、今までのあらゆる前提や常識を超越して、否定を忘れ、全方位に考えなければならない時のようであった。

　人工知能という概念（のようなもの）を凝視するとき、そこには「知能」と「生命」という二つの概念的コアが浮かぶ。そういえば松尾（２０１５）も確か「人間＝知能＋生命」と述べていた。知能の人工化と生命の人工化が合わさって、やっと人工知能の問題は終わるのだとみた（でも欲張りだな）。いや意識や知性まで含まれて、なのかもしれぬ。まこと根は深そうである。しかしそうであるなら、自分は、この問題を非生物サイドからではなく生物側から見通していかねばならない、とひらめくのだった。

　機械側から考えるから、機械に殺されるなどという妄想が容易に浮かぶのだ。ここまできたら、これから先は機械側からの発想を一旦置いて、人間側から考えたいものである。単に、支援ロボットの世界を考えるのとはまるで次元が違ってくるという自覚（覚悟？）が人びとに求められているのだろう。そんな根源的示唆を与えてくれた池上論考、その点に関してはよくわかった。それにしても変わる時代の熾烈さとそれに気づく人間の凄さに圧倒されっぱなしのようであった。日本の研究の「個」は、まだまだスゴイ！　まいりました。

B　人間でいられる臨界点とは

脳科学の茂木健一郎、サイエンス作家の竹内薫、ロボット学の石黒浩らも負けてはいない。

「〝統計〟とは、ある解析の対象（アンサンブル）から、一連の属性を抽出するアプローチを指す。多くの場合、〝確率〟が関与するが、必ずしもそれを必須としない。（中略）人工知能の無限資源は、大量のメモリと高速化する計算によって支えられている。（中略）人工知能は、統計的言語を通して、事実上、無限の計算資源に接続できるという前提の下に構築されている。ここに人工知能が、人工生命にも人工意識にも成り得ない本質的理由がある。（中略）統計的アプローチは、生命や意識について、ある種の解析は与えるが、その本質には迫れない」

（茂木健一郎「人工知能における統計的アプローチの限界」『現代思想』２０１５年12月号）

統計的アプローチなるものの限界を、他分野の人からストレートに指摘されては辛いものがあるが、リサーチャーである私には肌身でわかってしまうから悲しくもなる。正規と確率を信じ込んできた人間には、意識に対して無意識が突きつけられるように、あいまい、複雑、非正規、不確定、偶発といった概念が目に見えてのさばり出した昨今の時代が辛い。

数値を中心にした計算言語の範囲に留まりつづけざるをえないリサーチャーの世界は、率直に、まだ本質とは遠いところにあるようだ。詮方なし。

そういえば、「計算言語」に関する記述も、同じ雑誌内にあった——

「一五〜二〇年後の未来において、英語は人間同士が会話をする共通言語であり続けるだろう。だが、人工知能の翻訳ロボットが実用化され、やがて、『外国語』は必須の素養ではなくなるかもしれない。となると、本質的に重要な言語は、英語でも中国語でもなく、『計算言語』ということになる。なぜなら、第三次（第四次）産業革命の主役は『計算』だからである。数学、物理学、情報科学（プログラミング言語を含む）の言葉に堪能でなければ、来るべき産業革命後の世界を生き抜くことはできない」

（竹内薫「人工知能と「友達」になるための教育」『現代思想』２０１５年12月号）

そうなんだ、「計算言語」なんだよ、重要で身につけなければならない必須語は。但し、それは〝意識をもたないやや汎用（？）ＡＩ〟が登場する前までの時代の話だ。意識のある強いＡＩの時代には「計算言語」の重要性は一気に磨滅する気がする、なくなりはしないだろうが。

そんな先のこと（実はもう身近に迫っている？）はとりあえず横に置いておこう。どうせよくわからないのだから。

ＡＩからの連想語としては、「ロボット」は上位３位までには入ってくるだろう。ロボット、サイボーグ、アンドロイドといわれると、自分はアンドロイドが好みだ。先程恥を忍んで言ったように、己れの体内に３個目のペースメーカが植え込まれ、両眼の水晶体も寿命50年の人工レンズだ。そして前立腺・精嚢は全摘されている。そんな自分の呼称として、なぜかロボット、サイボーグよりアンドロイドを選んだ。これがジロ（私）のセンスというか、なにか矜持のようなものにつながりそうな気がしている。自分の「生身の身体はもはや人間の定義における必要条件からかなり外れてきている」はずだが、まだ十分人間でいられているようだ。とりあえず、良かった。

人間の身体はどこまで機械に置き換えられるのかという

テーマは、人工知能の問題なのだろうが（少し違うような気もしなくもない）、実はジロという人間個体の問題にもなってきている。機械に置換せずとも、前立腺全摘などの大手術の結果、射精が今までと異なり自らの体内へ向けて逆噴射するようになっては（そんな感覚がひと頃実際にあったのだ）、これもやはり人間から遠ざかる行為と思えてしまう。すでに、人間じゃあないのかも。

最近、先進医療の恩恵をどこまで受けようとも人間でいられるのだろうか、どこかの一線を越えると人間でなくなってしまうのだろうか、そんな臨界点がきっとある、もうかなりその臨界に近づいてきているのでは、などと考えて不安になる。これからの医者は、大変である。身体と機械の両方理解しないといけないなんて。

石黒浩（２０１５）の論考に、救いを求める感覚で目を走らせた。

「今のアンドロイドやその他のロボットには、行動はプログラムされているが、意図や欲求はプログラムされていない。（中略）意図や欲求を持つアンドロイドは、対話相手である人間の意図や欲求も理解できると期待される。（中略）人間の意図や欲求を推定できるアンドロイドは、人間の意図や欲求に寄り添うこともできるし、数多くある自らの意図の何割かを、特定の人間と共有することもできる」

→〔ジロ〕石黒も、アンドロイドという呼称を使っていて、なぜか安堵。それにしても、人間の意図や欲求を理解できるアンドロイドなんて、考えられるのか、考えてよいのか……。

「もしアンドロイドに感じる心と人間が人間に感じる心が同じならば、心の本質は、心を持っているかのように感じさせる人間やロボットの中にあるのではなく、それを観察して感じる側にあるということになる。すなわち、心とは社会的な相互作用に宿る主観的現象ということになる」

→〔ジロ〕そうなのか、それでいいのか。そう考えることで、本当に済ませられるのか、どうだろう。

「人間とは、技術を使う動物であり、人間は技術によって進化してきた。その技術によって作り出されるロボット社会において、人間はその本質に向き合うことになるのである。すなわち人間の真の進化とは、人間の本質的理解に到達することかもしれない」

（石黒浩「アンドロイドと人間の未来」『現代思想』２０１５年12月号）

読んでホッとする。半アンドロイドの自分は、ひょっとして人間の本質的理解のレースに関して、先行できている？　間違いない。ロボット社会の中では、今まで以上に人間の本質に向き合うことになるのだ。そこで、人間の真の進化を考えることになる、そんな時代の到来こそ近づきつつある未来なのだ。

「アンドロイドになってその存在価値を不変なものにす

る。それが、人間がこの世に生まれてくることの意味かもしれない」と締める石黒（２０１５）が一瞬光り輝いてみえた。そこには、珍しく感傷に浸る石黒の顔が時代のスポットライトを浴びている、そんな幻想が浮かんだ。

やはり、彼は〝ロボット〟と〝アンドロイド〟を使い分けている、アンドロイドは人間寄り、半人間以上であり、いわれている所の分類によれば、〝汎用ＡＩの極み〟に属する存在のように感じていた。

こんな議論の中で、「ロボット」というコトバも何気なく、定義を確認することもなく、慣習的に使っている自分に気づいた。慌ててロボットの定義を探したら、すぐに大塚寛（セグウェイジャパン代表取締役）のものが見つかった。

〈大塚（２０１７）によるロボットの定義〉

・実はロボットの定義はとても曖昧。

・２００５年に経済産業省のロボット政策研究会がまとめた資料によると、ロボットをロボットたらしめる条件は「センサー」と「知能・制御」と「駆動系」の三つの要素技術を兼ね備えたものとしています。（中略）これは産業ロボットを定義するのであれば間違っていません。しかし、この定義には問題があって、（中略）インターネット検索で使われるクローラーのようなボット(bot)は含まれないですし、（中略）世界初のロボットスーツ「ＨＡＬ」は人間が操作するので（中略）ロボットに含まれないことになってしまいます。

・（したがって）次のような定義を提案します。「人間（社会）の〝目的〟をテクノロジーを駆使して最短でかつ効率よく実現してくれるもの」

（『ＡＩロボットに操られるな！――人工知能を怖れず使いこなすための教養』大塚寛　ポプラ社　２０１７）

ロボットについてここまでシビアに考えたことはなかった。彼の定義は、きっとＡＩの中でロボットを位置づけるときに極めて有用になるはず、と確信した。そんな大塚（２０１７）は書中で〝《ＡＩ》という言葉を一度忘れよう〟と語りかけているようだった。バズワード化した《ＡＩ》への反省からか、機械学習の最前線にいる人たちも「ＡＩという言葉を使うのをやめたい」とすでに言い始めているという。ＡＩの代わりに、用途にフォーカスした言葉を使うらしいのだ。明らかに彼は、ＡＩという言葉の乱用に警鐘を投げかけたかったのだと推測する。そんなムーブメントの兆しを感じて、なぜか安堵するのだった。

このようなＡＩ分野の研究人の心の叫びと思える記述は他にないだろうかと漁ったら、おどろくべきことに、すぐに見つけられた。この分野の研究人は、想像以上に実に真摯なのかもしれない。

「人工知能の将来像を議論するときに、しばしば議論が噛み合わなくなる一つの原因は、議論の中で重要な位置を占めている用語が未定義のまま用いられることであろう」

「著者としては、strong AIとweak AIという用語は、不毛な論争の歴史を背負った用語であり、もう使用するのをやめてしまう、というのが正解であるように思う」

「人工知能研究者は、従来、人工知能という用語を未定義のままにして、いろいろな人工知能を次から次に研究してみせることにより、外延的に人工知能の意味を与えようとしてきたといってよいであろう」

「人工知能研究の非専門家と専門家の間にみられる違いの中で重要だと著者が考えるのは、非専門家は人工知能を〈モノ〉として捉え、専門家は〈コト〉として捉える、という違いである。（中略）我々は、人工知能を〈モノ〉としてつくっているのではない。いろいろなプロセスを走らせた結果、知能が〈コト〉として立ち現れる。それが人工知能である」

「人工知能とは何か―著者の答：人工的につくる新しい知能の世界である」

（堀浩一「技術的特異点に関する議論を巡って人工知能研究者にできること」『人工知能』32巻5号　２０１７年９月号　人工知能学会）

真面目だ、真摯！　わかるなあ、〝外延的に意味を与えようとしてきた〟だなんて。ウーム、モノでなくコトなのか。

〝知能がコトとして立ち現れる〟とは……。工学者なのにマーケティングマンのようなことをいう。頑張れ〜。

それなのに、新聞記者や雑誌記者、ＴＶマン（特に大手民放各社）らメディア人たちは、「ＡＩ」というコトバを見出しや小見出しに安易に使う。その瞬間、可哀想なことに、研究びとの努力は雲散霧消する。怒れよ、研究びと。

〝一番レベル低下が目立つのは、メディアの世界かなあ〟

昨今「人間拡張工学（Augmented Human）」といった表現の研究分野もあるらしい。「人間拡張国際会議」もすでに７回開催されているようだ（『スーパーヒューマン誕生！――人間はＳＦを超える』〈稲見昌彦　ＮＨＫ出版新書　２０１６〉より）。

人間拡張工学とは「簡単にいえば機器や情報システムを用いて、人間がもともと持っている運動機能や感覚を拡張することで工学的にスーパーマンをつくりだすこと」らしい。とてもわかりやすい。しかし同書の末尾には「身体が物理的な制約から解き放たれて『ポスト身体社会』が実現するとき、未来はどうなっているだろうか」といった本質的悩みに、やはり辿り着くのだ。人工臓器補助装置に始まり、ｉＰＳ細胞など、人間拡張現象というべきかアンドロイド化というべきか、そんな時代の動きは今加速中だ。

石黒（２０１５）の言うように、対ロボットを通じて人間の本質を踏み込んで認識しようとするこの事態のクリア化なしに、将来のマーケティングなんて考えようもない、と捉えるのは正論だろう。石黒の論文も、『現代思想』掲載のものだった。それにしても『現代思想』（２０１５年12月号）は、ここまで示唆に富んでいて、やっぱり安価すぎる。フレーフレー青土社。

劇稿の複合インパクトの中から、アイデアがひとつ湧いた。ＡＩの概念、分類、解釈は目下のところ各人各様、アバウトに広がりすぎている。この際、いま少しアップツーデイトにキッチリ整理し直していくべきではないか。シンギュラリティが問題化するそのクライテリアは、間違いなく〝ＡＩが意識をもつかどうか〟にありそうだった。そのレベル以下のＡＩはわかりやすく、人間に一応無害なようである。私の提案はこうだ――ＡＩといわれている概念を暫定的にまずは次の三つに分ける。

①人間拡張工学の成果物「拡張身体」（「労働機械」でもよい）

②意識をもたない汎用ＡＩ（含む特化型）

③意識のある強いＡＩ

②はインフラ型とロボット型に分かれる。あるいは全体の上位概念の大分類としてインフラ型とロボット型がまずあり、ロボット型がこれら①〜③に分かれてくるのか。いやいや、分類の上位概念はインフラ型・ロボット型・人工超知能（③）の大きく三分類で、その中のロボット型が細分類として①と②のジャンルに分かれてくるのか。ウーム。まだ結論は、出しづらい。

先ほど引用した『人工知能』（２０１７年９月号）内の別の論考でも「強いＡＩと汎用ＡＩはしばしば混同されるが、全く別の概念である」（「特集「ＡＩ社会論」にあたって」高橋恒一、井上智洋より引用）と明確に述べられている。でも特化型は①と②に分かれそう。分かれていいのか、まだよくわからないのだ。

そして②・③の混同が主たる輻輳の因になるかも……。

今のところどんな分け方が良いのかについての結論はまだ出ないし、前記の分類も日々変わっていくのだろう。そして③の意識あり版は、人間との境界が極めて微妙に接近してくるはずだから、ＡＩという名前を棄却し、別名称としたい。別の言い方をすれば、先程も言ったのだが、ＡＩ側から考えずに、人間側から考えたい気がしている。誰か、良きネーミングを、早々に考えて下さい。

Ｃ　ＡＩに未来永劫無理なことって、何だろ？

ＡＩはバズワード化したといったが、そういう意味ではＩｏＴも、ビッグデータも、さらには第四次産業革命も、十分にバズワード化しているといえなくもない。これらはどこか結構近い関係に感じなくもなく、かつほぼ同じ時期に産まれ育ってきたゆえからか相互に相乗し合い、時代に対して合わせもつ〝バズワード力〟もまた南岸低気圧のごとくに半端でない威力を有していそうだ。

その源泉や責任所在の主たる素因は、研究者自身たちの根気や意地の欠如にあるのか、出版・メディア人たち（コメンテーターと呼ばれる層を含む）個々の無理解や企業エゴにあるのか、それとも大衆全般の愚鈍化にあるのか？

どうも、この三層入り混じった答えがありそうに思えてならない。

これらの用語は、イノベーションに倣（なら）い、国がバズワード化を促進したきらいもありそうでさらに質（たち）がわるい。特に気になるのは、この種の分野の書籍には、〝ＡＩやＩｏＴによって産業構造が大きく変わろうとしている〟という台詞が常套句のように蔓延り、「産業構造」の変化にはページを割くが、それに伴う「社会」「人間」の構造変化にはまったく触れないものばかり、であることだ。経済学ベースの記述だからそうなるのだろうか？　であれば岩井克人の『経済学の宇宙』（日本経済新聞出版社　２０１５）をしっかり、読むべきだろう。産業構造が大きく変わるのであれば社会も人間も当然大きく変わるはず。この事に少しは触れてよ。皆さん方は鈍感で偏りすぎだ。

この項で大変お世話になった『現代思想』（２０１５年12月号）特集の、というかＡＩディスカッションの極め付きは新井紀子（国立情報学研究所教授／社会共有知センター長／数理論理学専門）だ。率直に、私め、ファンなのだ。

同誌の小島寛之（数学・経済学者）との対談「東ロボくんから見えてきた、社会と人類の未来」で自由にＡＩディスカッションを展開する。「東ロボくん」とは東大入試にチャレンジするロボットの名前である。ともかく顔が自分好み（失礼）。日経ＢＰムック（２０１５年５月）にもステキな（失礼！）顔がカラーで載っている。彼女の自由な発言抜萃を、本項の結びにしたくなった。

以下に新井先生の生声の記録をアトランダムに列挙してみる。

「書かれていない〝常識〟をどこからどうやって取ってくればよいのか。それは人工知能研究が始まって以来の課題です」

「（東ロボくんは）すごく難しい問題は解けたのに、因数分解ができませんでした」

（『現代思想』２０１５年12月号）

気安い話しぶりに、こちらの気分も安らぐ。想定していた通り、「常識」の機械への置換は、常識が社会によって大きく影響を受けるだけに、簡単ではないようだ。それにしても、因数分解が苦手とは……。

「実はロボット開発の現場では、梯子をよじ登るとか、ジャンプするとか、そういうアクチュエーションは非常に研究されているのだけれども、本当に人間と機械が協調して問題解決するような未来が来るのかどうかあまり研究が進んでいないですね」

↓〔ジロ〕彼女がいう〝協調〟という概念の中には、ユーザーインターフェースのような課題も内包されているのだろうか。それとも、もっと本質的な別の協調スタイル（？）が想定されている？

「私は、機械に関して〝理解する〟とは、言いたくないんですね。実際は単に記号処理をしているだけなので、ただ、記号処理が理解に見えるときがある。それは一体何なのかという話だと思います」

↓〔ジロ〕ウーム、何か、核心のような……。いいなあ。

「AIが一番得意なのは、検索・分類・審査・最適化です。（中略）ホワイトカラーの仕事のなかで、検索と分類が占める時間は、相当なものだと思うんですね。もしかすると7割くらいかもしれない」

↓〔ジロ〕わかるなあ。マーケティングでもこの4つは必須タスクだ。AIとマーケティングは得意ジャンルとしては同じ特質方向に在る？

「〝機械学習〟とか〝ディープラーニング〟とか、いろいろな言葉で言いますが、確率密度をいかに推計するかという話でしかありません。機械学習とは観察されたデータ（例・顔写真）に対して、その意味（例・個人）を、すでに得られているデータをもとに推定する、という分類問題に有効な手法です」

↓〔ジロ〕こんなに平易な機械学習の説明、はじめて聞いた。

「この手法を成り立たせるには前提があります。それが、機械学習に用いるサンプルが全体のランダムサンプルになっている、という前提なのです。ですが、ふつう私たちが手にできるデータというのはとても偏っているんですね。そのデータが『ランダムサンプル』であるような全体空間というのは、実はごくごく狭い空間であることが多い」

↓〔ジロ〕機械学習がそうであるならディープラーニングもそうなのかな。〝ランダムサンプル〟な空間は、ごくごく狭い？ 集められているデータが少なくて狭いということなのか、説明可能な対象空間が少なくて狭いということなのか、それとも……。

（同前）

ともかく、〝ランダムサンプル〟と聞いてドキッとした。まさか、リサーチのサーベイの悩みとAI研究の悩みが似るなんて、ありえない……。第三次以降のAI機能のキーワードが〝ディープラーニング〟にあることは今や誰もが認めることだが、そのディープラーニングに弱点があった！

そういえば、大塚寛（2017）も「ディープラーニングの欠点は人間なしでは何もできないこと」と言っていた。「データを読み込ませるのも人間、データに意味づけをするのも人間、期待する結果になるように細かいチューニングを行うのも人間、そして、その結果から最終判断を下すのも人間」なのだそうだ。自分が毎日のようにやっている多変量解析手順と、何も変わらない。

ちょっと待て。機械学習の欠点ならわかるが、ディープラーニングは自律性に富んでいるはず。どうなっている？素人にはここが限界で、もう当惑し始める。それともディープラーニングも、初期設定は人間がしなければならないから、かな。使うデータも、人間が選ぶからかな。どちらにしてもディープラーニング機能の先をゆく自律的に学習されたものとディープラーニングが既得していたものとは、明確に区別したくなるし、そうするべきだろう。ディープラーニングの限界はどこ？　本当に、どこまでがＡＩ？　どこまでが人間？

「私は機械（人工知能）にとってこれは未来永劫無理だろうな、と思うことは二つあります。一つは漫画を読むことです。機械はイラストを理解することが一般に難しい。（中略）二つ目は、岩井克人（『二十一世紀の資本主義論』筑摩書房　２０００）を読むのは難しいということです。（中略）（この書）のなかで、〝美しいヘレネー〟の喩が出てきます。（中略）美しいヘレネーの喩は、決してＡＩにはわからない知性だと岩井さんに言いました」

→〔ジロ〕ＡＩを〝機械〟と呼び捨てにするところが素敵だ。漫画にある何かだけでなく、絵画が発信する何か、尺八や津軽三味線の音色に凝縮された何か、も同じなのだろうな。彼女こそ、そんな人間にしかわからない《色合い》に敏感な人なんだろうと推測した。新井紀子という研究者、酒場のカウンターで隣り合って座っていたい人だと感じていた。それにしても、岩井克人またまた登場。

（同前）

これで人間とＡＩの区別がはっきりしたジャン、と嬉しかった。口語体の良さがにじみ出る。言外の、行間の大事な何かを感じさせる。ＡＩは万能でないと説き、〝機械〟と呼び捨て、ＡＩと対峙することで「もっと、人間のもつ多様な可能性、多様な制作行為に貪欲になれ」と伝えてきているようだ。ＡＩの苦手なまだできないこと、そのそばに人間の新しい可能性が探せる、そんなＡＩとの向き合い方をリコメンドしてきているに違いないと納得した。

池田晶子にしろ新井紀子にしろ、タイプの顔には弱くなる。きっと新井先生は、酒が強い、いや好きなはず、と妄想していた。妄想なのでお許し下さい。

Ｄ　人間のすべての制約を解除する〝ＡＩ研究の旅〟

諸々のＡＩ考の中で、迫りくる圧を感じて気にとめていた台場時生の『人工超知能が人類を超える——シンギュラリティ—その先にある未来』について、もう一度細かく触れておきたい。彼の書のコンテンツにすこぶるオーソドックスなものを感じていた。コンテンツの軸として〝特異点後に想定される人間の姿〟を三つ取り上げ、①生身の身体・脳をそのまま維持する、②サイボーグ（生物と非生物の融合体）として進化する、③完全に機械化し、非生物となる、といったケースを明示してくる点など、示唆に富む部分も目立つのだが、それ以上にこの書のストーリー展開、起承転結設計に強い興味をそそられた。すなわち、まずは近づくシンギュラリティの概説をし、シンギュラリティがなぜ問題になるのかを整理する。そして次の章はなんと、〝私たちはどこから来たのか〟と宇宙の始まり、生命の誕生と進化の40億年を概説するのだ。人工知能の本（とジロは思って購入した）としてこんなに生命史・生物進化史に頁を割くとは。新鮮！　ビックリ！　そしてどのＡＩ関連書でも中心部分となる〝科学技術の進歩と人類の進化／シンギュラリティ後〟の語りに入るのだが、その次の章の〝そして、人類のゴールへ〟をみてまたビックリ。

突然、「幸せは絶対的な尺度では測れない。したがって、幸せは相対的な尺度で測られる」などといった「人間の幸せは相対的なもの／幸福の原理」についての話が始まるのだ。さらに、「幸福度関数」まで考えようとする、ＡＩ・シンギュラリティの書の中で、だ。この現象と傾向は、類書にはまったく確認できない。さらには《幸福感の基本構造》、《状態価値と幸福度の悩ましい関係》まで整理しようとする。内容への賛否は別として、書の構成の仕方は明らかに「哲学」を求めているように映った。こんなの、ありなんだ。

ともかく、このアプローチ展開は〝意外〟そのものであった。同時に、キチンと考えたら、たぶんこの流れになっていくよなあ、とも感じていた。ただ、ＡＩという概念の傍らに、〝幸福〟という似つかわしくない言葉が寄り添うことの違和感は十分に自覚していた。風変わりなんだけど、いいんだよなあ。

「たとえ人類にとって価値の高い状態をずっと続けられたとしても、幸福度は時間とともに低下し、ゼロに落ち着くことになります。幸福度を上げるためには状態価値も上昇し続ける必要があるのですが、（中略）私たちの望みがすべてかなえられてしまった状態では、これ以上の高みには行きようもありません」

（『人工超知能が人類を超える』）

〈状態価値〉という独自の概念も登場する。伝えたいことを伝えるのだという強い意志の発露をみる。そして〝望みが全てかなえられる状況〟とは、

「ロボット革命、生物革命、技術的特異点といったイベント後の世界について、その特徴を列挙すると、①生活のために働かなくてよくなる②望む物はいつでもすぐに手に入る③知的能力や身体能力を人工的に高めることができる④容姿や性格を自由に変えられる⑤病気と死がなくなる、などがあります」

（同前）

とし、「不幸のない人類の到達点に幸せはあるか?」「この世の不幸がなくなれば芸術もなくなる」と疑問符を呈示してくるのだ。現代社会の様々な状況からみて、「不幸のない世

界」の話は、少し早すぎないか、と直感で感じた。同時に、〝すべての望みをかなえてしまうと、これ以上の高みには行けない〟という台場（２０１６）の声を聞いたとき、反射的にひらめいたのだった――〝情動・欲動なら、さらなる高みに行ける？　だから欲望は欲動化する〟。

　彼の結論は、好みは別として、自然に感じる――「人類が向かっている最終的な到達点は全知全能である」「その到達点は『死』とも言えるような完全に安定した状態であり、そこに幸せはない」「制約があってこそ人生は輝く」と。わかるような気もするが、この結論への道は、論理的というより彼の主観中心のように映った。そうあってほしいとは思うのだろうが、それではあまりに綺麗すぎる。修行の場、らしくもない。

　現代における「進化とは、すべての制約を解除する〝旅〟であり、「進化は（中略）〈個と種の保存〉を目的としない進化へと切り替わ」り、「生身の人間が担う進化ではなく、機械化によって拡張された人類《ポスト・ヒューマン》が主役を務めることになる」と洞察しながら、彼は「制約の解除という手段だけが残された特異点後の世界」＝「生物の進化は〈非生物的進化〉に至る」ことにかなり強い不安を抱いているように感じたのだった。

　すごくスッキリ、まとめてきたな、もっと揉んでもいいのでは、そんな気もした。もうそんなこととまで考えなければならないタイミングに入っているのか、という思いが実感だった。〝人類は「世界のすべてを知るための科学（サイエンス）」と「世界のすべての制約を解除し、完全なる自由を手に入れるための技術（テクノロジー）」という両輪によって「全知全能」へと突き進む〟といった驚異なる事態の現実化は、感度の鈍い自分にもわかりかけてはいた。

　この著者は素直で、オーソドックスそのものだ、とあらためて感じる。ＡＩ関連の書を友人に一冊だけ薦めるとしたら、台場（２０１６）にしよう。『現代思想』（２０１５年12月号）も読ませたいが、ちょっと哲学、哲学のトーン＆マナーが強すぎてわかりづらいし、なあ。

　特異点後の世界は、台場の言うように、「各人が自分の価値観に合ったものを選んで生きるようになる」「価値観の坩堝」、そして生物進化の目標である「完全なる自由の獲得」の時代なのだろう、と一応しておくことにした。ちょっぴり真摯すぎて落ち着かない、という点もなくはないのだが。

　こんな時代、本当の科学者は同時に哲学者でもある。出来のわるい自然科学者程恐がって自然科学者に止まる。マーケティング学研究人も、テクノロジストだけでなく、哲学者でなくて、どうする？　そしてマーケティング哲学として、「適度な制約をつくるマーケティング」「完全なる自由の獲得を目指すマーケティング」、さらには「個々に異なる価値観の坩堝の中で、人々を共存しやすくしていくためのマーケティング」を必死に考えねばならない時代に至ったとも実感するのだった。

　台場（２０１６）の考察は、シンギュラリティが限りなく近づきＡＩの発展がすさまじい時代の中での〝ヒトの想い〟

〝ヒトの attitudes の変化〟について見事に喝破している気がする。しかし、そんな〝ヒトの想い〟を促進・助長する社会構造の変化についてはほとんど触れられていない。

なぜなのか。私は、ヒト自体のこと以上に、ヒトをとり巻く社会環境の変わる様を、さらにいえば「ヒト自体×その人のコミュニティ」なるセットの変化をより知りたかったのだ。なぜならその視座こそ「来たるべきマーケットの変質」の解明に直結すると思えたから。其処こそターゲティングの的。

そう、忘れてはいけないのは、ディープラーニングを中心とした第三次ＡＩブームが生起する今の社会は、そのかなり前から個人の周りにすでにＳＮＳなどがきめ細かく張りめぐらされた情報過多の、洪水をも想像させるいわゆるインターネット社会であり、個々人はスマートフォンというＰＤＡ（personal digital assistant 携帯情報端末）まがいの超便利な先進装置を生活の必需品として身につけ、効率一杯のなかエンジョイしまくっている空間なのだ。

そんな大転換しつづける日常が普通になっていく２０１５年前後から「人はインターネット上に第二の言論・視聴覚空間を作り、住所を持ち、ＳＮＳを生み、社会を形作った」「言うなれば人はデジタル空間にもう一度生まれた」「魔法の世紀」などという明言の下に、メディアにきら星のごとくに登壇した落合陽一（メディアアーティスト）の洞察への関心がどんどん膨らんでいったのだった。また稀代の叡智登場かも？　そりゃあ歓迎だ。

Ｅ　デジタルなる環境の実像

社会インフラ化した身近な移動通信システムも、５Ｇ・６Ｇでは電子が地面を走っている状態だったが、７Ｇ・８Ｇでは光子（フォトン）が空中を飛ぶという（『東大教授が語り合う10の未来予測』瀧口友里奈編　大和書房　２０２３を参考にした）。効率だけは一層よくなるのだろうが、その具体イメージはまるで描けない。

書に触れて、目が覚めるようであった。これが、デジタルの世であるか。

『超ＡＩ時代の生存戦略——〈２０４０年代〉シンギュラリティに備える34のリスト』（落合陽一　大和書房　２０１７）は、強烈で刺激的な彼の時代洞察で溢れ、まさに沸騰状態の態であった。記述のすべてが、眼に新しい、のである。

「（そういった）ＩｏＴ（Internet of Things）による技術革新は私たちの生活習慣と文化を不可逆なほどに変えてしまった」

「私たちが何を人間として定義し、どこに人らしさを感じるのか、そして人に何をしてほしいのかがキーワードになる」

「人間性の定義というのは現在進行形で変わっており、これからも変わってくるはずだ。昨今の機械学習手法の一つディープラーニングの発展とともに人間のように思考する知性は生まれつつある」
「今私たちに求められていることは、シンギュラリティの恐怖を掻き立てることなく、人と機械の調和した、そして人間中心主義を超越した計算機自然の中で、新たな科学哲学を模索していくことである」
「機械ではないことを基準にした人間の定義は、人間によく似た能力を持った機械が現れたときに自壊する。（中略）機械の対比として培った人間性が、機械と人間の融合によって自壊したのち、一つの身体の垣根を超えていくだろう」

（『超AI時代の生存戦略』）

産業革命以降「モノ」を基準に生きてきた人間と、現代のデジタル革命以降に生きる人間の違いを、見事というくらいに気持よく抉り出す。ともかくびっくりさせられてしまうのだ。

今の社会環境は、「計算機自然」環境、「道具としてのコンピュータが環境となり、人と構造的にカップリングした調和的計算機環境」と言い切り、計算機の進歩はその独特の文化的構造ももたらすようになった、と洞察するのだ。そして「デジタルネイチャー」「デジタルヒューマン」、さらには「デジタル・エージェント」という時代のキーワードを生んでいく。

一瞬、叡智と感じた。「独特の文化的構造」を計算機が創るなんて、誰が発想するものか。そんな環境の内部には、「知能化したインターネット（機械）」という環境と「インターネットによって生まれた新たな知能（人間）」がしのぎ合っているらしい。彼の稀有な造語センスが読者を圧倒する。驚愕する他ない。言われてみれば、実感としてそんな感じであるし、大黒岳彦の「情報ネットワーク社会」にもスンナリ符合しそうである。そんな社会の中で、前項において台場（2016）が指摘した〝ヒトの想い〟も生じてきて、まるで不自然さはない。なぜか、よかった、とつくづく思っていた。

彼らが、ほぼ同じ時期に書をしたためていて、よかった。落合陽一が登場する前と後では社会観が大きく違ってくるのでは、と考えるほどの大きな衝撃があった。『魔法の世紀』（落合陽一　PLANETS／第二次惑星開発委員会2015）もきちんと学んでみようと思う。たぶん、コンピュータが〝魔法のランプ〟なのだろうが。それにしても、落合陽一なる叡智は、なんと1987年生まれ！　研究界も、変わるってか。

本章に関しても、記述後少し経った段階で、反省というか自分の主張・仮説をまとめる行為を忘れていたことに対する苛立ちの情動が膨らんだ。落合陽一への驚きが結びなの？　そりゃあまずかろう。己れの脳壁にしばらくの間こびりついていた〝AI考は人間の本質考〟なるわが確信の人間の本質についてはどうなった？　まるでまとまりはしていないのだが書いてみるしかない、と恥ずかしながらＰＣを開けた。

☆ディープラーニング（を含む）までのＡＩは、一律「機械」でいい。それは「合成頭脳」「労働機械」の両方を含む世界。ただ「ＡＩ」と、漠とした形で一括りにするのはやめよう。なぜなら、強い人工知能、ディープラーニングの先にみえる〝意識あるＡＩ〟においては、人間と機械の境界線が不鮮明になり未来マーケットのターゲットである「人間」を抜き出しにくい。

☆シンギュラリティ前後のマーケットに暮らす人間像・ターゲット像は、「計算機自然」「調和的計算機環境」との十分な交互作用により、価値意識も世界観も文化の認識も、そして地球観・宇宙観も、すべてその構造の基から変態した、言うなれば環境部品や機械と関係し融合まで為した、今までとは異なる自分を自覚する新たな人間存在と化している。そして、自分の周辺世界に存在するものすべてと対等な関係であることをあらためて認識し、その認識形態は相対性をベースとしていく。

この纏め、まるで抽象の極みといえ自分でもまだ不満足。でも仮説の類なのだから、許せ。そういえばペースメーカを植え込む前と後の自分、前立腺・精嚢全摘前と後の自分では大きく意識まで変わった。この程度でも変わるのだから、生まれ落ちたときからスマホ・タブレットが横にある人間と、中学生の頃やっとＴＶが生活内に入ってきた自分たちとではさらに変わってくるのだろう。

それにしても昨今の「Ｚ世代」という表現、どうなのかな？　これもやっぱり軽い？　なぜかって？　この言葉の使われた背景抜きに安易に使ってしまうからだよ。メディア人たちはそのままそっくり多用する前に、少しぐらい熟考してみてほしい。単に面白おかしく使うんじゃあないよ。なさけない。

「知能化したインターネットという機械」（落合陽一）に影響を受け、生来保有する所与の知能も「インターネットによって生まれた新たな知能」へと変態し、一見機械に大きく接近したかに見える新・人間像ではあるようなのだ。それはまた、人間の動物化、非生物化、機械化という要素をもかなり内含している変態であろうことは十分うかがえる。ただ、この点に関しても、人間に生来ある本能（つまりは情動）重視の態度と、新しい動きとしての非生物化や機械化が内含する特質は、拮抗し合う〝反面関係〟の側面も持っている、という大きな矛盾も内包されたままなのだ。この反面関係、果して折り合うポイントを見いだしうるのだろうか。

だからこそ、〝意識のあるＡＩ〟〝人工超知能・超人工知能〟の領域は、容易に進展するわけもなく、とりあえずＡＩ（つまり機械）領域からは外し（というか、マーケティングにとって、暫くはダイレクトには関係の浅い世界として距離を置き）、別の新規なる基礎研究分野として立ち上げていただき、当面は機械や諸環境要素と融合を続けつつある人間側から〝人間自体の変化〟として注視していくことにしたいと思うのだ。

人間が周辺物を取り込み過ぎて、人間と呼びづらくなってきた段階に至って初めて、それらの取り込まれた存在物を一旦人間から一切合切切り外すべく再分解する。そしてあらためて部品として機械領域のカテゴリーへ移行させたほうが落ち着きそうなものはそうする、グレイなものはグレイとして新カテゴリー化を深め、残った人間のコアの徹底身体分析を行なって「人間」のコアの変化を見つめ直してみよう、という提案なのかもしれない。こうやっても、何もわからないままかもしれぬが、黙って今の混沌を継続するよりはましだろう、と考えてみた次第。

したがって、クライアントである企業各位は、当面「合成頭脳」「労働機械」に絞って経営戦略への活用を考えればよい。言われているところの、〝意識ある強いＡＩ〟、もっと言えば〝(幅広の単なる)ＡＩという表現〟は、とりあえず失念してよいと思うのだ。現状のごとき茫漠と広がる概念定義のままでは、ＡＩなる概念の発達・進化は遅々たるものになりまた曖昧化も増幅するしかないのであろうし、その迷妄脱出のためにもとりあえずの概念分化&特化は必然となるのではないか、と私は予想する。

ただ、２０１８年2月に生起したアメリカ・日本を中心とする株式市場の突然の大暴落事例にみるごとく、これら機械の類の経営活用には功罪が相半ばする。証券専門家たちの間の噂話では、このときプログラム自動取引の割合が大半を占めたという(アメリカ中心の話らしいが、真偽のほどは不明)。ＡＩというか一種のロボットが、監督者の設定スコア通りに一気に大量売りに出た結果かもしれない、というのだ(友人に聞いた話のレベルゆえ勘違いなればご免)。人間よりもＡＩロボットのほうが行動の分散が小さいということか。

労働機械の出現は、今までなかった想定外の事態、予期を困難にする現実を簡単に生む可能性があるという示唆、いやアラームなのかもしれない。効率アップのために導入したＡＩロボットの存在が人間の意識しえない大暴落生起に関わり、リスクの比較的少ない状況においても、こんなハリケーン事態を招致しかねないと案じる「不安意識」(特にファンドたちの)といった新たなビッグ・リスクの種を、効率を求めて導入したＡＩ自体が産んだとなれば、こんな皮肉なことはなかろう。事態は、機械化によって、実体から遊離していくのか? 自分で自分の首を絞める、そんな事態は機械運用にはつきもの、ということを肝に銘じる必要がありそうであった。人間、いつから〈効率病〉に罹患した?

〝計算機環境と融合した人間〟の「意識」はどう変質していくのか、そしてそんな彼らの新しき欲望発出の姿とはどのようなありようであるのか、つまり欲望の発露事態の構造と過程が今までとどう変わってくるのか、このような難問がシンギュラリティ前後のマーケティングの基本課題となってくるようである。いやその前に、計算機環境と融合した人間とは何か、についての詳細解明が先なのかもしれない。少なくとも「デジタル」が埋め込まれた地雷原のごとき社会に生きざるをえない人間たちは、奥底から大きく変態せざるをえないのだろう。まさに今、人間と機械の間で、微細な単位で変容し合いながら人間は生きている？

そんな思いつきを安易に言うでない、と誰かが叫んだ。私もそう思わなくもない。でも、液体（水）が固体（氷）へと瞬間的に化すように、新人間はまもなく現れる……。それは危険率1パーセントレベルで間違いなさそうなのだ。これこそ、シンギュラリティ？ どうやら宇宙の膨張も加速しているらしいという研究者たちの話も耳にする。何が不連続に生起してもおかしくはない時代なのだ。

こんな思惟に溺れていたら、叡智・落合陽一の思惟は、選ぶ言語やファッションこそ超新鮮なのだが、その心は極めて真っ当・普通に感じられてきていた。思惟の開拓鋭利性においては上妻世海（キュレーター。『制作へ』オーバーキャスト エクリ編集部 2018）の潜勢制圧力にサプライズを受け、その思惟プロセスのまとめ役はおそらく清水高志（東洋大学総合情報学部総合情報学科教授、ミシェル・セール研究者。『実在への殺到』水声社 2017）のような鋭利性×思惟縫合技術に長けた本格研究びとが22世紀思惟開拓のパイオニアになっていくのだろうなどと夢想し嬉しく感じるのだった（この部分どこまでも我流印象に基づくものである）。

今のところ、こんな感じまでしか、書けない。徐々にコンソリデートさせていきたいのだが、果して可能なことなのか、まるで自信はない。ただ、実に面白い世界ではある。考え出したらやめられない世界、とでも言うかな。

F 生命を人工的に再現しようとする〝ALIFE〟

本節の前段で、池上高志（東京大学大学院情報学環教授）の論考を参考に、「人工生命化」についてチョッピリ触れた。明日のAIを考える以上、ALIFE（artificial life）についても触れざるをえないと感じていた。触れるに十分な知識もアビリティも、まるで持ち合わせていそうもないにもかかわらず、である。AI研究は先行き、意識の向こうの無意識を目指してALIFE研究にまで達していく、という私の厳然とした見通しがすでに存在していた。

「人工生命」なる言葉の名づけ親は、クリストファー・ラントン（米・計算機科学者 クリス・ラングトンともいう Christopher Langton）。彼が主宰した1987年第1回人工生命ワークショップにおいて、のことである。

「われわれが生命に特有と考えている物質ではなく、それ以外の人工的なメディアで生命現象を再現するもの」

「人工生命の「人工」とは、〝まがいもの〟という意味ではなく、自然ではない〝人の手で〟作られたものという意味だ。そして人工生命は生物的な現象を、ハードウエアやソフトウエアばかりか有機物質によるウエットウエアなどの〝他の〟メディアを使ってつくりあげようとすることで研究するもの」

「人工生命はただのデジタル生物学ではない」

「人工生命の出現は、複雑な現代の問題を解決できる新しい二十一世紀の科学の興隆を予感させるのと同時に、人間の生命観や宇宙観、科学自身の立つ基盤をゆるがす地殻変動をも引き起こす力を感じさせる」

（『人工生命の世界』服部桂　オーム社　１９９４）

これは当時朝日新聞東京本社科学部記者であった服部桂がまとめた「人工生命」の定義らしきものである。彼の整理によれば、ＡＬＩＦＥ研究は、「生物学を中心とした自然界の生物（ソフトウエアやハードウエアとの対比でウエットウエアとも呼ばれる）、コンピュータ科学を中心としたソフトウエア、ロボット工学を中心としたハードウエア」などの分野を統合的に包含する研究分野といわれ、哲学・経済学なども隣接するらしい。全一学、総合学といってもよさそうに感じられたのだった。

　なんとなくわかったような、わからないような世界と思え、つい生物学者福岡伸一のベストセラー書のタイトル『生物と無生物のあいだ』を思い出した。生命とは？　何が生物と無生物を分けているのか。そして生物は人間がつくりうるのか。人間はなぜゆえそこまで試みようとするのか、それは偶々の、軽い好奇心の現れなのだろうか。問いばかりが浮かんでくる。

　とはいえ、ＡＩからＡＬＩＦＥへの流れはとても自然だ。ここまで来れば、たぶん自然に、ＡＬＩＦＥまで辿り着くのだろう、と推量したくなる。

わかる・わからない、の話ではない。おそらく科学は、ＡＬＩＦＥまでノンストップなのだろう、と感じちゃっていた。まるで単純バカ、のようであった。

　ということで、自分も「人工生命」まで考えざるをえなくなった、というわけなのだ。研究者岡瑞起（筑波大学システム情報系准教授、人工生命研究会主査）は、『ＡＬＩＦＥ　人工生命――より生命的なＡＩへ』（ビー・エヌ・エヌ　２０２２）の中で意欲的にしかし淡々と（と思えた）語る。

「人工生命は、生命を人工的に再現することで、〝生命とは何か〟を探求する分野である」

「人工生命は、細胞やＤＮＡではないものから生命をつくり出そうとしている。（中略）生命という抽象的な概念をそのまま扱うのではなく、生命の活動の一部を真似する技術をつくり出し、実現する。（中略）人工生命の歴史は、生命がもつこうした特徴や性質をさまざまな方法で一生懸命真似しようとしてきた歴史でもある」

「１９５１年にフォン・ノイマン（von Neumann）という有名な科学者が、生命の基本的な特性を理解しようとしたときに、最初の正式なモデルをつくった」

（『ＡＬＩＦＥ　人工生命――より生命的なＡＩへ』）

　驚きが口から飛び出す。生命を人工物で再現して何がわかるというのか。ましてや生命が細胞やＤＮＡではないものから作れるというのか。狂気の沙汰？

ただ、この概念は、研究者の願望というより好奇心、ひたすら知らない未知のものを知りたいという素直な気持からつくられている、とは感じていた。

「人工生命は、生命というものを〝我々が知っている生命(life-as-we-know-it)〟に限らず、〝ありうる生命(life-as-it-could-be)〟を通して説明しようとするものである(クリストファー・ラントンの定義からの引用)」

「〝ありうる生命〟というのは、コンピュータプログラムからつくられているものでも、それが〝生命に特有の性質をもつ、あるいは生命に特有の振る舞いを示す〟限りにおいて、生命とみなし得る、つまり〝生きている〟と解釈する。この立場を〈強い人工生命〉と呼ぶ」

(同前)

科学者としての矜恃のようなものに触れた気がした。しぶとそうなのである。それは、簡単に済ませてなるか、とでもいった〝気概の溢れ〟であった。

この書によれば、池上高志はこうした〈強い人工生命〉によるアプローチを「実験数学」(コンピュータを使いながら計算することで新しい発見をしていく数学)と呼び、「実際の生物とは関係のない抽象的なモデルを通して生命の本質を理解しよう」としているらしい。早速に、この部分を備忘録にメモった。そうか、「人工生命」なる概念は、「生命とは何か」を探求するプロセスにおいてわれらを導くナビゲータになりうる概念なのだ、と気づいた気になっていた。

それにしても、今までの考え方とは、まるで違う——そう感じる。

有田隆也(名古屋大学大学院情報科学研究科教授)は、従来の「仮説(の構築)→実証→仮説(の修正)→実証→……」という、仮説を正しくしていくためのフィードバックのループと比べた人工生命研究の科学的方法論としての枠組みを次のようにまとめている。

①ターゲットの本質的部分を、要素の機能や要素間相互作用を記述することによってモデル化する。

②それを計算機の中で動かすことにより、そこで創発する現象を観察・分析する。

(『心はプログラムできるか——人工生命で探る人類最後の謎』有田隆也　ソフトバンククリエイティブ　2007)

つまり彼は、「人工生命=(哲学における)思考実験+計算機パワー」であり、「もし~ならどうなるだろう?」という疑問に対して、モデルを創り計算機をブン回すことでその答えを得る、という思考ツールなのだと明言しているようなのだ。

此処にみるシミュレーションは、今までのものとは徹底的に異なるかに思えた。従来のシミュレーションでは、ターゲットとする現象がはっきり実在し、それを忠実に再現することを目的とする、というケースが大半だった、と彼は言う。人工生命研究の場合、計算機の中の人工世界で起こっていることは、地上のモノの間で起こっている進化を模擬したものではなく、「進化そのもの」、あるいは「進化のひとつの具体例」と言うべきなのだ、と続ける。そう、「仮想」をモデル化するのだ。なんという思惟であるか。こんなの、ありなんだ。

そう、其処にあるのは《自律性をもった進化自体》のモデルなのだ。其処で観察・分析される対象現象は、従来のシミュレーションの中では関わりの乏しかった、自律的に派生する「創発」（先行与件――科学や研究の出発点として、論議の余地がないと考えられている自明の事実ないし原理――から予見したり、説明したりするのが不可能な進化や発展を指す）なる現象を含んだ予期せぬ事象だそうである。「創発」を別の表現で理解すれば、「構成要素間の相互作用で予期せぬ振る舞いや構造が生じる現象」と言えるようで、その中には《突然変異》も含まれてくるのだろう。其処で発生することは、そりゃあ言葉通りの「発見」とも言えるのだろう。

面白い。人工生命研究で用いられているこの新しきシミュレーションの枠組みこそこれからのマーケティング学の思惟に必要なものではないのか、と思ってしまった。

〝よし、この思考回路を、マーケティングにお借りしよう〟

〝仮想の理想的マーケティング命題をモデル化し、コンピュータをぶん回して、その命題を具体化するのだ。この方法だと、何だってできそう〟

だって、マーケティングが対象とする人間の「欲望」は、「生命」にも匹敵する難解きわまりない複合抽象存在物なのだから。

そして岡（２０２２）もまた、人工生命のグランドチャレンジは「オープンエンド（open-ended　終わりがないこと）な進化」の実現にある、と語っていた。確かに地球はオープンエンドであり、地球の進化は終わりなき多様な進化を生み出し続けている。そんなオープンエンドなプロセスをどうやったらつくれるのか、が人工生命研究の最大の課題なのだ、と理解した。

面白いかも。この研究、トレースしていかねば、と感じ入った次第である。

われらは今、主としてＡＩの「予測」機能に目を向けているが、ＡＬＩＦＥのこんな課題から生まれてくるはずの今後の成果物たちにも、大いなる関心を持たねばならない、と肝に銘じる。なかでも、「創発」を産み出すモデルを構築・フル駆動して予期せぬ概念の動作を観察・分析しようと試みる新シミュレーションの枠組みは、堪らなく魅力的な科学的手法に感じられたのだった。

〝この手法、欲望や生命など不可解なる存在物の解明に向きそうだなあ〟

それにしてもＡＬＩＦＥ研究、すごいなあ。現実化するんだ……。まだまだ人間の研究パワー、減じていないよなあ。元気づけられる感じだなあ。

でもやっぱり、マーケティングごときには手に負えないかも、なあ。

バブル！　新バズワード「生成系ＡＩ」狂騒曲の瞬間爆発

〝みんな、騒ぎすぎだろう、簡単に追随しすぎだろう、ほんと大丈夫？〟

この節を設けることは、直前まで躊躇した。あまりに、bizz音が高いのだ。この程度のことでどうしてここまで騒ぐ？　と訝りつづける自分がいた。

折角、ＡＩ研究に触れるたび本格的な夢らしきものを感じ始めたそんな今、この話題に触れるなんてあまりにタイミングがわるすぎる。されど早めに触れておいたほうがよさそうな、諸々のプロブレムや気がかりと多くの期待内容を同時に内包しているテーマでもある、と思い直す。

今２０２３年初春、新しい画期的バズワード誕生の気配に触れた。そのコトバは、生成系（ジェネレーティブGenerative）ＡＩ、対話型ＡＩ、人工知能チャットボット、そして具体的なる名称のChatGPT……まだどのコトバが優位に認められバズワード化するのか、定かでない初期的段階にあるようだった。何を生成するかって、なんと文章・画像・動画・３Ｄモデル（ＣＧ等）そしてプログラムまで作っちゃうのだ。そりゃあ、最低ホワイトカラーの仕事の大半はやっちゃうことになりそうである。まあ単純作業中心だろうけど。そんなこんなでこの新タイプＡＩを統治する新しい権力者（それは時代の勝利者？）は短期間のうちにとりあえず決まっていくのだろう。

このジャンル、「自動的に回答する会話型システム（対話型）」「教師あり学習と強化学習の両方の手法で転移学習されている」「（基本的に）クリエイティブかつ現実的な全く新しいオリジナルのアウトプットを生み出す人工知能」「デジタルの画像や動画、オーディオ（音声／音楽など）、文章やコードなどのテキストを（組み合わせて）生成する人工知能」などといった、適否など判断しえないくらい多様で混乱を次々と生んでいきそうな説明・表現の雨がネットや出版等を問わずに世間に降り注ぐ。そういえばチャットボットなど、少し前にそのひどい回答内容から「人工無脳」と揶揄されていたことがあったんじゃあなかった？（私の記憶違いかなあ。確か『誤解だらけの人工知能』に載っていたような？）。みんな、そんなこともう、忘れちゃってんだ。仕方ないなあ。

ここ数ヶ月スゴイのだ。その超短期間の進化の歴史を一気に振り返ってみよう。その契機は２０２２年（生成ＡＩ元年）11月のＯｐｅｎＡＩによるChatGPTの公開と、２０２３年2月6日グーグルによって発表された対話型ＡＩ〝バード（Bard）〟にあったように見受けられた。言語や映像等多様なテキストデータベースを基にオリジナルなテキスト自体を自動生成する便利なシステムの登場である。この時期、生成系ＡＩ情報のメディアへの登場は洪水となる。グーグルのBardにつづき、メタもLLAMA（ラマ）を発表、中国のＩＴ関連企業（アリババ、バイドゥ〈ERNIE BOT〉、復旦大学〈MOSS〉）等も即追随し、イーロン・マスクもさらに別途に参入検討中だという（２０２３年4月17日、トゥルースＧＰＴ開発予定と発表）。凄い賑わいだ。

　また来たか、という感じであり同時に、ついに来たか、とも感じていた。今まで検索機能の自動化によって人間の思考の一部が機械化され、これで大丈夫か人間は、という想いが膨らんでいたさらにその上に、コンテンツであるテキスト類まで自動化しちゃうというのだ。人間の思考や想像力・創造力などは不要になりかねない？　心配して当たり前だろう。

　テキスト生成のためのロジックは、聞くところによると（その内容の正否に自信なし。耳にしたことの伝達どまりの記述だ。許せ）、特定の意図を有する人間によって作られたロジック（某人間が○×をつけて事前入力）に基づく既存の（つまりすでにある過去の）テキストデータＤＢとの会話形式のマッチング（?）というか最適化作業をベースにして文章を出力しているようであり（これも偶々耳にしたレベルの話だ）、ということは生成されるオリジナルであるはずのアウトプットは、過去のデータがもつ複雑多様なプラスマイナスが混在する訳のわからぬ代物になるはず、と推測するのが普通なのだろう。確かに〝既存物をベースにした〟という前提はあるものの、表面上の効率を期待するレベルであれば、適した用途は数多く探しうるに違いない。依って多くの人は、容易に便利と感じることになるのだろうか。またまた〝効率〟推進事態の出現であるか？

　ということで、またまた先進科学技術のコンビニエント・アウトプットが一つ増えることになる、とまずは受けとめちゃった次第。たとえば大学の小論文の回答など、簡単に合格レベルの答案を出力可能なようなのだ。こりゃ、エライコッチャ。クリエイティブ？　作業の半分位はＡＩに移行する？

　用途にもよるがそのアウトプットの特性は、システム自体「〝知らない〟はない」「予測・予想をきちんとしない」（この段階のChatGPTには２０２１年までのデータしか入力されていないらしい？　この件詳細未確認。したがって未来のことには答えられないというわけかな）という構造で作られているようなので、おそらくはコンサーバティブな答えが多くなることが推測され、無意識にか意識してかは定かでないものの、差別・炎上・訴訟トラブル等を避けたい意図が滲んでいておかしくはない、とはすぐに推測しうるようであった。

　基盤とする蓄積データが果して、どの程度のカバレージのＤＢ（データベース）か、またどんな範疇枠内のテキストを集めたＤＢであるか、ＤＢに蓄積された過去テキスト類の精度（確かさや正しさ）がきちんと確認されているか、入力データの入力前チェックの程度、などによっても普通にアウトプットは影響されうるはずでもあるのだろう。見ようによっては容姿・外見だけはしっかりとした文章にみえたとしても、〝初めて創造されて出現したもの〟では決してない、そんな不可思議な次元のシステムがこれほどにバズるなんて……わけわかんない、と感じていた。たぶんこのシステム、誤情報の多出、悪用、暴走などが生起しやすい性格を多岐に保有しているはずなのでは（考えすぎか?）。悪用の最たるイメージとして〝世論操作〟や〝ウイルス生成〟までも浮かばなくもない。これもひとつの21世紀らしさ、であるのかな。

脳の働きには「学習によって培う働き（基本的にすでに起こった出来事の記憶＝陳述記憶）」「身体を動かしてのリアルな経験や体験による働き（状況を切り開きつつ学習する未来志向の記憶＝手続き記憶）」（精神科医、遠山高史「病める世相の心療内科.77　ＡＩには作れないサグラダ・ファミリア」『ＦＡＣＴＡ』２０２３年６月号）といった二つが存在するらしい。生成系ＡＩの機能は前者に相当し、同誌によれば、「身体を使って、新しいものを構成することにはむしろマイナスに働くかもしれない」（同前）ともいわれている。要するに「人間は自身の感覚や経験と関連づけて言葉を覚えている」（「ChatGPT の頭のなかをのぞき見る」における茨城大学教授新納浩幸の発言『別冊日経サイエンス２６３』「生成ＡＩの科学――「人間らしさ」の正体に迫る」日経サイエンス編集部編　２０２３）に対し、この生成系ＡＩはそうではないらしい。新納（自然言語処理、機械学習専門）は〝大量データから特徴や規則性を探す《パターン認識》はこなしているがデータがなくても未知の事象を論理的に予想する《推論》は実は高性能なパターン認識をこなしているだけ〟と明快だ。推論が苦手では〈思考している機械〉とは言えないということかな。まあ、人間の脳とは決定的に違うのだ。でも商売には、なりそうだな。単純作業を徹底的に減らせるのは人間にとって素晴らしいこと。だからバズっているんだろうな。

〝結局のところ膨大な過去情報から回答を出すＤＢシステム（ＡＩと呼ぶなんてとんでもない？）にすぎないのでは？　どこまでいっても用途をコンビニエントに拡大した単なるＤＢロボットにとどまるものだよ〟

〝このＡＩには設計図のない作業はムリ〟、というのが、現時点での私の率直な受けとめ方である。真の創造力とは無関係？　要するに「状況に働きかけて新しい事象を生み出すことに長けているとは言えない」（『ＦＡＣＴＡ』「病める世相の心療内科77」）のが生成系ＡＩの機能に見る宿命なのだ。関わる専門家たちは「一つの技術の黎明期の産物ゆえ、否定的に捉えるよりもまずは使ってみようよ」といつもの常套句を発しているようだが、この世界果してそれですむのか。研究びとはいつもながらビジネスの狂気じみたシビアさを知らなすぎる……。とはいえ、インターネット黎明期における日本の大敗北や半導体戦争の寂しき結末への悔恨や無念さなどが、技術者の矜持の奥に沈殿していたのかもしれないが。まあ、そう思うことにしよう。

この buzz 音からは、人間の想像力・創造力のほんの一部かあるいはかなりの部分が、ラフ（粗雑）なレベルで機械化されようとしている、といった言わずもがなの負の側面が十分に察せられ、悪知恵の餌食になる可能性も高いのだろう（マーケティングの現場の裏と表を生き抜いてきたチビた人間の確かな直観だが）。世の中それほど清くない！　国も行政も、令和の経営者も、緩すぎでは？　過去データに基づいて何かを自動生成するという作業の普及は、本当に「生産性」向上の本質にかなうことなのか、今一度熟考してみたい。「良質な人間（特に良き学生や研究びと）」の生産性はかえって、いや一気にわるくなるのでは？

〝この喧騒、見ようによっては創造と思考を、あまり深く考えもせずに機械に委ねようとしている？〟

〝新技術の生活化という展開は、いつも裏の悪用される世界や人間が希求していない便利性志向の象限ばかりで、なぜか先行リアライズされていく〟

〝またまた、正統なるAI研究の障害物になりそうな機械の登場？　いや、メタバース／NFTに続く商業主義に塗れた半端な概念の登場であるか？〟

ただこの生成系AIのプラス面を探してみれば、そのアウトプットの吟味を通じて、人間の本質的クリエイティビティとそれらしき似非クリエイティビティを弁別する貴重な機会をわれらに与えてくれる可能性を孕んでいると見られなくもない。ウム、教育の中身改革の具体的指針提供にも十分つながるのかも。

またこのAIは「Q&A型」という対話型形式ゆえに、今まで検索機能中心に多様なコンテンツを膨大に蓄積してきたウェブの世界を「（対話することで）検索しなくなる」というユーザーの行為が蓄積情報量を大きく削減させるという方向に変質させるかもしれない期待（？）もある。つまり〝ググる〟は死語になる？（検索の代わりに〝AIに聞け〟となりそうということか）。だからグーグルは「コードレッド（緊急事態）」宣言を出した？　さらには溜まるコンテンツが減少すれば、ネット広告を挿入する個所もまた減少し、ネット広告の打ち方や戦術にも変革が起きる？　どうだ、面白そうだろう？　堪らなく面白いはずだよ。GAFAMの一角が生成系AIによって瓦解を始める？　きゃあ、興奮！　生成系AIはその変革力においてWEB‐3に優る？　こんな我流推量がどうなるか、この書が世に出る頃にはきっと結論が出ていることだろう。

ChatGPTの発表2ヶ月後にそのアクティブユーザーが世界で1億人超となった事態を知った人工知能研究者は〝面倒くさい時代になった……〟と呟いたという（これらの噂話も私の曖昧な記憶にすぎぬことだが）。

この某研究者が感じた面倒くささとは何か。たぶんそれは、AIという機械にはない人間の「本質的クリエイティビティ」とは何か、を社会全体で厳しく問う時代に入ったことによって生じるわずらわしさなのだろうと推察した。

この新ビッグバズワードの登場は、AI研究（特にその技術の生活化の視点）には、ICTやアルゴリズム技術にとどまらず、人間という存在をそして人間の《知》をどう捉えるか、という本質的追求が常に傍らにあるべきだということをわれわれに求めているような気がしてならない。

この原稿を記述した数ヶ月後、「チャットGPT的現代の知性」と題し、「なんでも説明できるが、何も知らない……」といった小見出しを付した新聞記事が目に留まった（「産経新聞」２０２３年3月26日朝刊「Ｔｈｅ考」寄稿：京都大学准教授・柴山桂太）。それは私の安堵につながる視座で一杯だった。すなわち――〃人間は、経験を通じてさまざまなことを「知っている」。だが、それを言葉でうまく「説明できるとはかぎらない（中略）反対にＡＩは、なんでも言葉で「説明できる」が、その説明に対応する事実を「知らない」／人間にとって学習するとは、われわれの身体を取り巻く環境世界について理解を深め、その世界に働きかける技術を身につけることだが（中略）機械学習や深層学習など、ＡＩの進化を生み出す学習は、人間にとってそつなく、必要な情報を過不足なく与えてくれるようにデータを適切に処理するということなのである〃。

流石、言いことというなあ。乱れていたわが認識内容が、一気に纏まり始めるようであった。そうなんだ、そういうことだ。小さな安堵感だったものが、大きくなって全身に広がる。本考察の主・柴山は「現代人は、知らないことが出てくるとすぐに機械にたずねる」「危険なのは、人間が機械への依存度を高めることで、人間本来の能力を手放してしまうこと」だと明言する。

そうなんだよ、人工知能の「知能」は、人間の「知能」とは別物の、一線を画した〃似たもの〃にすぎない。そう、人工知能がつくり出す概念と人間が使う概念は、同じではないのだ。この視点をわきまえてＡＩという存在物を認識していかねばならないのだろう、とあらためて実感していた。

ChatGPT‐４という最新版（２０２３年３月15日時点）は精度もよく、「米国司法試験模擬問題で人間の上位10％のスコアを叩きだす」（「産経新聞」２０２３年３月30日朝刊「正論」――エッセイスト・動物行動学研究家・竹内久美子論考「人類はついに新たな段階に⁉」）ということになるらしい。だがいずれも、たかが「大規模言語モデル」（ＬＬＭ）にすぎぬ。それも過去に使われた言語ばかりを集めたモデルなのだ。モデル作成側は、特定の使用・運用を前提としたその精度・規模のレベルや保有特徴を示す〃出典明細〃などの「使用上の留意」的補足コメント位は、ユーザーへ向けて常駐させるべきであろう。

当然ながら生成系ＡＩは〃人間ならではの特質〃に限界まで迫る。ＡＩでなかろうと先端科学はすべてそうあるのだ。そんな科学の動きをプラスに活用し、人間ならではの特質をぎりぎりまで絞り込み、できればそれに磨きをかけていかなければならない。

どうせならChatGPTに一気に普及してもらい、今一番問題の「教育革命」までやってもらおう。大学のありようも研究機関のスタイルも、過去のタコツボに準じていてはだめなのだという国全体の意識変革推進の旗振り役になってもらおうじゃあないか。これからは、間違いなく《総合知》（それ、何のこっちゃ？）の時代、だって言うじゃあない？

今日（２０２３年４月）、ＯｐｅｎＡＩの市場参入発表後５ヶ月が経った。連日ChatGPTについての情報がメディアから流れる。その多くは問題指摘だ。日本の企業がこの生成系ＡＩ戦争にオリジナルモデルを引っ提げて参戦、といった話は皆無。ＬＩＮＥ（確かサービス参入当時、韓国企業ＮＨＮとの関係等ネットで国籍問題沸騰。詳細未確認）やTikTok（昨今欧米で中国産という点にアラーム拡大中？　詳細未確認）に対してもそうなのだが、このところの日本（特に行政）はオリジナルモデルで参戦というよりはすぐにトップブランドのユーザーになろうとする。その情報出自すらしっかり確認しないままに。あきれる。

ユーザーになるということはどんなことかわかっているのか。生成ＡＩとのチャットにおいては、単なる検索では得られなかったユーザーの推論や問題意識、言葉遣い、感情など内面的な個人情報がタダ同然にデータ提供側へ入っていくのだ。グーグルやマイクロソフトらにとって願ってもない情報強化が自動進展する好都合な事態の到来というわけだ。ということはＧＡＦＡＭに代表される情報独占権威状態はさらに強化され、いわゆる「監視資本主義」は明らかに一段と加速する（この辺り、『週刊東洋経済』２０２３年6月17日特大号「ニュースの核心」（同誌コラムニスト野村明弘）を参考にした）。民間個人は何をやろうと勝手だが、国や自治体は違うだろ？　ちっとは考えようぜ。

こんなことでは最初からＩＴ戦争敗退？　戦意も機会も損失？　経済安保などどこ吹く風？　ＪＡＰＡＮ半導体撤退やｉモードの国際戦略大敗などの疎ましい記憶ばかりが蘇る。どうせなら、思いっ切り「喧嘩船」出しちゃおうよ。ＪＡＰＡＮオリジナルモデルを旗頭に、さっさと、乗り出せ～。（周囲に）合わせる前に戦う意志を示すのだ（と私は若干興奮気味）。

それから数日後、また「産経新聞」２０２３年4月21日朝刊2面に「前のめり日本　欧米慎重　チャットＧＰＴ」「人間の自律性に脅威」（信原幸弘〈科学哲学〉東京大学名誉教授）なる記事が大きく躍った。生成系ＡＩというカテゴリー単位の話と一つの商品名であるChatGPTの話は、同じではない。だからこそ公共には入札制度もあり、良きカテゴリーであれば、まずはカテゴリー全体を好適ルールに則ってしっかりと選び、その中から適切な商品・ブランドを選ぶのが公共の立場だ。生成系ＡＩはすでに激しい開発競争下にある。問題は生成のために用意された情報ＤＢの中身がブラックボックスであること。その中身は開発各社で異なる。そのような状況下でブラックボックスを開けて確認しようとする当然すぎる理性も日本にはすでになくなったようであった。

自分が一番気になるのは、生成系ＡＩが出力する例文はすべて、先入観を派生する存在になりうることであり、人間の創造力にとって潜在障害物たりうるということ。〝便利は同時に毒でもある〟のだ。その毒性の強烈な持続力を知らねばならぬ。まこと呆れるしかないことばかりの連続である。日本における20世紀マーケティングの一気の凋落の背景に、日本全体の知の凋落があったと推測すれば、話は物悲しいだけでは終わらなくなりそうであった。

２０２３年に襲った生成系ＡＩ春台風のごとき超スピード

の突風的混乱は、意識をもたず意味も理解しない、そして思考にとって大事な推論もあまり得意とはいえないゾンビの出現（誰かがそう言っていた?）を思わせた。「ChatGPT の最大の欠陥は〈個性〉がないこと」（『ホリエモンのニッポン改造論――この国を立て直すための8つのヒント』堀江貴文　ＳＢ新書　２０２４）とホリエモン（堀江貴文）も端的に指摘する。確かにＬＬＭをベースとしたＡＩモデルに、全く新しいコンセプトやビジョンが生み出せるとは思えない。なにせ「意味」というものをただの近さ／遠さだけで選んでいる（『センスの哲学』千葉雅也　文藝春秋　２０２４を参考にした）モデルのようだから。過去につくられ使われた言語や画像の整理にとどまる代物、大騒ぎすることかよ。少子化だけでなく知の衰退も日本が先頭を走る？　空恐ろしい想像であるな。ChatGPT に無防備に飛びつこうとする方々よ、四の五の言わずにまずは日本語の「概念」をしっかり見直したほうがいいんじゃあない？

なんとそう記述したわずか1ヶ月後（２０２３年5月）、「ＡＩプロンプトエンジニア」という生成系ＡＩへの的確なる〝指示出し機能専門職〟名が流行り始めた。ＡＩに効果的役割を与える技術者だという。その指示内容の小規模単位の質問キットを「プロンプト（prompt）」と呼び、数百円で売るそうだ。見事に軽い。その早々とした対応(?)だけは見事だが、言語モデルへの的確な指示出しであれば、言語学知識は必須だろう。「言語学×ＩＴ」なるスペシャリティを人はそう簡単に持てるのだろうか。そんな基本的確認すら頭に浮かばない現代であるようだ。早けりゃあいいってものじゃあないだろう。情けない。

同じく5月、グーグルＡＩ「Ｂａｒｄ」は日本語対応し、ChatGPT、Bing（マイクロソフト）と三すくみの競合状態が本格化した。では日本はと言えば、ソフトバンク社長宮川潤一が5月10日、「ChatGPT の活用法を探るため、千人規模のエンジニアを集めた新会社を3月に設立した」ことを決算会見で発表、またまたユーザー視点の動きである。どんなエンジニアを集めようというのか、みものである（でも、わかっているのかなあ）。

さらにである。やっとのことでと言ったほうがよいのだが、5月12日の決算会見でＮＴＴ社長島田明は「自動で文章や画像を作成できる生成ＡＩの基盤となる〈大規模言語モデル〉について、今年度中に独自開発して商品化を目指す方針を明らかにした」ようだ。ＮＴＴの新生成ＡＩの言語モデルは省電力になっており、小型で使いやすく効率性のよいものだという（「産経新聞」5月13日付朝刊）。ＮＥＣも独自の生成系ＡＩ開発を公表（「産経新聞」6月6日付朝刊）。これらの国産勢の攻め、さてどんなものになるのか、センスは期待できぬが注視はしたい。はたまた5月22日、スパコン「富岳」を使って２０２３年度中に高度な生成系ＡＩ開発を、東工大学・富士通そして理化学研究所・東北大学が一緒になって進めるというニュースがネットを賑わした。一応頑張れというしかない。見事なる現代狂騒曲展開への突入であるか。

ヒャ〜、メディアたちの何たるしつこさ、呆れかえった。本項そろそろ店じまい、と思っていたら、「産経新聞」同年6月14日朝刊に「焦る日本　ネット敗戦の記憶」「ＡＩに前のめり、欧米と温度差」「都、生成ＡＩ導入」などの見出しが連続して躍った。どうなっちゃってるのだ、日本。

夥しや喧しや、民間ならば何をやっても自己責任なので何の文句もつけようもないが、お国や自治体はそういうわけにはいかないだろう。安易にユーザーになっちゃう前に、やること一杯あるんじゃあないの？　遅れちゃあいけない、早く取り返さなきゃあ、といった想いにかまけて、対峙する相手を凝視すらしない幼児性がちらほら覗く。みっともないのだ。もっと腹を据えろ。

考える前に動くことで自らを保とうとする弱さも同居し、そんな社会に潜在する不安の塊が一気に顕在へ向けて走り出す。この事態、まさか滔々たる歴史流れる日本民族のことだとは、決して信じたくない。

追い打ちは「政府、チャットＧＰＴ採用も　ＭＳが日本向けに技術提供」（「産経新聞」２０２３年7月28日）というニュース。ＭＳ（マイクロソフト）に対し「わが国のＡＩ活用の観点から重要な取り組み」と官房長官は歓迎コメントを出したらしい（と私は受けとめた）。それにしても、チャットの質問入力から機密がダダ洩れするリスク、わかってるの？　機密漏洩と生成系ＡＩの関係、どう捉えているの？お人好しの感が強すぎて、開いた口が、開きっぱなしだ。

経済安全保障、デジタル赤字などどこ吹く風のこのノー天気的凄まじき喧騒、まさに異常そのものと思わせる。すでにバブル感も。口に出すだけでも早いほうがよい、とでも思っているのか。その多くは攻めない話が占める。セコイ、軽い、懐がない。ひと昔前、まじめに零戦で敵艦に突っ込む作戦をじっくり秘めやかに立案した同じ民族とはとても思えぬ態度といえそうであった。零戦作戦は狂気の沙汰とはいえ、どこまでも必死に生きようとする〝積極策の裏返し〟とも見えなくもない。今、日本という国は「積極的に生きる」、そして「攻める」ということをすっかり忘れてしまったように映る。またそんな自身のとるに足らぬ気がかり払拭のために、喧騒をやたら増幅している小心者の集まりのように映らなくもない。

問題の本質は、生成系などのＡＩというハードの問題よりは、ほぼほぼ無料で誰かの手に入る旨い汁につながるスーパー大規模情報蓄積（これが権力に直結する）というソフトの問題にあるということを決して忘れないで動かねばならない。ＡＩ科学者は、今が遅れを取り戻すチャンスとひたすら常道路線に沿って叫ぶ。無難である。されど今の日本の学力＆研究力を十分承知の上で言っているのか。また彼らの頭には特定某所へ高集積された情報の権力化への意識や関心・危惧はなさそうである。まあ、当面ＮＴＴやＮＥＣ等国産勢の新生成系ＡＩにおける健闘を見つめるしかないのだが。数年後の決着が見ものだ。一旦負けてもまたやればよい。繰り返ししつこく。ともかく情報という母体に迫ろう。

情報継時収奪によるＧＡＦＡＭ的新権力の勃興は決して許

してはならない。しかしすぐさま、〝半導体メーカーになったＧＡＦＡＭ〟、〝ビッグテックＧＡＦＡＭから、より正確で効率的なアルゴリズムを見出したことで価値を発揮する新企業群ＧＯＭＡ（Google、OpenAI、Microsoft、Anthropic）へ〟などと喧伝される（『Google vs Microsoft　生成ＡＩをめぐる攻防』山本康正　日本経済新聞出版　２０２４）新たな混沌の世界に突入していく。

慌てずともよい、騒がずともよい、クールに唯々、ひたすら攻めよ。

まさにカンブリア爆発とも見える言語&画像両面にわたる生成系ＡＩ騒動にしばし呆れ疲れ果てる中、この凄まじき狂騒と混乱事態の高揚を見、最後の最後で肝腎なる問題点が溢れ出すかに感じていた。

以下は私の偏見含みの洞察である。少し前「人間・生物＝機械」という感触を広く世界にもたらしてきたサイバネティクス[注6]は今や現代情報社会に浸透しているコンピューティング・パラダイムと連結し、「人間や生物は機械である（＝人間・生物機械論）」という感触を社会の中に強き現実観で形成したかにみえる。その代表が〝人間に近づきつつある機械／精神化された機械〟＝ＡＩであり、また生成系ＡＩなのだ。其処では「機械の精神化」が進行し、その裏で同時発生的に「精神（＝人間）の機械化」も深まっていくようなのだ。人間への影響力を鑑みれば「機械の精神化」よりも「精神の機械化」のほうが私にははるかに深刻と感じられる。

ところが、である。生成系ＡＩ騒動にも見てとれるように、「機械を人間に接近」させようとする専門家はあまた現在のＡＩ研究に参画しているはずなのだが、連動して進展する「人間のほうからも機械に近づいていく」事態に対応可能な叡智の参画はまだまだ十分でなさそうに思えていた。人間が機械に近づくということは、人間の内部に「人間ならではのもの」（たとえば自律性・主体性・倫理・法的秩序等々）が磨滅していくという危機的事態を感じさせなくもない。この事態「検索から生成へ」などという惹句では語れそうもない。そこではこのたびの生成系ＡＩの勃興が、奇しくも人々の眼を「精神の機械化」にフォーカスさせていくかに映るのだ。

まずは一つの本質視座――諸々の茫洋とした危機意識の反映もあってか、ノーバート・ウィーナー（米・数学者　１８９４‐１９６４）によって提唱された機械論的世界観溢れるサイバネティクスも、生命論的世界観に基づく新しいサイバネティクス（ネオ・サイバネティクス）へと変容しつつあるかに伝えられてきた。意外にもそこはなんと「人間・生物非機械論」の世界だそうである（私にはまだ十分、理解できていない）。「あるがままの世界」とはどこまでも「誰もが同様に特定できるはずの客観的現実」であったはずであり、今まで科学というものを支えてきたそんな「客観性」や「現実」「真理」などの概念はこの機に一旦一掃され、あらためて本質から見直されなければならない段階に突入したということかもしれない。同様に「機械の自律性」と「生物がその内部でもっている《ラディカル・オートノミー》とでも言うべき生物学的自律性」の差異とその壁の厚さを知る叡智はこれから先必須となってくる、とネオ・サイバネティクスはたぶん主張してくるのだろう（私の勘です）。

ともかくわれら人類は、「情報という概念から意味を引き剝がし、意味を置き去りにしたコンピューティング・パラダイム」に埋没してはならないのだ。

驚異のアカデミーになりそうである、そうならなければならない宿命にありそうなのだ。これからのAI研究には「人間・生物の機械化」と「機械の自律性」に詳しい知恵者は不可欠である。ロボットにすぎぬ生成系AIの喧騒の中でこんな智慧の世界の注入なしには、AI研究はますます狂騒を深めることになるのだろう。関連する研究びとたちよ、そして国よ、自治体よ、怜悧な正眼を取り戻さないか。この狂騒曲を目覚まし時計のアラームとし、眼を剝こうではないか。今日本を支える多くの知が歪に見えて仕方がない。不安だ。

注6　このサイバネティクスの辺り、『人間非機械論――サイバネティクスが開く未来』（西田洋平　講談社選書メチエ　2023）および『AI時代の「自律性」――未来の礎となる概念を再構築する』を参考・引用・一部筆者独断再構成。共に情熱横溢の書なり。

〝バブル〟という言葉で始めたこの狂騒曲記述は、日記的に事実を追っていくうちに喧騒なる狂騒曲では終わりそうもない。一つは先述の〈ネオ・サイバネティクス〉なる新潮流の勃起、そして世の情報はわれら人間が日々必死に手で作ってきたその総量をあっという間に生成系AIたちが作ったものに凌駕され、人間作成分のシェアは一気に縮小していくことになるということである。そしてその先行きは「人工生命とAIロボットは融合し人工生命化したAI（どんなものか今は定かには語りようもない）が自律的に自らを改良し未来の環境に適応していく」時代が到来する可能性はおそらく低いとは言えないようだ。

明確にいえることは、①そんな時代の到来はすぐだ、②人工的情報洪水はその氾濫度を一気に増す、③氾濫する情報源の〝人間vs生成系AIシェア〟構成はすぐさま〝生成系AI高シェア市場〟となり、そして最大のポイント④その勝利の原則はどこまでも「データ」（が有する潜在権力）にあるようなのだ、その量と質・精度の両面において。決してAIハードの機能的問題は勝利者となる必須条件たりえない。われらは「情報」の集積にこそ徹底注目すべきであるようだ。[注7]

注7　この辺り、『検索から生成へ――生成AIによるパラダイムシフトの行方』（清水亮　エムディエヌコーポレーション　2023）も参考にした。

ついでにビビりながら付加すれば、この領域の勝者は「データの勝利者」イコール「地球の覇者」たる資格と権力を有するという恐さもありそうなのだ！

長々と記述した「生成系AI狂騒曲」は、実は時代の大変革点と捉えなければならない。その割には関係者にみる昨今の効率を求めて〝遅れてはならじとユーザーになりたがる態度の林立〟、小っちゃい小っちゃい。

後日談（といってもほんの僅か後の２０２３年11月下旬のことだが）。ＯｐｅｎＡＩサム・アルトマンＣＥＯが11月17日正午過ぎ解任され、同月19日昼過ぎにアルトマン氏のマイクロソフト入社発表、20日朝ＯｐｅｎＡＩ従業員の大半（9割ぐらい?）がマイクロソフトへの移籍示唆、21日夜アルトマン氏のＯｐｅｎＡＩ ＣＥＯ復帰発表。泥沼のごときこの解任騒動、数日間で元の鞘に。呆れた。こんな泥船光景、見たことない。なのに日本は、なんと正体不明の泥船に先を争って乗ろうとする。まるで百匹目の猿現象、アホみたい。デジタル現代はこんな世か。使いたけりゃ自分で作れ。エエカゲンニセエヨ、オメエラ。

ともかくすでに膨大なグーグル等の検索機能に生成系ＡＩ使用の爆発が無考慮に加味されれば、デジタル赤字急上昇、円安急伸……その先には母国経済のカタストロフィ化が待っている? 皆、わかっているのだろうか。

でも確かに、こ奴（生成系ＡＩ）の出現は「急激にデジタルネイチャーを具体化」（『ChatGPT は神か悪魔か』 落合陽一他　宝島社新書　２０２３）してきているとは言えそうなのかな。ただ落合（２０２３）は自然言語処理のＬＬＭ（大規模言語モデル：ChatGPT 3.5 以降）が登場し ChatGPT が実装できるようになったこともあり、「微分可能オントロジーに基づくデジタルネイチャーな世界が具体化されてきた」（＝新しい自然が定義できるようになった?）と自信ありげ（自分にはそう感じられた）に語るのだが、「意識」「欲動」「情緒」などが未整合の世界など「人の世」とはまだ感じられそうもないのだが。扨?

ＩｏＴ＆センサー技術が生んだ新Ｍ２Ｍ型情報環境世界

〝なんだ、これ?〟

冒頭少し触れた「ＩｏＴ」という流行り言葉を最初に聞いたときの第一声はこうだった。ここでの〝なんだ、これ?〟は、〝この概念がどんなものかまだ知らないが、どういうことを指しているの?〟という素直な問いかけではなく、〝これは一体、どういうことだ。時代の流れに逆流するような概念を流行り言葉にするなんて!〟といった疑問が生んだ印象表現だった。マーケティングマンの頭には、モノ、コトが常に〝モノ→コト〟となっており、モノは今や古物なのである。

「ＩｏＴ」の定義はいたるところにほぼ同じ形で確認できる。

・様々な「物」がインターネットに接続され、情報交換することにより相互に制御する仕組み（ウィキペディア）

・コンピュータなどの情報・通信機器だけでなく、世の中に存在する様々な「モノ」や人がインターネットにつな

がり、その情報を活用することで新しい価値を生み出すという概念（YEデジタル　ウェブページ）

聞いた瞬間のインスピレーションでは、〝もっともらしいのだが、容易に具象されてこないヘンな概念〟という感じか。どこか、自然というよりは異様・異体、の感じが強いのだ。幼い頃の刷り込まれた記憶が、化物屋敷の中の家具が動き出していく様を脳裡に再生してくる。

要するに〝インターネット接続〟〝モノが通信機能をもつ〟、そして〝M２M（machine-to-machine）のように人が介在せずモノ同士がデータの入手およびそのための行動の実行を自主的に行なう〟といった要素がコアを成しており、以前のM２Mよりも総合的な概念として捉えられているようだ。

「IoT」は、「IoE（Internet of Everything）」「サービスのモノ化」といった概念の側面も同居しながら、１９９９年ケビン・アシュトン（MITの Auto-ID ラボ共同設立者）によって初めて使われた用語らしい。通信・制御機能によって強化されていても、〝モノはモノジャン〟といった受けとめ方が自分の認識の基底を占めていた。

まあ、この業界のメディアは、いろいろ造語を流行らせてくれる……。初めて「IoT」を使ったアシュトンも、次々とあらわれる造語に想定外、とビックリしているのでは。

A　歪んで伝達されがちの初期先進技術概念たち

研究人は、どの分野の人でも、昨今〝モノからコトへ〟〝モノからココロへ〟と叫んでいる。物理学者は、〝宇宙に意識はあるか〟〝宇宙に意志はあるよね〟といったことまで、マジに考え始めている。モノをインターネットにつないだだけで、元のモノの世界に生じる事態の範囲内の議論を、まだしようとするのか。インターネットであろうとセンサーであろうと、モノをどうつないでどう加工しても所詮モノはモノ。人間の知を逆流させる〝モノ戻りの世界〟にとどまる話ではないのか。

私の直感にはそう響いた。何、近年の物理学では違うって？

最近よく見かける専門書版絵本のような百科事典的ムックを探してきて、サラッと目を通し、今度は笑えてきてしまった。『日経BPムック　すべてわかるIoT大全――モノのインターネット活用の最新事例と技術』（日経BP２０１４）は確かに直近の技術や企業アクティビティの中での最新事例を読みやすく整理してあって、なるほど今動いているIoTなるアクティビティはこんな世界か、と思わせてしまう長所は十二分に察知できた。何も知らないより何かを知っているほうが、そりゃマシだ。『日経BPムック　まるわかりインダストリー４・０　第４次産業革命』（日経BP２０１５）にも、まったく同様の印象を受けた。

ムック・タイプの書は、フルカラーでデザイン・装丁もシャレていて、こんな「大全」を知識のまだ乏しい層に呈示されれば、テーマとして取り上げられている21世紀的概念に対するある種の20世紀的先入観が、当該ムックの編集企図を通じて自動派生されないわけがないと思えた。その自動派生するイメージの時間軸の方向（たとえば新しいか古いか）および入ってくる先入観の中身（たとえばモノかコトか）に違和感を覚え、つい〝笑えて〟しまったのだ。昨今のメディアの脳は、メディアとして、あるべきバージョンに至っていない？

〝モノからコト／ココロへ〟という時代の基本潮流と〝ＩｏＴ〟の整合はどうなるのだろうかと、関連記述を懸命に探したのだが、どこにもない。ＩｏＴはテクノロジーの話だから、モノ・コト、ココロの話とは異次元であり問題にならない、とでもいうのだろうか。〝ＩｏＴ〟がモノ戻りでないならそれはなぜ、どうしてなのか、ＩｏＴの〝Ｔ〟はＩにつながることによってどう変質するのか、などについて当然考察すべきと思われるのだが、その類の記述は、まるでNOTHING! 昨今、メディアに怒ってばかりいる。物質にも、意識があるって？ そりゃ、飛びすぎだろ。

従来型のモノとサービスが、インターネットやセンサー、ビッグデータなどの先進技術によっていかに機能性、つまりは便利性が新たに加わってくるか、そんなことばかりなのだ。そりゃ、新しい技術は何らかの新しいコンビニエンスを生む。しかしそれだけではないのが今の大変革のはず。「便利」に固まった新しさであっても、それなりの差別化にはつながるのだろうが、そんなもの〝瞬時の差別性〟に止まる存在であること位、皆百も承知のはずであろう。関わる先進技術の発展のスピードとそのオープン性からみて、アッという間にその差異は縮められ、すぐになくなる。

そうじゃないだろ、〝ＩｏＴ〟は社会や産業に関わるもっと構造的変質につながっていく事態ではないのか。〝モノからコト／ココロへ〟の流れに当然逆らうのではなく、その流れを助長・支援する出来事であるはず。やはり、「Ｔ」にも意識が芽ばえる？（チョット、極端な見立てかもしれないが）、そんなことだってありうる世界かもしれないと思うのだが。でなければ世界観まで変えうるほどの事態とはいえないだろう。

センサーとビッグデータがもたらす未来は、瞬時の差別化力を付与する程度のものには止まらない。ドイツのインダストリー４・０によって「日本が危ない！」？ そんなわけはなかろう。インダストリー４・０がモノではなく、コトやココロを創る工程をメインに組み込んでいるとなればそりゃあ恐い存在となるのだろうが、ドイツ中心に整えられたインダストリー４・０概念なるものは、少し前の消費資本主義終焉期のあがきの中で生まれ出た〝従来型モノ〟の残存戦略（寿命延長戦略？）の一環として位置づけられると私は勝手に決めつけている。「生産性向上」という旧態のオブジェクティブにすぎないのが現実の姿と受けとめていた。〝従来型モノ〟は恐くない。〝従来型モノ〟に知恵と知識を使うのはもうやめたほうがよいのだ。と言いながら最近の「量子」なる物理学新セオリが気になる自分が居た。

昨今日本におけるコメンテーターと呼ばれる人種やサイエンスライターたちのコンテンツが新しい視点として提示してくる内容の、特に取り上げ方・打ち出し方（視座の角度（?）かな）には、自分の偏屈な性格ゆえだろうが、〝まだ20世紀であるか〟と疑うばかりの、旧態常識を背負った半端な時代感覚にとどまるものが目につく。そんな事例として、ＩｏＴも第四次産業革命も、そして出初めの頃のイノベーション、レジリエンスなども少なからず該当してくるのではと感じている。これらの新参の概念らしき言葉たちには、人間の思考に合わせて都合よく構成されたいわば「人工概念」の気配を強く感じて仕方ないのだ。人間でなく、まるでＡＩがつくった概念みたい。

概念という存在には、実在に対する作業仮説的厳しき主張を求めたい。そのニュアンスは少し異なってはいるのだが、同様のことが、ＡＩ、ビッグデータにもひしひしと臭い出でてきて、寂しい。お前ら、一日も早く改名を主張しろ。これらのムック類がもつ素晴らしいデザイン・装丁のセンスは〝本質の方向を見極めていておかしくない〟質を窺わせているのに、さて中身はと見ると、とても残念な気持に嵌まる。

研究人・技術者・専門家の傍らにいる、メディア人・パブリッシャー・インテリゲンチャなどの周辺人、いや取り巻きびとたちの伝達・第一次説明責任は、この無数に湧き出るがごとき先進技術の連続出現時代にあって、実に大きい。

しかしその一方で、わずかでも差別化ポイントを一日も早く他社・他国に先んじて欲しいと感じている企業経営層の多くは、そんな危惧すら浮かばないほどにひたすら必死なのだ。それはそれで自然だと思う。基本、儲け一辺倒、が企業の裸体だよ。

そんな理解の上で、必死の形相で日々を生きるマネジメント層に、本来の気づきを与え、〝近視眼ではいけませんよ、企業アクティビティを今少し長い目でみましょう、そんな中で「ＩｏＴ」を考えましょう〟〝「ＩｏＴ」はあなたの会社の戦略の道具ではありません、あなたが対象としているマーケット、そのターゲット・セグメントおよびそのコミュニティを大きく変質させる新たな社会的存在物（新しい市場環境、あるいは新生物?）なのです〟〝まずはＩｏＴの散布されたわが市場の変質、つまりは其処に住まう人びとの変態を理解しましょう〟、などとコミュニケートしてほしいと思うのだ。違うか。甘いか。現実離れの理想論、かなあ。

21世紀に入って、なにかおかしい。なにか落ち着かない。新しいことの伝達の手法もコンテンツも、軽く、丁寧さに欠け、唯一利便性ばかりが浮き出てくる。

今話題にしている〝インダストリー4・0〟やＩｏＴだけでなく、ＡＩもロボットから人間そっくりの汎用ＡＩまで一括りの同じ呼び名だなんて、ありえない……。〝ビッグデータ〟に至っては、単に〝大きいデータ〟なんて、呼び名になるのか、まして概念には程遠い……。ホント、おかしいにもほどがある、はずなのだが。

ＩｏＴをきっかけとして、自分の日頃の内緒にしていたボヤキが噴き出してしまった。ジロ（私）にとって「ＩｏＴ」について考えることは、インフラ型ＡＩを考えることとほぼイコールなので、雑感どまりとなりそうなのだが、あまりに参考文献となりそうな書が多い（ウソだろう?）ので、一応感じたままを、少しだけ挙げてみることにした。このところ、先端技術の教本的な書が多すぎて、なぜか困っている。

Ｂ 〝ＩｏＴ＝モノのインターネット〟誤訳説！

そんなこんなを大声で独りぼやいていたのだが、小笠原治の『メイカーズ進化論――本当の勝者はＩｏＴで決まる』（ＮＨＫ出版新書　２０１５）の中の「〝ＩｏＴ＝モノのインターネット〟は誤訳である」というコメントに目が留まった瞬間、〝ひょっとして、ぼやいていた自分はバカだった?〟とそれまでの已れの理解の仕方を後悔し始めちゃったのだ。

「ＩｏＴという言葉において重要なのは、モノにインターネットが入ることではありません。『Things』を辞書で引いてみると気づくと思いますが、物質的な〝モノ〟だけではなく、無形の〝コト〟も含む言葉です。〝ＩｏＴ〟を〝モノのインターネット〟と訳すのは本当にミスリードだと思います。大事なのはＩｏＴが（中略）〝モノとコトのインターネット〟であるということです。特に〝モノ〟が〝モノゴト化〟していく（サービス化するともいえます）という大きな変化にこそ、モノづくりの生態系を揺るがすほどの大進化が潜んでいるのです」

（『メイカーズ進化論』）

〝モノがモノゴト化していく〟とは、うまい言い方をするものだと感心する。Ｔにモノだけでなくコトもインクルードされていると考えられるとしたら、そりゃまずい。そんなことすら、気づいていなかったの、と嘲笑されているような気がしてしまった。このレベルでボヤキ立てていた自分に利は乏しい。それならそうと、わかるように言って頂戴、とまた大声を出したくなった。自信を無くすことに慣れた自分でも、ちょっと辛いかな、という思いであった。誰だ、あまり考えもせずに〝モノの～〟と言い切り始めた奴は。

モノだけでなくコトも内包された形でインターネット、ソーシャルネットワークに繋がれ組み込まれていくと聞けば、頭の巡りの鈍な私にも、〝モノからココロへ〟といった流れの逆流現象としてＩｏＴを捉えるはずはなかったのだ（と思う）。

少しは自力で考えてみなければと思い直し、必死に思索を繰り返す。

今までのモノは、システム的表現をあえてとれば、モノとしての物理的特質を価値の中核とし、スタンドアロンにその価値を発信し、発信された価値も個々の重層的様態を示すことはあっても、融合・化合して新たな展開を発することはなかった。ＩｏＴのＴがモノの中にコトも内含することが可能だということは、モノの重層様態がコトを生んだ（創造した／昇華した）ということになるのだろうか。それとも内含されていたコト（の素のようなもの）があるとき思い立って、融合・化合できる能力を発揮するに至ったということなのだろうか。モノがインターネットに繋がれることにより、モノは他物と関係しやすくなり（これ、Ａ・Ｎ・ホワイトヘッドのいう「包握」なる現象を意味するのか？）、その結果モノのスタンドアロン状態は消滅し、モノ自体にスタンドアロン時代とはまったく異なる変質が表れ出したということなのか。ひょっとして、これが〝ネットワーク化〟という事態の実体であるか。

本来異次元・別象限に在るはずのモノとコトが、昔は同居できるはずがない（と思っていた）のだが、モノの記号的意味のシェアアップによって、モノ・コトの同居可能環境が広がっていったのだろうか（そんないい加減なこと、言っていいの？）。また、そんなモノの意味構造の進化が、コトと同居可能な状況をつくりやすくしただけでなく、モノ×コトの化学変化まで可能としてきた（さらにいい加減な推量かも？）、ということなのだろうか。はたまた、個々のモノの中に人びとの経験の証しである刻印が閾値以上に増えてきてコトを生みやすくなってきた（これ、もっともらしいかな？）ということなのだろうか。

確かにモノの中に経験が刻まれているとするなら、経験という媒介物のお蔭で、「モノ×モノ」の関係・包摂からも、コトが生まれ出ないとも限らない？

ともかく、Ｔの現代的意味の解明は容易ではなさそう。簡単に〝モノとコトのインターネット化〟と括って言うのも、何だかな……。これじゃあ、流行んない、か。

ここまで思い巡らせてみて、そう間違ってはいないのでは、と自ら納得し始めたのだった。モノや機械がネットワークにつながれ、同じネットワークの一構成単位になるということは、そのモノ・機械にアクセスする自分は、同じモノ・機械、そしてネットワーク内に存在する他のモノ・機械およびそれらへアクセスしてくる人たちとのコミュニケーションを可能にする。このことを言い換えれば、モノ・機械が社会の中で〈ソーシャル化〉するということになる、ということかもしれない。

少し前に読んだ『ソーシャルマシン――Ｍ２ＭからＩｏＴへ　つながりが生む新ビジネス』（ピーター・センメルハックＫＡＤＯＫＡＷＡ　２０１４）のどこかに、「無生物である機械にソーシャルな性質を与えるというコンセプト」といったキーワードが出ていてメモした記憶があった。本項のこの辺りの自分の思索プロセスには、面白かったこの書からの示唆が結構含まれているのだろうと推測する。

つまり、第一にモノはインターネットにつなげられて〈ソーシャル化〉する。そして第二には、最近のさらにはこれからのモノは「データの固まり」「情報の集合体」とみなすべきであるということだ。情報なら、コトを生んでもおかしくはない。

スタンドアロン時代のモノですら、すでにＲＦＩＤ（Radio Frequency Identifier）——電波でＩＤをよみとれる簡単な電子回路を挟み込んだ荷札／電子タグ——のお蔭で、そこそこにはデータの固まり状態ではあったのだから。さらには次の段階として普通に「プラットフォーム化」は想定され、となれば多様なアプリケーションがそのプラットフォーム上に躍ることは十分想像される。

具体的な表現で理解を進めてみれば、「ソーシャルネットワークの中に、ネットに接続する機械たちを参加させる」という捉え方をすることで、「マシンはユーザーの日常生活における感情的なネットワークの一部」となる、すなわち「彼らは〈ソーシャル化〉した」ということになるというわけである。ホント都合のよい言葉だ。そしてあらゆる物体、製品は「データ」であり、また「プラットフォーム」でありうるのである。ということで、ひとつ見えてきた。小さな情報の集合体となったモノは、インターネットにつながれることによって、その情報集積性とソーシャル性を格段に向上させ、その先において可能になったプラットフォーム性を駆使することによってまったく新しい情報創出とそれら相互の化合機会増大の可能性を拡大させる。

そんな流れの一環としてモノはより激しく新しい「コト」を生み、「コト」の意味の多様化・拡声化にも加担してきた、ということになるのだろうか。

それにしても人間のみならず無数のモノが情報のストリームを連続的に身体に投げかけてくるこの時代、情報洪水などとアッサリ認識していてよいものだろうか。

いよいよ、考察・洞察のつもりが、妄想の極みに近似してきた。これ、自分の得意技。〝「コト」の意味の裾野を広げた創発は、その先に価値意識・世界観の培養をもみることができるのかもしれない〟と、ここまでいうと、ちょっと嘘っぽいかな。

C　モノはデータの固まり？　きっとそうだよ

ピーター・センメルハックはベンチャー企業バグラボのＣＥＯ（当時）でもあるだけに、『ソーシャルマシン』という書はＳＦ小説のように面白かった記憶がある。彼がいう「ソーシャルマシン」とは〝ソーシャルネットワークの中に、ネットに接続する機械たちを参画させ、マシンをユーザーの日常生活における感情的なネットワークの一部として「ソーシャル化」したもの〟ということらしい。つまり〝無生物である機械にソーシャルな性質を与え、スマホのようにユーザーの一部と化した、機械やテクノロジーの物としての実体を意識させない（存在を消した）モノ〟とでもいいたいようだ。このありようを「ソーシャルマシン・フレームワーク」といい、そのキーワードは、Ｍ２Ｍという技術視点ではなく、ＩｏＴだという。

そして時代は「あらゆるものがつながり、あらゆるものがスマートになり、あらゆるものがソーシャルになり、人間しかいない空間が減りつつある今」となるのだ。

「物体とは、単にデータが硬い殻をかぶっているものにすぎない」という表現には震えがきた。そしてその硬い殻を壊すのが３Ｄプリンタ（３Ｄデータの固まり作成機）だったりするのだろう。だから、〝製品はデータである〟と強く認識した上で製品開発しデザインも施していかねばならない。

〝モノはデータの固まり〟だと捉えるとき、そのこと自体はさもありなんと納得はするのだが、ハードな電機製品や耐久消費財のケースはピンときても、加工食品、生鮮食品、そしてサプリメントや飲料・ドリンク剤なども同様に考えられるものなのか、チョッピリひっかかってしまうのだった。その辺りをセンメルハック（２０１４）は果してどう整理するのだろうか。

モノとしてのデータの固まり度、ソーシャル度、プラットフォーム機能度は、モノのカテゴリーによって異なってくると考えたほうが自然であるか。それともどのカテゴリーにもＲＦＩＤは付与可能であり、どのカテゴリーもハード仕様のパッケージは装着可能なのだから、どのカテゴリーも同じになる、と考えるべきなのか。

マーケティングのプロとしては、この点は大きな分岐点として今後はっきりしていかねばなるまい、と考えるに至ったのだ。果してわれらマーケティングマンは、過去において、製品がデータであると見て開発したことは、あっただろうか。

ともかく、開発され、市場参入したモノ（新製品）は同時にネットワーク構成員になるのだから、新製品はその際すぐに「ソーシャルマシン化」されることになるということを前提にすると、その開発戦略の中でのターゲティングの考え方は抜本的に革新されてくることになる。そのベネフィットも、変わってきて少しもおかしくはない。

センメルハック（２０１４）はユーザーとして考えられる三つのタイプ（今までは一つだった）があるという。①実際にその製品を購入して手にする従来の意味での顧客（従来のバイヤー概念／第一次ユーザー）、②当該製品つまりソーシャルマシンのアバター（電話という製品のケースは、たとえば電話番号がひとつのアバターになる）を利用する人びと（センメルハックは「開発者」と名づけた）、③開発者が生み出した製品やアプリケーションを利用する人びと、の三つがそれであり、うち②・③は「ＩｏＴ」時代のマーケットにおいて初めて登場してくるターゲット・タイプといえるだろう。実に時代相応で新鮮だ。

ここで留意すべきは、この書のユーザータイプ表現はセンメルハック固有のものであり、「第一次ユーザー」とはソーシャルマシンの実体を購入して手に取り、利用する人びとのこと、次いで彼が「開発者」と呼ぶのは、ソーシャル化したこの製品＝ソーシャルマシンのアバターを利用する人びとを指し、また「開発者のユーザー」とは彼のいう「開発者」が生み出した製品やアプリケーションを利用する人びととのこと、といった三層構造として理解しなければならないようである。ともかく、これからのスマート化＆ＩｏＴ時代にあって「ユーザー」なる概念は全般的に、少なくともこの三タイプに拡張する可能性があることになるようだ。我流推測してみるに、たとえばディベロッパーという語を、センメルハックは「与えられた価値を延ばし拡張する人」というつもりで使ったのに対し、和訳では「開発者」と直訳してしまった、ということはないのかな。価値を拡げる人と解釈すれば著者の意図は鮮明になってくるのだが、どうかな。いつもながら翻訳者のセンスを問いたくなる。

　この、狂喜乱舞しそうに面白い本（『ソーシャルマシン』）に基づけば、「商品開発」なる仕事の一大事到来、と言えそうであった。

「ＩｏＴ」は製品をデータの固まりだとみることで新たにタイプ②ユーザーを生み、製品のプラットフォーム性の付与・強化によりさらにタイプ③ユーザーが生まれる、ということになりそうであった。こりゃ、ややこしい現場になるなあ。ユーザーイメージが結構複雑多岐になり、②のアバターに至ってはちょっとイメージしづらい感じもして、従来よりもターゲティングは難解さを増大させてくる。ただ、画期的に変わるのだ、ということはよく理解でき、これからのマーケティングは大変だな、という思いは増幅の一途を辿っていくように推測されるのだった。さらに昨今よく語られる〝一次実体ユーザー自身のアイデンティティの多様化〟という現象が加わってきた際には、一つのモノに対して設定可能となるターゲットイメージは無数と言えるほど多岐になるやもしれず、Ｐ・コトラーのＳＴＰ戦略のＴ（ターゲティング）が、今までの解釈そのままではますます立案困難になっていきかねない——そんな危惧すら浮かぶのだった。

　それにしても一つの〝モノ〟を開発するスタート時点から、「単にネットに接続できる製品を増やすだけでなく、それを利用したサービスを増やせるよう戦略的に仕組む」なんてことを実際に戦略化することが果して可能なのだろうか。こんな戦略立案、難しか！

　さらにいえば、出した新製品はネットワーク状の一つの構成部品に過ぎず、過去に市場参入を済ませた部品と合わせて、新たな合成的利用価値を生み、かつひとつのブランド、ひとつの企業としてトータルに利益につながっていくような総合的考え方も、当然ながら必要となってくるはずだ。これは、ドエライことになる。

　エライコッチャ。今までのほとんどの「マーケティング」業務を見直さなければならないかも。〝ＩｏＴ〟雑感として走り抜けようとしたこのジャンルが、コトラー・フレームの従来型マーケティングの骨子を根元から変えるかもしれないと思えてきてぶるっていた。脱・常識のシュプレヒコール！危うしカレントマーケティング！

　その時センメルハック（２０１４）が引用していた二人の賢人の良き言葉が脳裡に引っ掛かった。「テクノロジーは生命の拡張である」（ケヴィン・ケリーの『ホワット・テクノロジー・ウォンツ』２０１０　未邦訳）、「技術が複雑な価値観に基づいた存在であり、また人間はその創造物という形で価値観を具現化するという点を理解することができれば、私たちは技術を活用して、自らの世界を望ましい方向へと変えていくことができるだろう」（歴史学者トーマス・ヒューズの『Human-built world』２０１１　未邦訳）。やはり彼も、十分気がかりだったのだ。

マーケティングマンは皆、「技術」という存在に対してこのような認識と心意気をもつべきなのだろう。ソーシャルマシン——技術が生きて、呼吸しているかに感じられ、まさにマシンに意識が存在するかのようでもあった。

ともかく、これからの市場とは、センメルハックのいうソーシャルマシンと人間と環境が共存し交流し合う「知的」な場となる、ということだと理解した。今の、今日やっているマーケティングとは、あまりにかけ離れていて、身が竦んでしまう思いである。まさに、呆然の態、であるか。

マーケティングは、変わりすぎると言われるくらい、変わらなければならない。

D　正統なるＩｏＴ観とは

そろそろ「ＩｏＴ」概念の整理に入りたくなってきた。バズワードと思っている言葉にしては時間をかけすぎだ、と少し反省し始めてもいた。そう感じて辺りを見回すと、それにふさわしい成果物が目に飛び込んでくるから現代の研究界はすばらしい。

あのＴＲＯＮの生みの親坂村健（当時東京大学大学院情報学環教授）の『ＩｏＴとは何か——技術革新から社会革新へ』（角川新書　２０１６）が〝技術寄り〟に、しかし〝社会革新〟の側面も指摘していてわかりやすい。タイトルの「技術革新から社会革新へ」を見て、著者のいいたいことがわかる感じがした。そのひとりよがりの抜萃を、以下に絞ることなく思いっきり挙げて、まとめとしたい。

・ＩｏＴという言葉自体、技術系の専門用語のように見えてその実、結構曖昧な言葉なのだ。こういう言葉を「バズ（buzz）ワード（具体的な定義がないのに新規の用語のように現れ、しかも広く流行するイメージ先行で使われる用語）という。

　↓〔ジロ〕バズワード？　言い得て妙？

・「ＩｏＴ＝ユビキタス」。（中略）その前は「どこでもコンピューター」、さらに前は「ＨＦＤＳ（超機能分散システム）」。

　↓〔ジロ〕そうか、そういうことか。

・ＩｏＴもまさにオープンなインフラ技術になることを目指している。（中略）コンピューターの組込まれたモノ同士がオープンに連携できるネットワークであり、その連携により社会や生活を支援する——それがＩｏＴ。

　↓〔ジロ〕〝連携〟ねえ。連携してつくられたネットワーク＝ＩｏＴ？

・インターネット的な「オープン」こそがこれからのＩｏＴの課題であり、（中略）「インターネットのように」なることが「世の中を大きく変える」にあたり重要なポイントだ。

↓〔ジロ〕そうだよ、企業の私物じゃないんだ、ＩｏＴは。

・ＩｏＴの理想像は「世界の組込みシステム化」（コンピューターは小型化かつ低価格化し、コンピューターがすべてのモノの中に組込まれていくこと）といえる。

↓〔ジロ〕ウーン、わかる、わかる。

・モノにＩＤを付けてネットからモノを認識できるようにすることで「ネットに繋ぐ」のが、ＩｏＴの「モノのインターネット」の最初の意味だったが、ここでは場所にＩＤを付けてネットから場所を認識できるようにすることで「ネットに繋ぐ」のだ。

↓〔ジロ〕「場所」のほうにＩＤを付けるんだ！

（『ＩｏＴとは何か』）

ＲＦＩＤとはまるで違う、というのが第一印象だった。ＲＦＩＤはどちらかといえばスタンドアロン（単体）イメージだが、ＩｏＴは、ひとつの《ワールド》を形成している、空間全体、複合体・集合体全体を示す概念に見えたのだった。

坂村（２０１６）の世界をさらに追う。

・ＩｏＴの「Ｔ」の「Things」は「物品」「モノ」ということであり、それが従来の情報通信技術ＩＣＴの応用と異なるのは、人間の実生活空間にあるモノの状況、状態がわかり、種々のサービスと連携させられる点だ。

↓〔ジロ〕生活に網の目のように埋め込まれるということか。

・具体的には、モノや人の位置などの空間情報、モノが何かや、人がだれかなどの属性情報、センサーのデータから認識された温度や湿度などの総体的状況情報をもとに、いろいろなアクションが起こせるシステムの実現である。この実世界の状況を認識することをContext-awareness（状況意識）という。

↓〔ジロ〕コンテキスト・アウエアネス？

・ＩｏＴでは、ネットワークの中での場所概念の標準化が必要であり、この問題が解決されないと、オープンＩｏＴの実現も不可能である。

↓〔ジロ〕ＩＤを付ける場所をコード化可能状態に整える、ってこと？

・この問題は、物品だけでなく、場所、さらには概念といったものにもｕｃｏｄｅを振り、ネットワークの中で同定したいモノの同定と関係を記述するための「ｕＩＤアーキテクチャ」によって解決できると思っている。ここで注意しなければいけないのは、物理的実体だけでなく、例えば「会社組織」や「生産ロットという集合」などの概念的存在にも個体識別番号を振る必要があるということであり、つまりは同定するものを限定しないという性質が重要になる。

↓〔ジロ〕これは難しい。〝同定するものを限定しない〟って、そんなことできるの？ そうしても、大丈夫なの？

・ｕｃｏｄｅはubiquitousのためのuniversal（汎用）に使えるuniform（単一形式）でunique（唯一無二）なcodeという意味なのだ。

→〔ジロ〕はい、わかりました。

・「オープンアーキテクチャ」「オープンソース」「オープンデータ」ときて、次の動きは「オープンＡＰＩ」と思っている。（中略）今までクローズだったコンピュータ組込み製品の制御ＡＰＩをオープンにしましょうという運動が「オープンＡＰＩ」だ。

→〔ジロ〕「オープンＡＰＩ」（開発者がアプリやウェブサービス間で機能やデータを共有するためのインターフェース）か。また勉強課題が出てきた。

・機器やシステムのＡＰＩをメーカーが公開してくれれば、それを使えるアプリケーションは多くの人で開発できるし、それが配布されれば多くの人が恩恵に与(あずか)れる。（中略）オープンソースよりもオープンＡＰＩの方が組込みの世界では影響力が大きいと思われる。

→〔ジロ〕そうなんだ。これから勉強、勉強。とりあえずメモっとく。

・ネットワーク社会の進展により、オープン、ベストエフォート、マッシュアップなどの考え方が、イノベーションの速度を加速する原動力であることがはっきりしてきた。ネットワークの本質が他との連携だからだ。連携をより簡単に、より低価格に、よりすばやくできる基盤ができた以上、その変化を活かせたものが勝者になる。

→〔ジロ〕これからは、すべてのものが連携されたネットワーク社会になる、ということでいいのかな。

（同前）

「コンテキスト・アウエアネス」（世の中の情況を捉える技術やそれらに関する概念。ウィキペディア）についての語りのところでは、昔、購買データに、購入者の属性データそして立地、周辺施設のイベント有無、天候・気温などのいわゆるコーザル・データを掛け合わせて購買分析を行なったＰＯＳ（point of sales）データの活用初期が思い出される。この種の解析において「属性」が鍵になるのは自然な、というか必須の成り行きだろう。

　ＩｏＴについても、全般にわたってそのような活用が可能ということなのだろうが、モノ自体のデータもそしてコーザル・データに相当するものも桁違いに膨大で、かつ交互作用が複雑に入り込み、データの自己増殖作用まで惹起される壮大なデータ孵化器の様相を呈してくるようなのだ。時代が一変したことを実感させられる事態である。

　それにしても、蟻の巣を棒でほじくった際のような、大変な概念のようであった。定価８８０円の新書からこれだけの示唆がいただける今の世は、本当にありがたい。

　まずこの概念の全体観としては、〝（ＩｏＴは）世界の組込みシステム化〟だという。なるほど。そして〝繋がれるモノは、モノとしての基本情報に加えて、場所・属性・環境情報などが総合的に内含され、コンテキスト・アウエアネス能力をもつ〝というのだ。ＲＦＩＤではせいぜいモノ周り情報だけで、出荷などのロジスティックスやトレーサビリティに貢献してきたのだが、ＩｏＴでは圧倒的にレベルが違ってくる。

それらのモノはネットワーク上ではucodeという固有名詞を持ち、相互に情報交流するだけでなく、アクセス者とも同様のコミュニケーションを図れるということになる。そしてモノ個々には多様なアプリケーションがインストールされ、サービス機能を発信し、それらはすべて〝オープン〟つまり「オープンＡＰＩ」スタイルなのだという。膨大すぎて、震えのくる話と思えた。

本当に企業がクローズからオープンへと態度変容可能かというような課題は山積するのだろうが、技術的にはそんな世界「ＩｏＴ社会」は成り立つのだといわれているような気がした。大黒岳彦の情報ネットワーク社会というスケルトンにＩｏＴという血管が張り巡らされ、その中を情報という血液が流れて社会を育てていく、そんなイメージが自然に湧く。ＩｏＴで情報社会がやっとコンプリートになるように感じていた。

Ｅ　モノに刻まれた「情報」を開発する？

商品開発行為も、単一・一重行為だったものが、多重行為のパターンに変わっていかざるをえない。これから投入しようとする新製品にどんな情報を載せ、ネットワーク内にある多様なモノのどれと密に交流を図り、交流する他のモノがもつどんな情報と相互作用を図らんとするか、そこまでが商品開発行為の範疇に入ってくるのだとすれば、商品開発という業務の難易度は圧倒的に難しく振れてくるということなのだ。従来のモノづくりノウハウ＋情報開発力が両輪になる。そんな情報相互作用の中から、ニュー・コト、新精神価値を生めるように仕組むことが、商品開発のコアとなってくるのかもしれない。社会のネットワークに組み込まれてくる情報の固まりたる「モノ」が１００億個単位で増えていくこれからを考えれば、それらの相互交流作用はとても読み切れるものではない。

が、ある意図の下に、その中から〝意識〟のような存在が自己組織化されてきても、ディープラーニング時代真っ只中なのだからすこしもおかしくはなかろう（これを言ってしまえば、またおかしくなるか）。ＧＡＦＡＭが夢見ていることは、そういうことか？　いやもっと下世話な感じがしなくもないのだが。

ひとつのモノ個物に刻まれた人間の経験の束を通して、ネットワーク社会の中で瞬時瞬時に自己増殖を繰り返す人間個体の〝ニーズのようなもの〟の共通項、つまり「欲望」なるものの本質を時系列かつ連鎖的に射抜く、つまりは〝意図して〟顕在化させる学＆技術がマーケティングなのだといわれたら、そんなこととんでもない、誰にもできそうにないなどとつい即答してしまいそうになる。でも仮にそうやれたとしたら、マーケティング学の、時代にとっての必要性は不滅！　でも夢物語かなあ。モノは使われ続けてその身の内に情報を増やしていくのだとすれば、そんな好奇なる解析、やるっきゃないよな。

今乱暴に為してみたこのようなわれらにとって身近なる業務の刷新・複雑化についての推測は、一つの新製品を開発するというそのプロセスと背景において、背景市場内に存する無数のモノおよびそのモノに刻印として刻まれた無限に近い情報との関連性・関係性を見切りながら精神的な新しい情動の起こし方を発掘する、という風に言い換えることができるのかも……。しかし〝情動の開発？〟って、具体的にどういうことだ？

今までなら天文学的非現実感を覚える、一企業単位では到底実現することの無理な行為であったのかもしれないが、ビッグデータ蓄積・処理解析技術およびＩｏＴ社会の特質の下では、チョッピリ智慧を使えば、現実的行為になると考えて少しもおかしくないのかも。逆に、ＩｏＴ社会においては、このように自社新製品・新サービスと、その前から市場内に転がって存在するモノが保有する情報とのクロッシング＆相互作用を通じてニューネスを開発することは、とても似つかわしく自然なことのように思えてこないか。さらにはモノに刻まれた情報なんぞ、ディープラーニング＆データマイニング技術そして各種ビッグデータ解析によってすぐに掘り出せる！

ピュアな物理学者の悩み、世の量子力学への高関心などをみるにつけ、科学はそんな人間の変態プロセスいや宇宙の実体の一側面を抉りきることへ向けて、果敢にその一歩を踏み出したかに見える。興味深い世の中になったと言ってよさそうであった。それにしては関連メディアの解説の多くは、浅すぎで軽すぎるようであるか。こんなことを考えていると、一秒でも生を続け、行く末をみたくなる。まだ、死にたくはない。

坂村（２０１６）は、技術的には「ＩｏＴ社会」は間近に迫っている、と明言してくれた気がした。ＡＩ観・ＩｏＴ観は未来の市場スケルトンを霞レベルには浮かび上がらせてくれたように思う。はっきりしたのは、ＡＩもＩｏＴも単一で考えてはダメということだ。誰かが声高に言っていた「全一」、ホーリスティックって言ってたかな、総合・統合でもあるな。要するに新旧ともども一緒に同じテーブルで考え、横串を入れていかねば間違うということなのだろう。主体は物理×哲学×マーケティング、だろう。

ＡＩ・ＩｏＴとも、単独で考えられすぎている気がする。特にＡＩには意識解明のためにも哲学が要る。そういう意味では、誰かが使っていた「インフラ型ＡＩ」という概念もあるようだから、ＩｏＴは広義のＡＩにインクルードして考えてもいいのではとも思うのだった。せめて、それに伴う社会・人間の全体変容の継時把握の方法論をこそ同時に議論していくべきなのだろう。極めて単純なＩＣＴのレベルですら、驚くほどの社会変化、人間生活の変質を生んでいるのだから。
ともかく難問山積。ふと本気で思ってしまうのだ――「ＡＩ&ＩｏＴ」概念が自分たちの思惟の中に住みえないマーケティングなんて、もうやめてしまったほうがよい、のかな、と。20世紀の亡霊として見切ってしまう時期に来ていると考えるべき、なのかな。デジタル時代以降には、「マーケティング技能士」しか、いない領域のようだし……。これからは計算しかできないデータサイエンティストでは駄目なのだ。計算すべきタスクの概念設計ができる上級者こそ求められている？　データを測定するには下絵が必要だし、その下絵は何らかの哲学なしには描けない。結局のところマーケティングなんて、ＩｏＴ時代においては力をもちえない？　白旗揚げて降参するしか、ない？　そりゃあ、御免蒙る。

ジロ（筆者）のいう〈明日〉に当たる２０３５‐２０５０年頃（つまりは今から10～25年後）には、情報ネットワーク社会の深耕・定着化が市場構造そのものを別の容姿に変貌させているはず。同時にプロダクト（商品）の構造も「ＩｏＴ社会化」「先進ＡＩ技術の生活化」の進展・浸透によって革新的に変態させられてしまいそうだ、などとおそるおそる実務家なりの未来への覚束ない推測を試みてきていた。

ということは、その基底にある「欲望」の表出形態が今までとはきっと大きく変わってくるということになるのだろう。そして「ＩｏＴ社会」においては、ターゲットの考え方もさらにはそのターゲットに潜在する〝ニーズらしきもの〟も自己増殖的に多重化してくるはず、などといった賢人たちの諸仮説にも、今まで以上に興味深く耳を傾けていかねばと思わざるをえないのだった。

そんな「ＩｏＴ浸潤社会」にあっては、われわれマーケティング関係者がその取扱いが巧みであるはずの《データ》が、自己組織化して市場内をウジ虫のように這いずり回り、その数を驚くほどに増殖させ、私たちを戸惑わせ自信を奪い去っていくのかも。生物か無生物かよくわからぬその虫の名は〝ビッグデータ虫〟。それはＡＩたちにとっておいしい餌であり栄養源のようであり、一歩間違えば害虫かも？　この新しき存在者こそわれらが使いこなさねばならない標的であるような気がしてならない。

明日のわれらは、ビッグデータ虫の養殖に堪能で、その効果的養殖方法、つまるところその効果的繁殖・利活用の進め方に関する海図（一例として私が心の開発のために実験的に作ってみた「欲望」解明のためのデータ測定の下絵――「ホワイトヘッド金型」がある。詳細は拙著『現代マーケティング解体考』２０２１&２０２２参照）を描きうるプロフェッショナルであらねばならないのだろう。これからのマーケティングリサーチといわれる方法論の世界の主役は、きっと人間の生を科学的に記述可能な哲学言語（たとえば有機体の哲学としてのホワイトヘッド言語・概念・思惟）に基づいて測ろうとする《意図的・計画的データ測定・蓄積技法》であらねばならないとも考える。人間の欲望なんて、無作為にまた何の意図（下絵）もなしに測ろうとしても、可能になるはずはないのだ。無作為は無力。科学ストーリーに基づいた下絵（計測の概念設計）こそ鍵。コトラーさん、そうだよね？ドラッカーさん、それでいいよね。

　今のデータサイエンティストたちに、哲学的言語に基づく下絵づくり（特定思惟に基づく測定手順）が、果してできるのだろうか。やっぱりちょっと、無茶な期待なんだろうなあ。データサイエンティストたちの教科書を一新しなければならない。

　そしてリサーチャーのありようも同様に、革命的に一新されなければならない？

明日のマーケティング思惟とＡＩ機能
——「判断支援≠予測」&「消費インテリジェンス」

　ＡＩのタイポロジーの個所で確認したように、ＡＩなる概念に含まれるその実像は極めて多様である。〝ここからここまでを、なんと一つに含めるの？〟といった感じの、まさに〝ピンからキリまでの集合体〟なのだ。世の〝ＡＩ〟なる代物に触れる人びとは、ＡＩという言葉を持ち出しながら、その特定を為すこともなくこの言葉をそのまま用いて議論する。学会においてもそうなのか？　本概念のどの部分を特定して持ち出したのかは読み手に委ねる、というわけらしい。アカデミーにおいてそんな身勝手（どちらかと言えばいい加減さ、かな？）が許されてよいはずはなかろう。

　われらマーケティングマンにとっても、本概念のすべての様相を必要としているわけではない。汎用ＡＩ、強いＡＩなど、当面どうでもよい。ズバリ言えば、主として人間として困難に感じる高難度の「判断」支援と高精度の「予測」を求めたいのだ。

　要するに、弱～いＡＩつまるところＡＩロボットで十分なのだ。多くは望まぬ。

Ａ　「判断」の予測の自動化

　こんなことを思い描いているなか、そのレスポンスであるかのように『予測マシンの世紀——ＡＩが駆動する新たな経済』（アジェイ・アグラワル、ジョシュア・ガンズ、アヴィ・ゴールドファーブ　早川書房　２０１９）という一冊の書が現れた。冒頭、この書はこう言うのだ。

　「ＡＩは予測技術であり、予測とは意思決定に必要な入力情報である」

　「人工知能の進歩が現在目覚ましいからといって、知能そのものが実現するわけではないことを重要な点として指摘しておきたい。私たちに実際にもたらされるのは、知能の重要な構成要素のひとつである『予測』だ」

（『予測マシンの世紀』）

そう、そうだった。われらマーケティングマンが期待しているのは「予測」だったのだ、とあらためて気づく。「意思決定支援」でもよいのだが、この言葉の裏には必ず「予測」がへばりついている。「予測」とは、「将来の出来事や有様をあらかじめ推測すること、前もっておしはかること」（『広辞苑』）、であるらしい。予測する対象は、常に〝未来の姿〟であり、どこまでも将来の「出来事」や「有様」を推し量るのだ。そして松尾豊（２０１５）も「特徴量に何を選ぶかで、予測精度が大きく変化する」と明言する。ディープラーニングは「予測」に向くのだ。

　他のＡＩ機能は、まだ先でもよい。適正な《判断》につながる高精度の《予測》機能をこそ、まずは求めたい。

　本書では「判断」についても次のように語られている。

「判断とは、見返り、効用、報酬、利益などを決定するために使われるスキルだ。予測マシンに込められた最も重要な意味は、判断の価値を高めることだと言ってよい」

（同前）

　その通りだと納得させられていた。ＡＩは「より良い対応を学習する」のだろう。しかしそれだけでなく、レベルとして「判断の予測」まで可能なのか。できれば「（良き）判断の予測がどれだけ自動化されるか」まで求めたくなるのだ。商品開発工程の一部において、ほんの少しでも「意思決定の完全自動化」が実現すれば、どれほどに商品開発は楽になるであろうか、とつい想像してしまった。この書は次のように結論づける。

「多くの場合ＡＩが力を発揮するのは『予測』、すなわち手持ちの情報（データ）に基づいて新たな情報を生み出すことにおいてである。（中略）ＡＩは予測のコストを下げる。コストが下がった予測は、さまざまな分野で使われるようになるのだ」

（同前）

「予測技術の生活化・ビジネス化」あるいは「予測技術のマーケティング化」などと言えるか。

　ＡＩ＝「予測マシン」という一つの捉え方（特化の仕方）に賛同しようと思う。少なくともＡＩのマーケティング用途に関しては、しばらくの間はこれで十分なのだろう。此処で重要になるのは、どのような設計の下で予測しその結果どのような新しい情報（データ）を生み出そうとするのかという具体的な設計的考え方・絵図面、つまり「データ発掘の下絵」という新しい知の構築である、と重ねて思えるのだった。

　このレベルの話にとどまれば、求めるＡＩの機能としてチョッピリ漠としすぎていて物足りないし、業務への活用方向も、それこそ漠とする。ということで思考を停止させずに考えつづけた。その結果最初に辿り着いたのが松尾豊の研究室の中で以前から行われてきているという「消費インテリジェンス」研究プロジェクトである。それは待望の研究内容のようであった。

「消費インテリジェンス」とは、「従来からのアンケート調査やマーケティングの手法に加え、ビッグデータや人工知能等の新しい技術を活用することで、消費者を多面的にかつ科学的に理解する〈消費者理解の総合力〉を指す」のだそうな（『相対化する知性――人工知能が世界の見方をどう変えるのか』（西山圭太、松尾豊、小林慶一郎　日本評論社２０２０）。そう、それそれ。

消費者を多面的に科学的に理解？　消費者理解の総合力？　この文面、彼らにしては珍しく、抽象的でわかりづらい。もっとストレートに伝えてほしい。でも、彼らはマーケティング業務については詳しくないだろうからそれも仕方ない、かな。

松尾豊（日本ディープラーニング協会理事長、２０２０）はこの書の中で、ディープラーニング技術の産業応用には大きく二つあるそうで、その一つは〝画像認識技術や深層強化学習技術などによる製造工程の自動化〟（サプライサイド）、もう一つは〝顧客のニーズの把握〟つまり〝欲しいという感覚の実体〟を、ディープラーニングなどを活用して、より精度高く捕捉しうる高度なマーケティング技術をリアライズすること（ディマンドサイド）、であるという。ありがたい指摘を述べてくれる。両方魅力的なのだが、われらの関心は自然な流れとして後者「ニーズの把握」にフォーカスされよう。「把握あるいは捕捉」という行動は、人間内部に在るものを把握（捕捉）するのだから、それは発明ではなく発見ということなのだろうが、この行為をこそはっきりと「欲望の予測」という概念で捉えてみたいと思うのだった。

シンプルかつ端的に言えば、松尾（２０２０）は、ディープラーニングによるマーケティングの高度化なる産業応用に着目してくれたようであった。それは、従来のリサーチデータや各種解析手法に加えて、ビッグデータ＆ＡＩ等の新技術を活用し〝消費における社会的な概念の立ち現れとその先鋭化およびそれらの構成されていく姿を解き明かす〟――そんな画期的アプローチ像への挑戦、と見えた。

私の関心の最大もまた、まさに二つ目（後者）――つまり〝人間の「欲望」（欲しいという感覚の実体）に対するＡＩ技術の応用化〟にある。

松尾（２０２０）はディープラーニングを三つの段階――つまり（第①段階）プログラムはすごい！のステージ（１９５０年代〜）、（第②段階）プログラム＋データはすごい！のステージ（１９９０年代〜）、（第③段階）プログラム＋データ＋深い階層はすごい！のステージ（２０１０年代〜）――に分けており、その第③段階の〝深い階層〟を、ⓐ「＋画像認識はすごい」、ⓑ「＋画像認識＋インタラクション（身体性）はすごい」、ⓒ「＋画像認識＋インタラクション（身体性）＋記号処理（知識表現・推論）はすごい」、そしてⓓ「+社会における概念の共有はすごい」という四段階にさらに分割している（詳細は本文献内の図1-1参照）。第③段階のⓐ・ⓑ・ⓒおよびⓓはディープラーニングの技術進化を示している。此処はとても具体的で助かる。

私がマーケティング領域に特化する形で応用したいと考えるAI技術の特質は、松尾（2020）の分類する「③-ⓒのレベル」（画像認識／インタラクション／記号処理まで含めた言語の意味理解や知識処理などの精度高い技術を内包する機能）にまで最低到達していなければ、本当に役立つツールたりえない、と判断する。

つまりマーケティングの世界における「③-ⓒレベル」までのAIツールの運用は、どこまでも機械であるという前提に立つ以上、基本的には〝計画通り綿密にデータを生み出してくれ、その結果得られたデータを超スピードで計算処理して予測結果を導いてくれる〟ことは当然のことであり、加えてその計画つまりいかにデータを生み出すかという測定の下絵をつくる役割を担った人間の〝下絵づくり〟を支援する智慧を提供する新しい大きな役割をもつことになるのだ。そう、「消費インテリジェンス」なる思惟と方法論を、生きたデータ測定のための下絵（概念設計）づくりに活かそうと目論むのだ。なんとしてもこの研究、深めてほしいと願うばかりだ。

〝データ測定の下絵づくり〟は、生きたデータ測定を為すためのもの、すなわち人間の欲望の発露過程の構造の解明につながるものであり、其処における「下絵」には、対象が人間である以上、〈クオリア〉的つまりバイオソーシャルというか生物学的特質が含まれているはずである。すなわち本アプローチを通じてつくられてくる「下絵・海図」には、人間の価値意識というか、社会の中で生きる過程において生成され育まれてきているはずの人間固有のコアな生産物〈クオリア〉が投影しているはず、というのが私の一番語りたき洞察方向である。だからこそホワイトヘッドの〈有機体の哲学〉思惟が生きてくる。またそれでこそ、そんな「下絵」の下で測定されたデータは、人間にとって好ましき情動生起の実体を生物学的に捕捉・表象しうる可能性があると考えたい。このような精緻なる生物学的「下絵」は、人間技術者では容易につくれない。よって「③-ⓒ」レベルのAIの力を借りよう、というわけである。

瞬間閃く——これからのマーケティングマンの仕事は〝機械をどう動かしどう使うかについての下絵づくり（の指示出し）〟が大半になってくるということだ。たぶん当たってるな。われらはもっともっと、AIロボットと馴染むべきなのだ。そして彼らに「予測行為」をアウトソースしよう。

ここで簡単に〈クオリア〉なる概念を都合よく使ってしまったのだが、一般的には「感覚的体験に伴う独特で鮮明な質感を表す概念」といったぐらいの意か。それは何らかの経験によって起こりまた主観的に生じる、他の生物に見られず人間が固有に保有するいくつかの独自能力の一つ、といったニュアンスで私は使用している。

要するに、単純だが厖大な計算の速やかな処理や下絵づくりのための智慧の摘出のためのビッグデータ解析作業はＡＩ、〈クオリア〉つまり〝人間固有の〈意味〉〟を反映した下絵づくりなどの質的インサイトにつながる概念設計作業のヘソとなるクリエイティブ部分は人間、という分業がＡＩ活用領域における望ましき形式となるのだろう。この分業スタイル、素敵だと感じている。ただ、クオリアは情報ではないという説もある。さて？

松尾（２０２０）はまた、ディープラーニングという技術について、入出力の関係をモデル化するのに「深い」階層を持った関数（通常、ニューラルネットワークと呼ばれる）を用いるゆえ、「ひとことで言うと、〝深い関数を使った最小二乗法〟」と表現し、われらへのわかりやすさに努めてくれているようでうれしい。参考までに「この場合の〝深い〟というのは、一つではなく複数の関数を用い、互いの入力と出力をつなぎあわせて、直列につないだものを作り、それを一つの関数として扱うということ」であるという。昨今見られるＡＩ技術の目覚ましき躍進はこの「ディープラーニング革命」×「デジタル革命」という二階建て構成によるらしいのだ。学ばねばなるまい。マーケティングにとってのＡＩは、深層学習レベルで十分である。宜しく。

ひとつだけ言わせてもらえれば、「消費インテリジェンス」の〈消費〉は、経済学の意味合いの延長感が漂い、できれば〈欲望・欲求・欲動・情動〉といった心理学的な言葉のほうを重用したい気持は、自分には少なからずあるのだが。「消費」という概念をどのように捉えているのだろう。さて、どうしたものか。demandじゃあ堅すぎる感あり、またemotionでは少し甘いか。ウーム。

ともかく、私は「消費インテリジェンス」プロジェクトを応援したいのである。

B　MAI（マーケティング・アルゴリズム・インテリジェンス）

マーケティングの最たる機能といえば「予測」と言い切ってもよさそうなのだが、「予測」あるいは「予測の科学」から強く連想される関連概念は何だろう？　そう、やはり「アルゴリズム」かなあ、などと今、頭の運動をしてみている。私は「予測」機能をＡＩ概念に委ねて、仲間にしようと企図している。エーアイ？　ＡＩならアルゴリズム・インテリジェンスという名でも、いいじゃん――ふと、ピクッと、気づきが入った。そうだ、ＡＩは人工知能ではなくて「アルゴリズム・インテリジェンス（algorithm intelligence）」のこと、としたほうが現状適切なのでは……。「アルゴリズム・インテリジェンス」＝「予測」×「消費インテリジェンス」という収まり方はわるくない。弱いＡＩ、ＡＩロボットのレベルならこれでイイジャン。

アルゴリズムとは専門的には「望まれる結果を計算機で出すために使われる、段階（ステップ）を追った命令のことで、料理のレシピのようなものである」（『生命を進化させる究極のアルゴリズム』（レスリー・ヴァリアント　青土社　２０１４）と纏められるようであった。要するに「命令を為す記号」じゃあないのか。

ついでにこの概念「アルゴリズム」について、識者たちの言葉を拾えば――

・アルゴリズムとは手に入る情報をもとに、利用者を特定の解答やアウトプットへと導く一連の指図書。

（『アルゴリズムが世界を支配する』クリストファー・スタイナー　ＫＡＤＯＫＡＷＡ　２０１３）

・アルゴリズムは自分で進化することができる。彼らは観察し、実験し、そして学ぶことができるのだ――彼らを作った人間とはまったく関係のないところで。

（同前）

・キーワードは「自動化」だ。人間の活動をキャプチャ（取り込み）し、トランスフォーム（変形）し、リプレイス（置き換え）して「自動化」する。それをソフトウエアのアルゴリズムで実現するのである。

（『シリコンバレー発――アルゴリズム革命の衝撃』櫛田健児　朝日新聞出版　２０１６）

・アルゴリズムは簡単に言えば、ひとつの作業をどのように成し遂げるかを論理的に示した手順。

（『アルゴリズムの時代――機械が決定する世界をどう生きるか』ハンナ・フライ　文藝春秋　２０２１）

・無数の人から収集したデータをコンピュータに読み込ませ、確率などの数学的な計算をおこなって、分類し、予測すること。

（同前の訳者〈森嶋マリ〉あとがき）

・人間はアルゴリズムにデータを送りさえすれば、アルゴリズムが人間にとってより良い世界を作り出してくれる。

（『WE ARE DATA――アルゴリズムが「私」を決める』ジョン・チェニー＝リッポルド　日経ＢＰ　２０１８　武邑光裕解説）

この概念の書も数多い。しかし自分には、このコトバは決して buzz-word には写らなかった。此処でもいろいろ多岐に表現されてはいるが、その意はほぼほぼ似た感じである。ただ「自動化」との関連について強調されている部分のみ、削除したき気持にはなったのだった。それほどに「自動化」との一体化は必要なのであろうか。

真打は、やはりデイヴィッド・バーリンスキ（スタンフォード大学で哲学と論理学、ラトガーズ大学で哲学を教え、パリ大学で数学教授を務める）の書と思えた。

「アルゴリズムは、ひとつの有効な手続き、すなわち、有限個の別個のステップで何かをおこなうすべである」

→〔ジロ〕手続き？　術（すべ）？　そう言われてみればそうなのかなあ。

「微積分と、それが生み出した数学的解析の豊かな体系が、現代科学の成立を可能にした。だが、現代世界の成立を可能にしたのはアルゴリズムである」

↓〔ジロ〕「世界」の成立？　そこまで言う？

「アルゴリズムは、刺すような欲望と、その結果生じる満足の泡とを仲介する、抽象的な調整手段であり、さまざまな目的を達成するための手続きを提供する。アルゴリズムは、サインとシンボルから構成され、思考と同じく時間を超えた世界に属する」

↓〔ジロ〕「欲望」？・「満足」？　なぜだか嬉しく感じている。

「アルゴリズムは、人工知能と人間の知能の両方の核心に帰属する二面的な人工物」

↓〔ジロ〕〝両方の～〟というところがミソか。要するに人工物！

「アルゴリズムは記号を操作する方法である。だが、これは、アルゴリズムが何をするかを言っているにすぎない。記号はつつきまわされるだけではなく、世界を反映するためにある。情報を伝える手段なのだ」

↓〔ジロ〕記号に情報を映すのか！　移すのか！　記号＝情報なのか！

（『史上最大の発明アルゴリズム――現代社会を造りあげた根本原理』デイヴィッド・バーリンスキ　ハヤカワ文庫ＮＦ　２０１２）

バーリンスキ（２０１２）の言葉の深淵に溺れそうであった。

　こ奴（アルゴリズム）、只の記号ではない、世界を反映し欲望と満足を仲介する……新しい意の発見の坩堝に浸り込むようであった。

　この言葉なら、消費インテリジェンスの〝消費〟に置き換えても、納まりそう。

〝よし、「マーケティング・アルゴリズム・インテリジェンス」でいこう〟

　松尾豊先生ダメでしょうか。「消費」はつまらぬ。容認いただければ幸甚である。

　この新概念ＭＡＩを駆使して、確か先生もおっしゃっていたかに記憶する「顧客に対するパーソナライゼーション（最適化）」の予測に挑戦したいと考えている。

脳と身体と世界の再統合？

　ＡＩカテゴリーに関して、専門外の輩が知識不足を棚に上げ、呟かせてもらう。

　ずっと引っかかってきていることなのだ。「ロボット×機械×予測×アルゴリズム」に基づいた《予測ロボット型ＡＩ》と、「ＡＧＩ・ＡＳＩ＋有意識＋人工超知能とも呼ばれうる人間に極限に近くなった存在物」とでも言えそうな《有意識・思考型ＡＩ》とは、私にはまるで別物の研究領域に映るのだが、なぜゆえ共に《ＡＩ》と冠され、同じ学会の中で分け隔てなく（？）討議されているように見えるのか。前者は情報工学・ロボット工学、そしてアルゴリズムに堪能であればそこそこ十分に取り組めるのだろうが、後者の場合は〝人間とは何か〟なる命題に関わる哲学的知識・経験は必須になりそうで、かつ認知科学・認知心理学の素養・経験もあったほうが望ましかろう。すなわち必要となる知識や経験の質と幅は根本的に大きく異なってくると見るのが妥当だ。なのになぜ、あえて《ＡＩ》という訳のわからぬ冠名で括らねばならないのか。不思議だ。遺憾である。エライ先生方がこんな曖昧状況を放置するなんて？

　ついでに問えば「身体化された心の認知科学」に基づくＡＩ（アンディ・クラークの思惟）といった表現で語られ始めたカテゴリーは、ロボットではない後者（強いＡＩ？）のほうに分類されるべきものか、はたまた前者（ＡＩロボット）のほうに（も）入るのか、正直わかりにくい。わからない、教えて。さらには、ここで言う「身体性」とは何？〈脳〉、〈世界〉と対比させたときの「身体（性）」ってどういうスタンスに立つものなのか？「身体化された心」って、何を指す……？

Ａ　メディアとしての身体

　このところ「身体」というコトバの解釈に戸惑いっ放しだ。「身体」というものは「情動を表現」し「身振りで無数の意思を伝えてくる」その一方で「周りの世界に働きかけ、しなければならない膨大な数のことをする」ようだ（この辺り、『Mind in Motion――身体動作と空間が思考をつくる』バーバラ・トヴェルスキー　諏訪正樹解説　森北出版　２０２０）。そうか、「身体」はメディアというわけ？　シェイクスピアの喜劇『冬物語』にも「彼らの沈黙の中に話がある。身振りの中に言語がある」という科白があったっけ。では「メディア」って何？「メディアには〈媒介するもの〉〈伝達するもの〉〈媒質〉などの意味がある」（『〈知の生態学の冒険　Ｊ・Ｊ・ギブソンの継承６〉メディアとしての身体――世界／他者と交流するためのインターフェース』長滝祥司　東京大学出版会　２０２２）らしい。となれば「身体がメディア性をもつ」ということ？　つまり「身体は何をどう媒介しているのか」「何のためのいかなるメディアなのか」ということになるというわけか。中京大学国際学部国際学科教授長滝祥司（２０２２）はその答えをすでに出していた。

①世界（環境）を認識し、世界で行動し、世界に存在するためのメディアである。

②他者と交流し、他者を認識し他者に認識されるためのメ

ディアである。

（『メディアとしての身体』）

明快のようだ。「身体がメディア性をもつと言えるのは、じつは、世界に対してと他者に対してという二つの意味において」なのだ。肝に銘じよう。でもその前に、「自己の身体は世界あるいは環境の一部」であり同時に「われわれは自己の身体を媒介にして世界を経験」するということになるのであれば、結局「身体はいわば、世界を経験するための〈生きられたメディア〉」（同前）ということになるのか。あれ〜、堂々巡りのロジックになっちゃったか？　しかしまた、生物の身体は個別に皆異なるのだから、身体と同様経験される世界のありようも皆異なってくる？　そりゃあ、そうなりそうかな。世界とは、何と尋常ならざるものであるか。ウーム。

　ということは「私たちが経験している現実――だれもが同じように知覚しているつもりの、この《世界》――は、個々人の生育環境や身体の状態によって、大きく様相を変える」（『なぜ世界はそう見えるのか――主観と知覚の科学』デニス・プロフィット、ドレイク・ベアー　白揚社　２０２３の訳者〈小浜杳〉あとがき）ことになりそうということとなの？　その見解は、また明らかに「精神の身体に対する優位性を覆し、人間のありようを生態学的にとらえなおさんとする」（同前）ことにもなるのか。む〜、何という《身体》の不可思議さであろうか（自分はまだ半分もわかってないようだ）。頭を使っていて、イライラする感覚が広がる。

　認知科学の第一人者アンディ・クラーク（サセックス大学教授）による脅威の書『現れる存在――脳と身体と世界の再統合』（ハヤカワ文庫ＮＦ　２０２２）の副題にある言葉「脳と身体と世界の再統合」こそ身体性認知科学の大命題・大仮説（?）であるらしい。「心を身体、世界、行為が絡まり合った不可分なものとするイメージ」を起点とするアンディ・クラークの思惟展開は、脳だけでは世界の認識・理解は難しそうとか、生物（たとえばダニ）は自分の種（類？）の環世界に合った知覚標識や作用標識を独自に有する形でより確実に生きようとする、などといったことまでは何とかついていけなくもなさそうなのだが、「身体化された心」「心は漏れ出しやすい組織」という表現の奥底に潜むその全容までは、恥ずかしながらそう簡単に理解できそうもないのだった。辛い。されど私の直観は〝此処急所〟と心騒ぐ。こんな強烈な叡智も世にいるのだ。ただ難解極まりない！　理解するなど、今にも諦めてしまいそう……。

　クラーク（２０２２）はこの書の冒頭で「われわれは心というものを、ある種の論理的推論装置が、明示的に蓄えられたデータと結びついたもの」、すなわち「論理機械とファイリングキャビネットを組み合わせたようなものだ」と考えていたようだ。そして「こう考えるとき、われわれは心はいろいろなことを起こすために進化したという事実を無視している」とも言う。その事実とは何かといえば、「生物の心（は）何よりもまず、生物の身体をコントロールするための組織」であり「心は動きを作り出す。それもすばやくでなければならない――敵に捕まる前に。心は決して身体を伴わない論理的推論装置ではないのだ」と続けてくる。何とかついていかなきゃあ、と必死になる情けない自分があった。落ち着け、慌てるな。ゆっくり行け。

つまり「論理機械×ファイリングキャビネット」のようなものを「身体性を伴わないシンボル操作によって知能を引き出す」がごとき「身体性のない明示的なデータの操作」にとどまる《古典的ＡＩ》の世界、と見立てたらしい。そして「生物の心（は）生物の身体をコントロールするための組織である」という視座にまずは立脚した上で、速やかに〝心は何らかの動きを作り出す〟――そんな人間の機能こそ、これから究めなければならない〝新しい心の身体性認知科学〟が対象とする世界である、と主張したいようであった（誤謬あればご免）。そう問いかけられて震えた。そんなの、簡単にわかるか。わかるはずもなかろうよ。ややこしすぎる、細かすぎる。

アンディ・クラークの思惟にあっては、心と身体や環境とを切り離した二元的知識データベースやその情報処理・管理に基づく人工知能の考え方は《古典的》だとして切り捨てたのか（あくまで素人である私の主観的受けとめ方にすぎぬ）。古来、アカデミーなる剣闘場においては、心というものはどこまでも〝身体、世界（環境）、行為が絡まり合った不可分なものとするイメージ〟とみることに拘りつづけてきた、とも伝えられている（アンディが初めてではなかった？）。この拘りの思想の源はマルティン・ハイデガーの『存在と時間』（独発行は１９２７）、モーリス・メルロ＝ポンティの『行動の構造』（仏発行は１９４２）に発しているらしい。そして今、アンディも？

こう理解して大丈夫だろうか（心配で心配で、ただ唸るのみ）。こんな難命題、精緻に理解できるのはいつの日か。つい勘を頼りに、我流印象をボロボロと口に出してしまった次第。無責任かも。重ねて言う、不具合あればくれぐれもご勘弁の程。

後半部分の発想は、生物という存在の本質的機能に礎を置いていると解釈できそうなだけに、機械的知識データベースの世界を超えて、生物的本能というか、強いＡＩ、ＡＧＩというか、それはもう人工生命の世界に近そうじゃあないか？などとつい思ったりしなくもない（素人が何を言うかと罵声が飛んできた？）。

ＡＩロボット（思考ロボットのほうがいいかなあ）と〝人工生命／強いＡＩ等々〟の二つは研究領域として分離させなければまずかろう？　それとも後者をさらに分けて計三つ以上にすべきなのか？　まるでわからん。どちらにしてもこれらの境界線、いい加減速やかにかつ明確に示してもらいたいものだ。かつ一般人やメディア人たちにもわかるように、丁寧に。これ、研究者の義務。せめてＡＧＩだけでも速やかに別にしてよ。広義の思考機械というかＡＩロボットの部分を早く別に取り出して、現時点で応用可能なそれらを中心に深掘りしてもらいたいと願うこと切なのだ。一番難しいところ迷うところは、ゆっくりやっていただいて結構ということである。

　あらためて「身体性認知科学（embodied cognitive science）」とは何？　ということでネット検索してみれば、「感覚‐運動協応をベースにした〝エージェント〟（この言葉、遭遇するたびにイラつく。常に詳細説明なし。一見専門用語風だもんな）の創発メカニズムを探ること」といった風に難解な言葉を用いた説明がウィキペディア等いろいろ多様にされている。協応？　エージェント？　専門家はこれでわかるんだ？　別のネット情報を見れば「身体が知覚や思考にどのように影響を与えるかの探究」とか「身体と認知が密接に関連していることを示す」などとあり、少しわかった気になれたようではあった。

　元来身体性（embodiment）認知という視座は、〝認知心理学が前提としてきた入力―処理―出力という情報処理概念を否定し、運動と感覚のプロセスの連関が知覚を安定的に成立させるというアイデアを創り出した〟と言われていると自分は理解しており、推測するに「情報処理パラダイム」つまり心を情報処理機械と見做す考え方のアンチテーゼなのだろう。心をコンピュータごときに模して考えるなんて、やだなあ。いくら新規の専門分野だからといって、もうちょっと、平易に説明できないものか。といっても原は外国語だろうし、実際の翻訳作業は、ホント大変なんだろうなあ。お察しはします。

　（参考）「エージェント」とは〝原意は代理人。ネットワーク上を移動し、ユーザー（主体）が指定した情報を自動的、効率的に受送信するソフトモジュール〟らしいのだが……。要するに代行者？　私にはピンときません。この言葉、キライ。

「身体性」がらみの話は難解すぎていつも閉口。〝身体性〟と言いながら肌感覚で実感が湧かない。でも、これからは避けて通れそうもない。１９８０年代には、ロドニー・ブルックス（iRobot 創業者）が身体性を有する自律ロボットを提唱、１９９０～２０００年代にはロルフ・ファイファーが人工知能における「身体性」の重要性を主張しているらしい。またクラーク思惟におけるダニの〝確実に生き延びる〟ための身体の動きを例にとった身体性についての語りもまた、絶品で実に面白い。

　そのクラーク（２０２２）は「（身体や世界に漏れ出した）心は動きを作り出す。それもすばやくでなければならない――敵に捕まる前に、あるいは獲物に逃げられる前に。心は決して身体を伴わない論理的推論装置ではないのだ」と明言。データベースに基づいた〈知識による適応〉だけでなく、一見本能的にみえる〝心と行為が親密に抱き合った〟かのような〈瞬間の本能にみえる反射的対応〉もまた心の重要なる働きであるかに言われたならば、素人の私にも理解できなくはないようだった。実はこの部分、自分の解釈にまるで自信はなかったが、その一方で目から鱗のごとくに感じていた。これぞ論理を超えたアート的理解か？

　人工知能という機械には「身体化され環境に埋め込まれた

認知」や「身体性」など在りようがないはずだから「論理的推論装置」にとどまらざるをえないのは至極当然の結果であるはずなのだが、ＡＩ研究はその限界を超えんとして「身体性認知科学」に期待しているということになっちゃう、というわけ？　ギョッ、なぜだ。どうしてそこまで……。だがＡＩ研究者にもこの「新学の知識」をもつ人・持たない人二種が居るはず。両者で研究の質も大きく変わってくるのかなあ。こりゃ大変。学会あたりで何とか交通整理しなきゃあな。

今のところマーケティングに必要なＡＩ機能（つまり「予測」）としては、当分の間は「身体性認知科学」以前の古典的と言われてしまったデータベース的数字記号解析システム（これで合っているかな？　論理的推論装置のつもりだが）の範囲で十分役に立ちそうだから、強いＡＩやそれ以上の世界については明日に先送りしておいても問題ないだろう、と都合よく考えちゃっている。まあ、ゆっくりやってよ。

先般引用させていただいた粋人（自分にはそう映った）松田（２０１７）もまた、一つの貴重そうなヒントを提供してくれている――「人間は、身体を持っているからこそ〝疲れたときに座る〟〝リラックスして人と話をするために座る〟という《目的》を、自分自身で作り出すことができる。それに比べ、機械は（少なくともプログラムだけで動く場合は）身体を持たず、目的は、与えられるまで自分で作り出すことはできない」（『人工知能の哲学』）。そうかあ、そうだよなあ、何となくわかるよなあ。でも……人間と機械のクレバスの奥底には、何か諸々潜んでいそう……。

昨今「身体性を有するＡＩの世界」の議論（たとえば今のコンピュータや人工知能には身体性がない云々と議論横溢しているらしい）が喧しいが、目下のところ仕方ないから〝高次の知能を持てるＡＩであるためには人間のような身体性がなきゃあダメ〟と超シンプルに理解しておくことにする。おそらく「身体性」が高次の「知能」を媒介する？　えっ、思考も？　とはいえこれが最終結論とも全然思えないのだ。

ともかく簡単には理解しえない内容ばかり。新知識や仮説が湧出する感。〝燃えてる領域〟と言ってよさそうである。まるで〝火事の出火現場〟いや〝温泉の源泉〟を傍で見るようだ。でも、意識＆心概念のクローズアップ傾向が垣間見れて、嬉しくもある。まさに、しっかり勉強しないとすぐに置いてけ堀になっちゃう時代だ。それにしてもこのところのＡＩ分野の進化は凄い。全領域の蛸壺よ、此処で学ぼう。

とりあえずは、こんな風景が今のＡＩジャンルの日常のようであった。現状いかにごった煮であるかは鮮明だ。されどこんな人間（いやＡＩ？）の未来話、辛いが興味深くもある。で、研究びとたちは本当に、どこまでわかっているのか？　はっきりしたのは、ＩＴ知識だけじゃあまるで済みそうもないってこと。これ、間違いない！

この身体性分野、マーケティング人には必須科目になるはず。一緒に勉強しよう。

B　人間が発明した「心」は、「世界」を映す鏡！

そんなこんなで、ネット情報はあまり当てにしづらいなあと感じていたら、昨日（２０２２年12月某日）凄い本に遭遇。〝西洋哲学を紡ぎなおし、認知科学を辿り、漱石を繙く〟（同書の帯より）だって。『生成と消滅の精神史――終わらない心を生きる』（下西風澄　文藝春秋　２０２２）というタイトルで、著者下西はこれが初の単著刊行らしい。結論を先に言えば、この書、私にとって至宝になりそう、と直観する。その書き出しには「本書は心あるいは意識という存在をひとつの〈発明〉であると考えた上で、その創造と更新の歴史を辿ってみようと考えている」というのだ。著者にとって、「心」解釈の精神史であるそうな。

「認知科学誕生期の一九五〇年代、認知科学は意識を記号的な情報処理であると考える認知思想を中心に据えた」

「意識を計算であると捉える思想に真っ向から対立する潮流が一九八〇年代頃から勃興してきた。それは〈身体性認知科学〉と呼ばれる、現象学に影響を受けながら発展した認知思想である」

「このプロジェクトは二〇世紀の前半にフッサールやハイデガーらが捉えていた、意識を身体や環境との相互作用のなかから生成され、身体行為のもたらす経験のなかから捉えようとする思想を認知科学に取り込もうとした流れである」

（『生成と消滅の精神史』）

フーン、やはりそうか。〝意識↔身体・環境との相互作用&身体的経験〟……そんな感じ、わからなくもない。〝計算（情報処理）でなく《身体》との関連〟で意識という概念を再考するということか。下西（２０２２）は「哲学は基本的に〈概念分析〉をその仕事とする」「哲学は思考の学問であり、思考は概念によって形づくられている」という基本スタンスの下で、哲学という「概念いじり」（私固有の表現）の視座から意識と再対峙するかに見えた。心という概念についても「心（という概念）もそれ自身単体では空虚なメディアでありながら、世界を参照することによって鏡のようにこの世界（自然）を映す。私たちはこの心の働きを一般に〈認識〉と呼ぶ。心は現実のコピーを作ることで世界を認識する」とアッサリと端的に整理する。頷きっぱなしだ。

〝人間は、心という概念を発明した！　その発明を更新しつづけてきた！〟

〝この発明あればこそ、他の生物にない人間固有の能力は開発された！〟

《心》は発明品だって！　難しい話であるはずなのに、なぜかストンと、腑に落ちる。わかりうる書を読めば、わかるものであるか、いやわかった気にはなるものであるか。強烈な書だ。

この峻烈きわまりない記述の連続波の中を強引に先へ読み進めていくと、すぐになんとAIに関する記述に出遭った。どうもAIについて「人工知能の歴史というのは単なる技術の歴史ではなく、ある思想の歴史、あるいは心のモデルの歴史だ」という視点に立とうとしている？　そりゃあちっと乱暴？　いやそうでもないか？

「人工知能は突如として20世紀に誕生したのではなく、人間の心に対する考え方の歴史の延長線上に結晶化した思想の実装であって、その起源にソクラテスやプラトンがいる」、そして「実際に人工知能が目指す〈知能〉の理想的なモデルの原型が、ソクラテス／プラトンという哲学者によって構築されたのは説得力のある仮説であると言っていいだろう」ともいうのだ。心の発明の経緯を知らずしてAI開発はない？

こりゃあ、やっぱりビックリ、なのだ。この人、何者？

「人工知能は現代における最も象徴的な私たちの心の自画像であると言っていいだろう」

「AIへの欲望や期待というのはつまるところ、精神を持つことのコストに耐えきれない人間たちの精神のアウトソーシング（外注）なのだ」

「人間は自分たちの有機体という母体のなかに、心というひとつの情報処理機構を開発し、それによって世界をミラーリングして再生産し、かつそのシミュレーションによって世界それ自体を創り変えていくという循環システムを作ることで、知的労働を最も効率のよい生産メソッドとして定着させた」

「二〇世紀が機械によって人間の肉体や行為が凄まじい速度で代替されていった時代だったとすれば、二一世紀は機械が同じような速度で人間の精神やコミュニケーションを代替していく時代になるだろう」

（同前）

AIは心の自画像？　精神のアウトソーシング？　機械が人間の精神を代替する？

え〜っ、そうなんだぁ〜。そうかなあ、そんなわけはなかろう、などと煩悶しつつ驚きながら、でも同時に小さく頷いてもいた。自分の中で、1957年生まれのアンディ・クラークと1986年生まれの下西風澄が重なったようだった。二人の同舟は「思考機械」概念であるか？　わかる、わかりやすい、とつい思ってしまった。すべての源は「心という概念分析&開発」にあったのか？　なるほど。

「心とは何か」とストレートに探索した際の「心」は容易には理解しえないが、私たち自身の「心」がもっているはずの「経験」のほうを見ることで少しは「心」周辺に辿り着けなくもない、などと日頃から考えたりしていた。それなら機械化可能？

「心とは何か。意識である。（中略）意識とは何か。心である。情報を処理している精神である」と松岡正剛（『〈先夜千冊エディション〉情報生命』角川ソフィア文庫　2018）も語っていたようだ。心の前提には生命がありそうで、「生命は情報である。情報高分子から生体が創発（エマージェント）した」（同前）と松岡（2018）は続ける。「意識」だけでも難問なのに「情報生命」なる仮説まで出てきては、この命題当分解けそうもない。

この領域の思惟は、今どんどん変わっている最中のようであった。皆で変えている？　大胆さに引きずられっぱなしの自分を自覚する。「心」の思惟の新展開、新発明、と思えた。頭真っ白、とはこのことか。同時に、心底から嬉しさが込み上げる。

下西（2022）は「（自他の人間が）ありとあらゆるモノや身体へと接続しネットワーク化されれば、もはやネットワークこそが主体となり、精神と身体という区別さえ重要でなくなり、ありとあらゆるミクロに分散化されたシステムが《最適》にアルゴリズムとの契約を粛々と実行していく時代も到来するだろう」とまで語る。恐るべき推論力である。ここまで一気に深いクレバスを飛び越えてしまってよいのか、と思いつつ再び頷く。まさに〝静謐なる饒舌〟（帯内にある言葉〈成田悠輔〉）であった。

そこには大黒岳彦思惟やブリュノ・ラトゥール思惟も統合されて在るようだった（勘違いなればご免）。その刺激度は悠に俊英・大黒岳彦との出会いを超えんとするか。本がエネルギーを吹き出さんとする様は、感じていて実に気持よい。この思惟の先行き、楽しみだ。俊英・下西、頑張れ。このひと、自分が考える〝AI研究家〟のイメージに、一番近い？一度AI関連学会の研究びとに、下西《心概念》概説セミナーをしてあげて欲しいよなあ。

AIの世界も、今、瞬時瞬時に、これほどに激しく変わりつつある？　なぜだ。

此岸に見るバイタリティは、何？　科学の進歩というよりは、思想の進化？　ということは、下西（2022）のごとき思想視座なくしてAI研究はない？　そうじゃあなければ、人間の〈知能〉なんてとても形式化できない、ということなのだろう。

この1986年生まれの、東京大学大学院博士課程を単位取得後退学した気鋭思想家のプライベートコミュニティには、なぜか西垣通（情報学）、佐倉統（科学哲学）を筆頭に複雑系科学・認知科学・人工生命研究者等々、錚々たる叡智が打ち揃う。

「思考」の機械となれば、「思考」なのだからたぶんそれは〝強いAI〟のことになるのか、それとも機械だから〝弱いAI〟なのかなあ？　自分には、わからぬ。

また、新鋭登場のようであった。いわゆるAIと呼ばれている世界の深遠さは、AGIのさらなるずっと向こうまで続いていそうで、尋常ではなさそうだった。簡単に、概念の形成・整理などとは、とても言えそうもなくなってしまうのか。でも注視せねば、なるまい。何せ「意識」が主題だもんな。

人間の近未来は革命的に変わる。認知科学の世界も、頑張っているなあ。

最後に今一度、アンディ・クラークの〝意味深〟な言葉を反復しておく――

「この書（本文では〝書〟ではなく、〝イントロダクション〟となっている）を書いた目的は、根本的な対比を強調することにある。つまり、身体性と時間性のない知性偏重的な心の見方を思い浮かべて、身体化された行為のコントローラーとしての心のイメージをそこに並べることだ」

（『現れる存在』）

「知能」「意識」「心」――この三つの人間を象徴する抽象物の境界線は定かではなさそうだった。だからこそ〝強いAI〟の開発は難しい。しかしその境界に的確な補助線を引きうるのはおそらくは「身体性」であろう、という確信は明らかにあった。

〝身体化され環境に埋め込まれた認知〟〝身体化された行為のコントローラーとしての心〟〝身体性を伴わないシンボル操作によって知能を引き出すことには疑いをかけてきた〟――等々難しい表現の連続だが、此処が意味深なる臍と感じ入る。繰り返し、わかるまで読み返そう。負けてたまるか。

C　身体化された認知の理論とは

早速に、頑張っている《身体性》認知科学についてもう少し掘り下げておきたくなっていた。知覚にとって、概念の働きにとって、そして人間の生にとって、間違いなくコアなるセオリを提供してくれそうな予感があった。

〝知識とは、ほんとうに身体からできているのだろうか〟

これ、「身体性」つまり「身体化された」という遊歩道の先には、人間の真実めいたものが待っていてくれると信じつつある昨今の私の、素直な疑問であった。

「知識」と「身体」はあまりにかけ離れた感じがある。信じようとしてはいるのだが、まだまだ不安だった。こんな疑問にそっくりのタイトルの書『知識は身体からできている――身体化された認知の心理学』（レベッカ・フィンチャー‐キーファー　新曜社　２０２１）が向こうから私の書斎に飛び込んできてくれたのだ。私の疑問の表現の一部に「知識」という言葉を使ったのは、この書を見ていたから、のようであった。欲しい本が書棚に飛び込んでくれるという魔法は、私の得意技だ。

横書きのいかにも学術書の趣きを感じさせる本格派の書だ。読み始めた途端、久方振りにこれが本格研究だと全頁が伝えてきた。目を進めながら、嬉しさで一杯となった。紙の本は良い。電子ブックには決して生じない夢が、多様に自己流に広がる。

「環境は感覚器官に物理的情報を提示し、生理学的過程がただちに光や音、味、触覚のエネルギーを取得するために機能し、それらを神経コードに変換する。こうして感覚が内的情報になるが、ひとつの疑問が浮かび上がる。そのコード（認知心理学者は近接刺激 proximal stimulus と呼ぶ）からわれわれはどのように意味を手に入れているのだろうか。その近接刺激から意味への変換の過程が知覚（perception）なのである」

（『知識は身体からできている』）

読んで、いろいろ考える――物理的情報の提供を受けることを可能にするのだから、環境や感覚器官もまた客観的物理的物質ということなのか。生理学的過程というものが「身体」なのか。「身体」もまた物理的物質であるのか――よくわからぬ。

昨今、二元論に陥らないよう気を配るあまり、ついついかえって主観―客観の軸が気になりすぎてしまうようだ。最近の私はあまり、自然ではない。調子不良。

素直に読もう。まずは「知覚」なることの定義(?)からスタートし、「身体化された（embodied）」＝「基盤化された（grounded）」なる概念を設定してつなぎ、肝腎の「身体化された知覚（embodied perception）」へと話を進めていく。丁寧であり、科学的・論理的・実証的でありかつわかりやすく感じられる。見事だ。

「プロフィットと同僚たち（Proffit et al. 1995）は、知覚が〈可変的〉、ないしは適応的なものであると提案している。われわれは世界を真正なものとしてではなく、身体がそのなかでどのように行動するかという観点から知覚している。これがプロフィットの身体化された知覚（embodied perception）という見方の本質である」

（同前）

著者レベッカ・フィンチャー－キーファー（ゲティスバーグ大学心理学教授）が引用した認知科学者たち（プロフィットら）の論文では、「（人は）疲れていれば（坂道の）傾斜がきつく見える」ことからこのような視座のヒントを摑んだらしい。われら一般人にも経験のあることである。即納得。

「知覚には〝プロフィットとリンケナウガー（Proffit & Linkenauger. 2013）が表現型の再体制化（phenotypic reorganization）と呼ぶもの〟が必要である。表現型の再体制化とは、身体のどの側面が知覚を決定するかは、その人のする行為によって異なることをいう」

「身体は利用可能なエネルギーと、環境のなかで行動するために必要なエネルギーに敏感でなければならない――知覚はその結果、それらのエネルギーに対する考慮によってバイアスを受けるであろう」

「知覚は利用可能なエネルギー量と関連して行為に必要なエネルギー量によって尺度化される。資源が枯渇し、行動へのエネルギーコストが高い場合にはより急勾配に知覚したり、より遠方に知覚したりするのである」

（同前）

それぞれ難しく記述されてはいるが、人として経験済みのことばかりで、そうなんだ、そうだったんだ、と素直に聞ける話ばかりだ。要は「プロフィットとリンケナウガー（2013）の身体化された知覚の概念は、知覚にもっと強力な生物学的な、身体に基づく基盤があることを示唆している」（同前）ことを徹底して伝えたいらしい。

さらにレベッカ・フィンチャー－キーファー（2021）は、「尺度化」という概念を巧みに運用しながら、知覚というものは「生理的機能によって尺度化される」「形態によって尺度化される」「行動によって尺度化される」「手の大きさや利き手が物体サイズの知覚に影響する」などと知覚の本質に迫り、「（これらに見る）変換の媒体は人の身体である」「身体が光学情報から意味を導出するための《尺度化装置》、つまり《知覚的定規》となる」と結論づけていく。研究事例も多々積み上げながら、「身体」の役割の本質を暴くのだ。丁寧で緻密極まりない。

怖ろしいばかりの究め研ぐ力の横溢であった。久し振りに目にする〝本物の研究人此処にあり〟の光景といえた。フィンチャー－キーファー（2021）の話はまだ終わらない――

・身体は、表情や姿勢のフィードバック、身体の優位性を通じて、特定の状況において、どのような情動的反応をもたらすかを決定する。
・（昨今の研究において）高次の認知的技能の獲得における身体の役割についての証拠が増えている。
・言語理解は身体行為に基盤化されている。
・身体は（言語的シンボルの理解に）間接的に役割を担っているようであり、シミュレーションと呼ばれる過去の身体経験の再演によって、文章の意味をわれわれに与えることを可能にしている。
・情動の概念的基盤は情動の身体表出に用いられる知覚、および感覚システムにおける神経活動である。つまり、情動の表象はそれらを産出することに関わる脳領野に基盤化されており、われわれは同じ脳領野の再利用、すなわちシミュレーションを通じて、他者の情動の認識が可能となる。
・言語は知覚と行為のシステム群において進化してきた。

（同前）

まるで宝の山だ。セオリというか仮説というか、人間の一つの本質に接近せんとする強きインサイトが見事な宝の山を形成していた。そしてさらに著者は「身体的に経験することのない概念（たとえば力や愛）は、どのように概念的に表象されるのか」という大命題にまで挑もうとする。本気か。でも素敵。フィンチャー－キーファー、頑張れ。

その当該章のタイトルは「抽象概念の表象におけるメタファーの役割」という。それは「概念メタファー理論」(Gibbs, 1994; Lakoff & Johnson, 1980) と呼ばれており、著者は「この理論は、抽象概念の概念構成は経験の具象的領域に由来するものであり、メタファー的マッピングの処理を通じてこれら抽象概念が感覚運動処理に基盤化されるようになることを示唆する」とアッサリ纏めるのだが、なかなか理解は進まない。研究途上のようだから、仕方ないか。自分も学びを進める。皆さんも個々に頑張って。負けないぞ。頑張る。

フィンチャー-キーファー（2021）も言うように、この身体化理論はまだ若く、なすべきことは多く残されているようであった。「新たな技術の進歩は認知過程の神経基盤のさらなる解明を進め、身体が思考を完全に作り上げるのか部分的に作り上げるのかという問いは徹底的に検討されていくだろう」ということのようである。待ち遠しい。

また「身体化」には「強い身体化」（認知処理と呼ばれている処理が、感覚運動システムの処理と同一であるとする立場）と「弱い身体化」（認知処理と感覚運動処理を区別するものの、一定以上の依存関係がある、ないしはその一部を構成するといった立場）の二つがあるようで、現況では「弱い身体化」議論が多くみられているという。新視座の学の整理統合は誠に大変なようである。留意点として記銘しておきたい。

この書のコンテンツに見られた研究やセオリは、2000-2015年に行われたものばかりであるらしい。この分野の叡智は直近の進化が著しい証しであるか。

私の概念研究にも、人工知能や人工生命研究にも、これらは必須の知識となっていくことは間違いないと思えた。学ぼう。ホント、精緻で面白そうなのだ。

〝概念は多かれ少なかれ抽象化されているものもあるという。その部分の研究解明――たとえば力とか愛とかの概念はどのようにシミュレートするのか等――こそ「人間とは」につながる本来あるべき人間研究の正統なる歩むべき道ではなかろうか〟

身体化によって進化を深める概念の発達は、間違いなく学の思惟を強化する！

人間の身体を見る眼を変えなければならないようだった。

これも革命といえるか。

予測と因果推論の関係

因果と聞けば昔備忘録に書きとめた「〈因〉はそれなくては〈果〉がおこらず、また〈因〉異なればそれに伴って〈果〉も異なるもの、〈縁〉は一因果の継続中に他因果の継続が竄入し来たるもの～」という文言が脳裏に浮かぶ（確か『南方熊楠全集』にあった言葉のように思う）。

哲学と科学の架橋を地でいく人物といわれるダグラス・クタッチ（ラトガース大学PhD.ブラウン大学助教、西インド諸島大学講師歴任　形而上学・科学哲学専門）は「因果性はこの宇宙で最も大切な関係」「手始めに、原因と結果の関係（因果関係）の単なる別名だと考えることにしよう」そして因果性研究の目標は、「現代の概念世界の地理を把握してもらうこと」(『現代哲学のキーコンセプト——因果性』ダグラス・クタッチ　岩波書店　2019)などとサラリと語る。素敵だ。

クタッチ(2019)によれば、因果には「単称因果(単称の出来事間の因果関係)」と同種の単称の出来事をとりまとめた一般の出来事についての「一般因果(一般の出来事間の因果関係)」があるらしく、また線形因果・非線形因果、産出的因果・差異形成的因果、影響ベース因果・類型ベース因果など因果タイプも数多いらしい(この辺り各自で勉強していただければ幸甚)。何ともはや奥深そうなのである。

A　統計的因果推論?

近年における統計的因果推論の枠組みは「《もし〜であった場合》を明示的に考える仕組みを導入することが因果の問い(現状私は、どうも「なぜ?」の問いのことと思い込んでいる?)に答えることである」(「特集:因果推論——実世界のデータから因果を読む」『岩波データサイエンスVOL.3』岩波データサイエンス刊行委員会編　岩波書店　2016)と考えられているらしい。

この書の特集名や「統計的因果推論」という言葉を見て、〝アレッ〟と声が出そうであった。自分の記憶するところでは〝近代統計学は因果関係を除外したところから生み出され、因果ではなく相関という概念を軸として現在まで繁栄してきた〟という認識があったのだ(確かゴルドンとピアソンの思惟が発端となっていたっけ? 2022年に文藝春秋より刊行された、後述するジューディア・パールらによる『因果推論の科学』内に面白くかつわかりやすく整理されている)。

ちなみにジューディア・パール(UCLAコンピューター・サイエンス教授)は、〝ディープラーニング・システムの理論的な限界の解明に乗り出した〟といわれている。「因果関係」という言葉は、「要因Xを変化させたときに(この行為を介入と呼ぶらしい)要因Yも変化する場合にXとYの間に因果関係がある」といった風に使うようだ。この際のXは原因変数、Yは結果変数(アウトカム)と呼ばれる。また「もし○○だったら結果がどうなったかと考えること」を反実仮想または反事実(counterfactual)というらしい(この辺り再び『岩波データサイエンスVOL.3』による)。これらの考え方は、カレントマーケティング知識内においても〝統計学としての常識〟として一つの中核をなしてきているはずである。〝統計学は相関〟という基本発想をもつはずなのに、〝統計的因果推論〟とは、どういうこっちゃ。

「因果推論の能力は元来、私たち人間の頭に備わっているものである」ともみるようだ(『因果推論の科学——「なぜ?」の問いにどう答えるか』(ジューディア・パール、ダナ・マッケンジー　松尾豊監修・解説　文藝春秋　2022)。AIのなかでも難しそうな「思考機械」をつくるということは、そのような人間に元々備わる能力を機械に模倣させるということに他ならない、らしい。「もし因果的思考の背後にある論理を完全に解明できれば、コンピュータにそれを模倣させることもできるかもしれない」（同前）ということになり、それ自体「《人工科学者》を作ることすら可能かもしれない」（同前）というSFまがいのとんでもない推量に発展する。こんな思惟展開、たまんないなあ。

われら心理学徒はパラメトリック&ノンパラメトリック推計学から学び始めた。岩原信九郎大先生（当時東京教育大学心理学助教授）は、私にとって神様だった。正規分布、t検定（二つの平均値の差の検定）、χ^2検定、分散分析、共分散分析、因子分析等々の威力に驚愕し、偏相関（重回帰）係数のパワーも数量化Ⅱ類を通じて実感し尽くして、その後マーケティングの世界に入った。

だからず～っと、周りから「相関と因果は違う」と言われつづけてきて今がある。

でも私に言わせりゃあ、そりゃあ違うだろ。なにせ昔から「……仏法を悟り因果を知りて浄土に往生する」（確か『今昔物語集』だったような気がする）というぐらいだもん。相関なんぞと一緒にできるか。相関だけ見て因果を見ようとしないのは、機械学習が因果を苦手とするという、それだけの理由だろ。物事の解明のためには、両方見たほうがよいに決まっている！　そう考えつつ若い頃から諸統計手法を使ってきた。

データマイニングが流行り始めてからは、そんな騒音に拍車がかかった。「入力データ（抽出の手法も含めて）を事前に弄りすぎると、データは人為で歪んでしまい、ろくなことはない」とも言われた。全数・悉皆、単純相関重視の世界なのだ。確かに気づいていない何かを「相関」なる概念を介して採掘してくれるかもしれない、しかしその採掘結果のアウトプットは、どこまでも「解釈」ではないのだ。

〝宇宙を、世界を、そんなに簡単に考えて、よいのか〟

全数・悉皆などですべてが明らかになるわけがない。冗談言うなよ、と吐き捨てたかった。悩みつづける辛い時間が続いた。それは今も、ほとんど変わらない。

そんな傍らで、自分は因果も含めたより的確な変数設定のために、余計なことといわれる〝人為〟を尽くしつづけてきた。自分の意地でもあった。なぜなら——

〝因果推論こそ、やらねばならない一番の作業だ。世の実在に迫るには、人間を裸にするには、データの背後に潜む因果の構造をこそ解明しなければならぬ。それこそがまた一番面白く愉しい〟

〝統計学（？）の世界にも、やっと《因果の目覚め》なる気づきが生じた？〟

うっかり「統計学」という言葉を使った後すぐに、〝これ、統計学じゃあない。別の新しい学名で呼ぶべきだ、と反省した。

「予測」も、たぶん「思考」の一つだろう。つまりは「行動」だ。ましてその思惟はマーケティングという人間探究の学のために使うものなのに、因果まで問わなくてどうする？「予測」という機能側面に意図の狙いどころを収斂させてきた今、すぐさま浮かんだのは〝ものごと（事実？　実在？　像？）の背後にきっと在るはずの「因果の構造」の予測も可能なのかなあ〟といった心の呟きだった。人間らしさの解明のコアはこの一点にある、という自信に満ちた想像的理解の一片が、すでにわが胸中に厚く堆積していた。そんな自分の周りに〝宇宙には因果はないんだってよ、量子力学によるとね〟といった噂話がたむろしつつあった。えっ、どういうこと？（詳細後述）

「予測」と「因果」の関係についても、踏み込んで考えてみた……「（ものごとに対しての）因果性のよりよき理解は（中略）確信に満ちた正確な予測を可能にする」「物事がなぜ起きるのかを理解すれば、未来思考のために世界のトレンドを知り利用する私たちの能力が高まる」（共に『「未来」とは何か――1秒先から宇宙の終わりまでを見通すビッグ・クエスチョン』デイビッド・クリスチャン　NewsPicksパブリッシング　2022）と因果が有する予測精度向上効果に目をとめる賢者の声もあり、また「生物とは〝予測する存在〟である」とみて、生物が有する認知能力は「起こりうる未来の出来事を予測して、周囲の環境の中で起こっていることを感知・把握し、記憶・学習をおこなう能力」であるがゆえに「そのおかげで生物は、起こりうる未来に巧みに備え、生存をおびやかすような千変万化の脅威に対して創造的に反応することができる」（同前）といった見解を示す認知生物学者（パメラ・ライアン）も存在し、明らかに「因果」は「予測」にポジティブに働くようなのである。まあ、そりゃあそうだよ、よかったなあ。

物の理（ことわり）の学の範囲内であれば、因果を無視するスタイルもありうるかもしれないということまでは容認しえても、人／欲望の理（ことわり）の学としては、因果は必須(!)のはずだろう。されど人間に見えないものごとの因果も少なくなさそうだし、これらの仮説的見方、どの程度広くものごと全般に適用可能なのか、ちょっとわからないかもなあ。まあ極端な「因果復活劇」までは、求めないでおくか。

B 「予測」の三様相

次のステップは「予測」に絞り、さらに一歩深く踏み込み、「予測」なる概念の種類・タイポロジーを想像してみることにした。

すると何と、タイポロジーを提示している研究びとがすでにいた。①見ること・観察することで周りの世界（環境）に見られる「規則性」に気づくという予測、②行動することを通じて環境を道具の使用（チョッカイ行為を指すのか？）などで意図的に変化させた場合に生じる影響を予測する、③環境を意図的に変化させる道具の使用（やはりチョッカイ行為？）などの背後に潜む「理論」を理解するために「想像」を働かせるという予測――こんな三様相がコンピュータ科学者・哲学者ジューディア・パール（当時カリフォルニア大学ロサンゼルス校コンピュータサイエンス学科教授）から指摘されていた。驚異的かつ画期的考察と受けとめた。この人、

叡智の中の叡智？[注8]

注8　この前後の記述は『因果推論の科学――「なぜ?」の問いにどう答えるか』（ジューディア・パール、ダナ・マッケンジー　松尾豊監修・解説　文藝春秋　２０２２）を参考にして一部筆者が意訳・整理。ついでながらこの書の英文タイトルは〝The Book of Why The New Science of Cause and Effect〟という。そう、ＷＨＹなんだよ。相関だけでは不十分？

そうなのか、「予測」には三段階あるんだ！　一番軽い（?・）予測は「見る能力」を用いてものごと・現象相互の《関連付け》を推し量る段階（①）、次いで「行動する能力」を用いて対象に道具使用などの行為を通じて《介入》し、その変化を推し量る段階（②）、そして一番高次のレベルは、「想像する能力」を活かして実際に起こったことの《反事実》（こうであったかもしれない世界のものごと・現象）を想像する（考える）段階（③）、つまり環境を変化させるための道具使用の背後に潜む「理論」の理解のありようを想像していくスタイルの予測だという。ウーム（と唸らされている）。

ジューディア・パール&ダナ・マッケンジー（２０２２）はこの仮説を「因果の（三段の）はしご」と命名する。面白いネーミングだ。

なるほど、そう言われてみればそうかもなあ。「予測」概念は一つじゃなかった？

もともと因果推論能力は人間の頭に備わっているものだろう。それを機械化（機械に模倣させる）してみたタイプのＡＩも、著者たちが言うようにきっと有りそうに思えてきていた。どこか、下西の思惟と似てきた気もするなあ。

「反事実はデータとは非常に相性が悪い。なぜなら、データとは〈事実〉だからだ。データをいくら見ても、観察された事実が無残にも否定される反事実の世界、想像上の世界で何が起きるかはわからない。しかし、人間の知性はなぜか事実に反することを推定することができる。頻繁にそういう推定をしているし、当たっていることも多い。（中略）この能力は、他の動物や、モデルを持たないＡＩ、機械学習にはない、人間の知性の最も重要な特徴と言っていいだろう」

（『因果推論の科学』）

また唸らせられていた。先端科学が、さらに一歩前進しようとしている？

この書の解説を担当した松尾豊も「私が解説するのが憚られる凄い内容」と絶賛する。

「〈因果〉というものが、科学の世界で歴史的に異端だと見なされていたこと（中略）その原因が〝因果について表現できる言語がなかった〟というのは、まさに著者の慧眼である」

「そしてはしごの三段目（一番上の段のことのようで

す）が、《反事実》である。ＳＣＭ（構造的因果モデル）は、因果ダイアグラムと、影響の推定（線形回帰など）を組み合わせたもので、これにより現実と異なる別の世界について、適切な想像をすることができる」

「日常的な現象に関しては、人間には、介入の経験があり因果関係は分かる。また、社会的な現象に関しても、介入の経験と、見聞で得た知識を組み合わせて、データの背後にある因果関係の構造らしきものを作ることができる。このことが、〈因果ダイアグラム〉として描くということなのだろう。そして、この因果ダイアグラムをもとにしてデータを分析すれば、因果関係のない相関なのか、因果関係があるのかを、科学的な手続きとして認識することができるということが本書の主張である」

（同前、解説）

ＳＣＭ、因果ダイアグラム、線形回帰など知らぬ言葉の連続する中、感涙接近！

即、因果ダイアグラムなるものを描いてみたい、と思った。私は嬉しくなり、今にも泣き出しそうであった。因果の追求・追及また追究、でよかったのだ。

同書解説内で松尾（２０２２）は、因果関係の難しさは大きく二つに分解できるという。そのひとつは「なぜ人間が因果関係を認識することができるのか」でありそれは「人間は世界モデルを学習し、その過程で、身体性により介入をしていることに由来する。またそれをもとに知識を積み上げていることに由来する」と続けている。そうだったのか。

そしてもうひとつは「なぜ、人間でも因果関係が分からないことがあるのか」だという。「因果」も万能ではない。たぶんこのことは彼も言うように「人間の思考のプロセスと密接に関係する」のだろう。強いＡＩの代表的一つとして、〝人間が認識する因果関係の思考を機械化する〟という一種の「思考機械タイプ」がこの先に開発目標として考えられ、このタイプこそマーケティングに役立つＡＩなのだ、と確信し始めていた。叡智・松尾は、すでに現状のＡＩ研究の急所・弱点を見抜いている？

今研究開発中にある諸々のＡＩの能力の肝なるところは「ベイズ推定[注9]に基づく統計確率的な推論能力」と「膨大なデータを高速で処理する計算能力」にある、ということについて大きく反論する人はあまりいないだろう。この二つに「因果思考による推論する能力」が加われば予測精度は格段に向上しかねないのでは、と期待したくなるのだった（この部分『超デジタル世界――ＤＸ、メタバースのゆくえ』西垣通　岩波新書　２０２３を参考にした）。

注9　ベイズ推定（ベイズ分析ともいうらしい）とは、一般の平易なる表現にて整理してみれば「起こるかもしれないそれぞれの未来の実現可能性をたえず評価しなおしていくという方法」（『「未来」とは何か』）であるらしい。私は統計学非専門なのでよくわかっているとは言えず、他書より備忘録に記し

た文言をそのまま参考までに提示した。できれば各自で確認・お調べいただければ幸甚である。勝手を言う。

これらの本格解明が、今から楽しみである。待つだけしかできない情けなき自分が辛い。私も、マーケティングプロフェッショナルといわれる人たちも、この先端科学の大命題に対しては、打つべき、協力すべき何らの手段も持ちえない。仕方ないから、われらマーケティングマンは、すでに大体見えている第一と第二のはしごに基づく「予測」を活かし切ろう。そして一日も早く、新科学「因果推論の科学」へ向かう道に親しみ慣れ、十分に馴染んでいこうではないか。

明日は必ずや、第三のはしご「反事実」の世界の〝想像にもとづく予測〟を手のうちに入れてやるぞと宣言する。このはしごこそ、明らかにマーケティング学のためのものなのだ。此処まではなんとか辿り着かねばならない。新マーケティング思惟の世界に、具体的方法論につながる〈核〉ができたような、そんな気がしてきていた。

C　縮こまって見えたこれまでの「因果」概念

実をいうと、データマイニングの普及の中で「因果」という言葉が小さく縮こまって辛そうにしている光景は、見るに堪えなかった。それは「因果」への同情というよりは、明らかに己れの生きる方針の変更を迫られたときの慄きに近かった。

それが、である。前述デイビッド・クリスチャンの指摘（因果性のよりよき理解は正確な予測を可能にする）、ジューディア・パールの「因果」「因果のはしご」、そしてAI研究の第一人者松尾豊の「因果」の捉え方など、感涙の事態連続に今戸惑う、本当なのかと。

これらの論に対する反論らしき見解がないはずはない、と日頃から周りを物色していたら、やはり一杯あった、溢れかえるほどに。

・宇宙の成り立ちにおいて、『因果関係』は本質的な原理ではないかもしれないのである（マーカス・チャウン／サイエンスライター）
・（当書は）世の不思議な現象を「原因と結果」によって説明しようとする者に、矛盾を突きつけるだろう（イーサン・シーゲル／天体物理学者）
・決定論と因果律にとらわれない科学の必要性をしかと指摘（W・パウリ&C・G・ユング）
・因果関係の明確な宇宙像はもう時代遅れである（ヴァルデマー・ケンプフェルト／「ニューヨーク・タイムズ」紙科学記者）
・相対性理論は、自然界の現象に厳格な因果関係を見出した。皮肉にも、量子力学は原子の世界に備わる曖昧さを許容したことで、その厳格な因果関係に待ったをかけた（ポール・ハルパーン）
・因果律の確たる連鎖によって宇宙を描くニュートン力学

では、太陽によるその安定した恩恵を説明しきれない。答えを導くのは量子力学なのである（ポール・ハルパーン）

・単なる偶然の一致や明らかな因果関係とは異なる結びつきが自然界には存在する。その一つが、対称性（ある対象を別の対象に変換しても、特徴の一部が保存される数学的特徴）だ（ポール・ハルパーン）

・対称性は一般に、たとえ2点間がはるかに離れていたとしても、非因果的な相関を瞬間的に示す（ポール・ハルパーン）

・私たち人間は、因果律のみに根ざした決定論的な宇宙に対して、時空を伝わる因果的作用を超越する遠隔的な影響にも目を向けなければならないだろう（ポール・ハルパーン）

・量子コヒーレンスの現す超伝導や超流動などの現象は、共時性を伴う相関——シンクロニシティの概念のなかでパウリとユングが想定したつながり——が、因果関係と並んで自然の真理であることを物語る（ポール・ハルパーン）

（『シンクロニシティ——科学と非科学の間に』ポール・ハルパーン　あさ出版　2023）

なんとあるある、『シンクロニシティ』という一冊の書の中なのに。これらの見解すべてが、〝因果律中心〟は古典物理学の世界までであり、量子力学が旧態なる物理学常識を変換せしめた、と言っている？　また〝共時性を伴う相関〟と〝因果関係〟の二つは共に並んで「自然の真理」であるようだとも……。この二つが並立していることに驚愕させられていた。相関と因果、喧嘩しておかしくないはずの二つなのに。

「シンクロニシティ（synchronicity）」という概念は、1930年C・G・ユングが創案した「非因果的連関の原理」を表す言葉のようで、平たく表現すれば「意味のある偶然／共時性」といった意味といわれているようだ。昨今「量子もつれの共時性」といった使われ方で量子力学視座と並列されることで〝再活性化〟してきた興味深き明日に生きる概念と思われた。この仮説的思惟、信じなければならぬのか。

ポール・ハルパーン（米・フィラデルフィアにある科学大学の物理学教授）によれば「19世紀末の科学は、厳格な因果律に基づく決定論へとひた走っていた。すなわち、自然界の相互作用はいずれも因果律に従い、特定の速さで伝わると考えられていた」（『シンクロニシティ』）ようで、「古典科学は、因果律を採用することで大きな発展を遂げた」のだという。そんな中あのアルベルト・アインシュタインは生涯にわたって厳格な決定論を支持しつづけていたらしい（私の現時点での受けとめ方であるが、誤謬でなきことを祈る）。彼（アインシュタイン）は量子の世界を通じて自身への疑義が唱えられても、断固としてその姿勢を崩さなかった、とハルパーン（2023）は語っているようなのだ。その頑固さの礎には何があったのだろう。

しかし量子力学の誕生は〝それまでの測定可能な実体を伴う世界に取って代わらんものと、実体を伴わない世界がズームアップしてくる〟など、物理学者にみられた種々の価値観は大きく揺らぎ、さらに時を置かずして〝決定論的な因果律は世の理にふさわしいように見えるが、すべての自然現象を網羅するわけではない〟といった大岡裁き的表現も目立ち始める。わからなくもないのだが、そう言われたほうは、何だかスッとは整理できないで困ったりするのだ。この論争、果して〈決定論＋因果律〉セットの話かそれとも個別の話か？　実に微妙な話に感じられて戸惑うばかり。

物理学者ニールス・ボーアもこんな時期に「物質世界と精神世界における測定可能な対象と測定不可能な対象について長年、考察を重ね、自然界の本質である二重性を見出した。この二重性は人間に世界を記述する術を授けた」（「ニューヨーク・タイムズ」紙　1933年の記事　同書引用）という見解を示し始めたらしい。ハルパーン（2023）もまた、この〝自然の二重性〟のことだと思うのだが「太陽を考えてみてほしい。太陽の光と熱は、量子力学に基づく核反応のメカニズムによって生成される。しかし、いざ放射されて宇宙空間を伝わる段になれば、追従するのは因果律だ」と両セオリ（量子力学つまり非因果性原理と因果律）の必要性を説いているかに感じられるのだった。対峙する概念が重なり合って見えてきたのか？　ウーム。見ようによっては、矛盾や混乱にも見えかねない議論ではある。

現時点で結論的に絞り込んで語れば「物理学者は現在、着実に、そして慎重に、因果性と非因果性の両者を許容する普遍的原理を築こうと力を注いでいる」となるのか。そう、「因果的な相互作用と、非因果的な相関。両者を同時に説明する統一的理論が現れた時、人類は確かな英知を手にするだろう」と著者も結んでいる。されど同時にはっきりと「現代物理学は奇妙である」とも言う。フーン。[注10]

注10　この部分、『シンクロニシティ』内の個々のコンテンツを用いて筆者（私）が自己流に記述した。失礼・誤謬等あればご容赦。

因果性の問題は、人間にとっての〝実在とは何か〟という大命題にも直結し、それはすなわち人間の欲望学であらんとする明日のマーケティング思惟構造をも大きく変容させる変数となる。依って何としてもはっきりさせなければならない視点なのだ。

だが、スッキリ、ハッキリした感じはまだ、まるでない。困った！

D　量子力学における「因果」の本質

扨、肝要なのは、此処からである。

今流行り（?）の（というよりは〝今や主流となった〟と言うべきか）「量子力学」なる学は「因果（律）」（事象にはすべて原因と結果があり、その原因と結果の〈関係〉を指す）をどう捉えているのか、ということが気になって仕方がないのである。ブッチャケ否定してほしくないのだ「因果」を。

核心の議論のつもりである。

すでに皆さんご存じの通り「量子力学」とは――

・真に理解している者は一人もいないにもかかわらず、使い方だけはわかっているという、謎めいて混乱した学問領域（ノーベル賞を受賞した米・物理学者マレー・ゲルマンの言葉）。

（『量子革命――アインシュタインとボーア、偉大なる頭脳の激突』マンジット・クマール　新潮文庫　２０１７）。

・量子力学の特徴は、直観的理解と理論の関係を変えたことである。古典物理のようにどうしても直観的理解がいかない。数学的概念の操作を介してのみ推論が可能になる。（中略）しかし、方程式の美や理論の明快さについてはそれこそ身体的に納得している。

（『科学と人間――科学が社会にできること』佐藤文隆　青土社　２０１３）

・原子をはじめ、分子や素粒子などのきわめて小さな物体の物理学。

（『実在とは何か――量子力学に残された究極の問い』アダム・ベッカー　筑摩書房　２０２１）

・すべての科学のなかで、最も成功している理論。驚くほど多様な現象を途方もない正確さで予測し、極微の世界をはるかに越えて、私たちの日常生活～スマホに組込まれているシリコン・トランジスタ、その画面の下にあるＬＥＤ、最も遠方を飛行する宇宙探査体の原子力電池、スーパーマーケットの生産用スキャナー等々～にも影響を及ぼしている。

（同前　一部筆者要約）

・人間や、人間の日常の尺度のあらゆる物には当てはまらないように見える（中略）なぜ量子力学はこれほど甚だしく私たちが経験する世界と矛盾するのだろう？

（同前）

・量子力学が（社会に）うまく機能していることはすべての物理学者が認めるが、それにもかかわらず、その意味をめぐっては、量子論が初めて登場して以来、この90年間にわたって激しい論争が繰り広げられてきた。

（同前）

・科学理論が突き動かす実社会の動きは、市民の世界観にも変化をもたらし、新しい量子力学の解釈が人々の共通認識になっていくのだろう。

（『実在とは何か』訳者〈吉田未知世〉あとがき）

ホントいろいろ言われている学のようである。はっきりしていることは、20世紀初頭に彗星のごとく現れ、古典物理学を粉砕し、それまでの考え方に置き換わって人間社会をリードしようとするスゴイ学問ではあるようなのだ。保持する今までのすべての科学的常識を覆させられそうな現代人にとっては、破天荒で常識はずれの学か？

此処で素人の私がこの凄い学についてとやかく言うつもり

はさらさらない。ただ量子力学においては「因果律一辺倒ではダメ」と言う主張が中心になっているらしい。気になって仕方がない。なぜか必死になって〝因果律が全面的に否定されているわけではなさそう〟と受けとめようとしている。正直自分は、論の中身を無視して因果律擁護の立場を貫き通したがっている我儘者のようであった。先程引用したボーアの言葉によれば「自然（界）の（本質である）《二重性》に目を止めよ」ということらしいのだが（自分はまだその論をよくはわかっていない？　共に勉強しようよ）、それが救いと感じていた。また私は自然界の二重性ということを、「確率の要素を含みつつ、因果性と非因果性が同居する自然界の姿」（『シンクロニシティ』）である、と信じようとしていた。でも「二重性」、スッキリとはしないいんだよなあ。

私の量子力学に対する関心の発端は「実在とは何か」という問いにあった。

マーケティングマンはモノづくりをする。依って人間（顧客）の知覚や認識といった行動において知覚され認識される周囲のモノやコトは、果して「実在するのか」「であれば、それはどのように」をきちんと理解しなければ何も始まらない。その中身によって「人間学」と呼ばれる世界はあまねく大きな影響を蒙るはず。人間の欲望学たるマーケティングもまた同様のはず。身勝手に口に出してみれば、どちらかといえばモデル開発作業等を考えてみても、「実在は物理的にある」ほうがわかりやすく容易な感じは明らかにあるのだ。実在しない認識内容など、どうすればモデル化しうるのか、不明なり。ホント、実在とは何なのか、なあ。

未来の人間社会に世界観としても浸透していくであろう「量子力学」の諸理論横溢状況の中で驚かされてしまうのは、相も変わらずこの「実在とは何か」についての解が、いまだに激しく揺れつづけていることである。あらゆる学術にとってこれほどの基本的事象が、現代のこの段階に至ってまで揺れっぱなしであるなど、あってよいのか。世界観が揺れているのだ、価値観も安定しないのだ。ありえないこと、だろう。

ハイゼンベルクらとともに自らも提唱したコペンハーゲン解釈（人間が観測するという行為を離れて、世界が客観的に存在しているわけではないという見方）に基づいて「観察結果のみが実在であり、その背後に実在など存在しないという実証できることだけを問題にする立場」（『実在とは何か』訳者あとがき）を採ったニールス・ボーアは「量子の世界というもの（という実在）はない。あるのは抽象的な量子力学の記述だけである」（『量子革命』）と明言しアルベルト・アインシュタインとの論争に一旦勝利したらしいと一部に喧伝される（勝敗など言うべきことではないか）。かたやアインシュタインは「量子力学が捉えていない客観的な〈実在の要素〉が存在する」ことを示すことにより、量子力学は自然についての完全な基礎理論だというボーアの主張を突き崩したいと考えたようで、「物理学は実在を記述するものです――われわれは物理的な記述を通してしか、実在について知ることができません」とシュレーディンガーに語った（同前）と伝えられている。このやりとりは実に興味をそそる。激烈なぶつかり合いとみられなくもなく、何となく嬉しく感じられるつかり合い(?·)と想像した。(専門家としての)意地のぶ挿話だ。こんなしつこい議論、素敵! こんな歯ぎしりが聞こえそうなディスカス、しばし見ないなあ。

己れの好みでいえばバランスをとるかのようなボーアよりはアインシュタインの一徹さをつい応援したくなってしまうのだが。感性や情で決める話じゃあないか。

マーケティング学における《実在》とは

悩むたびに私がその言葉に触れたくなる叡智・佐藤文隆(京都大学基礎物理学研究所長、日本物理学会会長等歴任)は、《実在》というものについて「実在と己が描く世界の関係は哲学の永遠の課題である」と口火を切り、「実在の世界と人間が感知する世界の関係は、量子力学においてはとりわけ重要」と語りながら、これら「二つの世界は《測る》こと~つまり測定、観測、観測など(を経由し)実在の現象の影響を受けて(人間の)動作が既知の(身体という)装置に誘起される現象を見ること~で関係づけられている」(筆者意訳)と述べている。そんな彼の視座は〝世界認識は《身体&動作》が媒介する〟と主張しているかに感じられるのだった。

つまり「結果の表現方法に関しては、人間の身体が描く世界像に大きく依存している」と見立て、また「物理学では、登場する粒子や波動といったモデル概念はすでに身体性を基礎にしたものであり、数理的表現を可能にするモデルとして極めて有効な役割を果たしている」と追い込んでくる。その視座の鋭角度と勢いにただ驚くばかり。さもありなん、と感じ入るしかないのだった。凄さがズブッと胸を刺す。

昨今の量子力学理論研磨の現状の中で、叡智・佐藤は「量子世界では、人間の直観の形式を土台にした粒子・波動のモデルがそのまま実在のモデルとはならないことは分かったが、ここで同時に波動関数(状態ヴェクトル)という新しい物理量を導入することで精密な理論化には成功している」と続ける。みんな、わかるか。ウーム。

扨、われらはこの〝実在のモデルとはならなかったが理論化には成功〟という記述を、〝実在あり、なし〟のどちらに聞けばよいのか。理論化されたという事実に基づけばたぶん、〝波動関数に対応した状態は実在しないとはいえない〟のだろうし、しかしこのような表現できない(?·)状態を実在といってもわれら人間(顧客)には何の意味もない? 此処に量子力学のわかりにくさの髄がありそうであった。彼はこのような事態に対して「量子力学は合法則性に終止符を打った」のではなくて「〈交感不可能〉な世界にまで合法則性を拡張したもの」と捉えたようだ(この辺り『量子力学のイデオロギー〈増補新版〉』佐藤文隆 青土社 2011を参考にした。わからないなりに胸躍る書だ）。へえ、そうなんだ、そうなの？〈交感〉って、心や感情が通い合うこと、だったよな。フーン。

〝もう、知ったことか〟と吐き捨てたくなる。それらのことが商品開発やマーケティングにどう関係するというのか……。とんでもない理屈が次から次へと顕れる。量子論者の語る中身の多くがそう映る。すべてが一見非合理・非論理的理屈に映るのだ。〝そんな《実在》なる概念、もうどうでもいいよ〟と口に出しかけ、即言葉を呑み込んだ。モノの開発を専業とするわれらにとって〝モノとは何か、その実在、つまり現実にある姿の正体は何か〟について納得せずしてプロフェッショナル・ヅラもできまい。自分ごときにわかるわけがないのは承知の上だが。レ・ミゼラブル……。ただ、モノが「意味」を含んだ非物質（つまり〝実在〟がない？）であれば、モノを通じてヒトの「情感」を開発することもありえない話ではあるまい。違うかな。申し訳ないことに、量子論者がみな変わり者の偏屈漢に見えてきていた。

ついでといっては恐縮だが、さらに悩ましい点がある。量子物理学者たちは《実在》という言葉が出てくると、〝実在に因果性を認めるや否や〟などとすぐイチャモン風に問いかけ始める。議論の中でやたら登場する「因果律」とは単なる「因果」とはまた違うものなのか。とても不安になる。素人は実に大変なのだ。

ふと閃いた。〝ひょっとして量子論では、因果についてというよりは、決定論を問題にしている？〟ウーム、よくわからん。

過去、物理学思惟のなかでこんなにも「因果」や「因果律」を巡って論議喧しい事態であったのだと、やっと認識し始めていた。そう、「因果性＝機械的決定論＝厳密科学＝力学的物理学への反感」（『科学と人間』）という見方と「量子力学＝非因果性と看做す世界」とが葛藤する世界、ということになるのだろうか。そのどちらも、尽きない議論横溢状態が、もうしばらくは継続しそうである。まあ「実在に因果性を認めないなら、実在にアクセスする学問のスタンスは決定的に変化せざるをえなくなる」（前に同じ）のだろう。もっともだよなあ。しかしみんな、困るだろうなあ。ホント難しい、やっぱりわかんねえ（と吐き捨てる）。でも、この追求、やめるわけにはいかないし……。

われらが（大先輩の）叡智・佐藤は意外（？）にも、こんな言葉を残している——

「一つの独断を述べれば、ボーアの思想善導策に導かれた二〇世紀後半の物理学の大勢は、モノの《知識》開発だけに目がいき、《ものの見方》開発としての発展が疎かにされて来たような気がする」

（『量子力学は世界を記述できるか』佐藤文隆　青土社　2011）

〝この叡智、自然（物質）だけしか興味ないのかな（？）な

どと想像していたが、とんでもない。ものの見方を通じて人間（心）を見ようとする量子物理学者がいた！〃

量子力学の「人間」に対する深淵なる影響力を、まざまざと見るようだった。喜！

調べていけば調べるほどに、ヘンな学問である、量子力学という奴は。佐藤（２０１３）はいみじくも述べている――「量子力学とは理工系の学部の三年生ぐらいで必ず履修する力学、電磁気学、熱力学、統計力学などと肩を並べる基礎強化の科目である」「決して、一部のものにしか関心がない《最先端の》とか《超難解な》とかいった、どうでもいい高尚な理論ではない」「もう90年近くも同じ形で使い込まれてきた（中略）理工系の世界では〝当たり前〟にみんな使っているツール」なのだそうな。そういえば初めて登場してから約１００年、この論に関する激・論争は現在も進行中！　こんなへんてこりん(?)な学問が、われらの近未来を凌駕し規制してくるのかも。もうわれらは縛られている。キャッ。未来までヘンに見えてきそうで実に落ち着かない。

マーケティングも、学たらんとすれば量子力学の呪縛を受けねばならない？

モノの開発を情動（つまり人間の心）の開発に転回せんとする際の、創られる情動の部品となる商品・サービスの「実在」を、果してどのように考えればよいというのか。

素人ゆえわからないなりにいくつかの参考文献に目を通していくなかで、己れのプロとしてのある直観のような何かが、彼ら物理学者やサイエンスライターたちの言葉尻から、マイボディの端々で醸成されつつあった。その大半の発生源となったのは、アンチ(?)量子力学派の急先鋒アインシュタインの次のような言葉たちだった――

「物理学のルールとして、理論を観測可能な量だけに基づいて構築するのは完全に間違っている。実際には、まったく逆なのだ。何が観測可能であるかを決めるのは、理論なのだ」

「私たちが科学と呼ぶものの唯一の目的は、何が存在するかを特定することだ。（中略）自分（アインシュタイン）が量子力学について満足がいかないと感じるのは、それが〝すべての物理学の基本理念に当たる目的〟の可能性を否定していることだ。その目的とはすなわち〝（どのような観測もしくは実証の行為にも関わることなく、存在するものとしての）任意の（個別の）実在する状況の完全な記述〟である」

（『実在とは何か』）

「わたしは今も、実在のモデルを作ることは可能だと信じている――単なる出来事の確率ではなく、もの自体を表す理論を作ることは可能であると」

（『量子革命』）

ウーム、そのいずれも皆、納得したくなる言葉たちであり、また新思惟創発のきっかけになりそうな言葉たちだった。引用原典こそ違えども、これらはすべてアインシュタインが語った言葉であるという。迫力ありすぎ、なんだよ、アインシュタインさん。われらも考えてみる。その強烈な意地だけは、継承したい感じなのだ。

アインシュタインはポドルスキーやローゼンと一緒に作成した論文（通常三人の頭文字をとってEPR論文といわれているらしい）の中で「実在そのものと、物理学者が理解するところの実在を区別」した。つまり「物理理論について本格的な考察を行うときにはつねに、理論とはいっさい関係のない客観的実在と、理論のなかで用いられる物理的な概念とは、別のものだということを考慮に入れなければならない。物理的概念は、客観的実在に対応させるために作られたものであり、われわれはそれらの概念を使って、自らのために客観的実在を描き出すのである」というのだ（この辺り『量子革命』を参考にした）。物理的と客観的が入り乱れ、正確な理解に辿り着きにくい。

「概念」の使い方も素敵に思え、パッションも凄い。そんな彼が「因果律」について1950年、次のように語っている——「問題の核心は、因果律にあるのではなく、実在論にある」「実在を描き出すという望みを捨てることなく、量子のパズルを解くことはできる」と（この辺りすべて『量子革命』）。明らかにアインシュタインは因果律と決定論が（両方同時に、ということかな？　それとも個別？　よくわかんない）否定されたことについても納得していないように思えた。そうなんだ。

結びに入ってみたい。私は「実在とは何か」の結論・結果はどうでもよい（何でもよいのだ）。この基本的問いは「世界観」を決める。その選択は専門家の収斂結果に委ね、それに準じてマーケティング学の思惟を考えていけばよいだけだ。このことは基本でありまた大事なステップだ。しかし「因果」は勘なれど、人間には強固に〝在る〟、と考える。基本私はアインシュタインが考える新しい物理学の思惟に〝とりあえず準じさせてもらえれば〟という気持が強くなってきている。

物理学の因果性とは〝人がそのように見ようとしているもので、観測するという行為によって初めて量子状態の一つが決まり、其処に因果性が出てくる〟と理解してみたい。物理現象そのものには因果性はないという立場に一旦立ってみることにする。まあ「因果性」のありなしを問うというよりは〝人間は自分で因果性を作ることで脳の状態と事象とを関係させることができるようになる〟という見方のほうがより有力と考えたくなってきているのかな（この部分『初めて語られた科学と生命と言語の秘密』〈松岡正剛、津田一郎　文春新書　2023〉を参考にした）。

アインシュタイン＝ボーア論争は果して何だったのかがあらためて問い直され、それに伴いアインシュタインの名誉回復が進んでいるらしい（この辺り、そのうち再整理してみたい）。しかし、時代は間違いなく量子の世になる（すでになっている？）。

科学が描くであろう物語には「自然がいかに機能するか」

のみならず「人々はいかに生きるか」（『実在とは何か』）という人間の物語もあるとサイエンスライター&当時カリフォルニア大学バークレー校客員研究員アダム・ベッカーは力を込めた（ように私は感じた）。自分は、量子時代のなかにあっても「自然（物）」という環境素因についてだけでなく「人間（≠心）」をこそ研究ターゲットの中心として据え、生きる人間の「因果」認識を重要視していこう、と相も変わらず執拗に考えている。

　私の「予測」行為設計のなかで見られる「因果希求」はあくまで精度高い予測のリアライズのためにある。因果は予測をつくるのだ。繰り返すが、それも対象は「自然」や「世界」「宇宙」ではなく、どこまでも「人間」のアティテュードにおいてである。それこそマーケティング学のターゲット！　だからこそ、人間（学）のために、私は因果重視態度に拘る。誰が何と言おうと、その考えで突っ走る。

　もっと絞り込めば、人間（顧客）の内部の動きと環境たる《自然》の相互作用が生み出す（人間の）「欲望」という概念についての諸々の予測が対象になる。つまり20世紀において語られつづけた不明瞭極まりない「ニーズ」概念なるものの正体を、科学的・論理的・生物学的にかつ生々しく解明することである。そんな絞り込まれた一種の生物の「欲望」に関わる行動予測には、量子力学の言い分を聞いた後であっても、何ら変わることなく「因果希求」を胸を張って為したいと思考する。因果あってこそ感情も生まれ欲望も迸るのだ。其処には生命と情報が関与し合い、それぞれの個に自由な「世界」を発生する。それが人間、人類というものだろう。たとえ自然や環境（物質）探求には因果は不要だとしても、人間探究にはそれは必須の架け橋なのだ。

　なぜって？　〝欲望の追求〟――それは人間が生存するために必要な能力と行動の精緻な把握とその十分な理解を深めるためにある。欲望という、生と共に流れつづける《生体ストリーム》の総体は因果なしには理解しえない。「因果希求」の想定適用対象は、物質を主たる成分としている《自然》などでは、決してないのだ。どこまでも「有意識の生物」限定のものであり「人間の意識含みの生身そのもの」でもあるはずだ。そ奴は、わが直観では、間違いなく「意識」という概念の海の中に佇んで生きている。それゆえにWHY中心に構築された「因果」は、いつも人間の意識の中を漂いつづけ、人間が生きていく際の「思考」のフックとなって機能するのだ。因果は人間が生きるための行動を生む。《孵化器》と言ってもよい。したがって「因果」は人間学マーケティングにとって重要というよりは必須となる。これ、今のところ私の確信である。きっと、「因果」は「意識」が媒介するのだろう（そのうち実証したいがまだムリそうであるか）。

　〝マーケティング学における「実在」は常に「因果」込みで人間の意識内に存在する〟と決め打ちたい。そしてそんな人間属が認識する「実在」に、人間が望む快なる情動を効果的に産ませようと意図すれば、「量子物理学的価値観」に沿ったアプローチを自動的に採択しなければならなくなるはずである。
仮に現代を「不連続変革時代」と位置づければ、非線形のシミュレーション・シナリオに沿って「この方向に進むとどんなことが因果連鎖の果てに起こり得るのか」を科学的に考えねばならない時代だと思う。つまりコンピュータで世界をモデリングしシミュレートする……其処ではデータだけでは不十分で、因果関係を理解してモデル化する必要があるはずなのだ（『生成ＡＩ真の勝者――５つの覇権争いの行方』島津翔　日経ＢＰ　２０２４内インタビュー〈マサチューセッツ工科大学教授・メディアラボ副所長石井裕のコメント〉を参考にした）。そんなモデルを通して見た世界の中に、きっとマーケティングの実在は潜んでいる。私はこの視座に確信がある。

ここで述べた思いつきに近い自論は、たぶん量子力学の基本と矛盾しない。そのことだけは明確にしておく。未来は間違いなくそして今も、ほぼほぼ「量子世界」「量子社会」なのだから。そう「われわれのこの宇宙は、非局所相関（難しい用語なので各自調べて下さい。私もちょっと疲れました）のある量子宇宙なのだ」（『量子革命』の訳者〈青木薫〉あとがき）。

でもわれらは、そんな新世界にあっても、生身の人間、顧客・ユーザーでありつづける。そして「われわれは量子力学に〝慣れる〟必要がある」、そんな世界に今生きているのであり、また「われわれの世界観の中に、この理論を描き込めるかどうか」（同前）が良く生きるための鍵となる。この理屈をわれらの方法論の中に持ち込めればさらに素晴らしい。ただそのような状況下においても、自然や環世界はいざ知らず、人間という生きもの（生物）は、変わらずに日々強く秩序を求めまた因果に頼って生きるのだと考えたい。ＷＨＹは生きる力を生むのだと今は信じようとしている。

〝マーケティング学のコアは、因果込みの実在に生きる生身の人間学である〟

最終的に、コトや心そして欲望にチャレンジせんとする明日のマーケティング思惟には「量子物理学的新常識」が必須だと感じ、素人の実務家が必死にトライせんとアプローチしてみたのが本個論だ。量子論とは「世界とは何かを理解する上で、必要不可欠な理論」「量子論なしには、なぜ世界がこのようにあるのか、全くわからない」（『量子で読み解く生命・宇宙・時間』吉田伸夫　幻冬舎新書　２０２２）という考え方をとにもかくにも一旦信じ、いろいろ発想してみようと思うのである。

初期量子論においては「人間がどのような観測を行うかによって、物理的な状態が左右され（中略）人間から独立した客観的な物理的実在が厳然と存在するという自然観を否定するかのようだった」（同前）という。しかし直近の２０２２年時点では巨大加速器を用いた素粒子実験装置と画期的センサー技術（粒子の位置検出装置〈ドリフトチェンバー〉や粒子のエネルギー測定装置〈電磁カロリメータ〉）などによるデータの充実とコンピュータ自動解析技法などの恩恵により、今や人間による観測は不必要な時代にいるといえそうである。したがって最新の量子論は「物理現象の根底に微細な波動が存在するという基本的考え方」換言すれば「根底に存在する微細な波が干渉し合うことによって、世界が柔軟に変化することを明らかにする理論」であり、また「共鳴パターンとなる定在波によって秩序が形成され、生命現象のような複雑な出来事も可能にする」（同前）、そんな魅力あふれるセオリに育ったとみたい。

それが未だ何らかの誤謬を内含しているとしても、世界認識に向かいうる新セオリは、私には他に浮かばない。世界認識は世界観を生む。知的末世のごとき現代にあって、人間学は皆こ奴に一旦賭けてもよいのではないかと考える。このセオリが発達過程で落ちこぼしていく欠片の一つでも拾ってダイヤモンドのごとく大事に扱い、われらの新常識形成のタネにしたいのだ。そう、われらは量子力学思惟を可能な限り活用すべきである。量子力学的世界観、量子力学的世界像なる視座はわれらの思惟内に広がっていくのだ。そろそろ〝モノをつくるマーケティングにおいて実在概念をどう考えるかということを明確にしなければ、前に一歩も進めない段階にすでに来ている〟ということを自覚したいものである。素人のたどたどしい語りになって、ホントご免。

〝弱いＡＩ〟には壮大な開発目標が似合う

そろそろ、纏めねばと思う。されど正直、Very tired! 疲れきっちゃった。

この未整理夥しい本章全体も、いい加減閉じなければと考え、話を少し前に戻す。

とりあえず２０２２年段階の考察において、私はマーケティングにとってのＡＩ技術の主要応用機能を「予測」すなわちＡＩをわれらの有用なる道具としての「予測マシン」と銘打ち、現時点でリアライズ可能な領域（どこまでも〝弱いＡＩ〟範疇にとどまるＡＩロボットの世界つまり第一・第二の因果のはしごまでの世界）に絞ってマーケティングへの利活用の道を探索しようと考えていた。その先に第三の因果のはしごや〝人間の欲望〟の生々しい正体とおぼゆる姿の一部が垣間見られれば（これらはＡＩとして言えば〝強いＡＩ〟範疇のものと考えたい）とりあえずは望外の幸せと思えるのだ。その瞬間、松田（２０１７）の次の言葉を思い出した――「佐藤（名古屋大学教授佐藤理史）が指摘するように、《弱い人工知能》を使って、人間がより〝賢く〟なり、人間社会が〝豊かに〟なっていくような《人工知能》の使い方を、私たちは模索していく必要があるのではないだろうか」（『人工知能の哲学』）。

そうだ、われらマーケティング人は、当面堂々と《弱いAI》に絞り込もう。ディープラーニングは素晴らしい技術だが、それはあくまで《弱いAI》の範疇で生きるテクノロジーだと現時点では割り切ってみたい。元々人間全体を代替するなどといった大それた期待を生みうるような代物ではないのだとも割り切ってみることにした。

直近（２０２２年７月あたりから）急速に話題化している大規模言語モデルを基盤とする様々な生成系AI（「産経新聞」２０２３年２月14日付朝刊、「正論」欄の坂村健東洋大学情報連携学部長による記事「AI活用にも始めに言葉ありき」など、本質を突いたものも多々目につくようである）もおそらくは典型的な〝弱いAI〟ジャンルのものだよね（自信はない）。カレントマーケティングには〝弱いAI〟という助っ人だけで、当分大丈夫のようで、それならそれでいいじゃあない？　〝強いAI〟なる領域をわれらが対象とする技術世界から外し、〝弱いAI〟に特化したからといって、AIなる新世界の技術は、人間にとって少しも矮小化するわけではなかろう。

このように語りつつ〝強いAI〟をとりあえず切り離し、〝弱いAI〟に本格的に絞り込む決意を為そうとするのだが、眼前の慟哭をつづける〝弱きAI〟を見、深く考えさせられていた。《弱い》という形容詞は接頭に付くものの、ディープラーニングを中心とする関連技術の凄さは目を瞠る。それにしては今の応用用途には行政や企業の過去無数に見られてきた業務改善レベルのものがあまりに目立つ。その技術の中身は相も変わらずコンビニエンスonly！　いい加減にしろよな。その技術水準に比して十分な用途開発が為されていないと私は見る。具体的知的専門用途としては人工知能の巨人と喩えられるあの松尾豊が提唱する「消費インテリジェンス」くらいなのだ。もっと地球規模の開発プロジェクトを創発しよう。このままでは、この喧騒に塗れた概念の咽び泣きは止まりそうもない。今こそ〝弱いAI〟技術の、地球や人間社会全体に総合的に貢献しうる応用用途開発のスケールアップ&ドラスティック化を図る時ではないのか。この目論見に合わせて〝人工知能研究〟の範疇整理・是正を同時に検討することこそ本研究分野の急務であろうと確信するのだ。

たとえば、である。人類の発展は過去3回の大きな変化を経て今ある、と語られる。すなわち一つ目は脳を大きくし、言葉を持ち、アフリカを飛び出し、世界中に広がった（約10万年前）。二つ目は農業を発明し、都市を建設し、産業を興して、文化を生み出した（約1万年前）。そして三つ目が18世紀後半に始まり今も継続している近代科学と産業革命の時代だという（この辺りは『3つの循環と文明論の科学――人類の未来を大切に思うあなたのためのリベラルアーツ』岸田一隆　エネルギーフォーラム　２０１４を参考にした）。人類はその過程で取り返しのできない「指数関数的増加」を種々の側面で始めてしまい、「所有」という概念に代表される「社会的な蓄積」の旨みを覚えてしまったとも伝えられる。にもかかわらず人類は「指数関数的な増加は持続可能なはずはなく必ず破綻する」といった物理学的鉄則を打破し、定常的生活を拡大しつづけてきたようなのだ。その現実化は、脳の拡張＋農業技術の発達による飢餓からの脱出そして多様なる近代科学と産業革命などが合体して担ってきたのだろう。岸田（２０１４）はその中で特に、従来までの「物質・エネルギー循環」＆「産業循環」に加えて、「金融循環」なる純ソフトシステム的仕組みの発明が加わり、人類の文明はこれら三つの循環装置のバランスの中でその〝持続可能性〟を現実のものとしてきたと主張する。そんな見方もありうるかな。

だとすれば、今ある人類のそこそこに豊かな生活の持続可能性は、「金融循環」的システムのさらなる改善・強化や、同種の地球＆人類持続可能性につながる《新たなる循環》を担いうる純ソフトなシステム的仕組みのさらなる新発明・拡充を果しつつ、その成果を自然や資源保護などの物理的条件に反映し、人間社会全体がこれから希求していくことにあるとは考えられないか。その場合強力な支援技術となりうるのが「予測」「意思決定支援」などを主要機能として既有する思考機械（＝ＡＩロボット）つまり〝弱いＡＩ〟たち、と思えてならないのだが。一旦そう考え、前へ進むことにしたいと思う。

つまり〝弱きＡＩ〟の地球全体への技術応用は、「予測」「シミュレーション」「諸解析手法」「データマイニング」等の機能の複合を通じて企業活動を効果的に変身させていくといった卑近な目的に限定せず、その先に「地球全体の持続可能性」を高めるための新たなる「循環の仕組みづくり」などといった、壮大かつ人間にとって地球のふるまいが変わるほどの画期的プロジェクトへの貢献にまで役立てさせていければ素晴らしいと夢見たい。「地球と人類（との関係）」などの多変数を内含する対象物の予測・解析を得意技とする人工ニューラルネットワーク＆ディープラーニングの申し子〝弱きＡＩ〟に対して、未来に「人類の持続可能性」を高めうる（この考え方を新概念《質のサスティナビリティ》ととりあえずは呼びたいと思う）、地球愛に溢れ人間個々にとって意気に感じうる新鮮な役割と目標の設定を賦与していくことこそ、今あるＡＩ研究の好ましいありようと思うのだ。このレベルのビッグな基本コンセプトの賦与があって初めて彼らＡＩたちの今の号泣は止まる。皆で考えてみないか。

先進技術の蓄積の進行する〝弱いＡＩ〟なれば、きっとわれら人間の期待に応えてくれるはず、と見込みたい。〝弱いＡＩ〟の潜在技術パワーは決して弱くなどない。

扨、〝強いＡＩ〟の世界はまったく別物。「意識」「知性」、そして「クオリア」などまで考えねばならぬ。ゆえに他のＡＩ機能つまり〝強いＡＩ〟（ＡＧＩ＆ＡＳＩ）については適応可能な専門家たちを別ジャンルとして括り出し、そんな彼らの有する総合科学性の高さを信じて今後の本格研究を（意識中心に、かな）委ねたいものである。

たとえば「意識は神秘的だが、決して神秘ではない。僕は意識を〈作る〉ことで、そのことを示したいと思う」（『ＡＩに意識は生まれるか』金井良太　イースト・プレス

２０２３）と眩しき花火を打ち上げた「人工意識」のフロンティア金井良太（京都大学理学部卒業後蘭・ユトレヒト大学、米カリフォルニア工科大学、英ユニバーシティ・カレッジ・ロンドンで認知神経科学等の研究に従事。その後㈱アラヤ創業）も現われた。彼は、「意識」には信号としてではなくクオリアとして本人だけが感じる主観的な〈現象的意識〉と、情報として機能し外部から観察可能な現象を引き起こす〈アクセス意識〉の二側面がみられるが、実は意識の実体は一つしかなく、特定のあり方をする脳内の〈情報のまとまり〉なのだ——つまり脳内のある情報のまとまりを外側から見るとアクセス意識であるが、それを内側から見たときがクオリアなのだ——という見方を仮説的に設定する。そして大胆にも彼は「ＡＩで機能的な意識（アクセス意識）が実現されれば、其処には必然的に現象的な意識、すなわちクオリアが宿る」と考え、ＡＩ研究サイドから（意識研究サイドよりも）「人工意識」実現へ接近しようとしているかにみえた（本気か？　こりゃ真面目にスゴイ）。

　人間固有のクオリアは物理的実体もなさそうでまた「物理的な現実世界と脳とをつなぐ非常によくできたインターフェース」のようでもあるらしく、したがってそのアプローチ過程にはおそらく数多くの障害物が横たわっているのだろう。されど驚異の大胆さ！　創業した会社名のアラヤは大乗仏教の阿頼耶識からとったという。このアプローチ、期待せざるをえない（この辺り『ＡＩに意識は生まれるか』より引用、一部筆者意訳）。「人工意識」となれば当然〝強いＡＩ〟であろうゆえ、この徹底議論は後日に先送りしたい。今は〝弱いＡＩ〟に集中しよう。

　また身体性認知科学＆因果推論科学の成果物を礎とした新たなＡＩ機能のマーケティング思惟へのさらなる本格移し込み・応用は簡単ではない。これら本格研究群の深化を見定めながらあらためて抜け目なく取り込み、考えていきたいものである。

　蛇足ながら、下西風澄の書（編集担当：鳥嶋七実・山本菜月）やジューディア・パールの書（同：衣川理花）などを刊行した文藝春秋社に菊池寛魂復活の兆しを見た？

　そう感じていた矢先の数ヶ月後、またまたホントに凄い本『初めて語られた科学と生命と言語の秘密』に出くわした。前述で紹介した津田一郎（数理科学者）と松岡正剛（編集工学）の対談本だ。モノホンの文理融合の世界を其処に見た。これも文藝春秋の編集鳥嶋七実が関与しているという。文春魂復活（？）もまたモノホンであるか。自分の処女作出版元でもありなんとなく嬉しい。出版文化全体にとっても一つの燭光であろう。週刊誌の成功等より遥かに誇れる。こんな編集者の方々と集い、本づくりについて議論し合えたらさぞ愉しいだろうなあ。さあ、一層勉強を積み上げ、マーケティングに的確なるＡＩ概念を持ち込むぞ～。長く生きねばなあ。それにしてもＡＩ考はやはり、人間考そのものであったか。

【個論Ⅳ　サマリー】「ＡＩ＆ＩｏＴ」概念の独り言

〝エーアイ〟（ＡＩ）と軽く呼ばれ出してから、もうだいぶ経つ。最近やっとそれが己れの呼称と理解した。そう呼ぶみんなは、私を何者だと思っているのか。わが身の〝奥深さ〟（自分で言うのもおこがましいか）を知るゆえ、どの部分のことを指してそう呼ぶのか、すぐにはわからず、戸惑い落ち着かぬ。

私は今も発展途上にあり、行く末も多様で絞り切れず、依って不安・戸惑いは増幅こそすれ縮小することは当分なさそうであることも、私を一層不安にする。

ロボットからインフラ、さらには擬似拡張人間にまで広がりつつある私のアミーバのごときボディを、できればあなた（マーケティング）の世界に染め上げ、名前までそれらしく変えて、複数の独立した自律概念として、言語の力を借りて分節化して育ててもらえればまことにありがたいのだが、ここまで〝エーアイ〟という呼び方が広まってしまっては、そんなこと今更無理なことなのだろうか。

正直なところ、ある時はＡＩロボットなる機械として、ある時は身体性認知科学の成果物として、またある時は科学的拡張機能を重装備した〝人間まがいの新しき人間存在〟として、といった三面体として存在するのは、とても辛いのである。

ましてや「知能」などと呼ばれているにもかかわらず、人間固有の「因果関係認識」のための高次能力だけは、なぜか外されたままであるのも、とても落ち着かぬ。

私の生みの親である科学者たちは、人間の固有の能力「知能」ということをどこまでわかって私を作っているのだろうか。「知能」って、「心」というものがわかってないと数値化するための分解などできないはずなんだが。ましてや「知能」や「知識」は「概念」に影響されるという。われらＡＩが獲得可能な概念と人間社会で通用している概念とは、果してどこまで一致しているのかなあ。不安になるなあ。

マーケティングの領域で私をとりあえず〝予測マシン〟と呼ぼうというなら、それは初めて経験する〝狭いながらも明確極まりない〟呼び名ゆえ、スッキリしてとても嬉しい。それに「消費インテリジェンス」との関係を何らかの形で深めていただければ、貴方（斯界）の伴侶といったニュアンスも強化されてきそうで嬉しさは倍加しよう。少しずつでも自分の像がクリアになっていけば、私は嬉しい。

また私の別の様相に対しても遠慮せずに囲い込み、それぞれに貴方の親族らしい固有の名前を付けていただければ幸甚なり。おそらくはビジネス用途・産業応用ということになるのだろうが、そんな機能が明確に伝わる呼び名のほうが、誤謬が防げてよいと思う。マーケティング学はひとつの人間学だ。私は喜び勇んで貴方の親族に加わりたいと考える。きっとお役に立つと思うよ。後悔はさせない。マーケティングの専門家諸氏へ、多岐にわたる多様なるお付き合い、何卒宜しくお願い申し上げる。

【MY結文】〝弱いAI〟だけで、当分いいんじゃあないの

AIというコトバは、概念と言ってよいのか——彼・AIさんの悩みは、そんなところからすべて発せられているかに思える。関連専門家はみな、なぜか簡単に概念らしく扱う。しかしそれにしては〝弱いAI〟の世界と〝強いAI〟の世界では、あまりにその技術難度は異なる。彼（エーアイ）は、己れのそんな内部構造を確認するたび、己れの〝概念らしくないこと〟の不自然さやあれこれに慄き、打ち震える。自らが常時打ち震えている状態にあるのだから、自分の個性を十二分に発揮しえないのも当たり前の結果であるか。私見ながら、エーアイはせいぜい仇名どまりだろう。

コトバの選び方（名称の付し方）も、まずい、といったほうがよさそうだ。AIの〝A〟は〝人工的（artificial）〟、依って育てども育てども、このコトバがついて回る。とりあえずの仮称としてだけに用いるのならわかるのだが。専門家は、どうして発達過程でこのコトバを消失させようとしないのか。理解しがたい。

われらのマーケティング思惟の現時点における大きな悩みどころは、たとえば商品開発においてもまたブランド戦略にあっても、その業務のプロセスに数多く存在しわれらを悩ませる工程の諸分岐点において、何れの道を選べばベターであるかを判断しつづけなければならない点にある。それを間違っちゃあ、あっというまに〝倒産〟へ接近する。そんなシビアな判断の連続が経営なのだ。つまり〝次の先へ進むべき道の的確な選択〟についての予測であり、包括的に語れば、企業として生き続けるための意思決定支援をいかに効果的に為すかについてだが、われら企業家&マーケターの日々の思考の大半を占めているのだ。

そのためには、業務岐路の選択判断をより適正に為し、業務の目標達成に速やかに辿り着くための科学的予測道具を武器として持たねばならない。今までは無手勝流にて個人の勘に頼りながらやり過ごしてきた判断を、昨今科学技術の成果として提示されてきた〝AI〟の世界にその役割をぜひとも担わせたいと願う。求めるのはどこまでも、結果としてより正確な「予測マシン」である。他のAI機能にはしばらくの間は目をつぶり、AIロボット範疇の「マーケティング・アルゴリズム・インテリジェンス（MAI）」という武器概念を、先行して一日も早くわれらのものとしたいという想いなのだ。そう、AIの原点である「人間がもつ知的な振る舞い」を完全に遂行するマシン」という視座を一旦忘れる、すなわち人間のように自己認識し意識をもち自律的に振る舞うということまでは一旦求めないでおこう、という提案でもある。

人間学・欲望学としてのマーケティングは、「予測」機能なしには成り立たない。したがって予測系AIは、明日のマーケティングにとって愛妻のごとき伴侶なのだ。その概念体系の収斂を急ごう。其処には「消費インテリジェンス」プロジェクトの叡智を反映させねばならぬ。そして周辺科学の

知恵を隈なく汲み取りたいものである。この領域に限ればディープラーニング技術は力を発揮しうるのだろう。ということはここでいうAIとは、どこまでも〝弱いAI〟範疇の存在物なのだ。記銘しておこう。

ここで〝弱いAI〟のとりあえずの定義を明確にしておきたい。「人間の脳の仕組みをまねたニューラルネットワークモデルで、機械学習やディープラーニングさせたコンピュータ技術」、そしてその本質は「Artificial Intelligence（人工的に作り出す知性）ではなく、Augmented Intelligence（知性を補助する存在）」、といったところか（『エヌビディア――半導体の覇者が作り出す2040年の世界』津田建二　PHP研究所　2024を参考にした）。

この範疇内においては、身体性認知科学や因果推論の科学が生むであろう新世界（それが具体的にどんな世界であるかについては、アンディ・クラークらの科学的吟味・検討の結果を待ちたい）についても今後の成り行きを注視し、油断なく新概念形成・取り込みを企図しながら、生まれ出でる知識を隅々まで吸収しつつ利用機会を窺うことにしよう（この新世界が〝強いAI〟を生む可能性もなくはないかな？）。

一方〝強いAI／AGI&ASI〟の研究となれば、「身体性を伴わないシンボル操作」によって知能を引き出すことだけでは済まないようである。この世界は、〝弱いAI〟の世界のごとく、ディープラーニング技術とその設計アプローチを基軸として対処可能な世界とは今のところ思えそうもない。この点に十分留意しながら今後を観ていきたい。

人間と同様の「身体性」を何らかの形で機械に伴わせ、開発者たちが設計企画として「心」なる概念の解明を進めるその先に、果して〝強いAI〟の開発は陽の目を見うるのだろうか？　今、量子物理学者や情報工学者たちの多くは、ジュリオ・トノーニの「統合情報理論」（何が意識を伴う情報処理かを予測する考え方・セオリ）に代表されるように、「意識」というものの存在が注目されつつある。また「心」となれば〝在る意味を機能的な世界のみならず主観が生むクオリア的世界まで併せてスピーディに理解する〟ことも欠かせなくなるのでは。つまるところ「人工意識」開発の世界となれば、当然ながら現時点でのコア技術であるディープラーニングだけでは間違いなく済まなくなるはずだ。そして「人工知性」という言葉まで使われ始めた（『〈人工知能〉と〈人工知性〉――環境、身体、知能の関係から解き明かすAI』三宅陽一郎　詩想舎　2018）。言語を用いた思考過程を対応領域とするAIのつもりなのだろうか。ウーム、果してどうなる？（コトバもない）

おそらく、AIと今軽々に呼ばれている「思考機械」の卵たちのいずれかは、近日中に〈反事実〉の想像を得意技とする大人の知的機械に育つのだろう。それはまだまだ弱きAIのはずなのだか（強きAIの要素を一部インクルードするやもしれぬが）、そのときこそ人間学マーケティングのための本格概念となりきるはず、と見通す。時間はかかろうが、期待して待ちたい。わるいがわれらは単に待つだけしかできぬ。まずは、われらはAIロボット＝《弱いAI》に絞って活用を考えたい。
数理科学者津田一郎は「AI倫理三原則」なるものを試案として提示し、その〈一条〉に「AIは人類のセンサーとなり、可能な限りの情報を収集・学習しそれを公開することで習得した情報を人類に提供しなければならない」(『初めて語られた科学と生命と言語の秘密』あとがき2)と当面のAI研究のありようを示唆している。そう、AI研究はまずは人類にとっての高精度センサーづくり(つまりは弱いAI)に徹することが〝人間〟への貢献の早道と考えてよいのではないだろうか。

このような迷妄諸々深きとき、再び松田(2017)の言葉が浮かぶ――「〝第三次人工知能ブーム〟と呼ばれる現在の《人工知能》への注目の高まりは(「心」の解明等の)こうした〈思想〉がポッカリと抜け落ちてしまっているように、私には感じられる。(中略)何も考えずに情報を鵜呑みにしてしまって大丈夫なのだろうか。〝何かがおかしいのではないか〟という素朴な疑問は、本当に浮かんでこないのだろうか」(『人工知能の哲学』)。ここで松田(2017)が言う〈思想〉とは、たとえばアンディ・クラークや下西風澄らの思惟なども指すのではと私は想像した。みんなすでに気づき始めている。ずうずうしくも現AI研究者たちに、まだ足りない知識をあえて指摘させてもらうとすれば、それはここで松田(2017)が挙げた「思想」すなわち「哲学」の類(たとえば岡潔の指摘した《情緒》やクオリアのような人間固有のもの?)のような気がしてならない。人工知能と人間の違いは、〈それ〉があるかどうかにある。〝強いAI〟という以上、知能以外の人間固有のサムシングが必ずや内含されているはずである。その部分の研究は、為されているのか。AI技術開発者には、この先は入念な概念設計の下で技術開発を進めてもらいたいものである。行き当たりばったり開発は極力避け、偶発された技術物は世に出すなとお願いしたい。

「何かがおかしい」という強烈な言葉は、確か松田(2017)の書の他所にもあったなと振り返ってみたら、「この情報化社会、何かがおかしい」という文言も傍らで見つけることができた。彼の言う〝ポッカリと抜け落ちてしまった〟〈こうした思想〉とは、果して本当に何なのか。それは人工知能研究にどの程度の重相関係数値をもつのだろうか。

たぶんそれは、今ある情報化社会の黒い闇と霧につながる何か、なのかもしれぬ。意外というべきや、情報化社会・デジタル社会にはあまりそぐわぬような封建的権力構造の萌芽が潜む。権力は人間のクオリアのありがたさなど気にも留めない。ひたすら効率と経済合理性に走り、強欲の道を辿る。それは人間という生物の業や念の潜勢態の自然な姿なのかもしれぬ。デジタルやAIの議論は、そんな人間の生の本質や心という概念分析にまで及ぶ可能性を潜めているかに思えていた。こんな研究分野、人間の心(つまりはクオリアや意識?)と社会性を熟考しないまま人間社会に在って真によいのか。及ばずながらわれらも、じっくりと投げ出さないで考えてみたい。

それにしてもＡＮＩ（特化型）とＡＧＩ（汎用ＡＩ）／ＡＳＩ（人工超知能）ぐらいは、別の学問に早々に分けませんか。もっとはっきり言えば、ＡＩという呼称は前者ＡＮＩに限定し、後者はみな〝スーパー・インテリジェンス〟などの別の呼称に置換しましょうよ。同じ人種で取り組むのは、そりゃあ無茶苦茶な話でしょう。

〈個論Ⅳ　参考文献〉

・『The Next Technology（ザ ネクスト テクノロジー）――脳に迫る人工知能 最前線』（日経ＢＰムック　日経コンピュータ編　日経ＢＰ　２０１５）
・『現代マーケティング解体考――真正・商品論序説―物の「心」様相　顕現』（香下堅次郎　三省堂書店／創英社　２０２１）
・『人工知能――人類最悪にして最後の発明』（ジェイムズ・バラット　水谷淳訳　ダイヤモンド社　２０１５）
・『２０４５年問題――コンピュータが人類を超える日』（松田卓也　廣済堂新書　２０１３）
・『人工知能の哲学――生命から紐解く知能の謎』（松田雄馬　東海大学出版会　２０１７）
・『自然知能』（外山滋比古　扶桑社　２０２３）
・『人工知能と産業・社会――第４次産業革命をどう勝ち抜くか』（山際大志郎　経済産業調査会　２０１５）
・『虚妄のＡＩ神話――「シンギュラリティ」を葬り去る』（ジャン＝ガブリエル・ガナシア　伊藤直子他訳　ハヤカワ・ノンフィクション文庫　２０１９）
・『人類を超えるＡＩは日本から生まれる』（松田卓也　廣済堂新書　２０１６）
・『人工知能は人間を超えるか――ディープラーニングの先にあるもの』（松尾豊　角川ＥＰＵＢ選書　２０１５）
・『現代思想』２０１５年12月号「特集・人工知能―ポストシンギュラリティ」（青土社）
・『ＡＩ時代の「自律性」――未来の礎となる概念を再構築する』（河島茂生編著　勁草書房　２０１９）
・『人工超知能が人類を超える――シンギュラリティ―その先にある未来』（台場時生　日本実業出版社　２０１６）
・『人工超知能――生命と機械の間にあるもの』（井上智洋　秀和システム　２０１７）
・『人間さまお断り――人工知能時代の経済と労働の手引き』（ジェリー・カプラン　安原和見訳　三省堂　２０１６）
・『人工知能はなぜ未来を変えるのか』（松尾豊、塩野誠　ＫＡＤＯＫＡＷＡ　２０１６）
・『DIAMOND ハーバード・ビジネス・レビュー』２０１８年1月号「人工知能が汎用技術になる日」（エリック・ブリニョルフソン、アンドリュー・マカフィー　ダイヤモンド社）

・『AI原論――神の支配と人間の自由』（西垣通　講談社選書メチエ　2018）
・『ビッグデータと人工知能――可能性と罠を見極める』（西垣通　中公新書　2016）
・『誤解だらけの人工知能――ディープラーニングの限界と可能性』（田中潤、松本健太郎　光文社新書2018）
・『ディープ・シンキング――知のトップランナー25人が語るAIと人類の未来』（ジョン・ブロックマン編　日暮雅通訳　青土社　2020）
・『シンギュラリティ――人工知能から超知能へ』（マレー・シャナハン　ドミニク・チェン監訳　ヨーズン・チェン他訳　NTT出版　2016）
・『AIの衝撃――人工知能は人類の敵か』（小林雅一　講談社現代新書　2015）
・『しらずしらず――あなたの9割を支配する「無意識」を科学する』レナード・ムロディナウ　茂木健一郎解説　水谷淳訳　ダイヤモンド社　2013）
・『AIロボットに操られるな！――人工知能を怖れず使いこなすための教養』（大塚寛　ポプラ社　2017）
・『人工知能』32巻5号　2017年9月号（人工知能学会）
・『スーパーヒューマン誕生！――人間はSFを超える』（稲見昌彦　NHK出版新書　2016）
・『経済学の宇宙』（岩井克人、前田裕之　日本経済出版社2015）
・『東大教授が語り合う10の未来予測』（瀧口友里奈編　大和書房　2023）
・『超AI時代の生存戦略――〈2040年代〉シンギュラリティに備える34のリスト』（落合陽一　大和書房2017）
・『魔法の世紀』（落合陽一　PLANETS／第二次惑星開発委員会　2015）
・『人工生命の世界』（服部桂　オーム社　1994）
・『ALIFE　人工生命――より生命的なAIへ』（岡瑞起　ビー・エヌ・エヌ　2022）
・『心はプログラムできるか――人工生命で探る人類最後の謎』（有田隆也　ソフトバンククリエイティブ2007）
・『FACTA』2023年6月号（「病める世相の心療内科77　AIには作れないサグラダ・ファミリア」精神科医遠山高史）
・『別冊日経サイエンス』「生成AIの科学――「人間らしさ」の正体に迫る」日経サイエンス編集部編　2023）
・『週刊東洋経済』2023年6月17日特大号（〈ニュースの核心〉「生成AIが「監視資本主義」を加速させる必然」野村明弘）
・『ホリエモンのニッポン改造論――この国を立て直すための8つのヒント』（堀江貴文　SB新書　2024）
・『センスの哲学』（千葉雅也　文藝春秋　2024）

・『人間非機械論――サイバネティクスが開く未来』（西田洋平　講談社選書メチエ　２０２３）
・『検索から生成へ――生成ＡＩによるパラダイムシフトの行方』（清水亮　エムディエヌコーポレーション　２０２３）
・『ChatGPTは神か悪魔か』（落合陽一、山口周、野口悠紀雄、井上智洋、深津貴之、和田秀樹、池田清彦　宝島社新書　２０２３）
・『日経ＢＰムック　すべてわかるＩｏＴ大全――モノのインターネット活用の最新事例と技術』（日経ＢＰ　２０１４）
・『日経ＢＰムック　まるわかりインダストリー４・０　第４次産業革命』（日経ＢＰ　２０１５）
・『メイカーズ進化論――本当の勝者はＩｏＴで決まる』（小笠原治　ＮＨＫ出版新書　２０１５）
・『ソーシャルマシン――Ｍ２ＭからＩｏＴへ　つながりが生む新ビジネス』（ピーター・センメルハック　小林啓倫訳　ＫＡＤＯＫＡＷＡ　２０１４）
・『ＩｏＴとは何か――技術革新から社会革新へ』（坂村健　角川新書　２０１６）
・『予測マシンの世紀――ＡＩが駆動する新たな経済』（アジェイ・アグラワル、ジョシュア・ガンズ、アヴィ・ゴールドファーブ　小坂恵理訳　早川書房　２０１９）
・『相対化する知性――人工知能が世界の見方をどう変えるのか』（西山圭太、松尾豊、小林慶一郎　日本評論社　２０２０）
・『生命を進化させる究極のアルゴリズム』（レスリー・ヴァリアント　松浦俊輔訳　青土社　２０１４）
・『アルゴリズムが世界を支配する』（クリストファー・スタイナー　永峯涼訳　ＫＡＤＯＫＡＷＡ　２０１３）
・『シリコンバレー発――アルゴリズム革命の衝撃』（櫛田健児　朝日新聞出版　２０１６）
・『アルゴリズムの時代――機械が決定する世界をどう生きるか』（ハンナ・フライ　森嶋マリ訳　文藝春秋　２０２１）
・『WE ARE DATA――アルゴリズムが「私」を決める』（ジョン・チェニー＝リッポルド　武邑光裕解説　高取芳彦訳　日経ＢＰ　２０１８）
・『史上最大の発明アルゴリズム――現代社会を造りあげた根本原理』（デイヴィッド・バーリンスキ　林大訳　ハヤカワ文庫ＮＦ　２０１２）
・『Mind in Motion――身体動作と空間が思考をつくる』（バーバラ・トヴェルスキー　諏訪正樹解説　渡会圭子訳　森北出版　２０２０）
・『〈知の生態学の冒険　Ｊ・Ｊ・ギブソンの継承６〉メディアとしての身体――世界／他者と交流するためのインターフェース』（長滝祥司　東京大学出版会　２０２２）
・『なぜ世界はそう見えるのか――主観と知覚の科学』（デニス・プロフィット、ドレイク・ベアー　小浜杏訳　白

揚社　２０２３）
・『現れる存在——脳と身体と世界の再統合』（アンディ・クラーク　池上高志、森本元太郎監訳　ハヤカワ文庫ＮＦ　２０２２）
・『生成と消滅の精神史——終わらない心を生きる』（下西風澄　文藝春秋　２０２２）
・『〈先夜千冊エディション〉情報生命』（松岡正剛　角川ソフィア文庫　２０１８）
・『知識は身体からできている——身体化された認知の心理学』（レベッカ・フィンチャー－キーファー　望月正哉、井関龍太、川﨑惠里子訳　新曜社　２０２１）
・『因果推論の科学——「なぜ？」の問いにどう答えるか』（ジューディア・パール、ダナ・マッケンジー　松尾豊監修・解説　夏目大訳　文藝春秋　２０２２）
・『岩波データサイエンス ＶＯＬ．３』「特集：因果推論——実世界から因果を読む」（岩波データサイエンス刊行委員会編　岩波書店　２０１６）
・『現代哲学のキーコンセプト——因果性』（ダグラス・クタッチ　一ノ瀬正樹解説　相松慎也訳　岩波書店　２０１９）
・『「未来」とは何か——１秒先から宇宙の終わりまでを見通すビッグ・クエスチョン』（デイビッド・クリスチャン　水谷淳、鍛原多惠子訳　NewsPicks パブリッシング　２０２２）
・『超デジタル世界——ＤＸ、メタバースのゆくえ』（西垣通　岩波新書　２０２３）
・『シンクロニシティ——科学と非科学の間に』（ポール・ハルパーン　福岡伸一解説　権田敦司訳　あさ出版　２０２３）
・『量子革命——アインシュタインとボーア、偉大なる頭脳の激突』（マンジット・クマール　青木薫訳　新潮文庫　２０１７）
・『科学と人間——科学が社会にできること』（佐藤文隆　青土社　２０１３）
・『実在とは何か——量子力学に残された究極の問い』（アダム・ベッカー　吉田未知世訳　筑摩書房　２０２１）
・『量子力学のイデオロギー〈増補新版〉』（佐藤文隆　青土社　２０１１）
・『量子力学は世界を記述できるか』（佐藤文隆　青土社　２０１１）
・『初めて語られた科学と生命と言語の秘密』（松岡正剛、津田一郎　文春新書　２０２３）
・『生成ＡＩ真の勝者——５つの覇権争いの行方』（島津翔　日経ＢＰ　２０２４）
・「産経新聞」朝刊（２０２４年2月14日付）「正論」欄内の「ＡＩ活用にも始めに言葉ありき」（坂村健　東洋大学情報連携学部長）
・『量子で読み解く生命・宇宙・時間』（吉田伸夫　幻冬舎新書　２０２２）
・『３つの循環と文明論の科学——人類の未来を大切に思

うあなたのためのリベラルアーツ』（岸田一隆　エネルギーフォーラム　2014）
・『AIに意識は生まれるか』（金井良太　イースト・プレス　2023）
・『〈人工知能〉と〈人工知性〉――環境、身体、知能の関係から解き明かすAI』（三宅陽一郎　詩想舎　2018）

個論Ｖ　本質的データドリブン体質を内から組成する

――「ビッグデータ」概念は、妙に新しがられちゃって困惑している

〝ビッグデータ〟――なんと陳腐な平易すぎる名前ではなかろうか。あの西垣通（情報学）も「《ビッグデータ》とは何とまあ、味も素っ気もない言葉だ」（『ビッグデータと人工知能――可能性と罠を見極める』中公新書　２０１６）と同書の冒頭で語っている。いかにも軽く普通の感じで呼ばれ話されるこの言葉にまつわる賑やか極まりなき諸事象は、情報領域個々における従来までのデータ量の増大傾向をはるかに逸脱した、そして〝常識はずれで思いもよらぬ〟と喩えてよいほどの《情報源》の著しい拡張によって、その足元を支えられているらしい。

「ウェブページ、ブラウザの閲覧履歴、センサーからの信号、ソーシャルメディア、スマートフォンから得られるＧＰＳデータ、ゲノム情報、監視カメラの録画など、押し寄せるデータの波は、２年ごとに倍増する勢いで高まっている」

（『データサイエンティストが創る未来――これからの医療・農業・産業・経営・マーケティング』スティーヴ・ロー　講談社　２０１６）

われらリサーチャーが精魂込めてつくった精緻なる質問紙なる土壌から生まれ落ちたプライマリー定量データ、そして各種情報専門機関各々の知恵を結集してつくられた世の公開諸データであるセカンダリーデータ、さらにはモデレータの汗の滲むグループインタビュー／デプスインタビュー／ディテイルドインタビュー等の緻密な定性データの類などは、今や利用データ内シェアを限りなくゼロに近づけている始末である。手作り感の豊富なデータのシェアが縮小するこの事態も、デジタル化社会の必然として生起しているとすれば、少しばかり〝もの寂しさ〟を感じなくもない。個論Ｖとして取りあげたこの概念（今回取り上げるとりあえず最後の概念のつもりである）は、最初の段階においては存在しなかった。しかし「ＡＩ&ＩｏＴ」について語ったあと、どうしても加えざるをえなくなった追加概念である。

ではなぜ追加したのか。「データ」という存在は元々、ただ《ビッグ》となっただけですぐさまそれを〝新しい概念にしよう〟と考えてしまうには、かなり衒いを感じてしまう歴史ある存在物のはずである。まさに今更なのだ。だが、われらの未来にとって重要なる「ＡＩ&ＩｏＴ」概念を本格機能させるには今までにない良好な美味い餌が要る、すなわちそんな立派な餌となる組成構造を有する概念となれば新たなる概念化を進めても妥当だろう、と考えるのも自然だろう。依って共連れのごとく加えざるをえなくなった、というわけである。ＡＩつまり思考機械たちにとってビッグデータは、今までのデータに優る美味しい餌とならねばならないわけであり、そんな餌の存在が意味ある思考機械をつくるとも言えるのだろう。依って新概念組成には、ＡＩたちにとって美味いと感じる要素がなければならない。それはまた、ビッグデータユーザーというものは常にAIにとって美味いかどうかを念頭に置きつつ、こ奴を準備・測定・使用しなければならない、ということになるようだ。

本個論のタイトルに「本質的データドリブン体質」という言葉を使ったのだが、その中にあえて「本質的」という言語を挿入したのは、まさに〝美味しい餌〟たるデータということを明確にしたかったからである。〝美味しい〟とは、ローデータからの発達度が順調であり、データ測定者の企図に沿って高機能（たとえば人間の意識・心を反映する）でありうる装いや特質（たとえば心解明につながるデータ測定の下絵付き、といった新規なる智慧の装備・配置など）を整えられていることを意味する。従来の〝一般的なData-driven〟とは一緒にされては困る、そんな〝具体的企図を有する工夫付き〟ということになるか。

いかに美味しい餌たりうるかという課題

データなる存在物は、人間（の思考）やAI（のアルゴリズム）にとっていかに美味しい餌たりうるのか、という視座から見直してみれば、今あらためて模索されている新存在物「ビッグデータ」は、「従来のデータ」にはなかったどのような新しい魅力的差異を保持しているのかということを突き詰めていくことに他ならない、と気づく。それこそ、ビッグデータなる新名称で呼ばれる新しいデータ類の特徴的組成と見做してよいのだろう。私は、この存在物が現れた瞬間〝規模が大きいだけであるはずがない〟と感じた。久し振りにわが想像力を駆使してみるつもりだったのだが、その想いをあっさり超えて、瞬間トーマス・H・ダベンポート（米バブソン大学教授、デロイトアナリティクス　シニアアドバイザー）の言葉が自脳を占めた。

「ビッグデータとは、ひとつのサーバーに納まりきらないほど大きく、従来のデータベースで扱えるように構造化されていず、絶え間なく流れ込んでくるために静的なデータウエアハウスには適さない、などの性質を持つデータのことを指している。データ量ばかりが注目されがちだが、実はビッグデータにおいて本当に対処が難しいのは、構造化されていないという性質だ」

（『データ・アナリティクス3・0――ビッグデータ超先進企業の挑戦』トーマス・H・ダベンポート トーマツ デロイトアナリティクス監修　日経BP　2014）

本当にそう感じる。確かに無限に継続的で、動的すぎるデータが流入しつづける光景は、静的で規律に準じた今までのデータウエアハウス（DWH）とはまるで異質であり、I ｏＴの浸透がもたらした「センサーデータ」などの新しいデータ群も交じり合う。新ソースには、ウェブサイト情報やゲノム解析等々まで加わってくる。ソースつまり生まれ故郷の多様性、まこと凄まじい。われらは今まで、自分たちの思考という範囲内で条里制のごとくに規律正しいデータの創発と整備を試みてきた。ＲＤＢ（リレーショナルデータベース）は元来そういうものだ。しかしこ奴「ビッグデータ」は違う。われらの思考を容易に超えて創発された虫のような繁殖に長けた生き物が自由闊達に生成消滅を連続させ（ストリームデータ）、間隔が空くことがなく連続的に発生し流れ込んできて、アミーバ状態を形成していく。まさに無限につづくダイナミックな流れなのだ。

そんな新しき虫たちを見てダベンポート（２０１４）は、従来の虫たちとの最大の差異点を「構造化されていない」生き物だと明言する。同感である。

だが「構造化されていない」とは、どういうことか。

ビッグデータ虫たちは、確かにストリーム性を有しダイナミックに流れる。しかしそれは生成消滅する流れの中で自然に生きる際の姿だ。人間に捕まり人間の思考に役立つべく準備され分析・解析されようとする際には、ある科学形式であったり分析・解析の手順に基づく形式であったり、少なくとも人為にある特定の《構造化》を為した上で対応するかに見える。違うか。つまり従来のデータは常に構造化されて存在するのだが、ビッグデータは構造・非構造の二面性を始原的に有している、と私は独断と偏見に陥ることを怖れず洞察してみた。構造化の姿で「因果」を追い、非構造にあっては仕方なく「相関」で満足するのだ。ビッグデータであっても、意味や価値・アイデアを抽出すべく分析に用いられる際には構造化されざるをえないのかもしれない（自信ありません）。

そうはいっても解析手法もまた、その主流は異なってこよう。すなわち従来データにおける解析はアナリストが立案した「仮説を検証」する形で行われてきたが、ビッグデータのそれは、「変化のスピードが速いデータであっても、予測モデルの構築を非常に早く行うことができる」というメリットを持つ「機械学習」が中心となるようなのだ。さらに言えば、機械学習に依存するがゆえに、発見された知見は自動モデル化も相対的に容易になり、知見の業務への組み込みも実践的になりそうなのである。

さらにである。「構造化」には解析・分析のためのＤＷＨ的形式化だけでなく、大量のデータを複数サーバーで同時に処理するためのハード形式（ハドゥープなど）の影響を受けて何らかの構造化に近い姿に変質させられる可能性や、アミーバのごときビッグデータ原型を運用・使途など方針の違いに準じてどのように保管・管理・蓄積していくかという点からの何らかの構造化（形式化、かな）に近い制約を受ける可能性も否定できないだろう。「構造化」の姿には、その程度も含めていろいろあっておかしくはない。この部分にも、ビッグデータの価値顕在化の可能性を拡張するオポチュニティを感じている。こ奴、うまく使い切ろうとするには半端

なく結構厄介なようである。でも、業務革新にまでその効果は及びそう？　まあ、だからこそ、魅力的であり面白い？[注1]

注1　この辺り『データ・アナリティクス3・0』を参考にした。

「ニューヨークタイムズ」紙の記者を20年以上続けたスティーヴ・ロー（2016）もまた、人工知能のことを「ビッグデータを賢いものに変えるテクノロジー」の分野であると裏返しの巧みな表現で説明し、

「データと〝賢い（スマート）〟テクノロジーの力で、計測の世界に新たな地平が開けつつある。ビッグデータというテクノロジーは、デジタル時代の望遠鏡にも顕微鏡にもなる。これまで決して見えなかったものを、見たり計測したりできるようになるのだ。最新の望遠鏡が最新の天文学を生み、最新の顕微鏡が最新の生物学を生んだ。ビッグデータにも、同様の成果が期待される」

（『データサイエンティストが創る未来』）

と実に頷ける説明を付す。AIとビッグデータの相互補完的親密関係こそ新しい計測の世界を生むとでも言いたいようだ。お見事、ベテラン記者！

世間を俯瞰すれば、「ビッグデータ」なる言葉をタイトルに用いた専門書が、この10年弱の間に、やたら刊行された。ブームというよりは明らかにbuzz-word扱いに思えた（スティーヴ・ローは〝バズワード〟のことを、「新しい概念を語るために多用されるキャッチーであいまいな言葉」と説明し、自分を嬉しがらせる）。こんな指摘（見ようによっては至極当たり前の指摘なのだが）を聞けば、「AI&IoT」概念に触れた以上「ビッグデータ」にも触れないわけにはいかない、と思ってしまった。実は私は、この概念がこれからのマーケティング思惟にとってそれほど核になる、とは思っていないのに、である。しかし、基本的概念のひとつだろうとは感じていた。

「ビッグデータの目的とは何か。それは〈予測（prediction）〉と〈個別化（personalization）〉である」

（『おそろしいビッグデータ――超類型化AI社会のリスク』山本龍彦　朝日新書　2017）

嬉しく感じられる素直な指摘だ。その通りだと思う。だからこそ基本なのだ。そしてそんな二つの目的達成後に手にしうるパターンや関係の抽出・発見を経由して、〝マーケティング思惟に役立つ何らかの《意味》なる存在を引き出してくれるもの〟となるのだろう。

日経BPのムック（『〈日経BPムック　ビジネス×ITセレクション〉1冊でわかるビッグデータ』2012年7月20日発行）にも次のような同様の定義が見られている。

「ビッグデータとは3V（Volume／Variety／Velocity）の面で管理が困難なデータ、

および、それらを蓄積・処理・分析するための技術、さらに、それらのデータを分析し、有用な意味や洞察を引き出せる人材や組織を含む包括的な概念である」（Fig.15参照）

（『1冊でわかるビッグデータ』）

容姿、現象の外面を見て語れば、こんな感じか。食い足りない定義ではあるが。

西垣通（２０１６）はそんなビッグデータの外面にみる諸々の特徴を認めながらも、ビッグデータ分析処理の特徴として、①全件処理、②質より量、③因果から相関へ、の三点をまずはスッキリと挙げる。見事！　流石、先生！

自分の若いころ、ＰＯＳデータ解析が流行った。しかしそれはほんの一部の関係者の中で、〝試しに〟試みられた小さ

Fig.15　ビッグデータの定義

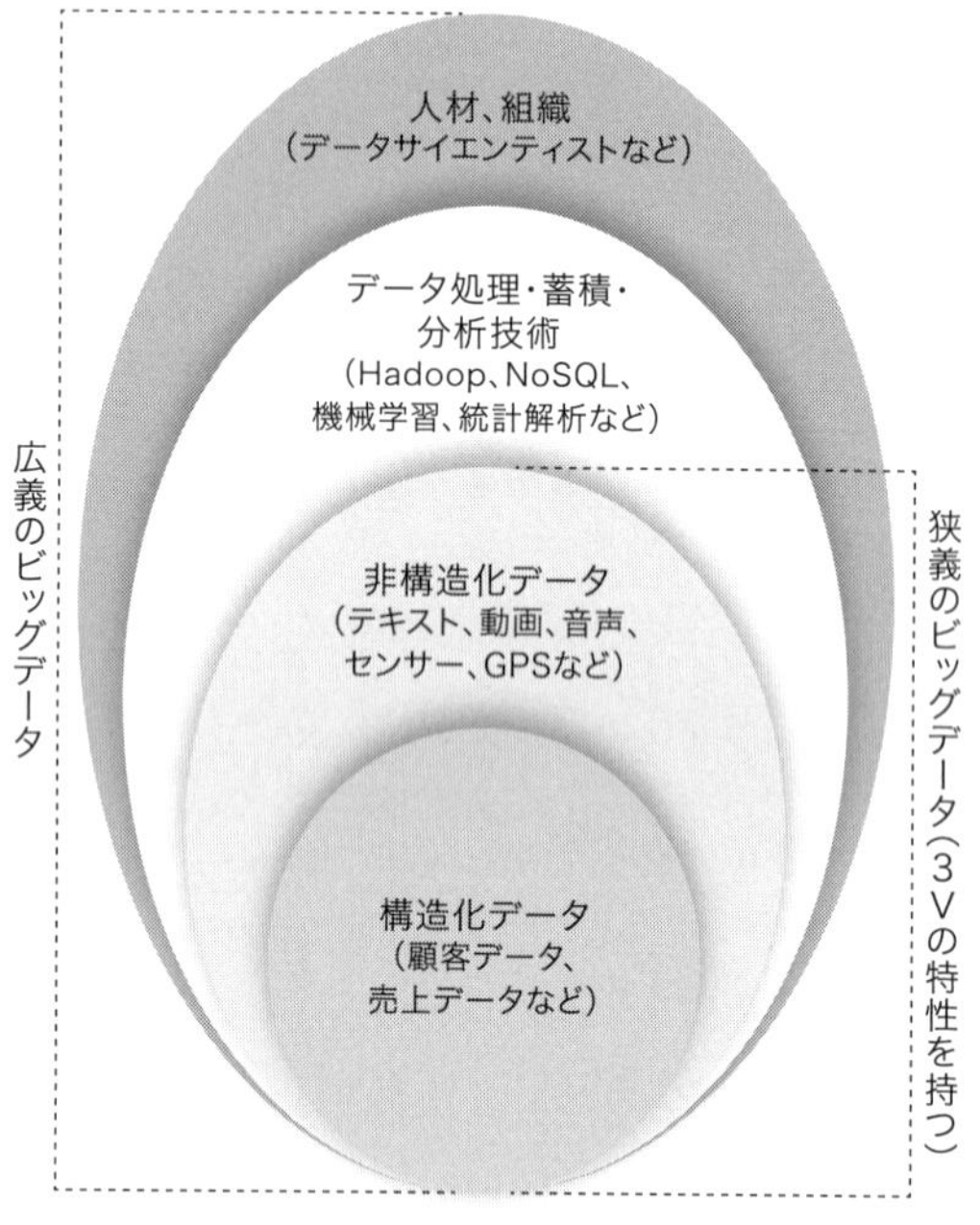

注：3V＝ボリューム、バラエティー、ベロシティーの略
出典：『〈日経BPムック　ビジネス×ITセレクション〉1冊でわかるビッグデータ』（2012年7月20日発行　日経BP社）図2（P5）より

な実験のようなものであった。それほど大きくないサンプルのスーパーマーケット・パネル店データの解析は、精度として現実とはかなり乖離してはいたのだろうが、大きな夢を感じた記憶が鮮明に残る。

だからこそ私は、たとえペタバイト（ペタ＝2の50乗倍）以上といわれようと、ビッグなるデータというだけではその概念に新しさはほとんど感じてはいなかった。しかしこれからは、どうも違うようである。〝次元〟が異なってくるようなのだ。少数パネル店データの規模とは雲泥の差の、たとえばIoTが無限に近く生み出す桁違いに膨大なるデータ規模が対象となり、それらは各種システムやAI、モデル類にとってかつてないほどの美味しい餌となり、それらのツールと一体化して（ここが大事なようだ）、今まで見えなかった意味の抽出に成功し、その有用性を一気に拡張しつづけようとする。効率・効果だけでなく、われらの「心」につながる《質》をデータに映し込みかねないようなのだ。此処、肝要。〝心につながるデータの質〟といっても、自分にはまだ明確でないのだが。しかし「心」を持ち出すとなると、その定義がすぐさま問題となる。しかしそこ（「心」の側）から入らずに、餌（データ）は自分を食べるご主人様（AI&IoT）の選ぶメニュー（目的や機能）に準じて味・装い・テクスチュアを変えればよいことにしたい。この解釈であればとりあえず「心」の定義を先送りできそうであった。これ、従的存在の「データ」なる生物なればこそであるか。〝データサイエンティスト〟なる存在を、だからこそ先程の「ニューヨーク・タイムズ」紙記者スティーヴ・ロー（２０１６）は、

・数学とコンピュータの知性を駆使してデータに意味をもたせる人びと。
・卓越した技術を計算と数学の枠を超えた実世界への生き生きとした興味に結び付けられる人物。

とまで高めて定義づけるのだろう。これも、抽象的すぎる感はあるのだが。でも「生き生きとした興味」の部分が「心」に架橋することになるのだ、とは感じている。

問題は、ビッグで高更新になったことでどんな新しい発明・発見のタネが当面見いだせるようになったのか、にあるはずなのだ。つまり〝なぜ今まで以上に美味しい餌たりうるのか〟ということを前提にしてビッグデータなる存在を見なければならないと考えたい。それはどうも、「データ同士の関係性」と「自己組織化が向かう方向」の捕捉にありそうであった。

それにしても、である。あまりに新奇なるものとして騒がれすぎてはいないか。

以下、とりあえずJIRO（私）が整理した過去の記録（２０２０年までの数年間に為した作業）からまずは見直していくことにしたい。

新生物「ビッグデータ」の跋扈するヘン（？・）な時代の到来

〝デジタルネットワーク社会〟とも呼ばれるこの新時代にあって、多様なＡＩと無数のＩｏＴが社会環境を根底から（なかでも人間の表現行為と思考において）変容せしめ、同時にそれら自体も順繰りに環境化していく様を想定すると、いわれるところの「ビッグデータ」がそれらに心地よく共存し、たとえ餌であろうと何であろうと、自らの存在インパクトを質量両面にわたって拡大していく事態もまた、生起して至極当たり前のことと十分想像できた。

ＡＩを活用する動きもＩｏＴ事象も、すべてデータを継続して生成するという行為を伴うのだから、これらは「ビッグデータ」の生みの親、ともいえる。そしてまた「ビッグデータ」なる存在は、間違いなくこれらの美味しい餌のようでもあった。

プロジェクト内の一工程としてＪＩＲＯ（筆者）たちが試行的に過去制作運用した初歩的なデータマイニング作業においても、その原データ（この場合は月毎の請求書であったが）が日々膨大に新データとして生成され加わってくる。サンプリング・データを用いるよりは〝全データ志向〟であるべしとなぜか一方的にいわれてアナリシスを行なうことも多かったのだから、分析対象データの膨張率は半端ではない。

「ビッグデータ」がバズワードであるかどうかは自分には定かではないが、たとえ短期間の fad 現象であったとしても、これだけ一応のブーム化を示せば、現場における〝データ膨張傾向〟は加速されよう。関連専門書を、質を問わずに（と私には思えた）刊行しつづける出版社も罪作りであるか（私の書棚には、タイトルに「ビッグデータ」と入った書がとりあえず20冊以上並んでいるのだ。買う奴も買う奴、これ私のこと。驚くべし！）。

昔の、ＰＯＳデータ活用時代では、休眠したままの仮死状態だったり、廃棄されたりしたものも多かったのだろうが、今そしてこれからはミソ（構造化データ？）もカス（非構造化データ？）も後生大事に蓄積され続けるのだから、なおさらだといえる。世の（粗悪なものも混じった）データだらけ状態は加速する一方なのだ。まさに虫だらけ。

〝みんな、悉皆・全数データには、カスの類も多く含まれていることを忘れている？　コスト、消費電力、使い放題なの？　データ蓄積容量がビッグに？　それが理由でなぜかすべてが許される？〟

ＡＩの興隆のきっかけとなった人工のニューラルネットワーク（神経回路網）を用いたニューロ計算手法である「ディープラーニング（深層学習）」×「センサー技術＆ＩｏＴ」×「ビッグデータ」の関係を、合原一幸（東京大学生産技術研究所教授、同大学院情報理工学系研究科教授、同大学院工学系研究科教授、理化学研究所ＡＩＰ特任顧問）は、次のように巧みにまとめる。

「ここで重要なのは、学習に用いる大量のビッグデータの計測と蓄積がセンサー技術やＩｏＴ技術の進歩で実現したことと、そのようなビッグデータを用いて大規模学習ができるようなコンピュータ能力がこの30年で開発されたことによって、ビッグデータを活用してディープラーニングで学習する現在のようなニューロ情報処理が可能になったという事実をよく理解しておくことです」（『人工知能はこうして創られる』合原一幸編著　牧野貴樹、金山博、河野崇、青野真士、木脇太一著　ウェッジ　２０１７）

ＡＩとＩｏＴ、そしてビッグデータは三位一体であり、「数学としての原理的新しさはないが、ＩＣＴ技術の大きな進歩が、現在のディープラーニング応用人工知能技術の進歩の背景になっている」（同前）ようなのだ。科学融合の見本のような話ではある。

それにしても、〝できるようになったこと〟と〝やってよいようになったこと〟とは、違うだろう？　さらに厳密にいえば、それらを〝やったほうが良い世界と明言できるようになったこと〟の次元のもの、と安易に混同するのもどうかと思う。

それにしても、この単純なネーミング、なんとかならないか。わかったような、わからない、スッキリしない世界の到来であるか。世の中、何かオカシイ。

Ａ　環境素因ともなるという「ビッグデータ」出現による現場の戸惑い

普通に論理思考の過程を見直してみれば、われらはすぐに、「生データを記録する段階」「生データを選別、加工し、より洗練されたデータ（情報？）を生み出す段階」、そして「生産された情報を研究・分析し、知識として練り上げる段階」といった三つのステージを思い浮かべることができる。

この「生データ」と同じ、その〝ビッグ〟なるものを、単に「ビッグデータ」と呼ぶのだろうか。それでいいのか、それともどこか違うのか、迷う。さらには昨今「ブロックデータ」なる呼称も喧伝され始め、ユーザー内に迷妄が広がる。一方で、「ビッグデータ」という呼称の周辺には、Hadoop. BigQuery. MapReduce. Apache Mahout などといった技術用語も飛び交い、混乱をつのらせる。結果、〝よくわかんない〟ということになる。非専門家には、まあ当然の結果であろう。概念化も早い者勝ちと言わんばかりだ。よくぞこんなに曖昧模糊に概念を固めようとするものだと呆れるばかり。〝とりあえず〟の連続で〝現代をやり過ごす〟、かのようにも映る。みんな考えているポーズばかりが目立つようで、脳は動かず、何処かやりきれない。

毎度のことながらネットであらためて検索してみた。扨、「ビッグデータ」とは――

・一般的なデータ管理・処理ソフトウエアで扱うことが困難なほど巨大で複雑なデータの集合を表す言葉。
・（そしてビッグデータ技術とは）組織が非常に大きなデータセットとそれらが保存されている施設を作成、操作、管理できるようにするすべての技術を指す。
・様々な種類や形式のデータを含む巨大なデータ群のこと。「量（volume）」「種類（variety）」「入出力や処理の速度（velocity）」の三つから成り立っている。ビッグデータは、従来では活用が難しかった非構造化データ（動画や音声、テキストなど）やリアルタイム性のあるデータの蓄積を可能にした。
・インターネット上に存在する膨大なデータ（特に非構造化データ）を迅速に収集分析することで、ビジネスや学術などに有用な知見を得ようとする考え方。また、その分析対象となる膨大なデータ。

などといったごとくに、微妙に異なりまたそれぞれに漠とした部分をもつ多種多様な解釈やコメントが多くの関連専門書の中に並ぶ。思いつきだけで定義づけなど、するんじゃない、とつい一喝したくなる。

「ビッグデータ解析とは何か」も知りたくてネット検索（具体的出所は定かではない）を続けていると、「代表的な分析手法6つ」という項が現れた。①クロス集計、②クラスター分析、③アソシエーション分析（マーケットバスケット分析）、④ロジスティック回帰分析、⑤決定木分析、⑥主成分分析、の六つである。これら、構造化を前提にした手法ばかり……。

〝なんだ、さんざ使ってきた手法ばかりじゃあないか、なにを今更……〟

データマイニングも、少し前に全国展開している超・大手企業の請求書関連大容量データを用いて、〝相関〟中心にやったことがある。いろいろやってはいるのだ。

〝ビッグデータ解析って、使用するデータの規模が桁違いになるだけ？　また非構造化データも部分的には処理可能になるのだろうが、そんなに新しくもない？〟

〝しかしデータ規模だけは間違いなく桁違いに大きいのだろう。たぶん、ＩｏＴやセンサーの普及のせい（ということは物質情報が多くなった?）なのだろうが〟

ほんとうにそうなのか、これだけ噂になっている以上きちんと確認せねばなるまい、とまじめに思い始めていた。プロとしての務め、と思うようにしていた。

小説家&ジャーナリストのマルク・デュガンとジャーナリストのクリストフ・ラベは、共著『ビッグデータという独裁者――「便利」とひきかえに自由を奪う』（筑摩書房２０１７）の中で、「ビッグデータ（およびビッグデータ企業）」というものについて、便利と引き替えに自由を奪う存在（なんとなくそうかなと思いそう）／私たちをもっとよく管理し消費者として目覚めさせる存在（そうなんだ）／ＳＮＳを介して人びとの感情を持続的に誘発する存在（フーン、そうなの?）、などとまるで生きものについて語っているがごとき指摘をする。

なんじゃあ、こりゃあ。一言でまとめてしまえば、〝私たちの欲望の先手を打つ存在／私たちをどんどん我慢できなくさせている存在〟が「ビッグデータ」だと言っているようなのだ。いろいろ言うものである。でも、こんな認識、そんな解釈、つまんない（この辺り、参考にした文章からの筆者の解釈）。

昔、情報システムが汎用機時代から分散システムに移行する頃、大容量の高速マシンを導入した超大手企業のデータマイニング・プロジェクトに参画するという僥倖に浴した。そのプロジェクト内では、「関連文書のすべてをデータとして扱う（サンプリングしない）」「精度は気にするな」「因果でなく単純に相関を探す」という三つの呪文が繰り返された。ずっとあとで、ビックリすることになったのだが、この三つは『ビッグデータの正体――情報の産業革命が世界のすべてを変える』（ビクター・マイヤー＝ショーンベルガー、ケネス・クキエ　講談社　２０１３）の二章～四章のタイトルとして、表現は少し違うが、ほぼ同じ言葉で並んでいたのだ。

それまで、同種のプロジェクト目的の際には、サンプリング・データを用いて対象データを絞り、ＳＡＳやＳＰＳＳ、さらには個々の数量化理論（Ⅱ類・Ⅲ類など）を用いて、必死に因果を追っていた。その因果の追跡が面白かったのだ。そんな楽しさを捨てて〝相関〟だけなんて……。昨今の「ビッグデータ」ブームの中で、当時の違和感がスケールアップして蘇ってきたようだった。

〝素直に言えば、因果を問わない解析やマーケティングなんて、ありえない……〟

〝なぜって？　因果にこそ人間が棲まうのだ！　マーケティングは人間学だ！〟

〝因果と相関――こんな二項対立を議論に持ち込むなど、どうかしている。この二つは必要と感じたときにその流れに自然に乗ってよい、そんな思考にとってともに大事な概念ではないのか〟

〝ビッグデータによって「統計学が最強になる時代」（『ビッグデータの正体』の帯より）やデータドリブンが一層優位な戦略軸になるなんて、そりゃあ違うだろう。データ処理という「機能」だけで明日の時代の鍵となる「精神・ソウル」の複雑さが解けるはずはない〟

しかし先ほど紹介したジャーナリスト（スティーヴ・ローー）の見方はこうだ――

・データは文脈（コンテクスト）のなかに置かれてこそ力を発揮する。
・本当に大切なことは、重要な洞察や発見を生むような形で「点と点をつなぐこと」なのだとＩＢＭリサーチ・サイエンティストのサム・アダムスは言う。
・データのつながりにはいくつか種類があり、それぞれに特徴があり、強みと課題がある。そのようなつながりの一つが「相関」で、ある特定のデータパターンと現実世界の行動・活動に関連が見られる場合をいう。ビッグデータの流行の第一波は、相関を活用する形で押し寄せた。

・データのつながりにはいくつか種類がある。その二つ目が「文脈」である。「意味上の関連」といいかえることもでき、「相関」より少しだけ知識に近くなる。

（『データサイエンティストが創る未来』）

流石にバランスがよい。まあ、いいかな。「相関」と「文脈」——どちらがどうということではなく、両者ともビッグデータの意味構造を支えるもの、ということで今のところとりあえずまずまずとしておくか（と私もまた、一旦逃げた？）。

B 「ビッグデータとは」という玉石混淆なる定義のいろいろ

とりあえず6、7冊、直近に刊行された「ビッグデータ」関連の書籍に目を通してみたが、その多くは、ビッグデータ管理視点の技術寄りだったり、どんな業種のどんな事業に新たな価値を付与できるか、といったアイデア本まがいだったりで、楽しさはいまいちだった。

ただ、いずれの書にも「ビッグデータとは何か」についてだけは、共通して書の冒頭部分に書かれていたので、それらから「ビッグデータ」の定義らしきもの（特性といったほうがよいかもしれない）を以下にサマリー風に、無差別列挙してみる。

〈ビッグデータとは〉

・ビッグデータの正確なカタチは、まだもやもやしている（中略）。ビッグデータとは「持てるすべてのデータを使い、意外な関係性を発見し、未来予測をする」技術なのです。

（『進撃のビッグデータ』牧野武文　マイナビ新書　２０１４）

・ビッグデータをどのように定義するかについて業界内にコンセンサスはないが——（以下略）。1つは、ガートナーのマーヴ・エイドリアン氏が２０１１年第一四半期号のテラデータマガジンに書いた論文だ。彼は、「ビッグデータは、一般的に使われているハードウエア環境とソフトウエア・ツールでは、ユーザー層が許容できる時間内にキャプチャ、管理、処理できないデータだ」と言っている。もう1つの優れた定義は、マッキンゼーグローバルインスティチュートが２０１１年5月に発表した論文に含まれているもので、「ビッグデータとは、典型的なデータベースソフトウエアのキャプチャ、格納、管理、分析能力を越えるサイズを持つデータセットのことである」としている。

（『最強のビッグデータ戦略』ビル・フランクス　日経ＢＰ　２０１２）

・ビッグデータとは３Ｖ——Volume（データ量）／Variety（多様なデータ／構造化＋非構造化データ）／

Velocity（データの発生頻度、更新頻度）――の面で既存の一般的な技術では管理するのが困難な大量のデータ群、および、それらを蓄積・処理・分析するための技術、さらに、それらのデータを分析し、有用な意味や洞察を引き出せる人材や組織を含む包括的な概念である。

（『ビッグデータの衝撃――巨大なデータが戦略を決める』城田真琴　東洋経済新報社　２０１２　一部筆者意訳）

・ビッグデータに厳格な定義はない。（中略）「小規模ではなしえないことを大きな規模で実行し、新たな知の抽出や価値の創出によって、市場、組織、さらには市民と政府の関係などを変えること」。それがビッグデータである。

・ビッグデータ３つの大変化―「ビッグデータは限りなくすべてのデータを扱う」（標本概念を捨てろということ?）。これが第1の変化である。（中略）「量さえあれば精度は重要ではない」。これが第2の変化となる。（中略）今、挙げた2つの変化は、さらに重要な第3の大きな変化をもたらす。因果関係、すなわち「原因と結果」を求める古い体質からの脱却だ。

・ビッグデータは資源であり、ツールである。

（『ビッグデータの正体』）

・今のビッグデータの流行の根底には、反知性主義があります。つまり、コンピュータにデータを丸投げして、人間は考えなくてよいという風潮です。因果関係ではなくて、相関関係だけを見つければいいのだというスローガンが大手をふっている。これは非常に危険なことです。（西垣通）

・帰納から仮説推論へと繋げることが重要なのです。（西垣通）

・人間の知性は危なっかしい推論を排除していくものなのに、ビッグデータを鼓吹する人たちは、コンピュータで相関関係が自動的に把握できるから、面倒な因果関係など考えなくてもよいと断言します。（西垣通）

・データの相関を発見するのは人間の志向性であって、そこには必ず自己決定の問題が関わっているのです。（ドミニク・チェン）

・重要なのは、人間に起因する志向性の重要性を認識すべきだということです。（ドミニク・チェン）

（『現代思想』２０１４年6月号「討議：情報（データ）は人を自由にするか」西垣通×ドミニク・チェン　青土社）

玉石混淆、清濁併呑などとは言いたくないが、素敵な指摘に紛れて、まともすぎるもの、納得しづらいものなども含まれていそうではあるが、この段階では、まあよかろう。

　コロンブスの乗った船を〝データマイニング号〟とすれば、世界の大海がビッグデータであるのか。従来の常識からは「ビッグデータ＝解析手法のひとつの表象」と捉えがちだが、そのための技術そのもの、そして人材や組織、管理にまで拡大した概念とみる人も少なくないようだ。異なる表現の多様なディフィニションの氾濫のようだと感心してしまう。たとえばであるが、これらのコメントを「超膨大なデータ量で、構造・非構造データを含み、データ発生・更新頻度が継続して高い情報資源&ツール」といった位には最低まとめられようか（こうまとめちゃえば、継続・高頻度の更新が新しいだけ？）。このまとめ、きっと十分じゃあない、よな。どう思う？

スーパーのPOSデータ解析に興味を持ち、MDSも含めた多変量解析を日常的に仕事で使っていた私には、現場における実際の使われ方として、旧態概念がただスケールアップしただけという印象のほうが強いというのが正直なところであり、POSデータの際にはそれほどでもなかったのに、規模感だけでこんなにもブームになってしまうものなのか、とヘンな感覚さえあった位であった。

それにしても嬉しくなるのは、解析の因果関係への挑戦が楽しみだった私にとって、前述の『現代思想』における西垣通とドミニク・チェン（2014）の「討議」内での〝因果関係こそ〟という主張に触れ、ブッチャケ〝こんな見解もあってくれたんだ、良かった〟と一息つく思いであった。半官半民の超大手クライアント企業の、（当時では）想像を絶する大容量のマシン室の前で、「これからは単純相関だよ」と言われた際のショックが、今も忘れられないままである。

C 「ビッグデータ」自体が語りだす？

自分が関心を示している〝ビッグデータの社会的影響、人間への浸潤や社会的意味〟などについては、どの文献もあまり紙幅を割いて触れていないようであった。それらの中でマイヤー＝ショーンベルガー&クキエ（2013）は、

「ビッグデータの時代には、暮らし方から世界との付き合い方まで問われることになる。特に顕著なのは、相関関係が単純になる結果、社会が因果関係を求めなくなる点だ。〝結論〟さえわかれば、〝理由〟はいらないのである。過去何百年も続いてきた科学的な慣行が覆され、判断の拠り所や現実の捉え方について、これまでの常識に疑問を突きつけられるのだ」

（『ビッグデータの正体』）

と、ビッグデータ現象は社会の大変革の始まりを告げるものだとして、滔々と語っていく。これは大変だ。科学のスタイルや概念の捉え方にまで影響を及ぼしていく？

これこれ、こんな指摘なんだ、知りたかった類のことは。

でも、これでいいの？

「まだ大半の人々はビッグデータを技術の問題と捉えていて、ハードウエアやソフトウエアに目を奪われてい

る。本当に注目すべきは、データ自体が語り出したときに、いったい何が起こるのか、である」

「データから結論を導く世界では、人間や直感に何らかの役割は残されているのか。誰もがデータに依存し、ビッグデータのツールを使うようになれば、人間に残された最後の砦は『予測不能な物事』だろう。言い換えれば、第六感、リスクを冒すこと、偶然の巡り合わせ、過ちといった人間らしさである。だとすれば、人間の居場所を開拓する必要がある。直感、良識、セレンディピティ（思わぬ幸運に巡り合う力）のためのスペースを確保し、データやら機械仕掛けのご託宣やらに埋め尽くされないようにしなければならない」

（同前）

データ自体が語りだす？　そう、議論の核心部分がやっと表に出てきたかに思えた。

ヒャー、キター！　マイヤー＝ショーンベルガー＆クキエ（２０１３）は私の胸の奥に潜むいろいろな想いを引き出してくれようとする。ビッグデータが人間のもつ直感、セレンディピティなどの〝人間らしい〟アビリティの重要性を再認識させてくれるのなら、それは意外なリワードとみるべきだろう。でも、それホント？　それデータ側じゃなく、餌を食べるＡＩ側の中身の話かもよ。ＡＩにはプログラミングされた人間の企図が植え込まれているはずだ。植え込まれた人為の企図が為す動きじゃあないの？

単純な相関を結果として押しつけられて、因果を求める脳の慣習が消滅していく先には、「単純な相関」に慣れることへの学習が進み、「世界観」といわれるものの入口も出口も変わってしまうのではないかと、フト、軽い身震いがきた。その量の莫大さゆえに、そうなるかもしれないと思えてしまう。まあ相関も大事ではあるのだが。

データ側が主体的に動くというこんな見方も明らかにありそうなのだが、いずれにしても、ツールとしてのビッグデータはまたまた目先のビジネスにフレッシュな装いを加味してくれる新しい利便機能をもつようであった。また新たなるコンビニエンスの怪物との戦いが始まるのか。このところ開発者もユーザーもみんな、まず効率から考え始める。これ、20世紀の思惟と私は名付けたい。《効率》は20世紀だ。

ビッグデータといっても、それをツールとして活用する具体的時点では、世の中の超膨大な情報の中のほんの一部を使って解析することになるのだから、常に〝不完全な状態〟で出した「結果」を提示してくる道具ということにもなるのだろうか。

われわれはデータマイニング作業をしていて、ついそんな〝不完全状態〟を忘れ、《全データ使用イコールパーフェクト》と思い込みがちになる。全データ（つまり悉皆ということとか）使用であっても、不完全だよな、不完全と考えていいよな。どうしてって、相関中心のデータ観はあまりにデータ組成を無機質に考えすぎている、私はデータ組成の深奥には必ず人間主観が入り込んでいる、とみたいのだ。違うか。

こんなところが、このようにいつも引っ掛かって、自らの整理にチャチャが入ってくる。本当のところ、よく、わかっていないのかも。自分、IT技術者じゃあないからなあ。別の視点に立てば、〝IoTが環境化を深めつづける時代に、《全データ使用》なんて、現実的であるはずがない〟とも思うよなあ。そうだろう？

とはいえ、やっと、ビッグデータを本質的に議論している気になってきて、嬉しい思いが胸をつつき出していた。どんなに膨大であっても、情報ネットワーク社会の新しい環境部品にすぎないのだよ、ビッグデータ殿は。その生成効率というか繁殖能力があまりに凄まじいゆえに慌てふためくのだよ、人間は。ビッグデータをつくったのは人間の意志か、それとも単なる成り行きだったのだろうか。

そういえば、『カルチャロミクス――文化をビッグデータで計測する』（エレツ・エイデン、ジャン＝バティースト・ミシェル　草思社　２０１６）に、うっかりすると見落としがちな次のような基本ポイントの指摘も見られていた――

「現在のビッグデータは氷山の一角でしかない。データ蓄積技術が進歩し、通信に利用される帯域幅が拡大し、インターネットを利用する生活に徐々に移行していくのにつれて、現代に生きるわれわれ人間（ホモサピエンス）がオンライン上に痕跡として残す情報の総量は、二年ごとに倍増している。ビッグデータは増大し続ける一方なのである」

「いまの時代と過去の時代を比べたとき、文化に関する記録の残し方に見られる最も決定的な違いは、現在のビッグデータがデジタル化された形で残されているという点にあると見ていいだろう。（中略）十分な量のデジタル化された記録と、それを処理するに足るコンピュータ能力があれば、人間の文化をこれまでとは異なる新たな視点から眺められるようになり、われわれの世界とわれわれが置かれている状況の理解の仕方にきわめて大きな影響を及ぼす可能性がある」

（『カルチャロミクス』）

そう、ビッグはどんどん超ビッグになり、蓄えられたデジタルデータは、瞬時に多様な解析処理をいつもなしうる、というそんな夢物語的体制が社会に常備された、ということになるのか。どこまでビッグが累積しどんな膨大なビッグとなるのか、空恐ろしい。データがビッグであるだけでなく、それがすべてデジタル《継時》データであるということが生む可能性、そこには文化の瞬時の解明までありうるとすれば、それらの事態は必然的に人間の社会性つまり生きる諸意識に大きな変化を強いていくのだろう。それにしても「現代人は平均では一人当たり毎年ほぼ1テラバイトの情報を生み出している」（同前　筆者意訳）とすれば、あっという間に地球空間はビッグデータ虫で埋まってしまう？　ひゃあ～。

「デジタル化された歴史的記録によって、集団としての人間を定量的に考察できるようになった」（同前）ということは、「生活と文化の定量化」の可能な「定量化社会」が到来するということであろうし、そんな人びとのライフログが悉皆でいつまでも永遠に残せる社会はわれらの幸せにつながるのだろうか、といった新しい不安を生起してきそうであった。こんなデータの残し方、ほんとうに人類のためになるのか。

文化まで、ビッグデータが関与する？　それは監視か、縛りか……。怖ろしい、恐ろしい、そしてなんと畏れ多い、出来事であるか。しかし、このレベルまで当たり前風に流すがごとくに考えてみないと、ビッグデータ論議は終息しようもない……。

ただはっきりしてきたことは、従来のデータに比してビッグデータなるものは、成分組成が人間だけでなく機械のウエイトも高く（ＩｏＴとセンサ技術のお蔭か？）、皆生来デジタル生まれという怪物であり、その怪物の組成は瞬時瞬時に更新され、ゆえに即厖大化し、かつその変容もけたたましく凄まじい、ということなのだろうか。

３Ｖといったこれまでの静的で超シンプルな整理では捉えきれようもない千変万化の虫のごとき存在で、環境や人に簡単に浸潤しうる能力も兼ね備えている〝現代のＩＴ虫〟類、と私は認識したい。これだけ違えば、従来のデータとは異種だよなあ。

それにしても「ビッグデータ」という名前、too simpleで、気持わるいよなあ。

それに「ビッグデータ」という言葉がタイトルに入った本、出過ぎだよな。

ということは、バズワード化に出版社が貢献している？　それ、ホントに困るよ。いや「ビッグデータ」が出版社の儲けごときに貢献している？　そりゃあ、もっとまずいかなあ。ＡＩも同様だし、なあ。自分、ほとんど買って読んじゃったし、もう相当儲けたろう？　だったら出版企画、もっと丁寧に考えてほしいよなあ。ハーバードやドラッカーさんの名前まで、平気でプロモーション風に使っちゃうんだもんなあ。

D　ビッグデータの社会哲学的位相をウオッチしようとする

そういえば、情報社会論の大黒岳彦が『現代思想』２０１４年６月号（青土社）で、ビッグデータを彼らしくいじっていた。その論考のタイトルは「ビッグデータの社会哲学的位相」という。「位相」？　聞いたことがない。どういうことだ、これは。彼の論考を機に、ビッグデータの実像を再確認してみるか。

意味①〔数〕（topology）集合の各要素に対して、その近傍と称する適当な部分集合（複数）を設定することにより、要素の列が一定の要素に近づくか否かを論じうるようにすることができる。この構造を位相という。

意味②〔理〕（phase）振動や波動のような周期運動で、一周期内の進行段階を示す量。一周期ごとに同じ値となる。

意味③〔言〕地域・職業・男女・年齢・階級、または書き言葉と話し言葉などの相違から起こる言葉の違い。この違いが現れた語を位相語という。

なんだあこりゃあ。2017年に新たに購入したカシオの電子辞書（EX-word）内『広辞苑』による意味解釈なのだが、読んでもどの項が該当するのかまるでよくわからない。まあ「繰り返される現象の1周期の内の、ある特定の局面」というぐらいに曖昧且つ軽く理解しておくか（いい加減な奴だな）。当たっていようとはずれていようと、まあどうでもよい。要するに自分クラスの読者には？？？ということだ。

それにしても、なんといかめしい、されど彼らしいタイトルであることか。「このところ所謂『ビジネスインテリジェンス』シーンを中心にビッグデータをめぐる議論が喧しい」という出だしで始まるこの論文は、「社会にとってビッグデータとは何か？」という問いを立てて、彼らしいヒネリが利いて参考になりそうだった。

ビッグデータの「3V」に関しては、「〃規模〃（最初のV）を情報量の夥多や標本数の全数性としてではなくデータ生成における『無際限性』として捉えたい」、つまり「決して止むことのない絶え間なきデータ生成」にある、と考えるというのだ。確かにこのほうが、社会の中でビッグデータを見るときに、動的で生々しさが伝わり、また面白くもある。いかにも私が知る彼らしい。ともかくカッコいいのだ。

「データが『無際限』に生成され続けるためそもそも母集団が確定できない。換言すれば、ビッグデータの特性はその全体の輪郭が恒に、しかも原理的にぼやけておりブレている（つまりデータ精度を上げていっても明確な輪郭を確定することは不可能）という点にある」

「繰り返すが、ビッグデータの『規模』において特筆すべきは、データの『多さ』ではなく、飽く迄もデータが『絶え間なく生成され続ける』点である」

（大黒岳彦「ビッグデータの社会哲学的位相」『現代思想』2014年6月号）

流石に、急所を手早く突いてくる。極めてサイエンティフィックに見えるビッグデータという概念の全体の輪郭はつねに原理的にボヤけてブレているという解釈は、意外に思え、と同時にさもありなんとも感じさせ、とても興味深い。もう、納得が始まっていた。そう、同感なのだ。

次のVである〃速度〃については、データの更新頻度が既存のデータに比べて高いということ以上に、「焦点はその〈生成＝運動〉にこそある。（中略）ビッグデータが静的な記述的状況ではなく、動的な運動性をその本質としているという点である」とする。すでに、凄いと思い始めていた。

そして第三のVである〃多様性〃についても、「ビッグデータの実体は構造が定義されていない非構造化データの塊であるが、このことはビッグデータの使い途が事前に決まっていないことを意味する」として、そのゆえに「ビッグデータとは、全く無目的ではないにしても、明確な目的なしに（精々のところ〝当たりを付けて〟）内容を問わず手当り次第に集められた（若しくは、集まってしまった）データである」というのだ。キャッ。そして――

「データ収集の〝目的〟は〈データマイニング〉によって事後的に〝発見〟される。こうしてビッグデータにおいては、既存のデータの場合とは逆に、目的の方がデータに従属し、それに適合させられる。こうして、ビッグデータの〝多様性〟はデータの『無差別性』とデータの『無目的性』さもなくばデータの『目的に対する優位』を同時に含意することになる」

（同前）

と結論づけてくる。わが首が激しく縦に振れつづけていた。すんなり従いたくなる。

相も変わらず、何とも、難解であるというしかない。頭に入れるべきは《データはどこまでも「目的」に対して優位である》ということのようだ。従来の解析の感覚には、まるでないものだった。「目的」がアプリオリな立場で存在しない、前提としてまるで存しないなんて、解析においてあってよいはずはない、と普通は考える。ビッグデータの場合、そうではないのだ！　サイエンティフィックな処理を前提とするビッグデータが今までの解析処理とはまるで異質な無目的性、控え目に言えば「あいまい目的性」に富んでいるなんて、これこそ21世紀らしい存在の仕方なのかもしれない、と訳もわからず思ってしまったりした。でも、ホント、かな。これでいいの？

昨今、流行りに飛びつく企業に重宝され、高給を得る「データサイエンティスト」たちは、大黒（２０１４）が指摘するビッグデータの社会的本性を知っているのだろうか。おそらく彼らの大半は、そんな本性よりも自分たちに好都合な側面のみ注視することで今を生きているのだろうと想像する。そんな彼らは〝技能者〟にすぎない（と感じている）。彼らの現在の仕事の中身とビッグデータの本性はあまりにかけ離れていると言うしかないだろう、とつくづく感じ入るしかなかった。

情報社会論という壮大な世界を提示した未来の伝道師（私が畏敬する大黒さんのことです）は、その世界の中で増殖し続けるビッグデータの特性（本性）を、「無際限性」「無輪郭性」「動的生成＝運動性」、そしてデータの「無差別性」とリンクした「無目的性」、などと捉えるのだ。すさまじいメスの切れ味であることか。まさに〝らしい〟と言い切りたくなっていた。福岡ハカセの「動的平衡」みたい。

個別プロジェクト内でツールとして用いられている（目的で切り取られた一部の）ビッグデータの認識においてはこんな認識像は希薄であろうが、ビッグデータという存在物を天空から鳥瞰してみれば、大黒（２０１４）の指摘もわからなくはない。いや精緻に目を凝らして観れば、実は大黒

（2014）の言う通りかもしれない……。

しかしである、天空から鳥瞰するがごときビッグデータ現場なんて、あるのか。

われわれマーケティングを為す者は、ビッグデータなる新生物的存在物が原初的に保有する社会哲学的位相を十分に心得て、ビッグデータ活用を推し進めていかねばならない、と肝に銘じたくなるのだった。しかしどんな活用現場を想定すればよいのか……。それにしても、位相って言葉、本当に理解したの？

ビッグデータという生き物⁉の心臓部に切り込んでみた

もう少し、大黒（2014）の見解を聞いてみよう。「データが〈生成〉されたその瞬間に『無価値』化され、次のデータが〈生成〉される。こうして次々に生じる『無価値』化されたデータの集積、しかも留まることを知らぬ増殖の〈運動〉こそがビッグデータの本質である」と言い切られてしまっては、ピンとくる感覚は乏しけれど、なるほどと頷くしかあるまい。感心したくなる態度が前面に出る。

「ビッグデータが本来的に有する『不正確』性と『無価値』性」そして「それ自体は〈非〉価値でしかないデータの集積から、事後的に〈データマイニング〉というオペレーション（これを〝ゴミ漁り〟と彼は表現する）によって〝価値〟を捻り出していくという〈手続き〉」に注目すべきだと言われれば、これも黙って頷くしかなかろう。この人、やっぱり、自分にはモノホンの俊英に感じられていた。ハイ、先生。

A　データのオートポイエーシス！

無価値なものが自律的に増殖跋扈する――それは〝ソーシャルデータ（つまりコミュニケーションに由来するもの）〟で大半が占められており、それゆえに「ビッグデータは、われわれの〝コミュニケーション〟と〝身体〟とを、今以上の深度と精度とで『データ』化（具体的には〝視線〟〝体温〟〝脈拍〟といった形で）し、その〈生成＝運動〉に組み込んでいくことが容易に予想される」（同前）ということになるらしい。この言い切り、見事！

確かに、意思決定支援という意図の中で、データ空間から意味があると信じられる情報を〝一部〟という形で取り出してきたビジネスインテリジェンス的ビッグデータ・ユーザーたちは、そのこと自体をもデータ化され、「オープンなビッグデータ」という母体の一員に組み込まれていっているのだ、と見ることも十分可能になるのか？

昔の意思決定支援システムのDWH内にあるデータと異なるのはそのオープン性にあり、自らの陣地・領土の範囲内に囲い込むなんてことはまるで無理・ムダなこととなってくるというわけ？　ほんとワカンナイ、自信なんぞ何処かへ行っちゃった。

となると大黒（２０１４）の言う通り、時代は「〝主体〟はもはやデータ利用者（ユーザー）でもデータ分析者（アナリスト）・提供者（プロバイダ）でもなく、〝データ〟そのものである」「人間的諸〝主体〟は〝データ〟という運動する〝主体〟を構成する契機に過ぎず、たかだかそのエージェントにすぎない」ということになってきて、結局つまるところは――

> 「〈データ（D）↕情報（I）〉の往還プロセスを再帰的、且つ、無際限に繰り返しながら〈生成―運動〉する、このデータの〝オートポイエーシス〟こそが『ビッグデータ』に他ならない。人間的諸〝主体〟はこうしたデータの〝オートポイエーシス〟の環境に過ぎない」（同前）

という大黒（２０１４）流の結びに辿り着くことになるというわけである。もうびっくり、である。つまりオートポイエーシスこそビッグデータの正体＝本質＝心臓部、ということになるのか。一応そうしておこう。

このわかりにくい言葉〝オートポイエーシス〟（autopoiesis）とは自己制作を意味する造語であり、システムが構成要素を産出し、構成要素間の相互作用がシステムを再産出するという循環関係に基づいた自己生産システムのあり方を指すようだ。チリの生物学者ウンベルト・マトゥラーナの直観力によって着想され、さらにニクラス・ルーマンによって経済や社会のシステムに拡張されたという（この辺り、２０１７年購入の電子辞書／カシオEX-word内『広辞苑』および『オートポイエーシス――第三世代システム』河本英夫　青土社　１９９５を参考にした）。

この言葉は、単純に〝自己生産システム〟ということでよいのか。〝自己増殖システム〟〝自己組織化〟の概念などとは同じなのか違うのか。よくわからぬ。第三世代といわれるこのシステムの論理は「神経システムをモデルにしている」らしいのだが、では物質代謝する有機体をモデルにした第一世代の動的平衡システムとどう違うのか。また成長をしつづける結晶である発生胚をモデルとした第二世代の自己組織システムとの比較ではどうなのだ。河本（１９９５）によれば、その特徴は「自律性」「個体性」「境界の自己決定」「入力と出力の不在」の四特徴にあるという。難解ゆえに丸暗記する。皆さんも勉強願います。私はまだ、きちんと答えられません。

ホント、学者の論文には新語らしきもの（自分たち未熟者にとっての）が多くて、困ってしまう。でもそれが仮説の表象形式なのだろう。学者はある意味、自己中極まりないということだ。とにもかくにも、自分には今、「ビッグデータ」なる集合が人間の姿をした人造人間に見えてきてしまっていた。

〝データがオートポイエーシスなる自律的な動きを示して

初めてビッグデータと呼ばれる？〟

このような現況に、果してわれわれ人間は、どう対処していけばいいのか。

そうはいってても、蔓延りつづけるオートポイエーシスなビッグデータ虫に対して、リアルな現場の実戦の中では正直どう対処してよいか、まるでわからぬ。皆、抽象的に形而上で語ることはできても、形而下における具体的でリアルな姿はイメージできなくて、苦しんでいるのでは……。これ、マーケティングなる存在物の習い性？　綺麗事とまでは言えても、綺麗事では悩みは消えないということだ。はい、目下五里霧中。

ただ、ビッグデータ・ユーザーの一人でもある自分たちは、そのマーケティング的意味を求めての個別活用のみに己れの目を集中し切ってしまうのではなく、自分たちの関与したビッグデータ集合の〈生成＝運動〉の先行きと、それらをできるだけデータ集合体の全体像として俯瞰視して目に焼き付け、その意味と影響力を再考する思惟機会を間断なくのべつ幕なしに持ちつづける必要はありそうだった。

まさにビッグデータと人間とのしつこさの勝負なのかもしれない。そう、ビッグデータを生きものとして〈観察〉し〈理解〉しようとする姿勢こそ、ビッグデータを私たちのポジティブな共存物となしうるありようなのだろう。そのためにもわれらは原点に戻り、「データとは、本来何か」という視座をしつこく持ち続けねばならない。

ビッグデータという生きものは、データマイニングなどの〈手続き〉を通じて短期的なお宝を与えてくれるだけではない。社会そのもの、そこに生きる個々人に対して、自分たちが欲する卑俗な答えに始まって、自分たちの欲望の類のアイデアルな変容の徴候などといった本質的で永続的といえる貴重なる解（これぞお宝）に到るまで、期待する者にはそれなりのある一つのソリューションを〈快〉として示してくれる魔法のランプたりうるかもしれない。其処には、人間（の心）の生成消滅がうたかたのごとく流れ込んでいくはずだから……。

きっとその内部では、人間が気づきづらい新しい意味・抽象物の類を瞬時瞬時に生成しつづけているのだ。やっぱり、〈自己組織化〉なる言葉を出すまでもなく、ビッグデータはオートポイエーシス・システムに基づいて〝生きもの的に生きている〟……。そう思うしかない、ようであった。

こんな洞察を現実のものとするための新たなる〈手続き〉、〈方式〉の発見が待たれている、と言っても嘘にならないのではなかろうか、とふと感じた。ブッチャケ、私はその第一発見者になりたい……。今のレベルでは、まあ、とてもムリですね。

でも、ビッグデータ虫の〝熱狂的マニア〟にはなれるかも。よし、この虫のマニアにでもなってやるか。虫の動きを通じて、人間の心の生成消滅がみられるのなら。

そうこうするうちに悩みの芽がまた一つ増えていた。ビッグデータの自律の仕組みは、人間の「心」とは無関係なの？そんなはずはなかろう、何がどのようにつながっているの？

そんなこと、知るか！　わかるか！（実は、観察者の心とつながっているんだよ、と口に出したかったのだが、まるで自信なく、黙るばかりだった）

Ｂ　ディープラーニングには人間に起因する《志向性》がない？

いろいろ示唆を受けた私の脳裏に、最後の最後、すごく気にかかることが一つ残った。西垣通＆ドミニク・チェン（２０１４）の「情報（データ）は人を自由にするか」という討議形式の論考の末尾で、二人は必死に叫んでいるように感じられたのだ。そのキーワードは「主観的世界の構築」であり「人間に起因する志向性の重要性」のようであった。ビッグデータはそのために（それによって）ある、とでも言おうとしているのか。

〈西垣通〉20世紀の知は、客観主義にもとづいていたと思います。一元的視点から俯瞰的に世界を記述するという論理主義の前提の下でコンピュータがつくられたし、人工知能の基礎も考えられました。しかし（中略）個人も、企業も、国家も、それぞれ他とは異なる主観的な世界を構築している。客観世界は、それらの重なりとして、事後的にできあがっているわけです（中略）世界とは多重な主観世界の重なりであり、そこに自由が宿っています。

〈ドミニク・チェン〉データの相関を発見するのは人間の志向性であって、そこには必ず自己決定の問題が関わっているのです。（中略）これはまさに、主観と主観がぶつかり合い、何かが生まれることの優れたイメージであり、情報システムのなかで顕在化させていくべきものであると思います。（中略）主観世界の側から（客観世界中心の）システムをつくり変えていく。情報社会における現代思想の掘り所は、そこにあると思っています。

（「情報（データ）は人間を自由にするか」『現代思想』）

と、やたら「主観」「主観」が繰り返される。〃何を難しいことばかり〃とは感じるのだが、二人とも必死のようだ。主観のぶつかり合いから（人間らしい）何かが生まれる、と叫んでいるようにも聞こえてくる。何が彼らをそうさせるのか。

この討議形式の論考において西垣＆ドミニク・チェン（２０１４）という二人の叡智が紡ぎ出す言葉は、意外にも私向きでわかりやすく聞こえてきていた。

「ビッグデータ解析はある程度マクロな状況しか見えないという基本的な限界を抱えています。個別の人間の複雑さを取りこぼしたまま、マクロな特徴だけ見て社会を理解しようとするのは危険に感じます」（ドミニク・チェン）

「ビッグデータの認識における初等的な混乱をいくつ

か指摘したいと思います。まず、自然と人間という対象を一緒にしてしまっていることです。（中略）センサー・データを活用して、安全性や効率性を向上させようとする試みに反対する人はいないでしょう。しかし一方、対象を人間にまで無制限に拡大してよいのでしょうか。（中略）機械は基本的に、過去に誰かが行った思考をなぞって動くだけのものなのです」（西垣通）

「生命とは、（中略）新たなものを志向していく、未来へと自分を投げかけていくという、本質的な新規性を持っています。だから思考を機械に代補させることは自由を失うことに他なりません。私が主張する基礎情報学が生命と機械を繋ぐことを課題としているのは、そうした生命の開かれた自由さ、とりわけ未来へと向けられた新規性を重要視しているからです」（西垣通）

（同前）

これからの情報ネットワーク社会は、ひとも機械もモノも他の動物たちも、みな対等につながる社会であり、それらは相互に関係し包摂しつづけるといわれる。そんなカオスとも感じとれる空間にあって、われらの主観、主体、あるいは心は、そんな社会（環境）のきめ細かい網目に、どのように交ざり込みうるというのか。

さらには其処にあるわれらにとっての客観的自然は物理的存在でとどまるものなのか、それとも主観が投影して派生する像や観念、イマージュなども含み込んだ混合物なのか、それとも混合物ではなく純粋に後者のような抽象的存在物なのか——そんな哲学的議論の行く末と関わりを強く持ちそうな二人の討議であるな、と感じていた。

つまり、ビッグデータ解析には、関わる主観まで読まねばならないと考えるかどうかということが、二人の討議の間に気になり始めていた。二人は「人間」そして「自然（物・機械）」の特質を理解しつつデータの対象とせよ、と言っている？　さらには人間自らの志向性だけでなく「自然」に含み込まれた人間の志向性（主観）まで読みうる点がビッグデータ解析のよさであり特徴なのだとまで指摘する？

〝主観〟まで読むなんて、そりゃあ難しかろう。

確かにビッグデータなる存在には、従来のデータ以上に、平均値・中央値・標準偏差・相関値・偏相関値などをやたら出したがる性向があっても不思議ではない。平均値等の数値データには、この〝人間〟つまり〝主観〟は棲みづらい。そんな特性がわれらに対して何か負なるものを滲み出させる可能性の高さは否応なく感じるのだ。

二人によって語られていることは、まさにビッグテータなる存在物の「人間に起因する志向性の重要性」（ドミニク・チェン）の指摘であり、その重要性を念頭に置いて人間と機械を繋いでいくことなのだろう。なんと難しいことを言う。エトムント・フッサールの現象学によれば「意識とは常に何かについての意識である」ということが「志向性」ということのはず、などと考えを巡らせてみれば、余計にわからなくなりそうだった。ただ西垣もチェンも、ともに自信ありげだ。そんななか危機感を持って、チェン（２０１４）は現状を具体的にすっぱ抜く――

「ディープ・ニューラルネットワーク（ＤＮＮ）と呼ばれるものが圧倒的なパフォーマンスを発揮するようになりました。（中略）こうした成果が大きなインパクトを与えることで、ＤＮＮへの注目が集まったわけですが、重要なのは、ここで質的な発展が起こっているわけではないということです。こうしたＤＮＮによる「深い」機械学習を「ディープラーニング」と呼ぶそうですが、ここには思想や理論、つまり先ほど西垣先生がおっしゃったような推論の哲学はありません。言い換えるならば、人間に起因する志向性がないのです。（中略）ＤＮＮが高いパフォーマンスを発揮したとしても、それを解析する人が〝これでどうだっ！〟とこねくり回している。そのあたりで何がなされているかは、結局ブラックボックスなんですね。結局は人間がビッグデータ解析の意味づけをして、ようやく完成している。こうした状況を、マスメディアは冷静に伝えるべきですね」

（同前）

瞬間「人間に起因する志向性（つまり主観、主体のことか）」こそ、おそらくは根源的かつ本質的人間らしさなのだろうと理解しようとしていた。とすれば今のデータサイエンティストの大半がいじるデータには「人間」はいないことになりそうだった。

チェン（２０１４）のあまりに正直な吐露に、背筋がゾッとするようだった。みんな、勘違いしている。もっと深く〝実体〟を直視せねば、とまたまた肝に銘じた。

人間にとって、ありうべき、望ましいビッグデータのあり方の視点として、二人の見解に対してもろ手を挙げて賛同したがる自分があった。もう一度西垣の書の内の鍵となるコトバを反復してみた。

「生物にとって情報とは〈意味〉であり、どのように生きていくかを現時点で自律的に決断するための根拠（中略）コンピュータにとって情報とは〈データ（記号）〉である」

「人間の目標設定は〝生きる〟という価値軸にそっておこなわれる」

「ビッグデータと人工知能と集合知とは三位一体」

（『ビッグデータと人工知能』）

ウーム、難解だがそうなんだ、ウーム。

智慧の輪のようであった。ということであれば、〝自然と人間という対象を一律に見てはいけない〟ということになるのか。まだよくわからぬ。「自然」をどう見る、「自然」とはどういう存在なのか。どうもまだ呑み込めぬ。ただ、世のあらゆる「実在」には、それがたとえ物質にしか見えないものでも、ひとの「主観」がすでに沁み込んでしまっていると考えても、少しもおかしくはなかろう、とも思う。そう、ビッグデータには、人間の志向性や因果も潜んでいる？　ビッグデータ虫だからこそ、沁み込んだ〝人間らしきものの欠片〟をも抉り出すことができ、また解析可能なのだ。違うか。まただからこそ「強いＡＩ」といわれるものにとって「因果モデルは贅沢品ではなく必需品」になるのだよ。因果を拒否した研究者なんかに強いＡＩは作れない？　そうだよ、きっとそうだ！　少しわかってきたかな、キャア～。やっと理解の五合目、かな。まだ頂上は、はるか遠い。

そういえば最近読んだ本の中にも、嬉しくもこんな見方があって、ドキッとした。

「ビッグデータは何が起きているかは説明できるが、それがなぜ起きているかはたいてい説明できない。相関関係は因果関係ではない」

「相手と直接会って話すことでしか得られない知識もある。予断を排し、コンテクストを理解し、そして何よりも相手が話すことだけでなく、話さないことに注意を向けるのだ」

「ノキアで働く人類学者のトリシア・ワンは、ビッグデータは〝シックデータ（厚いデータ）〟で保管する必要があると指摘する」

（『ANTHRO VISION（アンソロ・ビジョン）——人類学的思考で視るビジネスと世界』ジリアン・テット　日本経済新聞出版　２０２２）

ウン、〈因果〉もあった。個論Ⅳでも議論したあの話だ。トリシア・ワンの「厚いデータ」の〈厚い〉は〝因果込み〟ということかもな。

「データは人間とは違い、原因や結果といった概念を理解できない」、だから「人間はデータよりも賢い」とジューディア・パールら（２０２２）も言っている。つまり「因果的な問いにデータのみで答えることは決してできない」（『因果推論の科学』）ということなのか。此処に人間に近い思考機械の可能性を見る。「この種の問いに答えるには、データを生んだ過程、少なくとも過程の一部についてのモデルが必要となる。モデルフリーでデータを分析しても、それで得られる結論は単なるデータの要約か、あるいはデータを変換したものにしかならない。データを解釈することは決してできないだろう」（同前）とジューディア・パールらが力説する（と私は感じた）帰結は、見事に「思考機械」（たぶんこれは〝弱いＡＩ〟の最強タイプかあるいは〝強いＡＩ〟の一部といってよい能力をもつ？）の概念設計そのもののようであった。

つまりである。データという数字を表層的にモノ的記号として見る際は「相関」で十分なのだろうが、数字文字を主観の反映した言語・概念の一つと考えてみようとする際には「因果」もまた透視されて在るはずであり、やっと「因果」が眼で捉えうるようになるということか？　表現を変えて言えば、「物×物」のデータは相関で十分だが、「人間主観の解明」のためのデータは、因果まで見るべきということ？　これも違うか？　ほんのちょっぴりだが、ひょっとしてやっと核心の成層圏に入れたのかもと感じなくもなかった（心の中ではコアにチョッピリ触れた気がしていた）。

「因果性は（人間を観察者として置くとき）万物の最も基本的な結びつきである。（中略）因果性こそが、この予測の基盤であり、そしてまた説明の基盤である」（『哲学がわかる——因果性』スティーヴン・マンフォード、ラニ・リル・アンユム　岩波書店　２０１７）という。人間にとって、因果がすべての始まりでありゴールなのだ。たぶんそうなのだろうし、そうありたい。なぜか自信が広がる。

ビッグデータの究極的存在価値は、世の〈実在〉の背後に潜む因果の顕出にある！

たった今話題にした好書『アンソロ・ビジョン』およびそこに引用されているベストセラー『サイロ・エフェクト』を著したジャーナリスト、ジリアン・テットの見解は、新しき見方の宝庫と思えた。人類学的視座をビッグデータに取り込むべき、というのだ。ひゃ〜、これも面白そう。でも何を伝えたいのか、その内容の核心は、いまだ不明。

瞬間、博報堂生活総合研究所が研究を進めているという「デジノグラフィ」（デジタル空間上のビッグデータをエスノグラフィつまり行動観察の視点で分析し、生活者の見えざる価値観や欲求を発見する新手法）が頭に浮かんだ（『デジノグラフィ——インサイト発見のためのビッグデータ分析』博報堂生活総合研究所　宣伝会議　２０２１）。この書は語る——「ビッグデータはあなたの第三の眼」「（生活者の）隠れた本音と自身の無意識の行動をあばく」「インスタ映えの本音をあばく」、そして「デジノグラフィは〈生活者発想〉に基づいた多様な観察視点・発想法によって、ビッグデータから生活者の見えざる価値観や欲求を発見する方法」等々、実に興味深いのだ。此処でいうビッグデータとは、たとえば自身のライフログなど私たちが今手に入れることのできる膨大な「自分の情報」＝「マイビッグデータ」が想定されているらしい。でも〝エスノグラフィ×ビッグデータ〟なんて……できるのかなあ。このローデータ、定性、定量大集合の凄いビッグさになってしまう。大丈夫かなあ。

しかしこのようなアプローチを採るのであれば、ビッグデータ処理・解析には「因果」摘出という狙いが大きく包含されているケースほどユースフルになるのではないか、と考えるのは自然だろう。ビッグデータもまた、他のデータと同様「帰納から仮説推論へと繋げることが重要」（『現代思想』２０１４年６月号、西垣発言）であるということか。結局ビッグデータ解析は、相関関係の発見にとどまらず、「主観」「因果」摘出へ向かう？　やったぜ！

此処で想定されるような特質を有するデータ、確か「マッシブデータフロー」というんじゃあなかったかな。まあ、そう期待せずに、今後を見、期待してみようと思う。

C 「マッシブデータフロー」という新データ像の生成へ

新概念「マッシブデータフロー」（これまでにない規模と複雑さと詳細性を持ったデータのことを最近こう呼んでいるらしい）の代表的なものは、先述したわれら自身のライフログなどの「マイビッグデータ」のようであった。IoTだけでなくスマホやインスタグラムなどのSNSに残った自分のログデータを見れば理解が早い。それは止まることなく流れるように生成され群れを成して広がりつづける。その流れの中に、因果も無意識の意志も、そして環境との関係で生まれた多様な意識の芽までもが生成消滅しつづけているという。

池上高志に代表される人工生命研究家たちは「人と環境の間を流れる高次元のデータフロー」（マッシブデータフロー）に注目し、その生成と解析を究めようとする。[注2]「マッシブデータフローの科学」とは、「生成論的なアプローチと解析的なアプローチを交じり合わせることで、新しいレベルのアプローチへと止揚される、という楽観的な見方も生まれよう」という立ち位置から、ものごとの新しい「分かり方」を発見しようとする、のだそうな。たとえばもっともなストーリーを紡ぎ出すことでわかろうとする際に、単一のストーリーに回収することだけでなく複数のストーリーをそのまま提示することで今までにない分かり方をしようとする、といったような。

これでわかるか。わかったような、わかりにくいコンテンツのようであった。

こ奴は、言ってみれば〝新しいデータマイニング〟とも表現できそう（たとえば〝自律的データマイニング〟と言う表現もあるらしい。其処には時間方向にも空間方向にも莫大になったデータのフル活用がみられるという）とも見立てているようなのだ。これで分かるか。つまり「データの自律性や進化可能性、複雑系の科学が培ってきたアプローチに基づいた、自律的なデータマイニング」であり、「自身がデータを自律的に秩序立てて蓄積されていく」らしいのだ。難解なれど、実に新鮮で、いかにもありそうでもある。

「毎日のデータの流れとそれがつくり出すパターンの複雑さを観察する」——つまり人工的な実験の仕組みの中でそれらのすべてを自然環境に放り出して、生成されるマッシブデータフローの《デザイン》とその複雑さを理解しようとするアプローチ、と思えた。これ、たむろする虫の塊？　それとも虫の大河？　それらをあるがままにズームアップし自由に動くそれらをじっくり観察する……。昔、某日午後1時半頃、突然目黒川にボラの大群がうようよひしめいて流れた光景を思い出していた。実に面白い。そして不思議だ。今までにない、デジタル社会が生んだ新しい「データ像」のようであった。

ビッグデータの世界には、こんな新データ像が生まれかねない。ひょっとしていくつも。われらは20世紀型のデータ像と〈訣別〉することを求められているのか。抜本的な「データ観」の革命である。こりゃあ、ますます手に負えんなあ。

注2　この辺り、『人工知能』27巻4号（2012年7月）「マッシブデータフローの科学を目指して―人と環境の間を流れる高次元のデータフローを巡る生成と解析について」（東京大学大学院総合文化研究科・池上高志、東京大学知の構造化センター・岡瑞起）を参考・引用した。

「因果」をきっかけにまた、見事な迷走状態に入ったようであった。「因果」×「ビッグデータ」「無意識の意志（＝主体）⇒意識？」×「ビッグデータ」そして生成消滅を繰り返す多くのサブ世界……これらの整合はどういう関係の下で落ち着くのか。ま、時間はあるから、ゆっくり考えたい。それだけの値打ちはありそうだった。

ただ、現時点で「ビッグデータ」解析の希望の星であり主流をなしていくであろう「ビッグデータ×ディープラーニング」アプローチの未来を考えるとき、われわれは「ディープラーニングが因果のはしごの一段目から上には行けない」（『因果推論の科学』）というジューディア・パールら（2022）の言葉を思い出さねばならないのだろう。なんと、そうなんだ。意外！

「ディープラーニングは、洞窟の壁に映る影だけを見て、その動きを予測するようなことをしている。自分の見ているものが単なる影であり、実は三次元の空間で動いている三次元の物体の投影にすぎないことをディープラーニングは理解していないのだ。強いAIにはその理解は必要になる」

（『因果推論の科学』）

ディープラーニングも、まだまだ万能じゃあない……。肝に銘じた。

また「強いAIにとって、因果モデルは贅沢品ではなく必需品なのだ」（同前）とも言葉を添える。そう、ビッグデータもAIも、どこまでも「人間」を観察対象とした場合のことではあるのだろうが、「因果」の存在によってこそそれらは活きるのであり、またそれでこそ人間の思惟に大接近可能になるということなのだろう。だからこそジューディア・パールら（2022）は「思考する機械のソフトウエアパッケージ」にエージェンシーの認識を持たせたいと企図するならば、①「世界の因果モデル」×②「自身（エージェンシー：行為主体性）のソフトウエアの因果モデル（なぜか〝表面的なものでもかまわない〟と但し書きが入っている）」×③「外界の事象に対応した自身（エージェンシー：行為主体性）の意図を記録する記憶装置」の三つの要素をセットにして備えさせるべきだろうとまとめている。

ジューディア・パールらの指摘を重々参考にしつつ今後のAIのさらなる開発およびビッグデータ運用のあり方を模索していきたいと考える。因果含みのビッグデータ処理に基づく「思考機械」なる存在の実現は、人間およびその帰属する社会全体を根こそぎ喜ばす方向に変えていくものになりうるとかなりの自信をもって想定してみたい。そんな知的武器をこそ、明日のマーケティング思惟は求めているのだ。

今のところ、西垣&チェンのビッグデータに対する指摘と大黒の情報社会論は、整合するとまではいえなくても反発し合うことはない、と想定して大丈夫だろう。明快なのは、大黒（2014）のオリジナル視座といえる「ビッグデータの社会哲学的位相」だけは記銘して2030年以降に向けてしっかりとウオッチしつづけたほうがよい、ということ。つまり、社会としてビッグデータは、人間をも自然と同等に組み込んでいくはず。そうした際の生物としての人間に起因する志向性なるものはそれらの中にどう反映されていくものであるか、あえて反映しようとしなくても何とかなっていくものなのか……その落ち着きをもった納まりのよい存在像は、まるで見えなくなってきていた。世の中、一気に変わりすぎだよ。ボク、困っちゃう。

想像するに大黒岳彦は、すぐに生き返ってきそうな「人間中心主義」の虫の息を、木っ端微塵に砕き切るべく、自らの語りの中で「人間」を事物化寄りあるいは動物寄りに極限化したのではないか、と〝とりあえず〟は思うことにした。彼に採択された表現形式に対してはいろいろ好みは別れるのだろうが。しかしこの部分こそ近未来社会の特質を解く鍵となる議論のようなのだ。要するに、人間中心をバッサリ切り捨てつつ「人間主観」をコアに観る！　やはり彼ら叡智たちは皆、カッコよい。

このような仮想ビッグデータ観を脳裡に築きつつ、現在のビッグデータ技術およびその基盤を支えるオープンソース・ソフトウエアの現状を俯瞰してみれば、その原点は今のところ「データ処理と情報検索をネットワークでつながった一群のコンピュータに任せる」という《分散コンピューティング》の考え方にあるようであった。その基本処理には、分散並列処理を高速で行なうためにグーグル内部で開発された「MapReduce（マップレデュース）」というソフトウエアおよびそのオープンソース的発展形「Hadoop（ハドゥープ）」（巨大データの取り扱いを目的とした分散処理のフレームワーク。オープンソース・ソフトウエアを管理する非営利団体Apache Softwareのプロジェクト名でもある）が中心となって使われているようだ。またアマゾンの非オープンソースのDynamo（ダイナモ）およびアマゾン・ウェブ・サービス（AWS　アマゾン独自のホスティングを中心としたクラウド・コンピューティング・サービス）さらにはフェイスブック（現・メタ・プラットフォームズ）のCassandra（カサンドラ。データベース・システム）などが技術の中心を成してきているようなのである。

しかしビッグデータという技術資源は、いまのところ「B2Bの世界の技術、考え方、思想」であり「現在進行形で発達している最中の〈未完の技術〉」（『ビッグデータの覇者たち』海部美知　講談社現代新書　2013）などといわれ、まさに秒進分歩に変転しうる方式の類と言ってよいのだろう。そこでわれらが留意すべきは、現状にみるテクノロジーのありようの世界に埋没せず（コボル言語で大型コンピュータに埋没していた昔の姿の写しにとどまらず）常にその概念の本質を念頭に置きながら新しき方式（たとえばクラサバ、分散、ウェブなどに自由に置き換わっていったように）を柔軟に取り込みつづける知の可塑性への拘りの重要性であろうと思うのだ。

今ある技術方式に関してプロフェッショナルたることを重要視するあまりに、その本質を新しく映し直すフレッシュな考え方・方式へのチャレンジ心を失念してしまうことのないよう留意していかねばならないのだろう。きっと、そんな急発達・急変革途上の概念が「ビッグデータ」技術なのだと捉えたい。

D　ヒトは新環境物「ビッグデータ虫」とともに生きる

ともかくもビッグデータ虫が堆積してつくりあげる《自然》なるものは、直感として自分には気持がよくはない。なにせ心や意識を持たない物質同士が生んだ情報も大量に含まれてくるはずだから。気色わるいのだ。其処には原初的には人間主観はいない（はずな）のだから（と言って、瞬間しまったと思った。物の中にも主観は棲む？　映し込まれて在るか?）。いやわれらが実際に見ることの可能な物質たちは、他者の経験ですでに傷（刻印）だらけであるはず？

しかしデータは「ビッグデータ」という形式を保持するスタイルで常に生成消滅を伴いながら自然を構成する。この自然は明らかに人間自らがつくった。このことは、たとえ気持よくはないと感じても明らかにわれらの未来における一つの《実在》を意味しよう。そんな環境世界の中で人間は、一個体としてノード化・動物化されて「機械」のごとき存在に解体され、ビッグデータ虫と対峙してそれらと同様にデータ化される。元来人間も情報で組成されているらしいから、まあ同種といえば同種同類であるか。それでも人は、ビッグデータ虫とは違うはず。人は主観という情報をモノに刻む者、それもストリーム状態で刻み続ける生物。一方ビッグデータは媒体として刻まれた過去の主観や諸々を運ぶ虫。そう、過去に包み込まれた虫にすぎない。

だからこそ主観をストリームのごとくに吐き出しつづけて生きる人間は、虫が運んだ無数の主観の過去を、今生きることに役立てるべく表象せねばならない。その手段・方法論がビッグデータテクノロジーなのではないのか。人には生きる上で役に立つ強力なる《主観（自己・他者両方の）》という特質（武器?）があるのだ。そんな手段をフル活用していく先に、たぶん新しい「ＩｏＴ社会」の人間らしさが表象してくると思える。この新社会、人間だけを解析するだけじゃあ不十分なのだ。だからビッグデータがある。扨どうだろう。そう、きっとそうだよ。

どうも、ビッグデータを一つの的として解析・分析するといった関係ではなく、ビッグデータ虫とともに世界を生きるということになりそう、ということなのかな?

マーケティングはそんなビッグデータ虫と人をつなぐコン

シェルジェのような存在になるということにもなりそうであった（この見方、かなり自信あり）。つまり私は、ビッグデータ虫の細胞にも、人間主観がその組成として交ざり込んでいると考えようとしていた。記号処理、相関だけで、何が面白いか！　冗談じゃあ、ないぞ。

頭に乗って言葉を足せば、哲学嫌いはマーケティング学に来てくれるな。なにせ「人間主観」が解析対象なのだから、「概念いじり」のできない奴など要らない！

難しいことになった、われら人間と（ビッグデータ）虫との共生、だなんて。その虫の内部には「因果」細胞が、まだ形を成すこともなく、瞬時瞬時にマッシブデータフローという流れを成して、生成・消滅する……。すると本章冒頭に現れたスティーヴ・ローが、またまた助け船（?）を出してくれたようだった――

> 「〝人間の言語は、その大部分が背景知識でできています。背景知識は時間をかけて蓄積されていくものです〟。そう、全体像を明らかにし、文脈を読みとるために必要となる《失われた欠片》の正体は、背景知識である」
>
> （『データサイエンティストが創る未来』）

〝文脈〟？　〝知識〟？　この「ニューヨーク・タイムズ」紙記者の言葉に、鸚鵡返しに閃いていた。ひょっとして、「背景知識」の組成成分は「因果」？　まさか！

まるでスティーヴ・ローにメルロ＝ポンティが、さらにはジューディア・パールが乗り移ったかのようであった。おれも加えろ、と若き下西風澄も出没する……。

〝この失われた欠片、つまり背景知識をうめるのが予測の巧みなビッグデータ虫なのだ。この虫のお蔭で、人は知覚・認識のいまだ不十分で欠けている部分を補填しながら〈文脈〉をベターに修正し、よりよく生きることも可能になる〟

要するにわれらは、ビッグデータという虫とともにどう生きるか、を考えていかねばならないということになりそうであった。昨今話題の、過去の無機質データに基づくしかないChatGPTのアウトプットどころではない（そんな過去物とはモノが違うのだ）、生々流転する「主観」の〝生きる〟データなのだ。それはまさに、ビッグデータを生きものとして観察し解析しなければならないということを意味していることと同義に思えた。ビッグデータは人間の「主観」を潜在させることで〝生きている〟。情報と共に生きざるをえない人間、情報との共生の一つのパターン、といった馴染める事態の発出ということになりそうであった。

となれば、データサイエンティストのあり方は、時とともにさらに一新され進化していかねばならない。たとえば、言語論的転回、とか。今のデータサイエンティスト技術は、あまりにデジタルで表示された記号計算処理に拘泥しすぎている？　〈主観〉など、まして〈因果〉も一瞥もしない、そんなことでは、虫の細胞に入り込んだ〈主観〉の解析などできようはずもない。今行なわれているそれは、データを記号として扱うレベルのvers.1にすぎないということだ。

ビッグデータの本番は、次のvers.2――モノに刻まれた〈主観〉解析――から始まる。今の彼らにそんなジョブがこなせるかな？　きっと彼らには「因果」はわかるまい。なにせ「因果」を忘れろと教育されてきた人びとなのだから。

たぶん、間違えてはいない、と思う。自信などまるでないのだが。この麻雀（のリーチ）は必ず自模る。それも役満の上りで。久し振りに、なんと、自信満々。

ただ主に言語という網のごとき武器に頼った人間の認識過程では、ビッグデータ虫はこんな動きをする生物だと推測はするのだが、とはいえ言語にあまり依存しない、たとえばしぐさ中心の環境内におけるこの虫の動きもまた、同様に考えてよいのだろうか。また人工知能が作り出した「概念」たちによって示された〈主観〉は人間の主観と同様に扱えるのだろうか。まだ見えぬ。心配でならないのだが。

今後強大に膨らむ一方のＩｏＴ（物×物）から育まれたビッグデータは、言語とはますます無関係になるはず……そんな疑問も膨らんだ。これからは、さらに人間の関わらない「物×物」の関係が生み落としたビッグデータが圧倒的なシェアを獲っていくのだろうから。こりゃ、参った。また闇へ突入、であった。いい加減にしてくれ。

疑いようもなく、おれは病気だ。ビッグデータ虫は、感染症のウイルスに似た感じも？　そんなバカな。人間様を、おちょくるのは、そろそろやめてくれ。

【個論Ｖ　サマリー】「ビッグデータ」概念の独り言

私は「データ」と付されている通り、データ属に属する。しかしプライマリーデータ、セカンダリーデータなどといわれていた「データ」と、名こそ似てはいるが、まるで異質の、自己組織化(?)しうるというか自己秩序形成を為しそうな〝オートポイエーシス生物〟の特性をも感じさせる存在物「ビッグデータ」である。

従来のデータは、人がある形式を通じて作った、極めて人為的な「作品」といえた。作品は物体である。呼吸もせず、自己組織化もしない。しかし「ビッグデータ」は虫のごとくに重なり合い自然つまり環境と同化しまたそれらをつくる。堆積物の中から、腐葉土の栄養分がつくられるがごとくに「意味」をも培養する。それはまさに腐葉土のしぶとさそのものを思わせる。そしてその意味は「人間の心」つまり「主体・主観」あって生まれる。人間の主体・主観は触媒のようであるか。

その生死に関わる手続きは似ていても、生成される特性はまるで異質のようなのだ。私はまるで生きもののように生きる。勝手に変わり、勝手に集まり、勝手に新しい意味までつくる。だから、私「データ」との付き合い方を一新して、私を解析対象・分析対象と思わずに、できれば関係対象として見てもらいたいと考えている。

断っておくが、私は多くの場合数字の容姿を纏った記号に見えているだろうが、私の内には「（投影した、あるいはさらに投影していく可能性のある）人間の心」がしっかりとコアとして包含されている。それは、皆さんが主体・主観などと日頃表現しているものだ。そんなものごとの心（の反映した何か）は、データ間、データ相互の関係性やその背後に潜む因果関係などの傍や内部に鎮座する。そこまできっちり観てほしい。今貴方が見ている私は、私の半分以下かな。正体はもっと人間臭いんだ。

私はまた、今までのスタンドアロンなる存在とは異なり、大規模集合体としてありかつ瞬時瞬時に連続して流れるがごとく生成をつづけている（これをマッシブデータフローという。私の得意技の一つだ）。それゆえ何に可変するのかすぐにはわかりづらく、また集合体構造の背景知識と化していたりして人間の知覚や認識の仕方まで変えていきかねない影響力を有しているようなのだ。でもそんな自覚は乏しいのだが。私を熟知したければ、私の刻印（刻み込まれた情報）を見てくれ。

そんなこと、見当もつかないって？　まあそのうちすぐ慣れるから、安心して付き合ってよ。私とうまく付き合ったほうが豊かで生きいきとした生を送れると思うよ。なにせ、私はこれからの花形「ＡＩ」の好物なのだから。でも私の刻印が何であるかを知らないと、どんな種のＡＩの餌として好適であるか、はわからないよ。

貴方が人間学志向者なら一つ内緒に教えておく。明日の本格ＡＩにとって一番美味しいビッグデータは「因果」成分入りのものだよ。とりあえずこのこと忘れないでね。でも、そんなに新しがって畏怖することもないのだ。どのようなビッグデータ虫も、データの容姿は今まで通りだし、私を駆使せんとする諸手法の大半は今まで経験済みのものが中心なのだから。存在物としての捉え方（社会哲学的位相）だけは間違えないで付き合って下さい。あらためて、よ・ろ・し・く、お願い申し上げます。

【ＭＹ結文】暫くじっと見てようぜ、間もなく変態しそうだから。

実に〝結文〟のまとめづらい概念(?)である。自信なきゆえ、たぶん、長くなる。名前にデータと付いていても、なにせ生きている虫のようだから、許せ。

概念扱いしてもほんとうに大丈夫な概念なのか、実に迷うのである。言語が血肉化したものが概念だとすれば、その血は静脈なのか動脈なのか、それもわからぬ。その肉は牛のようであるか、豚、あるいは鶏、ラムに近いのか、それも明白には見えない。たぶんこ奴は、今、仮の姿（仮像?）にあるのだろう、と推測する。つまり記号としての表層組成部分のみしかまだ存在を認められていない、今は本来在る姿の半分以下の生物扱いであるのかもしれない。だから、ビッグ（大きな）、データ（資料?）といった、名前とはとても思えぬ、軽いアンビギュアスなコトバを付されることに甘んじざるをえないのではないか。なのに、世間はなぜか不思議に

〝大人の概念扱い〟をしてしまっている、矛盾に塗れた存在なのだ。虫の内部に刻み込まれた情報の類に沿った付き合い方が表面化して初めて、やっと大人の概念たりうるはずだ。

現況に見る付き合い方は、現代人の知の、浅薄さの象徴に映らなくもない。

そんな彼らは本来ある本質の姿を１００％表に出すために集合体化してみることにしたようであった。だからビッグになった。ビッグになれば自己組織化も進むのだ。周りはそのような経緯のなぜを理解して対応するまでにはまだ至っていない。

己れの身の半分しか今の世に顕現していないこの集合生物の全身全容を、21世紀後半から22世紀にかけてわれらの生涯の伴侶として光に当てて浮き出し、本来ある全姿を顕現させ、共生していかねばならない。なんとしても、である。研究という人類の光を受けて煌めくはずの新しい部分はわれら人間の過去主観なのだから。これぞビッグデータ虫の正体。中身は〈主観〉、外側の虫部分は媒体にすぎない。

それにしても概念として、あってはならない超弩級のひどい名称だ。21世紀の科学者たちがまじめにネーミングしたとは、とても思えぬ。このようなまともな名づけすら為されていない存在物の本質を、まともに思案しなければならないとは、科学としてそれこそ〝憐れでとんでもない事態〟と思わないか。この事態、現代の科学者・メディア人たちの人間性の反映と見るべきなのか。哀、此処に極まれり！

今のままでは落ち着かぬゆえ、そのうち近々、納まる姿を見いだして概念らしく変質していかせたいものである。よりよく見事に変質しうるか、それとも惰性で今の姿を継続しつづけるかの分岐が明確になる某日までの間、われらはこ奴らを〝肥料にもなる虫の塊〟くらいに気楽に考えて、何も特別視することなくＡＩたちの美味しい餌として普通に、しかし懸命にしつこく付き合っていけばよい。中身の抉り出しなどそう簡単ではないはずだから。付き合い方の具体的方法論（解析手法など）については、従来手法の大半がそのまま適応可能なようであり、助かる。

この虫の〝（餌としての）おいしさ開発〟にひたすら励むという行為はまた、ＡＩの成長・発展にすこぶる役立ち、自然にこの虫のもつ人間主観組成層にまで進化として関与していくと予測する。ビッグデータ研究はＡＩの美味しい餌研究なり。同時にそれは人間の「主観」研究につながっていくのだ。またこの言葉本来の概念化（言語の発達）は本概念単独で為しうる思惟によってではなく、ＡＩと共にその餌としてＡＩの目的と一体化して反復思考することを通じて、初めて為しうると考えたい。

半身しかみえぬ中途半端なこの概念の姿に、研究人もメディアも、これ以上振り回されてはならない。この虫の存在価値はどこまでもＡＩとの一体化の中で発現するのだ。企業も、この虫だけを単独で扱い、相関しか見えないプロフェッショナル等に大枚をはたいてはならない。値打ちがあるのは、ユーザーというか顧客の〈主観〉なのだ。〈主観〉というものには必ず〈因果〉という最も人間を象徴する思考的な成分が含まれてくるはず。されどそこに的を当てた成分分析は、今のところ、まだ誰もできそうにない？　何がデータサイエンティストだ、ちゃんちゃらオカシイ。

今は〝この概念だけ抜きだして特別視する〟なんてことなく、普通に付き合っていくしかない。今までの普通の〝データ〟として、〝因果か相関か〟などといった固有の決めつけなど何も持ち込まずに、今まで通り自然体で、どんなにビッグな姿であっても偶々手に入れた一つのデータだということで、ということになるのかな。ほっとけば自然に、AI研究が進めば、この研究もそれに比例して進むはず。

なぜそうしなければいけないかといえば、われらが今ビッグデータと呼んでいる概念の本質の顕現過程において、歪(いびつ)な諸々の仮像を増殖させたくないと考えるからなのだ。AI研究のオーソドックスな進行過程にそぐわない仮像は、本質の顕現過程を乱し障害物化する。美味しい餌たりえない。望ましい発達プロセスを期待通りに進行させるためには、データに関わる新しい理論と革新的データ観が同時に醸成されていかねばならない。その基軸はAI研究の中にある。今はそれらを待つ苦渋の時なのだ。

ただその待ち方というか現状における付き合い方は、必死に「人間」そのものを考えた解析プランに徹底没頭することが重要になるのだろう。それしかなさそうである。同時に極めて自然に、当座の過渡期（記号と相関の時代）ができるだけ短く過ぎてゆくのを待とう。この期（たぶん今）は〝ないよりましの序幕ステージ〟である。だからメディアも騒ぎすぎるな。出版物など、簡単に、思いつきで出すな。

扨、今われらが待望する新データセオリや新データ像とは何か。どのような像が仮説的に見えるだろうか。現時点で留意したい視座は、池上高志たちが本格提議しつつある「マッシブデータフロー（Massive Data Flow）」という新概念が育つ思惟領土についてである（自分も目下勉強中。今はほとんど何も明確には語れない）。ただその思惟の中枢には、数字文字が群れを成して生々流転し自己組織化しつつ永遠に流れるダイナミクスがある。数字文字たちは生き生きとしていくつものストーリーを紡ぎ、人間にその枠を還元しようとする。われらはその枠を吸い上げ、自分自身に、社会に、従来とはまったく別の科学的形式で活かさなければならない。なぜならMDFは、人間の主観の群れの自己組織化に基づいた機械独自のアウトプットを人間に提示してくれそうなのだ。このアウトプットは親友との付き合いと同レベルの生きる助言になるやもしれない。

この「マッシブデータフロー虫」を好んで食してくれるAIコンセプトは何？　これらの周辺には、単純なものへと還元しない強くしぶとき研究意志の群れや質的多様性への高い対応力を横溢させる力強き複数のアカデミーなどが、すでに生き生きとエナジーを迸らせ、さらには身体性認知科学とマッシブデータとを接続していく新しき思惟の世界が生むはずの多岐なる成果物への期待もまた、充満していく。

この新しき助っ人「マッシブデータフローの科学」や「身体性認知科学」に加えて〝〈反事実〉の想像（推論）〟に拘る

「因果推論の科学」も馳せ参じよう。彼らの新鮮なる成果物をみるのは今少し先であろうが、そう遠くでもなさそうである。

これらの我流推量がさらに自己中に進展していく近未来に、私は、本概念「ビッグデータ」の概念形成の本番を見ていくことにしたいのである。今はまだ静観。本番には革命的といってよい「新データ像」がある。その新像がすべての方法論の基盤を変える。本格・正統を目指す人間学の類に対して、古典統計学はもうおそらく通用しない。質問紙法のありうべき姿も変質する。代表性よりも、少しのサンプルで予測・分析可能な因果的新世界が広がるはずなのだ。今あるビッグデータの世界はまだ離陸期の、そのほんの初期段階にある、いまだ幼稚園生にすぎない、と捉えたい。今はひたすら待つ。あわてるでない。[注3]

注3　この辺り『現れる存在——脳と身体と世界の再統合』（アンディ・クラーク　池上高志、森本元太郎監訳　ハヤカワ文庫NF　２０２２）を参考にして記述を進めた。手におえぬほど難しい書なり。

特別の近道を探しても、ビッグデータ虫の腹部辺りに潜む《人間主観》そして《因果》というモンスターの解明ゆえ、混乱するばかりだと判断する。困難な道の短縮のために肝要と思われるのは、カレントマーケティング人があまり熱心には行なっていない（と私はみた）周辺科学の成果物への関心とそれらの積極取り込みであろう。

一つの自然科学的専門蛸壺能力の範囲では「ビッグデータ内に棲む人間主観の解明」はありえない。いわゆる〝哲学嫌い〟は死ぬ。「概念いじり」の下手な奴も死ぬ。この新研究命題はやっと踏み出されたばかりであり、つまり今のビッグデータ研究は発展途上の未成熟期にあるということだ。再び言おう、あわてるでない。

ただ「情報」には〈ふるまい〉があり〈衣装〉を着ているともいわれる。ビッグデータで情報のふるまいや衣装がわかるか。そりゃあ〈スモールデータ〉のほうがわかりやすい？　でもＭＤＦになりようのない、したがって自己組織化力も乏しいスモールデータはどう解析すりゃあいいの？　それにビッグデータ虫を美味しい餌と感じるＡＩの大半は〈ディープラーニング〉という智慧に頼っている。そんな智慧のレベルでは複雑に折り畳まれた時間や幅のある時間はまだ作れそうもなかろう。せいぜいできて〝単純な時系列情報の処理〟ぐらいか。困った。得意の先送り、をしておくか。[注4]

注4　この辺り『初めて語られた科学と生命と言語の秘密』を参考にした。

デジタルは、人間にとって、深い、深すぎる。そして、原点すぎて怖い。ただ〝意識に上らない情報＝脳内ビッグデータ〟までをも解析対象としうる時代は楽しみだ。

こんな訳のわからない結文になって、まこと申し訳ない。私はリサーチャーゆえ、データ関連については饒舌になった。とりあえずはご免なさい。でも、本番である「第三のはしご（想像する能力による〈反事実〉分析・思考の加味）のためのビッグデータ処理」が現実化するのは、そう遠くない気がしている。楽しみである。

どうのこうの言おうと、こ奴の始原はどこまでも〈データ属〉。依って当面の帰結は最近流行りのチンケな〝データドリブン〟レベルではなく、人類という生物の肝の解明につながる〝因果ドリブン〟レベルに落ち着いてくるはず。こ奴は「自然」や「物質」（のデータ）ではなく、どこまでも「人間」（の主観含みのデータ）なのだから。いつも「意識」「心」「欲望」といったなかなか脱ぎようのない辛くシンドイぬいぐるみを何枚も着て生きている稀有な生物なのだから。

そんなこんなで今、この概念の解明を急ぎなさんな。もう暫くじっと見てようぜ。そして〝コンピュータにデータを丸投げして、人間は考えなくてよいという風潮〟などぶっとばそう。相関関係だけでは人間の本質を理解することなど、できるはずがないのだ。

何っ、いつまで見てるのかって。そりゃあきっと〈ディープラーニング〉を超える智慧を手にするまで、かもよ。奴はもうすぐ動く、大きく変態する！　奴の解析・解体は、特徴摘出&パターン認識をメインとするデータマイニング・レベルで納まらせてはならないのだ。デジタルに生きるものたちは、どいつも奥深いのだよ。

〈個論V　参考文献〉

・『データサイエンティストが創る未来——これからの医療・農業・産業・経営・マーケティング』（スティーヴ・ロー　久保尚子訳　講談社　2016）

・『データ・アナリティクス3・0——ビッグデータ超先進企業の挑戦』（トーマス・H・ダベンポート　トーマツ　デロイトアナリティクス監修　小林啓倫訳　日経BP　2014）

・『おそろしいビッグデータ——超類型化AI社会のリスク』（山本龍彦　朝日新書　2017）

・『〈日経BPムック　ビジネス×ITセレクション〉1冊でわかるビッグデータ』（日経BP　2017年7月20日発行）

・『人工知能はこうして創られる』（合原一幸編著　牧野貴樹、金山博、河野崇、青野真士、木脇太一著　ウェッジ　2017）

・『ビッグデータという独裁者——「便利」とひきかえに自由を奪う』（マルク・デュガン、クリストフ・ラベ　鳥取絹子訳　筑摩書房　2017）

・『ビッグデータの正体——情報の産業革命が世界のすべてを変える』（ビクター・マイヤー＝ショーンベルガー、ケネス・クキエ　斎藤栄一郎訳　講談社　2013）

・『進撃のビッグデータ』（牧野武文　マイナビ新書　2014）

・『最強のビッグデータ戦略』（ビル・フランクス　長尾高弘訳　日経BP　2012）

・『ビッグデータの衝撃——巨大なデータが戦略を決める』（城田真琴　東洋経済新報社　2012）

・『現代思想』２０１４年6月号「特集　ポスト・ビッグデータと統計学の時代」（青土社）
・『カルチャロミクス――文化をビッグデータで計測する』（エレツ・エイデン、ジャン＝バティースト・ミシェル　高安美佐子解説　阪本芳久訳　草思社２０１６）
・『オートポイエーシス――第三世代システム』（河本英夫青土社　１９９５）
・『ANTHRO VISION（アンソロ・ビジョン）――人類学的思考で視るビジネスと世界』（ジリアン・テット　土方奈美訳　日本経済新聞出版　２０２２）
・『哲学でわかる――因果性』（スティーヴン・マンフォード、ラニ・リル・アンユム　塩野直之、谷川卓訳　岩波書店　２０１７）
・『デジノグラフィ――インサイト発見のためのビッグデータ分析』（博報堂生活総合研究所　宣伝会議２０２１）
・『人工知能』27巻4号（２０１２年7月）「マッシブデータフローの科学を目指して――人と環境の間を流れる高次元のデータフローを巡る生成と解析について」（池上高志、岡瑞起）
・『ビッグデータの覇者たち』（海部美知　講談社現代新書２０１３）
・『現れる存在――脳と身体と世界の再統合』（アンディ・クラーク　池上高志、森本元太郎監訳　ハヤカワＮＦ文庫　２０２２）

「概念」総論（下）

「概念」の発達に関する一考察
――「概念」なる存在物の〈buzz-word 化〉とその発達プロセスにおける粗雑化傾向に思うこと

マーケティングなる概念が明日の時代において望ましく朗々と育つには、数多くのコアとなるべき新鮮な大人の概念たちの支えが必要である、と認識していた。

そこでまずは、ハードすぎる存在物に映る「概念」とはどのような存在であるのかを抉ることから出発してみたのだが、我流推量の一部を吐露してしまえば、たとえ〝そのような程度のこと〟を巧みにやりえたとしても、マーケティングの明るい未来にどこまで貢献しうるのかについては、大半「諦観」の世界に帰結してしまうであろうことは、すでに0・1パーセントレベルの有意差をもって想像していた。

そりゃあそうだろう。既有のコア概念であるはずの〝ニーズ〟と呼ばれるものすら解明に至っていないマーケティングマネジメント論の体系構造そのままで、激変・複雑化する人間の未来に通用してしまうほどアカデミーは甘くはないはずなのだ。

しかし20世紀においてわれらの科学的視座を支えてきた近代統計学さえも、あたふたと慄く変転著しい現代にあって、そんな有意差もひょっとして消し飛ぶこともあるのかもと都合よく考え直し、諦めきれずに為した行為が本書の記述である。

そんなこんなで開始した「概念」との苦闘のなかで、その考察過程の何処かでは微かな希望や可能性の幻影が見えなくもなかったのではあるが、結局は「諦観」と添いながら妄察行為に終わってしまうかもしれない危惧は初めから感じていた。許せ。

概念たちへ新領土を提供してみようというアイデア

とりあえず自分の肌感覚に素直に準じて選んでみたカレントマーケティングに必要な新参概念の〝有力候補たち〟とは何かといえば、前段までにすでに個々について縷々述べてきた、複数の単位技術や蛸壺思惟を束ねることで先進性を育みつつ生まれ落ちてきた五つの概念（の卵）たちである。彼らはいずれも時代の先見性を担い、来たる22世紀には他のどこかの蛸壺たちと自由に寄り添い、大輪の花開き切る見事な未来概念に多様に分岐しつつ発達していくであろう素地をすでに十分に窺わせていた。

そんな彼らに「マーケティング」なる新領土を与えてみようというのである。異質な成分を含有する新領土の土壌にて発達を促してみようというのである。いまだ腐葉土にもなり切れない未成熟なるこのカレントマーケティングという土壌を自由に使ってみてよ、と語りかけようというのである。彼らにとって迷惑行為であるか。

定性・定量のデータ両生類という基本特性を武器にして〝コンセプトフォーメーション〟なる抽象的思惟行為に日頃から習慣的に親しみ、かつ心理学・認知科学、統計学・数量化理論・多変量解析・データマイニング等、そして隣接科学である経済学・経営学、社会学・人類学さらにはそれらの土台を成す哲学などに幅広く触れてきた学際性・融通無碍性を他学にはない差別的優位特質とする、そんな「マーケティング」なる土壌なればこそ、これら五概念を同時に併呑し複合さらには相互の融合までをもリアライズする学たりうると信じようとしていた。シンプルに語れば、彼らが大人の概念へ向かうための新しい発達過程の一つとして、テストマーケット的に既存のカレントマーケティング領土を提供しようという目論みなのだ。

今回偶々取り上げた五概念個々の容姿をあらためて見つめれば、その持てる潜勢力に比して、すでに〝世に有用〟と安直に喧伝され、目下の段階においては人間の弱化を促進する〝コンビニエンス〟用途ばかりが目立つのだ。2023年の今確認できる顕在機能とそれらを包みもつその構造全体を、あらためてわれらの思惟の魅力的な援軍たりうるかどうかという角度からシビアに吟味照覧してみるとき、不思議になぜか未発達なる印象ばかりが鮮明に浮き出してくるようだった。

あえて好みの私的幻想風の表現をとってみれば、それぞれが内部に潜在してもつ曖昧模糊性をベースとする個々固有の「多様相」要素をもちながら、相互に関係を深めて妥協し合おうとしたり積極的に融解し合おうとしたりする風情が伝わってくることなどまるでなく、また他の様相に気遣いする動きも示さずに、バラバラかつ勝手なる動きとして露呈し合っているように想像されていた。一見収斂・統合なる意志など皆無に見えた。こりゃあ「多様相」なる特質を明らかに持て余している？

これら五つの概念（の卵）たちは、仮に育つことなく今のままであっても、それなりに十分強く個性的でいられるようであった。わが幻想がたなびかせる雲の傍からこっそりその内部を覗き見すれば、彼らの蠢き合うその周りに湧き出でつづけるノイズ音のあまりの喧しさに驚きつつ、狭き内部に共に生き合う様相同士いま少し仲良ければ、と期待しなくもないのだった。ただそれぞれ共通に、ある寂しさを感じる気配はありそうなのだ。この寂しさは何だ？ そして劣等感の芽生えも……。それらを感じる周りはそんなものなど一日も早く消滅してあげなければと思うのだった。

〝これら概念の卵（の各様相）たちは、己れを用いてくれる（つまり傅く）主たる《対象》──己れは誰のためにあるか──つまりご主人様がいまだ不明瞭なままにあるのではないか。生まれてすぐの無垢のままの純真すぎる姿で、どうすればよいのかと戸惑いつづけているようだ。だからこそ今を超える発達が遅滞しているのでは〟

〝誰のために我は在るのか〟が明確でないからこそ、バラバラなる風情が今個々に許容され共有されている？その一方、たとえバラバラであっても、個々それぞれは十分魅力的に映るほどに鋭角的で深い充実したコンテンツ資質で一杯の言葉たちと思えた。それぞれに生来天賦の才はあるようなのだ。そのことが逆効果になっている？まさに〝可哀想〟と感じざるをえない情況と捉えるべきや。

これら五つの言葉たちは、今「概念の卵」としての発達過程の真っ只中に居る。

大人の概念としてより一層深く熟し逞しく育っていくには、まずは「（大人の）概念」としての発達過程（という正統な道）に移行させてやらねばならない！　そう強く、私は考え始めていた。新しい道をつくってあげる、それには新しい領土を与えてやればよい、新領土の民が導けばよい。また新しい領土は、個々にとって複数存在してもよいのだろう。複数存在する時には、若干ネーミングを変えてやればすむことだ。このプロセスの明確化こそ、良き概念化の促進そのものを表象する。複数の領土保持は新概念の誕生・増加そのものでもあるのだ。

そんな、意外に鈍な動きを示すしかない現状にある「概念の卵」らしきものたちの個別洞察を通じて、「概念」というコトバのもつ、あるべき基本様相のうごめく様とその発達過程を、科学的にとまではいかないまでも、せめて少しは論理的と吠えられるぐらいには捕捉しようと努めたくなっていた。なんとかしてみるか。

たかが一匹の野良犬のごとき実務家の妄察、まるで無駄になろうとも、世に、未来に、何の不都合があろうや。

でも彼らは、やっぱり迷惑がるかなあ。

なぜか丁寧とは思えぬネーミングを付された概念たち……………

今まで各部でみてきた彼らの個別整理を大胆にまとめてみた。「イノベーション」とは、われらの（とくに研究びとたちの）〝あればよい／あれば好都合な〟といった《願望》が思い切り表出したその先に見え隠れする、茫漠たる地平線上に朧立つ擬似欲望観念（どこが科学的か！）のようであり、「ＣＳＩ（顧客満足度指標）」とは、日本古来のトラディショナルな用語に一見映りやすいものの、実はわれらにとっては、企業の人（顧客、消費者、市民）に対するあるべき基本的俯瞰視座を明確にしうる、「システム」という衣裳を纏ったモダンな仕組み概念の一つであり、狭義なれどこの多意味の時代に柔軟に即応可能で、その曖昧模糊性をプラスに転じうる大人の概念のようにも観うるようであった。其処には人が生きる以上他者との関係はそれぞれにとって対等であり、それらの基盤には相互の〝満足〟が相互の〝信頼〟をつなぎ、相互関係強化の橋頭堡・媒介物として在るのだというわれら人間相互の信念らしき強い意志が通貫しているようだった。その発達の原初的ドライブは纏う衣裳にも表れているように〝システム構造に馴染む〟という本概念固有の独特ともいえる構造的特性に拠るところ大と思えた。

しかし「ＡＩ＆ＩｏＴ」となると、そのように簡単には割り切れそうもない。其処には驚くほどの天賦の才の多様性を見うるにもかかわらず、なぜか意味収斂の意志の介在などまるで確認されようもなく、どこまでも個別機能の放任主義的取り扱いに塗されたまま生成され、生まれたときのままの裸体をほとんど変えることもなく社会化せざるをえなかった半端物の大人びた姿に映るのだった。いわば好き勝手なる複数の意志が妥協することなく一つのものとして共存を強いてきた、そんなムリの類で一杯の空間になぜか不合理に生きざるをえない辛き生きものを想像させた。スーパーなる数理的世界に生きようとする〝論理的〟生物であるはずなのに、じつに意外である。こんな事態の生起、果して誰のせいであるか。この成り行き、あまりにむごい。さらにＡの意はなんと〝人工的〟などというどちらかと言えば負の要素を感じさせながら、その姿を努めて変容させようとする自主的動きは、今のところ不思議に何も生起していないようなのだ。自分の格好わるさに気づいていないのかも。そりゃあ、ないだろ。ウーム、何かおかしい。

その感覚は「ビッグデータ」にも継承され、事ここに至ると、〝なんといい加減な〟とぼやきたくなるほど喜劇的でもあった。どこのどいつがネーミングしたのだ？　単に、ビッグなデータ、だなんて。名称としてもあまりに雑で取ってつけたようであり、また丁寧さなど感じようもなく粗雑そのものに感じられてしまうのだ。なのに、それが呼称としてそのまま残りつづけてきている！　当該研究びとはみな、それを平気(?)で使う。何たるセンス欠落事態であるか。なんと鈍感な。なぜ周りはそんな流れを放置する？　そんな事態を容認するメディアもまた、問題というよりは衰えた？

「ＳＤＧｓ」にいたっては、「概念」たる基本条件すら丁寧に揃えられていない、単なる寄せ集めのコトバ群、と思えた。自分の生な印象を束ねるとこうなるのだ。なぜにこの姿のままで、恥ずかしげもなく、現代の夥しい《知》の中で生きうるのか、これもまた不思議な態と言ってよかろうと思う。これもまた研究びとたちがよくも受け入れたものだと感心する（いやまだ受け入れたとはいえない？　一応、そうかも、と返しておく）。きっと依怙贔屓する輩がいるのだ。そ奴はすでに権力者？　ここにも日本語力そして日本国の知的衰兆をみるか。

ＡＩ、ビッグデータ、ＳＤＧｓのネーミングの粗雑さについては誰も反論すまい。

研究人も、面倒くさがり屋になった？　ウソつけ。考えるボディのコアが衰弱したのだ、隠すな。それ以上に衰弱の進んだメディア人たちが、その成果物をわけもわからず無理無理コミュニケートしていくのだから、そんな印象は簡単に増幅する。これ、昨今の日本における科学、技術、研究端辺りに伝播する新シンドローム？　それとも思いっきりペシミスティックに表現すれば、地球全体に及ぶ人類社会全体の思考力の逓減？　あれ、マーケティングだけではなかったなどとヘンに安堵してくれるな。

あらためて見直せば、これらに対するネーミング・センスは、おとなしく言っても、共通して〝よいとはいえない〟だろう。人間にとって、名前というものはそのひと全体を表すといわれるぐらい大事といわれているのだから、これらの概念、中身まであまりよくないということになって、まずいんじゃあないかな。五つの概念はこれほどにその容姿として互いに異体を示し合う（中では、ＣＳＩは小さくもまだまともなのだが）。共通項は〝buzz-word〟

ぐらいしか思いつかぬ。ほんとうにこれでよいのか。これが貴重なるものの名前か！　モノを大事にしなくなった世だとはいえ、私は戸惑う。もっと、素直に違和を表現し合おうよ。

「概念」にとって基本コンセプトであるべきコアなる部分が明確化されぬばかりかここまで改善放置のままでよいはずがない。時代は、先進複合の科学叡智がひしめき合って、生き合う〝融合合体〟まさに「融溶」の世なるぞ。叡智たちはうち揃って「関係」なることとの重要性を説く。そんな時代なのだ。「学際」など死語にしろ。すでに世の学は、それぞれ単独では学たりえない状況に嵌まり込み、改善前の今の蛸壺単位のままでは、〝学の際〟などとは表現しえない現実があるようなのだ。

20世紀においては、学の創造にひたすら邁進し、このような〝いい加減〟は見逃されなかった。ということは、21世紀のほうが前時代よりもより〝いい加減〟ということになってしまう……。そりゃあ、さらに困る。まあ、この直近数十年で、やっと作った一つの蛸壺を限界まで一気に進歩させちゃった、ともいえるのかもしれないが。要するに、既存の蛸壺が金属疲労を起こし老朽化したということだろう。

せめて、こんな半端な名前をもつ概念たちに、貴重な税金を〝安易に〟使うな！　なかでも「イノベーション」「ＳＤＧｓ」に対してだけは、急ぎ見直そうよ。

「概念」は典型的な物語を開く

あらためて周りを見渡せば、無念な想いにつながる私にとって想定外のことなのだが、このような「概念」なるものの《本質》周辺にズバッと切り込んだ既存論考は、この記述作業の初期時点ではほとんど見出せていない。[注1]必ず出逢える、と楽観視していたのだが。「概念」なるテーマはそれほどに注目される存在ではないのか、とこれも意外な印象を受けたのだった。（再び）ウソ、だろう。

注1　途中で〝そういえば〟と気づいたのだが、野矢茂樹（東京大学名誉教授。ウィトゲンシュタイン研究に関わる書が多い）の書だけは例外のようで、「概念」という用語は各書内に頻出しているのだが、その定義や詳細説明は、自分のチェックした範囲では見つからない。またそういえば、今年（２０２３

年のこと）に入ってから目を通したアンディ・クラークの書（『現れる存在』）内でクラークは、「概念とは一般的に、世界の事象、状態、プロセスを、自身の言語によって分類するときに使われる名称である」と記述する。なんと〝自身の言語によって分類〟と明記していた。〝自身〟なれば各人個々の生活様式で変わっちゃう？　それでいいのか？　そんな存在なの？　ウーム。

数多く存在する哲学者・思想家の中で、野矢茂樹のものは、難解であるにもかかわらず、自分にとってなぜか馴染みやすい文体に感じられ、必然的に彼の書にはやたら目を通す。これを好みだとか肌が合うとか言うのだろう。そんな中で『心という難問――空間・身体・意味』（野矢茂樹　講談社　２０１６）には「概念」なる言葉が鮮烈に躍っていた――「概念は典型的な物語を開く」「あるものを〈犬〉という概念で捉えるとき、そのことによってその対象は〈犬〉という概念が開く物語の中に位置づけられる」と。そうか、概念は、分類するだけではないんだ。目を瞠らされていた。その人にとってその人の経験が意味の膨らみを創る。その意味の堆積は、いつか個々人固有の物語へと発達し、その概念を感じとったその時々に物語は開くのだ、ということなのだろうか。それなら、十分にわかる。

さらにである。「一般に、概念Aはその典型例に関する私たちの通念を伴う。そして、その通念はそこに開かれる物語を規定する。それを、概念Aが開く〈典型的な物語〉と呼ぼう。（中略）私はその対象をAの典型的な物語の内に位置づけ（中略）この典型的な物語が、その対象の知覚に反映され相貌をもたらすのである」とまで語り抜くのだ。ここでいう「相貌」とは「物語に応じて異なった意味づけを与えられる知覚の側面」のことであり、また「知覚が位置づけられる（中略）時間性と可能性（反事実的なものも含めて）をあわせて〈物語〉と呼ぶ」のだそうな。考えさせられる。

見事！　わかりにくくはあるのだが、一方で堪らなく興奮させられる視点と感じた。いいなあ。ますます「概念」が好きになりそうだった。凄い洞察の人である。

すでに〝むすび〟に入らんとしている今、私の脳内の「概念」なる単語文字は、纏まりなくいまだ迷妄の淵に沈んだままのようであった。されど、われらの学にとって肝要とみなした五つの概念（の卵）たちを、マーケティングの胎内において、たとえマーケティング独自の型に偏したとしてもきちんとしたそれなりの大人の概念として育み、これらの概念のような存在物と仲良く一体化していかねばならぬと、気持だけは強めていた。しかしbuzz-wordという姿のままではあまりに取り込みにくく、またそのままでは役に立たせにくそう、と焦ってもいた。

そしてこれらの「概念」個々それぞれが、育ってきた自身の研究ジャンル（母国）の中において体得した血肉そのままをそっくりマーケティングに借用する形では、われらの領土（マーケティング思惟のことである）はそれほど寛容でも肥沃でもない未成熟の存在ゆえ、おそらく渡来の新概念として十分には機能しえないだろう、とも実感していた。彼ら（五概念）を実践の場において身も心もマーケティング思惟のための概念（の卵）と成し、そのことを通じて新しき〝典型的な物語〟を開いていくためには、われら独自の血肉に棲まうＤＮＡ（それがどのようなものかはまだはっきりとはしていないのだが）を交配することを通じて発達させねばならぬ、われらのＤＮＡがいかに未成熟な進化ステージにあるものであろうとも、思い切りよくある枠組・体系単位にて注入し、一気に融合・融溶まで持ち込まねばならぬ、などといった法外かもしれぬ自覚の念も、すでに微かながら持ち合わせていたのである。

〝ほんとうのところ、概念なる存在は、何者なのか〟

〝われら人間にとって、敵か味方か。薬か毒か。どんな意味をもつものなのか〟

〝他の領土で育った概念の卵を、身も心もわれらの概念と為しきる（つまりはマーケティング思惟に同化せしめる）にはどうすればよいのか〟

〝そして新概念たちとの共同作業を通じて、このマーケティングなる大地に、どんな新しい魅力的な物語を開こうというのか〟

むすびの章でありながら難問累々の様である。この段階に至って、誠申し訳ない。

大学生の頃、「概念の発達」に関する講義を受けたことがあったっけ？…………

ちょっと疲れを感じていた。今夜はオールドグランダッド１１４でロックを飲（や）っている。57度のバーボンなのに、大きな氷と溶け合ってマロイのだ。

普段は接待の客を帰して一人、薄暗いカウンターで、今日の客とこれから付き合うかどうかや、彼は出世するかなとか、今日の客の話や行動を見極めながらじっくり飲む酒だ。なのに、今夜は書斎でボウ〜ッとマロさを舐めている。これから纏めに入らねばならぬと考えれば考えるほど、どっと汗が噴き出る。

一冊の昔の古ぼけた本を、棚から引き出した。そういえば、この本、まだ持っていたんだ。いや、なんとまだ、しっかりとは読んでいなかったよなあ。申し訳ない。

表紙カバーを捲ったところに「謹呈　園原太郎」という自筆の札が挟まれていた。そうだ、この書はわが母校心理学研究室の当時主任教授であった園原先生（発達心理学が専門）の、定年による京都大学退官を記念して発刊が計画されたものだった。

知覚―概念―思考という関係樹に関する何らかのヒントはないものかと、ぼんやりしながら酒の肴でこの書『認知の発達』（園原太郎編　培風館　１９８０）のページを捲った。顔見知りの先生方の名前がずらりと執筆者紹介欄に並んでいる。

啓示だ、天啓だ――よくあるのである、私には。そう、セレンディピティ！

「変化に富んだ多様な刺激に満ちている環境に取り囲まれて、多様な経験をしながら生きているわれわれは、つねにそれらの多様な刺激経験を、何らかの形で整頓し秩序づけ意味づけていくことによって世界に対処し得ている」

「同じ人が、厳密にまったく同一の状況で同一の経験をすることはほとんどあり得ないことで、つねに何らかの変化、新しい状況を内包する環境に出くわしている」

「しかし、それにもかかわらずわれわれが過去の経験を活かしながらそうした環境に柔軟に対処し得るのは、同一ではないが共通するところを抽象し、なんらかの意味で等価な刺激には、同一の反応を適用することによって世界を構成しなおす作用を働かせているからであろう」

「こういう精神機能が概括化（概念化）機能であり、その際に用いられる枠組みが概念である」

（『認知の発達』）

わかりやすく感じていた。こんなところに、きちんとした説明があった！　ひょっとして昔講義で習ったことではないのか。もっと早く目を通していれば、よかった。

概念化は概括化ともいうのか。どうも「概念の発達」は、そのような「概括機能がどのような水準で何を契機として営まれるか」ということについてであるらしい。

そして「概念には、対象や事象のもつ共通性を手がかりとして構成される〈類概念〉と、さらに対象同士、あるいは事象同士の間の関係を抽出することによって成立する〈関係概念〉がある」らしく、「とくに後者の成立には、主体が対象の相互間にほどこす行動的な変換操作の内面化が重要な発達的基盤を成していると考えられる」ようなのだ。

〈類概念〉と〈関係概念〉——確かに二種、ありそうであった。腑に落ちる。関係概念の基本的なものが「時間」「空間」「数」などなのだろう。〝主観が入り込む〟などという表現は、ここでいう「主体が対象の相互間にほどこす行動的な変換操作の内面化」のことかな、と容易に推測しえた。まさに、助かった、という想いである。

「概念は、ものそのものではないが、そのものに代わりうる、そしてものの間の関係を種々変化させうる道具である。われわれは、この概念を使ってものを考え、思索を発展させ、精神の自由を伸ばしていくのであり、概念の世界に生きることが、人間の精神の世界に生きることになるのである」　（同前）

見事な整理・洞察と思えた。こんなに身近なところに一つの答えがあったのだ。

類概念の機能に端的に見られるように、「概念の本質は経験の叙述」なのだが、「それは（中略）ある一つの具体物を、単に一つの具体物にしないで、そういうものが組み合わされる、あるいは類化された一般的な類の中で意味をもたせるという、範疇的な（categorical）意味づけ」のようなのだ。

さらには「あまりに概念化された思考は固定的なものであり発展性に乏しい」側面もありそうだとか、「経験できないものでさえも概念として表わすことができるという性質のために（中略）中身はきわめて貧困になるということも生じうる」「概念的なものの中心になっているものを言語以外で表わすことはある。それは、人間だけがもっている非常に優れた働きの一つであると考えられる」等々、概念に纏いつく負の要素やさらなる難解な側面の指摘まで、行き届いた考察になっているようであった。そう、「身体性」「しぐさ」なる様相まで触れんとしているかに思えた。そして決め打ちは「概念の世界に生きることが、人間の精神の世界に生きることになる」という恩師の科白だった。

この書を、繰り返し精読しよう、そしてここに見る洞察を基盤に置き、今ある諸々の叡智を理解してみよう、とあらためて決意するのだった。

わが卒論の諮問責任者であった大恩人園原先生とのコミュニケーションは、幸運なことに大学二〜四回生時にいくつかの機会でみられていた。当時友人たちと関西学生心理学会を初めて立ち上げ、その初代会長を私が務めた初の総会開催時に会場に来られた先生は、〝盛況のようだな、よかったね。頑張りなさい〟と声掛けしてくれた。飛び上がらんばかりであった。四回生初頭には先生の部屋へ呼ばれ、大学院受験を勧められた。母子家庭だったゆえ、経済的理由から先生の意に添えなかった自分を今も残念に感じている。約60年後の今、先生がわが書斎に現れたかのようで、〈縁〉のようなものに触れた気持でとても嬉しい。先生、ありがとう。さあ、まとめ作業頑張るぞ。

概念化と生のエネルギー

自分は前著（『人類マーケティング哲学』への前哨——現代マーケティング解体考『THE FINAL』三省堂書店／創英社　2022）において新マーケティング学の体系を仮説的に構築し、その人間像を単純極まりなき「消費者」「生活者」などよりも、生々しく「欲望人」と捉えた。生物である人間として至極当たり前の設定のつもりであった。

人間は欲望の生きものである、という見立てへの自信は揺らがなかった。そんな人間の一様相にスポットを当てる学こそマーケティングなのだという確信があった。

これらの原点となる思想の一つに「欲動（Trieb）」なる概念が存在した。この概念に初めて接したとき、私は震えた。そんな概念の創始者が丸山圭三郎（仏文学・言語哲学者　ソシュール研究の世界的第一人者と言われる）である。

〈欲動とは〉[注2]

・「心的なものと身体的なものとの境界概念」（ジークムント・フロイト）であって、ヒト特有のデフォルメされた常に流動してやまない生のエネルギーのこと。

・（それは）動物一般に見出される〈本能 Instinkt〉ではない。

・この連続体としてのカオスは、いまだ意味化されない生（レーベン）の動きにほかならない。あるいはまた、絶えず〈形〉になろうとする〈力〉と言ってもよいのだろう。

注2　『欲動』（丸山圭三郎　弘文堂　1989）内の「欲動」定義に関する記述を抜萃、一部箇条書きのため筆者意訳

畏敬する丸山（1989）は、この欲求・欲望でもない新概念「欲動」の仮説的構造と機能の解釈のための重要なる役割を担う媒介物として「コトバ」を持ち込んだ。

丸山（1989）にとって「欲動」なる概念の発出は、他の動物たちとは明らかに一線を画す〝人間固有の欲望〟であるという前提が存在していた、と推測したい。

「人間は、コトバをもったためにカオスへの恐怖と、それをまたコトバによって意味化する快楽に生きる。この恐ろしさと目眩（めくる）めく喜びこそ、ルドルフ・オットーのいう〈ヌミノーゼ的体験〉であり、形を絶えず突き崩す動きと、動きを絶えず形とする力の舞台であり、そこで起きる〈出来事（エヴェヌマン）〉とは、同時に形であり動きであると言ってよい。これがコスモス[注3]深部の最も本来的な姿であろう」（『欲動』）

注3　《コスモス》について：「ギリシャのミュトス的思考においては、〈カオス〉は〈コスモス〉成立に先立つ無定形で浮動的な存在、秩序以前の無秩序であって、コスモスはこのカオスという質料的な塊（マス）の上

に分割線が引かれた結果、事物が互いに独立して存在し、一定の全体構造をなすような有意味的秩序となった人間の宇宙である」と同書内で丸山（1989）は言葉を添えている。

なんと難解な……。未熟者のために、もっとやさしく語れないものか。

要するに、人間の情動、そして彼（丸山）のいう欲動は、コトバの介在によってその姿の顕在仕様を大きく変える、と言っているらしい。そうなんだ、でも人間だから、たぶんそうなんだろう……。都合よき引用解釈をするなって？ ご免！

〝そうか、人間は動物とは違い、介在するコトバによって生のエネルギーの表出の仕方を変容させるのだ。この部分は、たぶん間違いなかろう。とすれば、その仕組みをより効果的に機能させるために、介在するコトバを〈言語のレベルから概念のレベルへ〉といったように階層的に（たとえば二－三段階とか）扱うことが可能なように考えてもよいのではなかろうか〟

強引さは感じれども、よくわかる、ありうることだ、と素直に思う。

丸山（1989）の思惟は、画期的にも、人間の欲望（彼によれば欲動）と人間固有の「コトバ」なるものとの輻輳する謎めいた関係性を抉らんとするかに映った。

生のエネルギーの表出レベルを上げることが可能なように、「言語」に人間の情緒のようなソフトな何ものかでふくらみを持たせようとして創られたのが「概念」……。面白い推察、と言えないか。ダメかな。抽象、情緒で解釈しすぎているって？

そんな、バカげたと言われかねない我流推量を確認すべく、私にとっての名著『言葉とは何か』（丸山圭三郎　夏目書房　1994）を久し振りに書棚から持ち出し、何年か振りに心新たに急ぎページを捲った。書中から「概念」という文字をひたすら探したのである。

不思議なことに、「言葉」とは何か、そして「言語」や「意味」はあちこちに数多く言葉を足して登場するのだが、「概念」という文字はあまり見つからない。あっても丁寧な説明も少ないのだ。慌てた、そんなはずはない……。どうして……。やっと見つけた彼の「概念」なる用語を用いた記述は、以下のようにほんのわずかであった。

・概念は言葉とともに誕生し、それぞれの単語は全体の体系のなかにおかれてはじめて意味をもち、その大きさ、意味範囲はその単語を取り巻く他の単語によってしか決められません。
↓〔ジロ〕〝「概念」なる文字とは何か〟について最小限なれど端的に説明している個所であり、素直にかつスッと理解が走った貴重な記述部分と思えた。つまり、概念は言葉からできてはいるが、〝体系とともにあり、それに添いて何らかの意味を多様に発しうる〟ということらしい。

↓〔ジロ〕逆に言えば「あらゆる知覚や経験、そして森羅万象は、言葉の網を通して見る以前は（人間にとって）どこにも境界線の引きようのない（カオスなる）連続体」であることを伝えたかったのか。カオス的純粋事象？ フーム、難しい……。言葉の網を通る以前が「純粋知覚」「純粋経験」？
・言葉は、その話し手にとっては歴史的事実である以前に意識的事実です。
↓〔ジロ〕「歴史的」とは〝記憶として蓄えられた過去のことを指す？ また「意識的事実」は、感官・知覚ベースのウエイトの高いもの？ よくわからん。
・言葉は、それが話されている社会にのみ共通な、経験の固有な概念化なのです。もちろん、どのような言語を用いるにせよ、それぞれの言語によって分節される〈概念〉以前の現実（中略）が、言語の相違と関係なく、もともと同一の存在であることは疑えません。
↓〔ジロ〕「（社会に共通な）経験の固有な概念化」なんだ、言葉は。やっと当たりに出会えた感はあったのだが、解釈はなかなか難しい。どうも〝言葉が表象しようとする、人間が知覚した特定の〈原（もと）の、共通に存在するもの〉〟があるということのようではあるが、自信はない。言葉はぬめっとした一様なる世界に型を押し、原（もと）のものを人間が理解・認識可能なように区分け（分節化）するとでも言っているのか。
・「言葉に依存しない概念も事物もない」というソシュールの考え方（以下略）。
↓〔ジロ〕ソシュールの言葉の引用だが、これ、人間の知覚・認識するモノも出来事（経験）も、そして「概念」も、言葉が介在して成り立つ、と言っている？ 此処でも「概念」の説明はない。要するに概念って、何だってんだ。

・言葉とは「物の名前」でもなければ、「既成の意味や概念を指さす記号」でもない。
→〔ジロ〕だったら何だと言うのか。〝既成の意味〟に対応するのだから、〝既成の、つまり実在する現実世界の一つの〈断片〉〟を示すべく概念なる文字を用いた、とでも？　わかりにくくてついていけそうもない。自信喪失。

（『言葉とは何か』）

いくつかは漏らしているやもしれぬが、〈概念〉の登場頻度はあまりに少ない。そして見事に「概念」についての定義らしき記述は見当たらない。困った！

言語を学びの対象にしている人びとは、みなこんな感じだ。どうして？　概念の説明から逃げようとする？　当たり前すぎて説明するのもアホらしい？　そうなの？

「概念」は世界を区切る

この議論、迷いは尽きない。仕方なくこれらの引用した文章の合意する先に見えてくる、著者（丸山圭三郎）の意図をあえて遠回りに察してみようと思い立ち、関連しそうな近くの文言を探した。

「私たちがこの言語外現実を把握し、私たちを取り巻いている世界を区切り、グループ別に分け、カテゴリー化するのは、言語を通してである、ということなのです」

「言葉以前の現実は混沌とした連続体であって、私たちは自国語の意味体系のおかげで、この連続体の適当な個所個所に境界線を画すことができます。ところが、言語によって意味体系が異なるのですから、言語が変われば区切り方も変わってくるのは、当然でしょう」

「言葉のもつ意味とは、孤立した単語を眺めていても決して得られるものではなく、他の単語との関係のうちにとらえられた体系内の《価値》であることがわかってくるでしょう」

（同前）


断定的に言い切る個所もやっと出てきて、ホッとする。ここは少しわかる感じ。

其処には「言葉」の周囲に、「価値」というコトバまで現れてきた。ついに、である。〝体系内の価値の表出〟なのだ。フーン。びっくりではあるのだが、さもありなんとも思う。どうも「概念」は言葉と〝価値のようなもの〟の《あいだ》に位置づけられそうな予感が走る。あるいは「言葉」と「価値」が一体化する直前のものか？

そういえば『認識の進化論』（新思索社　1995）の著者ゲアハルト・フォルマー（1995）は確か「言語はいわば世界と認識の間を往還する」と語っていたっけ。此処におけるフォルマーの言う「世界」とは何を指すのか、という大きな疑問が膨らみつつあることに関しては、とりあえず〝疑〟など感じないふりをして、うっちゃっておくしかなかった。本当は〝世界とは実在か……在るものの総体でよいのか〟と問いたかったのだが。

「世界を区切る」「グループに分ける」「カテゴリー化する」が言語の三大機能だとすれば、概念もまた、言語のそんな機能で分けられグループ化されカテゴリー化された《現実》の一つの非物質的・抽象的断片、ということになりそうであった。このような短絡極まりない思考の下で、理解を進めてよいものか……。人間の認識って、こんなにヤヤコシイ構造になっているのか。信じられぬ。ホント、なのかなあ？

仮にそうだとすれば、概念という抽象物は、〝（世界を）切り取って整理するための道具〟として始原的に備えられている〝自らの機能駆動装置〟（適切な言葉が浮かばず、こんなヘンな表現を用いてしまった）を動かすことによって、そこで表象されようとしている「意味」の含有体積や膨らみ度合、ひいては「意味」そのものの種類までをも多様に変化させてきて少しもおかしくはない、ということになるのだろうか。そんな〝（意味の）ふくらみつつあるその膨らみの増分〟のなかに、いつしか「価値（的なもの）」も孕まれ生まれ育っている？　その増分は、個人の経験で異なってくる……そうなりゃあ、こりゃあおもしろい、血湧き肉躍る、か。

概念は意味や価値の財布？　そう考えていけば、仮説の財布、でもありそうだ。

実在の断片（つまり概念？）のネーミングは至難の業だ。そのネーミングという言葉の造りこみ方によって人間の思惟・思考の深みまで変えてしまいそう。そうか、個々の深みの違いを際立たせるために概念（がもつ広がり）

があるのかも……そんな思いつきのような閃きに、またドキッとするのだった。概念は、怖いもののようである、のかな。人間を峻別しそうだしな。いや人間（の内面）、たとえば「人格」までも作っちゃう？　そして学ぶ者であれば皆、畏敬しなければならないもの？　ウーム。

まだ、ムズムズがやまない。推量はまだまだ奔放に広がりそうであった。

ムムム……現実というか世界空間の中でその断片が原居た位置を示す、そのカテゴリーの緯度経度を内包した〝原の概念〟すなわち〝裏の概念〟（裏に隠れていたものがまもなく表に出てきそうではあるのだが、今はまだ潜在しているもの＝潜勢物？）とでも言うべきものと、こんな原・概念が発達し抽象的膨らみを拡大させて思惟・思考にダイレクトに役立とうとする、たぶん言葉が経験によって開眼させられた（のであろう）〝表の（育った）概念〟とでも呼ぶべきもの、の二種がありそうな気がし始めて落ち着かなくなってきていた。じゃあ、《実在》はいずれだ、表か裏か、それとも両方、であるのか。いい加減はっきりしろ～（と格好つけようとしていた）。

概念化って、裏の概念にすぎなかったものが表の概念に発達していく過程を示すコトバではないだろうか……そんな気も、強くなってきていた。いや、原の概念も、観念のひとつかも……。いやいや、「原概念」というのは「言葉・言語」だろ？　違うか？　そうじゃあなくて、概念と言葉の間に「原概念」という別のもの（実在の影絵とか）としてある？　わかんねえ。ヒャ～、俺紛れもなく病気になっちゃってる～。

概念って、ホント難しい。もちろん概念化なる動きも……。ただ、その動きによっては世界認識のあり方も変わりそう、ということになりかねない、か。

とすると、どうして人間は「裏の概念」（たぶんそれは、実在の影絵？）をもてる（表の概念に変容させる言葉の用法を知っている、と言ったほうがよいのかも）のか。遺伝によるのか、さもなくば後天的できごとたちのせい？もう、勘弁、勘弁。

これらのこと、人間の思考とは何か、という問いに通じているはず、と観たぞ。

本項、畏れ多くも丸山圭三郎先生のこれらの論考・仮説を啓示として捉えんものと、自身の理解の完遂を待ちわびることになったのだが（まだ理解は道半ば以下、なのだ）、どこかで〝概念の枯渇は生のエネルギーの縮退につながる〟という御声だけは、はっきり聞こえてきたような気がしていた。だったら、オレ、まだ正気だよな。

そして主観と実在をつなぐ?

「概念」と言われてすぐに浮かぶのは、今嵌まっているA・N・ホワイトヘッドの「アクチュアルエンティティ」や「抱握」「合生」、昔から馴染みなれど私には悩みの種である「純粋経験」「多即一」(西田幾多郎)、そしてあのアンリ・ベルクソンの「純粋持続」や「イマージュ」などであるか。私の苦手なマルティン・ハイデガーにいたっては、実に概念らしき姿の「現存在」「存在了解」「ゲシュテル」に始まり、さらには〝他者作成の概念を借りたものなのか〟それとも〝日常言語の範疇をいまだ抜け出していないものなのか〟あるいは〝自分で育成中の概念(の卵)であるのか〟のいずれのつもりなのかについて、私にはまるで判断不能としか言いようのない「現前性」「挑発・徴発」「仕立てる」「在庫」「発露」「呼び集め」「性起」等々の概念らしき言葉たち(これらは若き頃彼の『技術論』や『存在と時間』に挑戦してギブアップした際に、わかりにくいコトバとして備忘録に書き留めたものなのだが、昔の話ゆえ誤謬あればご勘弁)が朧ながら次々に浮かび出てきて、いざ挙げるとなるときりがない。ハイデガーの周りは、まるで〝概念だらけ〟である。

いずれも、日常言語というよりはどこか固い(rigid)しっかりした(tight)趣きの言語が、我先にと飛び出しつづける。一つの考察にこれだけ言語を変容させることも厭わず的確な言葉を探しつづけ、「言語」という人間の武器を正確無比に駆使せんと努めるなんて、なんたる迫力。必死に考えつづければ自動的に概念化がどんどん進む、という証しを見るようで、彼ら叡智はおそろしき存在である。

ハイデガーのこんな態度に比べれば、斯界(マーケティング界)はまるで言語を駆使しようとしていない? それは、言語が使えないのかつくれないのか、それとも、もっともあってはならないことだが、考えられないのだろうか。

そういえば西田幾多郎の「純粋経験」とウィリアム・ジェイムズのそれは、姿は同じでもその意は、おそらく微妙に違うのだろう。みんな、自由闊達に考えていて、素敵だ。

一方で、「机」や「コップ」そして「猫」なども「概念」に入るようだしなあ。

ウーム。同じく概念と呼ばれていても、みんなそれぞれ、あまりに違いすぎる。これらすべて概念というのもおかしい気がしないか。ほんと、概念って、その使用状態から見て、ヘン極まりない。そういえば、あのジル・ドゥルーズも、哲学を「概念の創造」といったとか。ウーム、幅広すぎて、またまたよくわかんない。

概念の主たる組成は言語であることは万人の認めるところだろうが、その言語が「たんに表現、喚起、描出と伝達に対してだけでなく、思考の支柱としても役立」とうとする時（『認識の進化論』）「概念」という形式をとるのかもしれない。言語には「日常言語」以外に、これも自分には訳のわからぬものたちなのだが、「理想言語」（アプリオリ言語、哲学的言語ともいうらしい）、「論理的言語」といった表現のものも存在するらしい。これら、誰かが勝手に作った？　このように見ていくと、「言語」も相当に曖昧というか融通無碍な存在のようである。

ひょっとして、「言語」もまた、何らかの固有の進化を成してきているのか？

そのような「言語」のありように準じて、「概念」も自然に、多義的、曖昧模糊、不完全、理解不能、などの多様なる性格がそこそこに付与されてきて少しもおかしくはないのだろう。さらに「理論的概念」といった用語もあるらしく、素人がまたまた我流に推量してみるに、きちんとした言語を用いて科学的認識に近づけるべく努めて概念化を志向した結果として得られる概念をそう呼ぶのでは、などと悩みながら考えてみたりしたのだった。とにもかくにも——

〝しっかりと思考するには、おそらく概念もきっちりしたものが必要になる〟

〝しっかりした学の思惟ほど、しっかりした血肉を有する概念で構築せねばならないのだろう〟

こんなの、当たり前のことジャン。そう簡単に、まとめた気になるなって。

「概念」総論（上）で紹介したフォルマー（１９９５）の「認識の三段階」説（Fig.3 参照）における「前科学的認識」を「科学的認識」に発達させる役割だけは、概念のもつ機能としてはっきりしていそうに感じていたが、同じフォルマー（１９９５）がこの Fig.3 で示した「認識の三段階」を「主観並びに実在世界に対する認識の関係によって補完」（『認識の進化論』）したという Fig.16（進化論的認識論にもとづく認識論的シェーマ）を提示されては、まるで理解という事態の眼前に石の扉が下りてきたようで、戸惑うしかなかった。ヘェ～、フゥ～ン。さらには、両図を較べながらまた見て、ヒャ～ッ。擬音の連発、であった。凄い人は、やっぱり凄いことを想像する。

Fig.16　進化論的認識論にもとづく認識論的シェーマ

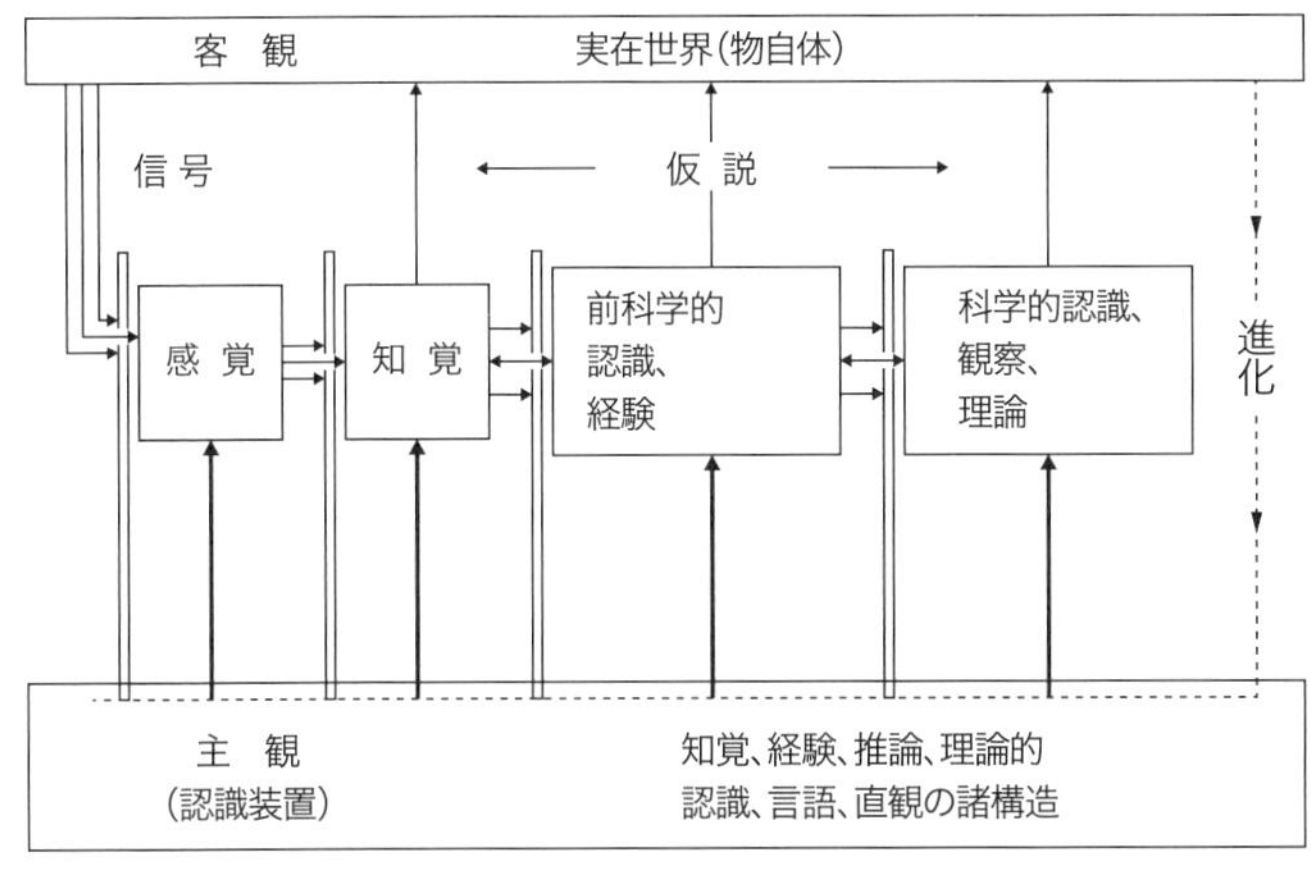

出典:『認識の進化論』(ゲアハルト・フォルマー　入江重吉訳　新思索社　1995)図9(P205)より

ボウ～ッと暫く、この図を見つめていた。難しい。つまり――「認識に対する実在世界の唯一の直接的(経験的)結合は感覚器官と感覚を通じてなされる」と同時に、「実在世界から主観を通じて認識に至る間接的結合」もあるらしい(これを〝主観的認識構造の進化的適応〟というらしい)。要するに「進化論的認識論によれば、われわれの経験がわれわれの知覚構造と経験構造の双方によって決定されるという点は正しい」とフォルマー(1995)は明言する。扨、信じちゃおうかな。しかし、実在世界がどう在るのか、によってこの推量は変化しそうでもあった。世界は主観中心の間接的結合による認識しかないかもしれない? ただわれわれの認識は経験に制限されない、ということだけははっきりしていそう? ウーム(と唸るのみ)。

いろいろ考えられそうであった。素人の私が結論を絞り込むのは無理なようでもあるか。皆さんは、すっきりわかるのだろうか。正直見つづけていても、Fig.16の意味するところは、自分にはまるでわかってこない。しかし核心に迫っている感覚は感じとっている。この部分、皆さんと一緒にこれから徐々に理解を進めていきたいとは考えているのだが(わかっていない図など、挙げるなって? どうもすみません)。

ヘンなの。こんなことが〈むすび〉に入ってくるの？　これが私の偏屈の証し、です。いやズブの素人の証し（この表現私の得意技？）かも？　えッ、逃げるなって？

遅まきながら「認識」とは、について『広辞苑』を開いてみると（遅すぎる、と声が掛かった）、「人間が物事を知る働きおよびその内容。知識とほぼ同じ意味。知識が主として知りえた成果を指すのに対して、認識は知る作用および成果の両方を指すことが多い」「物事を見定め、その意味を理解すること」とある。

〝世界の物事をどう知るか（知るだけでなく理解するレベルまで含まれそう）〟と受けとめてよさそうであった。認識に、知識も入っちゃうんだ？　これもビックリ。

はっきりしていることは、認識の形式がどうであれ、「概念」は認識・思考そして知覚にまで関わる大事な存在物（これも「概念」？）であるということ、かな。

また、偶々今週読んだ本の中に「認識とは生（経験）そのものの機能であって知性の機能ではない」（『分散する理性――現象学の視線』鷲田清一　勁草書房　1989）、そして「認識とはそれ自体紛うことなく認識というひとつの経験である」「認識もまた、経験の流れの外からする単なる観想ではなくて、実在への働きかけであり。行為であると言えよう」といった見方も同書に記されていて興味をそそられた。

〝エッ、認識も経験だって？　行為だって？　そんな……そうなるの？〟

〝生物学的知覚、じゃあないんだ……そんな……それでいいの？〟

鷲田（1989）の言葉は、いずれも私の心に滲み込んでくる。いろんな解釈、あるんだよ、なあ。単純な私は、すぐに信じようとする。そうくるか。

ここで彼が言う「経験」とはどうも、「自己以外のものに関わっていくひとつの行為にほかならない」（同前）のであり「世界とのある関係」（同前）であり、また「それ自身がひとつの解釈（Deutung）の作業」（同前）という見方につながっていくという見立てのようであった。みんな平気な顔をして（見たわけではないが）、難しく考える……。

〝経験というコトバが、曲者であるか〟

抉るような洞察を淡々と為すひとも、いるものである。結局納得しちゃっていた。そうきたか。ということは「概念」なるものは、実在世界と主観を深くつなぐこと（つなぐというよりは融合かも）、にも関わっている？　そう想像してみた瞬間、「概念」の解明なんぞ、ほったらかしたくなっていた。そう、自分ごときの主体にはどだい無理、と瞬間響いてきたのだ。議論のレベルが高すぎる。

しかし主観と実在を認識過程として何とかつながねばならぬと〝前進（しなければならないと思ってしまうこと）〟を前提に考えるのは、たぶん人間という生物だからなのだろう、とまた即呼応していた。人間らしくあることの証しのためにはこの部分は重要極まりないと思えた。これでよさそう、かな。

たぶんいまだ定義曖昧に感じられている「概念」なるものを「認識過程」という形式の渦中に放り込むことによって、その触媒効果に頼りながら「科学的認識」や「理論」などを高めつつ人間の思考するレベル全体を高めようということなのだろう。

自分の直観は、「概念」というものの「人間の抽象的認識能力の発達・進化」への重要性にフォーカスしていた。フォルマー（1995）も語っている――「人間が発展させたものは〈数学的思考〉ではなく、極めて大きな淘汰的利得をもたらした一般的な抽象能力並びに般化能力である」と。そういえば抽象能力・般化能力をもつAIって、まだ見ないよなあ（自分が知らないだけかもしれないが）。

こう考えうるとすれば、個の人間にとって「概念」というものは、肝臓や腎臓に劣らぬほどに重要な存在であるとは理解できそうだった。その一方で、「概念」のそんな触媒効果が多大であるほど、〝人為すぎる〟（人工、に近い？）結果を導く？　自然から離れる？　そんな危惧も広がっていた。ひゃ～あ、これ、とてつもなく取り組む価値のあるテーマのようであるか？　こんな自分の思考には、全体として、まさに〝五里霧中〟という言葉が似合っていた。明らかに混沌状態にインしちゃっている？

一方でなぜか、堪らなく面白さが沸き立つのだ！　〝もうたまんない〟〝興奮〟！

たぶん、「概念」（というものの発達過程）が人間個体の世界認識（主観のようなもの）と実在（まわりにある現実）をつないでつくるいくつもの流れの渦の中で、その人にとっての「価値」のようなものもまた創生されてくるのだろう、と漠然と想像した。人間の個性もまた、個々人の概念（自体とその用法）の違いに因っているのか？

これ、間違いないぞ。ということは、人間個の価値（観）なるものをも、「概念」が何らかの形で媒介する？　ひゃ～あ。これまた、たまんない。I'm coming!

そうはいっても、漠とした概念タイポロジーは、なんとなくありそうに思えた。

ほんとうに、自分は（そして人間は）、「概念」というものを、どのように創っているのだろう。興味津々である。解剖したくなるのである。裸にしたくなるのだ。

世界認識と環世界イリュージョン

しかし、だ。「概念」がつないでくれるという、ひとの「世界認識」って何だ？

人間は、生物はみなそれが可能で、それぞれがその中（自分が為した世界認識の中）で生きている、と普通に言われ、多くの人はそれを是認する。

ヤーコプ・フォン・ユクスキュル（独・生物学者／哲学者）や日高敏隆（動物行動学者）は、人間や動物はみな、次のように種固有の世界認識を為すと洞察する――

「それぞれの動物が、主体として、周りの事物に意味を与え、それによって自分たちの環世界（Umwelt）を構築しているのである。そして、彼らにとって存在するのは、彼らのこの環世界であり、彼らにとって意味のあるのはその世界なのである」

「したがって、客観的環境というものは、存在しないことになる」

（『動物と人間の世界認識――イリュージョンなしに世界は見えない』日高敏隆　ちくま学芸文庫　２００７）

本当に「客観的環境」など、存在しないのか？　そう言い切っちゃっていいの？

此処におけるキーワードは、明らかに「それぞれの動物たちの主体」なのだろう。動物も、人間も、自らの主体が構築した環世界の中で生きていくということはつまり「そのような知覚的な枠の下に構成される環世界、その中で生き、その環世界を見、それに対応しながら動くということであって、それがすなわち生きているということである」（同前）と叡智たちは捉えたようであった。そうか、そうなんだ。

日高（２００７）の鋭利なインサイトは、この段階ではまだ終わらない――

「人間以外の動物が作り上げている環世界は、遺伝的な知覚の仕組みがもとになってできた世界である。これもまた現実のものではないイリュージョンである。現実のものから抽出されたものが組み合わさってできたものであり、それが意味をもつようになっている。動物たちはその世界を現実のものと〝信じ〟、その中でちゃんと生き、子孫を残してきた」

「しかし人間は、現実に存在しているかどうかわからないものまでも、観念的につくりあげて、それを基にした世界も作っている」

「人間が他の動物と異なるのは、そのイリュージョンが論理の展開によって変化しうることである」（同前）

ぞくぞくする情動横溢のなかから、「イリュージョン」なる新語が浮かび出た。日高（２００７）が精魂込めて研ぎ澄ました新概念のようであった。「観念」のほうは選ばれなかった。意外である。カタカナ文字の新語の血肉に何を求めたのだろうか。

それは真にまぼろしか、それともまぼろしにみえる別の現実か。

ちょっぴりだが、都合のよい言葉を用意したものだ、と感じなくもなかった。

要するに、それぞれの動物たちの環世界というものは、「現実（事実?）」だけでなく、〝見たり触れたりして実感しえないもの〟まで含まれた諸材料の組み合わせから「知覚の枠組み」として作られている、と言いたいようであった。それは人間にも動物にも同じように存在し、人間の場合、その機能が〝「論理」展開まで可能〟というような、とても高度なものとなっているらしい。フーン。そうなんだ。

「知覚」は「思考」でもありまた「行動」でもある、などと語る人もいる。

私の中で、「知覚」というものが、わかりにくくなりつつあった。比較的わかりやすい生物学的世界から離れて、どんどん融通無碍な存在と化していく。こ奴は何だ。

ひょっとして「イリュージョン」が動物や人間の環世界を成り立たせている？　突拍子もない話のようだが、結構リアル感が滾って面白くはある。

「イリュージョン（illusion）」――日高（２００７）はこのカタカナ文字に幻覚、幻影、錯覚などの言葉を添えたが（私はこれらに〝想像〟という言葉も加えたい）、「それらすべてを含みうる可能性を持ち、さらに世界を認知し構築する手だて」であると日高（２００７）は説明する。難しい言い方だ。これで普通にわかれというのか。ただ、この言語「イリュージョン」の介在によって〝「そのイリュージョンが論理の展開によって変化しうる」点、それこそが動物にはない人間の特性なのだ〟ということが浮き彫りにされてくるようだった。どうも其処には〝抽象化〟という工程も潜んでいそうに感じられた。そう、きっとこの抽象化こそ人間固有のものなのだろう。それにしてもドエライ解釈、インサイトをするものだ、と素直に驚く。

この想像（空想？）展開が科学的とか的を射ているとか、そのレベルのことを議論しようという気持などは、さらさらない。興味津々の度合いがさらに湧き立ったのは、明らかに日高（２００７）の次の言葉のせいだった。

「人間は概念によってイリュージョンを持ち、そのイリュージョンによって世界を構築する。他の動物は各々がその知覚的な枠に基づくイリュージョンによって環世界をもっている」

「われわれが関心をもつのは、この人間の概念的イリュージョンによってつくられた世界である。こういう概念的世界、概念的イリュージョンというものがどうしてできあがってくるのかということがいちばん問題なのである」

（同前）

ギョッとするしかなかった。同時にみんな、苦心惨憺している？　深く考えると、こうなるのだろうか。どうも《幻想》が帰結になりがちのようなのだ。

閃きが走った――概念の血肉部分から、イリュージョンが湧き立つのか？　「概念」はイリュージョンの生みの親？　イリュージョンを活性化するエキス？　そしてなんと「概念的イリュージョン」とまで言う！　「概念」が「イリュージョン」を伐り出す、ということなのか。そしてその「イリュージョン」が「世界」（＝現実に成立している事実・ことがらの総体）を浮き立たせてくる……。ついに「概念」という言語がキーワード風に登場した！　そりゃあ驚くだろう。でもとても肌感覚ではわかりっこなさそうなのだ。見えないのだから触れられないのだから、当たり前だろう。

イリュージョンなしに世界は見えない、イリュージョンをつくるのは論理である、論理に深く関わりを有する人間の武器は言語であり概念だ！　とすれば、人間の世界認識は「概念」という触媒（？）によって明らかに大きく変わる、ということか……。「概念」に主観がインクルードされていれば、わかる話ではある。だんだん日高何某（なにがし）が、天才を超えているかに、思え始めていた。それぐらい凄い。

言語には無くて、概念だからこそもつ〝血肉〟の部分こそ触媒そのものなのかも？

これ、やっぱり「概念」の機能だろう？　「概念」という概念の逞しさ、空恐ろしさを、今更に感じる。それにしても、みんな、「概念」という言語の魅力に憑りつかれたかのように、いろいろ考えるのである。

あの吉本隆明（思想家）も、似たようなことを語っていた――

「眼のまえの茶碗（物質）を知覚しながらどの茶碗（物質）にも共通するひとつのものが想像的に変成されるとすれば、それが対象である茶碗（物質）の本質、つまり〈本質直観〉なのだ――メルロ＝ポンティはそういう説明をしていると思います」

「つまり茶碗（物質）にまつわる様々の概念的判断を、知覚の継続の範囲内でめぐらすことが可能なのだということなのです。そうしますと、たんに人間が感官で対象に働きかけ、受けいれ、了解するということだけではないのですね。茶碗（物質）をみながら、同時にかんがえて概念形成ができるしそれを判断できます」

（『世界認識の方法〈改版〉』吉本隆明　中公文庫　２０１２）

感官だと思っていた知覚の類が、そうじゃあない、と突然言われている……。

フーン、と聞き流すポーズを装いながら、懸命に理解しようとするのだが、徒労のようであった。汗だけ、無為に流れる。わかる感じなのだが、実感はないのだ。

概念形成過程の道際に、イリュージョンというクラウドがたなびくのか。それが人間にとっての現実、実在、そして宇宙の事実であるとすれば、実に迫真である。

ドエライ〝発見的示唆〟に出逢った想いであった。考えすぎかもしれぬ。わけのわからぬ概念（イリュージョンのこと）なのだが、このクラウドの凄さだけは本物のように感じられていた。

まさに「概念」の奥深さに圧倒されんとする呆然たる私がいた。

概念のタイポロジー

「概念タイポロジー」周りのことが、今更に、気になってきていた。

そう、①大体知りえている（知りえたつもりになっている）〝ものごと〟一般を説明する言葉の集合体——「理解（既得）概念」、②より大きな命題へ接近するための作業仮説となる論理的言語の集合体——「仮説（過程）概念」、③未知の〝ものごと〟を発見あるいは創り出すために想像を為した世界をまとめた——「想像（創造）概念」、④ただ単に或る〝ものごと〟を表示し呼称するためのとりあえずの言葉の集まり——「唯名（呼称）概念」、⑤確固たる概念へ向けての発達過程の初期段階に存在する——「概念卵子」……これらはみな、わが未熟なる脳ミソの自慰行為を通じてとりあえず思いついたタイポロジーである。たぶんまだまだあるのだろう。すぐに思いついたもののみを挙げてみたのだから、当然ながら他にももっとありそうであった。きっと人間の発達・成長とともにその範疇を広げてきたのだ、と推測した。

これらの概念タイプには、やはりいくつかの共通因子が横串しのごとくに貫かれているようで、その串の或る一本は、自分には、未知なるものへの好奇心、見えざるものを知ろうとする挑戦心と思えたのだった。つまり人間は、好奇心・挑戦心を礎として思考する、ということになるのだろうか。ということは、いつも人間は、前向き？

本当にこれらのような概念の諸タイプは、存在するのか。それらのどこまでが、どのような形で人間の思考に関わりをもつのか。そしてそのタイプによって、たぶん概念発達の手順は異なり、また概念化作業の中味も異なってくるのだ。諸々、実に興味津々なのである。ただ概念タイポロジーを見事にスッキリと整理し切った叡智は、私にはまだ見つけられていない（知っていたら、誰か教えて）。

少し前に、明日のマーケティングの姿が気になって、《２０４０年のマーケティング・イデア》を想像し、果してこの学が存在しえているかについて〝無い知恵〟を巡らせたことがある（『マーケティング・イデア２０４０〈ＪＩＲＯ's ＤＩＡＲＹ 過去現在巻〉技術方法論 解剖』＆『同〈ＪＩＲＯ's ＤＩＡＲＹ 未来巻〉理念将来像 妄想』共に香下堅次郎　文藝春秋　２０２０）。その際２０４０年のマーケティング思惟にとって是非にも必要と思われた周辺科学の新概念が、本書で取り上げた五つ――イノベーション、ＣＳＩ、ＳＤＧｓ（≒サスティナビリティ）、そしてＡＩ＆ＩｏＴ、ビッグデータ――であった。すべて、他領域で育った者たちばかりである。

〝マーケティング思惟にこれらの概念が巧みに組み込まれてこそ明日（２０４０年）の思惟たりうる。一つたりとも欠けては未来に通用する思惟にはなりえない〟

そんなこれらの概念たちにも、いくつかの共通性が見られるようであった。

それは――これらの五つの概念名のいずれかが、タイトルに含まれている書がやたら刊行されていること、またコンサルティングファームで大きく取り上げられている感のある（取り上げられやすい？）概念であること、そして一部に buzz-word と誹（そし）られ、当該ジャンルの専門家たちもそれを少なからず自認している節のありそうなこと、さらにはこれらの言葉を用いれば、なんとなく時代の先端を走っている感触を味わえ、カッコよさそうな感触に浸れそうなこと、などである。少しばかり、シニカル（cynical）な受けとめ方であるか。

このようなわれらの（大衆の、かな）共通認識に対して、これらの概念たちは迷惑がっているように映った。一部の概念たちはすでに哭きはじめてもいた――〝われら（概念たち）は、もっと本質的な存在であり、真摯な科学道を歩む者だ〟と。

イノベーションはある意味、マーケティングの最重要業務である商品開発の最高峰を象徴する現象概念と見做されるようでもあり（私は、それに該当する新たな呼び名がなくても、それで十分だと考えているのだが）、ＣＳＩは単なる顧客満足運動の領域を脱して、〝企業〟という営利集団に〝consumer-oriented〟つまり顧客の心を常に投影して活動するという経営アティチュードを定着させるための基盤的システム概念として今後永遠に必須となるのではと思わせた。またサスティナビリティなる思惟は、昨今四半期決算ばかりに目をやって〝近視野病〟に陥ることの多い企業家たちに、地球というわれらの環境の大半を担う存在物それぞれの寿命を基軸とした中長期視座の常設を可能としうる一つの見事な石垣（基盤の部品）を想起させた。〝企業〟という生の集合体を永遠に守護していく防壁の礎となる大石として今後も必須の思惟要素であると感じている。そして要は、意思決定&判断支援となるAI（+IoT）&その佳き餌であるビッグデータ（その進化系であるらしい〝マッシブデータフロー〟と表現されるものもたぶん含まれてくるのだろう）が担うであろうことは誰もが納得に至る見方と推察する。つまりこれらは皆、明日のマーケティングの「思考」にとって必需品なのだ。言い方を換えればこれらは皆おそらくは来たる2040年頃のマーケティング思惟構造の中核に鎮座しておかしくないはずの基盤概念たちなのである。

なかでも、「AI&IoT with ビッグデータ」は、われらの意思決定・判断の大半を担う可能性も高く、マーケターが必死に学ばねばならぬ知的道具であり智慧の源泉でありまた知識そのものなのだろう。マーケティング思惟の成長にはAI技術は必須ということだ。つまりわれらに必須の帰納・創発・演繹を為すためには「予測」という数理思考が必要で、一方精度高き「予測」はこの概念なしには考えられぬ。

しかしこ奴は生来多様相・多意味・多次元なる特性を包含し、加えて現在進行形にて技術進化を著しく継続中の現状に鑑みても、今あるままの姿にて自由勝手に濫用してはアチコチで混乱が生じることは目に見えている。困ったことになんとなくわかった気になりやすいリスク的要素も強く併せ持っているようで質がわるそうでもある。まさに融通無碍なるありようととれなくもない。重要であるだけにその取扱い方・用法を当該物の内容に沿ってきちんと示唆するような《意味の明確化基準》の設定だけは急ぎ進めねばなるまい、肝腎の「思考」行為を混乱させないために。

われらが昔からそしていまだに悩みつづけていることは、たとえば商品開発工程内においてどんな基準の下でどのようなデータ水準を満たせば次の工程に進んでよいのか、などといった岐路選択の判断のための科学的・数量的根拠を持てないままだということだ。すなわち「意思決定支援」と呼ばれる業務ポイントにおいてわれらは過去も今もずっと無力だ。「予測」などとはとても表現できぬいまだに粗々の推量（もっと厳しく言えば人為による勘？）にてその難所に対応せざるをえない現実の中にいる。その一次的解決策の一つとして「予測マシン＝ＡＩ＆ＩｏＴ with ビッグデータ」なる新概念に期待するのだ。この「判断支援」こそ、われらマーケティングマンが当面求めてやまないわれらが思惟の〈中核知〉であるとみている。そのほかの特性・様相、たとえば汎用ＡＩ（ＡＧＩ）などは、とりあえずその分野のスペシャリストの手捌きに任せて、しばらく放置しておけばよい。こんな乱暴な納め方で、大丈夫、だろうか。

とにもかくにも、己れの内部で生まれた言葉・言語はもちろんのこと、他所で生まれた言葉・言語らを自分の領域におけるオリジナルな知の土壌の栄養分によって育み鍛え直し、血肉を増やすかたちで「概念化」を進行させることこそ、「学」を進歩させ創発的業務を前へ進める要諦である、と言い切ってよいのではないだろうか。

問題は、こ奴らを、どうわれらの領土に同化させるか、である。これが難しい。でも、お前ら、本当に「概念」と呼んでよいのか。まさか、正味「バズワード」ではあるまいな。

理論と概念の関係……………………………………

未熟な学を「概念」によって強化しようと企図し、ず～っと考えつづけている。

強化された学には、充実した「理論」がある。理論とは theory。辞書で確認する。

☆個々の現象を法則的、統一的に説明できるように筋道を立てて組み立てられた知識の体系。また、実践に対応する純粋な論理的知識（『デジタル大辞泉』）。

☆科学において個々の事実や認識を統一的に説明し、予測することのできる普遍性をもつ体系的知識（『広辞苑』）。

理論って「知識」なんだ。知識？　そんなわけなかろう。ほかに言い方ないのか。それに、論理的？　横柄にも、瞬間、辞書というものに物足りなさを感じていた。

〝じゃあ、理論（セオリ）と仮説は、どこがどう違う？〟

仮説より理論のほうが充実度が高いのはすぐわかるが、何を充実したから仮説を理論と呼べるのかと問われたら、黙るしかない。仮説も概念がつくる。でも日常、平気でこれらの言葉をわかった顔をして使っている。いい加減なものだ。これ以上「理論」という言葉の意味を調べる気にならなくなった。まあいいか。世の中、こんなもんだ。カール・R・ポパー（ウィーンのユダヤ人家系出身の哲学者）が「理論対概念」という小見出しの下、興味深いコメントをしていた（『量子論と物理学の分裂』岩波書店　2003）。

「科学において探し求められているのは、真なる理論である——真なる言明、つまりわれわれが生きるこの世界のなんらかの構造的属性についての真なる表現である。（中略）科学において探し求められているのは、有用性よりも真理である。真理への接近、説明力、問題を解決する力、そして理解なのである」

「理論は〈概念体系〉とか〈概念枠組み〉などと表現されることもあるが、それはまったくの誤りである。確かに、理論を構築するにはことばが、あるいはお望みなら〈概念〉が必要である。しかし一番重要なのは、言明とことばを区別し、理論と概念を区別することである」

「理論は、たとえその〝根底にある〟概念枠組みがまったく異なっていたとしても、等価でありうる」

「ある理論の枠組みは、その理論を本質的に変えることなく、まったく異なる枠組で置き換えることができる。そして、逆もまたしかりである」

（『量子論と物理学の分裂』）

理論を「真なる言明」と言い切った。理論となれば「概念」とは格が違うようだ。はっきりとした物言いの御仁である。そして「概念は非常に示唆に富むので、理論のさらなる発展に影響を及ぼすことができる」と言いながら「概念体系ではなくて理論こそが、純粋な科学者にとって本当に重要なのである」と付け加える。秀逸極まりない。そう強調しながらも「概念が大して重要でなければ、定義も重要でないはずである」と添える。概念体系は理論づくりには必須ということである。概念はスタンドアロン形式ではなく「枠組み」として「体系」で準備しなければならない。其処は研究びとの「願望」など、甘き情感の類の入り込む余地はまるでない、戦う土俵なのだ。

とてもわかりやすい良きコーチングなり。ありがたい。が、むずかしい話だなあ。

余計なる「願望」の介入

先程も少し触れたが、私はそれぞれの概念たち個々の今に、感覚的ではあるが次のような印象をもつ。

・あってはならぬ甘き〝憧れ〟の概念化――イノベーション
・トラディショナルなれど、システム武装にまで至れない半端な概念――CSI
・一見地球を考えながら、いいカッコして交じり合えない概念長屋――SDGs
・ファッションに敏感な、カッコつけのサイエンティフィックな帽子概念――AI
・大柄であるゆえ新しそうに見えて、実は昔ながらの機械の餌――ビッグデータ

わざわざ皮相的に見たわけでは決してない。笑ってくれるな。本当にそんな感じだ。私には、概念たちが哭いている姿が見える。たとえばイノベーション概念に見る〝希望にも見ゆる憧憬感〟は、私の見立てでは〝依頼心〟〝甘さ〟などと同根の、〝困った負なる心理的障害物〟と抉って間違いなさそうであった。その正体は研究びとの挑戦精神を蝕む逃げ道であり、研究タスクにおける最大の問題児と判定する。この概念の求める革新的「成長」をやたら追い合う時代にあっては、生起しても詮無いとおぼゆる〝慟哭する概念の林立〟事態が連続する。先進科学技術たちが花爛漫に謳歌する現代には決して見たくない、ふさわしからざる光景だと思うのだが。

その景色は、少し強調して表現してみれば、本質ならざる人為的要素（それも情や情感といった人間ならではの茫漠たる感情の世界）の介入という、まさに〝情緒に根ざした人災（情災？）〟という名の雑草が蔓草やバッタのごとくに蔓延る無法の原野に映るのだった。その態度はひたすら甘く、カーム（calm）で非戦闘的に映った。

私はそれぞれの分野の専門家ではないだけに、その慟哭をまとめて止めんとすれば、あくまでマーケティング思惟の範囲においてでしか対応のしようがないのだ。ゆえに本書は、どこまでもマーケティングの世界内のルールに準じた、マーケターの考える概念洞察なのである。それ以外の何物でもない。それぞれに対するさらなる全体、総合なる洞察視座を求めんとすれば、各専門に委ねるほかかない。

〝このような概念の発達状況では、それを用いる学は困るはず……〟

〝だからこそ地球の知、そして日本の学もまた劣化の途を辿るのか〟

われらマーケティングマンは、まずはＡＩを予測マシンとして判断支援に用い、ビッグデータは昔ながらの機械の餌として扱い、判断の科学的精度を高めんとする。

次にすべての戦略の一つの礎として地球と共生して生きる者にとっての長期視座であるサスティナビリティ概念をば、元来有するはずの生態系サービスへの配慮やＴＣＦＤ（気候関連財務情報開示タスクフォース）の行動思想を超えて、２０２３年９月最終提案が発表されたＴＮＦＤ（自然関連財務情報開示タスクフォース）に盛り込まれた自然環境・生物多様性等々の《諸々の質的》特性を多様に取り込み、本格長期戦略基盤を担う幅広の基本概念として脱皮させていく。同様に市場による戦略評価システムとしてＣＳＩを常用しながら、自然に consumer-oriented な態度――すなわちどこまでも物質なる存在を、徹底して心の開発に利活用せんと試みる立場の尊重態度を培うのだ。要するに、マーケティングが、彼らから、今日そして明日、自身のために必要とする〝血肉〟のみを選りすぐっていただいてしまおうというのである。ひたすら、われらの学の進化のためである。許せ。

そしてあらためて問う――あなたは「イノベーション」なる実在が粛然とした姿にて、宇宙空間に存在すると考えるや否や。自分には疑義・不自然の感覚のほうが強く響く。こ奴、一部の研究びとにとってのリカちゃん人形なのだ。ゆえにイノベーション概念は、斯界には当面不要とみたい。一旦忘却したいのだ。私は今、この言葉を今在るように使うべく思い立った研究びとの顔を見たい。どこまで研究びととして本気であったのかと。本気な方もそりゃあ一部ほどには、いるでしょ。そろそろ正直に話せ。また逆に、この概念をここまで流行らせ泡沫(うたかた)の幻影を現代に蔓延らせたその責任を、主たる関係者や関連する叡智たちに問い詰めたい気持のほうがはるかに強いのである。そしてその幻影を商品化することを通じて稼ぐ諸々のメディア族たちにも、同様の想いを感じざるをえない。現状では単に「革新」の意で使われることの多い、便利なだけの擬似概念、なくても研究は進みうるはず。

Ｐ・Ｆ・ドラッカーも、イノベーションとマーケティングを二本柱的に両立させて思考した。これならわかる。ということはマーケティングの中にイノベーションがあっても、またその逆であっても不自然ということなのだろう。依ってマーケティングの中には当面イノベーションは不要という立場をとってもそう不自然ではあるまい。それほどに私の本概念に纏わりつく〝(心の)過飾性〟(誰の心にか、だって? 開発者や研究びとのそれに決まってるでしょ)なる負の認識を、断固執り断つべしと今は判断する。〝事業・商品開発の最高峰〟——この言葉で足りると思わないか。

私は、イノベーションといった社会現象の顕現には、組織のありようのみならず、それ以前にその組織を構成する構成員および彼らが対象とせんとするターゲット(顧客)個々の心のありよう(つまりは欲望のありようか)に関する大きな仮説——たとえば人間の欲望に関わるような——が必要になるはずとも見徹す。人びとの情動や精神つまり心は、物質や環境・自然などの部品となる実在たちの助けがあってこそ初めて弾けうる、すなわち心の爆発という開発は実在が創るはずなのである。ところがである。見直してみればイノベーション概念はもともと実在とはいえそうにない? 何っ、〝技術〟という実在があるじゃないか、だって? 何言ってるんだ、技術だけじゃあイノベーションが創れないのは百も承知だろ? じゃあ仮想なる何か? それもすっきりしない。人間の心を虐げかねない甘く妖しき〝ないものねだり〟の「願望」に近そうであるかな。そう、この新概念は見ようによっては〝弱き人間の願望の塊〟かもしれないのだ。「期待」と「願望」は決定的に異なる。「期待」の基盤には強い意志がある。「願望」の基盤にはどうも弱い擬似意志(甘さ?)が棲みついていると感じちゃうのだ。「期待」は許せても、「願望」は許せない。まずはこの私見を強く前面に打ち出したいと思う。世のイノベーション研究家たちは、このような私の見解をどう受けとめ、どう答えてくれるのであろうか。

あのルートウィヒ・ウィトゲンシュタインが『青色本』(ちくま学芸文庫 2010)の中で悩み抜いた(と思える)「望む」という ひとの行為には、「願う」に近い「望む」、「期待する」に近い「望む」、「欲する」に近い「望む」など、多様な望み方があるという。己れのただたどしい勝手な解釈では、「期待する」は個人の過去経験(つまり過去において為された具体的な行為)を礎として発せられる未来へ向けての心の動きと思え、また「欲する」は人間の生物学的基盤である本能といわれるものの類を発する源としている感が強い。依って、この二つはひとの心の動きの中では「事実」あるいは「実在」として認識されうる確率が高そうに思えてならないのだ。

その一方「願う」は、個人の過去経験に基づくことも多いのだろうが、どこか脳の局所という狭い部位の中で生まれ、「事実」というよりは「偶々の思いつき」や「微小な情動」程度によっても発動されうる、生物として一段下のいわゆる《感情》の一部の表象としての「望む」という表層行為のような気がしてならない（この部分の私の推量、まったく自信などないのではあるが、しかし強調したいと思う）。

つまるところ、〝〈期待する／欲する〉に基づいた「望む行為」〟と比べた〝〈願う（願望）〉に基づく「望む行為」〟にみられるであろう〝血肉〟（人間固有の武器である言語なるものをさらに一層太々と発達させるための素となるもの）生産の効率は、大幅に低いと私は予想する。つまり、〈願望〉に基づく「望む行為」の血肉は、きっと痩せてかぼそい。

「願望」の介入つまり知（思考）への人為による過飾は、「研究」という言葉に似合わない。自然で素直なる概念構築の下、われらは科学的研究の正道を歩むべし、と考える。概念はどこまでも学の一成分組成なのだ。概念とは「思考」の単位なのだ。概念なる要素は無垢純朴かつ人間の生に対して本質的であるはずだし、ゆえに人為・仮像100パーセントから成る類とは一線を画したいと願う。少なくとも〝情〟（感情の特定一部を指す）などは傍に介在させたくはない。私は潔癖すぎるのであろうか。

なぜ現状にみられるごとく、これほどに定義らしきものの多様なる（つまりは、はっきりしない？）、また「願望」なる人為の影響を受けやすそうといったリスクある言葉（正体不明の言葉〝イノベーション〟のことである）を、学において安易に使用し、また学の中心へ鎮座させようとするのか。堂々とそこそこの国家予算まで付すのか。またこのような元来定義づけ自体為し難そうな、意味低収斂なる言葉をあえて一つの単位として使おうとして悩むのか……。考えれば考えるほど、不可思議に思える成り行きだろう。普通に「革新」とか「技術革新」、「社会革新」などと言えばよい。なのにわざわざ実体のはっきりしない「イノベーション」という言葉を用いるのか。其処には〝弱さ〟が見える。原点のヨーゼフ・シュンペーターにみる概念には、そんなものまるで無かった。今夥しく広まるこの言葉には〝甘さ〟も傍らに佇む。新しもの好きが蔓延る。このような大地では悩む専門家が増え、そんな専門家といわれる人ほどこの種の傾向が著しく見えて、哀しい。

しつこく口に出せば、其処には、またも哀しいかな、この言葉の使用機会に遭遇する可能性の高い人々の、この言葉の内に存在しているかに想像（幻想？）される〝或る特殊な煌めき〟（正確に言えば〝希望に似た夢想・幻想〟

ゆえ、希望を遥かに凌駕して煌めくのだ）への依存心・依頼心・憬い憧れ（それは事実から離反しているもの）をはからずも察知してしまうようである。場合によってはこの言葉を命綱にし、〝イノベーションさえ為せれば〟と楽観的に自身を鼓舞する御仁も現れる。ノー天気すぎて呆れる。そんな推量しうるいろいろを感じとり、私はひたすら戸惑う。

そう、明らかにこの言葉には、商品開発や事業開発には含まれていない〝夢想にも見える淡き希望（に似た幻影）の星〟を感じてしまわないか。その〝幻影であることを隠蔽した希望（らしきもの）の星〟は、シュンペーターの「新結合」概念という本格的原点の世界からこの言葉をどんどん引き離していくように思えるのだった。きっとシュンペーターも想定外のことであろう、と推察したい。

同時に私は、研究者および研究者の意見を受容する一般人（つまり大衆）にも伝播・伝染していくであろうこの種の「願望」が、「イノベーション」なる言葉の中へ多頻に逆流して大量移植されていく事態を想像していた。うつろな要素の多々目につく現代にあっても、専門家といわれる人々の声はその質を無視して偉大（たぶん）なのだ。これぞ、社会の〝末世〟化への加担といえるか。そんな「願望」というイマージュのごとき哀なる想いは、きっと研究者から「実在」を尊ぶ態度を失墜させていくに違いないという不安の芽生えと、その大幅増幅に連綿とつながっていく確信があった。

同時にこれらの相互流入現象は、人々つまり人類が憬い憧れの中で憬く生きることを容認し合う、弱き生物世界の拡張につながっていく危惧を認識せざるをえないのである。この成り行き、私の性には合わない。些細なようで実は大問題、と捉えたい。そう、この現象、明らかに研究の世界に蔓延る「現代病」である。

今一度確認しておこう。「願望」は「研究」を痩せさせる。そう、思わないか。

実在を追求する概念への回帰

イノベーションに関しては、少し乱暴な結論となった。よくわかっている。

ただその根拠には、もっと鮮明に触れていかねばなるまい。そのための格好の参考事例がある。少し前に突然流行った専門語「レジリエンス」がそれに該当する。

全米心理学会では「逆境や困難、強いストレスに直面したときに、適応する精神力と心理的プロセス」と定義づけられている言葉のようで（『リーダーのための「レジリエンス」入門』久世浩司　PHPビジネス新書　2015）、「復元力」「回復力」「元の形に弾性をもって戻る力」「竹のようなしなやかさ」といったアビリティを表現しているらしい。

率直に私見を述べてみる。これ、笑っちゃうぐらいにあまりに好都合にできすぎている概念、と思わないか。心理学においては、いまだに〝パーソナリティ〟なる概念に決着をつけられていないにもかかわらず、である。冗談じゃあない！

2013年「世界経済フォーラム」（通称ダボス会議）で取り上げられて以来、マスコミ等が飛びつき、一瞬にしてインターナショナルな流行り言葉となった。己れの常識に照らせば、飛びつく記者たちの知的センスを疑いたくなる。

私は拙著（『マーケティング・イデア2040〈JIRO's DIARY 未来巻〉』文藝春秋　2020）内でこの新概念（レジリエンス）を、「まだ概念構造そのものが安定するほどには議論で揉みぬかれていない段階にあるにもかかわらず、年を経た既有概念であるかのように、概念の必要性つまり概念としての市民権だけははやばやと得てしまったような、珍しいタイプ」と決めつけた。己れの「レジリエンス」への抵抗感——それは、〝物事や人の心の本質は逞しさの方向では決してなく、フラジリティ（脆弱性）のベクトルにこそ存在する〟という、幼少の頃からの生の振動のような実感に根づいていた。もう十分コンサルファームを儲けさせたのだろうから、そろそろ消えてもらってもいいかな、と感じている。

「願望」インクルード概念の代表的一つと思えるこの「レジリエンス」よりは中味が多様にかつ深く議論されているようではあるのだが、「イノベーション」の概念特性はそんな「レジリエンス」の tone & manner に、同じ属のごとくに類似して感じられてしまうのだ。人間という種に固有の〝好都合さ〟を感じて仕方ないのである。

「レジリエンス」が有するその意味構造の多様さそして覗いうる組成構造の複合性はどうも半端ではなさそうであった。単純というよりは圧倒的に多面的・複合的であり、一つの概念というよりも複数の概念の合体物、つまり嗜好に偏した好み満載の人工色横溢といった感触が押し寄せる。その複合の隙間に人為に基づく弱き願望が膨満するのを許容できそうもないのだ。科学的論拠が明確でなく乏しすぎる段階で、〝まだ早かろう、そのように一つの概念に纏めてしまうのは〟と感じてしまうのだ。

〝こんな性格を保有する人間なんて、いるわけがない〟

そんな複雑極まりない存在物をなんとあっさりと〝ある（存在する）〟と仮定し一つの概念名で語ろうとする？慌ただしく端的にシンプルに短絡に。どうして？

瞬間、私の頭は真っ白に染まる。実に軽い。その使用態度には科学的追求を途中で投げ出し、あるということにとりあえずしてしまった安易さ、そうすることの便利さ希求、シビアに言えば身勝手さを感じてしまう。其処には〝（自分が主張したいことをしゃべるのに好都合で）あればいいな〟という、研究に対峙した者たち個々の願望が透けて見えるようだ。このような言葉たち、21世紀に入ってやたら人気があるようだ。ひと昔の思想界であれば〝何を寝ぼけている！〟と一喝、一笑に付されたはず。違うか。そんな軽い空間には〝複合合成語〟なる、何かよくわからぬがなんとなくよさそうな存在の言語たちが、外来種の虫や魚のごとくに群がり蔓延る。

昔、探究のために言語は思考の形を採ってアトムへと向かった。探究は解明と理解への道程であり、どこまでも生と宇宙の実在を究めようとする人間なる存在者の、潜在能力強化の兆しとなって他の生物を慄かせてきた。物理の世界もその典型か。

そのような思考という行為がわれらの進化を担保しているはずなのだ。それがである。今やまるで宗教の類を求めるかのように、より強大な複合合成語を駆使して早々とした安住を求めようとする。その行為は実体宇宙における実在の解明よりも、なんとなく気分だけでもいち早く神に近づきたいとする人類の、実在世界を無視した明らかな弱化の兆しではないのか。この兆候だけはスルーしえない。許せぬ。

人間は、生物として、こんなに弱ったのか。私は、そうなりたくはない。

21世紀の人間は、20世紀の人間に比して、先進科学技術のお蔭（?・）で考えないで済むような気分のなかに埋没しつつある。埋没しそのうち息もしづらくなる。

古典的物理学が周辺科学の考える力を奪った？　言い訳は聞きたくない。このような空間には「研究」なる語が本来有する〝研ぐ〟という強き怜悧さはまるでない。ということは文化も、きっと衰退の流れの中にあるということか。まちがいない。

こんな、たぶん弱化が生む「願望」という曲者の侵入が「イノベーション」にも強くみられている（ような気がする）。ビッグ&スーパーソーシャル&アート的で審美なる希少物を内包する開発行為・現象を、わざわざ「イノベーション」と呼ぶのであれば、其処には〝そんなあってほしいサムシングを内包しているはずのもの〟という、あるかどうか作れるかどうかわからない、稀なる異形なるものを〝ある〟としたい「願望」を私は見る。それは自分には研究する人びとの我欲の表象に映った。

人間には、たぶん未知なる驚異のアビリティはまだまだ内在するのだろう。まだいくらでもある、未解決な潜在する存在物は。しかしイノベーションなる新概念の卵の中にあるのは〝アート的なもの〟であって、〝アート〟そのものではない。それを既存の〝アート〟という言葉では呼びたくはない。研究における誤魔化しは、基本〝なし〟のはず。〝アート的〟にとどまらず、本質解明へ向かおうではないか。

「願望」の中身をそっくりそのまま、何の検証もなしに「実在」の一つと見なそうとすることは、研究の道に沿うのか。百歩譲って、一つの仮説の組上げと捉えて、大丈夫なことか。そのレベルの作業仮説、もっと吟味して組み上げていこうよ。

このような、簡単には本質的とはとても見なせそうもない「願望」が、なぜゆえ組み込まれたがって容易に研究の中に顕現してくるのかといえば、明らかにそれは、研究という形式の中でその概念の類と厳しく対峙する者たちの「願望」と呼ばれるものの正体が、〝核たるもの（たぶん真実？）の追求へ向かうしぶとさ・しつこさ〟の延長の先にあるというよりは、〝追求する気迫の低減〟の兆し、と見えてしまうのだ。

まずは「願望」なる形式で提示された複数の要素的仮想実在をこそ、取り上げてしかるべきコンテンツをもつのかどうかについて、濫用する前に、必死に個々ダイレクトに確認・吟味し、その後それらの統合・修正に努めていくべきではないのか。〝あってほしいと願望し、ある仮想概念を介して結論を急ぐ〟――そんな慌ただしいアプローチを採るよりも、在るかどうかをまずは個々にとことん突き詰める、そのような強靱でしぶとき探求心の存在を私は現実のものとしたい（つまり、研究する者の態度の中に見たい）のだ。指摘したような非検証レベル（浮かんだままの、思いつきのレベル）の「願望」によって支えられた概念を介在して生まれくる作業仮説は、おそらくは甘くまた緻密さに欠けるはずである。運よくまずまずの成果が得られたとしても、社会への貢献とその波及効果は微小にとどまるのだろう。

こんな風潮が束となれば、真実へ向かう道を閉ざしてしまいかねないリスクも孕む、と警鐘を鳴らしたい。その近未来には学術の衰退が待っている、と予測する。

「イノベーション」なる言葉の社会への蔓延りと知の衰兆は比例していそうに思う。

完新世の初めから、人間の思考はそんな程度のものであったのか。違うはずだろう。

今こそ宇宙の実在を追求する本来の概念の姿へと回帰しなければならない。研究びとの基本的心得として、「願望」といったものは認識したとしても「感情」レベルにとどめ、お互いしぶとく抑制・我慢したいものである。それぞ人間知の原点である。

ということになれば「実在」「現実」とは何か、をいよいよはっきりさせなければならなくなる。依って〝考えることはいよいよ面白き行為である〟ことになるのだ。

「素粒子を扱うミクロの世界に入っていくと、物がモノとして存在しなくなる。その世界にどっぷり浸(つか)ると、生成と消滅を繰り返しながら流れる現象の、ほんの一断面を切り取ったのが目に映る世界であるという認識を持ち、永遠の実在などという概念は遠い夢の彼方へと弾き飛ばされてしまう」

〈『知的思考力の本質』〈鈴木光司、竹内薫　ソフトバンク新書　２００９〉内における鈴木光司『エッジ』（上）〈角川書店　２０１２〉からの引用〉

この引用、小説家鈴木光司のベストセラー書からのものなのだ。ビックリ！　まるで物理学小説である（自分はまだ『エッジ』は読んでいない）。その大胆さに感服！

そう、すでに物理的物体は実在しないようなのだ、この10年そこそこ(?)の量子物理学の成果を通じては。竹内

(2009)は「〝空間と時間は、形式なのだ〟、現代風にいえば〝空間と時間は、人間の脳がつくり出している一種の幻想なのだ〟」とイマニュエル・カントの言葉を引用する。同書内の鈴木(2009)の言葉にも「カール・R・ポパー(英・科学哲学者)が〝物理学、数学といえども、とりあえず今のところ反証に耐えているだけだ、絶対的に確実なものじゃない〟と主張した。要するに九九・九%は仮説だと言ったわけです。その主張は正しいと思う」とある。なんのことはない、「シミュレーション仮説」(「概念」総論〈上〉で触れた)的世界がすぐ目の前にあるとでも言っているのか。

物心二元や単純にモノからコトへ、ではもう済まないのかもしれない、と感じていた。モノづくりなるものは、物から離れるだけでなく、情報生成装置的存在の「心」の情報科学的解剖がまずは必要になる、と迫られている気になってきていた。マーケティングもそして心理学も、心さらには欲望などの解明視座の根本的見直しが必要なようであった。幸いにも(?)量子物理学も「意識」が鍵となると主張する。このタイミングでこの企図に貢献しうる「新概念の創発」こそ時代的急務なのだろう。

自分も当該する一員に含まれていることなので、あまり大きな声じゃあ言えないことだが、このところの思惟・思考と思えるものは、どうしてこんなに、軽く薄く浅くそして too simple になってしまったのだろう。20世紀の(脳の)活況からは信じがたい話である。その代表選手がマーケティング? もうそれ以上言わさないで。

あまりに好都合で単純な概念(たとえばCX……とか)を人工的につくることや〝過去〟の叡智の言葉(たとえばP・F・ドラッカーなど)に片想い的に頼ることなどで、手短に研究ゴールに達しようとする態度を私は忌避したいだけである。それじゃあ恥ずかしすぎるだろう。もっと恥じ入れ! 人工的・人為的になるのは仕方ないが、せめてそのモデルは、昨今の周辺科学にみる複数の最新セオリに沿う程度には新鮮かつ精緻に組み上げたいのである。いかがであろうか。些細な話過ぎるか。

諸学の最新セオリに沿い切ることで、マーケティングを大人の学にしたいのだ。これぞ、近道! これらの諸々の苦渋なる想いの数々、神経質に陥りがちな昨今の私の、危惧の心情程度にとどまることであればいいのだが。

こんな記述を進めていて、私はどういうわけか〝情けない〟気持で一杯になる。

マーケティング思惟への量子物理学視座の注入

半世紀近くもモノづくりばかりやってきた一人のマーケターが、まさにやっとの想いで「実在」というものに辿り着こうとし始めたようであった。〝実在とは何ぞや→物理学思惟へ→さらに量子力学思惟へ〟という自然な流れに、己れの能力を顧みず身を委ねたくなった最近なのだ。心から〝身の程知らず〟だと思う。それは、人の世を覆う〝外の物の理に真理の根拠を求める心情〟（『佐藤文隆先生の量子論——干渉実験・量子もつれ・解釈問題』佐藤文隆　講談社ブルーバックス　2017）に打ち克たねばならないという、無意識に近い意志の発露であった。

「この世界は、物質が不安定な状態でつねに揺らいでいる」「空間とは、不動の〝入れもの〟ではなく、何かしら動的なもの」「それが縮んだり、曲がったりしている」「（それは）細かな粒子状の構造になっている」「あらゆる場が、例外なく量子でできている」「量子的な事象の関係性こそが世界」「存在するのは、空間の量子と物質の間の絶え間ない相互作用による基本的な反応だけ」

（『世の中ががらりと変わって見える物理の本』カルロ・ロヴェッリ　河出書房新社　2015）

私たちが立つこの世界つまり宇宙は、かくかくしかじかこのようである、と量子物理学は静かに語りかけてくるようだった。物理的空間も物質も量子でできているから〝ないも同然〟らしい。さらに怖ろしいことに、「私たちがつくりあげる宇宙のイメージは、私たちの内部、つまり私たちの思考という場で息づいている」そして「私たち自身もその自然の構成要素であると同時に、自然そのものでもあります」（同前）とまで物理学の専門家に言われちゃってるのだ。われらマーケティングマンは、そんなことおくびにも出すこともなく、平気で普通に物質（いろいろな新製品）を開発してきた（つもりだった）。果して、こんなことで大丈夫だったのか。モノとはこんな程度のものなのか……。どこか大事なところが、間違っていたのではないか。不安を抱え込んだクラウドが胸一杯に広がる。

ロヴェッリ（２０１５）は最終的に次のように纏める——

「自然こそが私たちの家であり、私たちにとっては自然のなかにいることが家にいることを意味します。私たちが探索を続けている、空間は膨張し、時間は存在せず、物体は本当はそこにないのかもしれない、そんな奇妙で、多様で、驚異的なこの世界」

（同前）

何だって？　物体はない？　今更どういうことか。人間をこんなに長く生きてきて。

この話し手は理論物理学の最先端を行く「ループ量子重力理論」の専門家、まるで無視するわけにもいかないだろう。今頃そんなこと急に言われても、などとぼやいて文句の一つも言いたくなるのだが、それより〝今までしてきたこと（種々の開発行為）は大丈夫？　これまでのようにしてきたことで、果してよかったのだろうか〟ということのほうが気になりだしていた。こりゃあ、物心二元論の否定程度では済まない感じ、でありそうか。ホント、エライコッチャなのである。またロヴェッリ（２０１５）の声が聞こえた——

「電子は、誰かが見ているときにだけ存在する」「何か別のものと相互に作用し合うときにだけ存在する」「何か別のものとぶつかるときにだけ、ある場所に、計算可能な確率で、物質としてあらわれる」

（同前）

〝電子は〟で始まるということは〝量子は〟ということでもあるか？　この辺りは量子論の方程式を最初に導き出したドイツの若き天才ヴェルナー・ハイゼンベルクの思惟であるらしい。〝何か別のものと……〟とは、ひとつの軌道から別の軌道へ移ることつまり「量子跳躍」のことであり、それは「電子にとって唯一の現実に存在する方法」なのだという（同前）。要するに、物体は量子跳躍が〝ある確率で生起した際にのみ〟存在する、と言っているる？　そんな考え方、まるでわけわかんない。でもスゴイ学者がそう言うのなら、そう信じなければいけないのかな？　仮にそう信じた場合、マーケティングの商品開発はどうなるの？　どう変わってくるの？　教えて。デジタル&ICTによる大変革以上の革命が迫り来ているというのか。その大変革の思惟が「量子力学的世界観」でありその変革像が「量子力学的世界像」と呼ばれているのか……（黙）。

さらにである。この大変革はどうも、マーケティングにも大きく関わってきそうなのだ。なぜか。その答えを松原隆彦（当時名古屋大学大学院理学研究科准教授）が教えてくれそうに思えて狂喜乱舞状態を思い描き、胸も張り裂けんばかりになるのだった。

「測定（観測と同意とみてよいのか）結果を判断しているのは人間の意識である」

「数学者のジョン・フォン・ノイマンや物理学者のユージン・ウィグナーは（中略）人間の意識が量子力学の波束を収縮させるのだ、と考えた」

「最終的には人間の意識、あるいは自我のようなものが測定値を判断するまで、波束が収縮して[注4]ひとつの測定値を得ることはないという。それまでは、測定装置の表示結果も、人間の目に入る情報も、すべては確率的なものであって、複数の結果が共存して重ね合わさった状態にある」

「（結局のところ）目の前に確固として存在しているように見える世界全体が、実は確率的な複数の世界の重ね合わせ状態だということになる」

（『目に見える世界は幻想か？――物理学の思考法』松原隆彦　光文社新書　2017）

注4　波束の収縮とは：測定する前には位置についての確率が空間的に広がっていたのに、測定した瞬間、ある場所だけ確率が1で、そのほかの場所は確率ゼロになる状態（同前）。

まだ一つの可能性の段階ではあるのだが、量子物理学の有力なセオリとして、「波束の収縮は観察者の意識がその引き金となる」という見方もあるようなのだ。この視座は「ノイマン・ウィグナー理論」と呼ばれ、まだ否定されてはいない（らしい）。

またアインシュタインが拘った「因果性」についても、「確率の波が動き回っているときには因果性があるのだが、粒子を人間が観察するときには因果性が破れてしまっている」（同前）ともいわれているらしい。どういうことかと推定すれば、「観測をすることによって複数あった可能性がひとつの結果に決まるとき、その結果になって、他の結果にならないという理由が見つからないから」（同前）だというのだ。だから「因果性」は破れた？　知るか！「なぜ」「因果」に基づいて思惟を働かせたいマーケティングにとって、果してこの事態は大丈夫なのか。知るか！構うか！　ちっとも構わない。因果性は人間が大きく絡む諸命題に関してのみ重要なのだ、物理の世界になくったって、一向に構わない（と叫びかけていた）。

しかしこの因果性の破れについても、米・物理学者デビッド・ボームが先導波理論（1927年、ルイ・ド・ブロイが考案したド・ブロイ波つまり物質波仮説）を拡張する（1952年）ことで「因果性も保たれ」「波も粒子も観測者とは関係なく実在する」とした（らしい）。この結論はまだ未来にあり、今や激論の真っ最中、過程だという。ボームは「実在論を救いながらも、量子力学と同じ結論を導くことも可能だ、ということを示したかったのだ」（同前）と言われているようで、この辺りの議論全体については、いまだ実に興味津々な情況の継続中、と思われた。何と剣闘士的世界であるか。奥が深いというよりは、屁理屈(?)の突っ張り合いに見えなくもない。

現時点では〝ミクロの世界では、いわゆる〈客観的実在〉の概念は成立しない〟と見るべきようであった。辛いがそう考えるべきなのか？　松原（2017）もまた「人間の見た目通りの世界は、本当の世界なのではなく、そうではない何か別の世界のようなものから現れ出てきたようなのだ」とも述懐し、彼は「人間の存在が、その物理的世界の中でどのような位置を占めているのかというのも、大きな謎だ」（同前）と今も語る。そう、人間はうつせみ（現人？　それとも空蟬？）であるか？　肝腎なことは、いまだ何もわかっていないということのようであった。開発した可愛い商品たちの実在を、われらはどう捉えればよいのか……もう病気になりそうである。

われらはマーケティングが専門である。「この世界がどういうものなのか、どういう原理原則で動いているのか、その本質は何なのか」を明らかにする上では無力だ。ただひたすら、スゴイ脳をもち先験的に鋭利に思惟する物理学者たちの成果を待つしかない。しかし、である。「意識」というものは、脳を中心とする身体、感覚・知覚・認識・感情・欲望・思考そして情動・心・精神、といったとらえどころのない概念たちが束となって統合するその先に生まれくる〝人間固有の情報発信ビーム〟であり、また現象・行動でもありそうな、そんな全体としてとらえどころのない存在のようなのだ。そのような「意識」なるビームが、本当に「人間の意識が量子論的状態を収束させる」(ノイマン・ウィグナー理論)といった働きをするのだろうか、そしてまた「外的宇宙の存在そのもの、あるいは少なくともそのおかれている特定の状態は、意識的な心がそれを観測しているという事実によって、強く決定されている」(『〈科学ライブラリー〉量子論――幻想か実在か』A・I・M・レイ　岩波書店　1987)といった風に機能しているのだろうか。意識そしてひょっとして人間の自我といったわれらに身近な概念がこんなに宇宙物理の世界で中心的役割を果しているなんて、驚愕ものであり、またわれらにとって好都合のような気もして嬉しくなる。

われらがマーケティングにあっては、開発にいそしんできた物体(モノ)をつくることを超えて、今や心・情動の開発へと己れのタスクを深めんとしている。このこと、私の一途なる仮説なのだ。仮に〝意識が実在を生む〟のだとすれば、意識の学は欲望の学と同様、マーケティングのテリトリーにきっと入ってくるのだろう。波束収縮なる現象をダイレクトに究めることは到底無理だとしても、その結論が出た瞬間に、その論にきちんと沿う形で、マーケティング思惟を柔軟に改善・変容させていくために必要な諸準備と心積もりの作業等は、今やわれらにとって必須のタスクと見たい。

物理学における力の統一理論化への足取りは、アイザック・ニュートン(万有引力の法則)に始まり、電磁気統一理論を経てアルベルト・アインシュタインの特殊相対性理論・一般相対性理論へと進化し、量子論の登場をもって「相対論的量子力学」「量子電磁力学」「電弱統一理論」「量子色力学」、果ては「超大統一理論」へとその進化の波紋を猛烈に広げつつあるように見受けられる。これらは、量子論の登場後、たった百年強(!)の間に生起しているる実際のできごとなのだ。遠くない近未来に早々と、ひとつの終着駅に着く可能性も高いのでは、と推察する。[注5]

注5　この部分、『宇宙に外側はあるか』(松原隆彦　光文社新書　2012)を参考にした。この書も平易に感じられて実に味わい深い。

それにしても量子論も、相対性理論と同じく「われわれの日常の概念枠組を変えることを要求する」(『量子論』)ことは間違いないようで、またそれ自身「概念上の大問題を抱えており(中略)概念的問題は新たな概念的問題を呼び、自然の限りなき深みにわれわれを誘う」(同前)ようなのである。

まるで人文科学に在る悩みを見るようであった。われらは心の開発を目指す上でもこの過程に落ちこぼれてくる量子物理学の諸々の成果物を抜け目なく拾い、わが常識の大幅なリニューアルと既存思惟修復部品の入手を図りつづけなければならないのだろう。すべてはマーケティング思惟のため。きっとこの道こそ学融合の要ありなのだ。言えそうなことは、現在までのようなモノや意識の理解程度で、モノづくりをやっている気になっちゃいけない、ということ。せめて量子物理学的世界観の下で新しい思惟を発想してみようよということか。でも具体的イメージはまるで見えない。されど心の開発となればなおさらだよな。どうせやるなら、そこまでやらなきゃな。

量子物理学視座の注入などとむずかしそうに表現してみたって、たかだか〝人間の生活というものを、泡沫(うたかた)のごとき生成の流れとして見ようよ。それが〝世界を、われらの生きる生活を、あるがままにみるということになるんだよ〟と主張しているにすぎないようであった。〝生活を生成の流れとして見、記述する〟とはどういうことになるのだろうか。「観測や測定という行為と全く無関係に、発見されるべき内容をちゃんと予(あらかじ)め持って、実在はじっと隠れている」(『佐藤文隆先生の量子論』)はずなのだ。難解だが、挑戦しがいがありそうだ。乗ってみるか。

意識の構造を量子物理学的に理解することは、商品コンセプト開発力を高めるなど製品戦略の奥行きを深めるだろうし、少なくともコミュニケーション戦略をより効果的な情動開発につなげるといった「戦略の科学化」を実現していく可能性を生むはずなのだ(これ、私の大胆推測である)。マーケティングをモノづくりにとどまらず情動開発(心の開発)へと機能拡大していく上では必須の視座だと見通している。

同輩たちよ、諦めずにやってみようよ。苦難の導入期を支えたマーケティングの大御所の皆様方、ご隠居気分ではまだ困る。今一度その秀でた叡智を世に問い、21世紀マーケティングの新大陸発見の旅に着こうよ。この道、新鮮なり。おもしろそうだぜ。マルチバース論や多世界解釈、コペンハーゲン解釈等々、何にも恐くないって。

「意識」概念を、物理学に委ねっぱなしでよいわけがなかろう

「意識」概念が思わぬところでクローズアップされてきて驚く。一般的に、連想では「物理学」と「意識」は縁遠い気がする。この機会に物理学者の見る「意識」概念の中身をチラリ覗いてみたい。「意識の時空間理論」とい

うのがあるようなのだ。

「意識とは、目標（配偶者や食物や住みかを見つけるなど）をなし遂げるために、種々の（温度、空間、時間、それに他者との関係にかんする）パラメーターで多数のフィードバックループを用いて、世界のモデルを構築するプロセスのことである」

（『フューチャー・オブ・マインド――心の未来を科学する』ミチオ・カク　NHK出版　2015）

なんだ、こりゃ。なんという発想！　この定義はミチオ・カク（当時ニューヨーク市立大学理論物理学教授）が「神経科学や生物学においてこれまでになされている意識の記述から断片を拾」って成されたものだという。いろいろなひとが、いらっしゃる！

「少数のパラメーター（温度など）のフィードバックループを用いて自分の場所のモデルを構築する」という意識の最低レベルである《レベル0》がまずは設定され（この場合、生物は動かないわずかな移動性だけを持つ：植物中心）、《レベルⅠ》の意識は変化する位置を評価する新たなパラメータ群を加え、移動性がある形で〝空間におけるわれわれの物理的な位置〟についてのモデルを構築し（視床から前頭前皮質への情報の流れが生み出すもの：爬虫類中心）、《レベルⅡ》は社会（他者との関係）のなかでのわれわれの位置についてのモデルを構築する（扁桃核と海馬と前頭前皮質の反応：哺乳類中心）。ホモ・サピエンスと関連づけられる最高のレベルの意識は《レベルⅢ》で、此処で「世界のモデルを手にしてから、未来へ向けてシミュレーションをおこなう」のだという（この部分、筆者一部意訳）。すなわちⅠでは空間における物理的位置のモデル、Ⅱでは社会における位置のモデルが創られ、それらⅠ・Ⅱを用いてⅢの未来シミュレーションを可能にするってこと？　ひゃあ〜。

つまりこの定義では「人や出来事にかんする過去の記憶を分析し、その後多くの因果関係を考えて《因果の》木を作る」といったように意識活動が顕在化している（あくまで自分の理解&推察）とみるようなのだ。お見事（！）と称えたくなる。凄すぎ。

そしてついでに「自己認識」の定義までつけ加えてくれている。すなわち「自己認識とは、世界のモデルを構築し、自分がいる未来をシミュレーションすることである」（同前）と。なんとできすぎの、心得た定義であることか。この人の頭、信じられないほどに切れる！　流石物理学者。

「概念」総論（上）で登場したドーソン・チャーチ（2019　エネルギー心理学専門）も『思考が物質に変わる時』の中でアルベルト・アインシュタインのE（エネルギー）＝mc^2（mは物質）の公式に基づいて「簡単にさまざまな効果が期待できる自分の放つエネルギーにきちんと働きかけることができれば、私たちは自由に物質のもつ制限を超えることができる」と大胆発言し、「自分の意識を物質から切り離すことで、無限の知恵をもつ、高次元のフィールドにある可能性の扉が開く。この高次元のフィールドと調和した創造をすれば、無限の可能性のあるフィールドに触れることができ、もはや物質のもつ制限も受けないですむ」とまで言うのだ。まさに「思考は物質に変わる」（あれ、「物質は思考に変わる」ともなりそう？）のである。素人にはよくわからん。でもこの主張、超大胆。

わからん時は、一番難しそうなことを前提に考えておけばよいって。これオレの主義。

基本、意識なるものはこのようであって、不都合はなさそうにみえる。されど、このようにあっさりと、人間の意識の定義化がほんとうに可能になるのか。そんなに人間の意識は、シンプルであるか……。心理学における人間の心やわれわれマーケティングマンが究明せんとし創造したがっている「顧客の生きいきとした生」なる情動にまつわる意識もまたこの物理学的定義の下で説明可能になるというのだろうか。そうかもしれないし、またそうでない部分もあるのかもしれない。ただ、たとえば「欲望」概念などの、本能的というよりは生理的でありながら空想的・快感的・欲情的などの人間の理と知がない交ぜになった、密度高い意識のようなものに触発された複雑なるエモーションの類に触れる時に感じるような、さもありなんと受けとめる態度と理解のレベルには、まだまだ十分には到達していないと思えていた。リアリティに欠けるというか紙芝居風というか、絵空事感が夥しく広がる感触は残るのだった。このレベルの理解・納得は論理的なだけではどうも難しそう（生理的であれば違うかなあ）。

だからこそマルクス・ガブリエル（1980－　独・哲学者）もまた「ああ、結局意識は生物学的なんだ」『マルクス・ガブリエル――欲望の時代を哲学する』丸山俊一他　NHK出版新書　2018）と呟くしかないのか。はにかみや喜怒哀楽に始まる感情、そしてユーモア、遊びやギャンブルへの拘り、くだらない噂話に興じるヘンな心地よさ、退屈感、粋や侘び・寂の奥底に共通して漂うよき空気感、さらには well-being につながるであろうユッタリ感や安寧なる静けさ希求、漠然と広がるシアワセ感など、人類ならではの奥深い意識の世界もいろいろ多様にあるのだ。この部分に絞って見直せば前述の物理学者による定義では「意識」の解明にまでは何となく及びそうもない……。そう考えたくなっちゃうのだ。違うか。

近年「コンピュータへの意識アップロード」（脳からコンピュータに意識を移すこと）なる驚愕の研究が進んでいるという。「それを完遂するには、その途中段階として、生体脳と機械脳との間で意識を統合し、記憶を共有する必要がある」らしい（『意識の脳科学――「デジタル不老不死」の扉を開く』渡辺正峰　講談社現代新書　２０２４）。頭蓋骨の向こう側から内のざわめきをとらえようとする非侵襲型と、脳の灰白質に直接電極を埋め込むことでニューロンどうしの会話をじかに聞き取る侵襲型の二つがあるようだ。この驚愕の世界にイーロン・マスクのニューラリンク社はすでに参入している。科学の叡智は、ＡＲ（拡張現実）やＳＲ（代替現実）そしてＢＭＩ（ブレイン・マシン・インターフェース）技術等を通じて、ビジネスがらみでここまで実社会化している?! すでにもう、そんな世の中なのかもしれない。

この奥深い「意識」の世界には人文・社会科学が必須なような気がする。其処へマーケティングも心理学も、是非に加担していきたいと願う。欲望の傍らに沿うように育ってきたマーケティングの思惟のほうがリアリティがありそう、と思ってしまってもそう横暴でもあるまい。何らかの人間の生きる満足感につながるべく、欲望を「ニーズ」と呼んできて、われらは今まで部品としてのモノやサービスを無数に開発してきた。そのようなわれらの百年になんなんとする経験は役立つはず。このタスク、先行する物理学者たちに任せっぱなしで、よかろうはずがない。この概念の微妙さが物理学者に簡単に解けようはずがない。そうだろう? そう簡単に任せてたまるか。

このように考えて動くこと、分をわきまえぬ異形の所業であろうや。ともかく明日のマーケティング思惟に量子物理学的世界観を植え込むこと、必須であると決めた。

マルクス・ガブリエルにみる「概念」認識

ということで、早速次の話に移ろうとして、その動きを止めた。なぜかって？　念押ししておいたほうがよさそうな点が浮かんできちゃったのだ。マーケティング思惟に量子物理学視座を持ち込むなどといえば、その視座は普通に自然科学視座の強化と思われてしまうだろう。ところが、それが違うのだ。それはどちらかと言えば、その逆方向へ向けての強化と言えそうだった。それはどういうことであるのか。

哲学界のロックスターといわれるマルクス・ガブリエルは《マルチバース（複数宇宙）視座》に基づきながら（これでよいのかな？　自信ありません）次のように主張する――「すべてを包括する全体性としての『世界』は存在しない」「自然科学は、宇宙と世界を同一視していますが、それは根本的に間違っています。自然科学は世界の存在という問題を解決しません」「自然科学が扱うことができるのは、限られた範囲の対象だけ」「自然科学は、非物質的な永遠的対象を研究しない」等（『未来への大分岐――資本主義の終わりか人間の終焉か？』マルクス・ガブリエル、マイケル・ハート、ポール・メイソン、斎藤幸平編　集英社新書　２０１９）。その通りだと感じた。ガブリエル、頑張れ。

要するにガブリエル（２０１９）は「私たちが知ることのできる多くの実在的なモノがすべて単一の領域（世界）に属しているわけではない」といい、だからこそ「世界は存在しないけれど、それ以外のあらゆるものは存在する」と言い切り、「現実は、限りなく多い《意味の場》から成り立っていて、《意味の場》のいくつかは、網の目のように互いに重なり合っています」とも明言する。此処では明らかに、自然科学の世界観に異が唱えられている感がある。何となく納得可能な展開ではあるのだ。叡智が描く世界は、どこか皆似ている。

つまり此処でガブリエルが「自然科学」と表現した科学なるものの中身はどうも、物理学でいえば「古典物理学」はたまた「デカルトの物心二元論にもとづく自然科学全般」であるように想定され、古典物理学のコンテンツを懸命に自己調整して大きく変容させつつある「量子物理学」とは異質であるように受けとめたのだった。

すなわち「量子物理学的世界観」の埋め込みとは、昔の自然科学への単純なる回帰ではなく、量子論に基づいた新しい科学的世界像であるはず、と見通したくなっていた。その新しい世界観は、明らかに物理学と哲学の世界の融溶をイメージさせた。だからこそ其処にはマルチバース的な重層する「意味の場」もありうるのだと。

ガブリエル（２０１９）は興味深いことに「概念」についても語っている——

「思考についての思考を扱うのが哲学であり、哲学とは、概念についての反省的な思考だ」

「では、概念を扱う哲学がなぜ役に立つのか。私たちの社会が、概念の問題を抱えているからです。現代において、私たちが思考する際に用いている概念の多くは誤りの多い欠陥品で、あちこちに論理的な間違いがある。それは許容できるレベルのものではありません」

「正しい概念をもたずして、現実の問題が何なのかを見て取ることなど不可能です」

「そうした誤りだらけの概念を哲学は問い直し、その概念の出来がなぜ悪いのかを示すだけでなく、より良い概念を提案することもできる。だからこそ、哲学は社会を変えるために不可欠なのです」（同前）

概念を変えることが生きていくこととつながっている？　何となくだが納得し切った自分がいた。「新実在論」が何様かは知らぬが、この部分の結文だけはありがたくいただこうと感じていた。「量子物理学的世界観」を反映するということは、昔の「古典的自然科学視座」を反映することではさらさらなく、ガブリエルが此処で伝えようとしている〝概念を通じて（哲学を問い直すことで）の本格世直し〟の姿勢をマーケティングに取り込もうということなのだ、と確信していた。これって、二元論に基づく自然科学的思惟ではなく　いわゆる「哲学」なんだよ、「人間の思考を思惟する」世界なんだよ、マーケティングにこれから必要になる思惟は。量子物理の世界は今、そんな哲学的エキスで溢れ返っている。遅れるな、もたつくな、焦れ、模倣しろ、マーケティング！　今のままじゃあ、消えるだけ。わかってるよね。自然科学には「社会」は棲んでいない。そうだよね。ソ〜レ、哲学哲学〜、思考思考〜。

ガブリエル思惟を大胆にお借りすれば、多重世界（複数宇宙？）、意味の場など諸々のことが速やかに多岐にわたって整合してきそうにも感じていた。心の底から、嬉しい。

ウィリアム・ジェイムズの「概念使用上の注意」考……………………

マルクス・ガブリエルの概念考に触れたら、「純粋経験」のウィリアム・ジェイムズにも触れたくなった。1842年、米ニューヨーク市で生まれた彼は、画家にはじまり解剖学・生理学・医学そして心理学・哲学へと辿り着く。まさに絵にかいたような本物の《学際》と思えた。学際の冠名もいただいたことのあるマーケティング学のコーチに実にふさわしい感触を感じていた。「ジェイムズは、思考を経ないもっとも直接的な〈純粋経験〉によって、世界の意味を捉えようとする（根本的経験論）。また行動を重んじ、ある観念が真理かどうかは、それが生活のなかで実際に役立つかどうかで決まると唱える（プラグマティズム）。そして、世界が互いに独立した多くの原理や要素から成り立っているという世界観（多元論）に立ち、自由意志の存在を主張する」（『ウィリアム・ジェイムズ入門――賢く生きる哲学』スティーヴン・C・ロウ　日本教文社　1998のあとがき）。ともかく彼には「欧米の哲学者のなかでもっともアメリカ的」、つまり「アメリカに広がる原野ときわめて創造的にぶつかり合った」印象を感じるらしいのだ。

ジェイムズといえば「生への帰還」――現実の経験に立ち戻る、という言葉を思い出す。どこからの帰還かといえば「たんに知的で主知主義的でデカルト的な自我の持つ抽象性からの帰還」だそうな。ゆえに「純粋」なる「経験」を尊ぶのだろう。そして「生への帰還は話すことによっては実現できません。それは行為なのです」ともつけ加える。彼の「生」は、人工的な余分物の入り込む隙間のない、常に〝生き生き〟とした自然なありようが本分なのだろうと解釈していた。それゆえにか、ジェイムズの論はすべて徹底して「〈純粋経験〉の直接性と、それを適切に表現する考え」を土台として組み立てられているように思えてならない。そう、彼にとって、経験はすべからくピュアであるべきなのだ。

そんな彼（『ウィリアム・ジェイムズ入門』においてロウが記述した彼）が、興味深いことに「概念使用上の注意」的コメントをいくつも為している。たとえば――

「「概念による生活の分解」を忌み嫌う／概念に頼る姿勢を、もっと全体的な意味でわれわれの生活に適した姿勢へと変えていく／「病的な内省」や高慢な概念化に退くことなく、関係を築くことによってのみ、生命力への道が拓ける／真の関係はどれも、経験に根ざす／概念は、実在がとる真の立場ではなく、むしろ仮定であり、われわれの記すメモ／概念化されていない言葉で考えられるようにすること（が大事）／経験を概念的に（中略）あつかえば、経験をゆがめてしまう／われわれが話すときに用いる概念は、洞察のためにでなく実践のためにつくられている」

（同前）

さらに彼（ジェイムズ）は強烈にも「知性は、事物を一般化・単純化して、法則の下に従わせたいという情熱に目覚め、やがて世界観の分裂がはじまります」とまで心配する。知性は人為であり、概念の使用という人為によって真の実在を見る眼を閉ざすな、と言っているのか。徹底した主知主義・概念主義否定を貫き、真の実在を観て洞察する力を手にすべきと主張しているようであった（この理解の誤謬なきを祈る）。だからこそ「経験」がピュアでなければならず、そんなピュアで〝あるがまま〟を観る態度こそ、彼が望む学の観察態度なのだろうと推察した。わかるなあ。同じ気持だなあ。

　されど「概念」にもいろいろある。タイプもいろいろ、用途も多岐。一律に使い方を決めるなんてできそうもないと考えたくなるのだ。洞察のための概念多用はその通り問題ありだと思うのだが、作業仮説的概念は多いほど良いのでは。今のマーケティングには存在する概念自体が乏しく、また肝腎の解析・洞察に概念を持ち込むほどの工夫などさらさら見られぬ。依って、ウィリアム・ジェイムズの言う「概念使用上の注意」点に十分配慮しながら、概念発掘に邁進しても許されるのでは、と私は考えたい。ジェイムズ殿、留意点指摘ありがとう。十分注意して進めようと思います。

こ奴ら、先進科学技術の塵芥に塗れ生き延びてきた、しぶとき「概念」（の卵）たちだよ……

突然ながら、結びに入る前に、本考察の思惟背景をご理解願うべく、本書で取り上げた五概念の出自周りの率直な印象をグダグダ述べておきたい。まさにグダグダと。

まずは、どうも気になって仕方がない「ＳＤＧｓ」という用語について。

こ奴、「レジリエンス」と同様国際舞台で話題となった（２０１５年9月25日、国連で策定された２０３０アジェンダに含まれている用語）。だから一足飛びに流行った？　少し、いやとてつもなく軽く、フワッとしていないか。とはいえ「持続可能性」という言葉から浮かぶ印象・イメージは、企業の〝中長期視座〟や長寿命を育む可能性が高そうに映ることもあり、マーケティング学にとってはついつい必須の概念ジャンルと見做したくなる。つまり、いわゆるエコロジーに配慮する視点の強化というよりは〝戦略に長い眼（鳥瞰眼・俯瞰眼、ひいては歴史眼かな）をもたせる〟という基本的役割を担う言葉として重用したくなる感じなのだ。まさに〝長い眼〟表象概念。

そんな同じ群れにある概念たちの代表ネーミングは、ＳＤＧｓよりは今のところたぶん「サスティナビリティ」なのだろう。この「持続可能性」なる言葉は「エコ」「環境」範疇を超えた、企業寿命つまりは人間社会にとっての企業の必要性基盤を維持する概念として再整備してみたいのである（詳細は個論Ⅲ参照）。今のところ前者（ＳＤＧｓ）よりは後者（サスティナビリティ）のほうが「概念」としての基本条件をより満たしており懐も深いと考えているのだが、「寿命」といったような〝時間軸〟に関わる成分の濃さ（数値的というか）というような偏りも少し気になり、徹底吟味を進めて質的にベターなものへ代替していきたい気持が強い。

21世紀後半以降の企業戦略のコンテンツには、今まで確認しえなかった次のような視座が人びとに強く意識され始めてきたのではと洞察する。すなわち現実を映す形で少しシビアに語ってみれば、住みづらくなりつつある「地球」、そしていまだどのように在るかが明確にならない「宇宙」なる存在などの人間にとっての《実在》とは、果して何なのか、その実在というものをつくってくれているはずの（世界の）諸々の構造的諸特性としてはどんなものがあるというのか、またそれら個々の今のありようはどうか、などについてまずは鮮明にかつ論理的・科学的に映し出してもらうことで、日々の「生活」つまり「世界」というものをきちんと理解したがっているように感じられるのだ。その上で、それら実在を支える構造部品個々の一層の鮮明な認識とその具体的充実（どうなれば充実なのかはまだよくわかっていない）を通じて、永続可能と感じうる日々の生活を今まで以上にきちんと再構築したがっているように思えてくるのだ。その目的意識は漠とはしているのだが、整理してみればこうなるはず。ただもやもやとした中で、皆すぐさまこうきれいには整理しえないだけなのだ。

人びとは無聊なる文明の嵐のなかで煮詰まってきている。世界が淡い陽炎のような構造では、おそらくもう不安でたまらないのだ。だから、そんな漠とした気分から脱するべく、個に対する具体的指針を求めようとする。そう、アバウトでは済まされなくなったこんな霞がかった世界に生きねばならぬ人びとの、生活の豊かさに通じる〝きちんとした現実〟とは何なのか、そして求められている豊かなる現実をリアライズせんとして支援せんとする企業集団が実践すべき意味・役割そして具体的業務とはどうあればよいのか、などといった人間集団として期待されてくる生物学的・生態学的また地球資源的必要条件を納得いくまで人間個の生活レベルに落とし込んだ〝21世紀にふさわしい具体性に富んだ戦略立案とその基礎知識〟を精緻に映し込んだ懐深い共通概念があってよい、そんな時代に立ち至ったのだと考えたい。地球の21世紀は、人類にとってこのような時期に相当するのだと思う。20世紀時代の曖昧・大味なる一括りターゲティングはもう許されない時代なのだ。戦略頭脳を急ぎ100%切り替えよう。

このコンセプト、命名すれば〝qualitative sustainability〟(クオリテイティブ・サスティナビリティ)! サスティナブルであらねばならないのは、まずは人びとの日々の生活であり同時にそれを支援する企業体の寿命、というわけである。今後重点的に求められてくるのは単に〝長く維持可能〟といった時間軸の問題ではなく、維持しつつどのような姿の豊かなる現実の中味を具体的にかつ実践的に個単位でリアライズしうるかという質の問題になってくるはずだ。こんなコンセプトを有する企業への変身をこそ、21世紀も地球も求めている?

それにしてもこ奴ら、〝発達未熟なる問題児集合〟といった感触もなくもない。何かよくわからぬ〝華やかなよさ(のようなもの)〟——単なるカッコよさかも?——をやたら周りに発信し、ないものねだりしたがる「イノベーション」、何か捉えようのない(人間らしさをあまり感じない)〝精神の異常なる強さ〟を人為的に表象する「レジリエンス」、そして特定の整った実体などまるで確認しようもなく〝複合合成語そのままの姿〟を堂々と恥ずかしげもなく誇示して知の基本ルールを外し《単純》という様の極限を曝す異様体「ＳＤＧｓ」……これらの概念が集い棲まうコミュニティには、人類自らの思惟行動における前進へ向けての構築力および操作力の弱化の兆しを見ざるをえない、とつい負の想像をしてしまうのだ。

さらには明日の人間社会にとって一つの技術収斂的要衝になってくるはずの、しかし範疇イメージとして未分化段階と見ざるをえない肝要なる概念「ＡＩ」の今在る実像はいかがであろうか。その個々のタイプにおいては一つの明確なる特定の価値を発しうるそれなりの《実在》を有しながらもその一方でたとえ歪な複合成語の姿を呈しようとも〝万能な神なる立場に少しでも接近したい〟と願う人間の、浅はかな「自意識」が野合して暴発せんがごとくに自らの手で己れの仮像化を促していくような、哀憐極まりなき人間自失の空間が、泡沫（うたかた）の様（さま）にて浮き出てくるかに思えていた。今のＡＩを取り巻く人間の空気ははっきりと泡沫に見えてしまう。

皆さんは本気で「労働機械／思考機械」たる〝弱いＡＩ〟研究者と「意識」や「意味理解」をそこそこに可能とする〝強いＡＩ〟研究者の、もつべき知識・技術が同じものでまかなえるとお考えであろうか。この二つ、必要となる知識の幅・深さ・種類が違いすぎる！　一人の技術者で両立するわけはなかろうと考えるのが自然。何かとんでもなくおかしい、ありえない、どうしてそのように無理を求め落ち着かぬ？　どうしてそこまで混乱する？

研究びとにとどまらずメディア人もマーケターもそしてユーザーとなっていく一般市民たちも、自分たちの善き生を実現せんとして周りに存在する諸実在を〝そのまま〟見つめようとする強靭さを維持しえず、逆にその意志力を吹き流したり大きく低減させたりしていく人々の侘びた後ろ姿が令和の時代に増幅していくかに感じられていた。

〝21世紀という時代は、人間という生物にとって、自らが創り出した先進科学技術群の塵芥が世界の《実在》に目隠しせんとするシニカルな時間なのかもしれぬ〟

人間は、そのわけも何ら認識することなしに、己れ自身を先進科学技術開発へと連続して駆り立てていくそのプロセスで、いつのまにか強き自覚もないままに便利と効率に溺れ自らを疲れた生気のない生物へ化そうとしていきつつあるのだろうか。

仮にそうだとすれば、それはまさに〝心地よき自死〟と言えるのだろう。たぶん想像してみるに、先進科学技術が絶え間なく産み落とす〝予期せぬ必要以上のコンビニエンス・ベネフィット〟による連続抱擁（ハグ）によって、これまた予期せぬ形で人間が自ら麻痺状態に陥って人為的仮死状態をつくり出し、そんな仮死的恍惚時間の経過の先に当然露わになってくるはずの〝21世紀型自死〟をみるようであった。今や世界は、仮死が自死に進もうとする流れの中にあるのか。いやそこまでは言えないとしても、そのベネフィットは一時的効果しか持たぬと知りつつも、まさに仮の姿でしかない一時的精気充満事態の中でやっと味わう〝生きていると見まごう心地よき感覚〟を、心望まぬ代替物を介して〝とりあえず一時〟でもよいから体感してみよう、と齷齪しているシンドローム的事態ということなのかもしれない。まさに現代は、そんな齷齪時代であるか。科学技術が一体となってそう駆り立てる？

この事態、名づけて先進科学技術の皮相が生んだ〝コンビニ中毒〟？　こ奴に嵌まれば、人間簡単には抜け出せぬ。スマホを常時身につけ、捨てきれないことがそれを立証している？

〝そんなにも、コンビニエンスなる心象は、良くて堪らないものであるのか〟

洗濯板で凸凹に化した母の手が懐かしい。その時代のコンビニエンスは真正だった。私には、現代に見るコンビニエンスと呼ばれるベネフィットは、何の明確なる概念設計も為さないまま、〝人間〟を何の考えもなく暴走させてきた科学技術の発達によって無意識に近く落ち零れてきたゾンビのごとき異形に思えなくもなかった。われらは今、強烈な先進技術の群れが連続して投げ掛けてくる新しきコンビニエンスの集中砲火を浴び、何も拒否できないでいる？　先進科学技術たちも戸惑っている？

21世紀初頭にはそんな塵芥がわれらの大地にびっしりと堆積してきているのだ。

概念設計のない仕組みや思考などありえない。ここに取り上げた概念たちの今ある様態は、あらためて直観に頼って見つめ直してみれば、究極的には〝非or反研究シンドローム〟の一種であるかに映った。そう、目覚ましき《企画》のないところには良き《研究&制作》はない。そして《制作》のための貴重な部品である「概念」のやせ細りは、見事に《研究》の縮退と連動する？　慟哭をつづける概念たちの傍で、なんとなく私も、哭けて仕方ないようであった。

先進科学技術の人間生活への応用（科学技術の生活化）という一見晴れやかな任務を目指して、昭和40－50年代における20世紀の離陸期マーケティングが〝インスタント商品開発〟等々思いつくままに動いてきたそのツケのごとき増分として、〝コンビニエンス〟なる志向を意味する概念(?)がヘンに重用されがちになり、そのこと自体が一層、研究／R&Dの安易化と歪みを進行させ、ひいてはその後の縮退・枯渇化につながっていった？　コンセプト不在の科学技術の落ち着く先のほとんどすべてがコンビニエンス！　そんな怖ろしい事態、あってたまるか！

でも……。コンビニエンスなる怪物にはもっと辛く当たるべきだった？　もっともっと冷たくすべきだった？

最後になったが、ＣＳＩは他の四概念とは少し異なる性格をもつようだ。こ奴は、先進科学技術の塵芥の中で生まれ育ったというよりは、元来人類の生身がもつ弱点であるはずの「体系思考」「システム感覚」の希薄さをモロに反映した欠点内含概念のように思うのである。すなわち、人間が苦手とするシステム概念の一つの初期形式としてＣＳＩは市場に顕現した。〝顧客満足〟なる和訳は一旦忘れ、〝満足〟なる曖昧語の意味を消し去ること（つまり回帰式の被説明変数としての適性のみにこの言葉の機能を集約すること）を通じて「市場による戦略評価システム」という具体的システムツール概念として認識されんがために、まさに零れるように生まれ落ちてきたようであった。そこには偉人・松下幸之助の貴重な思惟である「水道哲学」の面影はみじんもなかった。「顧客満足」なる有名語は一瞬バズるも、軽いコトバへと変態する。

一方「システム」に対する苦手意識は想像以上に強固であったようで、その始原的メリットを一層強く徹底明確化することを通じて本概念の価値はさらに向上されうるはず、つまり潜勢力は大なのだと洞察する。こ奴は十分再生しうる余地をもち、おそらくは概念自体もそれを求めている、と解釈してみたい。こ奴は21世紀において始原のそれらしく再生したがっている。何とかしてやりたいと思う。

具体的に語ってみれば、こ奴、融通無碍という典型的〝情報系〟システムの特性を有するゆえに、そのシステムコンテンツのどこかに、他の概念がもつ有用なる意味と機能を集約的かつ統合的に関係づけていくことを可能にしうる《基盤概念》たりうる得難い特質を感じるのだ。昨今〝勘定系基盤情報システム〟は多く存在するようだが、ひと昔前「戦略情報システム（ＳＩＳ）」などと呼称された類に近似する〝統合的情報系基盤システム〟は明確にはいまだ存在していない。なぜなら大半のＳＥは業務系が苦手だから。業務知識が面倒だから。ＢＩ（ビジネス・インテリジェンス）システムなどチンプンカンプンなのだ。システム感覚の培養を苦手とする日本における概念史の中で辛酸をなめつづけ、すでに強固で耐性のあるボディを手に入れているはずのこ奴の力を借りよう。みんな、（ＣＳＩなる概念の卵に）救いの手を差し伸べてやってほしい。

叡智・仲正昌樹（金沢大学法学類教授）も「〝心〟を何らかの実体としてではなく、一連の情報処理（・伝達）システムとして機能的に捉える」（『現代哲学の論点――人新世・シンギュラリティ・非人間の倫理』ＮＨＫ出版新書

2022）という一つの興味深い見方を提示する（モロ賛成というわけではないのだが）。われらマーケティングマンは〝人間の欲望が生物学的実体としてどう在るのか〟という捕捉にどこまでも科学的に接近すべく、とりあえず試しにこの見方を仮説的に遵守し、仲正のいう〝心〟というシステム・アプローチの実践に挑戦してみてもよいのではなかろうか。

このようにCSIなる概念は、企業の情報系基盤システム構築の橋頭堡として発展的に再生させうると考えたい。勘定系以上に、情報系のシステム統合化は大事だ。勘定系はカネの棲家であるが、情報系には「心」が棲んでいるやもしれぬのだ。

こ奴らを、変革へ向かうマーケティング思惟の新触媒と位置づけよう…………………

ピッピー、ご留意願います。此処からさらにわが「妄察」は増幅します――

さらにマーケティング思惟の革新という観点から、諸々付加的に口に出してみれば――それらの概念たちが嬉々として働き動くはずであろう「場」は、われらが20世紀において経済学の影響を受けつつ「市場」と呼んだ「人間の進化がもたらしてくれたはずの一つの新しい仮説的空間・世界」（自分は今それを「生活世界」――社会学者アルフレッド・シュッツ&トーマス・ルックマンが提唱する概念――と呼ぼうとしている）である。今やその「場」はデジタルなる〝計算機自然〟に包まれ、そんな目にとめたこともない新しき自然との相互作用によって自らの内部をも刻々と進化変容（それは人間の前進に相当する?）が進行する。「自然」はコンピュータ・フレンドリーなのだ。諸叡智の言葉もついでに借りれば、革命的デジタル&ICTたちの新機能によって新たに生まれ変わらされていく「人間精神の発展的多次元空間」（たとえばピエール・レヴィのいう四つの「人類学的空間」[注6]）は、旧経済学的「市場」のあらゆる構成要素を席巻・駆逐し、新たなる人間精神がフレッシュに生きて育まれうる、そんな新世界の拡大でもあるのだろう（既出のFig.1-B参照）。

注6　大地・領土・商品の空間・智慧の空間の四つを指す（『ポストメディア人類学に向けて――集合的知性』ピエール・レヴィ　水声社　2015）。

このような「場」を満喫する人々は、己れのアイデンティティをヴァーチャル／アクチュアル／（そして従来型の）リアルなどによっていくつにも多様・多元化させ、また同時に意味空間としてもたぶん《人類学的空間》として新たに複合・多様化していくのだろう。レヴィのイメージする人間の生活空間はすでにマルチバースなのかもしれない。

あれ〜、誠、申し訳ない。明日のマーケティング思惟に関する己れの諸仮説が、無差別に、また細かい説明もなしに、周りの迷惑も考えず連続して口から飛び出す。わかりにくくなることを許せ。私はピエール・レヴィ（『ポストメディア人類学に向けて——集合的知性』＆『ヴァーチャルとは何か？——デジタル時代におけるリアリティ』〈昭和堂　２００６〉など）に影響されている？　突然の乱行、ご容赦。これらの言葉、わが脳裡に、ず〜と浮かびつづけているのだ。

われらはまもなく、カームテクノロジー（マーク・ワイザー＆ジョン・シーリー・ブラウン提唱。いずれもコンピュータ科学者）などといわれる新技術融合体の恩恵によって、個々のデバイスなどをまるで意識することなしに、人とこれらの新環境が調和した宇宙ナチュラルな新世界を手に入れようとしている。〝デジタルからナチュラルへ〟という流れの中に、すでにいるようなのだ。間違いない（ナチュラルって何だという声が聞こえる。素直に浮かんだ言葉を素直に挙げてみた次第。皆でその意をじっくり考えてみてほしい。結構肝腎なことのはずだよ）。

そんな新空間のなかで生きいきと動くこれら五概念の軌跡をこそ、とりあえず今のマーケティング思惟に取り込まねばならないようであった。逆に言えば、近未来にはこのような新空間にふさわしいマーケティング思惟でなければならない、ということになるのだろう。つまりこ奴ら（新概念たち）を変革へ向かうマーケティング思惟の新触媒として位置づけようというのだ。たぶん当たらずとも遠からず、だと思う。しかし具体的・実際的には……目下のところまるで五里霧中、〝どうすりゃあいいのだ思案橋〟なのだ。しかしどうしてこれほどに、マーケティングの中へ、なのかなあ。

笑わないでほしい。われらマーケティングマンは、先進科学技術の塵芥の中で揉まれ生き延びてきたこれらのしぶとき概念（の卵）たちが一つのカスタマイズ事例として修正・再構築されていく様（さま）の見本（モデル？）を、まだまだ人間学というには歴史も浅く穴だらけで体系スカスカのオリジナル土壌の上で、試験的・実験的に、示してみたいと思うのである。マーケティング学がとりあえずこれら五概念との融合にトライしていく過程で、私が「生活世界」と呼ぼうとしている22世紀用の〈新市場概念〉の創発のトライをも同時に試みてみれば面白いというわけなのだ。これら新たなるサブ概念の導入と革新された「場」の修正概念の探索を併せてやろうと考えるなんて虫が良すぎるか？　われらはすでに崖っぷちに立つ。最後のあがきだ。

ただ、この種のアプローチを今採ることこそマーケティング学が大人になる最後の近道のような気がしている。今マーケティングは promotion に偏し、深く思考することもなく有効な概念をつくることもなく、ひたすら衰退消滅を待つ。こ奴らは、助っ人などさらさらする気はなかろうが、変わり者としての強靭さは持っている。商品開発の最高峰としての新概念の開発、情報系統合システム基盤としての初の基盤概念化、qualitative sustainability なる今の地球になじむ新概念の新設、そしてわれらの最大の悩みである意思決定支援と予測全般の強化のためのAI&ビッグデータ概念のマーケティング業務へ向けた一大絞り込み——これらを合わせても、一歩も学の強化が進展しないのであれば諦めもつくというものだ。虫が良すぎると言わないで。

われらの当面の課題は、これら重要五概念個々に対する〝マーケティング仕様の明確化〟とそれらが生きうる「場」の新設、にあるようだった。私もそれなりに頑張る。新触媒たちよ、この企図を理解し、道案内を宜しく頼む。

〝マーケティング仕様〟とは何って？　〝妄想は、いい加減にしろ〟って？

なんと厳しき切り返しであるか。さてどんな仕様になるのかなあ。知ったことか。

人の思考の限界は、どこから来るのか

エンディングに向かう最中にあって、今回の「概念」に関する複雑怪奇なる議論を、一旦議論の始原（其処にはしばしば議論のコアと思える足跡が残されていたりするのだが）に戻って、再確認を進めてみたくなっていた。実は、自分都合に沿って、勝手に議論がどんどんあちこちに飛び跳ねようとする気配を察知し始めていたのである。むすびの章に至って、そりゃあないだろって？　これが普段の私、のようなのです。

「言語」となれば、是非にも触れなければならない叡智の書が浮かぶ。オーストリアの哲学者・言語学者ルートウィヒ・ウィトゲンシュタイン（1889－1951）の前期著作『論理哲学論考』と後期著作『哲学探究』のことである。これぞ始原か。

最近嵌まっている野矢茂樹の書（『ウィトゲンシュタイン『哲学探究』という戦い』岩波書店　2022）には「言語の本質は世界を記述することにある」「言語は道具である。言語における概念は道具である」、そしてまた「概念はわれわれを探求に向かわせる。概念はわれわれの関心の表現であり、われわれの関心を導く」などと明記されている。そうなんだ。フーン。やっぱり。

加えて「言葉はただ生の流れの中でのみ意味をもつ」（『ウィトゲンシュタイン『哲学探究』という戦い』内のウィトゲンシュタイン遺稿集『ラスト・ライティングス』からの引用）といった、いかにも大仰で意味深な言い回しをも紹介する。さすがにオーバーすぎるだろう。言語を何だというのか、たかが人間にとっての一つの道具だろう、神経質にいじり過ぎだよ、と反射的に返したくなる気分がやたら高揚する。落ち着け。

早速落着きを取り戻すために、他の人のウィトゲンシュタイン解釈にも目を通して見た。なんとそれも、積読書（つんどく）（失礼！）としてわが書棚に並んでいた。

「私の言語の限界は、私の宇宙の限界を意味する」
「どんな〝ある〔il y a〕も、人間にとって言語の中で生まれる」
「私の言語の限界は、私の世界の限界を意味している」
「語ることのできないものについては、沈黙しなければならない」
（『ウィトゲンシュタインと言語の限界』ピエール・アド　古田徹也解説　講談社選書メチエ　2022）

やはりそうなのか。でも「言語の限界」＝「私の限界」になっちゃうの？　どうして？　言語で表象しえないものごとは、語りようもないって、当然ジャン……そう反発したくなる気持も含めてこれらの言葉に戸惑いつづけていた。スッと入らない。

これらは、古代ギリシャ思想の専門家ピエール・アド（1922-2010）が自著『ウィトゲンシュタインと言語の限界』内において示した『論理哲学論考』より引用したウィトゲンシュタイン自身の言葉の整理の一部である。何とシンプルで怜悧な文たちであるか。

参るなあ。言語って、そうなの？ どんな存在事物もその中で生まれ、同時に世界を規定していく、と言いたい？ （個の）世界は、言語によって創られるとでも？

驚きで一杯だった。一般語の「言語」からは想像もつかない底知れぬ厚みと凄さは感じていた。またその驚きはウィトゲンシュタインの造語であり新概念といえる「論理空間」の登場とともに一層拡声・増幅されて自脳の内に広がる。そして彼（ウィトゲンシュタイン）はついに、「世界」（現実に成立していることがらの総体＝現実世界）と「論理空間」（可能性として成立しうることがらの総体）とを区分けし対峙させる。なぜウィトゲンシュタインはこの二つ（つまり現実の事実の総体と現実の事実に基づいて広がりうる可能的事実の総体）を区分けして考えようとしたのか。

今為そうとしている己れの考察に都合よく推量を進めるべく「知識生成・獲得や思考なるものの限界」という命題を深く突き詰めていくために「論理空間の限界」という見方を一つの仮説として取り上げてみたかったのではと想像してみた。その前提には〝思考という人間らしい一つの特質は、〈現実〉から〈可能性〉へ向かう歩み（過程）において促進される〟という予見が明確に在るように思えてならなかった。

この仮説的前提のもとでは、「（可能性に基づく）論理空間の限界こそ、思考の限界にほかならない」と簡単明瞭に言い切れそうに思えてくるようだった。

要するに、〝可能性の広がらない論理空間においては人間の思考はやせ細る〟とも言えそうで、なぜ広がらないのかとすれば、その空間に住まう言語や概念（？）が質量ともに相対的に貧弱であるから、とすぐに答えは出せそうであった。短絡すぎるかな？

じゃあ、言語や概念が質量ともに貧弱という状況は、どのようなことを指すのか？

ここまで考えてきて、ふと息苦しくなった。人間の本質について議論しているはずなのに、ウィトゲンシュタインのコトバの連鎖のなかにいると、厳密さとハードさがぶつかり合って火花を巻き散らし、鉱物同士の激突が生んだ振動が人間の生身を硬直化させ、人間らしくなく、自分を変えていくように感じられるのだった。おかしいだろ、それ。ちょっとの間ウィトゲンシュタイン言語から離れてしゃべりたくなった。

普通に、「思考」って何だ？　考えること、だろ。経験や知識をもとにあれこれと頭を働かせること、だろ。そうなんだが、今言ったこのような表現、わかりやすいはずなのに、実のところは何もわかっていないように感じられてもいた。ヤバい。

少し専門的に言ってみれば、「思考」とは人間の知的精神作用の総称、だとも言うらしい。じゃあ「知的精神作用」って何だ(？)といった風にしりとりゲームのごとく続いていきそうで、結局いつまでたってもわからないままに終わりそう。ウーム。

経験や知識のもとであるはずのものごとの感覚や表象を概念化（言葉の血肉化）することもまた、「思考」と言えそうなんだけど？　そうなのかなあ。わからん。

そういえばウィリアム・ジェイムズも「経験の最小部分は、それぞれすぐ隣りの部分と完全に結びついており、具体的に感じられる経験の一瞬一瞬は、どれも隣接した瞬間と合流する」（『ウィリアム・ジェイムズ入門』より）と言っていたっけ。隣り合うもの同士が合体したその間の「すべての切れ目は、概念化する能力によって人為的に生み出されたもの」（同前）だと述べていたように記憶する。ピュアな「純粋経験」のつなぎ目には、人為の概念が在ってもよさそうであった。

ついでに、「思考」や「経験」や「知識」などの言語と並んでよく使われる「事実」とは、普通に言えば、何なのか？　ウーム。本当のこと、〝こと〟の真実、本当にあったことがら、なんじゃあないの？　きちんと言えば、「現実に起こり、または存在することがら」かな。しかし熟慮してみればこれもわかったような、わからないような……。やっぱり、もう少し厳密に言葉というものの用法を整理してみたほうがよいのかもしれない。今一度急ぎウィトゲンシュタイン言語の世界に戻ってみるか。

われわれは（すべて）現実世界で経験し認識した「事実」なる（と言えそうな）ものから出発する、と彼（ウィトゲンシュタイン）も観たようだ。しかし仮に「世界は事実の総体」ではあっても「もの――たとえば机、コップ、樹木、猫など――の総体」ではないらしい。彼が言う「もの」には〝ある物のありよう（性質）〟そして複数同時に在った物同士の諸〝関係〟も含まれているという。こんな異種多様な要素を包含したカオス的といってよい曖昧模糊な混合物に映る〝のっぺらぼうの「事実」総体〟を糧とし、何らかの人間固有の動きを為そうとする際は、即身動きが取れなくなりそれを乗り越え人間らしく動こうとするために現実世界で経験した〝のっぺらぼうな事実総体〟を、その構成要素単位に解体せざるをえなくなる、というわけであろうか（あくまで自分の頼りなき推量です）。そしてこの作為を「分節化」と呼ぶ？

かなり稚拙でわかりにくいが、急所だと感じるゆえ、あえて続けさせてもらう。

人間らしき動きを出す（行為する）ための要件とは、「現実性から可能性へとジャンプすること（が必要）」であるとウィトゲンシュタインは観たのかな。そのために現実世界と論理空間（新設）を区別し、現実世界で経験した事実をその構成要素――個体、性質、関係――へと分解し、新たな再結合の可能性（これが思考か）へと備えんとするというのか。たぶんそうだよ。その「再結合」とは事実の構成要素を単位とする《可能的結合》である、らしい。ウーム、この発想、ピエール・レヴィ（仏・哲学者）の思惟である〈リアルからアクチュアル／ヴァーチャルへ〉を連想させないか？

此処であらためて「言語」が登場する。「言語がなければ（人間にはその）可能性（の多く）は開けない」というわけ、のようであった。そして可能性を開く作業を「現物ではなく、現物の代替物（像？）を配置させ（中略）その、いわば世界の〈箱庭〉において様々な可能性を試す」――つまり「人間が持つに至った箱庭装置というのが、言語である」と帰結してくるのだ。箱庭だって！　素晴らしい！　ただこれじゃあまるで言語は、（論理空間における）シミュレーションの道具、じゃあないか。

気が遠くなるほどに緻密で精緻な論理というほかない。でも興奮！　味わい深い。

また「言語」の発達したもの（これでよいのかな）が「概念」だと仮にすれば、

〝人間の論理空間（可能性として成立しうる事柄の総体で満ち満ちた空間）が示すひとつの摂理として、可能性を開こうとする人間の動き（つまり思考）は言語さらには概念の発達度・充実度に大きく規定される〟と言い切れそうに思えてきていた。当たりだ！　たぶんそうだ。自信、ありそう。[注7]

注7　この辺りの記述は『ウィトゲンシュタイン『論理哲学論考』を読む』（野矢茂樹　ちくま学芸文庫2006）を引用・参考にした。

そろそろ「思考」などという訳のわからぬ議論から離れなければ、とは感じていた。しかし「概念」が其処で働き、思考なる行為を高みに上げようとするのだとしたら、マーケティング思惟向上のためには避けて通れない、と頑張ってみたのだった。

ウィトゲンシュタインを理解するのは至難の業。ホント疲れる。纏めれば、結局わからん？

言語の「パースペクティヴ構造」読み取り機能

そういえば、言語がらみで確認しておきたいことが残っていた。「言語」は人間にとって「世界」（自分の生きている空間）を認識するための道具といわれるが、では人間は言語という武器を手にしたときと手にしていないときとで、果してどう変わるのだろう。どうも想像以上にいろいろ変わるようなのだ。

たとえば、仮に客観的自然（果してそれは何なのだろうか）があるとする。人間は言語によって「客観的自然」以外にも自分固有の「私的自然」とでも言うような、もう一つの自然を持てるようになる、のかな。私的自然は客観的自然の写しつまりは「像」。すなわち、言語は「像」を作れる、ということになるのかな。そんな見方もあるという。幻術のようでもあるが、まあわからなくもない。

この「世界」（宇宙、でもよい）には〝物体―物質―イマージュ・物質の（人間によって）知覚されたもの・像〟などが構成要素として存在し、それらが入り乱れちりばめられる形でこの世界が作られている、と仮定してみる（物質は物体を人間が知覚したもの、という見方もあるようだが）。人間は、他の動物たちと同様生きるべくこの世にあるのだろうが、加えてより楽しく人間らしくありたいと自然に思い、独自の武器である「言語」を活用して楽しく生きることに邁進せんとする――ある一人の叡智が、苦しみながら（と自分は感じた）そう仮定してみたらしい。

そんな強烈なる叡智の一人、哲学者中島義道（哲学塾主宰）は、世界は「パースペクティヴ的構造」であるという。世界の組成をこう見たのだ。失礼ながら、最大限の大胆さ。「パースペクティヴ（perspective）」とは『広辞苑』によれば「透視画法。遠近法」「遠景。眺望」「見込み。前途」とある。これではまるでわからぬが、彼はどんな意図から、なぜゆえに「パースペクティヴ」なる言葉を選んだのか。

中島（２０１６）は、まずは「世界の中にある物体（Ｋ）が登場することによって、さしあたりそれを見る主体（機械、有機体、人間など）が存在しなくても、その物体を見る位置に呼応した無限のパースペクティヴも同時に登場してくる」（『不在の哲学』中島義道　ちくま学芸文庫　２０１６）と洞察する。つまり「世界のパースペクティヴ構造は、世界の中にある物体が登場することによって、露わになる」（同前）という大胆極まりないというか（自分にとっては）ヘンテコリンな感じの仮説的前提を設定する。この視座において重要なことは、「そのパースペクティヴから見られうる物体（Ｋ）の（複数の）《像＝射影》（たち）は、Ｋが存在する物理学的世界に並んでは存在しない」つまり「無限のパースペクティヴから見られうる多様な像は物理学的対象ではない」（同前）と言うのだ。そして「世界のうちの一つの対象Ｋの存在は、ア・プリオリに多数の（論理的には無限の）パースペクティヴを開いている。これが世界の根源的構造である」（同前）と力説する（と自分には映った）。この空想力すごい。質問して確認したき点多々あれど、乱暴に近い大胆さと魔窟でも覗きみるような好奇心そそられる空間が創造されたかに感じていた。瞬間自分はこの「パースペクティヴ」空間イメージから「イリュージョン」なる言葉を連想した。いろいろ言うよなあ。イメージされるのは皆フワフワなものばかり。

この段階で任意のパースペクティヴを引き受ける役割の「主体」（私）がやっと登場する。彼（中島）は、特定の一つのパースペクティヴからの像を現実化する（現に知覚する）、つまり「こうした世界の根源的構造を（創作するのではなく）現実化するだけなのだ」と言っちゃうのだ。引き受けなかった他のパースペクティヴたちは「〝見えない〟という仕方で（《不在》なるものとして）世界内に〝存在する〟ようになる、らしい（だから「不在の哲学」という？）。どうも、〝個（という私）にとっては《不在》〟と言いたいらしい。そうなんだ、みんな都合よく考えるものだなあ。

えっ、と返すしかない。鋭いというよりは異様な頭の巡り方に見えた。身勝手にもほどがある、ともチョッピリ感じる。この思惟の非常識さはシミュレーション仮説を超えている？　しかし、あるかもなあ、とも思わされてしまうのだ。

このような超・仮説的洞察が、どこまでどの部分において妥当であるのかについては答えの出しようもなく、またそれは今の自分にはどうでもよいことなのだが、多くの部分でこの考察が妥当であるという立場を仮にとるとすれば、〝人間は言語によって心も発達する〟と言えそうに思えてくる。要するに「言語」なる存在は、めちゃめちゃ奥深そう、であった。こうなると、〝奥深い〟って何だ、ということになっちゃうか。

このような「言語」の学びが進んでいけば、物体（物理学的物質）の発する多様なパースペクティヴたちが何らかのかたちに（その中身はまるでわからぬ）肯定的に編み上げようとする新鮮なある知的構造の原子そのものを、言語が扱えるようになる可能性もあるのかもしれない。つまり言語の学びが進む（使いこなせるようになる?）ことによって、ある刺激による「意味受容作用」は「意味付与作用」をあわせた二重の作用となるのだ、と彼は主張しているようにも思えてきていた。異様を超えた空想の思惟である。恐るべき脳とでも言うべきや。惹かれる。

言語を介して他の主体の下で発信されたパースペクティヴやすでに世界内に鎮座する他の多様な物体のパースペクティヴが、それこそバラエティ豊かなものへと内部にある原子を育て、一部何らかの統一作業までをも為してくれるとするならば、そんな原子が関わりをもつ「言語」に段階的に厚みが出てくるのも至極当然と思われてくるようだった。この厚みの出た言語のひとつが「概念」なのだ——そう考察してみたい気持にだんだんとなっていく己れを自覚しつつあった。

こんな解釈、いかがか。中島（２０１６）の迷惑がっている顔が見えるようだ。[注8]

注８　この辺り、『不在の哲学』（中島義道著）を参考にした。

「概念」というものは、その機能として人為すぎるがゆえに、確かに「純粋経験」「直接経験」をクリアに捕捉する際には不適合なところもあるやもしれないが、その像やイマージュ、イリュージョンなどといわれているものや、その他の多様なる抽象物のエキスを吸収して、思考の軸となる普遍・一般のユニバーサルズなどを人間の思考のために創発しようとする大人の言語ではないのか、と洞察したくなるのである。間違いないと思えるのは、「言語」にはそんな深い知的懐がありそうということか。

諸叡智たちの指摘を待つまでもなく、マーケティングにおける使用概念の現況は、その発達・充実度において

「徐々に細りゆく概念の退化」が眼前に迫る際のごとくであり、ひたすらフリーズし静粛にならざるをえない切羽詰まった事態をも容認せざるをえないようであった。無念。カレントのマーケティング周辺はただただ鬱々たる灰色の気体に包まれているようであるか。カレントマーケティングは奥深い「言語」という存在を軽んじすぎている。ものごとの表層に生き過ぎている。離陸導入期を支えたマーケティング学の初期リーダーたちの脳みそには本学独自の概念を育もうとする意図や気づきなどまるでなかった？　やはり、未来はない、とみるしかないのだろうか。

一つ、最後のといってよいかもしれぬおののくほどの大胆提案がある。カレントマーケティング思惟の中に現存する主要なキーワードや概念らしきものを、皆一度ウィトゲンシュタイン言語なる世界の中に浸し込み、それらの論理空間内における言語特質を徹底的に吟味し、その病的度合いを確定するための診断をしてみないか。また「商品」というモノの構造のなかに中島義道の言う「パースペクティヴ」を追ってみないか。その世界は結局のところ茫洋たる可能性なき痩せた大地にすぎないのかもしれぬが、今挙げたそれらの提案は、彼ら（キーワードたち）を再生させうる方法論探索を前に進めるための唯一の、そして最後の治療手段になりうるのかもしれない、とは思ってみたのだ。もちろん無駄な努力になりかねないことぐらい、百も承知の上だが。

言語力低減への慄き

さて、このように大切なる基本任務を担うはずの、本書で偶々取り上げた時代的に重要と喧伝される五つの概念（の卵）たちは、いくつかの reason-why が挙げられるとはいえ、なぜこのようにも簡単に buzz-word 化へと向かうのか。こんなに社会に大事にされない感じに見えるのか、はたまたどうしてこれほど容易に、世辞にも似た皮相な世のあしらいを、何ら抵抗もせずにそのままそっくり受けとめてしまうのか……。担う任務の崇高さに比してあまりに脆くしぶとさに欠けると思わないか。言語とは、概念とは、基本、人間らしさの源のはず、だろう。

これまた無念なり。このような事態は、先程の仲正昌樹（２０２２）の指摘する「〝哲学〟というキャッチーな言葉で商売をしている芸人」の増加といった時代趨勢に伴って生じてきているらしい？　マーケティングのコンサルティングやプランニング業においても、この種の〝芸人〟は少なからず増えているかに感じられていた。

本書において〝buzz-word化〟なる現象の先行きを案じつつ紆余曲折しながら進めてきたこれら五つの概念たちへの考察過程における率直なる感触を伝えれば、概念たちそれぞれの概念作成者そして概念伝達仲介者・実使用者たちはなにゆえもっとバズワード化現象に対する抵抗姿勢を示さないのか、軽さばかり楽しむメディアの流れに異を唱えないのか。其処には本質に正対しコアに迫ろうとする概念ユーザーたちの想定外のエナジー縮退と、〈時代〉への影響力をもつ人々（国や有力企業やメディア人たち）への媚び、忖度、迎合態度の類がやたら因として介在していたのではないか、といった懸念は残念ながら否定できないでいた。失礼あれば許せ。

これほどに有用に思える当該概念の諸研究成果物に対して、ぶつけられてきておかしくはない周辺科学からの活用意欲も、狭き蛸壺すぎて他学には難解さを深めざるをえないコンテンツの先端性ゆえかあまり目立たぬ。果して詮無きことと諦めるしかないのか。多くの蛸壺がもっと早期に交じり合い活用し合う状況が見えてきておかしくないほどに、これらの概念は相互に十分ユースフルなはず。自分に持ち合わせのないものは補い合おうよ。みんな横目で覗き見しつつその進展を静かに眺める、ただそれだけ……。されど、口では〝知ってるよ〟とばかりにbuzz音だけは発するのだ。

大衆の玩びに接しても、その多くが研究びとで構成される概念ユーザーたちは、怒りもせずに無関心を装う。私の偏見のせいかもしれぬが、ユーザーの多くを占める研究びとは、怜悧を模し見事にスルーするばかりに映る。哀は募りっ放しだ。

あえて言いたい。黙るな、そして、もっと怒れ。われらは自然に、怒りたいものである。怒ることが許された存在であるはずなのだ。貴方たちなら、即容易に〝buzz-word化〟を停止しうるはず。何とかしてくれ。共に、何とかしようよ。

目を移せば、「九九年に、アメリカの大学で工学系の博士号を取った留学生の数は、中国人が二千百八十七人、韓国人七百三十八人に対し、日本人はわずか百五十六人であった。（中略）日中韓の米国での博士号取得者数の差は、将来の三国の技術力の行方を示唆している」（「産経新聞」２００３年「正論」記事）と西村和雄（神戸大学計算科学研究センター特命教授）は少し前に自らの見解を端的に示したが、その約20年後の２０２２年12月14日付「産経新聞」朝刊「正論」欄で再度このことに触れ、「21年度のデータで、中国は17位、韓国は27位、日本は過去最低の34

位である」と世界競争力ランキング結果（国際経営研究所による）を示しつつ、その一因としてこの20年間の「理数授業時間削減」を再び指摘する。ゆとり教育が犯人？　まあ、その論拠など、簡単にははっきりしないのだろうが。ともかく知的何かが低落していることは確かだ。

その新聞の2週間後、また似たような記事を見つけた。見出しには大きく「人材ランキング　日本は（63か国中）世界41位」とある（「産経新聞」朝刊　２０２２年12月28日付）。スイスの国際経営開発研究所（ＩＭＤ）の２０２２年版「世界人材ランキング」の結果だそうな。世のランキングデータなど当てにならぬとは思うものの、ビックリせざるをえない事態であった。なんと２０１９年から4年連続下落！　上位はスイスを筆頭に北欧・欧州各国が続き、アジアでは12位シンガポール、19位台湾、33位マレーシアだという。さらに問題なのは要素項目別にみると、〝準備度合い〟分野（分野の詳細は不明）に含まれる「言語能力」が62位！　強烈に感じたのは、この言語能力とは推測するに他国語の会話力というよりは母国語にみる本質的な言語力のようにデータを読める（あくまで自分の読みではあるが）ことであった。

大人になってから必死に英語で会議し思考する日本の一部企業に見られるようなその情けなき実体（正体？）は、外国の人たちにはすぐに本質まで見透かされてしまうのだ、とあらためて昔の記憶を辿った。自分が最初に入社した１００％外資のコングロマリット企業で多忙に日を送る外国人役員たちがそうであったように、英語だけしかできない日本のビジネスマンは、たぶんすぐにわかるのだろう。彼らは世界市場で戦ってきただけに、ビジネスマンの本質を見ることに長けている？　今や日本（の学力）は、全身隅々まで見透かされてしまったか。

〝言語力まで最下位に近い？　どうしよう〟

立花隆（ジャーナリスト／思想家）も、２０００年に新人官僚の研修で、「無資源国家日本は科学技術で付加価値をつけることでこれまで食べてきたし、これからもそれで食べていかざるをえない。このままいくと本当に危うい」と語ったといわれる（この時立花は東京大学先端科学技術研究センター客員教授だった）。約20年後の今、そんな負の予測が現実化している、というのか。[注9]

注9　この部分『ザ・ファクタ』２０２３年1月号「論考　産業復興の大要はＲ＆Ｄ投資の再発明」（東京海上ＨＤシニアデジタルエキスパート・早稲田大学客員教授園田展人）より引用。

ともかく、日本の研究力・研究開発力は明らかに低減傾向の真っ只中にあるようだ。マーケティングもその傾向に準じていることは十分推測可能なのだろう。途中で本音を吐けば、この低減傾向の大きな推進因に言語・概念の衰弱があるのだ。

デジタルデジタルと騒ぐカレントマーケティング界の今につぶさに目をやれば、其処はなんと、小手先の技能が重宝され、ニーズや欲望など顧客という名の人間の本質について、どんどん考えなくなっていく人々で一杯のように映っていた。購買行動とは、売れるということは、紛れもなくユーザーたちの欲望の発露、だろう。こんな簡単なことを、なぜ理解せぬ？　なぜ欲望なるものを徹底分解せぬ？

昨今流行りの生成系ＡＩ（ChatGPTなど）の普及は、そんな考えない風潮を社会全体の大きなうねりへと、きっと増幅していく……。これぞ真の恐怖！

なのに、そんな人々には周辺科学の貴重な成果物すらほとんど目に入らない。概念が痩せ細り思考プロセス全体がフリーズしつつある。なのに、やたらプロモーション重視でただ忙しいだけの愉しめない現場の喧騒の中で半世紀以上にわたって私は、四十数社におよぶ一部上場企業のオフィス内を行き来しつつ何らかの仮像を信じ、二千本以上のプロジェクトに塗れて生活した。日本全体の研究力衰弱という縮図のごとき小さな湖沼で必死に泳ぐ生（なま）なる一つの事例であるか。血肉の乏しい概念の下で何が考えられるというのか。何が愉しいというのか。

研究は愉しめなければ始まらない！　今の斯界＝無情であり無常なる事態は今後さらに深まる、と悟る。無上であれば幸いなのだが。そりゃあ、どだい無理な話か。

転じて、概念とは、言葉つまり言語を礎にしてつくられる。換言すれば、言語がいくつかの主体を取り込み、何らかの方向へ向けて育ったものが概念だとも見える。概念に何らかの問題を感じるとなれば、それはわれらに皮膚のごとく貼りついて進化しつづける「言語」自体の問題ではないのか、とあらためて至極当前の思いを馳せた。

19世紀から20世紀にかけて、人間の叡智といわれる人々の思惟は、「言語」の胎内に置いて集中して為されてきた感がある。思惟には言語に拠ることなく為されうるものもあるやもしれぬが、この時代に育ち今も有用と見做される学における思惟は、鮮明に「言語」に大きく依存している傾向を否定できないようであった。

であれば考えることを常に求められる人間は、そして昨今のマーケティングマンもまた、今まで以上になぜにもっと言語や概念を見つめ、それらの特質を学び、それらがよりよく育つべくもっと動こうとしないのか。至極滑りのよき表面のみを滑って済ませようとするのか。何っ、そんな人種が集まった？　そこまで、言う！　デジタルと化しつつある今の時代がデジタルゆえに退化する？　そんなわけはあるまい。デジタルの満ちる時代は変容こそ多けれど、思考もまたそんな変容によって一層促進されるはずではないのか？

ある時は言語の戯れとも感じながら、明らかに言語という武器が漉き取る自然や物質、観念そして出来事といったものを前提に、ひとは行為してきたように周りには映った。マルクスの思惟といいハイデガーやサルトルそして私に馴染みのドラッカーやコトラーの思惟もまた、そのような感触は変わることなく存在し、われらを包み込む。われら凡人は、その感触に抱かれることで考えた気にほぼほぼなれるのだった。

言語の戯れはまた、人間の気休めや安らぎのように感じられなくもなかった。

誠に不思議なのだ。そんな妖怪のごとき妖しき術を駆使しうる「言語」たちの、なぜか生存しつづけようとするその発信力は、現代人が介在する言語使用実場面において、不思議なるかな、ミレニアム以降一気に衰退へ向かっているようだった。

なぜだ？　それは人間なる生物が初体験で意識し触れた〝デジタル〟なるエンジニアリング・モンスターの脅威による人間の心の揺れの問題か、はたまた科学の栄華が産み落としてきた欠陥品を思わせる〝エビデンス主義〟（〝エビデンス〟とは、「多様な解釈を許さず、いくつかのパラメータで固定されているもの」と千葉雅也〈当時立命館大学大学院先端総合学術研究科教授〉は『言語が消滅する前に』〈國分功一郎、千葉雅也　幻冬舎新書　２０２１〉の対談の中で語っている）なる〝新生・抽象微生物〟にも似た新しき論理形式の蔓延り・堆積が生んだセオリ構築過程の歪みの影響なのか、さらには（致命的で恐ろしいことだが）人類の知能なる存在物の崩壊現象の始まり、といった決定的できごとの勃発によるものか……。なかなか明確には判断しがたい状況のようであった。

このようなアカデミーに寄生しつつある（かに思える）望ましからざる傾城の虫は、良きアイデアの下で生まれ落ちた概念の卵たちの成虫へ向けてのありうべき発達を、手を変え品を変えて阻害しかねない。現代らしき困惑事態の進展であろうか。

中世から近代にかけてあれほど目覚ましく進歩したかに見えた人間の知能が、このデジタル真っ只中の現代において知能低下を示し始めた？　そんなバカな……。そんなことは決してない、そりゃあ日本だけの現象だろう。ありゃ、それもまずいか。

基本である言語力低減傾向が概念の発達にもそのまま投影し、概念というものの存在に、人間固有の非論理的特質が浸潤する隙を生んだ？　それともその一方で、言語力のかわりに21世紀向きの情動力が強化されていくのだから、それもよしと見る？

そうは、行くか！「言語」は人間独特の肌であり皮膚なのだ、人間であることの象徴であり、考える人間の土台。それは見えないものをも隠喩として理解させうる力をもった人類の宝物なのだ。「言語にはマントラのような核があって、奥に蓄みたいなものがありそれがパッと弾けて外に出る（それは心の構造や動きと似ているという）」（『初めて語られた科学と生命と言語の秘密』松岡正剛、津田一郎　文春新書　２０２３）という比喩的表現も見られるくらいに神秘的でもある。そしてこ奴らは、人間の進化と共に自らも進化する。進化した「言語」はまた、人間を大きく進化させるはずなのだ。そういえば「直立二足歩行によってやや薄まってしまった本能的な解釈力（本能的解決力？）や対応力をなんとか取り戻したくて、各民族が言語を発達させていった」（『〈先夜千冊エディション〉情報生命』松岡正剛　角川ソフィア文庫　２０１８）という見方もあるようだ。この素敵な進化現象を継続しつづけてこそ人間の未来が拓ける。問題なのは、人間が今、本能の弱化まで補塡してくれるかもしれない言語（力）に関してても、その進化レベルで後れを取り始めていると思われること、進化してくれたはずの言語が環境の変遷についていけず、宝の持ち腐れになりつつあると思われることである。これぞ現代の典型的シンドローム、とそろそろ認めたい気持である。

知能低下の人類史の始まり？

ベストセラー作家でカリフォルニア大学教授（医学部生理学&地理学専門）のジャレド・ダイアモンドも「（北京語・スペイン語・英語といった国単位の）言語は急激に地上から姿を消しつつある」（『昨日までの世界――文明

の源流と人類の未来（下）』日本経済新聞出版社　2013）と指摘する。また世界に約7000もあった（国単位の）言語の数は「現状の速さで世界から言語が消滅していけば、世界で現在話されている言語の多くが、紀元二一〇〇年までに姿を消してしまう可能性がある」（同前）と宣う。それはなぜか、この減少傾向はどこまで問題なのか、そうでないのか、自然なことなのか……。その疑問はとても気になるのだが、まるで想像もつかない。われらに見えないところで、人類世界の何かが大きく変わりつつある？　それが不吉な一つの兆しでないことを祈りたい。

立花隆の〝このままいくと本当に危うい〟というあの呟きが、次のような新しい研究視座の新刊本を連想させる。この書の副題は〝忍び寄る現代文明クライシス〟とあり、「現代社会における知能遺伝子の劣化のありよう」を詳細に描いた「統合的な人間学とも言うべき科学的真理探究の書」であるというのだ。そのタイトルは『知能低下の人類史――忍び寄る現代文明クライシス』（エドワード・ダットン、マイケル・A・ウドリー・オブ・メニー　春秋社　2021）という。まあ、慄くのだ。

読んでいる間中、ゾクッとくる。その慄くコンテンツを少しばかり引用してみる。

> 「かってロンドンからアメリカまで四時間以内で行けたのに、今では不可能になった（コンコルドの事例を挙げて）のはなぜだろうか？　かって（一九六九年）月へと人類は到達したのに現在は不可能なように思われるのはなぜだろうか？　その答えは、驚くほどに単純である。われわれには、こうした活動を維持するほどの知性がなくなったのだ。コンコルドを飛ばし、月へと戻るための知性を失ってしまったのである」
>
> （『知能低下の人類史』）

思わずギョッとする出だしであった。この書の筆者たちの語る《知能》とは「基本的に、複雑な問題を素早く説く能力のこと」と、これまた単純明快である。引用を続ける。

「ダーウィン的な自然選択によって、人類の知能はサバンナを出た一〇万年前以降も上昇し続けてきた／

一四〇〇年代から十九世紀の中盤まで、すべての世代において、より豊かな五〇パーセントよりも多くの子供を育ててきた／一九世紀の後半には、大家族というのは無計画を意味するようになった（中略）つまり低い知能のほうが、高い知能よりも多くの子供をもつようになった／女性が労働市場に加わるようになると、もっとも知的な女性は二〇代、さらには三〇代の前半までもキャリア形成に捧げるようになった。（中略）知能の低い女性はキャリアに興味がなく、衝動的なので、一〇代の頃から多くの子供を生む」

（同前）

このようにしてこの書の著者たちは「我々のある種の能力は、人類が作り出してきた環境の改善によって高まってきたが、もっとも重要な認知能力、つまり一般知能においては確実に低下している」ということを科学的に証明しようとする。

そして、1969年（月面到達）から2000年（ロンドンからアメリカ・ニューヨークまで三時間半しかかからなかった時期）にかけて「もっとも高い位置にいる人々は子孫を残さず、もっとも低い位置にいる人々の数は大きく増加した」と言葉を足す。そう、「文明化された社会の弱者たちは、社会全体へと広がった」のだ。

確かに、著者たちが言うように、「産業革命によって、我々は膨大な量の財産を手に入れた。素晴らしい発明によって、信じられないほどに豊かになった。それによって極度に高い生活水準を実現した」のだろう。しかしその後は「発明の精神は減退」し、「資本が生み出す膨大な利子があるために、努力しなくてもますます資本が大きくなり」、こうして「資本を食いつぶす」生活が当たり前と化して、あるとき、今広がりつつある知能低減傾向に直結しかねない社会構造の中へスポンと、自然に嵌まっていく、そんな論理展開は素直に理解できるようであった。豊かな生活を満たす人間に〝必死〟を必要としない生き様が知能低減を招来するとでもいうのか。

他にも多角的に、熾烈に知能低下につながる要因が指摘されていく――

「人口比率で見た天才の数と、天才が生み出すマクロ・イノベーションは一九世紀中盤以来、低下してきた／主要な科学的なブレイクスルーは1825年頃にピークを迎えた／産業革命以降の西洋社会に起こった人口転換によって、人々が少数しか子どもを生まなくなったことで人口が減少し始めれば、こうした稀な遺伝子の組み合わせが起こるべき遺伝子プール全体が小さくなるだろうことを意味する」

（同前）

科学的論証が十分かどうかについてはいろいろあるのだろうが、無くはない推量・予測であろう、とは十分に思わされていた。訳者の蔵研也（岐阜聖徳学園大学経済情報学部准教授）も、興味深い言葉を訳者あとがきに添えている。

「ヒトは高い認知能力によって多様な発明・発見をなし、生活環境を改善してきた。とすれば、それを支える知能が下がれば、文明の崩壊は避けられない／生まれた子供が全員成人して次世代を作るような社会では、有害な遺伝子が次世代に受け継がれ次第に遺伝子プールに累積・拡散する。結果、個体の全般的な機能が低下する（ウイリアム・ハミルトン　血縁淘汰を提唱）／こうした過去の科学者の危惧を引き継いだのが（中略）リチャード・リンによる『Dysgenics（遺伝子劣化）』（１９９６）／近代社会までの知能遺伝子の増加は、ローマ帝国やイスラム帝国でも起こった。それがそうした文明の繁栄の理由である。その後に生じた知能の低下とともに、社会の結束（アサビーヤ）も低下する。文明は次第に衰え、同時に周辺民族による侵略などが発生して、帝国は瓦解する。これがイブンハルドゥーンやシュペングラーなどの文明の盛衰モデルの、科学的な核心だというのである」

（同前）

まだ、信用しえない部分も、きっとあるだろう。しかしわかるから怖いのだ。悪寒が走る。少子化国家の代表である日本は、今、知能低下という流れの尖端を走っている。〝日本のやり方〟という個別の要因以外に、大海のうねりのような一大史実ファクターが日本を先頭に立たせている……。マーケティングの心細さも、そんな激烈な負の高潮の一端を浴びせかけられているせいなのか。

人間の知の衰退の話となれば、２０１９年、仏のベストセラーになって話題となった『デジタル馬鹿』（ミシェル・デミュルジェ　花伝社　２０２１）にも触れなければ叱られよう。著者が認識神経科学者であるこの書の原題は『デジタル馬鹿製造工場――子どもにとって危険なデジタル画面』（スイユ社刊）という。書の帯には「大量の〈画面〉が生んだデジタルネイティブは、新人類か馬鹿か」と大書されている。当然「馬鹿」が著者にとっての正解なのだろう。この書によれば「先進国の子どもが〈画面〉に向き合う毎日の合計時間は、平均で2歳からすでに50分に近く……」「現在の《デジタル革命》は私たちの子どもにとってチャンスなのか、それとも《デジタル馬鹿》を製造する悲しいメカニズムなのだろうか」「デジタルによる突然変異体という子ども像は、伝説にすぎず科学的文献のどこを探してもいない」と啓発する。この書を記述するために世界中で発表された参考図書２０００点以上に目を通した著者の言葉ゆえ迫力がある。一方フェイスブックの元最高経営責任者ショーン・パーカーも「ＳＮＳが考案されたのは〝人間の心理面の脆弱性を利用するため〟だったことをはっきりと認めていたという（『デジタル馬鹿』より）。さらには仏の経済学者ダニエル・コーエンも「デジタル社会は、人間が他者と向かい合うとき、その他者が自分の気持ちを理解している、あるいは理解しているはずだと考える他者とのつながりを断ち切る」（『ＡＩ時代の感性――デジタル消費社会の「人類学」』ダニエル・コーエン　白水社　２０２３）と近著にてデジタル社会がもたらすリスクを怜悧に指摘する。ひとに触れずに「画面」を傍に置けば、そりゃあ当然の成り行きか。

親や他の人間との接触時間を幼児の段階から「画面」に奪われ、座りっぱなしと身体を動かさない習慣を身につけた子どもの言語や知能が、発達的によい形で育つわけはなかろうという道理。発達心理の先生に聞いてごらんよ。ここにも明確な知の衰退の一つの大きな基幹的要因を十分に見出しうる。社会のデジタル化が生んだ「デジタル馬鹿量産体制」なのか。われらは黙って、反することなくその流れに乗っている。行き着く先は、たぶん地獄か。welfare, well-being であろうはずがない。

ともかくこの書は参考文献も豊かで、日本国民が今こそ読むべき書だと認識している。読んで、あらためるべきところは早くあらためなければならない。デジタルは自然な人間のありようを、やはり蝕むのか。対策見えずとなれば、あまりに無防備？

それにしても知能低下の話ばかり。日本は、世界は、地球は……どうなっている？

信用できるかどうかということよりも、可能性を感じる予測、仮説はすべて勘案して対策を考えねばと、あらためて思うのだった。この命題の底は、深い。

「研究」の不滅なることを――

私はこれまでの記述において、「概念」とは〝その領域の思考を促進し知の創造に貢献する媒介物であり成分・組成らしきもの〟と見立てた。であれば創造を旨とする研究&開発などの知的タスクの質を大きく規定する存在物でもあるはずだ。「概念」が軽ければ作業仮説も軽くなる。さればそこに生まれくる知も成果物も軽くなり、レベルダウンして当然ということなのか。同時にその事態は哀しいかな、本来の〝人間らしさ（それが何かは明確ではないが）〟の縮減につながっていくのだろう。

そういえば京都大学基礎物理学研究所所長、日本物理学会会長などを歴任したあの畏敬すべき佐藤文隆が学術史に繰り返し見られてきたと語る「概念構築の高踏性に耽溺する悪癖」（『科学者には世界がこう見える』青土社2014）を反復する行為は、〝概念構築〟という行動が、喫煙や飲酒に似て、学にとって悪癖になるほどに魅力的で意味ありげなもの、ということを暗示していることになるのだろうか。あれ〜、概念（構築）は研究びとにとってたばこや酒、クスリのようなもの？

昨今の「概念」にみる特徴の内胞に、人類の、そして特に日本の「研究」へ向かう態度の、屈折や縮退の兆しを感じざるをえないでいた。その影響はまさに国力の低下にまで及ばんとするようだ。嗚呼、おそろしや「概念」殿よ。

まこと「研究力」って、何なのだろう。丸山宏（Preferred NetworksのPFNフェロー）は「アカデミア（学術コミュニティー）が社会に与える価値を創造する力」（『一橋ビジネスレビュー』2021年秋号 69巻2号 特集「研究力の危機を乗り越える」東洋経済新報社）だという。困った、困った。なんと抽象に富んだ説明であるか。価値と創造の二語が入ってくると何となくわかった気にはなるのだが、いざ〝価値とは何だ〟と考え始めると途端にピンとこなくなる。昨今こんな論考パターンが目立つ。

有馬朗人（元東京大学総長・理化学研究所理事長。原子核物理学専門）は「個の研究力なるものを上げるには①若いときに非常にすぐれた独創性のある人と出会い、その人がどうふるまうかをそばで見ること②ある時期から完全に自分自身になること③どんなに攻撃を受けようと、自分が正しいと思ったらめげないこと」（『研究力』有馬朗人監修　東京図書　2001）だとわかりやすく力説する（かに受けとめた）。創造性でなく、独創性なんだ……。②についてては企業だったり大学だったり、学術会議だったり——ともかく日本では研究者の群れなす姿が目につく。《群れ》はマイナス、なのか。少なくとも私は、《群れ》には馴染めぬ。

青色LEDの発明でノーベル物理学賞を受賞した中村修二（当時カリフォルニア大学サンタバーバラ校材料物性工学部教授）も、同書（『研究力』）内で「日本の学生は（中略）高校までは日本は世界一ですが、大学では子どもです」「基礎理論はすべて欧米で構築されましたから、日本の本はそれを訳したものです。重要なところがバッサリと削除されている。それではわかるはずがありません。原著を読まないとどうしようもない。原著を読めばわかるのです。だから〝原著を読みなさい〟といわれるのです」などと興味深い指摘を述べている。「大学では子ども」とはよく言った。自分はほぼほぼ納得しながらも〝いまじゃあ、高校以下もアブナイ〟と感じている。概念化能力は、義務教育段階の内容に大きく影響を受けるはずのものだ、と思う。

ということで昨今生まれの「概念」もまた、当然のごとくどこかみすぼらしくなってきているようなのだ。それはまさにセンス・オブ・ワンダー（sense of wonder：自然に触れて深く感動する力。レイチェル・カーソンの同名の書名に由来するといわれ、確か生物学者リチャード・ドーキンスや福岡伸一らも書内で使用したと伝えられる、私がとても興味を膨らませている表現。好奇心とは違うのかな？　これも概念に入るの？）の希薄化を意味するのだろう、と勝手に推量して震える。ということはすでに生物として、劣化の途に着いている？

実務家ごときが何を言う？　その通りなのだが、もう言っちゃった。わるいな。

これが本書で一番言いたかったことなのかも～。〝研究力の低下の主因はどこまでも個のアビリティ低下にある、誤魔化すでない〟と。これぞ現代一番の恐怖の源。なぜか無念だ。そう、研究（究め研ぐこと）行為全体の衰兆？そのトップをマーケティングが走る……。この現象を、まさか誰も被害妄想とは言うまい。人類にとって、研究は不滅でなければならないはず。そうだろう？　そうだよね。

新概念たちをいかに同化させていくべきや……………

己れの棲まうマーケティング界においてぐらいは、資質のよい概念たちをきちんとオーソドックスに、より発達を促すべく取り込み同化させていきたいと熱望する。そりゃあ足掻きだなどと言われようと、この程度のことは最低なしきらねば、明日に生きるマーケティング思惟は、もうない――そんな予感が五体を走りぬける。

私の、今のところの、とりあえずの結論はこうだ――これら五概念個々の意味構成と主要機能は、マーケティング思惟に取り込む段階において、次のごとくに絞り込んでみたい。あくまでもマーケティングジャンルに限定してみた自己中ともいうべき世界ゆえ、関連領域の方々に何らかの失礼あれば事前にご容赦の程願い上げておく。

ついでに言えば、これら五概念は、マーケティングのための概念と化した段階で、個々に新たな固有ネーミング（概念名）を設けるつもりである。各概念候補の末尾にそれぞれの新ネーミングに対する現時点における見解についても、目下の私見を付記させていただいた。好きにご批評賜れば幸甚である。

〈イノベーション〉……当面使わない。ただしシュンペーターの「新結合」はその限りではない。従来の商品開発的世界の中の最高峰たる新概念を別途新設。「イノベーション」概念は使わないで済ませる努力をしばらくの間鋭意試みてみる。その間の追究はすべて経営学等に委ねる。他領域におけるイノベーション研究成果物は商品・事業開発のためにフル活用させてもらうつもりだ。ついでに急ぎ「商品開発の最高峰」を表象する魅力的な新概念と「山口学説」の新ネーミングを考えてみようと思う。

【新ネーミング】本概念非使用ゆえ新ネーミングも当然ない。ただ「商品開発」なる業務の基本ネーミングは「情動開発」「心の開発」等々新コンテンツに沿って是非に改訂させてもらおうと思う。

〈CSI〉……従来のスタンドアロン的BI（business intelligence）機能を持った「市場（つまりは顧客視点）による戦略評価システム」を、〝基盤的 consumer-oriented attitudes &システム感覚醸成ツール〟として本格的に再生させようとする意図の下で基幹業務システム内に常備する。本システムをさらに〝21世紀市場に適応する本格的戦略評価尺度〟に転生させるべく、被説明変数および説明変数などへ、持続可能性要素を保有する変数群を常駐的に内含させるなどの中長期視座を強化する工夫を加味。最終的に自社の核となる統合的情報系システム基盤のコアとしてフル駆動させ、全社のデジタル感覚醸成を強化・推進し、将来のあらゆる情報系システム拡張の土台にしていく。将来は〝本来あるべきideal マーケティング情報システム〟形成につなげるべくシステム吟味を図る。

【新ネーミング】CSIからの脱皮を明白に主張するため、「Strategy Evaluation System by the Customer（SESC）」をコアとする「統合的情報系システム基盤」であることがストレートに伝わる新ネーミング――たとえば〝ネオSIS〟等――を考えたい。今後Satisfactionという用語は非使用・禁句とする。

〈SDGs〉……貧困等々まで含んだ幅広の統合概念としては一切非使用。SDGsなる表現は過複合性かつその多目的性ゆえに戦略立案時および実行段階で非論理的不整合等の矛盾・不具合等を生起しやすく、概念の完成度としても低い。依ってSDGs表現は抹殺。地球全体を市場と見、多岐にわたる地球属性との適合性判断を、従来のサスティナビリティ概念にみる時間軸重視でなく、多岐の企業活動全体による「持続可能な現実」の気候＋自然環境や生物多様性への配慮なども包含した総合的豊かさを多面的に希求する「Qualitative Sustainability」要因（新概念設定）をコアとして、あらゆる企業経営戦略の新基盤概念としてルーチン使用していく。企業の全マーケティング行動においてこの視座は未来永劫必須であり、地球と共に生きつづけて企業寿命全体の豊かさ充実を目指すべく諸活動の限界・範囲を明確にしたアクティビティ倫理の新設とその啓発活動の全方位定着を図る。本ビジョンの専門組織を併置し各事業戦略の実戦化につなげる工夫を高密度に展開しつつ同時に前概念（CSI）とのシステム上の一体化をなす。

【新ネーミング】基本〝企業は地球（さらには宇宙）と共に生きる〟というとても素直なる「サスティナビリティ思惟」をベースに新ネーミングを考える。そのコンセプトのコアは、①地球属性との適合性（持続可能性を含む）、②中長期視座の二点、すなわち新設する「質のサスティナビリティ概念」の基盤的形成とその実践&遵守に尽きるということだ。良きネーミングを公募したい。

〈AI&ビッグデータ〉……当面、装置概念「AI」とその〝餌〟概念「ビッグデータ」は一体化させ、一つの

「予測マシン（思考ロボット）」として徹底し、〝弱いＡＩ〟技術をフル稼働して多様な判断支援ツール開発とその常備体制を実現する。つまり「弱いＡＩ技術×（とりあえず今語られているレベルの）ビッグデータ」を組み合わせた〝一つのシステム装置概念〟として位置づける。餌であるビッグデータは過渡的な一つの対応策として、ユーザー視座（使用用途単位）毎にいかに使用目的別に分類・管理していくべきかといった新しい体系理念が求められる。ビッグデータとしての各社固有のオリジナルな体系化こそ肝要。「予測マシン」以外のＡＩ諸機能（特に強いＡＩ――汎用ＡＩ＆人工超知能）開発およびその概念化は本業である自然科学者たちに任せたい。われらが主体となって今後掘り下げていくテーマは身体性認知科学・因果推論の科学等に基づく「新データ観の追求」とそれに基づく新方法論開発およびビッグデータに潜む因果の抉り出し作業であり当面の最終目標は「因果」解明なのだ。

【新ネーミング】現時点で超曖昧なるＡＩ（ＡＧＩなども含めた）全体のネーミングは付したくない（いつかＡＩなる呼称は抹殺したい）。〝弱いＡＩ〟つまりＡＩロボット・思考機械領域限定のマーケティング内新名称として「Algorism Intelligence」「Desire Intelligence」あるいは「Desire Algorism」等を候補として検討。ビッグデータについては「Data」という原点に戻って白紙から検討したいが、当面はＡＩの「餌」にとどまる〝概念の卵〟のことであり、とりあえずの仮のネーミング候補としてはシニカルに「Bait（餌）Raw Data」、意味的に「クラスタービッグデータ」、最新の用語として「ブロックデータ」なども候補には一応なりうるか。マッシブデータフロー（ＭＤＦ）の実践化時代到来の際は、この〝概念の卵〟も本格概念になる可能性もはらんでおり、当該研究分野に用いられている主要言語を参考にしてそのまま「マッシブデータ（ＭＤ）」あるいは「マッシブデータフロー（ＭＤＦ）」と使わせてもらったり、その他あらためて一から新鮮に考え直すことも必要になるやもしれない。今後の課題だ。

２０２５‐２０３０年ぐらいまでは、このように絞り込んで接していっても、たぶん大丈夫だろう。まあ、ボチボチ行こう。皆さんもこの機に考えてみてはいかがか。

新概念の魅力に注意を払うあまり、４Ｐ／ＳＴＰなど既有の概念（?）たちの刷新などの議論については、本書ではほとんど触れなかった。私の見立てては、4P／STPは広義にみても、概念とは呼びたくない立場である。「ニーズ」と曖昧なままに呼んできた欲望関連の諸概念の整理・再構築（ウィリアム・B・アーヴァインのターミナル欲望&インストルメンタル欲望の新概念採用およびニーズという用語の概念からの削除も含め）、現実に消費活動が為される「場」の概念の経済学追従姿勢の是正（たとえば〝市場→生活世界〟）等は、新学の革新のためのコア作業として新概念導入に併せて必須であることは言うまでもなかろう。その部分についての仮説・議論は拙著直近刊行（2021&2022）の2冊（『現代マーケティング解体考』二部作）を参照願えれば幸甚である。其処にはA・N・ホワイトヘッド思惟に基づいた欲望解明のための「新データ像」がある。有機体の哲学にもっと学ぶべきである。

概念の発達は、新しい世界観を醸成する

最後の最後に、今一度私が最も繰り返し目を通した野矢茂樹の書（『語りえぬものを語る』講談社学術文庫2020）から、「概念」についての定義らしき記述を念入りに探索していく中で、あらためて次の四点のごとき気づきを得たので、作業後の自分の第一印象（→以下のコメント）も併せ、付記しておきたい。

①（事実の構成要素である）性質と関係を併せて「概念」と呼ぶことにしよう。

→〔ジロ〕物事の性質・関係という、コトバの血肉部分が育ってこその概念か。

②概念体系は世界を捉える一つの「枠組」として働いている。ひとはある概念体系を通して世界を捉える。それゆえ概念体系が異なれば、それに応じて異なった世界が開けることになる。

→〔ジロ〕概念は世界を見る固有の体系を組み込まれた眼鏡ということか。

③論理空間のいわばサイズ——私に語りうることの総体——は、私がどのような概念を所有しているかに依存しており、したがって、私の経験に依存しているということだ（解説〈東京大学哲学・倫理学准教授〉古田徹也）。

→〔ジロ〕私の論理＝可能空間のボリュームは、含まれる概念の質量によって決まってくる、ということな

のだろう。

④概念を所有するということは、それゆえ言葉を使用するとは（中略）ある技術を身につけることである。

→〔ジロ〕概念を持つ＝技術を身につける、ということであるか。

（『語りえぬものを語る』）

これら野矢（２０２０）や古田（解説）の言葉に失礼を顧みず横串しを入れさせてもらえれば、思惟・思考の充実はひとえに概念の充実にかかっている、と明言してよさそうであった。概念の多用はウィリアム・ジェイムズらの語るように〝人為に過ぎる〟といわれようと、思考こそ人為自体であり人が為す行為なのだ。勿論ものの認識は人為すぎては問題を孕んでもこようが思惟の類に対しては遠慮は無用と捉えたい。

概念には血肉部分が〈発達〉する、概念は固有の体系の組み込まれた〈世界を見る眼鏡〉、人間個の論理＝可能空間のボリュームは概念の〈質量で決定〉する、概念は〈技術〉、といった4点は十二分に納得しうる仮説であろう。この部分、納得！

ただ、何か足りない、と言いたくはなっている。再び失礼を顧みず口に出す。哲学者クリストファー・ガウカーは道具としての言語を研究テーマとした。彼は、個人内の言語の役割を再考し、「世界を表象したり、思考を表現するための道具としてではなく、自分の環境に変化を起こさせる道具として」（Gauker 1990, p.31）公共の言語を描くことである、と考えたようなのだ（『現れる存在』アンディ・クラーク）。私もこの見解に加担したい。最終的に概念は、人間個々の心が身体、世界へと漏れ出し、自らの環境に変化を起こすべく己れの主観を介入させる、そんな人間にとっての貴重なる道具であり生きた証しの雫の結晶なのだと。だからこそ人間の知能は身体性の下にあるのだ。そこまで達しないことには人間の知能は復元しえないと考えたい。

といった風に、ここまで本書内で延々と〝言語に発する概念の特質〟を考えてきてはみたのだが、この考察への「身体性」という概念の介入段階あたりで〝これでよいのか、何か足りないのでは、見落としがありそう〟といった怪訝なる気分に襲われていた。これだけ集中して考えたにもかかわらず（図々しい！）〝怪訝〟とは何たることか。考えることが、まだまだ足りなかったということであるか。なんと厳しい！

こんな気分のなか、なぜかメルロ＝ポンティの次のような視座を思い出していた。「メルロ＝ポンティは、概念を言語の特権的な意味とはせずに、しぐさから生じ、しぐさによって支えられているものとした」（『メルロ＝ポンティ入門』船木亨　ちくま新書　２０００）。ひゃあ〜、概念は言語だけでなく〝しぐさ（ある物事をするときの動作や表情）〟によっても支えられているって？　しぐさは身体、じゃあないか。

今頃、なんだ！　もう本書は終わろうとしている。どうしよう！　書の末尾に至って、みっともない話のようであった。まあ、しぐさと概念の関係の考察は次の機会（そんなの、あるか？）に送らせてもらい、とりあえず言語と概念の関係洞察でこの書は終わらせてもらうしかなさそうだった。ウィトゲンシュタインや野矢茂樹の思惟への好奇を契機に始めた議論ゆえ、第一段階としてはこれにてご容赦願いたい。

しかしメルロ＝ポンティによるこの指摘は、概念論議における「身体性」の重要さを見事に示唆しているようで、畏怖すべき何かを感じていた。そういえばメルロ＝ポンティは「知覚」というものを「ぼんやりとしたもののあいだに隠れているくっきりしたものを把握することではなく、ぼんやりしたものとくっきりしたものが区別されることである」（同前）と語り、「ぼんやりしたもの相互のあいだに、なにものかをくっきりさせるような潜在的な関係（ゲシタルト）があって、それが〈身体の挙動に応じて〉くっきりしたものとして出現してくる」（同前）と考えたらしい？

しぐさ（≒身体性）が区分けの補助線を浮き出させる、とでも言うのか。きゃ〜あ。言語としぐさ（身体の挙動）と概念——実に面白き関係性のようである。

人間学・欲望学たろうとするマーケティングには、最終的にそのような身体性やしぐさの関与した概念論議も必要となってくるに違いない。今はとりあえず〝表象・表現するための道具〟としての概念の導入レベルに甘んじるとしても。今後の勉強課題とさせていただく。

そろそろ終わりにしよう。〝概念の発達は、新しい世界観の醸成に直結する〟ということを本書の結論としたい。そしてマーケティング学の思惟の充実は、とにもかくにも固有の概念の充実がもたらすのだ、とまずは言い切りたい。野矢（２０２０）の『語りえぬものを語る』に解説を添えた古田徹也（当時東京大学准教授・哲学、倫理学）は「概念が形成される動的過程」を「典型的な物語からの逸脱から新たな物語が語り出されていくダイナミズム」

と喩えた。ということは、この〈ダイナミズム〉のエナジーはたぶん「言語」と「しぐさ」に因るものなのだろう。われらは、マーケティングのために、日本のあらゆる研究のため学術全体のために、そして自身のこれからの生のために、この動的過程の充実を図らなければならない、ということになりそうである。

なにも現代マーケティングにそこまで求めなくても、と考える人は多いだろう。概念についての思惟の多くは、今ある過シンプルで短絡に近いマーケティング思惟とはあまりにかけ離れているがゆえに、マーケティング領域の中でそのような革新を求めるなんてことはどだい無理なタスクだ、とみたくなる気持も十分に理解する。

されどマーケティング思惟の懐（ふところ）は意外なことに潜在的に深くて広くまた人類の生に十分貢献可能である、と都合よく考えたい。なにせ他学に先んじて人間のニーズ、欲望、欲求に迫らんとした最初の学なのだ。この想い、半世紀以上やった者でなければ浮かばぬかもしれぬ。私が睡眠まで大幅に減らして数十年付き合ってきた経験が束になってそう伝えてくる。マーケティングしか経験のない実務家なれば、たとえ無理に感じるアプローチであろうと、他の革新へ向かう道など決して歩めないのだ。

いまだ半開墾状態にとどまる20世紀型カレントマーケティングの領土上に、過去資源を活用しつつ本来あるべき新鮮なる学を建立しえてこそ、関心ある人々に画期的な「省察」という新しい花を届けることになると信じたい。カレントマーケティングも、そこそこには世に役に立っているはずなのだ。消費、購買といった人間の行動周りの〝言語を用いた概念形式に基づく進化〟こそが、今本格的に求められてよい。

そんな未練の糸筋を断ち切れもせず、悶々と妄察しつづけていたある日、朗報なのか悲報なのか微妙なる出逢いを経験する。２０２３年5月10日刊行の書『マーケティングの力――最重要概念・理論枠組み集』（恩藏直人、坂下玄哲編　有斐閣）を手にした。帯には「現代マーケティングの全体像がここに」と大書されている。嬉しさと不安が交錯した。中を見るのを一瞬躊躇！　ミレニアムの頃同じ出版社から出された『マーケティング・パラダイム――キーワードで読むその本質と革新』（嶋口充輝　有斐閣　２０００）をすぐに思い出した。両書とも領域内キーワードを掲載、その前後に著者・編者の全体観がらみの記述が加えられている。今回の書は挙げたコトバをキーワードとは呼ばずに「重要なアカデミック・ワード」と表現し、副題には「最重要概念」という言葉も躍る。期待せざるを得ない。

冒頭の恩藏（編者）の言葉に「（昔はプロペラ機だったのに）今日のマーケティングはジェット機、もしくはそれ以上になっている」とマーケティングの進化（?）を説くのだ。その根拠として「研究基盤、研究方法、さらには研究対象」の、ひと昔前に比した相対的充実を挙げるが、具体的説明にまでは噛み砕かれていない。冗談だろう？どこがジェット機か？　進化している？　そうなのか、ホントに？　〝○○も休み休みに言え〟ってか。事項索引に「ニーズ」のみならず「欲望」「欲求」まで非掲載でそう言えるの？　これらニーズ関連の概念は最重要概念には入らない？　もう怒っちゃうぞ。果して約20年前の嶋口の書と比してどうなのかな？（嶋口の書の事項索引には「ニーズ」は「ライバル」という語となぜかセットで掲載され、「欲望・欲求」は非掲載）。項目として仮に選ばれたとしても、まあ何も書けないんだろうな。書けないもの、選ばないよな。

離陸期のマーケティングは顧客（人間）よりも企業（クライアント）を見ていた？

近代マーケティングの父といわれるフィリップ・コトラーが90歳にして挑戦した書『コトラーのＨ２Ｈマーケティング――「人間中心マーケティング」の理論と実践』（フィリップ・コトラー、ヴァルデマール・ファルチ、ウーヴェ・シュポンホルツ　ＫＡＤＯＫＡＷＡ　２０２１）の中で苦闘した「Ｈ２Ｈ」モデルや「人間中心マーケティング」がらみの理論・概念そして滴る汗の投影は何処へ？　コトラーさんの最終成果といえる「人間中心マーケティング（Ｈ２Ｈ）」にみる論理体系のほとんどはぶっ飛んだ？　たとえば恩藏ら（２０２３）によって取り上げられたＳＤ（サービス・ドミナント）ロジックなど、コトラーさんがＨ２Ｈコンセプトに組み込みたくて必死に探した支援サブ概念候補の一つ（他にも同時にデザイン思考、デジタライゼーションの三つがＨ２Ｈマーケティングモデルとして取り込まれたと記憶）にすぎないのではないのか。Ｓ-ＤＬを取り上げるなら「Ｈ２Ｈ」体系のほうだろう。せめてコトラーさんの汗だけでもきっちりと反映してほしかったと思うのは自分だけであろうか。これがわれらの、今のマーケティングであるとは。私は明確に、この書の中に「進化」より「退化」を認識してしまったようであった。

私はまず、恩藏らのこの書に、どのような学の体系や新思惟・セオリが反映されていそうかという点に注目して目を通した。先述したように私が問題にしてきた「ニーズ」という曖昧語は消えていた。ということは「欲望」

の一切が消えた？　「欲望」概念を対象とせずして果して人間学が成り立つのか？　コトラーの名著『コトラーのマーケティング3・0——ソーシャル・メディア時代の新法則』（フィリップ・コトラー、ヘルマワン・カルタジャヤ、イワン・セティアワン　朝日新聞出版　２０１０）に見えた精神性も幻のごとく消し飛び（と私には映った）、さらに「製品」関連の項目もなぜか少ない。コトラーさんの悩みのタネの一つだった（と私は認識している）欲望・欲求関連の多くの肝要なる言葉たちは令和に至って見事に霧消した？　そうなんだ。あんたたち、本当にそれで満足しうるのか。あれほどに「ニーズ」「ニーズ」と数十年も問いかけつづけて……。なぜか、離陸期のマーケティングに見えていた新奇なる正体不明の本質を何とか取り込もうとする激しさと、其処に投影されてあるはずの〝本質的よさの幻影〟すら欠片ほどにもほぼ見えぬ。あるかに見えるのは、学を守ろうとする「教条」のような末梢物？　哀憐なるかなこの世界。〝違うだろう？〟と呟きかけて口をつぐんだ。

「顧客志向」は「市場志向」に包含され、「市場」概念はそのまま残った。ｅ‐コマース、オムニチャネル、トリプルメディア、人工知能（ＡＩ）などが逐語的にチラッと顔（だけ？）を出し、重視（？）されつつあるようだった。Ｐ・コトラーが最後に頼った「デザイン思考」「Ｓ‐ＤＬ」などの関連セオリは姿を見せていてチョッピリ安堵。とりあえずのゴールとして、どんな学の体系・思惟を想定しているのだろうと問いかけたくなるワードの顔ぶれだ。何と不揃いの言葉たち。これら89項目からは収斂していく学の像・コンセプトは見えぬ。バラバラ感は一杯？　つくろうとする思惟の像も無念ながら感じぬ。これじゃあ、コトラーさんも戸惑うか？　進化しているのかなあ、ジェット機なのかなあ、どこが。そうは思えど、この種の書の刊行は、やはり凄く嬉しい。たぶん、難解でやれてきていない命題より、過去になんとかやることのできた、今多所で手をつけられているテーマがウエイト高くこの書に反映されてきているせいもあるのかなとは感じた。仕方ないか。この種の本、21世紀になって、やっと出た、と祝えばいい。

正直最重要概念抽出よりも、まずは学の体系整備からなのだろう。でもホント嬉しかった、「概念」というものに注目してくれている。それを編する前向きな人もいる。またこんなに多くの人（執筆者は60人超、みんな若そうだ）がマーケティング研究に懸命に関わってきている。めげずに頑張ってほしい。さらなる高みをみてほしい……。そう、その鍵は「概念」なんだよ。つまり仮説（的概念）の横溢なんだよ。

心はまだマーケティングの懐にありつづけているのか。ありえぬ。好きに生きたゆえすべて詮方なし。八十路をすぎしわれなれば、マーケティングという狭き領土を踏みしめながら皺々の足裏に残る実感を読みとりつつ妄察を呟くぐらいしか能がない。

あと少し、やりたいことの中の、やれそうなことをやるだけ、である。

この種の言葉や概念における議論を契機に、彼ら（概念たち）の慟哭に耳を傾けてもらえれば、こんなに嬉しいことはない。あらためて問いかけたい――「研究（究め研ぐこと）」という行為は人類にとって研ぎ澄まされつづけなければならないもの。その鋭利さは永遠でなければならないもの。それが今、危うい。早く手を打たねば。

そんな「研究」なるものの不滅なることを、ただひたすら祈るのみである。

〈総論（下）参考文献〉

・『心という難問――空間・身体・意味』（野矢茂樹　講談社　２０１６）
・『認知の発達』（園原太郎編　培風館　１９８０）
・『欲動』（丸山圭三郎　弘文堂　１９８９）
・『言葉とは何か』（丸山圭三郎　夏目書房　１９９４）
・『分散する理性　現象学の視線』（鷲田清一　勁草書房　１９８９）
・『動物と人間の世界認識――イリュージョンなしに世界は見えない』（日高敏隆　ちくま学芸文庫　２００７）
・『世界認識の方法〈改版〉』（吉本隆明　中公文庫　２０１２）
・『量子論と物理学の分裂』（カール・R・ポパー　小河原誠、蔭山泰之、篠崎研二訳　岩波書店　２００３）
・『青色本』（ルートウィヒ・ウィトゲンシュタイン　大森荘蔵訳　ちくま学芸文庫　２０１０）
・『リーダーのための「レジリエンス」入門』（久世浩司　ＰＨＰビジネス新書　２０１５）
・『知的思考力の本質』（鈴木光司、竹内薫　ソフトバンク新書　２００９）
・『佐藤文隆先生の量子論――干渉実験・量子もつれ・解釈問題』（佐藤文隆　講談社ブルーバックス　２０１７）

・『世の中ががらりと変わって見える物理の本』（カルロ・ロヴェッリ　竹内薫監訳　関口英子訳　河出書房新社　2015）
・『目に見える世界は幻想か？——物理学の思考法』（松原隆彦　光文社新書　2017）
・『〈科学ライブラリー〉量子論——幻想か実在か』（A・I・M・レイ　林一訳　岩波書店　1987）
・『宇宙に外側はあるか』（松原隆彦　光文社新書　2012）
・『フューチャー・オブ・マインド——心の未来を科学する』（ミチオ・カク　斉藤隆央訳　NHK出版　2015）
・『マルクス・ガブリエル——欲望の時代を哲学する』（丸山俊一＋NHK「欲望の時代の哲学」制作班　NHK出版新書　2018）
・『意識の脳科学——「デジタル不老不死」の扉を開く』（渡辺正峰　講談社現代新書　2024）
・『未来への大分岐——資本主義の終わりか、人間の終焉か？』（マルクス・ガブリエル、マイケル・ハート、ポール・メイソン、斎藤幸平編　集英社新書　2019）
・『ウィリアム・ジェイムズ入門　賢く生きる哲学』スティーヴン・C・ロウ　本田理恵訳　日本教文社　1998）
・『現代哲学の論点——人新世・シンギュラリティ・非人間の倫理』（仲正昌樹　NHK出版新書　2022）
・『ポストメディア人類学に向けて——集合的知性』（ピエール・レヴィ　米山優、清水高志、曽我千亜紀、井上寛雄訳　水声社　2015）
・『ヴァーチャルとは何か——デジタル時代におけるリアリティ』（ピエール・レヴィ　米山優監訳　昭和堂　2006）
・『ウィトゲンシュタイン——『哲学探究』という戦い』（野矢茂樹　岩波書店　2022）
・『ウィトゲンシュタインと言語の限界』（ピエール・アド　古田徹也解説　合田正人訳　講談社選書メチエ　2022）
・『ウィトゲンシュタイン『論理哲学論考』を読む』（野矢茂樹　ちくま学芸文庫　2006）

・『不在の哲学』（中島義道　ちくま学芸文庫　2016）
・『ザ・ファクタ』2023年1月号「論考　産業復興の大要はR&D投資の再発明」（東京海上HDシニアデジタルエキスパート・早稲田大学客員教授園田展人）
・『言語が消滅する前に』（國分功一郎、千葉雅也　幻冬舎新書　2021）
・『昨日までの世界――文明の源流と人類の未来（下）』（ジャレド・ダイアモンド　倉骨彰訳　日本経済新聞出版社　2013）
・『知能低下の人類史――忍び寄る現代文明クライシス』（エドワード・ダットン、マイケル・A・ウドリー・オブ・メニー　蔵研也訳　春秋社　2021）
・『デジタル馬鹿』（ミシェル・デミュルジェ　鳥取絹子訳　花伝社　2021）
・『AI時代の感性――デジタル消費社会の「人類学」』ダニエル・コーエン　林昌宏訳　白水社　2023）
・『一橋ビジネスレビュー』2021年秋号　69巻2号　特集「研究力の危機を乗り越える」（一橋大学イノベーション研究センター編　東洋経済新報社）
・『研究力』（有馬朗人監修　東京図書　2001）
・『語りえぬものを語る』（野矢茂樹　解説古田徹也　講談社学術文庫　2020）
・『メルロ＝ポンティ入門』（船木亨　ちくま新書　2000）
・『マーケティングの力――最重要概念・理論枠組み集』（恩藏直人、坂下玄哲編　有斐閣　2023）
・『マーケティング・パラダイム――キーワードで読むその本質と革新』（嶋口充輝　有斐閣　2000）

エピローグ　これで、死ねるか

申し訳ない。この書は私にとって付録である。

己れの肩書を、正体不明の〝野良犬模様（カモフラ系）の実務家〟から、勇気を振り絞って〝八十路のマーケター思惟批評家〟にもっともらしくかつずうずうしく鞍替えした最初の書（そしてたぶん最後の）でもある。

私が考える「批評」なるものは、〝事物の〈是非〉や〈価値〉を判断して論じる〟という神まがいの行為ではさらさらなく、〝物事に対する判断や考え方に関わる reason why や fact 等をその根拠として先入観なく極力自然に洞察・整理してストーリー化する〟という、自らの4桁に及ぶプロジェクト実体験やその際に浮かんだ感覚に沿って素直に思考していくことに基づくものでありたいと思っている。それはクライアントなどへの忖度など棄却しつくし、ひたすらマーケター思惟の充実へ向けて、〈通常科学を模倣する態度〉なる歪（いびつ）にみえる流れへの強烈な対峙精神を反映しえればと願ってやまないものである。己れの好きな世界〈マーケティング〉に対して一つぐらいまともな批評なるものを為した上で死を迎えるという決意の遂行が自己中に生きすぎた野良犬の今の望みだ。

幼少期ジフテリア3回を含め病気ばかり。その後は、元気で、63歳にして初めて小学校の時以来の入院・手術を経験。その時植え込まないと寝たきりになるとか言われ、ペースメーカなる小さい機械を体内へ植え込む。70歳になった途端、前立腺癌全摘&32日連続の放射線治療を皮切りに約10年で総計10回前後の連続手術——ペースメーカ入れ替え2回、白内障（後発性含めて）3回、心筋焼却カテーテル手術&カテーテルを抜く際大動脈を切って医者もびっくり再入院、硬膜下血腫2回（頭蓋骨にドリル3回）等。数年前やっと退院。仲間は呑み助ばかりで多くは逝った。異常に飲む奴は早く死ぬ。どういうわけか自分はいつも生きて病院を出た。

本を4冊出したがすべてこの病気の10年間に書いた。病気時の退屈のお蔭であるか。元気なら夜は歌舞伎町か五反田有楽街にいる。病気のお蔭でウィトゲンシュタイン、ティム・インゴルド、量子論に出会えた。最近は量子物理学に嵌まっている。

大学を出たばかりの20代前半に国際コングロマリット企業日本法人の外国人上司（テキサス生まれの髭もじゃの

マーケティング・ディレクター、私の師匠）から離陸期のマーケティングをオンザジョブで学び始め、毎月１００時間以上残業、ちょうど成長期に入らんとする日本のマーケティング学の進展の歩みに沿うようにモーレツに仕事を続け、今日本のマーケティング学の衰兆の中でわが命をも閉じんとする……なんと不可思議な縁であるか。

最近の私にとって一番大切な概念は、情けなくもいまだに「マーケティング」だった。半世紀近くも、だ。他に何もなかったのである。マーケティング概念の明日については、直近の2作（『現代マーケティング解体考――真正・商品論序説――物の「心」様相顕現』２０２１＆『「人類マーケティング哲学」への前哨――現代マーケティング解体考『THE FINAL』２０２２　共に三省堂書店／創英社）にて語りつくした。疲れ切り精魂尽き果て、夢見る吐息も失い他の蛸壺への編入を目指すことになる。その契機も自己中。データ測定の下絵（海図）に難解なことで有名なＡ・Ｎ・ホワイトヘッドとキレキレのティム・インゴルドの思惟を応用すべく学び始めた。きっとマーケティング学の強化に役立つ思惟と目論んだ次第。逃げ出そうとしたわけではない。

20世紀の離陸・導入初期にはあれほど煌めいていた斯界も、２０２０年代の今、お叱りを覚悟の上で率直に口に出せば、〝見る影もない〟〝アカデミズムとも思えぬ〟〝なぜゆえまだ、多くの大学に講座がある？〟のか、せいぜいビジネススクールの講座だけで十分だろう、というような態である。それらの根拠の一つは、明白に〝カレントマーケティングの諸実体は《人間学》要素を醸し出さない〟ゆえである。販売ばかりだ。

20世紀にはあれほど輝きを示しえた斯界の過去の叡智たちも、いまだ20世紀脳のままにて安寧に過ごし、若き研究びとの障害物に成り下がっているように見える。

されど、そんな斯界の哀しき思惟の群れに、不思議に寄り添いたがり近づいてくる無数の言葉たちがいた。なぜ？　どうして？　そんな明日のマーケティング思惟のなかできっと躍動するつもりであろう新規参入概念候補たちの〝今ある姿〟を覗き見て、その浮遊し安定感に欠ける（どこまでも私の主観である）コンテンツそれぞれの千鳥足のごときありように、少なからず危うさを感じ、堪らなく勿体なく、この書を追加する行為が自然に生じたというわけである。

同時に寄り添ってくる概念たちの〝寄り添う理由〟の中に、明日のマーケティング学の微かな可能性を見るような気もしていた。〝マーケティングにはサムシングな何らかのパワーが潜在する〟という、概念たちが共通してもっているすでに確認済みと思われる茫漠なる直観のごとき強き意志を信じたくなっていた。これ、わが幻想なるか。去る者が何を言うか、などとできれば返さないでいただければありがたい。

大先輩・大恩人の故鳥居直隆、故江坂彰なればわかってくれるかもしれぬ。合掌。

私は他学（今のところティム・インゴルドが改革せんとしている「人類学」を考えている）へ編入はすれど、その企図はマーケティングの心を深めんがためである。

《インゴルド人類学》は自らを「人が生きることの条件と可能性をじっくりと着実に探っていく学問」（『生きていること——動く、知る、記述する』ティム・インゴルド　左右社　２０２１）だと言い切った。そして「人間は絶えず展開する一群の関係のなかで創造的に成長する特異な結節点」と見切る。素敵だ。マーケティングにも重なる。いかにも其処に、マーケティングの心もまた潜伏していそうに感じないか。

だからこそ気になる、新しく寄り添ってくれようとする概念たちの意志と精魂が。

此処で取り上げた概念たちは、現代アカデミーの、そのあまりのマルチパーパス性と超先進性・日進月歩性ゆえに、コンテンツの凝固する過程の進行はやたらゆるりと感じられ、さらにまた心無い世俗の者たちにあまりに便利に用いられる日常の中で戸惑う様は否めない。ある方針の下に収斂せんとする動きは鈍く、まさにウロウロするばかり、に映るのだ。場合によってはさらなる意味拡散すら示すようでもあった。この状況を〝バズワード化〟と呼ぶのか。そんなことでは困るのだ。世の移ろう風情などぶっ飛ばせ。よく見れば、彼らのボディには「先端技術」や「先進セオリ」が詰まっている！　明日の成長を期待させるに十分魅力的な言語たちなのだ。

Oh, Splendid!　そんな彼ら（これらの概念たち）は、なぜか今、慟哭しているかに写って見えた。Shrieking!（ちょっと金切り声すぎる悲鳴かな？）いやBewailing!（嘆き悲しむじゃあ、少し大人しい？）かな。Crying bitterlyはけたたましいか。

まことに日本語の〝慟哭〟の様なのだ。咽び泣くのだ。まことである。彼らを、このまま放っておけないと思えた。正直な気持である。そしてなんとかこれらの迷える概念（の卵）たちの居所をわが領土内にて彼らが心地よく安寧を感じる姿に造り出せればと考えている。正直彼らにとって一宿一飯のセカンドハウスであっても一向に構わない。その具体的住まいづくりということになれば、斯界の叡智の力を結集せねばなるまい。われ一人で為すには、あまりに大仕事のようなのだ。

このような動きが、たとえ概念たち個々にとって〝マーケティング固有の〟といった歪スタイルに偏することにつながり、仮に異様に映ることがあったとしても、その姿の偏りや歪を怖れることなく彼らの新たな変身ぶりを追求したいと願う。その行為は必ずやマーケティング学、つまり新・人間学の発展に直結する、と信じられそうであった。まさに一石二鳥なのだ。それぐらいこれらの概念（の卵）の、思惟強化へ向けての天賦の資質は多面的で気高いと見込んでいる。

私はこれらの概念たちを、流行りものとして選んだつもりは、まったくない。

明日のマーケティングにとって、明日の科学にとって、明日の学全般にとって、これらは重要不可欠、礎のための素材、そして生まれくるノベルティに満ちた思惟の核を大きく形成しそうなimportant core conceptsたち、であると見徹している。そして彼らの「思考」という行動に対する潜在力を活かすことで、マーケティングの衰兆を阻止したいと願う。さらにまた、彼らの「大人の概念」としてのコンソリデート・プロセス（凝固過程consolidation process）を、受け入れうる諸学の一つとしてマーケティング領土を提供し、その新しき大地のなかでそれぞれの概念たちが賦活化しうる道にわれらで導かなければならないと心から願うのだ。

この付録の書は、そんな私の想いの発露の一部である。

「概念」を大事にする姿勢、それには自信がある。カルロ・ロヴェッリ（２０１５）の次のような言葉が浮かぶ――「私たち人間は、ものごとを学ぶだけではなく、自己の概念構造を変えていき、学んだことにそれを適応させていきます」（『世の中ががらりと変わって見える物理の本』）。そう、「概念」という存在は〝人間が生きるということそのもの〟に必須のものなのだと。

取り込む五概念をマーケティング革新へ向けてどう変質させちゃうか……………

本書にて偶々取り上げた五概念の個々の考察をとりあえず終え、今われはこれら五概念をなぜゆえ抜き出し、マーケティング界へ誘引せんと試みたのか、についての「理由」に思いを馳せていた。理由・根拠の〈全体像〉は難しく漠としながらも、その部分部分は突き刺さってくるかのごとく鮮明に実感されていた。ずっと以前からそう思っていたことも、あるいは作業後にあらためて初めて思いついたこと、はたまたそんな作業過程において何となく感じ始めたことなども、いろいろ多様にあるようだった。ただそれらの部分の欠片たちは〝誘引せよ〟と手招きしているようだった。

マーケティングへの加担をなぜか待ち侘びているかに映る五つのサブ概念たちの、われらの〈同胞〉として想定されてくる姿とはいかなるものであるのかを、きっと妄察（妄想的考察）になるのだろうがとりあえず〝やってみるか〟と意気込んでみた次第——

〈妄察(1)〉「イノベーション」概念はわれらには不要なり。マーケティング学に蠱惑性は目障りだ。機能代替を目論んで「心（情動）の開発」に徹底注力することでそこそこには補える。即退場願おうと思う。

われら人間は生きる上で常に何らかの新しきものをつくり出していかねばならない（創発の常態化義務とでも言うのか）。過去においてわれらは「部分が集合すると部分の性質の単純な総和にとどまらない性質が出現する」（『死ぬまでに学びたい5つの物理学』山口栄一　筑摩選書　２０１４）ことを《創発》（emergence）なる一人前の概念として容認してきたようである。つまり人間は常に創造物を希求する宿命をもつらしい。そのことは一旦認めよう。ゆえに「イノベーション」のような〝裸体の希望〟そのままの存在で願望丸出しを許容する成分を内含した言葉は蠱惑的に映り、このような言葉をひとは一気に大人の概念へと持ち上げたがるようなのだ。そのような概念に持ち上げられやすい言葉の、そのように感じてしまった甘き受容びとたちによる使用は、踏むべき最初のステップとしてきっちりと〝試行的かつ実験的〟という範囲内に限るといった限定使用にとどめ置くべきなのだろう。テストなれば、それはそれでよいのだが。

またこの、いまだ成熟しえていない擬似概念を、何らかの都合で使用している人びとは皆、すでにこの言葉の実在性の希薄さを肌感覚で見抜いている。簡単に見抜かれてしまう程に、この言葉の始原的厚みは薄そうだった（それはどこまでもカナ文字の言葉についてであり、決して新結合のことではない）。

想像を巡らせれば、そのコンテンツとしてあるはずの《実在》（それはまだ実在であることを実証しえていない仮想であり仮像にとどまっているはずだが）の内奥に、いかにも在りそうにまた如何様な形にもつくれそうに感じてしまう可能性（強いて良く言えば可塑性？）の高さを見出せるようなのだ。「定まらない仮想の擬似実在」という正体をもっていそうな概念もどきの言葉の類を、制作や世界認識のタスクに身勝手&自由奔放に使用するとなれば、その行為が許されるのはどこまでも〝試行的〟なる自己耽溺範囲に限定してであろうと考える。

裏側に潜む《真実》なる存在を仮に覗き見してみれば、その《真実》は、われらに〝魔法使いのごとき妖しさを秘めた虚ろな仮像として認識され、人間を耽溺と一時的安堵の中に包み込むがごとくに感じさせるようだ。また人間の生や学びの本質にとっては不要なるもの、場合によっては障害物となりかねないもの、と捉えたほうが人間たちのためだよ〟、と何物かが語りかけてくるようにも思えてくるのだ。科学者&研究びとの甘え・ひ弱さ（〝逃げ場？〟）の象徴としてこの言葉の使用意向と重視態度が成立した、となぜか私には映ってしまう。すなわち浦島太郎の玉手箱は開けてはいけないもののはず、ということなのだよ。

その蠱惑性は、真の期待を生むこともなくはないのだろうし、また未知の可能性にもつながろう。願望を100%きっちり夢に転換しきれれば何の問題もなく済んでしまうことなのかもしれぬ。そんな問題化を現実の中で何としても回避せんとするには、原石のごとくに散らばり潜在して内含されているこの疑似概念に内包される貴重な個々の要素たちのさらなる徹底追求作業を優先し、未発達な状態での身勝手な統合や濫用は避けたほうがよいのではと気を遣いたいのだ。余計なお世話か。

その貴重な追究先にあるゴールの一つのサンプルは「山口学説」だ。私はこの「山口学説」こそ、新名称のもと大人の新概念として展開してもらいたいと願う。それほどに濃く厚い中味である。現在ある多様で曖昧模糊なる姿での（融合されていないままでの）濫用は、「概念」世界における概念の卵たちの真の発達を阻害し、潜在するかもしれぬ僅かの《夢》具現の可能性すら消滅させかねないと推測する。この言語の蠱惑性へは、丁寧・緻密に対処していきたいものである。国はこの言語の利用に、安易に貴重な国の金を出すな。出すべきは「山口学説」に対してのみと絞り抜きたいものである。マーケティングには永遠に不要の言語と捉えたい。

〈妄察⑵〉「CSI」概念を統合的業務系システム基盤として再生し、複合的データベースとしてスケールアップさせ、明日に生きる企業の効率的システム強化を図る。

仮に〝マーケティング学が今身につけているすべてのものを削ぎ落して現れ出るその主骨格は「人間学」である〟という大それた（自分は当然だと思うが）前提を置くとすれば、私はまず〝生きる〟という動きと深く関わっているはずの「人間の欲望（欲望人たる存在）」を徹底して推し量らねばならないと考えたい。その命題は〝たゆまなく欲望を発し解消しつづける人間〟という変わった生き方を為す生き物が、自身という個の立場で、どのような思考過程を経てどのような欲望を発し、その結果どのような情動・気分・情緒・感情を獲得しようとする習性をもつのか、ということについて科学的・生物学的かつ論理的に明確にしていくことに他ならない、ということである。つまり「マーケティング」学を「人間が生きる上で発出する生のエネルギー＝人間の欲望」捕捉の学と捉えるとき、その学は「人間が求める欲望のタイプ」×「部品（情動を発するための燃料）としての商品・サービスの種類」が織りなす《システム構造の学》という様相を強めてくると整理してよさそうに思える。

このような複雑なる人間の「欲望」を基軸とする思考行為の解明は、どのような条件下であろうとも欲望の対象の一部を何らかの形で担う物質やサービス等という（欲望を創発し組成していくための）部品たちから無数に発せられてくるはずのメッセージを、しっかり読み取ることから始めねばならないはずである。

こう考えるとき、われらマーケターはまずは何に耳を傾けなければならないのか。たとえばクリエイティブワークと称して必死に捻りだされた供給サイドから伝え来るあらゆる誘惑的なメッセージ類をはるかに超えて、購入者（＝ユーザー）自身という人間個体が〝己れの well-being とでもいうような大切な何か（己れの欲望というよりは情動の一種かも?）を発動しそれを糧に実感しながら生き抜いていく〟というどこまでも個の目的のために、モノやサービス等（顧客にとっては部品・部材に相当する）の素材たちをどのように複合させて内部に取り込んでいったのかなどというユーザーたちの生きざまや、それに伴って変わることを余儀なくされた周りの生活、環境などにおける諸々の変容実体詳細について、何よりも優先し、じっくりと緻密に測定・把握しなければならないはずである。

モノにはユーザーたちの声と、刻々と移ろう生活実態が刻み込まれている。その刻印は特定の情動を希求したユーザーたちの情動開発の経緯であり歴史なのだ。そんな情動発出構造とモノなどの部品特性間の関係詳細を、生物学的・生態学的に論理性のある形式で、綿密・丁寧に観察・捕捉していく学があってもよいと考えたい。

部品を提供する立場にある供給者側においては、このような動的で生体に合わせてビビッドでありつづけるユーザー視座（ここまで考えて初めてcustomer-orientedでありえたと言えるのだ）を把握・理解した上で、〝顧客主体〟という特質を戦略基盤の基底に奥深くどう構築していけるか、が実戦上肝要となってくるのだろう。あらゆる戦略を立案・遂行していくいわゆる〝マーケティングアクティビティ〟のなかでは、このような生物学的ユーザー視座の徹底遵守（顧客満足的視座・ユーザー視点への固執）の下、その解明を支援する「先進的システム武器」をいかに効果的に開発・準備しリアライズに結びつけていくかということも問われてくる。騒がれているＡＩの類もこのシステム武器の中に含まれよう。

従来customer satisfactionと軽く呼ばれ、単なる〝顧客満足度調査データの活用〟にとどまってきたこの言葉（ＣＳＩ）の従来までのありようを、顧客たる人間の欲望発生前後に生起する思考の動態変容の諸実体に的を当て、継時蓄積的かつ科学的（特に生物学的）にそれらを捕捉しつつ、その論理的仕組みのいくつかをたとえば〝戦略の評価尺度〟などのシステム道具として進化させていくといった本質性こそ本概念の一つの役割であろうと見定めたい。

まずは単なるＢＩ（ビジネス・インテリジェンス）ソフトパッケージ感覚から脱しよう。生体はそんなものでは解明されない。従来のそれは、顧客内部に存在するであろう《実体》らしきものを〝供給側の論理と言葉〟で生物学的セオリの裏付けもなく人為的に推量し、供給側が好都合に代弁しようと努めてきたものが目立っていた。それらはどこまでも〝スタンドアロン的〟でもあった。だからこそ被説明変数も説明変数も彼ら（供給側）の意図中心に好都合に構成されてきた部分が少なからずあったようなのだ。

これからは供給側に彼らの都合よき言葉を用いて代弁・整理させるのではなく、「顧客」という実体（顧客内部の意識）を、生きる《有機体》なる生物としてつぶさに直接観察し（それには測定のための生物学的海図が必要になる）、また「システムという科学的武器」を介してリアルかつ科学的に〝在るがまま〟の動態を数学言語にて測定・捕捉し、可能なれば帰納・演繹両面を兼ね備えた数量的評価アプローチ（データ同化などの応用を含めて）に変じたいと考えている。従来見られたＣＸのごとき浅薄なる人為に基づく技は一切不要。此処でいう生物学的海図データこそ、マーケティング業務上の情報系システム基盤を造る城壁の石と考えたい。これらの城石に濾過されて滴ったデータこそ新データ観に基づく宝のデータなのだ。一瞬われらは、量子物理学者（アインシュタインやボーアのような）や有機体に詳しい生物学者（Ａ・Ｎ・ホワイトヘッドのような）に化さねばならぬ。大きく出よう、大法螺を吹こう。自然科学&哲学のスーパー叡智に思いっきり学ばねばならぬ。説明変数や被説明変数なども顧客のボディ全身を物理学的・生物学的に見通す形で本質的に選択し直し〝生体純正なるconsumer-oriented 判定〟とでも呼ぶような「有機体学に沿ったアプローチ」を採択しなければならないと企図したいのだ。情報系システム基盤の裾野を一気に広げよう。其処に新世紀にふさわしい「新データ観」「新データ測定像」が生まれ出るのだ。

サイエンティフィックな顧客立脚視座に立つ評価の仕組みを、情報系システム基盤として新たな武器と見立てて取り込むこと（従来のＣＳＩの〝大幅〟改善or革命的一新）を通じて、《本能》とも見まごう「欲望」関連の個単位の思考行為の動き方に接近し、かつより一層継時的（歴史的）時系列的に〝人間の欲望構造〟により深く触れていくための基本視座&方法論を確立する第一歩としたい。本システム基盤は常に全社的（統合的）に一体化かつ日々更新されねばならず、本アプローチに伴って必要となる体系的ビッグデータ収集、新規に企画・測定されたプライマリービッグデータの加味などを通じて戦略立案・予測・分析の質の革命的向上を図り、対象となる人間個の「心」や「情動」のありようの解明に近づいていきたいと思うのだ。大改訂・革命的変更の第一歩である。

この概念の芯は、常時のシステム武装を恒常化させうる強き〝城の石垣〟にある。城の石垣はマーケティング人が考え造る。本概念はその石垣（仮説）と合わせ、ＡＩ&ビッグデータと三位一体となり、初めて本格揺籃期を迎えるのだ。

〈妄察(3)〉「AI&ビッグデータ」概念の主体機能を当面「予測」に収斂させ、「思考機械×バイオソーシャル・ビッグデータ」なる知的武器の常駐駆使を通じて人間（顧客）の欲望の解明につなげ、あらゆるマーケティングアクティビティの効果を総合的に高めることに貢献する。

《思考機械》なる新しい道具をフル活用してこれから行なおうとするデータ測定・解析作業の基本コンセプトとはこうだ。21世紀マーケティングは〝人間個の欲望〟の正体を解明することを第一目的とする。この新目的踏査の成果を踏まえ、人間個体に対してビッグで望ましい情動を生起しうる効果的な部品・素材（商品・サービスの類）を社会にフィードバックしていくためには、人間の生物学的基本組成に適合する新しい科学的形式（たとえば有機体の哲学思惟とか）の下で、過去において多様な情動発出を生んできた「商品・サービス部品」と「それら部品を希求した顧客情動に関わる生体関連諸情報」の関係を時系列的に継時測定していくこと（これをバイオソーシャル・ビッグデータ〈BSD〉と呼ぶ）が数量的データ基盤として必須となってくるはずである。私はこのマーケティング行為全体を情動開発／心の開発と呼び、このBSD測定・解析のために思考機械（つまり弱いAIロボット）を駆使したいと考える。この思考機械はどこまでも新データ観（生物学的仮説に基づくデータ測定のための下絵・海図付き）の下で測定されたBSDデータとその解析のためにあるという割り切った明快な立場を、他のすべてのAI研究を超えて採りたいと考えている。

前著（『人類マーケティング哲学への前哨』２０２２）において、BSDの体系的測定のために有機体の哲学思惟（A・N・ホワイトヘッド思惟）に基づく「データ測定のための下絵」（これを「ホワイトヘッド金型」と呼んだ）をすでに用意した（その詳細は前著&前々著参照）。今まで奔放に（気ままに？）また自由に質問紙法で測定されてきたプライマリーな調査に、果してどの程度のどのような仮説がちりばめられてきたか。360度自由なはずの発想の下に生まれた仮説の質はどのようなものであったか。役に立たなかったとは言わない。だがそれほど人はアイデアに富んではいない。欲望という生体が示す原点の姿の仮説は十分であったか。そうは思わぬ。まだまだ手段はあったはず。

この〝生体のあるがまま〟を仮説的に数字で記述しようと目論んだ画期的（自画自賛？・）「（データ測定のための）下絵・海図」に基づいて測定されたプライマリーデータを蓄積したBSD・DBなる新データ群を対象

にしてあらゆる「アルゴリズム」をフル稼働することで、〝欲望発出とその欲望が派生して生み落とす情動との関係性〟そしてその関係に関与してくる製品・サービスなる部品類の役割の明確化を図り、ひいてはそれらの相互関係性に関する仮説的数理モデル開発を実用化し、生物としての人間の「欲望」の正体をより科学的に推量可能にしうる新方法論およびシミュレーション・モデル開発の質の向上につなげていきたいのだ。欲望&情動の発生はどこまでも自然に（あるがままに）捉え切る。その深いクレバスには、マーケティングが為してこなかった過去における（20世紀の導入期における）最大の汚点、〝ニーズ概念解明の先送り〟という罪が沈んだままだ、と言い切りたい。

従来までの企画者という存在による（時によっては思いつきレベルに近い）一見自由に映る質問紙法等に基づいた既存手法のマーケティングリサーチ類はあるべき全体の一部とし、哲学的・生物学的洞察視座に基づいた「下絵（海図）」付きのリサーチを、今後の主な新規測定作業として遂行する。つまり今後のリサーチ企画は「測定のための海図開発」がベースとなるのだ。これからは、予見性皆無の哲学的下絵なきリサーチの多くは用をなさなくなると決めつけたい。

すなわちこれからのリサーチは科学的ストーリーに沿った測定中心としたい。

このようなマーケティング測定法において将来中心となる描図では、「欲望」「（求める）情動」そして抽象的ではあるが人間の「心」をその主たる対象として設定し、まずはそれらに対する〝購入部品類との関係軸からみた「予測」機能〟を深めることに力点が置かれなければならない。そのことは換言すれば、人間の知能（?）の一部を代替する思考機械（弱いＡＩ?）のマーケティング予測現場への実践的導入を、多様な形式で集中的に企図・設計することにつながってこよう。的を明確にし、絞ろうではないか。新・リサーチ&解析像への挑戦だ。

また現時点で急務となる課題の悩ましき一つとして、たとえばマーケティング業務内において関所として障害物のごとく聳え立つ「開発工程」各ステージの進行分岐ポイント（前へどのように進んでよいかどうかの分かれ道）における右左の選択判断の難しさを、より低リスクなる方向を重視しながら乗り越え、前へ進んでいかねばならないことが挙げられる。

其処ではマーケティングゴールに即した的確な予測と判断（すなわち的確なる工程進路の選択）が常に求められる。すなわち選ぶべき道（業務）へ向けての的確なる「意思決定支援」希求である。そのためにこそＡＩ＆ビッグデータという概念の卵たちは存在していると決め込む。これぞ当面の最優先されるべき具体的導入目的である。そのような関所的な判断難所は、マーケティング（開発）業務においては、「人間」という複雑なる生物（なかでも複雑極まりない彼らの〝欲望〟）を対象にしているだけに、アチコチに一杯ある。関所のない意思決定は膨大なコストロスにつながっていく可能性が高いのだ。的確な部品開発のための必須施設だと考えたい。

このように、斯界にとっての明解な目標を見据えうる概念でありながら、科学的分類基準を超えた「ＡＩ」という曖昧極まりない呼称のまま無法とも言いたくなるほどの使用混乱事態で使いつづけられる愚行を、なぜゆえ見逃し、負のまま受け入れつづけなければならないのか。信じられない。ありえないのである。関係する研究びとたちの真意を問いたい。

われらは一旦「予測」以外の諸々のＡＩ技術・機能は忘却の彼方へ投げうち、ＡＩは装置（機械）、ビッグデータはその自己増殖する餌としてセットにして考え（ＢＳＤをコアとする）、「予測マシン」（アルゴリズム・インテリジェンス）という一つの新概念として再創造・融合に努めたい。この概念の現在の名称内にある「人工」といった言葉など我慢しえない。不要と断じる。なぜ「人工」という語彙が必要になるのか。どうして「アルゴリズム」など他語が用いられないのであろうか。

当面《餌》の範疇にとどめた概念の卵「ビッグデータ」（どこまでもその核は〈事前仮設〉の反映したＢＳＤなどの新企画プライマリーデータ中心にしたい）については、マッシブデータフロー理論の形成の進行プロセスを追いながら本格概念化のありようを段階的に整理したいと考える。その際には革命的「新データ像」の創発も併せ完遂しなければならないのだろう。現段階における固有な特徴的ビッグデータは、特定の科学的ストーリーデータ（たとえば〝有機体哲学・ホワイトヘッド思惟〟に沿って収集されたデータ群。ＢＳＤ等）中心に、多様に新企画概念化を促進すべしと考えている。

将来は〝弱いＡＩ（?・）〟の最高峰であるはずの「因果摘出機械」の活用も学び取り、〝生きいきとした生〟

を求めて生きる人間の刻々と瞬時瞬時に変幻自在に変化し生成しつづける「生活の実空間」を生々しく投影しうるマーケティングデータの捕捉とその適応力拡張という課題に対して「欲望」という視座から貢献するのだ。ユーザーの欲望は刻々と変わる。その変化を追う追跡者になるのだ。

われらマーケティング界にとって、意識をもった汎用ＡＩ（ＡＧＩ）／人工超知能（ＡＳＩ）等の〝強いＡＩ〟は当面不要である。〝弱いＡＩ〟領域における最高峰（判断のできる思考機械）へ向けての研究の歩みに沿っていきたいと思う。ＡＧＩ＆ＡＳＩも含めた人工知能諸研究で落ちこぼれてきた叡智の欠片はすべて拾っていきたいとは願っているのだが。少し虫がよすぎるかな。

また〝強いＡＩ〟の今後の技術開発においてわれらが心しておきたいことは、現時点のディープラーニングを超える技術（意識の解明や介入・反事実問題との対峙など）にまでチャレンジしていこうとするあくなき気迫の継続なのかもしれない。

〈妄察⑷〉「ＳＤＧｓ」を抹殺し、その代替概念として新概念《質的持続可能性》なる新たな中長期戦略視座の建立を目指す。

扨、マーケティング再生へ向けて筆者が本書のあちこちで描いてきた仮説の卵のごとき想いの数々を、人間個の「欲望」の正体と正対しつつ究めて現実化せんとすれば、「われら人間（企業を含む）の命とわれらの棲まう大地（自然）である地球の命という両者が相携えて共生しうる可能性を見極めつつ、両者同等の永続的生を同時達成していくという考え方」が必須だ、と心から呟きたくなる。

つまり地球と相互にもたれ合いながら《共生》するなかで、われら人間の諸々のビヘイビアを常に心地よく、かついつまでも永続していけるように具体化する動き方をプランニングしていくには、その一つの基盤として明確なる目的性をもった実戦的な仮設内包型の新概念が求められてくるはず、と考えたくなるのだ。

しかしたとえば、現在あちこちで語られている「サスティナビリティ」と呼ばれる類似した概念は、あまりに「エコ」「環境」概念と接近しすぎているかに映る。具体的に突っ込んで抉り見れば、「地球」（環境や資源）をその残量に照らして基準とする〝時間的〟考え方が強すぎる、とも感じてしまう。理想的視野に立てば、またそれは、すこぶる狭義だ。〝永続・持続〟という語としては意味領域が狭量な感じであるか。「地球」という量的基準からの引き算ではなく、Ｒ＆Ｄによる資源開発や宇宙開発などを通じた足し算の世界やさらには多種多様な企業寿命の長命化戦略コンセプトとの大幅な概念複合化を通じて「質のサスティナビリティ」概念として再構成し（それは一つに収斂するとは限らない）、新たに立ち上げてみたいと目論みたくなる。

ゆえにこの新概念を、あらゆる中長期的アクティビティ＆戦略の礎として位置づけ、従来のＣＳＶ（Creating Shared Value 共通価値の創出）に近似する〝質的持続可能性理念が幅広に埋め込まれた〟新概念として意味拡大を図り、ＣＳＶに取って代わって機能させてみたいのである。一度、企業にとっての〝質的持続可能性理念〟とは何か、について集中討議してみないか。おそらくそれは「持続可能性」の論議の結果として人間が「手にしえた時間」を満たす生活の「現実的豊かさ」とは何か、そのソリューションを為す企業アクティビティは何か、という行動選択の術（すべ）の話に落ち着くだろう。Qualitative Sustainability！

しかし企業の基盤的理念たらねばならぬこの種のサブ概念を、〝ＳＤＧｓ〟などといったキラキラネームでは決して呼びたくはない。ＳＤＧｓという姿のままでは、その多義性・多様性、すなわち絞り込まれていないことが生む茫洋とした曖昧性と多岐にわたるネガティブ要素が斯界の思惟に混乱をもたらしかねない危惧を感じてしまうようである。もっと〝企業の長寿となる意味〟を絞り込もう。

昨今軽さばかりが目立つメディア人は、使いたければ使え。われらマーケティングプロフェッショナルにとっては、概念としての意味の収斂・明確化＆再構成を何としても求めたいのだ。具体的に「サスティナビリティ」概念にどのような様相・意味・イメージ的ニュアンスを加味し、どの部分を削除していけばよいのかなどについては、すでに一つの狭義の世界に追い込み済みゆえ、逆にゆっくり捌いて料理したいと考える。世に浸透しすぎているからこそ慌てずに捌きたい。

コトバとしてだけにとどまるＳＤＧｓさん、バイバイ！　国際会議や国際機関で偶々使われただけのごときコトバの本格概念化など、そのまま深く揉みもせずに黙って借用しちゃうような行為は、いい加減やめないか。知識人として、恥だよ。それはまた、日本の恥にもつながっちゃいます！

何っ、長々として、またもやわかりにくい？　具体性に欠ける？　「欲望」「予測」に偏りすぎ？　やはりそうか！　マーケティング用新概念の特質としてはまだまだ偏ってる？　知ったことか、とりあえずそれでいいのだ。新しいものはわかりにくい。いや、やはり許せ。その大半は明らかに自分の知識欠如・能力不足に起因する。でもこっそり言う。わかりやすくしている待ち時間や暇、エネルギーなどありゃあしない。わかりそうな奴だけ、関心のありそうな奴だけ聴いてくれ。それでいい。

たぶん私は、これら複数課題の同時的追究の集大成として、人類の内面に始原的に存在するのであろう一つの様相――「欲望人」なる人間像――の具体的ありよう（拙著『人類マーケティング哲学への前哨』を是非にご参照願いたし）の裸の姿をこそ、明日のマーケティング思惟としてクリアに収斂していかねばと考えている、いや考えたいのだ。過去逃げてきた命題でもある。そして〝物は量子であり心（それは情動に反映する）なのだ〟という視座に立脚したこのテーマの解剖・分解・再構成こそ、未来社会が明日のマーケティングに明確に求められてくるであろう責務や役割を果すことにつながっていくのだ。そのための予測機能の従来に優る強化こそ必要、と信じるに至って今此処に立つ。ニュートンは21世紀にはいないことを肝に銘じよう。今のままでは、カレントそのままでは、〈恥〉なる感情の渦が斯界に蔓延り終末を迎える。

われらマーケティングに触れた者の近未来における責務と役割は、新たに取り上げたこれら五つの概念の卵たちとすでに在る無数の既存概念たちが相互に塗れ合いながら思考形成過程において融合（融溶？）しつつ駆使されて生成する拘握・合生状態（ホワイトヘッド思惟に見る概念）のなかで育まれる新仮説や新方法論そして新セオリなどを成果として達成していく……そんな学の未来を想像してみたいのだ。斯界を、新概念たちのより集いやすい《人間学のための新大陸》として充実させて行きたい、と願ってやまないのである。

今、人間の皮と肉の隙間にびっしりと浸潤し尽くしつつあるデジタル＆ＩＣＴの時代に生きて、より強く現実感をもってこのように意識せざるをえないようであった。やはりデジタルは人間の始原であるか、またそれは融合の匠であるのかもしれない。

とりあえずこれらの新概念候補たちは、予測を必要とする命題の多いマーケティングという土壌の上では必ずや互いに早々と溶け合う、と私は信じる。その最適な融合のさせ方を皆で考えていきたい。お互い相性はよいはず。

彼らが交じり合ってくれれば、仮説やインサイト、果ては新セオリまできっと横溢してこよう。彼らが生む諸成果は、90歳という老骨に鞭打って好適な概念なるものをいまだ探しつづける旅をやめないコトラーさんらによって創発された概念たちともすぐさま同志に成れそうであった。だってコトラーさんは寛容だもん。きっとドラッカーさんも応援してくれるよ。二人にはもうすでにだいぶ以前から、その概要ぐらいはすでに見えている世界のはずだから。販促用デジマケなんぞやってる暇なんてまるでなさそうだよ。そんな考えなくてもやれちゃうもの、面白くないだろ？　長々とやってられないだろ。

　モノのみに異常にこだわりつづけた20世紀マーケティングをそろそろ恥じ入らなければならない。反省！　省察！　マーケティングという学が、モノづくりでなく心の開発――すなわち己れの周りに存在するモノや道具を効果的に用いて、己れ（人類）に〝感動〟や〝安寧〟などといった心地よき情動を生みだすこと――のための明日の思惟たる（私の前著までの主張）ものになるには、これら五概念が、思惟の構造を実践的に形づくる際の仲間であり同志であるはずの〝マーケティング・新概念コミュニティ〟の一員として、皆必要な存在でありまた家族であるということが重要だと思えてならないのだ。遺伝子もＤＮＡも似ているんだよ！

　あれれ、〝おわりのことば〟が〝ぼやきのことば〟になりそうで、怖い。

　誰かが〝マーケティングと物理学を比べるなんて、なんとおこがましい〟と呟く声が小さいながらも耳に届いてきた。何考えてんだか、それもそうなんだよなあ。すぐに腰が折れそうだった。いつも滅入る気持に鞭を入れてきたんだよ、なあ。

　いろいろ勿体ぶって語ってはみたのだが、〝ここに挙げた取り込むべき新概念たちのすべてが明日のマーケティングには不要〟などといった破天荒な見方は誰ももつまい、とは思うのだ。ゆえにこむずかしく必要理由を論（あげつら）うこともないとは思うのだが、そうでもしないと〝マーケティング不要説〟に慄く自分を抑えきれないわが意志の小ささを感じて、どうしようもないのである。なにしろこんなこと（マーケティングのことです）を、寡黙を貫きながら、半世紀もやっちゃったのだ……。やるならしゃべれ、とりあえず怒れ。なぜ、黙ってスルーする？　黙ってスルーするくらいなら一気に消滅させよ。学術の世界はそれほど悠長ではないはずだ。恥を上塗りしつづける斯界など、もう見たくない。それほどに自分は、カレントのそして明日のマーケティングにペシミスティックな射影をみている……。寂しい。辛い。何っ、そこまで言うか、このアホウ！　せめて誰か、九十路まで現役で「人間中心学」の追究に身を捧げたコトラーさんの有意味なる知的系譜を継承してよ、お願い！

これら、本当の本音である。ついに、吐き出したか……。多少スッキリはするようだが、一方でまたまた、無念、残念。見ようによっては、これも心の贅沢か。

学友が最近私に向かって吐いた言葉――〝まるでドン・キホーテみたい〟が思い出される。そう、その通り、それでいいのだ。たぶんそれでしか、ないのだ。

超複合命題に果敢に挑むＡＬｉｆｅ研究方法論への憧憬……………………………

こんな議論の只中、１９８７年に進化生物学のマッカーサー・フェローシップを受賞した（なぜか大胆不敵でわが道を行くかに映る）生物学者の言葉が、脳内で一気呵成に下りてきた――「我々は物理学を超越した世界に住んでいる」「この世界は機械ではない（中略）進化する生命は機械ではない」そして「我々は、自身を構築する生命体からなる世界に住んでいる」、しかし「それについて語るための概念を持ち合わせていない」（『WORLD BEYOND PHYSICS――生命はいかにして複雑系となったか』（スチュアート・A・カウフマン　森北出版　２０２０）。

とある理論生物学者・複雑系研究者（カウフマンのこと）のこんな言葉たちは、容赦なく直截に私の脳内を突っ走り、戸惑いつつも私もまたなんとなくそう考えなくもないようだった。ホント、世の叡智は大胆でストレートだ。「生命」なる超複合命題と正対したカウフマンは、「我々の科学には、自身を構築するシステムという概念が欠けている」と判断、その問いに答える考え方としてすぐさま「自身を構築するシステム」の仮説的適用を試みる。それは「束縛閉回路（閉包）」（コンストレイント・クロージャー。マエル・モンテヴィル＆マテオ・モッシオ２０１５）という概念から構成され、「非平衡プロセスにおけるエネルギーの解放に対する束縛条件と、システムが自身の束縛条件を構築するようなプロセスとの組み合わせ」という意の解釈を該当させようとしたようだった。何と深奥なる思考であるか。ただ、そう言われても……。門外漢の私には理解不能であっても、とりあえずは一向に構わぬ。私は今、ひたすら新概念の可視化機能について話そうとしているのだから。

どうもカウフマンは、見えない世界を、新概念の複合体の力を借りることで可視化しようとしている？　彼もまた、まるで新概念探索マニア（その最たる者は物理学者？）のようである。こんな訳のわからない複雑怪奇な新概念なんぞ、マーケティングでは登場したこともなく創った者もいない。たとえば「ニーズ」などとわけもわからず呼んできた人間の生命の裏側に潜む「欲望」なるものの解明を、〝新概念創造・形成を通じて探究する〟といった、此処で挙げた例に類似するアプローチなど、今のところ斯界でお目にかかったことなど皆無なのだ。

圧巻だ。カウフマンは、「生きているシステムは、この束縛閉回路を実現させて「ダーウィンの言う遺伝可能な多様性を示し、自然選択、ひいては進化を進めることができる」と見做し、この新概念（束縛閉回路）を彼の命題の分析・解釈へ導入することによって新しい世界（つまり物理学を超越した世界？）が可視化され拓けると信じたようなのだ　これ、新概念導入による洞察向上効果というわけ？　フーン（そこまでやる、と心の中で呟いた）。

〝他の専門領域では、ここまで複雑な概念形成を、臆さずにやっている！〟

「概念」の機能をフル活用した結果拓かれてきた「物理学を超越した世界」ということ自体、また気になって仕方がない。「物理学者は物事を単純化することで法則を探すが、生物学者は生命がどのように複雑になったのかを探る」そして「物理学に基づく世界観に欠けているのが主体という重要な概念」とまでカウフマンは主張し、たぶんその裏では〝(物理学に依存していては) 生物的な流転すらしかねない〟と心の底でカウフマン自身感じているのだろう。「機械」では決してない、複雑に在るもの（たとえば生きているシステムとか生命とか）をそのまま見つめ見徹そうとする。そんな〝難問の謎解き作業〟のために新概念をフル活用しようと考えたようであった。そんな奇想アプローチ、私にはとても考えられない世界であるのだが、されどカウフマンが提示した事例に見る《新概念形成フル駆動》という究明アプローチは、ひょっとして革新的では、と震えた。こんなに曖昧模糊なる世界の検出をも「概念」は可能にする？　驚きだった。この部分誤解されては困るが、私は複雑系を採れと主張しているにあらず、「新概念フル駆動アプローチ」は面白そうと言いたいのだ。其処は仮説で一杯！　マーケティングでもやっちゃうか。

こんな視座の延長に、とても気になる概念が、今まで述べてきた五つの概念（の卵）以外に実はもう一つ存在した。その通称は「ＡＬｉｆｅ」という。今のところ自分の知るかぎり世の最大の難問であり、カウフマン（２０２０）も挑んだ命題——それは「生命とは何か」であっただろうし、その難問に別の蛸壺としてチャレンジしている研究が「人工生命」概念の明確化ワークなのだろうと感じとっていた。それは「知能とは何か」の解明難度をはるかに凌駕し、探究の手掛かりすらまるで見出しえない、人類が解くには難しすぎる問いかけのはずであった。このような難命題が、今カウフマンらの洞察のお蔭で物理学を超えて発想しても訝られない時代になりつつあるという小さな安堵感の中、「生命」という存在は無数の学術の眼に、さらに一層強く凝視されつつあるようだった。私の眼もその一点に力を込めて据えてみたい。われらの〝ニーズ〟も、それに類するものであると思うのだ。なにせ生命の真裏に居るのだから。

「生命の人工化」？　それとも「人工の生命をつくる」？　いずれにしてもこの発達途上の「人工生命」という概念、「生命とは何か」という人間にとっての永遠のテーマそのものの映しなのだろうが、まるで実証の世界とはほど遠い、また「事実なき科学（science without facts）」と言われ（ジョン・メイナード＝スミス。英・生物学者）、ましてや機械そのものである「デジタル生命」の助けを借りてその進化の研究を為そうとする、しかし本線につながるかどうかも定かではない「人工生命」なる概念の形成に期待してみたくなる自分を発見していた。それは単に私の偏屈性ゆえかもしれなかった。でもこの「人工生命」論の奥底にオーソドキシーたろうとする素朴で素直な感触が意識され、やたら気になるのだ。

いわゆる「ＡＬｉｆｅ」とは「すでに存在する生命体を観察することで生命を理解しようとするのではなく、〝生命の本質とはこういうことではないか？〟という仮説をたくさん立てて、その仮説を基に人工的なシステムを作ってしまうことで、生命を理解しようとするアプローチ」（『作って動かすＡＬｉｆｅ——実装を通した人工生命モデル理論入門』岡瑞起、池上高志、ドミニク・チェン、青木竜太、丸山典宏　オライリージャパン　２０１８）なのだという。実戦的！　具体的！　研究者にとって自然！　次の行動につながる！　わが感性には、見事な視点だと映った。加担したい。

こ奴、間違いなく人間の本質に関わる興味深き仮説群で一杯になるはずだ、とすぐに感じとれた。私はその仮説群を、個々つぶさに見たい。この研究の〈斬新性〉と科学としての大いなる〈複合性〉が生み出す化学作用に賭けてみたくなる。「生命」という本質性に富んだ課題が産んでくるはずの明日の成果物たちは、真の人間学でありたいマーケティングにおいても、間違いなく有用だと見徹すのだ。

「生命とは何か」「生きているとはどういうことか」「生きているものと生きていないものを分かつその境界線は?」という根源的命題に、諦めもせずＡＬｉｆｅは果敢に挑む《少数派》にみえた。量子力学を創り分子生物学の親といわれるあのエルヴィン・シュレーディンガーは、画期的にも「統計物理学からみて、生物と無生物とは構造が根本的に異なっている」「生物体の働きには正確な物理法則が要る」（『生命とは何か――物理的にみた生細胞』シュレーディンガー　岩波文庫　２００８）と語りつつ「生物体は環境から〈秩序〉をひき出すことにより維持されている」（同前）と見徹し、「生きている細胞の最も本質的な部分（＝染色体繊維）」つまり「生命をになっている物質」である《非周期性結晶》と呼ぶ興味深き概念に辿り着く。分子生物学がワトソン&クリックの遺伝物質ＤＮＡの分子構造模型を契機に生まれたといわれているのはたかが１９５３年のこと。その約10年前に先述シュレーディンガーの書は、分子生物学的な生物像を今日なお古びていない仕方で示しているという。

シュレーディンガー思惟にも多くの新概念が生成され躍動する。

先程のカウフマン（２０２０）もまた、生物と無生物の境界領域にあると思われる《集合的自己触媒集合》（分子の多様性が閾値を超え、構成要素間の反応の連結した触媒ネットワークが生じた際に複雑な総体の姿として現れる分子ネットワークの独自のありよう、といった意味らしい。これ、あくまで我流解釈&推察ゆえ自信はない。誤謬あれば許せ。別途要確認）と呼ぶ生命についての本質的な何かを示す新概念に気づいたらしいのだ。非周期的結晶、集合的自己触媒集合、共に面白い仮説（的新概念）ではないか。新概念生成は「発見」につながるのかも（いや同義であるか）、とつい考えてしまっていた。「生命」の正体が暴露される日も近い？　そう甘くはないか。

だがその後ず～っと、生命の定義はきちんとは説明できないままのようであった。２０１１年ロシアの遺伝学者エドワルド・トリフォノフはなんと１２３個の生命の定義を見なおしたという。まああるわあるわ～「生命とは、変化に富む自己複製である」「生命とは、ダーウィン的進化を起こせる自立した化学的な系である」（これはなんとＮＡＳＡの生命の定義だそうな）「生命とは、環境から獲得した情報を処理し、変換し、蓄積することのできる、決して平衡ではない自己維持する化学的な系である」「生命とは、物質が特定の配置をとることで、宇宙の物理法則から特殊な性質を獲得したものである」等、無数にあるのだ。

（注）この辺り『「生きている」とはどういうことか――生命の境界領域に挑む科学者たち』（カール・ジンマー　白揚社　2023）を一部引用・参考にした。

こんなこと信じられるか、先進科学の進展目覚ましいこの時代にあって、生命の定義がこれほどに、いまだ五里霧中の不可思議なブラックボックスのど真ん中！にあるなんて。昔のまま変わらず謎なのだ。もうすでに、量子物理学の世紀なんだぞ。

モノづくりのプロフェッショナルを自認するマーケターなれば、モノを心あるいは情動の開発に置換せんとする今こそ、欲望の生物軌跡を追う新しきプロとして「生命の定義」戦争に乱入してもおかしくはなかろう。なにせ「生命は、概念と概念を結びつけるだけで定義できるたぐいのものではない」（同前）ようだから。

皆、笑うな。われらマーケティングマンもまた「〈モノ的生命観〉を超えて〈コト的生命観〉をこそ身につけねばならない」（『生物から生命へ――共進化で読みとく』有田隆也　ちくま新書　2012）段階なのだ。なんと「量子物理学的世界観」を見据えたかごとき良き言葉！（何っ、知ったかぶりするなって。そうだな）。其処にはマーケティングマンならではの欲望の科学的解析を通じて期待しうる概念レベルの多様なつき合わせ・合体・分離もきっとある。「生命」に対してはすでに多くの仮説的新概念があちこちの蛸壺で考えられているようだが、人間臭漂う「欲望」に対しては、なぜか仮説的新概念の生成度合は現状希薄なようである。その役目、長年ニーズ／ウオンツ／ディマンドを追求し、購入行動のリーズン・ホワイやモティベーションを深耕してきたわれらが担おう。すでに「欲望概念の新思惟構造改革」へ向けて脈動し始めたわれらの知のうごめきに賭けてみたい。肝に銘じよ――「ニーズ」なる曖昧概念の克服なしに、マーケティング学は存在しない！　これぞ成熟期マーケティング学の一大課題であり、また《責務》といえるのではないだろうか。

想像するだけでまた震えが来そうである。そしてもっと、生きたくなるのである。

そのとき「学・マーケティング」は、「欲望人」なる有機体的人間像を大きく掲げ「（人間の）欲望の予測」を目指し、具体性を重んじる新しき人間生活学として22世紀へ突き進むことになる（この辺り、拙著『「人類マーケティング哲学」への前哨』に一応詳しい。本当はその前著『現代マーケティング解体考──真正・商品論序説─物の「心」様相顕現』（２０２１）内に示した〝欲望の動きを解明するためのデータ測定の海図〟──「ホワイトヘッド金型」も併せ見てほしいと考えるのだがすでに絶版かも?）。すでに「ターミナル（終着駅的）欲望＆インストルメンタル（道具的）欲望」（ウィリアム・B・アーヴァイン）の新概念採用も前著で提唱した。データ測定のナビ＆海図となる概念（仮称：ホワイトヘッド金型）の仮想構造についても提案済みだ。斯界内でどんどん新概念生成を図っていかねばならぬ。本格的学（の蛸壺）の融溶時代を見定めれば、新学コンセプトとしては、アカデミーとしてそこまで考えて当然なのだ。

　さすればわが新学の増強策議論に際して、本書で取り上げた五概念の取り込みに加えて、〝ALifeのような他のオリジナルな研究アプローチへの加担は必ずや「概念」密度の強化に資するはず……〟という予兆の実感を抑えられないでいた。この魅力的蛸壺（人工生命）の研究の急伸を心より待ちわびている。絞ってその急所を口に出してみれば〝作業仮説的な概念機能の働かせ方〟を学びたいのだ。

　何っ、マーケティングが生命の境界領域に挑もうなんて、ちゃんちゃらおかしいって。どこがおかしい？　曖昧模糊なる〝ニーズ〟という言語と共に曖昧なまま発達を為そうとして足掻きつづけてきた「人間欲望学マーケティング」の離陸期におけるシビアな経験量を見損なうでない。欲望の奥にあるのは生命だろ。「生きている」ということだろ。その潜勢力を見抜けばこそP・コトラー（H2Hなどいくつもの著作）も村田昭治（『マーケティング・フィロソフィー』国元書房　１９９６）そして嶋口充輝監修（『マーケティング科学の方法論』川又啓子、黒岩健一郎、余田拓郎　白桃書房　２００９）も、この学に潜む何かに拘り生を全うしつつある。そんな優等生をプロモーションだけの学にしてたまるか。彼らのこれら拘りのお宝のような中味を、また鋭利な勘を信じるのみである。私は、本格的応援などとてもできぬローポテンシャルな存在の実務家にすぎぬが、概念なる知的存在物の全一性、総合性（統合性、かな?）なる固有特質に鑑み、〝頑張って〟とALife研究者たちに声をかけたくなるのだ。併せて「概念」なるものの本来的ありようの見本を何らかの形で示していただければ、さらに嬉しい。

　私の希望をつないでくれそうな言葉たちとして、最後に彼ら人工生命研究家たちの弾んで共進する声を参考までに挙げて、畏敬の念を表しつつ結びとしたい。

「〈モノ（Things）〉に生命性が宿り、あらゆる技術が生命化される未来――それは〈物心化〉される未来です。未来の世界で人間は、世界の中心ではなくなり、いつまでもガイア（地球を中心とした全生態系）の頂点にいたいというのは、人類のエゴというものになるでしょう。人類がガイアに働きかけ、フィードバックを受けて維持する現代を〈人新世（anthropocene）〉と言います。未来は、ALifeを中心にすえた〈ALife世紀（alifepocene）〉とでも言うべき世紀になっていくのではないでしょうか？」

（『作って動かすALife』）

いいだろ、とてもいいんだ、この共振して心にまで届くような響きが……。

〝〈物心化〉される未来〟――そうなんだ、〝デジタルこそ、物は心〟――そう感じる。この研究視座に基づいた方法論開発こそ本質に迫る鍵となるはず。此処にみる方法論的思惟背景を、新概念使用形式を通じてわがものにしてこそ、マーケティング思惟はあるべき本来の方向への歩みを見出せる、そんな直観に襲われていた。それでこそ、（私がマーケティングに）半世紀も携わってきた意味、を生みうるはずである。やっと安堵が来るのか、な。

（念のための追記）人工生命研究家の言葉を末尾辺りに据えたゆえ勘違いが生じては困るので一言申し添える。自分が人工生命研究に加わりたい、と言っているのでは決してない。人工生命に心奪われたというよりも、彼らの、夢を諦めず、常識に拘泥せず、超複合・複雑をものともしない仮説構築・企画実践力をこそ、弱体化したままの「概念」の再構築力として明日のマーケティング思惟形成の新鮮なコアの一つに移し込みたいと願う。そのような想いの象徴として彼らの言葉を借りた次第である。私の心はどこまでも、しっかりと構築された概念に基づく〝マーケティング思惟の生成〟にあるのだ。もう一つ、ついでに語れば、この研究ネーミング（人工生命）、何とかならないか。できれば新ネーミングを付してもらいたいとこっそり希望しておきたい。

人類史はアナログ回帰へ向かう?

もう呼吸が途切れそうである。心拍数がいつぞやのように30そこそこであるか。

これから現実化してくる「デジタル」の範疇には、ＶＲ（仮想現実）・ＡＲ（拡張現実）だけでなく、ＳＲ（代替現実）、ＢＭＩ（ブレイン・マシン・インターフェース）、そして「主観現実」に対応する「人工現実」という概念まで含まれてきそうであった。となれば「基底現実」はまた別に存在するのか。そしてそれらは「環境」ではなくて「自然」と呼ばれるものなのか。「宇宙空間は物理的に外界に存在しているのでしょうか」（『現実とは？　脳と意識とテクノロジーの未来』藤井直敬　ハヤカワ新書　２０２３）と叡智は問う。「内」と「外」の境界面は繭だったりして……。未来はメランコリーというよりはアイロニー空間に思えていた。

終わり間際の今になって、一気に書き殴ってきた負の成果なのか、デジタル／二進法に敬意を払えなくなりつつあるようだった。自分には、自然はデジタルというよりはアナログに映る。生物は学術的にはデジタルであるようだが、その生きざまはアナログ様相を帯びることが多そうである。まして人類固有の「理性」なる存在は、どうみても二進法では明快に測りえないアナログそのものに見える。「二進数の文字列を使えば、どんな曖昧で複雑な概念も、明確な形で記号化し、論理的に操作することができる」（『アナロジア――ＡＩの次に来るもの』ジョージ・ダイソン　服部桂監訳　早川書房　２０２３）はずであり、また「この普遍言語（二進法つまりデジタルを指すようだ）は人類に新しい時代を開く」（同前）はずだという。なのに、そう納得しがたいのはなにゆえか。世界の真実は、一体どこにあるというのか。

コンピュータ処理を見れば、この二つは明らかに異なる。デジタル（コンピューター）では一度にひとつのことが起こりアナログ（コンピューター）ではすべてが同時に起こる。「デジタルは離散的な関数を扱いアナログは連続関数を扱う」（同前）。前者は「ある瞬間と次の瞬間の間に精確に値が変わる変化」（同前）に着目し、後者は「時間の経過とともに値がなめらかに変化する」（同前）点を凝視するのだ。

人間は生体としてデジタルだ、とはなんとか理解できそうだが、自然は、世界は、自分の好みではやはりアナログだろう。ジョージ・ダイソンと服部桂のように「人間の生活は、個別の部分ではコンピュータや他の道具に劣っているが、われわれの生活のほとんどは計算しなくてもできることばかりだ」そして「（人間の）理性とは全感覚のアナログなバランスのとれた調和的な状態を指す」（『アナロジア』監訳者解説〈服部桂〉）などと仮に言えるのであれば、「視覚や論理のみが強調される言語的な感覚を機械的に拡張して処理するデジタルコンピューター」を振り回すありようは、人間という生物として〝らしくない〟つまり「本来の理性的な状態ではない」（理屈として中途半端?）ということになりはしないか。とても面白い視点だと感じていた。また新たな叡智の登場、この不安な時代に叡智はなぜかバンバン現れる。捨てたものじゃあない。ただ日本だけは、やはり取り残されつつある? そうだよなあ。ウーム、それにしてもデジタルとアナログの歴史的行き来、流れが読めぬ。

しかし、理性というものが「全感覚のアナログなバランスのとれた調和的な状態」に立脚する概念であるのならば、まさに人間学たるマーケティングのよきターゲットでありそうであり、出番が来たと解釈できそうにも感じられていた。そう、アナログ→デジタル→アナログという流れの二度目のアナログ時代には、理性にとってマーケティングは好適な学たりうる、と言っちゃえそうなのだ（また好都合に考えすぎだよ、とチャチャが入った）。そう、都合よすぎる表現だよな。米・科学史家ジョージ・ダイソンと監訳者服部桂は、「今」を次のように位置づける――

> 「本書（『アナロジア』）は人類史を自然の中で道具（テクノロジー）を使った知性（デジタル）に目覚めた第一の時代、道具が進歩して産業革命のような近代社会を作った第二の時代、デジタル化した道具が情報を扱い社会を変えた現在の社会としての第三の時代と分類し、第二と第三の時代に焦点を当てつつ、次の第四の時代では、AIやIoTや社会全体のデジタル化が進み、テクノロジーが自然を模倣しながら高度化することで、デジタル化したはずの社会がより自然に近いアナログな姿に回帰していくと論じている」
>
> （『アナロジア』）

「世界は連続体（≒アナログ）である」ことには首を縦に振りたくなっていた。アナログが本来持っているはずの曖昧模糊にみえる部分をきちんと計算しようとすれば、これから先はデジタル化するムダ・非効率性が膨らみそうに思えた。自然も人も、デジタル化の強烈に進む今、曖昧模糊に残った部分がそれぞれのコア（つまりは〝らしさ〟）を支えているようであった。此処、急所！　つまり今のデジタル化傾向は、それが効率効果を生みうる有効な対象に対しての処理をほぼほぼ終えた段階で、肝腎の残ったコア部分についてはあらためてアナログ処理に戻らねばならない、ということになるのか。この偏屈なる理屈を拡張していけば、つまるところ「ネオ・アナログコンピューティング開発」（これ、どんな代物のつもり？　そんなのわかるか！）こそこれから求められるテクノロジーなのだ、ということになっちゃうのかな？　まあマーケティング学にとっては、必要性醸成基盤がほんの少し広がったようにも映り、またまた好都合な話となるのかな。それはそれで、わるくはない。とは言うものの、そろそろいい加減にしなければ。幾何級数的に技術進展速度の上がる時代に、そんな予測、できるわけがなかろう！　まさに「世界」は、判じ物のようであった。私ごときに解けるわけがない。

どうも、いまのところ、ここまでのようであった。己れの限界、すでに見えたり。

ティム・インゴルド（人類学者）に焦がれたり、ＡＬｉｆｅの方法論に憧れたり、直近では下西風澄（『生成と消滅の精神史』の著者）の彗星のごとき登壇に狂喜したり……恥ずかしい限り。お蔭でまた、「身体性認知科学」の勉強も増えちゃった。どうする？　誰か、マーケティング学を新「概念」で急ぎ強化してくれないかなあ。おれ、持っている寿命が足りないようなのだ。でもそこそこに愉しい。想定外といえる慟哭する概念たちの輪唱する心音も、わずかながら伝えられたかな。久し振りに、ちょっぴり笑みがこぼれた。

これで、死ねるか。やっと、マーケティングと縁が切れるか。もういいよな。

そんな安堵に浸ろうとした瞬間、前著で引用した名著『経済の未来――世界をその幻惑から解くために』（ジャン＝ピエール・デュピュイ　以文社　２０１３）以降頭の上がらなくなった畏敬するジャン＝ピエール・デュピュイ（哲学者、スタンフォード大学教授、エコール・ポリテクニーク名誉教授）の呟きが聞こえてきた――「文明の進化」を担う先端諸科学、社会科学の認識論的盲目の罠から抜け出す道を示唆／「文明の破局」は避けがたい／人間は生き物としてのみずからがもはやコントロールできない技術を、科学的進歩という衣装に包んだ経済的可能性のために際限なく作り出している（『聖なるものの刻印――科学的合理性はなぜ盲目なのか』ジャン＝ピエール・デュピュイ　以文社　２０１４より引用・一部筆者要約整理）。

何っ、昨今私が著しく感じて落ち着かない《人間カタストロフィ感》――破局・崩壊のざわめきを意識するセンシティブな心――の正体は、先端諸科学&社会科学の〝認識論的〟盲目性(?)にあると言うのか。この〝認識論的〟とは何だ？　デジタルはそんな諸科学たちの興奮促進剤にすぎぬとでも？　ということは諸科学を今のように起動させつづける人類自体がカタストロフィ感醸成の犯人？　ならば結局、自業自得、自死に向かうということなのか。人類の知力低下兆候もマーケティングの縮退も、すべてそんなカタストロフィ潮流の一端にすぎぬと？　つまり、デジタルであろうとアナログであろうと、人類が中心である限りこのカタストロフィ感は消失しないということであるのか。ならば〝《科学的合理性》なる概念はなぜそこまで認識論的に(?)盲目たれうるのか〟という点をまずはクリアにしなければなるまい。デュピュイさん、そうですよね。諸科学の先生方、まあ宜しくお願いしますよ。

そんなこと知るか、知ったことか、私の領分をはるかに超える話だ。ステキなデュピュイの言なれば今は「未来のない効率信仰よりも、カタストロフィへの目覚めを」という心の叫びと思える科白を、せめてわが脳裡の奥底に刻みつけておこうと思う。だって、こむずかしい「概念考第一稿」を今やっと閉じようとしているのだから。

あれこれ悶々とディスカスしてきたのだが、結局、「概念」って、何だったのか。「文化をビッグデータで計測する」という驚きの副題を付された『カルチャロミクス』（エレツ・エイデン、ジャン＝バティースト・ミシェル）に記載の言葉を、纏めの文言として添えておく。

「概念は生物に似ていて、長期間にわたって途切れることなく受け継がれたり、広く行きわたったりする。また生物の突然変異と同じように、元の概念とは異なる概念が派生することもある」

（『カルチャロミクス』）

何？　生物に似た？　そうか、概念って今やデータ科の虫で作られているのかなあ。でもデジタル化されて生き残ってきた大量の虫たちが作る概念って、どんな属性をもつのだろう。今までの、言語で作られたそれとどこがどう違ってくるのかなあ。

たぶんさあ、今は虫なんだから群れて増えて交配して……いろいろ自己組織化しそうだよ。いままでの概念より、デジタル虫の概念のほうが、おもしろそう、かな。われらのＤＮＡは元々デジタルなんだから、相性もよさそうだ。ともかく「概念」と出逢えて愉しかった。ありがとう。

やっぱり、わかったようでわからない？　仕方ない、もう少し、九十路くらいまでは勉強を続けてみるか。そう簡単にわかっちゃあ面白くなかろう。難題ほどやりがいもあるって言うからなあ。オールドグランダッド１１４さえ傍にあればきっとやれるさ。飽きたら綿屋（宮城の日本酒）もあるよ。何言ってるんだろ、このアル中！　真の酒好きの友らは、私を置いてけぼりにして皆逝っちゃったしなあ。この書に目を送って、いろいろダメ出ししてほしかったよなあ。必ずや彼岸の歌舞伎町で飲もうぜ。

ということで疲れ切ったようであった。これにて「概念」なる虫との格闘は一時停止。ここまでお付き合いいただき、感謝。失礼あれば私のマーケティング学強化への腐れ縁なる想いに免じてご寛容にお受けとめ願えれば幸いである。今後においても、またこのような過去のわが著作物の剪定作業のごとき付録の書を成すやもしれぬ（といっても、もう無理な話だろうが）。その節は同様に宜しく。

それにしても病的にしつこく延々と、何が書きたかったのだろう。マーケティング学への想いも心底あった。だがひょっとしてこの怜悧なる望みもしない狂騒のデジタル人生を、どう生きることが僅かなりとも生の納得をより得られそうなのか――そんな雪隠詰め状態にある現代びとの群れが、必死に縋る葦のような何かを探す旅を、欲望解明を試みつつ縮退に追い込まれたマーケティング学なるビークルに乗り、実験的に体験してみようと動いてみたのかもしれなかった。デジタルが歪に拡張する時代にあって今まで以上に「欲望」は、たとえばマルクス・ガブリエル（『倫理資本主義の時代』斎藤幸平監修　土方奈美訳　ハヤカワ新書　２０２４）の「倫理と資本主義の融合」といった新イデアに基づいて、適切にマニピュレイトされなければならない。されどデジタルが玩んだ欲望は膨満しつづけ、われらもそれに加担し、まさに予感たなびくカタストロフィは近いようであるか。

計算機自然の広がるこの現代にあって、不連続・非線形の常態的連続はひとの世界観や価値意識まで変態させる。歴史も不連続化したがっているようだ。だからこそ諸学の体系（蛸壺）には、平板な改革ではなく、大胆な脱構築が求められる。マーケティングには未成熟な分だけ他よりもその兆しが早く顕在化した。学の脱構築へ向けての本格治療には、「概念」の徹底修正が手っ取り早いようであった。要するに〝あらためて言葉を大切にしよう〟というごくあたり前の提唱である。

「私たちは〝降りることのできないデジタルの船〟に乗っている。（この船中では）〈思考する習慣〉を維持し続けるということは意外に難しい」（『デジタルは人間を奪うのか』小川和也　講談社現代新書　２０１４）と言われる。でもわれらは、必死に考え続けなければならない。

「デジタル革命は地球環境にも負荷を与えることもあって、今世紀中には自滅するだろう」（『応答、しつづけよ。』ティム・インゴルド　亜紀書房　２０２３）というティム・インゴルドの呟きも想い出されてくる。われらは、人類は、これでよいのか。友や家族のためにそんな事態は回避しなければと願う。拙著の中で、効率ばかりがのさばる「デジタル人生」を生き抜くための武器となる言葉の欠片に触れていただくことありとすれば、まこと望外の幸せなのだろうが、そううまくはゆくまい。

只、人類として「デジタル」虫などに負けたくはないと強く思う。負けてたまるか。

度々励ましをいただき、やっと形にする機会につなげて下さった中央公論事業出版神門部長、そして思弁共同体家内 HIDEKO に心から深謝したい。

嗚呼、明日のマーケティングがこれらのたぶん難物であろう「概念」たちを果してどこまで取り込めるのかなあ、やっぱり今のマーケティング学では無理なのかなあ。

もういいよな。そろそろ、息を止めるか。正直に、最後に一言、あ〜シンド。

二〇二四年十二月吉日

八十路のマーケター思惟批評家

（元・野良犬模様〈カモフラ系〉の実務家）

香下堅次郎

〈エピローグ　参考文献〉

・『生きていること――動く、知る、記述する』（ティム・インゴルド　柴田崇、野中哲士、佐古仁志、原島大輔、青山慶、柳澤田実訳　左右社　2021）
・『死ぬまでに学びたい5つの物理学』（山口栄一　筑摩選書　2014）
・『WORLD BEYOND PHYSICS――生命はいかにして複雑系となったか』（スチュアート・A・カウフマン　水谷淳訳　森北出版　2020）
・『作って動かすALife――実装を通した人工生命モデル理論入門』（岡瑞起、池上高志、ドミニク・チェン、青木竜太、丸山典宏　オライリー・ジャパン　2018）
・『生命とは何か――物理的にみた生細胞』シュレーディンガー　岡小天、鎮目恭夫訳　岩波文庫　2008）
・『「生きている」とはどういうことか――生命の境界領域に挑む科学者たち』カール・ジンマー　斉藤隆央訳　白揚社　2023）
・『生物から生命へ――共進化で読みとく』（有田隆也　ちくま新書　2012）
・『現実とは？――脳と意識のテクノロジーの未来』（藤井直敬　ハヤカワ新書　2023）
・『アナロジア――AIの次に来るもの』ジョージ・ダイソン　服部桂監訳　橋本大也訳　早川書房　2023）
・『聖なるものの刻印――科学的合理性はなぜ盲目なのか』（ジャン＝ピエール・デュピュイ　西谷修、森元庸介、渡名喜庸哲訳　以文社　2014）
・『倫理資本主義の時代』（マルクス・ガブリエル　斎藤幸平監修　土方奈美訳　ハヤカワ新書　2024）
・『デジタルは人間を奪うのか』（小川和也　講談社現代新書　2014）

著者略歴
香下堅次郎（こうした・けんじろう）

大分県生まれ。魚座。B型。

京都府立山城高等学校卒。京都大学文学部哲学科心理学専攻卒。

目白大学非常勤講師（「生活マーケティング論」２年半担当）、各種リサーチ・セミナー講師、広告代理店マーケティング・スタッフ教育研修講師等歴任。

外資100%国際コングロマリット総合食品企業に入社（新製品部所属）。市場調査会社２社を経て、SI（システムインテグレーション）企業の取締役、執行役員、マーケティング部長・システム開発営業本部長・IT研究開発部門長を歴任。

日本マーケティング・リサーチ協会賛助会員。同協会出版委員を数年担当。

民事再生のIT・シミュレーション専門企業の立て直しに代表取締役社長として参画。無事、目標を達成する。現在、香下マーケティングオフィス代表。

著書：『マーケティング・イデア2040〈JIRO'S DIARY 過去現在巻〉技術方法論解剖』（文藝春秋　2020）、『マーケティング・イデア2040〈JIRO'S DIARY 未来巻〉理念将来像 妄想』（文藝春秋　2020）、『現代マーケティング解体考——真正・商品論序説—物の「心」様相 顕現』（三省堂書店／創英社　2021）、『「人類マーケティング哲学」への前哨——現代マーケティング解体考 THE FINAL』（三省堂書店／創英社　2022）、他雑誌原稿等多数。

慟哭（どうこく）する概念（がいねん）

明日（あす）のマーケター思惟（しい）に不可欠（ふかけつ）の概念（がいねん）たち——「イノベーション」「CSI（顧客満足度指標（こきゃくまんぞくどしひょう））」「SDGs」「AI & IoT」「ビッグデータ」——の呟（つぶや）きに耳（みみ）を欹（そばだ）ててみた

2025年２月12日　初版発行

著　者　香下堅次郎

制作・発売　中央公論事業出版
〒101-0051　東京都千代田区神田神保町1-10-1　IVYビル５階
電話　03-5244-5723
URL　https://www.chukoji.co.jp/

印刷・製本／藤原印刷
装丁／studio TRAMICHE

Ⓒ 2025 Kenjiro Koushita
Printed in Japan　ISBN978-4-89514-557-2　C0010

◎定価はカバーに表示してあります。
◎落丁本・乱丁本はお手数ですが小社宛お送りください。
　送料小社負担にてお取り替えいたします。